1 MONTH OF
FREE
READING

at

www.ForgottenBooks.com

By purchasing this book you are eligible for one month membership to ForgottenBooks.com, giving you unlimited access to our entire collection of over 1,000,000 titles via our web site and mobile apps.

To claim your free month visit:
www.forgottenbooks.com/free758474

ISBN 978-0-364-33805-6
PIBN 10758474

BEIBLATT zur ANGLIA.

MITTEILUNGEN
ÜBER ENGLISCHE SPRACHE UND LITERATUR
UND ÜBER ENGLISCHEN UNTERRICHT

HERAUSGEGEBEN

VON

MAX FRIEDRICH MANN.

———

ACHTZEHNTER JAHRGANG.

HALLE A. S.
MAX NIEMEYER.
1907.

BAND-INHALT.

(Nach verfassern bez. titeln und herausgebern alphabetisch geordnet.)

___

I. Englische sprache und literatur einschliesslich der volkskunde und geschichte.

A. Besprechungen.

B. Mitteilungen.

III. Neue Bücher.

Verzeichnis der Mitarbeiter.

Ackermann, Dr. Richard, Kgl. Gymnasialprofessor, Nürnberg, Hast-
  verstr. 32/o.
Alscher, Rudolf, Professor, Wien IV/2, Starhembergg. 33.
Andrae, Dr. August, Wilhelmshaven, Kronprinzenstr. 11 I.
Anthes, Dr. Ed., Prof. am Neuen Gymnasium zu Darmstadt.
5 Arndt, Dr. O., Direktor des Realgymn. zu Halberstadt.
Aronstein, Prof. Dr. Phil., Oberlehrer, Berlin S.
Assmann, Dr. Bruno, Oberlehrer a. d. Drei-Königschule, Dresden.
Baldamus, Prof. Dr. A., Oberlehrer a. König Albert-Gymn. zu Leipzig.
Bang, Prof. Dr. W., Louvain, 22 rue des Récollets.
10 Barge, Dr. Hermann, Oberlehrer am Realgymn., Leipzig.
Barth, Dr. Paul, Professor a. d. Univ. Leipzig.
Becker, Prof. Dr. Karl, Oberlehrer am Gymn., Elberfeld, Markgrafentr. 14.
Beljame, Alexandre, 29, rue de Condé, Paris.
Besser, Dr. Richard, Oberlehrer am Wettiner Gymnasium, Dresden-A.
15 †Beyer, Dr. Otto, Schuldir. a. D., Leipzig-Eutritzsch.
Binz, Dr. G., Professor a. d. Univ. Basel, Oberweilerstr. 67.
†Blacker, Carola, Freiburg i/B.
von Bojanowsky, Geh. Hofrat, Direktor d. Grossherzogl. Bibliothek in
  Weimar.
Boyle, Robert, St. Petersburg.
20 Brandl, Dr. Alois, Professor a. d. Universität Berlin.
Bremer, Dr. Otto, Prof. a. d. Univ. Halle.
Brennan, Chris., Sidney, New South Wales, Australia.
Brereton, J. Le Gay, Sidney, New South Wales, Australia.
Brie, Dr. Friedrich, Privatdozent a. d. Univ. Marburg.
25 Brosch, Dr. M., Fondi Frari 2593, Venedig.
Brotanek, Dr. Rudolf, K. K. Hofbibliothek, Wien I, Josefsplatz 1.
Bülbring, Dr. Karl, Prof. a. d. Universität Bonn.
Collins, Dr. George Stuart, 478 Jefferson Avenue, Brooklyn, N. Y.
Conrad, Dr. Hermann, Prof. a. d. Hauptkadetten-Anstalt Gross-Lichter-
  felde.
30 Craig, Dr. Hardin, London.
†Deutschbein, Prof. Dr. Karl, Oberlehrer am Gymnasium zu Zwickau.

Dcutschbein, Dr. Max, Professor a. d. Univ. Leipzig.

Dieter, Prof. Dr. Ferdin., Oberlehrer a. d. 4. städt. Realschule, Berlin NO., Greifswalderstr. 1 III.

Dittrich, Dr. Ottmar, Privatdozent a. d. Univ., Redakteur am Bibliogr. Institut, Leipzig.

35 Dorr, Prof. Karl, Oberlehrer a. Realgymn. zu Elberfeld, Dorotheenstr. 7.

Effer, Prof. Dr. Hubert, Oberlehrer a. d. städt. Ober-Realschule Düsseldorf, Fürstenwallstrasse.

Eggert, Dr. Bruno, Oberlehrer, Frankfurt a/M.

Eichler, Dr. A., 4/2 Weyringerg. 23, Wien.

Eidam, Christian, Prof. am Gymn., Nürnberg, Lauferthorgraben 9.

40 Einenkel, Dr. Eugen, Professor a. d. Universität Münster.

Ellinger, Dr. Joh., Prof. a. d. Staatsoberrealschule, Wien 20/1, Wasnergasse 17.

Fairbrother, Mrs. J. P., Oxford.

Fiedler, Prof. H. G., Lifford Grove, Kings Norton, Birmingham.

Findlay, Dr. J. J., Prof. der Pädag., Owens College, Manchester.

45 Fischer, Dr. Josef, Oberlehrer, Mülheim a. d. R.

Fischer, Dr. Rudolf, Prof. a. d. Univ. Innsbruck.

Flügel, Dr. Ewald, Professor of English Philology, Palo Alto, California.

†Flügel, Dr. Felix, Privatgelehrter, Leipzig-Gohlis.

Förster, Dr. Max, Professor a. d. Univ. Würzburg.

50 Franz, Dr. W., Prof. a. d. Univ. Tübingen.

Fredlund, Knut, Göteborg.

Fränkel, Dr. L., Kgl. Reallehrer in München.

Friedrich, Dr. Richard, Prof., Rektor des Kgl. Gymn. zu Dresden.

Fritzsche, Prof. Dr. A., Rektor des Realgymnasiums zu Borna.

55 Gallert, Dr. Fritz, Oberlehrer am Realgymnasium zu Stralsund.

Gattinger, Dr. Edmund, Stift Melk, Nieder-Oest.

Geer, J., K. Reallehrer, Kempten, Westendstr. 134.

Geering, Agnes, Dr. phil., Lehrerin, Frankfurt a/M.

Gensel, Justizrat Dr. jur. W., Leipzig.

60 Glauning, Prof. Dr., Schulrat in Nürnberg, Bucherstr. 44.

Glöde, Dr. Otto, Oberlehrer am Gymnasium, Doberan i. M.

Graef, Dr. Adolf, Oberlehrer a. D., Bildhauer, Berlin.

Graef, Dr. Fritz, Oberlehrer a. d. Ober-Realschule, Flensburg.

Groth, Prof. Dr. Ernst, Direktor d. 2. höh. Mädchenschule, Leipzig, Ferd.-Rhode-Str. 7.

65 Gündel, Prof. Edmund, Oberlehrer am Realgymnasium u. Dozent a. d. Bergakademie zu Freiberg.

Haase, Dr. K. F., Realschuloberlehrer, Dresden-A., Silbermannstr. 1.

Hammond, Eleanor Prescott, Chicago, Illinois.

Hartmann, Prof. Dr. K. A. Martin, Gymnasialoberlehrer, Leipzig.

Hausknecht, Prof. Dr. Emil.

70 Heim, Prof. Dr. Hans, Darmstadt, Grüner Weg 7.

Helmolt, Dr. Hans F., Redakteur, München.

Helmolt, Frida, Oberlehrerin am Lehrerinnenseminar Callnberg.

Hempl, George, Prof. a. d. University of Michigan, Ann Arbor, Mich.

Henshaw, Dr. A. N., 142 East 40 St. New-York.
75 Heuser, Prof. Dr. W., Oberlehrer u. Privatdozent, Göttingen.
Hirt, Dr. Hermann, Professor a. d. Universität Leipzig.
Hochdoerfer, Dr. Richard, Springfield, Ohio, U. S. A.
†Hofer, Dr. O., Oberlehrer a. D., Bautzen.
Hofmann, Dr. Hans, Gymnasiallehrer, Wetzlar.
80 Holthausen, Dr. Ferd., Prof. a. d. Universität Kiel.
Hoops, Dr. J., Prof. a. d. Universität Heidelberg, Kaiserstr. 12.
Hope-Moncrieff, Ascott R., 43, Union Grove, Clapham, London SW.
Horn, Dr. Wilhelm, Prof. a. d. Univ. Giessen.
Hudson, William H., Prof. of English Lit., Palo Alto, California.
85 Hulme, Prof. Wm. H., Western Reserve Univ., Cleveland, Ohio.
†Hupe, Dr. H., Oberlehrer am Katharineum zu Lübeck.
Imelmann, Dr. Richard, Privatdozent a. d. Univ. Bonn.
Inhülsen, Dr. Karl, 60 Leconfield Rd., Highbury New Park, London, N.
Jellinek, Dr. Arthur L., Wien, VII, Kirchengasse 35.
90 Jiriczek, Dr. Otto, Prof. a. d. Univ. Münster i/W., Klosterstr. 18.
Jordan, Dr. Richard, Privatdozeut a. d. Univ. Heidelberg.
Jost, Karl, Basel.
Kaluza, Dr. Max, Prof. a. d. Univ. Königsberg, Rhesastr. 21.
Keller, Dr. Wolfgang, Professor a. d. Univ. Jena.
95 Kellner, Prof. Dr. Leon, Prof. a. d. Univ. Czernowitz.
Kemlein, Prof. Georg, Oberlehrer a. d. höh. Mädchenschule, Flensburg.
Klaeber, Dr. Frederick, Professor of English Philology, University of
Minnesota, Minneapolis.
Klapperich, Prof. Dr. J., Oberl. a. d. O.-Realsch., Elberfeld, Augustastr. 54.
Klein, A., Darmstadt, Frankfurter Strasse 87.
100 Klinghardt, Prof. Dr. H., Oberlehrer am Realgymn. zu Rendsburg.
Koch, Prof. Dr. John, Gross-Lichterfelde.
Koeppel, Dr. E., Prof. a. d. Universität Strassburg.
Kraeger, Dr. Heinrich, Privatdoz. a. d. Univ. Berlin.
Kratz, K., Kgl. Reallehrer, Ansbach.
105 Krause, Gustav, 23, Fitzroy Square, London W.
Kreuser, Dr. Ernst, Oberpräzeptor, Heidenheim a/Brenz.
Kroder, Dr. Armin, Kgl. Gymnasiallehrer, Ansbach.
Kron, Dr. Richard, Kaiserl. Marine-Oberlehrer, Kiel, Hohenbergstr. 1.
Krüger, Prof. Dr. Gustav, Oberlehrer am Kaiser Wilhelms-Realg. u. Dozeut
a. d. Techn. Hochschule, Berlin W., Bendlerstr. 17.
110 Kruisinga, Dr. E., Amersfoort (Holland).
Küchler, Dr. Walter, Privatdozent a. d. Univ. Giessen.
Lange, Prof. Dr. Paul, Gymnasialoberlehrer, Leipzig.
Lehmann, Dr. Wilh., Eldena i. Meckl.
Leitsmann, Dr. E., Oberlehrer a. d. Thomasschule, Leipzig, Südstr. 35.
115 Lewis, Dr. E. H., Tutor in English, University of Chicago, Ill., 612,
Jackson Boulevard.
Liebermann, Prof. Dr. F., Bendlerstr. 10, Berlin W.
Lincke, Dr. Kurt, Oberlehrer a. d. Klinger-Oberrealsch. in Frankfurt a/M.
Lindner, Dr. Felix, Prof. a. d. Univ. Rostock.

Löwisch, Dr. M., Direktor der Oberrealschule zu Weissenfels.

120 Lüder, Dr. Albrecht, Konrektor a. d. Dreikönig-Schule zu Dresden-N.

Luick, Dr. K., Prof. a. d. Universität Graz.

Mann, Prof. Dr. Max Friedrich, Oberlehrer am Gœthe-G., Frankfurt a/M., Humbrachtstr. 11.

Meier, Prof. Dr. Konrad, Konrektor a. König Georg-Gymnasium, Dresden.

Meyer, Dr. Kuno, 57, Hope Street, Liverpool.

125 Middendorff, Prof. Dr. Heinrich, Würzburg, Heidingsfelderstr. 10¹/₂.

Mogk, Dr. Eduard, Professor a. d. Universität Leipzig.

Morich, Rudolf J., K. K. Univ.-Lektor, Graz, 105, Mariagrüner Str.

Morsbach, Dr. E., Professor a. d. Universität Göttingen.

Neumann, Dr. Wilh., K. K. Prof., Wien IV, Radeckg. 3.

130 Neunzig, Dr. Rudolf, Gymnasialoberlehrer, Berlin SW., 3a Lichter-felder Str.

Newcomer, A. G., Assistant Professor of English, Palo Alto, California.

Nohl, Dr. L., Vorstand der höheren Bürgerschule, Ettlingen.

Noll, Dr. Gustav, Oberlehrer, Frankfurt a/Main.

Pabst, Dr. Felix, Ordentl. Lehrer a. Gymn. zu Bremen, Feldstrasse 56a.

135 Peter, Sidonie, Leipzig, Mühlgasse 8.

Petithomme, Azeline, Rennes (Ile-et-Vilaine), 16, rue Châteaudun.

Petri, Dr. Albert, Direktor der Realschule zu Schmölln, S.-A.

Petry, Lorenz, Oberlehrer, Frankfurt a/M.

Pfeilsticker, Julie, Stuttgart, Neckarstr. 36.

140 Pogatscher, Dr. A., Prof. a. d. K. K. Deutschen Univ. zu Prag II, Ta-borgasse 38.

Price, H. T., Lektor a. d. Univ. Bonn.

†Proescholdt, Dr. Ludwig, Friedrichsdorf i. Taunus.

Pughe, Dr. F. H., Wien XIII, Schmidg. 4 III.

Rambeau, Dr. A., Prof. a. d. Mass. Inst. of Technology, Boston, Mass.

145 Regel, Prof. Dr. Ernst, Oberlehr. a. d. O.-R., Halle/Saale, Wörmlitzer Str. 107.

Rein, Dr. W., Prof. a. d. Universität Jena.

Reitterer, Dr. Th., K. K. Professor, Wien VIII/2, Laudong. 57.

Riegel, Prof. Dr. Julius, Reallehrer für neuere Sprachen a. d. städt. Han-delsschule zu Nürnberg, Ob. Pirkheimerstr. 43, I.

Ritter, Dr. Otto, Privatdozent a. d. Univ. Halle a/S.

150 Röttgers, Benno, Oberlehrer, Berlin W, Fasanenstr. 83.

Ruge, Dr. Walter, Oberlehrer am König Albert-Gymn. zu Leipzig.

Sahr, Dr. Julius, Professor i. R., Gorisch i/S.

Sampson, Martin Wright, Assistant Professor of English, University of Indiana, Bloomington, Ind.

Sarrazin, Dr. G., Prof. a. d. Univ. Breslau.

155 Sauer, Dr. Bruno, Professor a. d. Universität Giessen.

Schick, Dr. J., Prof. a. d. Univ. München, Türkenstr. 93.

Schipper, Dr. J., Prof. a. d. Universität, Wien XIII, 16, Elsslergasse 23.

Schirmer, Dr. Gustav, Zürich.

Schnabel, Dr. Bruno, Kgl. Reallehrer, Kaiserslautern.

160 Schott, Dr. W., Kgl. Gymnasialprofessor, Bamberg.

Schriefl, Dr. Karl, K. K. Prof., z. Zt. Schladming, Steiermark.

Schröer, Dr. A., Prof. a. d. Handelshochschule zu Köln, Deutscher Ring 17.
Schultz, Dr. Oskar, Prof. a. d. Univ. Königsberg.
Seydel, Dr. Wolfgang, Oberlehrer a. d. Thomasschule, Leipzig.
165 Sieper, Dr. E., Prof. a. d. Universität München.
Singer, Dr. S., Prof. a. d. Univ. Bern, Spitalgasse 57.
Skeat, Walter W., 2 Salisbury Villas, Cambridge.
Smith, Miss Lucy Toulmin, Oxford.
Sokoll, Dr. Ed., K. K. Prof., Wien VI, 2, Mariahilferg. 18.
170 Stephan, Adalbert, cand. phil., Prag I, Marienpl. 25, II.
Stiehler, Prof. Dr. E., Oberlehrer am Kgl. Realgymnasium, Döbeln.
Stryienski, Casimir, Professeur agrégé au Lycée Montaigne, Paris.
Tappert, Prof. Dr. Wilh., Oberlehrer a. d. höh. Töchterschule, Hannover.
Teichmann, Prof. Dr. Eduard, Oberlehrer a. d. Oberrealschule, Aachen,
Karlsgraben 50.
175 Theisen, Prof. Paul, Oberl. a. d. Realschule, Kassel, Humboldtstr. 17 H.
Thiergen, Dr. O., Prof. am Kgl. Kadettencorps, Dresden-N.
Titchener, Dr. E. B., Cornell University, Ithaca, N.-Y.
Trautmann, Dr. Moritz, Prof. a. d. Universität Bonn.
Ungemach, Dr. Karl, Kgl. Gymnasiallehrer, Schweinfurt.
180 Vetter, Dr. Theodor, Prof. a. d. Univ. u. am Polytechn. zu Zürich,
Plattenstrasse 42.
Viëtor, Dr. Wilhelm, Prof. a. d. Universität Marburg.
Wagner, Dr. Albrecht, Prof. a. d. Univ. Halle, Heinrichstr. 9.
Wagner, Philipp, Prof. in Stuttgart, 9 H Danneckerstrasse.
Wagner, J. H., Lehrerin und geprüfte Schulvorsteherin, Frankfurt a/M.
185 Weber, Dr. Robert, Oberlehrer am König Albert-Gymnas. zu Leipzig.
Weisser, Dr. W., Prof. am Realgymnasium, Ulm.
Wendt, Dr. G., Prof. am Realgymnasium zu Hamburg, Wrangelstr. 9.
v. Westenholz, Dr. F. R. Freiherr, Prof. a. d. k. techn. Hochschule zu
Stuttgart.
Wetz, Dr. W., Prof. a. d. Universität Freiburg i/B.
190 Wiechmann, Dr., Oberlehrer am Realgymn., Ludwigslust.
Wilke, Prof. Dr. Edmund, Oberlehrer am Realgymnas. zu Leipzig.
Winter, Dr. Georg, Archivar, Magdeburg, Gustav-Adolf-Str. 29.
Wülfing, Dr. J. Ernst, Privatgelehrter, Bonn, Lessingstr. 40.
Wülker, Dr. Richard, Geh. Hofrat, Prof. a. d. Universität Leipzig.
195 Würzner, Dr. Alois, K. K. Professor, Wien III, Geologengasse 5.
Wurth, Dr. Leopold, Prof. a. d. Deutschen K. K. Staats-Realschule zu
Budweis, Knappgasse 321.

Die mitarbeiter, die im I. und II. bande dieser zeitschrift unter den
chiffern:

H. (I, 35), **F. C. H.** (I, 174), **S. H.** (I, 119), **M.** (I, 214), **W. M.**, St. Gallen
(II, 114), **R.** (I, 117), **E. R—t.** (I, 195), **K. R.** (I, 121)

beiträge veröffentlicht haben, konnten leider nicht ermittelt werden. .

.

Beiblatt zur Anglia.

Mitteilungen
über englische Sprache und Literatur
und über englischen Unterricht.

Preis: Für den Jahrgang 8 Mark.

(Preis für 'Anglia' und 'Beiblatt' jährlich 24 Mark.)

XVIII. Bd. Januar 1907. Nr. I.

I. SPRACHE UND LITERATUR.

Max Deutschbein, Studien zur Sagengeschichte Englands. I. Teil:
Die Wikingersagen. Hornsage, Haveloksage, Tristansage,
Boevesage, Guy of Warwicksage. Cöthen, Otto Schulze,
1906. XII, 264 S. 8⁰. M. 7.—

Trotz vielfacher bemühungen ist die entwicklungsgeschichte
der stoffe, welche den inhalt der romane von Horn, Havelok,
Tristan, Boeve und Guy of Warwick bilden, noch nicht genügend aufgeklärt; zumal die frage, ob in diesen erzählungen
ein geschichtlicher kern stecke und eventuell, aus welchen
ereignissen dieser herausgewachsen sei, harrt noch der end-
giltigen beantwortung. D. hofft, dafs das von den literatur-
und sagenhistorikern zu lange vernachlässigte studium der
lateinschreibenden autoren Englands und der Normandie aus
dem 12. und 13. Jahrhundert einen fortschritt der forschung
zeitigen werde. Mit der sammlung dieses materiales will er
sich aber nicht begnügen; er ist bestrebt, es auch zu verarbeiten. Über die methode, durch die er sich bei dieser
verarbeitung hat leiten lassen, spricht er sich leider nicht
ganz deutlich aus. Wohl nennt er Zimmer und namentlich
Olrik als vorbilder, denen er gefolgt sei, und erweckt schon
damit die günstigsten erwartungen. Vielleicht wäre aber doch
eine ausführlichere darstellung der forschungsweise und genauere feststellung der ziele und wege des sagenforschers,
besonders diesen späteren sagen gegenüber, nicht überflüssig

gewesen. Gewisse erscheinungen der letzten jahre erwecken
wenigstens zweifel darüber, ob alle diejenigen, welche dieses
forschungsgebiet betreten, über die zu beobachtenden grundsätze zuvor immer gehörig ins reine gekommen sind.

Ein referat über D.'s ergebnisse mufs sich notgedrungen
auf die hauptpunkte beschränken.

A. Hornsage.

In ihr sind zwei varianten derselben sage oder zwei
einander ähnliche sagen mit einander verschmolzen: eine ältere
mehr historische, die ereignisse in Irland umschliefsend, mit
ausgesprochen kriegerischem charakter, in der die geschichtliche grundlage noch deutlich sichtbar ist, mit nordischen
eigennamen, bei den Skandinaviern der britischen inseln entstanden (B); und eine jüngere mehr novellistische, in
welcher die liebesgeschichte des helden im mittelpunkt des
interesses steht, mit englisch-französischen eigennamen, von
der angelsächsisch-französischen bevölkerung Englands ausgebildet (A). Ursprünglich nur die vertreibung und rückkehr
Horns und die zwischen sie fallenden ereignisse in Irland umfassend, ist die sage in dieser einfacheren gestalt nach England
gewandert, dort ihrer historischen färbung beraubt und durch
aufnahme neuer motive novellistisch umgestaltet worden. Die
namen werden ins Englisch-Französische übertragen; so entsteht A, ein werk der Normannen. Durch verbindung von
B + A entsteht der Urhorn. Der sage am nächsten steht
mit sauberer trennung von A und B das englische gedicht
King Horn. Der französische roman (R H) hat grofse um-
bildungen vorgenommen. Beide aber haben aus einem anglo-
normannischen Urhorn geschöpft. Die historische grundlage
ist aus B zu rekonstruieren. Ihre namen weisen auf die
Wikinger, speziell auf die dänischen Wikinger. Dazu stimmt
auch die heimat des helden *Suddene*, das sich von Süddänemark
nicht trennen läfst. Der schauplatz der sage ist aber nicht
Dänemark, sondern Irland. Im gegensatz zu der unbestimmten
schilderung der lokalitäten von Suddene zeigen die vorgänge
auf irischem boden eine viel individuellere färbung. Eine
treffliche parallele zur Hornsage bilden die geschicke des
Wikingers Horm. Thurston ist eine reminiscenz an den
geschichtlichen Wikingerhäuptling Thorstein den Roten. In
der Hornsage ist der geschichtliche gegensatz zwischen Nor-

wegern und Dänen geschwunden und durch einen solchen
zwischen christen und heiden ersetzt, eine verschiebung, die
kaum vor der zweiten hälfte des 10. jahrh. hat eintreten
können. Auf die entwicklung der sage haben die geschichtlichen ereignisse des 10. jahrh., welche die in Dublin an-
sässigen Wikinger betreffen, starken einfluſs ausgeübt. Die
variante H ist auch in kleineren zügen so treu geschichtlich,
daſs keine sage das kolorit des Wikingerzeitalters besser ge-
wahrt hat als sie. Die wenigen elemente, welche den eindruck
des sagenhaften erwecken, der zweikampf mit dem riesen, die
aussetzung des knaben auf dem boot, stimmen zu dem skan-
dinavisch-irischen ursprung. Eine im vierten und fünften kapitel der *Gesta Herewardi* überlieferte variante der Hornsage,
wo ein in der schlacht von Clontarf 1014 auftretendes brüder-
paar die gleichen namen trägt, wie zwei brüder der Hornsage,
dient zur bestätigung der vorgetragenen auffassung. Die groſse
ähnlichkeit der variante B mit diesem teil der *Gesta Herewardi*
läſst vermuten, daſs von B mehrere rezensionen existiert haben,
die verschiedene geschichtliche ereignisse bewahrten, aber alle
sich auf die schicksale der Wikinger von Dublin bezogen.

Der erste teil der Hornnovelle gehört einem weit verbreiteten, z. b. im Apolloniusroman, Rother, Karls Jugend,
Boeve von Hamtoun usw. vertretenen erzählungstypus an, den
Panzer nicht ohne gewalt auf das Goldenermärchen zurückführen will. Der zweite teil repräsentiert den typus des
„heimkehrenden gatten", der wie der erste teil in Nordostfrankreich und in Nordwestdeutschland frühe literarische verwendung gefunden hat. Die namen des K H würden auf die
Angelsachsen, diejenigen des R H auf Deutschland als ort der
ausbildung dieses teiles führen. Aber gegen die entstehung
bei den Angelsachsen erheben sich schwere bedenken. Der
gleiche typus kehrt in England auſserdem im Boeve und im
Tristan wieder. Vor der normannischen eroberung findet sich
aber kein beispiel einer keimkehrsage in England, wohl aber
in Deutschland. Darum ist es wahrscheinlich, daſs dieser teil
der sage aus Deutschland eingeführt und von den Normannen
in England aufgegriffen wurde. Weitere elemente der Hornsage erinnern an die Salomonsage: die verkleidung des heimkehrenden, der erkennungsring, die falsche todesbotschaft. Im
vorbeigehen sei angemerkt, daſs D. einen direkten zusammen-

hang zwischen dem angloromanischen R H und dem deutschen
Rother annehmen will, was für die geschichte der literarischen beziehungen zwischen England und Deutschland von
bedeutung wäre.

Im kritischen rückblick auf die bisherige forschung wendet
D. sich mit besonderem nachdruck gegen die auffassung, welche
den Engländern die schaffung der literarischen form der Hornsage zuerkennen will. Nach seiner meinung haben sich die
Engländer im besten falle auf die vermittlung des dänisch-
irischen stoffes an die Normannen beschränkt. Was man zur
unterstützung jener ansicht häufig als spezifisch englische
motive der sage anführe, die aussetzung des jugendlichen Horn
auf einem ruder- und steuerlosen boote und die verkleidung
Horns als pilger und spielmann, sei nichts für die Angelsachsen
eigentümliches, sondern finde sich in gleicher weise bei den
Skandinaviern, den Kelten und besonders auch frühzeitig bei
den Normannen und Franzosen.

Was die nur im französischen R H und im englischen H Ch
überlieferte lebensgeschichte von Horns vater anbelangt, so
ist in der französischen version derselben wahrscheinlich nur
der sehr beliebte erzählungstypus vom „Findelkind" sekundär
auf eine historische oder auch fiktive person A a l u f übertragen.
Der darstellung des H Ch liegen — im vergleich zur wirklichkeit stark verschoben — geschichtliche ereignisse aus dem
leben des eorl U h t r e d zu grunde, die auch im 64. kapitel der
Olafssaga Tryggvasonar ein echo gefunden haben.

B. Haveloksage.

D. schliefst sich in der beurteilung des verhältnisses der
französischen zu den englischen darstellungen den forschern
an, welche es für wahrscheinlich halten, dafs Gaimar und Lai
aus einer gemeinsamen quelle, vielleicht einem anglonor-
mannischen gedicht in kurzen reimpaaren, geschöpft haben.
Er akzeptiert die gleichsetzung von *Haveloc-Cuaran* mit dem
historischen Wikinger *Anlaf Cuaran*. Aus dem umstand, dafs
in der erzählung nur die namen der beiden übeltäter rein
angelsächsisch, alle übrigen keltisch oder nordisch seien,
schliefst D., dafs die Haveloksage von feinden der Angelsachsen ausgegangen sei. Auch ihr liegen geschichtliche
ereignisse der ersten jahrzehnte des 10. jahrh., die schicksale
des Wikingers R e g i n w a l d, des oheims Anlaf Cuarans, zu

grunde. Freilich sind die ereignisse auf eine jüngere generation verschoben: Reginwald ist durch seinen neffen Anlaf
Cuaran verdrängt worden, während die gewalttätigen handlungen Eadweards gegenüber seiner nichte auf seinen sohn
Æþelstan (= Edelsi) übertragen zu sein scheinen. Zu diesen
historischen bestandteilen sind natürlich auch hier wieder
rein poetische hinzugetreten, der typus des jungen fürsten-
sohns, das sogenannte exile-return-motiv, das in der Wikingerzeit bei Skandinaviern (Hroarr und Helgi), Kelten (Tristan,
Meriaduc) und auf dem kontinent (Boeve) verbreitet war, und
dessen entwickelung wesentlich den Kelten und Nordgermanen
verdankt wird, hat eingewirkt. Die frühzeitige aufnahme des
Anlaf Sihtricson oder auch des Anlaf Guðfriðson, mit welchem
Anlaf Cuaran in geschichte und sage sehr bald verwechselt
wurde, in die britannische heldensage der Cymren und die
ähnlichkeit der Haveloksage mit der bei diesen verbreiteten
Meriaducsage lassen vermuten, dafs bei den Cymren Nord-
englands die erste entwicklung der Haveloksage vor sich gegangen ist. Von ihnen ist sie zu den Dänen in Lincolnshire
gewandert. Die wanderung hat eine verlegung des schau-
platzes in diese gegend nach sich gezogen. Die weitere verschiebung nach Dänemark wird zur zeit der vereinigung
Dänemarks mit England unter einem gemeinsamen herrscher,
Knut dem Grofsen, eingetreten sein. Als jüngster zuwachs
setzte sich die gründungsgeschichte der stadt Grimsby an.
Ihre einführung in die literatur verdankt diese cymrisch-
skandinavische sage den Anglonormannen.

Endlich enthält die Haveloksage noch märchenhafte,
folkloristische elemente: Havelok als küchenjunge am hofe
des Edelsi (ähnlichkeit mit dem Goldenermärchen!); das horn
mit der wunderbaren eigenschaft, dafs es nur der wahre erbe
des reiches blasen kann; die wunderbare flamme als zeichen
der königlichen abkunft des helden. Eine sekundäre aufnahme
von zügen aus der Olafsaga Tryggvasonar wird am ehesten
bei den Skandinaviern Ostenglands stattgefunden haben. Die
beiden französischen versionen reflektieren die sage reiner
als das englische spielmannsgedicht. Die abweichungen dieses
letzteren von jenen sind meist jüngere änderungen oder
spätere zusätze. Quelle könnte wohl das altfranzösische Lai
gewesen sein.

C. Tristansage.

Sie zerfällt in zwei teile, einen historischen mit der Wikingerzeit als hintergrund, mit der irischen see und Dublin als schauplatz, und einen romanhaften, die ehebrecherische liebe von Tristan und Isolde, verknüpft mit dem aus der Hornsage bekannten motiv des heimkehrenden gatten. Den historischen teil haben Normannen und französische Bretonen ohne grofse änderungen, wenn auch nicht ohne mifsverständnisse übernommen und daran eine rein novellistische fortsetzung mit ganz anderem milieu, anderen anschauungen und sitten angehängt. Nur den in der Wikingerzeit spielenden ersten teil betrachtet D. näher, indem er ihn in vier abschnitte zerlegt: Tristans jugend, Tristans kampf mit Morholt, Tristans heilung durch Isolde und drachenkampf. Mit der gewinnung der irischen königstochter durch den drachenkampf hat die ältere sagengestalt offenbar geendet. Die ganze brautwerbungsgeschichte greift in den alten zusammenhang nur störend ein und hat sich andrerseits auch nicht rein und klar entwickeln können. Die bei der werbung angewandte list hat Tristan mit der Gudrun gemein; gemeinsamer ausgangspunkt für beide werde wohl die Salomosage gewesen sein. Die Cymren — auf sie weist der name Tristan — haben wahrscheinlich die alte irisch-nordgermanische sage den Bretonen und Normannen weitergegeben.

D. Boevesage.

Ursprünglich wird dieser sage folgender inhalt zukommen: Eine heidnische prinzessin verliebt sich in einen fremden christlichen ritter; dieser gerät in die gefangenschaft seines gegners, während die geliebte an einen dritten verheiratet werden soll; aus dem gefängnis entflohen, kann der held seine geliebte entführen. Den schauplatz wird man in Palästina und den nachbarländern suchen müssen. Durch die kreuzfahrer gelangte der stoff ins abendland, wo er durch anlehnung an die Horn- und Karlmeinetsage zahlreiche änderungen erfuhr. Auch der die vertreibung des helden aus England und seine heimkehr betreffende teil läfst sich anderwärts und verhältnismäfsig früh belegen im provenzalischen epos *Daurel et Beton*, noch ähnlicher in der deutschen sage von *Herzog Ernst*. Für die bestimmung der heimat der sage sind die namen unbrauchbar; einige sind zweifellos aus den drei kreuzzugsgedichten *Chanson d'Antioche*, *Conquête de Jérusalem*, *les Chétifs* entlehnt, die meisten aber der altfranzösischen epik so geläufig, dafs sie keinen fingerzeig geben können. Nach England weisen nur wenige, der eine oder andere vielleicht nach Wales. Anlafs zu ihrer einführung kann sich nur in England gefunden haben. Im übrigen schliefst D. sich Stimmings ausführungen über die entstehung der sage an; er fügt aber bei, dafs Nordostfrankreich zwischen Picardie und Flandern als heimat der sage gelten müsse, da nur unter dieser voraussetzung die beziehungen zwischen der Boevesage und anderen sagen und epen verständlich seien. Einer anregung Jordans folgend, erkennt D. in einem von dem fränkischen geschichtschreiber Regino zum jahre 870 berichteten vorfall, in welchem ein *Bivinus* (mit den varianten *Buvinus*, *Buovinus*) eine rolle spielte, den ausgangspunkt für die Boevesage. Der name Boeve hätte darnach seinen platz ursprünglich in dem die zweite verbannung des helden behandelnden teile. Die zusammenfügung der verschiedenen elemente werde am ehesten Nordwestfrankreich zuzuweisen sein. Zu den Wikingersagen kann somit die Boevesage nicht gezählt werden.

E. Guy of Warwick.

Diese sage zerfällt in zwei teile: einen ersten mit ausgesprochen höfischem charakter, der die gewöhnlichen motive der konventionellen französischen ritterdichtung verwertet, und einen zweiten, geistlich-asketisch angehauchten mit manchen reminiscenzen aus der Eustachius- und Alexiuslegende. Die wurzeln einer solchen kombination können nicht über das jahr 1100 zurückreichen, und in ihrer gesamtheit wird man die sage nicht als eine eigentlich volkstümliche ansehen dürfen. Auch der zweikampf Guys mit dem riesen Colbrand ist keine altenglische volkssage; das wird durch die namen und die ergebnislos verlaufene prüfung auf etwaige historische unterlagen ausgeschlossen. Vielmehr müssen wir in der Guysage eine literarische verherrlichung des geschlechtes der Wallingfords bezw. des geschlechtes von Ardene nach dem vorbild des *Moniage Guillaume* und der Ogiersage erblicken.

In den schlufsbetrachtungen betont D. noch einmal, dafs der anteil der Angelsachsen an diesen Wikingersagen äufserst gering ist. Die grofse zeit der Wikingereinfälle hat die angelsächsische sage nicht befruchtet; D. will dies dem

mangel der Angelsachsen an phantasie und erfindungsgabe
zuschreiben, der sich ja schon in alter zeit im fehlen eigentlich
angelsächsischer sagen und der vorliebe für stammfremde
überlieferungen im Beowulf usw. äufsern. Nur wo sich im
norden Englands Germanen und Kelten inniger mischen, ist
ein ansatz zu neuer sagenbildung oder wenigstens weiterentwicklung keltischen sagengutes zu beobachten. Ein neues
sagenzentrum scheint sich seit dem 11. jahrh. im ehemaligen
Ostanglien bilden zu wollen, wohl auch erst unter der einwirkung der dort eingedrungenen nordischen bevölkerung.
Westsachsen, Kenter und Mercier erweisen sich als ganz un-
produktiv. Im gegensatz zu den Angelsachsen haben die
Wikinger in England über eine reiche sagenüberlieferung ver-
fügt: bei ihnen entstanden z. b. die sagen von Sivard, Gormund,
Brennius, Ragnar Loðbrok, vom Bärensohn Böðvar Bjarki,
die sich vielleicht in älterer gestalt noch in der Hereward-
sage abspiegelt.

Den schlufs bilden einige mehr anregende, als abschliefsende
bemerkungen über die sagengeschichtlichen beziehungen Englands zu Deutschland im 11. bis 13. jahrhundert.

Im allgemeinen wird man dem verfasser das zeugnis nicht
vorenthalten dürfen, dafs er bemüht gewesen ist, nirgends die
bedingungen der sagenentwicklung und die rolle, welche geschichtliche, märchenhafte und poetische elemente dabei spielen,
aus den augen zu verlieren. Phantastischen kombinationen
abhold, hat er mit umsicht und mit einem durch die beobachtung
aufserenglischer verhältnisse geweiteten blick auf grund sprachlicher argumente wie auch einer literargeschichtlichen und
psychologischen analyse der erzählungen älteres und neueres,
ursprüngliches und sekundäres zu scheiden und so zu einer
sicheren vorstellung von der geschichtlichen entwicklung derselben zu gelangen gesucht. Und doch läfst sich ein bedenken
nicht völlig unterdrücken. Es ist nicht bedeutungslos, dafs
alle in frage stehenden stoffe nur in dichtungen erhalten sind,
die ihrem ganzen charakter nach — ob derselbe mehr ein
höfischer oder mehr ein spielmännischer ist, verschlägt zunächst
nichts — nicht über das 12. jahrhundert hinaufreichen können,
eben jenes jahrhundert, das man nicht mit unrecht als die
blütezeit der novellistik im westlichen Europa bezeichnet hat.
Es ist nicht zu bezweifeln, dafs die lust am fabulieren, die

aus Gottfrieds von Monmouth geschichtswerk an allen ecken
und enden hervorlugt, auch in England verbreitet war. Man
wird darum fragen müssen, ob man recht daran tut, in allen
den geschichten, die jetzt auftauchen, einen historischen kern
zu suchen und die für Boeve und Guy of Warwick von D.
selbst zugegebene möglichkeit, dafs sie nichts anderes als er-
zeugnisse dichterischer erfindungsgabe, mehr oder weniger neue
verbindungen beliebter erzählungsmotive ohne reale grundlage seien, zu verneinen. Die berechtigung solcher bemühungen
wird nur dann — indessen nicht ohne gewisse vorbehalte —
zuzugeben sein, wenn die namen der hauptpersonen und -ört-
lichkeiten sich decken mit denen von geschichtlich beglaubigten
menschen, deren schicksale denjenigen der helden der dichtung
gleich oder wenigstens ähnlich sind. Vorbedingung für eine
solche gleichsetzung der namen ist aber die sicherheit über
ihre ursprüngliche gestalt in der dichtung. Diese sicherheit
ist aber nicht immer erreichbar, weil die verschiedenen versionen oft von einander abweichen, ohne dafs ein entscheid
darüber, welche von ihm dem ursprünglichen am nächsten
kommt, möglich wäre. (Vgl. auch Morsbach in den Beiträgen
zur roman. u. engl. Philol. Festgabe für Förster s. 298 anm. 2.)

Es scheint mir darum bedenklich, z. b. bei der Horngeschichte sich auf die namen des englischen K H zu beschränken.
Für die untersuchung der herkunft der sage können m. e. nur
die namen in betracht kommen, welche durch das überein-
stimmende zeugnis aller versionen als zum grundbestand gehörig erwiesen sind. Das sind die namen *Horn, Fikenhild*
(bezw. *Wikel, Wikle*), *Rimnild, Modi(n)*, also ausschliefslich
namen, die nur in dem von D. als Hornnovelle ausgeschie-
denen teil (A) einen platz haben. Wenn nur diese namen in
der überlieferung festhaften, wird man sich schwer entschliefsen,
gerade A als jüngere, ausschmückende fortbildung einer mehr
geschichtlichen version B anzusehen. D.'s aus der betrachtung
der komposition des K H gewonnenen argumente scheinen mir
nicht überzeugend genug, um den ausschlag zu geben. Mir
macht im gegenteil die schilderung der ereignisse in Irland
den eindruck, sie sei eine keineswegs hervorragende wiederholung der motive aus Horns aufenhalt bei Rimild, ersonnen,
um die siebenjährige probezeit der abwesenheit Horns einigermafsen auszufüllen. Der von D. festgestellte unterschied

zwischen A und B in den namen kann daher für die bestimmung der herkunft der sage kaum ausgenützt werden.

Wenn aber D. weiter meint, die namen von A seien durchweg englischen ursprungs, so kann ich ihm auch darin nicht völlig beistimmen. Der name *Horn* ist ae. nicht zu belegen; erst im Domesdaybook tritt er als zuname auf. Daſs diese namenform zum mindesten in den uns bekannten versionen der sage vorausgesetzt wird, zeigen die überall vorhandenen wortspiele mit dem gleichlautenden sachnamen. Ob der name im nordischen gebräuchlich war, ist mir nicht bekannt; meines wissens ist er bisher nicht nachgewiesen; nur der sehr ähnliche *Horm* bei jenem Wikinger, mit dem man Horn auch sagengeschichtlich in verbindung gebracht hat. Freilich besteht die möglichkeit, dafs dieses *Horm* romanische schreibung für *Orm*, einen verbreiteten Wikingernamen, ist; in ermangelung des werkes von Steenstrup, welches die belege dafür bietet, muſs ich dies dahingestellt bleiben lassen. So viel aber dürfte sicher sein, dafs mindestens ebenso gut oder eher als englisch, der name des helden nordisch sein kann.

Für *Fikenhild* schliefst D. sich Morsbachs ausführungen an, welcher den ersten teil zu *fikenung* (betrug), ae. adj. *ficol* stellt und die für ein maskulinum sehr auffallende bildung auf -*hild* den Franzosen zur last legt. Aber eine zusammensetzung mit *ficel* oder *ficen* (wenn ein solches überhaupt existierte!) wäre in der englischen namenbildung unerhört; und ob man ein recht hat, den Franzosen des 11. und 12. jahrhunderts mit ihrem ansehnlichen eigenen besitz an germanischen personennamen eine solche miſsachtung aller regeln der germanischen namenbildung zuzutrauen, ist doch unsicher. Näher liegt wohl der gedanke an eine durch einen oder mehrere schreiber herbeigeführte entstellung des namens, besonders angesichts der in den französischen quellen zu findenden formen *Wikel, Wikle,* die doch mit *Fikenhild* auf eine gemeinsame grundlage zurückgehen müssen. Über diese vermutungen anzustellen, wäre ein ziemlich aussichtsloses unternehmen. Die französischen formen würden wohl am ehesten auf ein nordisches *Wiglek* (französisch *Wiklek*?) führen.

Der name der geliebten Horns kann in alter zeit nur *Rimhild* gelautet haben. Von dieser form zu *Rimenhild* eine brücke zu schlagen, wäre bei dem heutigen stande der namenforschung nicht leicht, meint Morsbach. Vielleicht doch, wenn man schriftliche, nicht mündliche überlieferung voraussetzen darf, bei der ein mit dem ziemlich seltenen namen nicht ganz vertrauter schreiber das *h* zu *n* verlesen, aus *Rimhild* eine *Rimnild* gemacht hätte. Spätere einschiebung eines *e* zwischen *m* und *n* wäre ja leicht verständlich. Die heimat dieses namens ist nicht mit sicherheit zu bestimmen. Die bestandteile, wie die zusammensetzung sind westgermanisch allgemein gebräuchlich. Ob auch im Nordischen *Rim-* im ersten teil von namen begegnet, kann ich leider nicht feststellen.

Endlich bleibt noch *Modi* von *Reynis*. Morsbachs verknüpfung mit dem anord. götternamen *Moði* weist D. wohl mit recht ab, und meint, einen westgermanischen namen darin sehen zu müssen. Warum, ist nicht ganz klar; vielleicht weil nordische abkunft seiner hypothese über die Hornnovelle zuwiderliefe? Der name klingt unbestreitbar nordisch. *Modi* stammt aus *Reynis*. Morsbach sagt, wahrscheinlich sei dies ein wirklicher oder fingierter germanischer ortsname, zu zerlegen in *Reyn* + *is* = *regn* + *is*. Kann M. wirklich parallelen zu einer derartigen ortsnamenbildung vorbringen? Da ja die geschichte in der Bretagne spielt, ist doch kaum daran zu zweifeln, daſs *Reynis* nichts anderes als altfranz. *Reinnes*, heute *Rennes* ist, und es könnte wohl in dem freier *Modi* aus *Reynis* eine erinnerung an irgend einen normannischen groſsen stecken.

Fassen wir zusammen, was sich aus diesen paar namen im verein mit den schauplätzen der erzählung für die nationalität der helden gewinnen läſst, so scheinen die nordleute mehr anspruch darauf zu haben als die Engländer, sie hervorgebracht zu haben. Daſs es aber Nordleute in Irland gewesen seien, dafür liegt kein zeugnis vor; ebenso wenig finden sich spuren englischen einflusses. Da nun Morsbach überzeugend nachgewiesen hat, daſs auch der englische KH aus einer französischen quelle geflossen ist, so wird es mir wahrscheinlicher, daſs die Horngeschichte von den Nordleuten in Frankreich, den Normannen, ausgebildet und auch von ihnen nach England eingeführt worden ist.

Für die erörterung der Haveloksage bildet die gleichung *Haveloc = Aveloc =* cymbr. *Abloec =* is. *Amlaibh =* nord. *Anleifr* und die daraus abgeleitete gleichung „*Haveloc Cuaran*

lautgesetzlich = dem historischen Wikinger *Anlaf Cuaran*"
den grundpfeiler. Ich muſs mich zu denen bekennen, welchen
die richtigkeit dieser mit groſser sicherheit vorgetragenen
voraussetzung nicht einleuchtet (vgl. Förster, Angl. Beibl. 14, 13).
Mit der überlieferten form des namens ist auf germanischem
boden nichts anzufangen; eine leise änderung, die unter der
voraussetzung schriftlicher tradition erlaubt und nicht zu ver-
wegen wäre, würde uns aber gestatten, den namen für Engländer oder Skandinavier in anspruch zu nehmen. Wenn *v*
aus *þ* verlesen wäre, so hätten wir eine fortsetzung des ae.
namens *Haþulac*, die gewiſs bedeutend weniger lautliche
schwierigkeiten böte, als die von D. angenommene gleichung.
Daſs eine solche verwechslung von *v* und *þ* nicht vereinzelt
dastände, weiſs jeder kenner mittelenglischer handschriften.
Eine willkommene parallele bietet ein *Havegrim* im Liber
vitae von Durham ed. Stevenson s. 60, den ich als aus *Haþe-
grim* entstellt zu erklären kein bedenken trage. Auch der
cymrische ursprung der frauennamen *Orewen* und *Argentille*
scheint mir keineswegs ganz sicher. *Orewen* könnte wohl für
Orwen und dieses für *Ordwen* stehen, das ich zwar im Ae.
tatsächlich nicht belegen kann, das aber in hinsicht auf die
bestandteile und ihre verwendungsweise kaum unmöglich wäre.
Argentille sieht französisch aus. Aber wenn man bedenkt,
daſs ihr vater im französischen Lai *Ekenbriht* (aus *Erkenbriht*)
und in einigen hss. Gaimars *Achebrit* (ebenfalls entstellt aus
Erkenbriht) neben *Adelbrict* heiſst, so möchte man nach dem
oft zu beobachtenden verfahren bei der namengebung fast
schlieſsen, daſs das *Argen-* aus *Ercen-* entstellt sei, der ganze
name vielleicht *Ercenhild* gelautet habe.[1]) Jedenfalls scheint
mir D.'s bemühung, den namen *Adelbrict*, den er allein in
betracht zieht, als cymrisch zu erweisen, gezwungen. Mir
scheint aus der übereinstimmung von Lai und Gaimar mit
gröſserer wahrscheinlichkeit hervorzugehen, daſs der name des
vaters ursprünglich *Ercenbriht* gelautet habe. Da er im süden
des landes bei den *Surois* seinen sitz hat, so würde dieser im
kentischen herrscherhaus sich findende name gar nicht schlecht
für ihn passen. Auch die namen von Haveloks eltern, *Gunter*

---

[1]) Man vergleiche *Arcantildis* und *Ercantildis* im pol. Irm. s. 27, bezw.
136, neben *Ercanildis, Hercanhildis*.

und *Alvive*, können ganz wohl aus englischem *Guðhere* und *Ælfgifu* hervorgegangen sein, der name des vaters natürlich unter französischem einfluſs umgemodelt. Vielleicht lieſse sich auch der name von Haveloks groſsvater *Gaifer* ebenso gut auf ein ae. *Wǣgferð zurückführen, wie auf ein kontinental-französisches *Waifier* < *Waifari*.

Daſs nur die namen der beiden ungetreuen, *Edelsi* und *Edulf*, englisch seien, kann ich somit nicht anerkennen und muſs daher auch die aus dieser beobachtung gewonnenen sagengeschichtlichen schlüsse für hinfällig ansehen. Man könnte mit mehr recht vielmehr sagen, daſs gerade die namen der sage, diejenigen der später hereingekommenen glieder der familie Grims ausgenommen, ein englisches gepräge tragen. Ein solches verhältnis stünde im einklang mit D.'s annahme, daſs Dänemark ursprünglich in der sage keine rolle gespielt haben könne (s. 137) und daſs Northumbrien einmal der schauplatz gewesen sei (s. 119). Ist diese auffassung der namen richtig, dann hängt die verbindung mit dem Wikinger Anlaf Cuaran nur noch an dem dünnen faden der gleichheit der beinamen. Ob der stark genug ist? Dies soll hier nicht mehr untersucht werden. Die besprechung ist ohnedies schon lange geworden; darum unterdrücke ich auch die bemerkungen, die ich zu den übrigen teilen des buches zu machen hätte. Vielleicht darf ich bei anderer gelegenheit auf den gegenstand zurückkommen. Doch möchte ich nicht ohne dank für manche belehrung und anregung D.'s arbeit aus der hand legen.

Basel. Gustav Binz.

Arthur Ritter von Vincenti, Dr. phil., **Die altenglischen Dialoge von Salomon und Saturn.** Mit historischer Einleitung, Kommentar und Glossar. Erster Teil. Leipzig, Deichert, 1904. A. u. d. T.: **Münchener Beiträge zur romanischen und englischen Philologie** herausg. von Breymann und Schick. 31. Bd. XXI und 125 Seiten. Preis M. 3.60.

Eine Münchener doktorschrift, deren zweiter teil „in nicht allzu weiter ferne nachfolgen und die lautlehre, den unter nochmaliger vergleichung der handschriften hergestellten kritischen text mit beigefügtem kommentar und glossar" enthalten soll, während der jetzt vorliegende erste in der einleitung die

allgemeine geschichte der sagen von Salomo bringt, in einem
ersten hauptteile aber die überlieferung, die fassungen und
den inhalt der altenglischen sage darstellt. Nicht weniger als
zwölf seiten füllen die titel der zu dieser forschung benutzten
schriften.

In der einleitung also behandelt Vincenti die allgemeine
geschichte der sagen von Salomo, d. h. er stellt in kurzer
übersicht zusammen, was darüber bekannt geworden ist. So
hören wir von den biblischen berichten über Salomo und von
den kabbalistischen und talmudischen erzählungen, in denen
seine beziehungen zur geisterwelt zuerst vorkommen, und dann
von den arabischen legenden von Salomo und Sachr, Salomo
und Bilquîs, Salomo und Schachruch, u. a. Aus dem morgen-
lande wanderte die sage ins abendland, wo sie einen riesen-
erfolg hatte, in alle sprachen übersetzt und fast überall auch
poetisch behandelt wurde; da hören wir denn von den griechisch-
byzantinischen fassungen der sage, besonders vom 'Testamentum
Salomonis', von den serbisch-bulgarischen, von den drei verschiedenen russischen und von den polnischen und der welschen;
ferner von der altenglischen, der die vorliegende untersuchung
gewidmet ist, von den germanischen, nämlich dem spielmanns-
epos 'Salman und Morolf', dem spruchgedichte 'Der andere
Morolf', den fastnachtspielen von Hans Foltz und von Hans
Sachs, u. a.; endlich von der nordischen, der niederdeutschen,
der dänischen, der schwedischen und der norwegischen. Dann
werden die beiden französischen gedichte von 'Salomon et
Marcoul' erwähnt und die anklänge an die sage von Salomon
in der von Hüon (Horn, Ring u. a.), ferner die italienischen
schwänke vom Bertoldo-Markolf und die verschiedenen portu-
giesischen fassungen. Unter allen diesen abendländischen bearbeitungen der sage ist unsere altenglische die älteste; sie
umfaſst drei verschiedene gespräche des christlichen königs
Salomo mit dem heidnischen, aus einem riesengeschlechte
stammenden Saturn. In dem ersten, in versen geschriebenen
erklärt Salomo die überlegenheit des vaterunsers über die
teufel in ganz orientalischer art und in anlehnung an die
jüdischen und arabischen dämonensagen; das zweite, in un-
gebundener sprache, erinnert mit der beschreibung des vaterunsers als riesen an die talmudische beschreibung des Aschmedai
(Asmodeus); im dritten, wieder in versen, läſst sich Saturn

über allgemeine dinge, wie den fall der engel, das alter, das
schicksal u. a. belehren.

Im nächsten hauptteile geht Vincenti zunächst auf die
überlieferung der altenglischen sage ein, wobei er die
fassung in der hs. Cotton Vitellius A. XV als ·im inhalte vollkommen abweichend von vornherein ausschliefst; er bespricht
kurz die ausgaben und textbesserungen von Kemble, Bouterwek,
Grein, Rieger, Sweet, Schipper, Zupitza, Afsmann und Holthausen und gibt an, dafs seine ausgabe alle lesarten enthalten
wird, ferner umfassende erläuterungen mit angabe zahlreicher parallelstellen, und ein vollständiges wörterbuch.
Weiter stellt nun Vincenti die auffassungen der verschiedenen
forscher vom wesen dieser gespräche zusammen, die von Cony-
beare, Kemble, Morley, Hofmann, Sweet, Hammerich, Schaum-
berg, ten Brink, Grein, Vogt, Earle, Wülker, Ebert, Duff,
Brooke, Körting, Förster, Garnett und Gosse; und dann gibt
er eine ausführliche und genaue beschreibung der beiden handschriften, in denen sie uns erhalten sind, eine übersicht über
ihre abweichungen von einander, und ein verzeichnis der handschriftlichen längezeichen.

Dann geht der verfasser genau auf den inhalt der drei
altenglischen gespräche ein, die ganz unabhängig von einander
sind, und sicherlich nur der äufserlichen ähnlichkeit wegen
— weil nämlich Salomo und Saturn in den beiden poetischen
auftreten, und weil in dem prosaischen wie in dem ersten von
jenen vom vaterunser die rede ist —, in einer handschrift
vereinigt wurden. In dem ersten gedichte schildert Salomo
die gewalt des Paternosters, das als silberblättriger, edelstein-
gezierter palmbaum dargestellt wird. In der prosa wird von
den kämpfen des teufels mit dem Paternoster erzählt und
dieser als ein riese von unermefslicher gröfse beschrieben.
Diese prosa bricht bei der schilderung des purpurbanners des
vaterunsers ab; und hier fehlt ein blatt der handschrift, das
aber nach Vincenti nicht etwa den schlufs dieses prosage-
spräches enthalten haben wird, sondern die fortsetzung des
zweiten gedichtes, mit dessen schlufsversen die erste seite des
folgenden blattes beginnt; als solche nämlich spricht Vinceti
diese, die bisher für den schlufs des ersten gedichtes gehalten
wurden, an, und zwar weil lautliche gründe dafür sprechen.
(Auf s. 64 unten scheint eine zeile ausgefallen zu sein, so dafs

des verfassers gedankengang hier nicht klar zu verfolgen ist.)
Er beschäftigt sich dann sehr eingehend mit dem inhalte des
zweiten gedichtes, worin orientalisch - rabbinische, christliche
und germanisch - heidnische bestandteile aller art vermischt
sind zu ernst - lehrhaften auseinandersetzungen in rätselform
über den schnee, das welken der blätter, wasser, feuer und
sonne, über bücher, über das alter, über Lucifers sturz, den
schlaf, den tod, das schicksal als tochter des todes, das jüngste
gericht usw. usw.

Als anfang der entstehungszeit dieser gespräche spricht
Vincenti die zeit an, „in der das christentum noch nicht den
endgültigen sieg über das germanische heidentum errungen
hatte, und die kirche es für nötig erachtete, die vorzüge der
christlichen lehre durch wahre oder erdichtete erzählungen
glaubwürdiger darzustellen", weil in allen drei fassungen
christentum und heidentum sich gegenüberstehen; als endpunkt
aber, für das zweite gedicht wenigstens, das jahr 1000, worauf
ein „bald" im verse 320 deutet, als vom ende der welt die
rede ist, das man ja an diesen zeitpunkte erwartete. Endlich
streift der verfasser die berührungspunkte mit dichtungen
ähnlicher art, namentlich mit dem nordischen *Vafþrúðnirsmól*.

Des weiteren bespricht Vincenti dann „die persönlichkeiten
des Salomo und Saturn". Von Salomo ist wenig zu sagen, er
erscheint als sohn Davids und könig der christenheit, der den
heiden Saturn über christliche dinge aufklärt; seine frau, von
der in den anderen Salomosagen soviel erzählt wird, wird gar
nicht erwähnt. Saturn ist ein besonders belesener und weit-
gereister fürst der Chaldäer, der heide ist und zur lehre Christi
angeregt sein will; mit dem römischen gotte hat er nur den
namen gemein, aber er besitzt germanisch-heidnisches wissen.
Als bruder Salomons ist·er nicht anzusehen, denn *bróðor* ist
nicht im wörtlichen sinne zu nehmen, sondern als die beliebte
bezeichnung der fürsten untereinander, was der verfasser auf
s. 91 eingehend und überzeugend begründet. Er verbreitet
sich dann über das vorkommen des gottes Saturn im altenglischen schrifttum, ferner über das des sterns Saturn und das
des märterers Saturninus.

Wie kam es nun, dafs Saturn als Chaldäerfürst dem
Salomon gegenübergestellt wird? Man glaubte Saturn zunächst aus Griechenland gekommen und stellte ihn dann mit

dem dortigen Kronos gleich; dieser hinwiederum wurde als kinderverschlinger dem phönizisch-kanaanitischen moloch gleichgestellt (ammonitisch Milkom, syrisch Malcum). In der astrologie aber wird der planet El-Moloch oder Kronos-Saturn zum wichtigsten schicksalsbestimmer, dem der samstag gewidmet ist, also der Sabbat. Bei den Chaldäern aber, die schon frühe als wahrsager und schicksalsbestimmer bekannt waren, wird Saturn als mann abgebildet, der über die geheimen wissenschaften nachsinnt; das stimmt denn gut zu den gesprächen mit Salomo. Die altenglischen verfasser stellten so der göttlichen weisheit Salomos die gelehrsamkeit des angesehensten heidnischen fürsten gegenüber und wählten dazu den Chaldäerfürsten. Durch eine verwechslung von Malcol (Moloch) mit Marcol(f) ist Saturn als gegenredner zu Salomo gekommen; dieser Marculf, der es in den anderen sagen ist, erscheine — d. h. der name — in der englischen literatur nur bei der aufzählung der länder, die Saturn durchwandert hat, in unserem zweiten gedichte, wo (188) ein *Marculfes eard* genannt werde, und in *Widsið*, wo ein *Mearchealf* über die Hundinger herrscht. Beides dürften nicht dieselben personen, und auch nicht mit dem gegenredner Salomos gleichbedeutend sein, meint Vincenti mit recht, übersieht aber, dafs dieser tatsächlich doch im englischen schrifttum vorkommt, wie ich in der Anglia achtzehntem bande nachgewiesen habe. Beim Shropshirer John Audelay nämlich kommen die verse vor:

I Marcol þe more fole mon on my mad wyse,
   I send þe broder Salamon to say as I here,
   Hou homle hosbondusmen here hertis þai aryse,
   þai woldon þai wroȝton wysely þat shuld ham lede & lere.

Sie sind schwer erklärbar wie die ganze dreizehnzeilige strofe, zu der sie gehören. Am ende des achtundsiebzigstrofigen gedichtes beruft sich der dichter nochmals auf Marcol; da heifst es:

þus Salamon haþ sayd þe soþ verement,
   As Marcol þe more fole warned hym — I wene —;
   Bot ȝif his draȝt be draun wel þai go & wil be schent
   & schal turne trenle to turment & to tene.

Dazu ist zu vergleichen, was Kemble in seiner ausgabe von Salomon und Saturn über die französische fassung der sage mitteilt: „The popular feeling took another turn with Marcol,

and dubbed him deservedly 'Marcol le foole'", und ferner:
„Ms. Trin. Coll. Cam. R. 3. 19. This was written in England
.... and has the following epigraph: 'Veez cy une desputacoun
entre Salamon ly saage, & Marcoulf le foole', and in addition
the following running title: 'Salamon þe wyse, and Marcolf
þe more foole'."

Im vorletzten abschnitte beschäftigt sich Vincenti mit der
frage, ob wir auch einen Saturn oder Sætere als germanischen
gott ansehen dürfen, wie es Jakob Grimm sowie Kemble getan
haben, und widerlegt deren ansichten darüber eingehend. In
einem kurzen schluſs-abschnitte wird dann noch die quellenfrage erörtert. Vincenti hat die vorlage der altenglischen
verfasser noch nicht ausfindig machen können, und er meint,
diese quellenfrage sei um so schwieriger zu entscheiden, als
diese verfasser uns keine quellen angeben, und auch die anderen bearbeiter der sage uns hier im stiche lassen.

So bringt Vincenti denn in diesem hefte nicht gerade
viel neues, aber er bietet doch besonders eine geschickte und
kritische übersicht über die bisherigen forschungen, und man
darf gespannt sein auf den das werk vollendenden zweiten band,
die eigentliche ausgabe, nach deren erscheinen erst ein ab-
schlieſsendes urteil über die arbeit des verfassers gebildet
werden kann.

Bonn, am 5. November 1906.   J. Ernst Wülfing.

Die Chapman zugeschriebene tragödie
'Revenge for Honour'.

In einem buche über den dramatiker Webster von Elmer
E. Stoll, betitelt 'John Webster. The Periods of his Work as
determined by his Relations to the Drama of his Day', Boston
1905 (vgl. die besprechungen von Saintsbury, E. St. XXXV. 411 ff.;
Brandl, Archiv CXV, 229 f.; Fischer, Shakespeare-Jahrb. XLII,
281 f.) steht p. 214 anm. eine bemerkung, die ich nicht un-
widersprochen lassen kann. Stoll versucht eine verbindung
herzustellen zwischen der 1653 als ein werk Glapthorne's ein-
getragenen und 1654 als ein werk Chapmans gedruckten
tragödie 'Revenge for Honour' und der seiner ansicht nach
für dieses drama vorbildlichen tragödie 'Cupid's Revenge' von
Beaumont und Fletcher, aufgeführt 1612. Daraus ergibt
sich für ihn das jahr 1612 als *terminus a quo* für die ent-

stehungszeit von RH., in welchem jahr der von Stoll als verfasser angenommene Chapman (geb. 1558/59) allerdings kein
junger mann mehr war. Dann fährt Stoll fort: *This quashes
the conjecture of Koeppel* — der wohl noch jugendliche dramatiker .., *and .. still stronger*, mir machen 'Revenge for
Honour' und 'Alphonsus' mit ihrer häufung von gräueln,
ihrem gemetzel einen entschieden jugendlichen eindruck.
*Another example of the fruits of that judging of an author's
work separately, according to preconceived notions of the crudity
of youthful work and without regard for the influences and
traditions which have presided over the making of it* (*cf. App. I
as to Collins on the 'Atheist's Tragedy'*).

Ganz abgesehen davon, dafs es ein starkes stück ist, zu
sagen, ich hätte RH. einzeln beurteilt, während ich mich damals
diesem drama erst nach dem abschlufs meiner quellenstudien,
nach einer genauen prüfung aller unzweifelhaft echten werke
Chapmans zuwandte, mufs jeder leser aus den zitierten worten
schliefsen, ich hätte die beiden von Stoll genannten tragödien,
RH. und Alph., für jugendwerke Chapmans erklärt. Ich mufs
deshalb betonen, dafs ich ganz im gegenteil damals in den
unzweideutigsten worten gesagt habe, dafs ich die beiden
tragödien überhaupt nicht für werke Chapmans, sondern für die arbeiten unbekannter jugendlicher autoren halte,
eine ansicht, zu der ich mich auch jetzt noch bekenne. In
dem RH. gewidmeten abschnitt meiner studien (Q.u.F. LXXXII)
habe ich von dem dichter als 'unserem unbekannten dramatiker' gesprochen (p. 72) und in der unmittelbar folgenden
betrachtung des 'Alphonsus' die beiden tragödien scharf von
den echten werken Chapmans getrennt in folgenden, nicht
mifszuverstehenden worten: 'Ich bin geneigt, auch bei diesem
drama, wie bei RH., an eine weitgehende selbständigkeit des
verfassers oder der verfasser zu glauben, und finde in diesem
glauben eines der argumente gegen die autorschaft Chapmans,
der sich in seinen tragödien seinen quellenwerken oft und eng
anschliefst. .... Aber es gibt eine erwägung, die uns die
beteiligung Chapmans an der abfassung der beiden zuletzt
besprochenen tragödien überhaupt sehr zweifelhaft erscheinen läfst: in den echten tragödien überwiegt die dichterische stimmung, die gedanken-, wort- und gleichnifsfülle
des dichters belastet und hemmt die entwickelung, die hand-

2*

lung ist nebensache, der dialog die hauptsache — in den
beiden fraglichen tragödien drängt der dramatiker, der stets
auf bühnenwirkung und knalleffekte bedachte *playwright* den
dichter in den hintergrund, die handlung ist die hauptsache,
nicht die poetische ausschmückung des dialogs. Ob wir uns
diese grofse verschiedenheit, dieses vorherrschen des stofflichen
interesses in der letzteren gruppe damit erklären dürfen, dafs
wir die beiden ehrgeiz-tragödien als alterswerke Chapmans
betrachten [wie Elze und Swinburne], möchte ich stark bezweifeln. Mir machen RH. und Alph. mit ihrer häufung von
gräueln, ihrem gemetzel einen entschieden jugendlichen eindruck' (p. 78 f.). An dieser erklärung habe ich auch heute
noch kein wort zu ändern.

Stolls bemerkung *quashes* somit nur unser vertrauen auf
seine zuverlässigkeit bei der benutzung der arbeiten seiner
vorgänger.

Mit der annahme, RH. sei kein werk Chapmans, stehe
ich übrigens keineswegs allein. Schon Bullen hatte in seinem
Chapman-artikel des DNB. gesagt: '*Revenge for Honour*', *a
very sanguinary drama, shows occasional traces of Chapman's
mannerisms, but the authorship cannot be assigned to him with
any confidence. The plot is conducted with more skill than we
find in Chapman's undoubted tragedies. There is nothing of
the turgid bombast and nothing of the exalted eloquence that
deform and ennoble 'Bussy d'Ambois' and 'Byron'*, und auch
Fleay, BCh. II, 326 f. hat starke zweifel geäufsert. Stoll hingegen hält es nach seiner letzten äufserung über RH. in einem
aufsatz *On the dates of some of Chapman's Plays* (MLN. XX,
206 ff.) für möglich, dafs Chapman RH. erst in oder nach 1621,
oder vielleicht sogar erst 1624, also in den sechziger jahren
seines lebens, verfafst habe, eine für mich ganz unglaubliche
vermutung. Der einzige zeuge für die autorschaft Chapmans,
der drucker Richard Marriot, hat selbst geschwankt, wem er
das stück zuteilen solle. Angemeldet hat er es als ein werk
Glapthornes, auf das titelblatt seines druckes aber hat er den
berühmteren, allenfallsigen käufern noch mehr in die augen
stechenden namen George Chapman gesetzt, der aufserdem
noch den vorteil bot, dafs sein träger seit 20 jahren tot war,
während Glapthorne noch 1643 gedichte veröffentlichte und
noch länger gelebt haben kann; sein todesjahr ist uns nicht
bekannt. Ob Glapthorne irgendwie an dem uns vorliegenden

text von RH. beteiligt war, wird sich schwerlich feststellen
lassen; Bullen's äuſserung über RH. in seinem Glapthorne-
artikel des DNB. lautet: *Chapman had certainly no hand in
it, but it may have been revised by Glapthorne.*

Gegen Stolls annahme einer beeinflussung des unbekannten
verfassers von RH. durch Beaumont und Fletchers 'Cupid's
Revenge' hätte ich von meinem standpunkte aus keine bedenken, da ich schon 1896 unter dem frischen eindruck der
lektüre des dramas geschrieben habe: 'Ich halte es für durchaus
möglich, dafs der wohl noch jugendliche dramatiker sich den
plan selbst entworfen hat, mit mehr oder minder unbewuſster
verwertung nachhaltiger bühneneindrücke' (p. 1. c. p. 73). Es
könnte wohl sein, dafs das B.-F.'sche stück unserem anonymus
einen solchen starken, sein eigenes schaffen beeinflussenden
eindruck hinterlieſs, die von Stoll hervorgehobenen übereinstimmungen sind auffälliger art, und auch unter meinen eigenen,
vor ungefähr zehn jahren niedergeschriebenen notizen zu RH.
findet sich die bemerkung: Die art, wie die höflinge dem
kalifen von der groſsen volkstümlichkeit seines sohnes sprechen,
erinnert an 'Cupid's Revenge'. Zu sicheren ergebnissen können
wir freilich bei solchen vergleichungen nur selten kommen,
im hinblick auf die verwirrende fülle der motive und gestalten, die das üppig wuchernde drama bot[1]) — immerhin
scheint die annahme einer wirkung der bewundertsten dra-

---

[1]) Der ehrgeizige prinz Abrahen in RH. hat z. b. groſse ähnlichkeit
mit einem anderen orientalischen bühnenprinzen, dem herrschsüchtigen
Alaham, dem titelhelden der 1633 gedruckten tragödie des Fulke Greville,
Lord Brooke. Auch Alaham beseitigt vater und bruder, um selbst auf den
thron zu gelangen. Seine buhlerische gattin Hala ist ein weib von der
art der Caropia in RH.: wie diese ermordet auch sie den eigenen gatten
um ihren von ihm getöteten buhlen zu rächen. Die ermordung des Alaham
geschieht durch ein vergiftetes gewand, das ihm seine gattin gesandt hat.
Croll (The Works of Fulke Greville p. 38) denkt für diese vergiftung an
das klassische vorbild des todes des Herkules: ich möchte bei dieser gelegenheit bemerken, dafs es mir wahrscheinlicher ist, daſs Greville, der verfasser einer Mustapha-tragödie, an Moffans bericht über die ermordung
des prinzen Mustapha gedacht hat, in dem gemeldet ist, die sultanin Roxelane
habe versucht, Mustapha durch zusendung giftiger kleider zu beseitigen
(vgl. die oben genannte Streibichsche dissertation p. 9). Greville war somit,
wie diese auffällige übereinstimmung zu beweisen scheint, zur zeit der
komposition des 'Alaham' schon mit den berichten über die Mustapha-
tragödie vertraut, und es ist deshalb doch möglich und wahrscheinlich, dafs
der Alaham erst nach dem Mustapha entstanden ist, wie man aus den ver-
öffentlichungsjahren der beiden tragödien (Mustapha 1609, Alaham 1633)
von vornherein schlieſsen möchte. Croll nimmt für den Alaham aus un-
sicheren inneren gründen eine wesentlich frühere entstehungszeit an (vgl.
seine schrift p. 38 ff.).

matiker seiner zeit, Beaumonts und Fletchers, auf den namen-
losen verfasser von RH. *a priori* die wahrscheinlichkeit für
sich zu haben.

Eine andere, sehr beachtenswerte quellenvermutung hat
mir bald nach dem erscheinen meiner studien professor Schick
freundlichst mitgeteilt: er hielt es für möglich, dafs in der
handlung von RH. motive der geschichte des türkischen prinzen
Mustapha, des sohnes Solimans des Grofsen, enthalten seien.
An diese historische türkentragödie des 16. jahrhunderts waren
die Engländer zu anfang des 17. jahrhunderts durch ein viel
gelesenes werk, durch Knolles's 'History of the Turks' (1603),
aufs neue erinnert worden, welchem 1609 die tragödie 'Mustapha'
des Lord Brooke folgte; über die verbreitung des stoffes im
allgemeinen können wir neuerdings eine Freiburger dissertation
vergleichen von August Streibich 'Mustapha und Zeangir,
die beiden söhne Solimans des Grofsen, in geschichte und
dichtung' (1903).

Es ist nicht zu leugnen, dafs das schicksal des helden
der tragödie Rh., des arabischen prinzen Abilqualit, der von
seinem neidischen stiefbruder Abrahen bei seinem vater, dem
kalifen Almanzor, ehrgeiziger pläne verdächtigt und deshalb
auf befehl seines argwöhnischen vaters von verschnittenen —
scheinbar — erdrosselt wird, grofse ähnlichkeit besitzt mit
dem lose des historischen türkischen prinzen, der durch die
ränke seiner die krone für ihren sohn begehrenden stiefmutter
Roxelane seinem vater, dem sultan Soliman, verdächtig und
auf dessen geheifs von sklaven erwürgt wurde (1553). In der
authentischen geschichte erscheint auch ein stiefbruder des
ermordeten, Zeangir genannt, der jedoch ganz anders geartet
war, als der bösewicht des dramas, der prinz Abrahen: Zeangir
soll aus kummer über den tod des bruders selbstmord begangen haben. Der unbarmherzige Abrahen wäre vielmehr
als vertreter der tückischen feinde des Mustapha, der sultanin
Roxelane und ihres bundesgenossen, des grofswesirs Rustan,
ihres schwiegersohnes, anzusehen.

Die übereinstimmung in den grundzügen der haupt- und
staatsaktion ist eine grofse, aber die wichtigen nebenintrigen,
die ganze episode der Caropia, fehlen in der historie. Der
unbekannte, gewifs nicht unbegabte verfasser scheint eklektisch
verfahren zu sein, allerlei theater- und lese-erinnerungen

flossen in seinem geiste zu einem neuen ganzen zusammen. Freilich besteht doch auch noch die möglichkeit, dafs er eine noch nicht ermittelte orientalische geschichte, wie sie im jahrhundert des grofsen Soliman beliebt wurden und auch später noch lange beliebt blieben, dramatisiert hat. Die merkwürdigen namen im RH. scheinen doch auf eine literarische vorlage irgendwelcher art hinzuweisen, auf irgend einen bericht über blutige thronstreitigkeiten innerhalb einer der arabischen dynastien, denn nicht nur die bekannten namen Almanzor und Osman, sondern auch die namen Abilqualit, Abrahen, Tarifa, Mura stammen, wie mir professor Nöldeke freundlichst bestätigte, aus dem Arabischen. —

Als Stoll im August 1903 bei mir anfragte, ob ich eine arbeit über den dramatiker Webster als Strafsburger doktorschrift annehmen würde, antwortete ich ihm: Ja — nur müsse eine solche arbeit auch wirklich etwas neues bringen, sie dürfe kein *rearrangement of well-known facts* sein. Ich habe deshalb sein buch, das inzwischen nicht durch meine hände gegangen ist, mit besonderem interesse gelesen und mich gefreut, dafs es in der tat manches neue bringt. Die verschiedenen perioden im schaffen Websters und die jeweilig mafsgebenden einflüsse sind scharf herausgearbeitet. Auch Stolls bemerkungen über den einflufs Shakespeares auf Webster gehen über das von der früheren forschung gebotene hinaus, namentlich dadurch, dafs sich Stoll nicht mit der feststellung der ähnlichkeit einzelner stellen begnügt hat, sondern gröfsere beziehungen, wie Shakespeares vorbildliche wirkung auf die darstellung des kindlichen charakters und des volkes bei Webster ins auge gefafst und wahrscheinlich gemacht hat. Geradezu verblüffend war für mich die 1904 von Crawford in den *Notes and Queries* — deren fehlen auf der hiesigen bibliothek ich schon einmal beklagen mufste (vgl. Shakespeare-Jahrb. XLI, 199) — begonnene und von Stoll p. 89 ff. fortgesetzte enthüllung der stofflichen und wörtlichen entlehnungen Websters aus Sidneys Aradia — entlehnungen, die man fast auf eine stufe mit den Spenser-plagiaten des Selimus-verfassers stellen mufs! Überhaupt fühlt man nach der lektüre des Stoll'schen buches das dringende bedürfnis, Websters zwei grofse tragödien nochmals unmittelbar auf sich wirken zu lassen, um sich aufs neue zu überzeugen, dafs er trotz alledem, trotz aller beeinflussungen und nachahmungen, doch fähig war, zwei der bedeutendsten, erschütterndsten dramen seiner zeit zu schaffen.

Strafsburg, im September 1906.   E. Koeppel.

II. NEUE BÜCHER.

In England erschienen vom 1. Juli bis 1. Oktober 1906.

(Wenn kein ort angefuhrt, ist London zu ergänzen,
wenn kein format angegeben, 8° oder cr. 8°.)

1. Sprache.

a) **Oxford** English Dictionary (The) on Historical Principles. Ed. by Dr. James A. H. Murray. *Ph. — Piper.* Vol. 7. 4to. Clarendon Press.

Routledge's Standard Webster Pocket Dictionary. Compiled by Alfred B. Chambers. Narrow 18mo, limp. Routledge. 1/.

Velazquez de la Cadena (Mariano), A new Pronouncing Dictionary of the Spanish and English Languages. Revised and enlarged by Edward Gray and Juan L. Iribas. 2 vols. pp. 702, 782. Appleton. $^1/_4$-lr., ea., net, 15/.

b) **Emerson** (Oliver Farrar), An Outline History of the English Language. pp. 208. Macmillan. net, 3/6.

Late Eighth Century Latin-Anglo Glossary (A) Preserved in the Library of the Leiden University. Edit. by J. H. Hessels. Cambridge University Press. net, 10/.

Quiggin (E. C.), A Dialect of Donegal. Being the Speech of Meenawannia in the Parish of Glenties. Phonology and Texts. pp. 260. Cambridge Univ. Press. net, 10/.

Skeat (W. W.), The Problem of Spelling Reform. Roy. 8vo, sd. (H. Frowde) Oxford Univ. Press. net, 1/.

Boraston (J. Maclair), Professor Skeat and Spelling Reform. A Criticism. pp. 20. Sherratt & Hughes. sd., net, 6 d.

2. Literatur.

a) Allgemeines.

aa) **Thomson** (C. Linklater), A First Book in English Literature. Pt. 3. From Lyndsay to Bacon. Illust. pp. xi—355. H. Marshall & Son. 2/6.

Grierson (Herbert J. C.), First Half of the 17th Century. Periods of European Literature. pp. 412. W. Blackwood. net, 5/.

Illustrations of English Literature from Defoe to Burns. Edit. by C. L. Thomson. 12mo, pp. x—195. H. Marshall. 1/4.

Melville (Lewis), Victorian Novelists. With Portraits. pp. 321. A. Constable. net, 12/6.

Rowlands (Walter), Among the Great Masters of Literature; Scenes in the Lives of Great Authors. 32 Reproductions of Famous Paintings. pp. 240. Richards. net, 3/6.

Sharp (William), Fair Women in Painting and Poetry. New ed. 18mo. Seeley. net, 2/.

Beers (H. A.), A Short History of American Literature. T. Fisher Unwin. net, 3/6.

Vincent (Leon H.), American Literary Masters. Constable. net, 8/6.

bb) **Transactions** of the Royal Society of Literature. Vol. 27. Part 1. Asher. net, 3/.

Bagehot (Walter), Literary Studies. Miscellaneous Essays with additions. Vol. 3. New Impression (1902.) Re-issue. With Additions. (Silver Library.) pp. 400. Longmans. 3/6.

Stephens (Walter), Don Quixote. A Literary Study. Cassell. 6 d.

Dillon (Arthur), King Arthur Pendragon. 12mo, pp. 203. E. Mathews. net, 4/6.

Davidson (E. F.), An Introduction to Good Poetry. pp. 100. Blackie. 1/6.
Knollys (George), Ledgers and Literature. pp. 176. Lane. net, 3/6.
Story (Alfred T.), Books that are the Hearts of Men. pp. 154. Fifield. net, 2/6.
Wyndham (Henry Saxe), The Annals of Covent Garden Theatre from 1732—1897. 2 vols. pp. 400 and 376. Chatto & Windus. net, 21/.
cc) Readings in World Literature. Edit. by E. E. Speight. H. Marshall. net, 1/6.
Hadow (G. E. and W. H.), The Oxford Treasury of English Literature. Vol. I. Old English to Jacobean. pp. 368. (H. Frowde.) Clarendon Press. 3/6.
Treasury of Sacred Song (The) Selected from the English Lyrical Poetry of Four Centuries. With Notes Explanatory and Biographical by Francis T. Palgrave. New ed. 12mo, pp. 382. Clarendon Press. net, 2/; lr., net, 3 6.
English Poems I. Selected, Arranged, and Annotated for the use of Schools. By J. G. Jennings. 12mo. Macmillan. advanced to 1/3.
Lyra Britannica. A Book of Verse for Schools. In two Parts (Elementary and Advanced.) Selected and Arranged by Ernest Pertwee. 18mo. Routledge. Parts 1 and 2, ea., 1/.
Book of English Sonnets (A). Wellwood. net, 12/6.
Anthology of Humorous Verse (An) Ed. by Theodore A. Cook. 12mo, pp. 384. Hutchinson. net, 10 d.; lr., net, 1/6.

b) Literatur der älteren Zeit.

Chaucer. The Nun's Priest's Tale. (The Carmelite Classics.) 12mo, pp. 39. H. Marshall. 3 d.
Parvus Cato, Magnus Cato. Translated by Benet Burgh. Printed by William Caxton at Westminster about the year 1477. Photogravure Facsimile. Camb. Univ. Press. net, 15/.
"Everyman" a Morality. Illust. by Ambrose Dudley. 4to, pp. 54. A. Fairbairns. net, 3/6.
Shepherd's Offering (The) One of the Chester Miracle Plays. Edit. by H. H. Barre. pp. 53, sd. A. Fairbairns. net, 1/.

c) Literatur des 16.—18. Jahrhunderts.

North. Plutarch's Lives of Coriolanus, Cæsar, Brutus, and Antonius in North's Translation. Edit., with Introduction and Notes, by R. F. Carr. pp. 316. Clarendon Press. 3/6.
— Plutarch's Life of Caius Martius Coriolanus. North's Translation. Printed in Modern Type and Orthography as set for the Examinations. With Introduction and Notes by Augustus Jessopp and R. H. Allpress. (Oxford and Cambridge Edition.) pp. 72. G. Gill. 1/.
Marlowe (Christopher), Dramatic Works. (Muses Library.) 12mo, pp. 494. Routledge. net, 1/; lr., 2/.
Bacon, Selected Essays. Edit. by A. F. Watt, M. A. pp. 139. Clive. 1/6.
— Bormann (Edwin), Francis Bacon's Cryptic Rhymes and the Truth they Reveal. Roy. 8vo, pp. 251. Siegle, Hill & Co. net, 7 6.
Shakespeare (W.), The Tragedy of Antony and Cleopatra. Edit. by R. H. Chase. (Arden Edition.) pp. 272. Methuen. net, 2/6.
— The Two Gentlemen of Verona. Edit. by R. W. Bond. (Arden Edit.) pp. 162. Methuen. net, 2/6.
— Coriolanus. Edit. by Stanley Wood. Oxford and Cambridge Ed. pp. 304. G. Gill. 2/.
— King Henry IV. Part 1. Red Letter ed. 12mo. Blackie. net, 1/; lr., net, 1/6.
— Merry Wives of Windsor. (Red Letter ed.) 12mo. Blackie. net, 1/; lr., net, 1/6.
— The Merchant of Venice. Edit. by A. A. Brayley. (Normal Tutorial Series.) pp. 166. Simpkin. net, 1/6.
— A Midsummer Night's Dream. By A. F. Watt. Intro., Text, and Notes. (Univ. Tut. Series.) pp. xxxii—105. W. B. Clive. 2/.

Shakespeare (W.), Macbeth. With Introduction, Full Text, and Notes. Appendix, Examination Questions, Glossary, and Index to Notes by C. W. Crook. pp. 186. Ralph Holland. interleaved, 2/.
— Lee (Sidney), Notes and Additions to the Census of Copies of the Shakespeare First Folio. (H. Frowde.) Oxford Univ. Press. met, 2/.
— Sterling (S. H.), Shakespeare's Sweetheart. Port Pub. Co. net, 7/6.
— Clark (Mary Cowden), The Girlhood of Shakespeare's Heroines. 3 vols. (Everyman's Library.) 12mo. Dent. net, 1/; lr., net, 2/.
— Vietor (William), A Shakespeare Phonology. Nutt. net, 6/.
— Morley (George), Sweet Arden. A Book of the Shakespeare Country. 12mo, pp. 190. Foulis. net, 2/6.
Beaumont (F.) and Fletcher (J.), The Maid's Tragedy and Philaster. (Belles Lettres Series, Section 3.) 16mo, bds. Harrap. net, 2/6
Browne (Sir Thomas), Works. Vol. 1. (New Universal Library.) 12mo, pp. 272. Routledge. net, 1/; lr., net, 2/.
— The Religio Medici and other Writings. (Everyman's Library.) 12mo, pp. 314. Dent. net, 1 ; lr., net, 2/.
George Farquhar. Edit., with an Introduction and Notes, by William Archer. (The Mermaid Series.) 12mo, pp. 455. T. F. Unwin. net, 2/6; net, 3/6.
Young. Kind (John Louis), Edward Young in Germany. Historical Surveys. Influence upon German Literature. Bibliography. Columbia University Germanic Studies. Vol. 2. Nr. 3. pp. xiv—186, sd. Columbia University Press.
Percy's Reliques of Ancient English Poetry. 2 vols. (Everyman's Library.) 12mo, pp. 370, 450. Dent. net, 1/; lr., net, 2/.
Gibbon (Edward), The History of the Decline and Fall of the Roman Empire. Vol. 7. pp. 338. Methuen. sd., net, 1/; net, 1/6.
Burke (Edmund), Works. Vol. 1. (World's Classics.) 12mo, pp. 400. H. Frowde. net, 1/; lr., net, 1/6.
— Writings and Speeches. Vol. 2. With an Introduction by F. W. Raffety. 18mo, pp. xvi—385. Frowde. net, 1/.
Sheridan (Richard Brinsley), Plays. (Popular Classics.) 12mo, pp. 508. Hutchinson. net, 10 d.; lr., 1/6.
Blake, Swinburne (Algernon Charles), William Blake. A Critical Essay. New ed. pp. 352. Chatto & Windus. net, 6/.

d) Literatur des 19. Jahrhunderts.

Shelley (Percy Bysshe), Poems. Vol. 1. (Methuen's Standard Library.) Methuen. sd., net, 6 d.; net, 1/.
Keats (John), Odes, Sonnets, and La Belle Dame sans Merci. 16mo, bds. Wellwood. net, 3/6.
— Poems. (Methuen's Standard Library.) Methuen. sd., net, 1/; net, 1/6.
Scott (Sir W.), Novels. Everyman's Library. 12mo. Dent. ea., net, 1/; lr., 2/.
— — Home Library. W. Collins. ca., net, 1/.
— Quentin Durward. Edit. by W. K. Leask. 12mo. Blackie. 2/.
— The Abbot. Being a Sequel to "The Monastery". With Introduction and Notes by H. Corstorphine. pp. xvi—216. Black. 1/6.
Macaulay (Lord), Historical Essays. (New Universal Library.) 12mo, pp. 556. Routledge. net, 1/; lr., net, 2/.
Keble. Warren (William Thorn), Kebleland: Keble's Home at Hursley, &c. 2nd ed. Illust. pp. 142. Simpkin. net, 2/6.
Bronte (Charlotte), The Professor. To which are added the Poems of Charlotte, Emily, and Anne Brontë. With an Introduction by Theodore Watts-Dunton. 18mo, pp. xxii—427. Hy. Frowde. net, 1/.
Proctor (Adelaide Anne), Legends and Lyrics and other Poems. (Everyman's Library.) 12mo, pp. 344. Dent. net, 1/; lr., net, 2/.
Gaskell (Eliz. C.). The Worlds Classics. 18mo. Frowde. ea., net, 1/.
    (Mary Barton. With an Introduction by Clement K. Shorter.
    — Ruth.)

Gaskell (Eliz. C.). The Knutsford Edition Smith, Elder. ca., net, 4.6.
   (Mrs. Cranford and Other Tales. — Mary Barton and Other Tales.)
Dickens (Charles), Works. 21 vols. (Dickens's Fellowship Edition.) Chapman & Hall. net, 42/; lr., net, 63/.
— — Home Library. W. Collins. ca., net, 1/.
— Chesterton (G. K.), Charles Dickens. With 2 Portraits in Photogravure. pp. 312. Methuen. net, 7/6.
— Kitton (Frederic G.), Charles Dickens. His Life, Writings, and Personality. With numerous Illusts. 2nd Impression. pp. xiii—504. Jack. net, 5/.
Thackeray (W. M.). Home Library. W. Collins. ea., 1/.
   (Henry Esmond. — Vanity Fair.)
— Pocket Thackeray (The) Being Favourite Passages Chosen from the Works of William Makepeace Thackeray. By Alfred H. Hyatt. 32mo, pp. 224. Chatto & Windus. net, 2 ; net, 3/.
Kingsley (Charles), The Heroes. (Everyman's Library.) 12mo, pp. 298. Dent. net, 1/; lr., net, 2 .
— Westward Ho! pp. 596. W. Collins. 1/.
Elliot (George). Home Library. W. Collins. ca., 1/.
   (Adam Bede. — Silas Marner. — The Mill on the Floss.)
Browning Treasure Book (A) Extracts from Browning. Selected and arranged by Alice M. Warburton. 12mo. pp. 109. G. Bell. net, 2/6.
Ruskin (John), The Two Paths. Being Lectures on Art, and its application to Decoration and Manufacture. Delivered in 1858—9. 31st Thousand. 12mo, pp. 284. G. Allen. net, 1/; lr., net, 1/6.
— The Queen of the Air. Being a Study of the Greek Myths of Cloud and Storm. 12mo, pp. 246. G. Allen. net, 1/; lr., net, 1/6.
— Treasuries: Architecture. 32mo. G. Allen. net, 6 d.; lr., net, 1/.
— Treasuries: Economy. 32mo. G. Allen. net, 6 d.; lr., net, 1/.
Patmore (Coventry), Poems. With an Introduction by Basil Champneys. pp. xlvii—439. G. Bell. net, 6/.
Stevenson (Robert Louis), The Black Arrow. A Tale of the Two Roses. School ed. pp. 330. Cassell. 1/6.

    e) Neuste Gedichte und Dramen (einschl. Übersetzungen).

Chesson (Nora), Poems. Selected. 5 vols. Alston Rivers. net, 5/.
Todd (A. B.), Poetical Works. With Autobiography and Portrait. pp. 306. Oliphant. net, 5/.
Scott (Geoffrey), The Death of Shelley. The Newdigate Poem, 1906. Imp. 16mo, sd. B. H. Blackwell. 1/.
Burton (Richard), Rahab. A Drama in 3 Acts. Bell. net, 5/.
Carr (J. Comyns), Tristram and Iseult. A Drama in 4 Acts. pp. 71. Duckworth & Co. net, 1/6; net, 2/.
Hugo of Avendon. In 4 Acts. By E. L. M. 2nd ed. 4to. Low. 3/6.
Warren (A.), The Taking of Capri. A Drama. Stockwell. net, 1/.
Ibsen (Henrik), When We Dead Awaken. A Dramatic Epilogue. In 3 Acts. Translated by William Archer. New ed. 16mo, pp. 164. Heinemann. sd., 1/6; 2/6.
Rea (Thomas), Schiller's Dramas and Poems in England. pp. 168. Unwin. net, 3/6.

    f) Amerikanische Literatur.

Emerson (Ralph Waldo), Works. Edit., with an Introduction, by J. P. pp. 724. W. P. Nimmo. net, 2/.
— Works. Complete. Edit., with an Introduction, by J. P. ("Edina" Edition.) pp. 1,054. W. P. Nimmo. 3/6.
— Conduct of Life, and Society and Solitude. (New Universal Library.) 12mo, pp. 406. Routledge. net, 1/; lr., net, 2/.
Franklin (Benjamin), Writings. Vol. 8. Macmillan. net, 12/6.
Harte (F. Bret), That Heathen Chinee, and Other Poems, mostly Humorous. pp. 116. Routledge. 1/.

Hawthorne (Nathaniel). Home Library. W. Collins. ca., net, 1/.
(The Houses of the Seven Gables. — The Scarlet Letter.)
Poe (Edgar Allan), Poems. Edit., with Notes and Introduction by Edward
Hutton. 16mo, pp. 240. De La More Press. net, 1/6; vellum, net, 2/6.
— Leigh (Oliver), Edgar Allen Poe. The Man, the Master, the Martyr.
Portraits. 4to, pp. 78. Frank M. Morris Co. (Chicago). net, 6/.
Whitman. Clarke (William), Walt Whitman. New and cheaper issue.
12mo, pp. 140. Fifield. net, 1/6.

3. Erziehungs- und Unterrichtswesen.

a) King (Irving), The Psychology of Child Development. T. Fisher Unwin.
net, 5/.
Horne (H. H.), The Psychological Principles of Education. Macmillan.
net, 7/6.
Mitchell (Rev. A. M.), Humane Education. pp. 32, sd. A. C. Fifield. net, 3 d.
Hill (Caroline Southwood), Notes on Education for Mothers and Teachers.
pp. 122. Seeley. net, 1/6.
Bland (Hubert), Letters to a Daughter. pp. 198. T. W. Laurie. net, 3/6.
b) Paulsen (Friedrich), The German Universities and University Study.
Translated by Frank Thilly and William W. Etwang. Longmans.
net, 15/.
Froebel (Friedrich), Autobiography. Translated and annotated by Emilie
Michaelis and H. Keatley Moore. New ed. pp. 172. Sonnen-
schein. 3/.
c) Jenks (J. W.), Citizenship and the Schools. Bell. net, 6/.
Mills (Elliott E.), The Two Schools. A Constructive Dream. 18mo, pp. 32,
sd. Alden & Co. (Oxford). 6 d.
Code of Regulations for Public Elementary Schools. With Schedules.
Wyman. 3 d.
d) Welton (James), Principles and Methods of Teaching. pp. xxiv—566.
Clive. 4 6.
Rippman (Walter), Hints on Teaching German. With a running Commentary
to Dent's New First German Book and to Dent's German Reader. 3rd
ed. rewritten. 12mo, pp. 104, limp. Dent. net, 1/6.
Class Teaching of English Composition (The). By the Principal of St. Mary's
Hall, Liverpool. pp. 104. Longmans. 2/.
Duxburg (Rev. C.), The Advanced Grammar of School Grammars. 18th and
enlarged ed. pp. 324. Simpkin. 3/6.
Weber (B.), German and English Commercial Correspondence for Commercial
Colleges. Part 1, English. Nutt. 2/; key, sd., net, 1/.

4. Geschichte.

a) Doughty (C. M.), The Dawn in Britain. Vols. 3 and 4. Duckworth.
net, 9/.
Tout (T. T.), An Advanced History of Great Britain from the Earliest Times
to the Death of Queen Victoria. With 63 Maps and Plans. pp. 798.
Longmans. 5/.
Fearenside (C. S.), Preliminary Certificate British History, 1017—1399.
From the Tutorial History. With an Introduction. (University Tutorial
Series.) pp. 112, sd. Clive. 1/.
Emerich (John Edward), Lectures on Modern History. Edit., with an Intro-
duction, by John Neville-Figgis and Reginald Vere Laurence.
pp. 382. Macmillan. net, 10/.
Whish (C. W.), Reflections on Some Leading Facts and Ideas of History:
Their Meaning and Interest. Preliminary volume with Chart. pp. 274.
Simpkin. net, 5/.
Pauli (Reinhold), Pictures of Old England. (New Universal Library.) 12mo,
pp. 400. Routledge. net, 1/; lr., net, 2/.
Record Office. Inquisitions and Assessments relating to Feudal Aids; with
other Analogous Documents Preserved in the Public Record Office. A.D.
1204—1431. Vol. 4. Northampton—Somerset. 15/.

b) **Joyce** (P. W.), Concise History of Ireland. pp. 320. Simpkin. net, 2/.

Beaton (A. J.), The Social and Economic Condition of the Highlands of Scotland since 1800. pp. 128. E. Mackay. net, 3/6.

Graham (Henry Grey), The Social Life of Scotland in the 18th Century. pp. 558. Black. net, 5/.

c) **Griffith** (George), Men who have made the Empire. Reissue. pp. 322. Pearson. 3/6.

Trowbridge (W. R. H.), Court Beauties of Old Whitehall. Historiettes of the Restoration. Illust. pp. 326. T. Fisher Unwin. net, 15/.

Vaughan (Herbert M.), The Last of the Royal Stuarts. Henry Stuart Cardinal Duke of York. Illust. pp. 332. Methuen. net, 10/6.

Lorne (Marquis of), Viscount Palmerston, K. G. "Prime Ministers of England." 3rd ed. pp. viii—240. Dent. net, 2/6.

Reid (Stuart J.), Lord John Russell. "Prime Ministers of England." 4th ed. pp. xvi—382. Dent. net, 2/6.

d) **Mercer** (W. H.) and **Harding** (A. J.), A Handbook of the British Colonial Empire. pp. 202. Waterlow. net, 2/6.

Leyds (M. J.), The First Annexation of the Transvaal. pp. 402. T. Fisher Unwin. net, 21/.

e) **Woodbury** (James Albert) and **Morgan** (Thomas Francis), American History and Government. A Text Book on the History and Civil Government of the United States. Illust. and Maps. Longmans. net, 6/.

Morris (Charles), Heroes of Discovery in America. pp. 344. Lippincott. net, 4/6.

Washington (George), Letters and Recollections. Being Letters to Tobias Lear and others between 1790 and 1799, showing the First American in the Management of his Estate and Domestic Affairs. With a Diary of Washington's Last Days kept by Mr. Lear. Illust. 8vo, pp. 304. Constable. net, 12/6.

Harrison (James A.), George Washington, Patriot, Soldier, Statesman. pp. 506. Putnam's Sons. 5/.

5. Landeskunde.

Wood (C. A.), A Modern Geography of the British Isles. pp. 100. Simpkin. net, 1/.

Lucas (C. P.), A Historical Geography of the British Colonies. Vol. 1. 2nd ed., revised and brought up to date by R. E. Stubbs. Cr. 8vo, pp. 312. Clarendon Press. 5/.

Todd (George Eyre), Scotland Picturesque and Traditional. 2nd ed., rev. and enlarged. pp. 375. Gowans & Gray. net, 3/6.

Baddelay (M. J. B.), The Northern Highlands. (Scotland. Pt. 11.) 7th ed. 12mo, pp. 166. Dulau. net, 3/6.

— The English Lake District. 10th ed. Thoroughly Revised. With 18 Maps, Panorama, &c. 12mo, pp. 297. Dulau. net, 5/.

— Yorkshire (Part 2) West and part of North Ridings. 21 Maps and Plans. 5th ed. 12mo. Dulau. 3/.

Pictures in Colour of Counties Dublin and Wicklow, with Descriptive Notes. 4to. Jarrold. net, 2/6.

— of the Lakes of Killarney and South of Ireland, with Descriptive Notes. 4to. Jarrold. net, 2/6.

Snell (F. J.), North Devon. Illust. pp. 196. Black. net, 6/.

Ball (Wilfrid), Sussex, Painted and Described. pp. 210. Black. net, 20/.

Whitehead (Frederick) and **Holland** (Clive), Warwickshire, Painted and Described. pp. 378. Black. net, 20/.

Palmer (Sutton) and **Moncrieff** (A. R. Hope), Surrey, Painted and Described. pp. 264. Black. net, 20/.

Pictures in Colour of the Isle of Wight. With Descriptive Notes. Containing 50 Beautifully Coloured Pictures of the Isle of Wight. Small 4to. Jarrold. net, 2/6.

Pictures of New London and Old. With the Story of the New Streets and the New Buildings. Roy. 8vo, sd., pp. 128. Pall Mall Press. 1/.

Williams (E.), Staple Inn: Customs House, Wool Court, and Inn of Chancery. Its Mediæval Surroundings and Associations. pp. 222. Constable. net, 6/.

Tate (E. R.), Quaint Historic York. In and Around the Old City. From Drawings. Fol., in case. Batsford. net, 7/6.

Lee (Sidney), Stratford-on-Avon from the Earliest Times to the Death of Shakespeare. With 54 Illusts. New and rev. Ed. pp. 327. Seeley. 6/.

Reading and its Surroundings. (Homeland Handbooks.) pp. 208. Homeland Association. sd., net, 1/; 2/.

6. Folklore.

Squire (Charles), The Mythology of Ancient Britain and Ireland. pp. 78. Constable. net, 1/.

Leamy (Edmund), Irish Fairy Tales. Illust. pp. 176. M. H. Gill. 2/6.

Nursery Tales. Told to the Children by Amy Steadman. With Pictures by Paul Woodroffe. 12mo, pp. 118. Jack.

Dracott (Alice Elizabeth), Simla Village Tales; or, Folk Tales from the Himalayas. pp. 254. J. Murray. 6/.

Tibetan Tales. Translated from the Tibetan of the Kah-Gyur by F. A. Von Schiefner. 2 vols. New ed. Paul, Trübner & Co. 14/.

Van Gennep (Arnold), Mythes et Légendes d'Australie. Etudes d'Ethnographie et de Sociologie. Roy. 8vo, pp. xi—188. Guilmoto (Paris). 10/.

Kirk (Mrs. Florence), Old English Games and Physical Exercises. 4to, sd., pp. 60. Longmans. 2/.

Sebillot (Paul), Le Folk-Lore de France. Tome troisième. La Faune et la Flore. Roy. 8vo. Guilmoto (Paris). 18/.

7. Zeit- und Streitfragen.

Howell (Edward J.), Wake Up!! John Bull. pp. 54. Bemrose. 6 d.

Neill (Tom), Britain, Wake Up! With a Commendatory Letter from Mr. Chamberlain. pp. 334. Simpkin. net, 1/.

Ward (William), How Can I Help England? and other Addresses on the Relationship of Christianity to Social and Political Problems of To-day. pp. 168. Exeter Pub. Co.

Wisdom and War. Captain Pen and Captain Sword. Points for Warriors and Breadwinners. 16mo, sd. St. Martin's Press. net, 6 d.

Amery (L. S.), The Fundament Fallacies of Free Trade. Four Addresses on the Logical Groundwork of the Free Trade Theory. pp. 120. National Review. net, 2/.

Haldane (R. B.), Two Speeches delivered in Parliament, March 8 and July 12, 1906, on the Policy of the Army in the ensuing year. pp. 134, sd. Dent. net, 1/.

Leipzig.   Paul Lange.

III. MITTEILUNGEN.

A New
English Dictionary On Historical Principles.
(Volume VII: O — P.)
Ph to Piper.
By Dr. James A. H. Murray.

This double section begins the second half of Volume VII, and includes all the Ph- words, with those in Pi- as far as PIPER. It contains 3072 Main words, 557 Combinations explained under these, and 492 Subordinate entries of obsolete forms, etc., 4121 in all. The obvious combinations, classified and illustrated under the Main words, number 595 more, raising the total to 4716. Of the Main words, 2589 (84.27%) are now current and naturalized English, only 314 (10. 32%) are marked † as obsolete and 166 (5. 41%) ‖ as alien, or not fully naturalized.

Comparison with Dr. Johnson's and some more recent Dictionaries shows the following figures: —

	Johnson.	Cassell's 'Encyclopædic.'	'Century' Dict.	Funk's 'Standard.'	Here.
Words recorded, Ph- to Piper	333	2014	2449	2820	4716
Words illustrated by quotations	264	414	502	165	3988
Number of illustrative quotations	908	604	1161	225	13,759

The quotations in Richardson, Ph- to Piper, are 484.

The PH words form a group by themselves, not originally nor phonetically belonging to P. With insignificant exceptions, they are derivatives from Greek words in Φ, which the Romans, not identifying it with their F, represented by the digraph PH. The initial article gives the history of this symbol in English. By far the most of these words are scientific or philosophical; large groups occur under the elements *phanero-*, *pharmaco-*, *pharyngo-*, *phen*(o-, *phil*(o-, *phleb*(o-, *phon*(o-, *phospho-*, *photo-*, *phreno-*, *phyllo-*, and *physico-*. The most extensive of these is the group of PHOTO-words, which are, with difficulty compressed into 15 columns and number no fewer than 240, all except 3 being of the 19th century, and all except 6 consequent upon the introduction of photography in 1839. Such an addition to the vocabulary has the discovery of one physical principle brought about! The earliest *photo-* word was *photosphere*, used by Dr. Henry More in 1664, but annexed by astronomers about 1848. The *ph-* words are not, as a whole, of much historical interest or curiosity; but there are many exceptions, e. g. *phantasmagoria, philander, philatelic,* PHILOSOPHER'S STONE, PHLOGISTON, PHOENIX, *phonograph,* PHOSPHORUS, *phrenology,* PHYSIC, *physician,* PHOTOGRAPHY (the tracing of which to its first use by Sir John Herschell in 1839 has been a work in which many have lent their aid. Many *ph-* words, also, have passed into every-day use: such are *phaeton, phalanx, phantom* (which has surrendered most of its family to F: cf. *fantasy, fantastic, fancy,* etc.), *phase,* PHEASANT (in 13th c. *fesaund, fesaunt*), *phenomenon, phial, philantropy, philosopher* (1325), PHILOSOPHY (originally *filosofie*), *philter, phiz, phlegm, phlegmatic, phlox, phonetic, phossy, photo, phrase, phtisic* (in 14th c. *tysyk*), *physic* (in 13th c. *fisike*), *physician* (c. 1200 *fisicien*), *physiognomy, physique* (adapted in 19th c. from French). Through Greek from Semitic came also *Pharaoh* (originally Egyptian), *Pharisee,* and *Philistine,* which, with their *pharisaic* and *philistinish* offspring, have become quite at home amongst us.

Leaving the PH words, we return to P proper, and enter with *pi-* upon a series of words which are to a great extent in common use, but of many of which the ultimate origin and early history are extremely obscure, and the determination of their sense-development correspondingly difficult. Among these there is no word certainly or even probably of Germanic origin, although *pick* v.[1], *pike* sb.[2], *piddle, pingle* v.[1], *pink* a.[1], and a few others, occur in other Germanic dialects, where their origin is as obscure as in English. Several existed in OE. (and some in other Teutonic languages) as early or later borrowings from Latin; such were *pile* sb.[1], *pill* v.[1], *pillow, Pin, pine* sb.[1] and v., *ping* v.[1], *pipe* sb.[1], v.[1]; *pip*[1], which appeared in ME., has a similar origin. Others can be ascribed certainly to French, Romanic, or late L., but their ulterior origin is unknown; among these are *piece* (a word of extreme difficulty), *pier* (in 12th c. L. *pera*), *pike* and *pick* in some senses, *pillory*, *pinch*, *pint*. Others again have not a present been traced outside English, where they have cropped up at various dates: such are *pic²*, *pig*, *pightle*, *pigwidgin*, *ping²*, PINK (flower and colour), *pinnock*, *pip²* (origin *peep*), etc. It has been noted before how often one monosyllabic form suffices for numerous distinct words: here *pick* stands for 12 words, *pie* for 9, *pike* for 16, *pink* for 12, *pip* for 6, *pipe* for 5. The words spelt PICK form a complicated group, some of them connected on one side with *peak* on another with *pike*. PIKE as the name of mountains and hills in the Lake district, as "Scawfell Pike", was in full use in 1250, while as an earlier form of *peak* in the 'Pike of Teneriffe' it came in with the navigators, from Spanish or Portuguese, three centuries later.

Among articles of special interest, often containing new facts etymological or historical, may be mentioned *pia mater*, *pica*, *piccadill*, *piccaninny*, *pickle*, *pickle-herring*, PICNIC (introduced from France in 1802), *pie³*, *pie-powder*, *pigsney*, PILGARLIC, *pilgrim*, PILGRIM FATHERS (the annals of which we owe to Mr. Albert Matthews of Boston, U. S.) *Pilgrimage of Grace*, *Cardinal's pillars* (PILLAR 5), *pilliwinks*, *pillory*, *pinchbeck*, *pimpernel* (which has passed so curiously from plant to plant), *pink¹*, *pinkeny*, *pinnacle* (policy of), *pin-pricks*. To these may be added *piano*, *piazza*, *picket*, *pick-a-back*, *pillion¹*, *pine²*, and *pine-apple*.

October Issue: A portion of N, by Mr. Craigie.

Forthcoming Issue. Jan. 1, 1907: A portion of Vol. VI (M) by Dr. Bradley.   M.

Belles-Lettres Series.

Among the autumn volumes in the section of the Belles-Lettres Series devoted to Early English Literature, are *The Gospel of Luke in West Saxon*, edited by Professor J. W. Bright, of Johns Hopkins University; *The Pearl*, edited by Dr. C. G. Osgood, of Princeton University; *The Owl and the Nightingale*, edited by Professor J. E. Wells, of Hiram College, Ohio; and a volume of *Early Sixteenth Century Lyrics*, edited by Professor F. M. Padelford, of the University of Washington. D. C. Heath & Company, Boston, are the publishers of the series.   M.

Herausgegeben von Max Friedrich Mann in Frankfurt a/M.

Verlag von Max Niemeyer, Halle. — Druck von Ehrhardt Karras, Halle.

Beiblatt zur Anglia.

Mitteilungen
über englische Sprache und Literatur
und über englischen Unterricht.

Preis: Für den Jahrgang 8 Mark.
(Preis für 'Anglia' und 'Beiblatt' jährlich 24 Mark.)

| XVIII. Bd. | Februar 1907. | Nr. II. |

I. SPRACHE UND LITERATUR.

**Claus Schuldt, Die Bildung der schwachen Verba im Altenglischen.
Eduard Schön, die Bildung des Adjektivs im Altenglischen.**
A. u. d. T.: **Kieler Studien zur englischen Philologie** herausgegeben von **J. Holthausen.** Neue Folge, Heft 1 und 2. Kiel, Verlag von Robert Cordes 1905.

Beide arbeiten sind aus der anregung einer vorlesung Holthausens über englische wortbildungslehre hervorgegangen. Derartige morphologische untersuchungen, wertvoll sowohl um ihrer selbst willen, als auch wegen ihrer bedeutung für die etymologische forschung, sind für das Altenglische freudig zu begrüſsen.

Ihr material verdanken beide schriften im wesentlichen den bekannten wörterbüchern. Daſs sie nicht mit anführung der belegstellen belastet wurden, ist durchaus berechtigt. — Nicht befreunden kann ich mich mit der methode der quantitätsbezeichnung, welche die langdiphthonge gar nicht, die kurzdiphthonge mit kürzezeichen markiert. Diese neuerung wird schwerlich durchdringen, und es ist jedenfalls inkonsequent und verwirrend, bei einfachen vokalen die länge, bei diphthongen die kürze zu bezeichnen.

Die nützliche arbeit von Schuldt hat es zum teil mit einem spröden material zu tun. Es sei dies berücksichtigt,

wenn im einzelnen manche ausstellungen, namentlich die an-
setzung der formen betreffend, zu machen sind. Bei benutzung
von spezialglossaren und gelegentlichem eingehen auf die
quellen wäre allerdings wohl manches exakter geworden. —
Für die anordnung war im wesentlichen Willmanns' deutsche
grammatik mafsgebend. Verfasser sondert 'einfache schwache
verba' und 'mit suffixen gebildete schwache verba'. Unter
ersteren scheidet er schwache verba neben anderen verben,
schwache verba neben nominibus, reste der *ē*-klasse und
schwache wurzelverba oder isolierte verba. Fremdes sprach-
gut wird in ein besonderes kapitel gestellt.

Folgende einzelheiten habe ich anzumerken:

§ 15. *scyllan* und *-swyrfan*, die spät belegt sind, haben
schwerlich 'festes' *y*, also nicht tiefstufe. — § 21: *wǣfan* 'mit
kleidern versehen' gehört doch nicht zu *wefan*, sondern, wie
schon Bosworth-Toller richtig angibt, zu got. *bi-waibjan* 'um-
winden'. — § 53 an. 2: Anglisch *wærc*, *wærcan* = ne. dial.
wark hat mit *weorc* 'werk' — jedenfalls direkt — nichts zu tun.
— § 57: Ob *drysnan* zu *drosna* f. pl. (nicht m.!) gehört, ist
sehr zweifelhaft, da dies wahrscheinlich *ō* hat, vgl. Kluge Et.
Wb. s. v. *Drusen*. — § 57 an. 1 (und § 187): *gebryddan* 'erschrecken' Sal. u. Sat. 16 ist gewifs nicht an. lehnwort < *broddr*,
vgl. ahd. *gabrutten*. Verfasser scheint Grein nicht nachgesehen
zu haben. — § 60: statt *tyrf* l. *turf* — § 63: statt 'töten' l.
'tönen'. — § 88: *lorian* ist überhaupt nicht belegt, nur *losian*.
— § 94: Den falschen ansatz *gīwian* hat verfasser § 150 gebessert. Woher hat er das stammwort *gīw*? — § 101: ne. *yean*
geht zurück auf *ge-ēanian*. — § 105: was heifst *lemian* >
*lemman? *lemian* ist doch das sekundäre, vgl. Sievers Gr. § 400
an. 2. — § 120 anm.: *wǣlan* heifst nicht 'wehklagen', sondern
'quälen, vexare'. — § 132 wird *grist* kurz angesetzt, obwohl
schon §§ 31 u. 85 richtig mit länge. — § 150: nordh. *clyniga*
'klopfen' in der glosse Rushworth 2 wird von Binz Engl. Stud.
25, 427 wohl mit recht in *cnylla* oder *cnylsiga* gebessert. —
§ 155 s. 51: wie soll *be-pǣčan* zu *fācen* gehören? — *scrīpan*
setzt B.-T. fälschlich an für *scre(o)pan* arescere in glosse Rushworth 2. Ich vermute zusammenhang mit *schrumpfen*, vgl.
meine schrift Anglist. Forschungen ed. Hoops heft 17, s. 71. —
S. 52: *spyttan* nennen irrtümlich B.-T. und Kluge-Lutz English

Etymology; belegt ist *spittan,* von einer basis **spit,* wozu ab-
lautend *spǣtan.* Skeat verbessert den fehler in seinem Concise
Etymol. Dict. — § 156: *ēþian* hat mit *Atem* nichts zu tun, es
setzt *ēþ < *anþi* voraus, vgl. *anda,* got. *us-anan,* sowie *oroþ
< uz-anþ-* Sievers Gr. § 43 an. 4. — § 186: *mǣlan, dwelian*
und *fagenian* sind aus Kluge's Liste der an. Lehnworte zu
streichen. *mǣlan* begegnet schon in alter dichtung, *fag(e)nian*
schon in Aelfreds Boetius. *dwellan, dwelian* heifst ae. nicht
'wohnen', sondern 'in die irre führen bezw. gehen', erst seit
dem 13. jh. erscheint die bedeutung 'wohnen' unter nordischem
einflufs, vgl. jetzt Jespersen, Growth and Structure of the
English language § 71. Zur form *dwelian* vgl. Sievers Gr. § 400
an. 2. — § 195: Die zahl der unerklärten verba wird sich
hoffentlich noch einschränken lassen. Zu *andūstrian* 'verab-
scheuen' (Lind., Rushw. 1) vgl. ahd. *ūstrī* 'industra', *ūstinōn*
'fungi'; zu *wærlan* 'gehen' s. Ritter Arch. 113, 186; *-wrynda*
fundare Lind. Mt. 7, 25 ist wohl in *grynda* zu bessern. — Zu
einem swv. **sierþan,* das Schuldt § 155 s. 52 nach Sweet Stud.
Dict. und Sievers Gram.[3] § 388 anm. 1 anführt, möchte ich bei
dieser gelegenheit folgendes bemerken: Das wort begegnet in
der Lindesfarne-glosse Mt. 5, 27 als imperativ *ne serð ðu ne
moechaberis.* Es entsprechen ahd. *serten* swv. 'unzucht treiben'
(altdeutsche Gespräche in W. Grimms kleinen Schriften ed.
Hinrichs 1883 III 498; Grimms lesung *er sartdār* weist auf ein
schw. praet. *sarta*[1])), mhd. *serten* stv. 'unzucht treiben, plagen,
verführen, täuschen', erhalten in bayr. *serten,* sowie an. *serþa* stv.
'unzucht treiben' (1 schw. part. praet. *serþr* Noreen An. Gram.[3]
§ 480 an. 4). Das schwache verbum steht also neben einem
starken, wird also zu diesem aller wahrscheinlichkeit nach
ursprünglich im verhältnis des kausativs gestanden haben;
die kausative bedeutung 'zur unzucht verführen' konnte leicht
mit der primären 'u. treiben' zusammenfallen. Das primäre
vb. scheint germ. *þ* gehabt zu haben[2]), aber bei einem kausativ

---

[1]) Nach gütiger aufklärung von herrn professor Braune.

[2]) Das kymrische *serth* 'obscoenus' (Foy IF. 6, 314), auf das mich
herr professor Osthoff freundlich verweist, dürfte — falls entlehnt — auf
ein ae. einheimisches stv. **seorþan* zurückgehen. Mhd. *serten* stv. kann
sein *t* vom kausativ haben. Vom kausativ stammt wohl auch die bedeutung
'verführen'.

sollten wir jedenfalls grammat. wechsel erwarten, also ae. ws.
sierdan = ahd. *serten*. Setzen wir andrerseits zu nordh. *serð*
ein starkes verbum an, so fällt das fehlen der brechung auf,
vgl. Foley Language of the North. Gloss. to the Gospel of
St. Matthew, Yale Studies XIV, s. 24. — Alles wird klar, wenn
wir entlehnung der nordischen form annehmen, für die auch
das vorkommen im Spätnordh. spricht.

Die schrift von Schön, zu der wir uns nun wenden, zeugt
von eingehender benutzung der etymologischen literatur, von
guter sachkenntnis und selbständigem urteil auch auf weiterem
gebiet. In der anordnung des stoffs schliefst sich Schön gleichfalls Wilmanns' Deutscher Grammatik an, natürlich ist inhaltlich daneben Kluge's nominale stammbildungslehre mafsgebend. Verfasser behandelt zunächst adjektive ohne ablei-
tungssilben, d. h. *a* und *ja*-stämme, die teils zu verben, teils
zu nomina in beziehung stehen, teils isoliert sind; einen besonderen unterteil bilden die Bahuvrīhi-komposita, deren entstehung verfasser im anschlufs an Wilmanns, wie ich glaube,
richtig beurteilt. Im zweiten hauptteil folgen adjektiva mit
ableitenden suffixen (*w, l, r*-suffix usw.), im dritten adjekti-
vische kompositionsbildungen.

Folgendes habe ich hinzuzufügen: Verfasser verwechselt
einigemale *i*- und *ja*-stämme. § 9 *gemyne* ist nicht *ja*-, sondern *i*-stamm, vgl. Sievers Gram. § 302. Ebenso könnte *lyge*
nicht *ja*-stamm sein; ein solcher mufs *lycg* lauten und liegt,
wie ich glaube, vor in dem nordh. *lycce* n. pl. Lind. Mt. 26, 60.
Denn geminiertes *g* wird in Lind. vereinzelt auch *cc* geschrieben
(Foley a. a. o. § 43), und die entsprechenden as. *luggi*, ahd.
lukki (Braune ahd. Gramm. § 149 anm. 7) haben deutlich geminiertes *g*. Man braucht also zur erklärung von *lycce* nicht
mit Kluge Stammbild. § 230 (und Schön § 56) ein *ni*-suffix
anzunehmen. *lyge* (*gewitu, witga* pl.) in Rushworth 1 ist wahrscheinlich vom subst. *lyge* beeinflufst, das im ersten gliede von
kompositis als adj. aufgefafst werden konnte. — Andrerseits
haben die adjektive wie *grēne, lǣne* (§ 56) vom urangel-
sächsischen standpunkt aus nicht mehr *ni*, sondern *nja*. —
§ 15 ist als langsilbiger *ja*-stamm *sām-mielte* mit *-e* anzusetzen. — § 18: *bī-sene* 'blind' gehört fraglos zu *sehen*, vgl.

ndl. *bijziende* 'kurzsichtig', nhd. *beisichtig*, Skeat Et. Dict. und NED. s. v. *bisson*. Ebenso gleichbed. *yme-sene* § 20, dessen erster bestandteil mir dunkel ist. — *gnēaþ* (*gnīeþe, d*) 'karg' ist doch wohl aus **ga-nauþu-* entstanden und zu *Not* gehörig, vgl. ahd. *ginōti* 'bedrängend, beengt', mhd. *genōete* 'eifrig', adv. *g(e)nōte* 'enge, dringlich etc.'. — nordh. *dearf* ist wahrscheinlich lehnwort < an. *djarfr*, vgl. Foley a. a. o. s. 24. — § 24: zu *gefol* füge *gecealf, gefearh*. *gecelf* bei Ælfric hat 'palatal-umlaut' für *gecealf*, nicht *i-* oder *j-*umlaut, also ist in § 28 (wofür infolge druckfehlers § 56) nicht *gecielf* anzusetzen. — § 51: *gewealden* würde ich lieber als part. praet. zu *wealdan* auffassen. — § 55: zu *besolcen* 'träge' vgl. mhd. *swelken* 'welk werden', Kluge Grdr. I s. 380. — *recen, -on* 'schnell' gehört wohl zu Wz. **(s)rak* 'recken, strecken', vgl. *stracks*. — § 69: Verfasser scheint mir bei erklärung der adjektive auf *-ed, -od* den einfluſs schwacher verba zu sehr zu eliminieren. Die bildungen auf *-ed, -od* (§ 67) setzen doch in ihrem ersten entstehen das vorhandensein entsprechender denominativer verba voraus, die 'mit etwas versehen' bedeuteten. Bald allerdings wurde das verbum ausgeschaltet und die ableitung auf *-ed, -od* direkt vom nomen gebildet. Nun konnte, wie Schön ausführt, das adjektiv in partizipform von einem getrennt davon gebildeten verb desselben stammes in der bedeutung, d. h. im bedeutungsverhältnis zum stammwort abweichen, z. b. *gesāwlod* 'beseelt' gegenüber *sāwlian* 'die seele aushauchen'. Die bildungen auf *-ede*, as. *ōdi* haben damit ursprünglich nichts zu tun. — § 80 nachtrag: Zu suffix *ern(e)* füge hinzu *merþern-* 'von marderfell' Chron. D. a⁰ 1075. — § 115: *gēmung-līc* 'hochzeitlich' ist als anglisch zu bezeichnen, ebenso § 122 *gesceþþendlic*.

In meiner schrift 'Eigentümlichkeiten des anglischen Wortschatzes' (Anglistische Forschungen ed. Hoops heft 17) s. 104 behauptete ich, die kompositionsbildung auf *-welle* sei spezifisch nordhumbrisch. Aus den von Schön angeführten beispielen (§ 111) geht jedoch hervor, dafs sie gemeinanglisch ist.

Heidelberg.   Richard Jordan.

Poems by Abraham **Cowley.** *The text edited by* **A. R. Waller,**
M. A. Cambridge. At the University Press. 1905. 4 *s.* 6 *d.*
Poems by Matthew **Prior.** do. do. do.

The general principle of these reprints is the same. There
is no biography or criticism, the short preface being confined
to an account of the editions used. The editor has taken as
his standard and reprinted in the body of his book that text
which was the latest issued in the author's life-time or which
may be presumed to represent the work as he finally wished
to see it; and all the variants in the earlier editions or
manuscripts are given in an appendix. We have spent a long
time in comparing the originals with the reprints and as far
as we can see the texts have been reproduced with fidelity.
Not only are the actual words reproduced but also that be-
wildering mixture of founts and types, large and small initial
letters which the seventeenth and eighteenth centuries so much
delighted in. Nor, so far as we have seen, has a single variant
escaped the editor. But we think it unfortunate that variations
of spelling have not been registered as well. For instance
in Cowley's *Mistress,* in the poem called *My Dyet* there are
the three rimes *deserve, serve, starve.* The 1647 edition,
however, has *sterve,* and it was certainly the duty of an
editor to record this spelling. We think it a pity too that
in Prior's *Hans Carvel* the form *entrez nous* for *entre nous*
has not been put on record.

This edition of Cowley does not include *The Four Ages
of England,* 1648, on the ground that it was specifically
disavowed by Cowley, nor *A Satyre against Separatists,* 1642,
neither do the Latin poems find a place here. On the other
hand a few poems attributed to Cowley are printed in the
appendix and notes, though he himself never included them
in his works. A third volume is in the press and will
contain biographical, bibliographical and critical notes and
a companion volume to Prior is in the press which will contain
the remainder of his poetry as well as his prose.

Bonn.   H. T. Price.

Poems by George Crabbe, edited by **A. W. Ward**, Litt. D., Hon. LL. D., F. B. A. Cambridge, at the University Press, 1905. 2 vols., 4 *s.* 6 *d.* each.

George Crabbe was born of poor parents at Aldeburgh, a little coast-town in Suffolk, in 1754. He had a hard youth but afterwards he was able to study medicine and practised without however making much money. In time he fell in love and love inspired him to poetry. Wishing to better his fortunes he went to London with the manuscript of his poems but had little success at first. His experiences during this period are described in the *Patron.* At last Burke took him up, procured the publication of his poems, gave him introductions to important people, advised him to take orders and got the Bishop of Norwich to ordain him in 1785. Thenceforward his life was that of the ordinary country clergyman. He died in 1832.

Crabbe's earliest efforts are all in the full stream of eighteenth century tradition. We have one or two palpable imitations of Prior, a poem *Midnight* which owes everything to Young's *Night Thoughts,* and another *Inebriety* in which he has half paraphrased, half parodied long passages from Pope. It was on the last writer that he came to model his verse. All except a very few of the poems of his maturity are written in the heroic couplet. But his touch was heavy, his lines often run clumsily and have not Pope's neatness or point. As Mr. Saintsbury points out, we find him in time striving after more freedom and varying his verse by triplets and alexandrines in Dryden's manner.

Crabbe holds his important position in literary history by reason of his subject-matter. In dealing with country subjects he was among the first to break definitely with the pleasant pastoral fiction of the eighteenth century. He says: —

> Shall in our lays fond Corydons complain
> And shepherds' boys their amorous pains reveal,
> The only pains, alas! they never feel?

Such lays he will not sing, but he will describe the life of the country exactly as he sees it. So instead of Phyllis and Corydon and shepherds dancing to the pipe of Pan, we have a painstaking description of the barren coast, the sour land from which a living can be wrung only with the utmost toil, peasants subject to racking diseases from exposure to all sorts of weather, living in miserable hovels, ill-paid at the best of times and having nothing but a destitute old age to look forward to. Much of Crabbe reads like a Report of a Royal Commission on the Miseries of the Working Classes. In the *Borough* and later works Crabbe's genius takes a wider sweep and he endeavours to describe all classes of society. It is always with the same object of tearing away the romance and false sentiment which obscured the truth and of revealing life in its (to him) hard and somewhat pitiful reality. He was especially a sceptic as to love, its course rarely runs smooth but is generally choked in the sands of some ignoble passion. The lifelikeness of his portraiture and his insight into human motive cannot be denied, but there is something itself mean in his continual dwelling on the mean and disgusting in human nature.

His originality lay in this, that he boldly took the commonplace and obvious for his subject-matter, his merit was to make such unpromising material of permanent interest and power by his vigour and sincerity of presentation. His influence on his own generation was deep, Wordsworth and Scott admired him, and Byron called him 'tho Nature's sternest painter, yet her best'. In a later day, Cardinal Newman said of his poetry: 'A work which can please in youth and age seems to fulfil (in logical language) the accidental definition of a classic'. His audience in the present generation is, if small, fit.

These two volumes have been published on the same plan and with the same accuracy as the Cowley and Prior. They contain one hitherto unpublished poem *Midnight,* and a third volume is shortly to be expected which will contain 'a considerable amount of previously unpublished verse'.

Bonn.   H. T. Price.

Felix Melchior: Heinrich Heines Verhältnis zu Lord Byron. Berlin.
Emil Felber 1903.
    A. u. d. T.: **Literarh. Forsch.** hgg. von **Schick und Waldberg.**
Heft XXVII.

**Dr. Wilhelm Ochsenbein: Die Aufnahme Lord Byrons in Deutsch-
land und sein Einfluſs auf den jungen Heine.** Bern. A. Francke
1905.
    A. u. d. T.: **Unters. z. neueren Sprach- und Litgesch.** hgg. von
O. Walzel. 6. Heft.

Dr. Albert Eichler: John Hookham Frere. Sein Leben und
seine Werke. Sein Einfluſs auf Lord Byron. Wien
und Leipzig. Wilhelm Braumüller 1905.
    A. u. d. T.: **Wiener Bt. z. engl. Ph.** hgg. von **J. Schipper.**
Band XX.

Erst spät hat man sich in Deutschland an die verlockende
aufgabe gemacht, Byron's einfluſs auf die heimische literatur
zu untersuchen. Nunmehr ist Heine, der hauptvertreter dieses
einflusses, gegenstand zweier verdienstvoller arbeiten geworden.
Melchior's wie Ochsenbein's werk ist vom gleichen standpunkt geschrieben, dem der unbegrenzten bewunderung Byron's.
Sachlich ergänzen die beiden arbeiten einander. O. hatte den
vorteil, M.'s schrift noch benutzen zu können und hat in anerkennung der verdienste seines vorgängers auf eine sprachliche und metrische untersuchung der übersetzungen Heine's
aus Byron verzichtet. Dafür bietet er neu eine erörterung
der aufnahme B.'s in Deutschland und eine schilderung der
vergleiche Heines mit Byron in der deutschen kritik bis zur
gegenwart. Sehr dankbar sind wir Melchior für das, was er
über die übersetzungen Heines und deren stilistische hilfsmittel
sagt. Mit groſsem spürsinn ist er ferner B.'s literarischem
einfluſs auf H. nachgegangen. Es ist interessant hierbei zu
beobachten, daſs Heine fast nur den Byron der ersten periode
nachgeahmt hat. Der grund kann wohl nur der gewesen sein,
daſs werke wie Beppo oder Don Juan viel schwerer nachzuahmen wären, da in ihrem humoristischen genre nur ein auſser-
ordentliches temperament starke wirkung hervorzubringen
vermag. Die einwirkung von B.'s gedichten, besonders des
Dream, enthält viel neues. Dabei kommt wenig in betracht,

ob man, wie auch in O.'s arbeit, gelegentlich den eindruck
eines zuviel hat. O. ist vorsichtiger wie M., und wir müssen
ihm auch beistimmen, wenn er in dem weltschmerz Heines
weniger literarische abhängigkeit von B. als ein ergebnis
seiner traurigen lebensumstände sieht (p. 160 ff.). Doch geht
auch er noch zu weit mit seiner ansicht, dafs sich die iro-
nische (?) schilderung Londons durch Douglas im „Ratcliff" an
ähnliche stellen in Child Harold, Beppo und den ersten fünf
gesängen des Don Juan anlehne. Die 19 verse Heine's enthalten einen katalog so ziemlich all dessen, was sich ein kon-
tinentale unter London vorstellt. Wenn sich nun bei B. an
den verschiedensten orten ein paar ähnliche worte über London
finden, liegt die vermutung einer abhängigkeit noch sehr fern.
Ein unbefangener würde eher an den einfluſs eines reisehand-
buchs denken.

Sehr sorgfältig sind von O. die zeugnisse für die aufnahme Byron's in Deutschland gesammelt. Frau von Hohen-
hausen und Jacobsen sind seine ersten anhänger. 1818 kann
man schon von einer Byron-mode reden. 1820 sehen wir schon
die reaktion einsetzen, dann folgt wieder ein umschwung mit
B.'s tode. Dankenswert sind auch die zusammenstellungen für
den übersetzungseifer, mit dem man an B.'s werke heranging.
Leider hat O. die übersetzungen selbst nicht geprüft, vermutlich, da das material zu schwer zu beschaffen war. Dem
gleichen umstand ist wohl auch zuzuschreiben, dafs O. Byron
nach der ausgabe von Tauchnitz zitiert.

Bisweilen hat man den eindruck, dafs O. zu sehr im rein
stofflichen stecken geblieben ist oder nur aus zweiter hand
schöpft. So übt er z. b. keinerlei kritik an den urteilen über B.
Der leser würde gern etwas darüber hören, warum Goethe
sich so durch B. blenden liefs und warum F. Schlegel und
Alexis sich so ablehnend gegen ihn verhielten. Wenn der
verfasser uns zeigen will, wie zur zeit von B.'s bekanntwerden
in Deutschland ähnliche richtungen in der heimischen poesie
vorhanden waren, gibt er uns wohl zum belege die vergleiche,
die die deutschen rezensenten zwischen dieser und der B.'schen
ziehen, aber ohne genügende stellungnahme. Die rezensenten
begingen gelegentlich die merkwürdigsten irrtümer. So fanden
sie z. b., dafs B. in vielfacher hinsicht an Jean Paul erinnere.

Auch wo O. die vielfach interessanten vergleiche neuerer literarhistoriker zwischen B. und Heine bespricht, referiert er nur.

Der wert beider abhandlungen liegt in dem reichen beigebrachten material zur aufnahme B.'s in Deutschland, besonders durch Heine. Einige weitere parallelen zwischen B. und Heine finden sich noch in Schalles' schrift „Heine's Verhältnis zu Shakspeare. (Mit einem anhang über Byron.)",[1]) die O. entgangen ist. Weniger befriedigend sieht es aus, wo M. und O. sich auf dem ihnen ferner liegenden gebiete der englischen literatur bewegen. Über das rein stoffliche bei B. wissen beide zwar gut bescheid, dafür stofsen wir aber auf die merkwürdigsten urteile über B.'s persönlichkeit und werke. Ihre unumschränkte bewunderung für ihren helden führt sie zu übertreibungen und entgleisungen. Einen richtigen mafsstab für die beurteilung von B.'s nicht leicht zu fassender persönlichkeit hätten sie dabei leicht aus Köppel's bekanntem werk gewinnen können, das keiner von ihnen zu kennen scheint. Sie unterscheiden nicht zwischen dem wirklichen B. mit dem bilde, das sich das ausland von ihm machte und zum teil noch macht. Was versteht M. unter dem „exklusiven dichterbewufstsein" B.'s (p. 7)? Was soll der ausfall über die „engherzigkeit und heuchelei des krämervolkes" (p. 17)? B. ist kein märtyrer der gesellschaft (p. 131), er hat die gesellschaft schlimmer behandelt als sie ihm. Dafs er sich zum anführer der sache zweier unterdrückter völker machte, hatte zum weitaus gröfsten teile seinen grund in seiner eitelkeit und sensationssucht. Ebenso ist es verkehrt, B. den klassiker des weltschmerzes zu nennen (p. 135 ff.). Er ist zum guten teil poseur. Aus seinen briefen, die ganz anders klingen als seine dichtungen, können wir ersehen, dafs er von anfang an ein zyniker gewesen ist. Nichts lag B. ferner, als „die allgemeine sache der menschheit gegen die erstarrte moral einer engherzigen, konventionellen gesellschaftsordnung auszuspielen" (p. 137). Bei einem solchen charakter kann man auch nicht annehmen, dafs die abweisung seiner jugendliebe Miss Chaworth ein unglück für das ganze weitere leben des dichters bedeutete.

---

[1]) Berl. Diss. 1904 p. 61 ff.

Sachlich überschätzt ist die rolle, die Milton's Satan bei der gestaltung des B.'schen heldentypus spielte. Miss Lee's gestalt des Conrad scheint das meiste beigetragen zu haben.[1]

Ähnlichen mifsgriffen begegnen wir auch bei O. „Scheinheilig" war die opposition der englischen gesellschaft gegen B.'s ehescheidung sicherlich nicht (p. 1); sie war ebenso ehrlich wie schlecht motiviert. Bei seinem ersten dichterischen auftreten wurde B. nicht „mit giftigem hohn zurückgewiesen" (p. 59), sondern nur streng, aber gerecht, beurteilt. Ein ander mal (p. 8) wird der dichter „in seiner düsteren gröfse, mit seinem bestrickenden liebesgesang" in überschwänglichen worten dem fliegenden Holländer verglichen.

Auf einen zug in B.'s charakter, der Melchior so schwer zu motivieren scheint (p. 150), möchte ich noch auf einen augenblick eingehen: warum menschen wie B. und Heine „die krankhafte eitelkeit besitzen, sich selbst so schwarz wie möglich zu malen und die sonderbare vorliebe für einen schlechten ruf". Dieser zug steht auf einem niveau mit der vorliebe solcher naturen für paradoxe. Künstler von der art B.'s und H.'s besitzen einen ausgeprägten „haine de bourgeois". Sie wissen genau, dafs der „bourgeois" sie nicht versteht und sie mit abneigung betrachtet. Da kommt es denn darauf an, ihn zu kränken und zu lautem hass aufzustacheln. Denn alles ist besser als totgeschwiegen werden. Die verstehenden werden sich daran nicht stofsen; bei ihrer besseren einsicht in das wesen des künstlers werden sie die maske leicht durchschauen. Aus dieser logik heraus ist auch zu erklären, dafs B. dem gerüchte, dafs ihn der unerlaubten liebe zu seiner stiefschwester beschuldigte, absichtlich nicht entgegentrat, vielmehr noch mit dem feuer spielte.

Eichler's schrift ist gleichfalls eine erfreuliche gabe. Frere, der bei uns fast nur durch seinen einflufs auf Byron bekannt ist, ist hier zum gegenstand einer sorgfältigen und ausgedehnten untersuchung gemacht. Nur den einen nachteil hat die schrift, dafs sie blofs das bekannte material verwertet. Hätte der verfasser die englischen bibliotheken und archive durchsuchen können, so hätte sich bei seiner gründlichkeit

---

[1] Vgl. Köppel a. a. o. p. 232.

gewifs noch manche lücke seiner biographischen darstellung ergänzen lassen.

In Frere haben wir eine persönlichkeit jener gattung, die aus inneren und äufseren gründen trotz aller talente nie recht zur geltung kommt. Während seiner jugend wird er, der kein mann des kampfes war, durch die gestalt seines ihm weit überlegenen freundes Canning erdrückt, seine diplomatischen erfolge in Spanien sind über denen Wellington's vergessen. Die literarischen kreise, in denen Frere verkehrt hat, sind uns interessanter als seine eigenen produktionen. Erst ist es die gruppe junger politiker, die sich um Pitt schart und ein Tory-organ, den Anti-Jacobin or Weekly Examiner, herausgibt. Leider vermögen wir immer noch nicht zu entscheiden, was von den satirischen und literarhistorisch äufserst interessanten beiträgen den einzelnen mitarbeitern, vor allem Canning, W. Gifford und Frere zuzuschreiben ist. Dann finden wir ihn nach längerer ländlicher zurückgezogenheit als salonlöwen im Holland House. Es ist nicht leicht, sich den indolenten und gradsinnigen Frere in dieser rolle vorzustellen, aber die ansprüche eines Londoner salons waren wohl auch damals schon geringer als die eines Pariser. Robert Sherard hat in seiner *Story of an Unhappy Friendship* (1902) den unterschied zwischen beiden vortrefflich geschildert. Frere war aber auch offenbar ein poseur, was bei Eichler vielleicht nicht genug betont ist. Wenn er 1816 mit geradezu Byron'schem leichtsinn eine ehe einzugehen scheint, die das glück seines lebens geworden ist, so war das nur pose. Er wollte seinen leichter gearteten freunden den wert nicht erraten lassen, den er selbst seiner wahl beimafs. All das steht ihm nicht recht. Eigentlich gehört er zu dem typus des Engländers, wie wir ihn zuerst in Horace Walpole finden, der nüchternheit und romantik so schön zu verbinden versteht, der sein haus so gut als möglich einrichtet, mit antiquitäten vollstopft, alle möglichen dinge sammelt, sich für gartenanlagen und naturwissenschaftliche gegenstände ebenso interessiert wie für orientalische sprachen und dem die poesie auch nur ein gleichgeordnetes, einen sport oder eine spielerei bedeutet. Seines freundes Garbriele Rossetti werk *Amore platonico* kauft er auf, um sein erscheinen zu verhindern, weil dies nach seiner meinung die moral gefährden würde!

An die im ganzen überzeugende darstellung von Frere's persönlichkeit schliesst sich die ein nicht minder gesundes urteil verratende seiner werke. Nach dem vorangegangenen kann es uns nicht wundern, wenn F.'s literarische tätigkeit die eines mannes ist, dessen bildung einen zufälligen charakter trägt. Er übersetzt wahllos aus den griechischen klassikern, aus dem Hebräischen, Spanischen, Französischen, Italienischen und aus Goethe's Faust (1835). Meist sind es kleinigkeiten, aber daneben findet sich auch eine übertragung langer partien aus dem spanischen Cid und eine selbst nach heutigen ansprüchen wohlgelungene von fünf dramen des Aristophanes. Sehr willkommen ist des verfassers eingehende inhaltsanalyse von Frere's hauptwerk, dem in ottaverimen abgefaſsten burlesken ritterepos *Monks and Giants*. Pulci, Berni und vielleicht auch Casti (durch Rose's englische vermittelung) haben ihm hier alle die eigenarten an die hand gegeben, die Byron ihm dann im Beppo abgesehen hat, die in den dienst des humors gestellte, absichtlich holprige und sorglose metrik, die abschweifungen vom thema, das persönliche hervortreten des autors u. a. m. Nur das sinnliche element fehlt bei F.'s aristokratisch-reservierter natur vollständig. Verhältnismäſsig kurz sind die literarischen beziehungen zwischen Byron und Frere behandelt. Aber hier hat Coleridge in seiner ausgabe der werke Byron's bereits gesagt, was zu sagen war.

Marburg.   Friedrich Brie.

Notes on Greene and the editor from Birmingham.

Mr. John Churton Collins produced his edition of Cyril Tourneur in 1878 and won thereby the eternal thanks of all who can appreciate a sound text and able discussion of an author's claims. Since then he has amused himself by searching enquiry into the pretensions of eminent literary men and invective against those whom he regards as upstart crows. Alas, he has helped to light the fire in which some of his own laurels must crackle. His edition of *The Plays and Poems of Robert Greene* convicts him of extreme carelessness and amazing inconsistency. It even places him under suspicion of ignorance upon points which should offer no difficulty even to the most casual student. Some of his notes contain new and valuable information, but others are naught. As a critic he is still to be treated with some respect: but as an editor he has struck us into amazement and admiration. He has tried to make his text "final" by a "rigid conservatism" which admits modernizations, unnecessary conjectural readings, and a fresh crop of misprints. The state of the broth suggests the employment of too large a culinary staff. Mr. Collins explains to us, in his preface, how he shirked the "mechanical drudgery" of his office; and his confession is not a mere modest formality or an empty compliment to his assistants. His tribute to those who did his work is as graceful as that to his predecessors is just and generous. It is characteristic of his peculiar insularity that he ignores work that has been published beyond the bounds of Great Britain. His sturdy British scorn of foreign research into English literature and philology is notorious — it is unlikely that he will deign to read these words in a German periodical — but one might fairly have expected of him some knowledge of the excellent work done by Messrs. Gayley and Manly in America. It is a pity that none of his collaborators compiled him a bibliography, for he might have found it useful. Certainly if he had scrutinized the labours of his underlings with a little more care, some of the following marginalia would have been unnecessary.

Alphonsus King of Arragon.

For sustained inconsistency Mr. Collins' discussion of the date of *Alphonsus* is a masterpiece. Only parallel columns will do him justice.

Page 39. "I am myself inclined to think that he began to write for the stage not long after the appearance of *Tamburlaine*, that his first play was *Alphonsus*" &c. [*Tamburlaine* appeared *circ.* 1588.]

Page 70. "From internal evidence I am inclined to think that this play was produced early in 1591" ...

Page 74. "It seems to me, therefore, in a high degree probable that *Alphonsus* was written not earlier than the beginning of 1591" ...

Page 75. "There is not the smallest evidence for assuming that Greene had written for the stage before 1591."

Page 40. Discussing a passage from The Address to the Gentlemen Readers in *Perimedes*, published in 1588, Mr. Collins says: "It may mean that he had been derided for never having attempted to" make his verses 'jet upon the stage in tragical buskins', "or that he had been derided for having attempted to do so and having failed. The latter interpretation seems to me the most [*sic*] likely for two reasons."

Pp. 41—42. Referring to Nashe's Address in *Menaphon*, 1589, he writes: "Though no reference is made to any attempt on the part of Greene to write plays, which is certainly strange, still the impression made is, that it was written to comfort him for failure. This is confirmed by Brabine's commendatory verses."

Page 42. "The ingenuity of Mr Fleay has furnished an important piece of collateral evidence in favour of *Alphonsus* having been produced as early as 1588, and even, I cannot but think, in presumption of its having been ridiculed."

Pp. 74—75. Of the same passage he says: "What this passage seems to mean is surely not that Greene had been derided for having attempted to make his verses jet upon the stage in tragical buskins, but that he had never attempted to do so; he is taunted not with failure in what he had attempted, but for never having attempted at all."

Page 75. "Had Greene produced anything for the stage, Nash in his address prefixed to *Menaphon* (1589) could hardly have failed to refer to the fact; on the contrary he exalts Greene's writings not produced for the stage over the writings in blank verse produced for the stage: so also does Thomas Brabine in the Commendatory Verses prefixed to *Menaphon*."

Pp. 74—75. "If Mr. Fleay be correct in his conjecture that 'Mahomet's Poo', in Peele's *Farewell*, is a reference to this play, then it must have been written earlier; but on this point see General Introduction." [Quoted opposite.]

It will be observed that Mr. Collins marshals his evidence twice and comes to the dual conclusion that the play was written no later than 1588 and no earlier than the beginning of 1591. If the latter be the correct date, Greene's plays must truly have been "composed carelessly and with great rapidity". Within twenty-one months the unhappy man must have produced *Alphonsus, A Looking Glasse, Orlando Furioso, Frier Bacon, James the Fourth, The Historie of Job*, and probably *The Pinner of Wakefield*, besides five pamphlets on "Connycatching", *The Maiden's Dream, A Quippe for an upstart Courtier, The Groatsworth of Witte*, and *The Repentance*. Moreover in the beginning of 1592 he had edited Lodge's novel, *Euphues' Shadow*. Yarked them up? I should think he did!

Line 11. Mr. Collins says that Dyce has "slights" and the Q "sleights". This is inconsistent with his text and with the facts.

99. *Pernassus* (*Pernessus* in line 1933) is the usual Elizabethan spelling. The students in St. Jobn's College, Cambridge, wrote a play called *The Returne from Pernassus*. Mr. Collins need not moderñise.

188. In the text we read
"Seeke [for] to flout me with his counterfait?"
and in the notes we are told why "[for]" is unnecessary.

205. A pause, equivalent in value to an unaccented syllable, occurs naturally after the question: "What newes, my friend?" We are not forced to regard "friend" as a dissyllable. Mr. Collins should read Mr. Gayley's remarks upon Greene's versification.

327—328. This should be printed, as in Q,
"But will you be content to serue *Belinus* in his wars?"
Mr. Collins breaks it. 330—331 is a similar verse, and so, e. g., is *L. G.* 1166, which Mr. Collins leaves intact. Most of the early riming plays were written in this measure. There are so many of these fourteeners scattered through Greene's early work that it has been surmised that, as we have them, some of his plays have been recast from earlier versions in rime. But we must bear in mind that Greene was a stylist and an experimenter in dramatic verse; though most of his editors treat his studied variations as accidental irregularities. Corruption is far rarer than is generally supposed. Mr. Collins, usually with a polite 'After you' to Dyce, has so frequently introduced an unnecessary smoothness into Greene's blank verse, that one cannot refer to all his transgressions in detail. But see, for example, in this play, lines 329, 540, 703, 715, 1208 and 1424. This is rigid conservatism!

567. The reading
"Deineth to becommen colde againe"
is defensible, and one hardly expects a conservative editor to accept without question Dyce's probable correction "Denieth".

614. Mr. Collins fails to note that Dyce quite rightly alters "beare" to "bare".

844. "Twentie" could be used as an ordinal in Elizabethan English, and "[th]" is not called for.

887. "Princes" is altered here and elsewhere (*J. IV.* 893, 915, 2208) to "Princes[se]". This is mere modernisation.

933. In an extraordinary note, Mr. Collins tells us that, though he knows that "how" is "the old spelling of 'ho'", he modernises the text. He does not explain; and he retains the spelling "Howe" in *J. IV.* 80.

964 and 1559. The old form "loose" is modernised into "lose". But, in time, Mr. Collins became convinced, in spite of himself, that "loose" was a common Elizabethan form. Consequently he left it unaltered at least seven times in *J. IV.*

1022. The text follows Walker and Dyce in reading
"Of this [so] strange and sudden banishment?"
although the note points out that Greene used "strange" as a dissyllable.

1109. "But marble stones [do] need no colouring."
Q has "needs", and the editor suggests "needeth", though he accepts the reading of Dyce. Of course the Q text should be undisturbed, as Mr. Collins' note inconsistently explains.

Editors are fond of trying to explain away the use of singular verb forms with plural subjects. Mr. Collins, with acknowledgment to Abbott's *Shakespearean Grammar*, says that "the 's' in needs is simply the old inflexion of the plural". The northern -s inflexion may have been the original cause of error, but as an explanation of the following lines, upon which Mr. Collins does not comment, it is not sufficient in itself: *L. G.* 1738, *Orl.* 231, 1276, *F. B.* 636, 770, 973, 1417, 1641, 1709, *J. IV.* 422, 1513. One of these lines is sufficient for quotation. This is *F. B.* 770: —
"shew by signes
If thou be dum what passions holdeth thee".

1284. "And for my pillow stuffed with downe."
Greene sometimes varies his dialogue with lines of four feet. Buf if, on account of the general monotony of the verse in *Alphonsus,* we suspect that this line is corrupt, we must prefer Walker's reading ("stuffed soft") to Mr. Collins' ("stuffed with

soft"), for the corruption would probably occur through the resemblance of the words "stuft" and "soft".

1411. "You shall perceive his tidings all be waste" is quite clear. "His" means the messenger's. Yet Dyce and Mr. Collins read "these tidings". In any case "his" would be more likely a misprint of 'this' than of 'these'.

1917. "Venus is forst to trudge to heauens againe." Mr. Collins alters to "heauen"; but he does not interfere with *L. G.* 947:

"But dangers none where heauens direct the course."

A Looking-Glasse for London and England.

In trying to ascertain the date of this play, Mr. Collins continues the train of inconsistencies he began in discussing *Alphonsus*. Again I ask him to speak for himself.

Page 43. "There can be no doubt at all that it was composed after 1590", &c.	Page 137. "Henslowe does not note that this play was a new one, and it was most probably produced in 1590."

Few, I hope, will agree with Mr. Collins in his verdict that *A Looking . Glasse* is no better than *Alphonsus* and *Orlando*.

73. "The lonely Trull that Mercury intrapt."

Mr. Collins on this passage: "For this *louely Trull* see *Orlando Furioso*, ll. 99—103: 'Fairer than was the Nimph of Mercuric', &c. But who this nymph was I know not, and probably Greene did not; is seems to be one of the many instances of his pseudo-mythology: he appears to have deduced her from, or confounded her with, Clytie."	Mr. Collins on *Orl.* 99: "From Ariosto, *Orlando Furioso*, canto xv. st. lvii." [Passage quoted.] "Greene is fond of this allusion; he has introduced it three times, cp. *infra*, 303—4: 'Fairer than Chloris when in al her pride', &c.; *A Looking Glasse*, l. 73: 'The louely Trull that Mercury intrapt.'"

98. The -s in "weddings" (nuptial ceremonies) should be retained. The word is perhaps formed on the analogy of 'nuptials' and 'funerals'.

109. "Oh my Lord, not sister to thy loue." Dyce suggests the insertion of 'thy' before sister. Mr. Collins, whose ear is never to be trusted, says "Lord" is dissyllabic.

But of course the horrified exclamation "Oh my Lord!" demands a pause.

123—124. "Packe hence in exile, Radagon the Crowne,
Be thee Vicegerent of his royaltie" ...

Mr. Collins suspects corruption in line 123, and follows Dyce in altering "thee" to "thou" in 124. It is more likely that "thee" is a misspelling of 'the'. I would place semicolons after "exile" and "Crowne", and a comma after "Radagon". On pronouncing sentence of banishment, Rasni either removes the crown from the head of the King of Crete or signs to Radagon to do so.

241. Mr. Collins, apparently through lack of familiarity with old texts, alters "woe" to "wooe". He leaves unchanged "woes" in *J. IV.* 168 and "wo" in *J. IV.* 294.

335. Mr. Collins again compromises with modernity. For "so(a)pe" he substitutes "suppe". "Sope" is an Elizabethan form. Similarly we have sometimes "soke" for "suck".

560. "Marke but the Prophets, we that shortly showes,
'After death exspect for many woes'."

Qy. read "Prophet's ire"? "Exspect for" is used in the sense of 'look for'. Cp. quotation from Harington's *Orl. Fur.*, 1591, quoted in *N. E. D.*

657—658. ... "and then for the breach of a minute he refused my money, and keepe the recognisance of my land for so small a triffle."

Q 1, 2, 3, 5, "keepe". Q 4, Dyce, Collins, "kept". Why not 'keeps'? With the spelling "triffle", cp. "triffling" in Newton's translation of Seneca's *Thebais*, fol. 41: —

"Alas, what litle triffling tricke hath hitherto bene wrought
By these my hands?"

878. For "obstructions of" Mr. J. C. Smith suggests "obstructions stop"; more likely "obstruction stops".

997. "To one in peace, who saile as I do now,
Put trust in him who succoureth every want."

Omit comma after "now", and for "one" read "wone"?

1097, 1189, 1560. The soothsayers and sages are of course
the Magi; we understand that without any meddling with
stage directions.

1240—1243. A passage of prime nonsense which Mr.
Collins would have us believe the fruit of the Clown's ignorance; it is really a humourous parody of euphuism. See also
1249—1250.

1325. For 'hurling' in the sense of rushing violently,
cp. *Hamlet*, 1. 3. (1 Fol.) "These are but wild and hurling
words, my Lord."

1342. For "merchants lifts" Mr. Collins reads "merchants
lift". See note on *Alph.* 1109.

1407. I cannot forbear pointing out the excellence of.
Mr. Collins' emendation. Dyce and Grosart were baffled: and
Mr. Collins restores sense by the omission of a comma.

1501. Cp. *Alph.* 327—328, and my note thereon.

1547. "Statutes" was so commonly used as a synonym of
"statues" that it may fairly be taken as a temporary doublet.
See also *Orl.* 48, and Mr. Collins' note.

1630. It is not necessary to alter the clown's "a thrust"
(i. e. athrist) to "athirst". Such transpositions are not rare.
See *J. IV.* 2027 and 2280.

1872. "The Lord hath spoken, and I do crie it out."
Mr. Collins, trusting Dyce and his own fingers, reads "spoke".
Such unnecessary alteration is too common for particular
mention. This is merely a sample.

1940. "Of those whom my corruption brought to noughts."
Mr. Collins alters "noughts" to "nought", and refers us to
2062 ("brought to nought") and 2072 ("brought to noughts").
In his note on the latter verse he remarks that "Dyce need-
lessly alters 'naughts' to 'naught'." The "illustrative" passage
be quotes from *Frier Bacon* is no parallel. There "naughts"
can only mean trifles, and that is certainly not the meaning
in *A Looking Glasse*.

1970. Q 1, 2, 4 read "brodred", but Mr. Collins accepts
the less authoritative reading of Q 3, "broydred". 'Braided'
is the meaning in either case.

1980.   "Woe to thy pompe, fale beautie, fading floure,
        Blasted by age, by sicknesse, and by death."
For "fale" (Q 1, 2), Dyce and Mr. Collins read "false". Qy.
"frail"?

2085.   "Twere better I were dead then rest aliue."
The meaning conveyed is quite good, and yet, considering the
references to the "burning heate" with which Jonas is afflicted.
I wonder whether Greene may not have written "rost".

2230.   Mr. Collins rejects from his text Dyce's certain
correction of "Lepher" to "Sepher". The confusion of L and S
is frequent.

Orlando Furioso.

Dramatic verse was in the experimental stage for some
time after Marlowe's innovation. However delighted the public
may have been, some of the dramatists were far from satisfied
with the epic march of *Tamburlaine*. Greene tried the effect
of many variations, and his *Orlando Furioso* is particularly
full of those lines which most editors insist upon regarding
as mutilated or expanded by the printers. The "defective"
line of four feet is very common. (Dyce has a habit of sug-
gesting possible insertions). The Alexandrines are peculiar
in that there is usually a distinct pause after the first foot.
(Dyce always seized the opportunity of printing the first foot
as a line by itself.) Among other variants we may notice a
few fourteeners, and some lines of three or of two feet. In
some passages there is indubitable evidence of corruption, and
here Dyce's suggestions are invaluable. But Mr. Collins is
conservative enough to remove even the certain corrections
of his predecessors (e. g. in ll. 39, 54, 197, 236—237, 306—307,
746, 1152, and 1198) though he is independent enough to make
an unnecessary insertion of his own in line 675.

In discussing the date, Mr. Collins is hampered by his
preconceptions. Had he not already determined that *Orlando*
was not composed earlier than 1591, he could hardly have
doubted that ll. 885—888 of *The Old Wives Tale* were borrowed by Peele from Greene.

Page 44. "The appearance of Harington's *Ariosto* in 1591; as I have shown in the Introduction, almost certainly suggested it."

Page 217. The passage referred to on p. 44: — "It has been conjectured that what suggested it to Greene was Sir John Harington's translation of the *Orlando Furioso* which appeared in 1591. This may have been the case, but Harington's version could hardly have been in Greene's hands."

67. "Voya", says Mr. Collins, "must be a misprint for Volga"; but he does not correct it.

168. "That left her Lord, prince *Menelaus.*"
Mr. Collins says that here and in line 227 (That when Prince *Menelaus* with all his mates"), 'Menelaus' is a trisyllable. Perhaps it is, but we are not forced to take it so. Mr. Collins has not a very good ear. The lines he quotes in support of his trisyllabic Menelaus are quite inconclusive.

255—256.
　　"Mightie, glorious, and excellent, —
　　I, these, my glorious Genius, sound within my mouth."
Dyce says "glorious" (256) is a wrong epithet. Deighton would alter "glorious" (255) to renowned. Collins suspects no corruption. But the second "glorious" is not essential to the metre and it looks as though it were caught from the preceding verse.

290—292. Mr. Collins' ear must be better than mine if he can distinguish verse in this passage.

308. "Let not, my Lords, deniall breed offence."
Collins follows Dyce in printing "my Lord". But it is the punctuation alone which is faulty. "My Lords deniall" is the refusal of my lord.

675. Unnecessarily expanded by Mr. Collins.

968. "Why, art thou not that same Angelica,
　　Whose hiew as bright as faire Erythea" ...
Qy. for "as" read 'is'?

1152. Seeing that Mr. Collins has elsewhere corrected the spelling of classical names, why should be leave "Nymosene"?

1196. "But thrice hath Cynthia changde her hiew."
Dyce says an epithet to Cynthia has dropped. We are not compelled to suspect corruption, but it is possible that 'borrowed' may have dropped out before "hiew".

1207—1208. Should not these lines run thus:
"Is banisht from the court, and Sacrepant
This daie bids battel to Marsillius."

Frier Bacon and Frier Bongay.

166. ... "my maister *Ned* is become Loues morris dance."
Dyce suggests "dance[r]". The correction "seems probable" to Mr. Collins, who thinks, however, that "morris-dance might mean that he was one in whom love capered as he pleased". But Mr. Collins would never have written this note if he had consulted Mr. Gayley's annotations.

299. "Guess" is frequently a singular form and it is apparently so used in the passages given by Mr. Collins as examples of the plural; except in *Euphues*, where the word is "Guesses".

313—314, 832—833, 1295—1299. Why not rearrange the verse as it was unmistakably written?

354. Mr. Collins' "price" (for "prise") is mere modernisation.

442. "And venture as *Agenors* damsell through the deepe."
Though Mr. Collins objection to the form of the line is incomprehensible, I can hardly believe that the repetition from the previous line is Greene's work. Perhaps the line was originally —
"And venture as *Agenors* damosell."

647. "His personage . . . . .
Might well avouch to shadow *Hellens* cape."
Mr. Collins accepts and embodies in his text the suggestion of Dyce, "*Hellens* rape". But Gayley's emendation ("scape") is much more likely. Cp. line 915: —
"But courtiers may make greater skapes than these."
Ward rightly explains the word "shadow" as "cover with an excuse", but this meaning goes better with "scape" than with

"rape". It is clearly Helen's fault that needs excuse. Mr. Collins felt the difficulty, for he wrote a long note on the possible meanings of 'shadow'. For him the passage means "his beauty, like that of Paris, is such that it may well justify us in anticipating a rape of Helen". In other words, Margaret is comparing herself with Helen, and predicting her own reduction.

1347. Why change "the Gyptian" to "ThEgyptian"?

1351. Again Mr. Collins may learn from Mr. Gayley. Mr. Gayley, who explains the apparent blunder by the suggestion that "volga" may be an example of autonomasia, prints out that Q 1 does not capitalize "volga"; and, if Mr. Collins' footnote be correct, neither does it italicize it.

1475. "The scrowles that *Ioue* sent *Danae*."
Mr. Collins pronounces the metre defective, and says further that "scrowles is a disyllable". He suggests that 'to' should be inserted before "*Danae*". One would like to see Mr. Collins' ear. He proposed the insertion of "prating" in line 988:
    "Peace, Dwarffe; these words my patience moue."
Yet he can correctly describe line 793,
    "Flees with his bonny lasse for feare",
as "merely an octosyllabic line".

1818. See Gayley.

Act V. Sc. 2. Wherever the scene be laid, I think Miles's references prove that it is not Frier Bacon's cell. In all probability Greene himself made no attempt to locate the scene, and I don't know why we should insist upon erecting scenery about his open stage.

2044. Here we have probably an example of the common misprint of "*Ioue*" for "*Love*", (Q 3 has "loue"). See also *J. IV.* 747.

James the Fourth.

126, 385. Unnecessary cobbling; see also Mr. Collins' note on 542—543.

171—172. This is an example of the way in which editors treat a fourteener.

209. The possible rime suggests that the Countess may have used the Scottish form 'hame'.

299—300. Mr. Collins is so anxious at times (e. g. 266—267) to normalize lines that it is a wonder he has not noticed that these verses may be read as a couple of pentameters. The only irregularity would be the pause of surprise and rage after the first word:

"Villaine, what art thou that thus
Darest interrupt a Princes secrets."

Of course "Darest" would have the value of a monosyllable, and "secrets" would be trisyllabic.

360. Mr. Collins should know that "moath" (moth) was merely another spelling of mote.

477. "Why there you kill me; there am I [dead]; and turne me" &c. I offer this as a barely possible reading. The second sentence is an explanation of the jocular expression in the first. Cp. 1163, "I am dead at a pocket." The "and" = if you.

614. Elsewhere Mr. Collins has noted that Greene uses "strange" as a dissyllable. In this line he insists upon taking it as a monosyllable, and then comments on the "limping metre".

660. Here Mr. Collins alters "graue" to "graues" because it must rime with "slanes". But such rimes are not uncommon. In 742—743 "heart" rimes with "parts". In 730—732 "lurkes" rimes with "worke", and Mr. Collins rightly refuses to sacrifice grammar to rime by making an alteration.

662.   "An he weele meete ends."
Mr. Collins says — and the meaning is clear though the construction is open to question — that the only sense which can be made out of these words is to delete 'he'. With a slight alteration of the punctuation, however, we may take it as a Scottish moralising on the falls of princes, meaning 'A high wheel! Fitting conclusions to their lives!' Allusions to the wheel of Fortune are very common. I believe the words "The mirk ... abroade" are spoken by Oberon. Cp. 672.

675 s. d. The song is sung to close the interlude, not to open the second act.

812. Mr. Collins adopts an insertion of Dyce's and says in a note that it is unnecessary.

1104. "Sweeting his thoughts of lucklesse lust
With vile perswations and alluring words."
Editors are unnecessarily worried by the octosyllic line. Our conservative adopts Walker's conjecture of "Soliciting" (for "Sweeting"). So too in l. 1499 he accepts from Walker a plausible conjecture, though the text as it stands is defensible. On the latter passage, he should consult Mr. Manly's note.

1221 s. d. Homer nods: — "*Exit* [Purueyer *and* Iaques]."

1271. "*Sieur Iaques,* this our happy meeting hides
Your friends and me, of care and greeuous toyle."
For "hides" Mr. Collins reads "prines". Perhaps 'rids' were better. (And I am delighted to find that Mr. Manly confirms me by anticipation.)

1728. No need to alter "Mee thinke" by addition of "[s]".

1850. Mr. Collins alters "Quoine" to "coin", though he rightly leaves "quoine" in 2046, 2051, and 2058.

2093. "Did Prince and Peere, the Lawyer and the least,
Know what were sinne" ...
Mr. Collins, for whom this "makes no sense", alters "least" to "Priest". The sense of the whole passage is — If all men, from Prince to pauper, were plainly told of their sins by the clergy, they would repent. "Prince and Peere" are representatives of the highest rank; to represent the middle class the lawyer takes his own profession (which has just been attacked by the divine); "the least" closes the catalogue quite simply.

2288. "These lawfull reasons should deuide the warre:
Faith, not by my consent thy daughter dyed."
For "deuide" Mr. Collins has "diuert". Does not "deuide the warre" mean 'part the combatants'? Very likely the word "deuide" originally came at the end of the line, and so rimed with "dyed".

2305. Mr. Collins makes an unnecessary insertion. "Brave" is almost dissyllabaic. There's more unnecessary insertion in 2378; just as there is a lack of conservatism in the changes of 1970, 2134 and 2285.

2312. See Deighton and Manly.

2320. Dyce's reading, unnoticed by Mr. Collins, is certainly correct.

2362. "Since I am safe, returne, surcease your fight." Qy. 'safe returnd'?

2451. In the last line Mr. Collins defies himself by altering "Men learns" to "Men learne".

George a Greene.

Most of the metrical irregularities in this play are just such as Greene allowed himself. Others were no doubt introduced by the printer who certainly could not differentiate between verse and prose.

There is a marked absence of mythological allusion and poetic embroidery. Greene seems to have been making an experiment in realism, probably under the influence of Nashe. It is, indeed, not unlikely that *The Pinner of Wakefield* is the comedy mentioned in *The Groatsworth of Wit*.

Mr. Collins is driven to despair by the printer, and for the most part is content to follow him meekly, often gibbering obvious verse as prose. "The blank verse in this play is so irregular", he says, "that rearrangement to make it smooth is hardly necessary". Therefore his references to the excellent work of Dyce are scanty. Nevertheless he is still sufficiently self-assertive to make needless alterations from time to time.

85. "I will haue all things my Lord doth want." Mr. Collins inserts a relative "[that]". Yet he quite properly leaves the similar lines 41 ("well, hye thee to Wakefield, bid the Towne") and 102 ("Nothing left for traytours, but our swordes").

256. *"Iame"* (Q 1) altered to *"Iamie"*. But *Iame* is unaltered in 17, 319, and 348.

548.   "Venus for me, and all goes alone
      Be aiding to my wily enterprise!"
Dyce and Mr. Collins, fettered with the idea that a regular pentameter is essential, have: "of all the gods alone". Perhaps we might read "and all gods aboue" or even "and all gods a loue".

652. "I care not though you be three to one".
Seeing that "care" is dissyllabic, Mr. Collins "I care not [I]"
is unwarrantable.

658. "But shall goe hard, and I will holde you taske."
Mr. Collins prints "It shall". "But" is equivalent to "But it".

673. "Else one could never have conquerd three."
Perhaps 'never could'?

759. "Know, my Lord, I neuer saw the man."
Qy. 'No, my Lord'?

782 sqq. After the entry of the Earl of Kendal there is
some confusion, caused apparently by the doubling of Cuddy's
part with that of the "one" who brought in the prisoner.
Mr. Collins notices Cuddy's inconsistency, but offers no explanation.

801. The "him" of Q is probably for 'hem' (= them).

821. Dr. Nicholson's rearrangement, quoted by Mr. Collins,
is unnecessary. The "gentle king" is Kendal. Cp. 1. 25: —
"I Henry Momford will be King my selfe."

Poems.

IX. 22. Mr. Collins' suggestion concerning "these three"
would be amazing if we were not past wonder. The three are,
as the whole poem explains, Ambition, Envy and Revenge.
There is no doubt something wrong, but only with the one
line. Perhaps we should read, "[Against] these three".

XXXIII. 39. Mr. Collins can make nothing of
"Or like the downe of swannes where Senesse woons."
Senesse is perhaps Old Age, who spends much of his time re-
clining on a soft couch. If an emendation were insisted upon
we might suggest "senses swoons". But the point is more
fully discussed in my article on "The Relation between *The
Thracian Wonder* and Greene's *Menaphon*," (Mod. Lang. *Rev.*).

Some attempt has been made to correct misprints by the
laborious process of scraping away a portion of the surface of
the printed sheets and printing the corrections over the erasure.
(Pp. 29 and 54 of vol. 2, in my copy). But the copies which

have not yet been issued must be scraped a good deal more, as this list of obvious errors and misprints will testify: — vol. I, p. 13 (leave *for* leaves), 43 (l. 4, and *for* of), 89 (full stop omitted in l. 341), 175 (comma in 1002), 182 (lines wrongly numbered), 185 (full stop omitted in l. 1333), 210 (2143 *for* 2144 *in* note), 233 (l. 376, traede *for* tracde), 237 (l. 516, He *for* Ile), 242 (l. 675, and *for* [and], 252 (note 1014, arme *for* armes), 254 (l. 1070, mee *for* wee; l. 1084, skirt *for* shirt), 256 (l. 1134, Lonnes *for* Sounes), 257 (l. 1174, mee thou gat *for* meethought), 263 (l. 1376, Lo *for* So), 310 (l. 33, it *for* policy); Vol. II. 30 (l. 445 *Pryen* for *Pyren*), 95 (l. 237,; *for*,), 118 (note on 1036 is on s. d.), 152 (2244 and note, goasts *for* gosts), 179 (last line, Fee *for* Foe), 199 (l. 586, three *for* thee), 213 (l. 1076, feee *for* fee), 341 (note 1347, *Aegyptian* for *Egyptian*), 356 (n. 639—643, little *for* litle). No doubt a comparison of Mr. Collins' text with its originals would reveal plenty more.

I have not attempted to deal with all Mr. Collins' indiscretions. My hope is that I have demonstrated our present need of a good and easily accessible edition of Greene's plays.

University of Sydney, February, 1906.

J. Le Gay Brereton.

II. MITTEILUNGEN.

A New
English Dictionary On Historical Principles.
(Volume VI: L—N.)
N—Niche.
By W. A. Craigie, M. A.

This double section includes about half of the words beginning with N, and contains 1530 Main words, 250 Combinations explained under these, and 1126 Subordinate entries of obsolete forms, etc., or 2906 in all. The *obvious combinations* recorded and illustrated by quotations, number 563, bringing up the total to 3469. Of the Main words, 374 are marked † as obsolete, and 55 are marked ‖ as alien or not fully naturalized.

Comparison with Dr. Johnson's and some recent Dictionaries yields the following figures: —

	Johnson.	Cassell's 'Encyclo- pædic.'	'Century' Dict.	Funk's 'Standard.'	Here.
Words recorded, *N* to *Niche*	284	1651	1643	1719	3469
Words illustrated by quotations	218	542	515	191	2896
Number of illustrative quotations	833	864	1508	281	17273

The quotations in the corresponding portion of Richardson number 674.

This portion of N is fairly representative of the different elements of which the English language is composed. The native words, as well as those of Latin and Greek origin, are numerous and important, and other tongues have added considerably to the stock. Among those which have come down from Old English, some of the most prominent are *nail, naked, name, nap* (sleep), *narrow, nave* (of a wheel), *navel, neap* (tide), *near* (= nearer), *neat* (cattle), *neb, neck, need, needle, neigh, neighbour, nesh* (soft), *nest, nestle, net, nether, nettle, new, next,* and the set of negative words *na, natheless, naught* (whence *naughty*), *ne, never.* These with their derivatives occupy a considerable part of this section. Of Scandinavian origin are *naam, nab* (peak), *nais* (a remarkable instance of the survival in dialect of a very rare word), *nait* (use, useful, to use), *nait* (to deny), *narwhal, nay, near, neven* (to name), and possibly one or two more), as *nag* (to annoy). From Dutch or Low German comes *nap* (of cloth); the Scottish *need-nail* is also of L. G. origin. There still remains some doubt as to the precise source from which some words have come, as *nag* (horse), *nap* (to seize), *nape* (of the neck), *nasty, natty, neeze* (to sneeze), *nese* (the nose), *nib* and *nibble.*

Many of the words of Latin origin have become firmly established in the language, and have produced a number of derivatives which are also in common use. Such are *narrate* (at one time a Scotticism), *nasal, natal, natatory, nation, native, natural, nature, naval, navigate, nebula, necessary, necessity, negation, negative, neglect, negligence, negotiate, nerve, nervous, neuter.* The earlier among these were as a rule adopted through French, which has also supplied *naïf* and *naive, naissant, napery, navew, navy, neat* adj., *nephew, nice* (remarkable for the variety of senses it has received in English), and *niche.*

The Greek element is pretty large, and includes *Naiad, Nemesis, Nereid*; *narcissus, nard* (us), *nectar, nepenthe* (s); *naphtha, narcotic, nausea, necropolis, neophyte* (first prominent, as one of the, ridiculous inkhorn terms' in the Rhemish N. T.), *nephritic.* Many modern scientific terms have also been formed on Greek bases, such as *necro-, nemato-, neo-,* and *neuro-.* In *necromancy*, etc., the original Greek form has replaced the mediæval corruption *nigro-, negro-.*

Oriental languages are very fully represented by *nabob, nadir, nagari, naib, naik, nainsook, naker, narghile, nautch, Nazarite* [2], *negus* (of Abyssinia), *nenuphar,* etc. Various other tongues have contributed a few words, as *namaycush, nancy, nandu, nanguer* (whence Buffon's invention *nagor*), *nardoo, nerka, niata,* and names of persons or places are the source of *namby-pamby, nankeen, nanty, nap* sb. [5], *napoleon,* and *negus* [2].

Issue of January 1, 1907: A Portion of Volume VI (*Mesne — Misbirth*), by Dr. Bradley.   M.

Notiz.

Im 'Cambridge Chronicle and University Journal' vom 17. Aug. 1906 findet sich ein ausführlicher bericht über eine vorlesung, die dr. Karl Breul am 13. Aug. v. j. in Cambridge gehalten hat. Sein gegenstand und die art, wie er ihn behandelt hat, fand allgemeinen beifall und ist auch für die deutschen lehrer von allgemeinem interesse. Das thema lautete: 'The Use of the Phonograph in Teaching Languages.'

M.

Angekündigte schriften.

Roeder's werk, „Die Familie bei den Angelsachsen", von dem bisher nur der erste teil vorliegt (Studien zur englischen Philologie, heft IV), geht seiner vollendung entgegen. Der herr verfasser hofft, den zweiten hauptteil: „Die Kinder", für den ein reiches material vorhanden ist, so fördern zu können, dafs er in etwa einem jahre den fachgenossen vorgelegt werden kann.

M.

Kieler dissertationen.

In Kiel befinden sich folgende dissertationen in vorbereitung:
1. Aussterben und ersatz altenglischer verba.
2. Über den gebrauch der präpositionen in der ae. poesie.
3. Quellenstudien zu Crowe's tragödien.

M.

Berichtigung.

Bd. XVIII, heft V, s. 148 ist in der bücherschau zu lesen:
Jordan, Eigentümlichkeiten des anglischen (statt: englischen) Wortschatzes. Eine wortgeographische Untersuchung mit etymol. Anmerkungen.

M.

INHALT.

Herausgegeben von Prof. Dr. Max Friedrich Mann in Frankfurt a/M.

Verlag von Max Niemeyer, Halle. — Druck von Ehrhardt Karras, Halle.

Beiblatt zur Anglia.

Mitteilungen
über englische Sprache und Literatur
und über englischen Unterricht.

Preis: Für den Jahrgang 8 Mark.

(Preis fur 'Anglia' und 'Beiblatt' jährlich 24 Mark.)

| XVIII. Bd. | März 1907. | Nr. III. |

I. SPRACHE UND LITERATUR.

May Lansfield Keller, The Anglo-Saxon Weapon Names treated archæologically and etymologically.
(A. u. d. T.: Anglist. Forschungen herausg. von Dr. Joh. Hoops, Professor an der Univers. Heidelberg, Heft 15). Heidelberg, C. Winter. 1906. VII u. 275 Ss. 8⁰.

Die verfasserin hat ihr, für eine dame gewifs etwas abliegendes, thema eingehend und methodisch behandelt. Ihren fleifs und ihre sorgfalt bezeugen zunächst die verzeichnisse der benutzten texte und schriften, unter denen ich jedoch Sophus Müllers Nord. Altertumskunde, übers. von Jiriczek, sowie die etymol. wörterbücher von Falk-Torp, Tamm und Vercoullie mit bedauern vermifst habe. Aus jedem dieser werke ist viel zu lernen! Die dissertation von R. Wagner über die Angriffswaffen der Agss. erschien nach dem vorwort zu spät, um noch berücksichtigt werden zu können, das gleiche gilt auch wohl von dem nicht erwähnten etymol. lat. wörterbuch Waldes, das in zukunft bei keiner sprachhistorischen arbeit unberücksichtigt bleiben darf.

Frl. Kellers buch zerfällt in zwei hauptteile: 1. *Antiquarian Investigation* (s. 13—112), 2. *Philological Investigation* (s. 113—271); daran schliefsen sich einige *Corrections* (s. 272—273) und ein *Alphabetical Index* (s. 274—275). Im ersten teile erhalten wir zunächst einen allgemeinen überblick über die bei den Agss. gebräuchlichen waffen, sodann eine genauere

besprechung der angriffs- und verteidigungswaffen. Jene sind:
speer, schwert, pfeil und bogen, axt, schleuder, keule, kriegs-
maschinen; diese: schild, helm, brünne, halsberg, beinschienen.
Alle diese dinge werden sodann im zweiten teile mit ausführlichen, oft allzu ausführlichen, belegen etymologisch gedeutet
oder zu deuten gesucht.

Besonders interessant und lehrreich ist mir der erste teil
gewesen, da er auf grund einer ausgebreiteten lektüre geschrieben, auf viele stellen der ags. dichtung ein neues licht
wirft. Er wird in zukunft bei der interpretation stets herangezogen werden müssen! Als auf diesem gebiete leider nicht
eingehend orientierter, kann ich hierzu nur einige wenige bemerkungen machen: s. 36 ist *brond* als schwertbenennung zu
streichen, da Beow.[1]) v. 1454 mit Cosijn gewifs *brogdne* statt
bronde zu lesen sein wird; ib. hat die verf. leider Zupitzas
lesung von Beow. v. 3154: *wīgendes egesan* übersehen, sonst
würde sie uns nicht wieder die komische *hilde-segese* 'the
battle-saw' oder *-egese* (sic!) 'the terror of the battle' aufge-
tischt haben; *stȳl* ib. ist ein häfslicher fehler für *stȳle* 'stahl'.
— Zu s. 37 oben: runen auf schwertern werden auch in Sal.
und Sat. v. 161 ff. erwähnt, vgl. ferner die eddischen *Sigr-
drīfumǫl*. — S. 51 oben hätte das von Cosijn glücklich ge-
besserte *āter-tānum* (l. -*tearum*!) *fāh* nicht wieder aufgewärmt
werden sollen. — S. 73 ist Sarrazins überzeugende besserung[2])
von El. v. 151: *þrȳð-bord stēnan* zu ∽ *bold sēcan* nicht beachtet
und das ebenso falsche *staim-bort* (so, nicht *stain-*) des Hilde-
brandsl. herangezogen worden,[3]) worin gewifs *sturm-bort* steckt.
— Zu s. 86: ein anderer helm mit eberbild darauf findet sich
auf dem silberkessel von Gundestrup (Jütland), vgl. die abbildung bei S. Müller a. a. o. 2, 160 (tafel) und 165. — Die
interpretation der viel behandelten stelle B. 303 ff. auf s. 86
läfst auch sehr zu wünschen übrig, denn es ist zu lesen:

          ĕoforlīc sciŏnon
ofer hleor-ber[g]an,   gehroden golde:
fāh ond fȳrhĕard   ferhwĕarde heold
guðmōdgum men etc.

---

[1]) Das gedicht wird nach der Bibl. der ags. Poesie citiert. Sapienti sat!
[2]) Ztsch. f. d. Phil. 32, 548.
[3]) Auch Meissner bespricht die stelle in der Ztschr. f. d. Alt. 47, 400 ff.
und zieht aisl. *steina* 'bemalen' heran.

Das subjekt zu *heold* ist als *heo* aus *hleor-bergan* zu ergänzen,
womit nur Beowulfs helm gemeint sein kann, vgl. meine ausgabe. — S. 92 oben war als nom.-form *hleor-berge* anzusetzen.
— Ib. f. rächt sich die vernachlässigung von S. Müllers Nord.
Alt.-kunde empfindlich, denn auf s. 122 in bd. 2 dieses werkes
würde verf. die abbildung eines im Torsberger moore gefundenen helmes mit gesichtsmaske kennen gelernt haben,
durch den die bezeichnung *grīm-helm, here-grīma* (nicht *grimma*!)
in überraschender weise aufgehellt wird.

Zum zweiten teile bemerke ich folgendes: S. 114 oben
wird *garo* irrtümlich durch 'to make ready' übersetzt und ne.
gear als direkter nachkomme von ae. *gĕarwe* bezeichnet. —
S. 122 oben l. εἴρειν st. εἴςειν. — S. 124 ff. *wæpen* 'membrum
virile' auch unter den angriffswaffen gebucht zu sehen, berührt eigentümlich. — S. 127: schwed. *vapen* ist niederd. lehnwort. — S. 129 unten und 132 war *daroð, œsc* zu trennen,
vgl. meine Elene-ausgabe! — S. 134: was hat *akkeris fluke*
hier zu tun? — S. 135: der absatz, der mit 'Radically related'
beginnt, ist sehr ungeschickt angeknüpft, denn man muſs zunächst glauben, K. wolle ae. *gād* mit ahd. *gart* etc. verbinden!
— S. 145: über *pīlum* vgl. jetzt Walde. — S. 147: mnl. *schacht*
gehört doch zu dem oben besprochenen nhd. *schaft*! — S. 148
oben: die stelle aus Ælfreds Übers. der Soliloquien war nach
der neuen ausgabe von Hargrove zu zitieren. — S. 151 l. dän.
spœr st. *spaer*. Die germ. grundformen sind nach Falk-Torp:
sper(r)u- und **sparru-*. Über lat. *sparus* und *sorbus* vgl. jetzt
Walde. — S. 152 unten: schwed. *spröt* und dän. *sprød* beruhen
auf altisl. *spraut*; statt MHG. l. MLG., da *sprēt* doch niederd.
ist. Daſs *sprieſsen* und *spiess* etwas miteinander zu tun haben,
glaube ich nicht. — ·S. 154: kann **steig* eine 'weakened form'
von **stengh* sein?? — S. 159: *brand* 'schwert' ist offenbar
skand. lehnwort, da Beow. 1554 *brondne* in *brogdne* zu bessern
ist, vgl. oben. — S. 163 l. schwed. *ägg* st. *agg*, das 'stechen,
groll' bedeutet! — S. 166 l. *hĕoru-hōcihte* st. *-hōciht* (vgl. Sievers,
Ags. Gam.³ § 299). — S. 183 f.: as. *scēðia* und *scēdia* sind nur
orthographische varianten, da in den hss. oft *d* für *ð* (gerade
wie *b* für *ƀ*) steht und beweisen nicht etwa für grammatischen
wechsel. — S. 184: der nom. sgl. von *scennum* könnte auch
scenna gelautet haben. — S. 187: 'messer' heiſst as. *mezas* =
metsahs. — S. 193 unten wird *āðswyrd, -swĕord* 'eidschwur'

mit 'sword oath' übersetzt!! Es könnte doch nur 'oath-sword'
heifsen, wenn das zweite element nicht zu *swerian* gehörte! —
S. 196: was hat die wurzel *swar* mit *schmerzen* zu tun? —
S. 200: der *regenbogen* gehört doch kaum zu den ae. schufs-
waffen! — S. 203: aisl. *kǫgurr* heifst nicht 'köcher', sondern
'decke, windel' und *kǫgur-sveinn* folglich: 'windelkind, knirps',
vgl. die belege bei Fritzner und in Gerings Eddawörterbuch!
Schwed. *koger* stammt wohl aus dem dän. *kogger*, dies selbst
aus mnd. *koker*. — S. 204 taucht wieder das unglückselige
ĕarh-faru 'heerpfeil', 'pfeilgebot' auf, obgleich Sievers schon
vor langer zeit diese falsche erklärung zurückgewiesen hat.
Es bedeutet einfach 'pfeilflug' = 'schlacht, kampf'. — S. 210
l. *daroð, œsc* (getrennt), vgl. oben und meine Eleneausg. —
S. 218 hätte zur erklärung des *i* von *liðere* gesagt werden
müssen, dafs es ein *-jōn*-stamm ist. — S. 220 unten ist das
unbelegte *scoterum* zu streichen, da das *scotenum* Beow. 1026
offenbar in *sceotendum* gebessert werden mufs. — S. 230: *rand*
ist 'schildbuckel', nicht '-rand', vgl. Berger, Z. f. d. Ph. 24, 126.
— S. 238: zu *schild* vgl. jetzt noch Bartholomae, Idg. Forsch.
XIX, Beiheft, s. 160, der aw. *kərəduš-* heranzieht. — S. 242
wird ne. *thill* 'deichsel' ohne bedenken zu ae. *þel* und nhd.
diele gestellt, wogegen doch schon die bedeutung spricht!
Offenbar richtig bringen es Falk-Torp s. *tilje* mit norw. *tilla*
'deichsel' und ne. *thin*, nhd. *dehnen* etc. zusammen. — S. 246
oben taucht auch das törichte *hilte-cumbor* 'banner with a staff'
wieder auf, das doch sicher blofs ein schreibfehler für *hilde* ~
ist. — Ib. zu *grīma* 'maske' vgl. oben zu s. 86. — S. 247 l.
nl. *grijns* st. *grijus*. — S. 250 unten: im Finnsburgfragm. ist
nicht *celod*, sondern *celœs* (das ich in *cĕorlœs* = *cĕorles* bessere)
überliefert! Der *ban-helm* ist schwerlich ein schutz gegen
mörder (*bana*), sondern ein *bān-helm* 'knochenschutz'. — S. 252
unten: die besserung *hleor-ber[g]an* hat zuerst Ettmüller richtig
vorgeschlagen. Die auseinandersetzungen s. 253 über v. 304
sind jetzt gegenstandslos, da die stelle vollständig in ordnung
ist, vgl. oben zu s. 86. — S. 254 hat verf. Grundtvigs geniale
konjektur *wig[a] hĕafolan bœr* nicht berücksichtigt. — S. 264:
hring-mǣl(ed) heifst doch 'mit ringförmigen zeichen versehen'!

Noch manches wäre im zweiten teile auszusetzen, vor
allem die überflüssige häufung der belege für ganz gewöhnliche wörter, doch möchte ich nicht den anschein erwecken,

als ob trotz mancher versehen das buch von frl. Keller nicht eine schätzenswerte bereicherung unserer wissenschaftlichen literatur wäre. Im gegenteil!

Kiel. F. Holthausen.

Conrad Grimm, Glossar zum Vespasian-Psalter und den Hymnen.
(A. u. d. T.: Anglist. Forschungen, herausgeg. von Dr. J. Hoops, Prof. an der Univers. Heidelberg. Heft 18.) Heidelberg 1906. C. Winter's Universitätsbuchhandlung. VI u. 220 ss. 8⁰.

Daſs die für die altenglische sprachgeschichte so wichtige interlinearversion des Vespas.-psalters und der hymnen, von der wir bereits die vortreffliche grammatische darstellung Zenners[1]) besitzen, nunmehr auch eine ausführliche lexikalische behandlung erfährt, kann nur mit freude begrüſst werden. Eine reihe von stichproben erwies im allgemeinen wohl die zuverlässigkeit von Grimms arbeit, doch haben sich dabei auch nicht wenige fehler herausgestellt, die ich hier für benutzer des buches zusammenstelle. Einige verzeichnet auch der verf. schon selbst am schlusse. Ganz durchlesen und nachprüfen konnte und wollte ich natürlich die 220, von formen und zahlen starrenden, seiten nicht.

S. 2 unter *adrugian*[2]) l. *adrugade* st. *adrugale*. — S. 4 l. *ageotan* st. *agetan* als lemma. — S. 14: *beme* ist *jōn*-stamm. — S. 16 l. *bigeotan* als lemma. — S. 22, z. 2: *bleow* 'flavit' 147, 18 ist nicht das perf. von *blowan*, sondern von dem auf s. 20 fehlenden *blawan*! — S. 28: *creat* ist ein merkwürdiger ansatz. — S. 32 l. *ðæhðe* unter *daehðe* und *ðæl* unter *dael*. — S. 49 unten erg. 'ðiow s. ðeow'. — S. 53 l. *ðunwengum* unter *ðunwenge*. — S. 60: die hs. hat *eldeoðig*. — S. 64: *fuel* 'casus' ist doch ein *i*-stamm! — S. 65 l. *fearan* stv. — Ib. ist *feas* schwerlich richtig. — S. 67 ist *gefeon* 'sich freuen' gedruckt, als ob es zu *feon* 'hassen' gehörte. — S. 68 bessere *ferlet* in *ferelt* = *færeld*. — Ib. *fiðere* ist doch kein *i*-stamm! — Ib. unter *flæsc* fehlt *flęsc* Ħym. 7, 83. — S. 72 l. *forgeofan* und *forgeotan*. — S. 77: *fyrhtu* ist doch ein alter *īn*-stamm. — S. 85 l. *geofu* st. *gefu* als lemma. — S. 88 l. *geleafsum* als lemma st. *gelæfsum*. — S. 89: *gelengdum* ist dpm. (zu *hornum*). — S. 90: *gemære*

---

[1]) Vgl. dazu Sweet, Gött. gel. Anz. 1882, 1186 ff.
[2]) Der verf. hat leider keine quantitätszeichen gesetzt.

ist doch *ja*-stamm! — Ib. *gemœltan* bedeutet 'lique-facere', nicht '*-fieri*'. — S. 94: *georstu* 'o!' erklärt Schlutter, Angl. 19, 486 wohl richtig aus *gehēres ðū* (= Corp. Gl. H, 15). Die kürzung und zusammenziehung wäre ja bei einem so unbetonten ausdruck nicht merkwürdig, wohl aber die späte brechung. — S. 101: ist *gim* ein *ja*-stamm? — Ib. dasselbe gilt von *gneat* (= *gnæt*). — S. 104: *greft* bedeutet 'sculptile'. — S. 114: ist *hegel* ein *i*-stamm? — S. 116: *heor* ist kein *ja*-stamm! — S. 118: *hiofan* ist doch ein st. verb. — S. 119: *hlet* (= *hlēt*) ist masc. *i*-, nicht neutr. *a*-stamm, vgl. Sweet, O. E. T. — S. 124: *hyll* ist *i*-, nicht *ja*-stamm. — S. 132 fehlt *læssa*, das schwerlich jemand unter *hwoene* suchen wird! — S. 139: *marbeam* steht natürlich für *mor*-. — S. 140: *merglic* 'medultatus' l. 'medullatus'. — S. 152: ist *mið* ein *i*-stamm? — S. 179 ist *sið* zweimal verzeichnet; natürlich ist aber *siða* in *œne siða* gpl., nicht isg. — S. 189 ist statt des wiederholten lemmas *strengu* etc. offenbar '*strong* adj.' zu lesen. — S. 190: *swefelrec* ist *i*-stamm, — S. 192: bei *swirban* fehlt (*a*). — S. 196: *toscadan* ist doch ein st. verb! — S. 199: ps. 106, 40 steht der dsn. *ungefoernum*. — S. 209 l. *wergcweodul*-. — S. 215 ist *wreocu* f. schwerlich ein richtiger ansatz. Man lese *wrœcu*, vgl. Zeuner § 8, III, 1, b) *α* (s. 35 oben). — S. 217: *ȳð* ist *jō*-stamm (ahd. *undea*).

Auch sonst könnte man manches anders wünschen, aber da die arbeit schwerlich eine neue auflage erleben wird, mache ich hier schlufs.

Kiel.   F. Holthausen.

Gustav Becker. **Die Aufnahme des Don Quijote in der englischen Literatur** (1608 — c. 1770). Berlin, Mayer & Müller. 1906. A. u. d. T.: **Palaestra.** Untersuchungen und Texte aus der deutschen und englischen Philologie. Herausgegeben von **Alois Brandl** und **Erich Schmidt.** Heft XIII. 2 + 244 ss. 8⁰. Pr. M. 8.

Kein werk einer modernen fremden literatur hat einen solchen dauernden und tiefgehenden einflufs auf die englische literatur ausgeübt wie der Don Quijote. Ja, man kann ohne übertreibung behaupten, dafs ein sehr wichtiger teil der englischen literatur, besonders im 18. jahrhundert, unter dem schatten des grofsen romanes des Cervantes steht. Diesen

einfluſs bis zur zeit der beginnenden romantik im einzelnen
zu verfolgen, hat sich der verfasser des vorliegenden buches
zur aufgabe gesetzt. Er hat sich diese aufgabe nicht leicht
gemacht. Er registriert nicht nur getreu die äuſseren an-
zeichen der wirkung des romans, die übersetzungen und direkten
nachahmungen, die anspielungen und entlehnungen von charak-
teren, motiven und einzelnen stellen, die kritiken und erwäh-
nungen des romans, obgleich auch dies in ziemlicher vollständigkeit auf grund eigener und fremder forschung, besonders
eines aufsatzes von Köppel, geschieht. Er geht auch jener
tieferen anregung nach, die aus dem ganzen grundton eines
genialen werkes, seiner auffassung von menschen und dingen,
der linie der darstellung, wenn man einen ausdruck aus der
malerei hier anwenden darf, auf andere schriftstellerische
individualitäten übergeht. Und dabei tritt ihm die merkwür-
dige tatsache entgegen, daſs in der auffassung des edlen
Manchaners und in geringerem maſse auch seines knappen
sich eine grundlegende veränderung zeigt. Diese vieldeutig-
keit der gestalten des Cervantes, für die sich in der gesamten
weltliteratur nur in dem charakter Hamlets ein gegenstück
findet, ist der sprechendste beweis für die genialität des dichters.
So erscheint im 17. jahrhundert Don Quijote einfach als ein
narr, als der tolle ritter, der die lächerlichsten streiche voll-
führt, und diese auffassung führt zu verschiedenen nachahmungen und anlehnungen, unter denen Beaumont u. Fletcher's
Knight of the Burning Pestle und der selbständigere *Hudibras*
Butler's die bedeutendsten sind. In der zeit des klassizismus,
bei Pope, Addison und Steele, ist Don Quijote der typus des
gut veranlagten menschen, der durch einseitige, übertriebene
begeisterung grotesk wird, eine auffassung, die die Scriblerus-
satiren beherrscht. Endlich aber kommt bei den romanschrift-
stellern des 18. jahrhunderts, bei Fielding, Smollett und Sterne,
die humoristische auffassung zum durchbruche, die hinter der
lächerlichen aufsenseite die herzensgüte, das hohe ideale
streben, die erhabene gesinnung, sieht und hierauf den haupt-
nachdruck legt. Von diesem gesichtspunkte aus betrachtet,
wirkt der roman des Cervantes, manchmal im verein mit
Molière's *Misanthrope,* unendlich befruchtend auf die englische
literatur. Diese wirkung zeigt sich, um nur einige der unver-
kennbaren geistesverwandten des edlen ritters hervorzuheben,

in so prächtigen figuren, wie dem pfarrer Adams in Fielding's *Joseph Andrews*, den rauhen, biederen seebären Smollett's und besonders seinem leutnant Lismahago in *Humphry Clinker*, Sterne's Walter und Toby Shandy in *Tristram Shandy* u. a. Hierbei wird die ideale seite, das gute, herzgewinnende, immer stärker betont, sodaſs bei Sterne die charaktere sich schlieſslich in jene weichherzige, selbstgefällige, rührselige, sentimentale stimmung verflüchtigen, die von der frische des Cervantes ebenso weit entfernt ist, wie die karrikaturen, die Beaumont u. Fletcher in dem lehrlinge Ralph und Gayton in seinen *Pleasant Notes upon Don Quixote* bieten.

Soweit können wir den verfasser folgen, nicht aber in dem, was er über die art des humors des Cervantes im allgemeinen sagt. Er bezeichnet den humor des Cervantes als „objektiven humor" und definiert diesen als die vereinigung von komischen und erhabenen zügen in demselben charakter, diesem den subjektiven humor der betrachtungsweise und den humor der darstellung gegenüberstellend, und er behauptet, daſs, ehe der einfluſs des Cervantes als humoristen sich geltend mache, sich in der englischen literatur, so bei Shakespeare und Addison, höchstens ansätze zu diesem „objektiven humor" fänden. Seine darlegungen sind nicht recht klar. Unter der objektivität können wir doch nur verstehen, dafs der widerspruch, der uns lachen macht, im dargestellten objekte, d. h. im charakter liegt, und charakterkomik hat es sicherlich vor und neben Cervantes in der englischen literatur gegeben. Der humor aber, jene eigentümliche mischung von gefühlen des spottes und der sympathie, entsteht dadurch, dafs der dichter seinen gegenstand nicht blofs mit dem künstlerischen verstande sieht wie bei der reinen komik, oder allein den mafsstab des sittlichen gefühls an denselben legt, wie bei der satire, sondern ihn mit geteilten gefühlen betrachtet, sowohl die negative seite hervorhebend als auch die positive liebevoll und mitfühlend herausarbeitend. Das tut Cervantes mit unendlichem reichtum der phantasie in Don Quijote und Sancho, das tut Molière im Misanthrope, indem er sein eigenes leid, den grofsen widerspruch seines lebens unter schmerzen lachend objiviert, das tut auch Shakespeare, wenn er den lumpen Falstaff mit den glänzendsten gaben des geistes, mit einer nie versiegenden schlagfertigkeit und einem sprudelnden witze ausstattet, und in diesem sinne ist auch der dicke ritter trotz Becker (s. 243) ein „objektiv humoristischer" charakter. George Meredith, wohl der bedeutendste lebende englische vertreter der von Fielding geschaffenen „comic romance", sagt in seinem *Essay on Comedy* (p. 79) sehr fein: "If you laugh all around him, tumble him, roll him about, deal him a smack and drop a tear on him, own his likeness to you and yours to your neighbour, spare him as little as you shun, pity him as much as you expose, it is a spirit of Humour that is moving you." Nicht im moralischen, wie Becker zu glauben scheint, liegt das kennzeichen des humors, sondern in der erregung der sympathiegefühle für das äufserlich lächerliche, alberne, törichte, häfsliche. Es ist daher kein wunder, dafs diese art der darstellung gerade im 18. und besonders auch im 19. jahrhundert beliebt ist, weil in jener ganzen zeit besonders die romanliteratur eine demokratisch-humanitäre tendenz hat, im sinne des Cervantes eine umwertung der alten ritterlich-aristokratischen werte vornimmt. Das altertum und im allgemeinen auch das mittelalter kennen den humor nicht; die genialität des Cervantes beruht darauf, dafs er dieser betrachtungsweise als erster einen vollkommenen, ewig vorbildlichen ausdruck gegeben hat.

Unter den vorläufern des Don Quijote vergifst Becker den wichtigsten, den Sir Puntarvole in Jonson's *Every Man out of his humour* (1599). Es ist dies ein exzentrischer ritter, der alle morgen mit jäger und jagdhund vor sein eigenes haus geritten kommt und dort, wie ein irrender ritter seine frau um obdach bittet, indem er dabei im strengsten stile der ritterbücher spricht. Der ganze charakter ist nur eine skizze und tritt uns nicht menschlich und gemütlich nahe, wie der grofse Manchaner, aber es ist doch eine skizze, welche zeigt, wie auch bei den bedeutendsten komischen dichter jener zeit Englands dieselbe tendenz lebendig war. Wenn diese tendenz, die sich auch in unzähligen anspielungen auf die spanischen ritterromane in den dramen zeigt (s. darüber Köppel *Ben Jonson's Wirkung auf zeitgenössische Dramatiker und andere Studien*, s. 210—221), in England zunächst keinen erfolg hatte, so liegt das gewifs nicht daran, dafs, wie Becker meint (s. 4), „England nicht, wie Cervantes, von künstlerischen, sondern, wie stets, von moralischen gesichtspunkten geleitet" wurde —

eine behauptung, deren unrichtigkeit jedem einleuchten muſs,
der an die dramen von Dekker, Middleton, Beaumont u. Fletcher
u. a. denkt —, sondern daran, dafs England für diese betrachtungsweise noch nicht reif war. Deshalb verstand man ja
auch damals den Cervantes nicht und hielt, wie Becker an
verschiedenen stellen zeigt (s. 79 ff.), seinen roman für schädlich und den helden desselben sogar für einen schlauen feig-
ling. — Zu den gestalten, die von Don Quijote beeinfluſst
sind, lieſse sich vielleicht noch die des richters Adam Overdo
in Jonson's *Bartholomew Fair* (1614) hinzufügen. Es ist dies
ein von den edelsten absichten und gesinnungen beseelter, sehr
selbstgefälliger marktrichter, der in der verkleidung eines
narren die gräuel des marktes untersuchen will, aber dabei
überall genarrt, gefoppt, geprügelt und beschämt wird. Jonson
kannte Cervantes' roman sicherlich, da er ihn mehrmals erwähnt, und ist vielleicht durch ihn zu jener gestalt angeregt
worden.

In seinen identifikationen englischer romanfiguren mit
Don Quijote und Sancho geht der verfasser manchmal sehr
weit. So ist der brave Squire Allworthy in *Tom Jones* durchaus
keine komische figur und in keiner weise mit Don Quijote
verwandt, wie Becker meint (s. 145). Und dasselbe gilt von
dem titelhelden dieses romans selbst. „Tom Jones", sagt
Becker (s. 149), „ist ein Don Quijote, weil er sich beherrschen
läſst von seinen sinnlichen leidenschaften, wie Don Quijote
von seinen wahnvorstellungen." Nach dieser theorie wäre
z. b. auch Antonius in Shakespeare's *Antonius und Cleopatra*
ein Don Quijote. Und ebenso unhaltbar ist u. a. das, was er
von dem verhältnisse des wundarztes Morgan in Smollett's
Roderick Random oder von dem Humphry Clinker's in dem
gleichnamigen roman zu Sancho sagt. Infolge solcher falschen
analogien kommen die wirklichen ähnlichkeiten vielfach nicht
recht zur geltung.

Trotz dieser mängel aber und trotz der unklarheit, die
in dem ästhetisch-philosophischen teile der arbeit herrscht, ist
dieselbe eine sehr dankenswerte, tüchtige leistung. Der verfasser hat das problem, das ihn beschäftigt, von der schwie-
rigsten seite angefaſst und mit groſser gründlichkeit behandelt,
und er ist dadurch zu wertvollen resultaten gelangt, die auf
den geist der englischen literatur zu verschiedenen epochen

ein helles licht werfen. — Leider enthält die arbeit nicht gerade wenige, wenn auch nicht sehr störende druckfehler.

Myslowitz O/S., Dez. 1906. Phil. Aronstein.

Walter W. Greg, M. A. Pastoral Poetry and Pastoral Drama. *A Literary Inquiry, with special reference to the Restoration Stage in England.* London, A. H. Bullen. 1906. IX + 464 ss. 8⁰.

Die darstellung menschlicher gefühle und handlungen in der form des hirtenlebens hat in der kunst bis zu ende des 18. jahrhunderts eine hervorragende rolle gespielt. In der poesie durchdringt sie wie ein elektrisches fludium alle formen und paſst sich den verschiedensten zwecken und stimmungen an. Nachdem sie bei Theocrit, ihrem gründer, noch halb realistisch oder, um mit Schiller zu reden, „naiv" gewesen ist, wird sie bei den römischen und mittelalterlichen dichtern ganz und gar „sentimentalisch", bald ein bloſses mittel der poetischen idealisierung, bald in allegorischer form bestimmten religiösen, politischen, ethischen tendenzen dienstbar, bald nur eine maske für höfische schmeichelei oder eine form aristokratischer exklusivität. Und alle gattungen dichterischer darstellung kleiden sich gelegentlich in dies hirtengewand, die reine lyrik und das lehrgedicht wie die prosaische erzählung und vor allem das drama.

Der verfasser hat es in dem vorliegenden werke sich zur aufgabe gestellt, die hirtendichtung bis zum ende des 17. jahrhunderts in ihrer geschichtlichen entwicklung unter besonderer berücksichtigung des englischen hirtendramas vor der restauration zu behandeln. Das erste kapitel bespricht die nichtenglische hirtenpoesie. Nach einer kurzen darlegung über den ursprung und das wesen der hirtendichtung behandelt der verfasser die griechische und römische hirtendichtung, dann die mittelalterlichen und humanistischen lateinischen eklogen, ferner die italienische ekloge und den italienischen hirtenroman und endlich nur kurz zusammenfassend die spanische und französische hirtendichtung. Das zweite kapitel ist der hirtendichtung in England gewidmet. Es bespricht die heimischen hirtenballaden und die hirtendramen der mittelalterlichen

kollektivmysterien, die anfänge der traditionellen allegorischen
pastoraldichtung in England, Spenser und seine nachahmer,
die eklogendichtung, die rein lyrische hirtendichtung, Milton's
Lycidas und Browne's *Britannia's Pastorals* und endlich den
durch die *Diana* des Montemayor auf Sannazzaro zurück-
gehenden ritterlich-pastoralen hirtenroman von Greene, Lodge
und besonders Sidney. Das dritte kapitel bespricht das italienische hirtendrama, das sich, wie der verfasser in einem
anhange noch ausführlich nachweist, aus der ekloge entwickelt
hat und seinerseits der vater des englischen Hirtendramas ist.
Nach behandlung des ihm vorangehenden und verwandten
mythologischen dramas geht der verfasser zu einer ausführlichen und ebenso gründlichen wie feinsinnigen besprechung
der beiden hauptwerke über, des *Aminta* von Tasso und des
Pastor fido von Guarini. Das vierte kapitel entwickelt die
ursprünge des hirtendramas in England, das ganz wie das
italienische aus dem mythologischen drama entstanden ist und
dann unter dem direkten einflusse der Italiener seine eigentliche gestalt erhält. Das fünfte kapitel behandelt die meister-
werke des englischen hirtendramas, Fletcher's *Faithful
Shepherdess* und Jonsons prächtiges fragment *The Sad Shepherd,*
denen der verfasser als drittes noch Randolph's *Amyntas* zu-
gesellt. Das sechste kapitel bespricht die regelmäſsigen dramen,
sowohl die gedruckten als handschriftlich überlieferten, die
einen einschlag von Hirtenpoesie zeigen. Das siebente kapitel
ist der maske gewidmet, soweit sie mit der hirtenpoesie verwandtschaft zeigt (Milton's *Arcades and Comus*), und gibt eine
kurze skizze des verhältnisses Shakespeare's zu hirtenpoesie,
wie es sich besonders in *As you like it* offenbart. Das werk
schlieſst mit einer lichtvollen und klaren zusammenfassung der
gewonnenen resultate und einem kurzen hinweise auf die
schäferdichtung des 18. jahrhunderts. — Das buch behandelt
den umfassenden und weitverzweigten stoff mit wissenschaft-
licher gründlichkeit und in groſser vollständigkeit. Es ist
voll feinsinniger bemerkungen und scharfer beobachtungen,
die über das wesen und die literarhistorische und kulturelle
bedeutung der behandelten dichtungen in helles licht ver-
breiten. Sein stil ist angenehm und gefällig. Hier und da
herrscht eine gewisse breite, und eine straffere gedankliche
zusammenfassung unter auslassung mancher einzelheiten, die

doch nur masse bilden und dem gesamtbilde keine neuen züge hinzufügen, würde dem buche zum vorteile gereicht haben.

Myslowitz O/S., Dez. 1906.　　　Phil. Aronstein.

Zur altenglischen literatur.
III.

6. Zur datierung des Beowulf.

Unter dieser überschrift hat kürzlich Morsbach in den Nachrichten der Göttinger Ges. der Wiss., phil.-hist. Kl. s. 251 ff. einen aufsatz veröffentlicht, worin er das epos um 700—730 ansetzt. Von diesen beiden zahlen wagt er jedoch der zweiten „nur eine gewisse wahrscheinlichkeit" zuzusprechen (s. 274). Dafs die dichtung vor 750 verfafst sein mufs, ergibt sich aber mit gewifsheit aus den altertümlichen formen *wundini* (instr.) v. 1382 und *unigmetes* = *ungimetes* v. 1792 mit ihrem erhaltenen *i* in unbetonter silbe.

7. Zu Beowulf v. 719.

Die stelle v. 718 f.:

> *næfre hē on aldordagum　ǣr ne siþðan*
> *hĕardran hǣle　hĕalðegnas fand*

hat den erklärern viel kopfzerbrechen bereitet, vgl. meine anmerkung zu v. 719. Meine frühere erklärung in Angl. 24, 267 gefällt mir jetzt ebensowenig wie die andern und ich glaube nun eher, dafs *hæle* für *hilde* 'kampfkraft' verschrieben ist. Man vergleiche: *hĕardra hilda* Finnsb. 28, Andr. 1491, *hĕardre hilde* El. 83, wo dieselbe verbindung, allerdings in anderer bedeutung, erscheint. Natürlich müfste *hĕardran hilde* an unsrer stelle gen. qualit. sein: 'helden von stärkerer kampfkraft', was einen vortrefflichen sinn gibt. Vgl. noch die ähnliche wendung Jul. 548 f.: *þæt ic ǣr ne sīð ǣnig ne mētte .... wīf þē gelīc, þrīstran geþōhtes.*

8. Zu Elene v. 531 ff.

Nach v. 531 habe ich in meiner ausgabe mit Zupitza eine lücke angenommen, weil zwischen den versen, wie sie überliefert sind, kein zusammenhang besteht. Da sie sich aber

doch wieder der lat. faſsung genau anschlieſsen, scheint mir
jetzt das beste, zwei kleine emendationen vorzunehmen, wodurch die konstruktion klar und der vollkommenste anschluſs
an die quelle erzielt wird; die notwendigkeit einer lücke fällt
zugleich damit fort. Man lese:

531 *'guma giddum frōd.   Nū gē [ĕal] gĕare cunnon!*
    'Hwæt eow þæs on sefan   sēlest þince[ð]
    'tō gecȳðanne,   gif ðeos cwēn ūsic
    'frigneð ymb ðæt foldgræf,   nū gē fyrhðsefan
535 *'ond mōdgeþanc   mīnne cunnon?'*

Die einzigen vorgenommenen veränderungen sind die ergänzung
von *ĕal* (= lat. *omnia*) in v. 530, die besserung von *þince* zu
þinceð (= l. *placet*) in v. 531 und die setzung eines frage-
zeichens nach *cunnon* v. 535, ebenfalls wie im lat.

Kiel, Dez. 1906.   F. Holthausen.

II. UNTERRICHTSWESEN.

**Dr. Leon Kellner: A New and Complete English and German Dic-
tionary by Dr. W. Thieme.** Eighteenth Edition. Thoroughly
revised and improved. Part I: *English-German.* Brunswick,
Friedrich Vieweg und Sohn. MCMII.

Neues und vollständiges Handwörterbuch der englischen
und deutschen Sprache. Achtzehnte Auflage, vollständig
neu bearbeitet. — Erster Teil: Englisch-Deutsch. 8 +
XLVIII + 491 Seiten. Braunschweig, Friedrich Vieweg und
Sohn 1902. Preis geh. M. 3,50, geb. M. 5.

— — Part II: *German-English.* Brunswick, Friedrich Vieweg
und Sohn. MCMV.

Zweiter Teil: Deutsch-Englisch. XLIV + 577 Seiten.
Braunschweig, Friedrich Vieweg und Sohn 1905. Preis geh.
M. 4,50, geb. M. 6.

In den letzten 15 jahren ist der büchermarkt mit einer
unerwarteten anzahl englischer wörterbücher versorgt worden
und hat auf diese weise dem fühlbaren mangel brauchbarer,
dem heutigen stande der wissenschaft entsprechender, kritisch
gesichteter handbücher über den neu-englischen wortschatz
abgeholfen. Daſs bei den deutsch-englischen nachschlage-

werken in erster linie das praktische bedürfnis berücksichtigt
worden ist und damit eine menge veralteter, dem modernen
sprachgebrauche abhanden gekommener bisweilen auch geradezu
falscher, mifsgedeuteter ausdrucksweisen zum opfer gefallen
ist, zählt zu den erfreulichsten merkmalen dieser veröffentlichungen. Wenn nun trotz Muret-Sanders, in kleiner und
grofser ausgabe, andere sehr beachtenswerte englisch-deutsche
wörterbücher herausgegeben sind, so liegt das in den leider
nicht allzuseltenen verstöfsen und ungenauigkeiten dieses
werkes begründet; denn gerade seit Muret-Sanders, dessen
mängel in dieser zeitschrift von berufenster feder aufgezeichnet
sind, hat die englische wortdeutung sichtbare fortschritte in
der genauigkeit und treue der verdeutschung gemacht. Dafs
in erster linie das bedürfnis der schule berücksichtigt ist, liegt
in der natur der sache. Wie kann von dem späteren studenten
und lehrer eine wirkliche einsicht in diesen erst jetzt zu ehren
gekommenen zweig anglistischer wissenschaft erwartet werden, wenn er von dem ersten gebrauch des wörterbuches an
mit unrichtigkeiten und schiefen wendungen abgespeist wurde.
Zu den bedeutsamsten veröffentlichungen gehört nun die vorliegende bearbeitung des „alten Thieme" von gewissenhaf-
tester hand! Was aus dem veralteten wörterbuche geworden,
zeigt eine gegenüberstellung beider ausgaben auf seite 5 des
vorwortes: da ist alles geändert — gewand und gestalt. Wenn
in dieser zeitschrift nun eine zusammenfassende würdigung des
seit etwa jahresfrist vollständig vorliegenden werkes gegeben
wird, so gründet sie sich auf einen fast unausgesetzten täg-
lichen gebrauch seit etwa acht monaten sowohl bei privat-
lektüre als auch bei der vorbereitung und durcharbeitung von
schulschriftstellern — um es gleich vorwegzunehmen: Thieme-
Kellner hat überall und stets ehrenvoll bestanden.

Zunächst ist druck und ausstattung tadellos und allen
anderen wörterbüchern nicht nur auf den ersten blick, sondern
auch bei längerer prüfung weit überlegen. Das papier ist
weifs, aber glanzlos, läfst also die buchstaben haarscharf hervortreten, und so stark, dafs man nicht zu fürchten braucht,
es bei dem häufigen gebrauch arg mitzunehmen. Das format
ist handlich und der druck ausgezeichnet. Der titelkopf
ist in fetter schrift vorangestellt, die bedeutung in kleiner
schrift hinzugefügt, die durch die hinreichend weiten spatien

lesbarer ist als bei Muret-Sanders. Ein vergleich mit Muret-Sanders in bezug hierauf fällt sehr zu gunsten unseres wörterbuches aus: Muret-Sanders: seitenhöhe 22 cm — 82 zeilen, Thieme-Kellner: seitenhöhe 20 cm — 63 zeilen. Während also bei jenem wörterbuch auf jeden centimeter vier druckzeilen kommen, findet man bei diesem nur drei druckzeilen. Die dreimal geteilten seiten erscheinen übersichtlich und gestatten eine längere benutzung ohne nachteilige wirkung für die augen und enthalten oben und unten eine knappe anzahl der bezeichnendsten merkwörter für die aussprache. Sodann wird der druck nicht durch eine endlose menge bildlicher zeichen gestört, vielmehr sind die gewählten abkürzungen durchgehends einfach und daher leicht zu behalten. Thieme-Kellner ist gerade in dieser hinsicht das beste wörterbuch in der hand des schülers.

Die vorbemerkungen (48 bezw. 44 seiten) sind allerdings sehr reichlich ausgefallen, enthalten dafür aber alles, was für ein wörterbuch wesentlich und unumgänglich notwendig ist: u. a. eine ausführliche laut- und wortlehre, die durch ihre peinliche genauigkeit von dem bienenfleifs und der unterscheidungskunst des verfassers zeugt und manche berühmte grammatik in den schatten stellt. Man sehe sich nur einmal die liste der verbformen und der sog. unregelmäfsigen verben im englischen und deutschen teile und die liste der deklination des deutschen substantivs an! Daraus kann ein jeder benutzer noch lernen. Auch die wortbildung und die ableitungsendungen sind nicht vergessen. Sollen diese listen das gedächtnis unterstützen und den unmittelbaren gebrauch einer grammatik überflüssig machen, so sind die nach bekanntem muster beigefügten tabellen über mafse, gewichte, münzen und thermometerskalen mit den entsprechenden deutschen werten sehr willkommen. Besonders dankbar zu begrüfsen sind die tabellen über die literaturgeschichte von den ältesten zeiten bis 1900 und über die englischen titel und würden mit angabe der adresse, anrede und schlufsformel in schriftstücken. Den literaturangaben sind in einer nebenkolumne die zeitgenössischen ereignisse mit den herrschern beigefügt. Man wird nur wenige namen sowohl unter den verfassern wie bei ihren hauptwerken vermissen und kann nur fragen, weshalb dem deutschen teile nicht auch eine solche tabelle beigegeben ist.

Natürlich darf man bei einem schulbuche nicht einen wortschatz erwarten, wie er im Muret-Sanders verzeichnet ist. Als handwörterbuch soll es „ein bild der jetzigen umgangs- und literatursprache geben". „Aus dem umgang mit Engländern und aus der englischen literatur des 19. jahrhunderts" hat der verfasser sein wörterbuch zusammengestellt, und man darf ihm die anerkennung nicht versagen, dafs kein auffallender mangel auf dem einen oder andern gebiete sich sichtbar macht. Bei der lektüre von Kingsley's Hypatia habe ich zu meiner freude wiederholt feststellen können, dafs dieses wörterbuch mehr enthält, als man nach seinem bescheidenen umfange erwartet. Gerade bei der lektüre dieses romans hat mich Thieme-Kellner bei wörtern wie *oryx*, *nicor* ebenso gut wie Muret im stich gelassen. Vermifst habe ich sonst: *auto* (obwohl es im deutschen teile für „automobil" angegeben ist), *gaslantern*, *card-castle* (kartenhaus), zu *chance*: *you have had your chance* (du hast einmal die gelegenheit gehabt), *digraph* (diphthong), *gross 2* (gross = 12 dutzend, obwohl es in der tabelle H steht), *social intercourse* (geselliger verkehr), *leafless* (kahl), *literal* (prosaisch, nüchtern), *so long as* „wenn nur", *negativate* „verneinen", *clothes-pin* (wäscheklammer), *enjoy* o. s. (sich amüsieren, was auch im deutschen teile neben *to amuse* o. s. eintreten müfste, da dieses letztere meist die nebenbedeutung von „sich lustig machen" hat), *mud-guard* (schutzblech beim fahrrade), *penny-turning man [fellow]* (pfennigfuchser), *rag-money* (am. papiergeld), *put to rights* (zurechtsetzen, kurieren), *searcher of hearts* (herzenskündiger), *make a subscription* (eine geldsammlung veranstalten), *terminus* (kopfstation, hauptbahnhof), *at the time* (zu der zeit, damals, [auch] gegenwärtig), *upright handwriting* (steilschrift), *unnam(e)able* (unnennbar), *Vistula* (Weichsel), *education* (schulbesuch), *jewelry, await* (entgegensehen, beschieden sein).

Diese ausstellungen schlagen gewifs gering an gegen die ansehnliche fülle des wortvorrates, der dank einer sehr übersichtlichen anordnung auch selbst bei umfangreichen artikeln nie den eindruck einer trotz ziffern und buchstaben verwirrenden menge von einzelheiten macht. Die einzelnen bedeutungen werden in ihrer geschichtlichen entwickelung neben einander gestellt und die entsprechenden redensarten als nachträge angehängt. Gerade hierin beruht der vorzug

vor der schulausgabe' des Muret-Sanders, die manches überflüssige enthält. Diese meisterhafte kürze, die der vollständigkeit sehr nahe kommt, empfiehlt das buch für die hand des
schülers in erster linie. Denn es setzt ihn in den stand, jeden
modernen schriftsteller zu lesen, und läfst ihn in den seltensten
fällen im stiche. Die eigennamen sind in den sprachschatz
hineingearbeitet.

Ebenso schwer wiegt ein anderer vorzug: das ist die
bedeutung des einzelnen wortes, die gerade da ungeahnte
schwierigkeiten macht, wo eine neubildung oder ein aus einer
antiken oder modernen kultursprache herübergenommenes
fremdwort einen abweichenden sinn angenommen hat. Gerade
in dieser beziehung überrascht Kellner durch ganz neue, eng-
begrenzte festlegungen. Er schreibt nicht etwa seine vorgänger aus und ab, sondern er schafft etwas neues. In welcher
weise er dabei verfährt, setzt er auf s. 6 der vorrede an *realize*
auseinander — und überall sind seine angaben zuverlässig und
genau. Dafs hier und da einige abweichungen zwischen den
beiden teilen vorkommen, erklärt sich aus ihren verschiedenen
zwecken. Sie lassen sich indes bei einer späteren durchsicht
beseitigen; *legerdemain* = „taschenspielerfertigkeit" im englischen teile, dagegen ist im deutschen teile auch die bedeutung
von „taschenspielerei" angeführt. Aber wie schon im wortschatz weise auswahl zwischen nötigem und überflüssigem ob-
waltete, so auch in den einzelnen bedeutungen. Man sehe
sich einmal wörter mit vieldeutiger anwendung an; z. b. *to get*,
wovon 16 verschiedene bedeutungen angegeben sind, mit denen
der durchschnittsleser völlig auskommt. Daran schliefsen sich
die redensarten, aus denen hervorgeht, dafs der bearbeiter
wirklich „dem idiomatischen Englisch von heute" die gröfste
sorgfalt zugewendet hat, wie er es in der vorrede (s. 7) ver-
sprochen hat. Überall empfängt man den eindruck, dafs aus
dem vollen geschöpft ist und das wirklich „idiomatische" des
every day talk ausschliefslich berücksichtigt ist. Gerade bei
der hervorragenden bedeutung, die man dem modernen schrifttum in schule und haus zuerkennt, ist mit all dem alten wust
einer überwundenen ausdrucksweise in sprache und schrift
aufgeräumt worden, die der alte Thieme als unverdauten
ballast zum schaden für seine benutzer mit sich herumschleppte.
Dafür ist indefs die moderne kunstsprache in wissenschaft,

industrie und technik reichlich berücksichtigt. Das gilt für beide teile in gleichem maſse; und gerade darin beruht der fortschritt des deutschen teiles gegenüber so und so vielen anderen deutsch-englischen wörterbüchern, daſs hier nicht blofs „übersetzt" ist, sondern daſs dem deutschen ausdruck die entsprechende englische wendung gegenübersteht. Wie selten wird man den deutschen teil von Muret benutzen, dessen verwirrende einzelheiten auf schritt und tritt wohl den fleiſs eines gewissenhaften übersetzers, aber nicht immer die unterscheidungsschärfe des philologen verraten. Gerade hier lernt der schüler den richtigen gebrauch eines wörterbuches, und ich wüſste für seine hand kein besseres hilfsmittel; denn in den meisten fällen wird er es benutzen, wenn er um eine redensart oder um ein selten vorkommendes wort verlegen ist. Der Thieme - Kellner hält die goldene mitte zwischen zuviel und zu wenig. So oft ich gerade diesen teil zu rate gezogen habe — zu Sanders-Muret nahm ich nur im schlimmsten notfalle meine zuflucht — konnte ich durch einen vergleich mit dem englischen teile seine unbedingte zuverlässigkeit feststellen. Nur in sehr wenigen fällen hat er mich im stich gelassen. Es fehlt: eintracht mit seinen ableitungen wunderbarerweise ganz; gedächtnisübung *drill for one's memory*, kahl (zweig) *leafless*, mut fassen: auch *pluck up courage*. — Eine längere benutzung mag ja wohl noch mehr lücken zeigen: wesentlich dürften sie indessen kaum sein und die brauchbarkeit nicht im mindesten beeinträchtigen.

Selbstverständlich hat Kellner auch der aussprache und ihrer bezeichnung die gröſste sorgfalt gewidmet: daſs für jene die des gebildeten Londoners „maſsgebend" ist, bedarf keiner besonderen erwähnung, und auch hierin ist das buch schlechterdings unvergleichlich und verdient unbedingtes vertrauen. Ich habe keine einzige anfechtbare aussprachebezeichnung gefunden, selbst bei *virtuous* überzeugte mich ein vergleich mit wörtern gleichklingenden ausganges, daſs der verfasser recht hatte. Wie peinlich gerade in diesem punkte der verfasser ist, zeigt ein blick auf *turquoise*, das einer fünffachen aussprache fähig ist, während bei *tortoise*, *Beaconsfield* nur eine angegeben ist, obwohl hier zwei bezw. drei möglich sind. Die aussprachebezeichnung, die sog. umschrift, ist infolge „einer umfrage bei einer grofsen anzahl von schulbehörden" zu gunsten

der Stormonth'schen methode ausgefallen, obwohl auch ein
transkriptionssystem nach Sweet zur begutachtung vorlag.
Diese entscheidung ist insofern sehr zu bedauern, als Sweet
eine von der herrschenden orthographie abweichende bezeichnung gewählt hat und die vorzüge seines systems wegen seiner
allgemeinen brauchbarkeit und anwendung keiner besonderen
auseinandersetzung bedürfen.   Wenn auch Webster, Price u. a.
Stormonth folgen „und die betonten von den unbetonten vokalen
in diesem wörterbuche scharf unterschieden sind", so lag kein
grund vor, eine andere umschrift zu wählen, als der verfasser
sie in seinem lehrbuch der englischen sprache für mädchenlyzeen verwandt hat.   Die eingehende erklärung der aus-
sprachezeichen (s. V—VII), die sich auf Sweet ebenso gut wie
auf Stormonth anwenden liefse und dabei nicht mehr mühe
zu erlernen gemacht hätte, zeigt allerdings auch die verbesserungen der genannten methode.   Glücklicherweise hält sich
diese aussprache von der übertriebenen und unnatürlichen bezeichnung in den unbetonten vokalen fern, die heute den
stempel modernsten wissenschaftlichen studiums zur schau
tragen soll.   Abgesehen von dem system ist die umschrift
zweckentsprechend und lautgerecht, und auch hierin steckt
eine tüchtige arbeit.   Alles in allem genommen haben wir es
in Thieme-Kellner's wörterbuch mit einer erstaunlichen, höchster
anerkennung würdigen leistung deutschen gelehrtenfleifses und
durchgängiger brauchbarkeit zu tun.   Die wenigen ausstellungen tun dem vortrefflichen werke nicht den mindesten abbruch,
da sie nur nebensachen berühren.   Ich wünsche dieses wörterbuch jedem schüler, jedem Englischlernenden in die hand, damit er sichtbare und sichere fortschritte in dem gebrauch der
verbreitetsten kultursprache macht.

Hannover.   W. Tappert.

III. NEUE BÜCHER.

**In Deutschland erschienen vom 1. Oktober bis
31. Dezember 1906.**

L Sprache.

Mauthner (Fritz), Beiträge zu einer Kritik der Sprache. 1. Bd. Zur Sprache
u. zur Psychologie. 2. Aufl. XX, 713 s. Stuttgart, Cotta Nachf. M. 12,
geb. 14,50.

Passy (Dir. Adjoint Dr. Paul), Petite phonétique comparée des principales langues européennes. IV, 132 s. Leipzig, Teubner. M. 1,80, geb. 2,20.

Franz (Wilh.), Die treibenden Kräfte im Werden der englischen Sprache. Rede. 22 s. Heidelberg, Winter. M. 0,80.

Burghardt (Dr. Ernst), Über den Einfluſs des Englischen auf das Anglonormannische. XII, 112 s. Halle, M. Niemeyer. M. 3,20.
(Studien z. engl. Philol. hrsg. v. Morsbach XXIV.)

Heck (Casimir C.), Beiträge zur Wortgeschichte der nichtgermanischen Lehnwörter im Englischen. Die Quantitäten der Accentvokale in ne. offenen Silben mehrsilb. Wörter. IX, 180 s. (Aus Anglia.) Halle, Niemeyer. M. 5.

Köhler (Joh. Jak.), Die altenglischen Fischnamen. VII, 87 s. Heidelberg, C. Winter.
(Anglistische Forschungen hrsg. v. Hoops. 21. Hft.)

Reichmann (Hugo), Die Eigennamen im Orrmulum. 118 s. Halle, M. Niemeyer. M. 3.
(Studien z. engl. Philol. hrsg. v. Morsbach XXVII.)

Lekebusch (Julius), Die Londoner Urkundensprache v. 1430—1500. Ein Beitrag zur Entstehung der neuenglischen Schriftsprache. VIII, 148 s. Halle, M. Niemeyer. M. 4.
(Studien z. engl. Philol. hrsg. v. Morsbach XXIII.)

Crawford (C.), A Concordance to the Works of Thomas Kyd. V, 200 s. Leipzig, O. Harrassowitz. Subskr.-Pr. M. 16, Einzelpr. M. 20.
(Materialien zur Kunde der älteren engl. Dramas, begr. u. hrsg. v. Prof. W. Bang. XV. Bd.)

Priess (Max), Die Bedeutungen des abstrakten substantivierten Adjektivs u. des entsprechenden abstrakten Substantivs bei Shakespeare. X, 57 s. Halle, M. Niemeyer. M. 1,60.
(Studien z. engl. Philol. hrsg. v. Morsbach. XXVIII.)

Hermanns (W.), Der *i*-Umlaut u. einige jüngere Erscheinungen in der altenglischen Interlinearversion der Benediktinerregel. Diss. Bonn. '06· 27 s.

Lehmann (Dr. Wilh.), Das Präfix *uʒ*- bes. im Altenglischen m. e. Anh. üb. das präfigierte westgerm. *ō*-(*ā*-). Ein Beitrag zur german. Wortbildungslehre. VIII, 193 s. Kiel, Cordes. M. 4.
(Kieler Studien zur engl. Philol. N. F. 3. Hft.)

Schatzmann (Gebh.), 10 Vorträge über die Aussprache der englischen Schriftzeichen. Auf vergleich. Grundlage f. d. Schul-, Privat- u. Selbstunterricht zusammengestellt. VII, 101 s. Wien, C. Fromme. M. 1,50.

Eitzen (F. W.), Wörterbuch der Handelssprache. Deutsch-Englisch. 3. Aufl. XVI, 918 s. Leipzig, Haessel. M. 7, geb. 8.

Medizinisches Wörterbuch in deutscher, französischer, englischer Sprache in e. Alphabet. XVI, 450 s. Berlin, Dr. W. Rothschild. M. 6, geb. 7.

2. Literatur.

a) Allgemeines.

Lipps (Thdr.), Ästhetik. Psychologie des Schönen u. der Kunst. 2. Tl. Die ästhet. Betrachtung u. die bild. Kunst. VIII, 645 s. Hamburg, L. Voss. M. 12, geb. 14.

Diez (Prof. Dr. Max), Allgemeine Ästhetik. 180 s. Leipzig, Göschen. M. 0,80.

Lotze (Herm.), Grundzüge der Ästhetik. Diktate aus den Vorlesungen. 3. Aufl. 128 s. Leipzig, S. Hirzel. M. 2,40.

Böckel (Dr. Otto), Psychologie der Volksdichtung. VI, 432 s. Leipzig, Teubner. M. 7, geb. 8.

Bartels (Prof. Adf.), Geschlechtsleben u. Dichtung. Vortrag. 27 s. Berlin (Leipzig, Wallmann). M. 1.

Weiser (Dr. Carl), Englische Literaturgeschichte. 2. verb. u. verm. Aufl. 175 s. Leipzig, Göschen. M. 0,80.

Hoppe (F.), Histriomastix - Studien. Ein Beitrag zur Gesch. der engl. Lit. im 17. Jhdt. Diss. Breslau. '06· 58 s.

Beam (Jac. N.), Die ersten deutschen Übersetzungen englischer Lustspiele im 18. Jhdt. X, 96 s. Hamburg, Voſs. M. 3.
  (Theatergeschichtl. Forschungen hrsg. v. Litzmann. XX.)

Plessow (Max), Geschichte der Fabeldichtung in England bis zu John Gay 1726. Nebst Neudr. v. Bullokars 'Fables of Aesop' 1585, 'Booke at large' 1580, 'Bref Grammar for English' 1586 u. 'Pamphlet for Grammar' 1586. OLII, 392 s. Berlin, Mayer & Müller. M. 15.
  (Palaestra. LH.)

b) Literatur der älteren Zeit.

Keller (Wolfg.), Angelsächs. Palaeographic. Die Schrift der Angelsachsen m. bes. Rücksicht auf die Denkmäler in der Volkssprache. I. T. Einleitung. VI, 56 s. II. T. 13 Taf. nebst Transskriptionen. V s. u. 14 Bl. gr. 4°. Berlin, Mayer & Müller. M. 12.
  (Palaestra. XLIII, 1.)
— Seminarausg. Ebd. M. 4.

Be Dômes Daege. Löhe (J. J.), Be Dômes Daege. Diss. Bonn. '06· 37 s.

Wulfstan. Huber (P. M.), S. Swithunus. Miracula Metrica auctore Wulfstano monacho. I. Text. Beitrag zur altenglischen Geschichte u. Literatur. Progr. Metten. '06· 105 s.

Laʒamon. Luhmann (Adf.), Die Überlieferung von Laʒamon's Brut. Nebst e. Darstellung der betonten Vokale u. Diphthonge. IX, 212 s. Halle, M. Niemeyer. M. 6.
  (Stud. zur engl. Philol. hrsg. v. Morsbach. XXII.)

Wycliffe. Siebert (G.), Untersuchungen über An Apology for Lollard Doctrines, einen Wycliffe zugeschriebenen Traktat. Diss. Königsberg. '05· 48 s.

Skelton. Thümmel (A.), Studien über John Skelton. Diss. Leipzig. '05· 98 s.

Fraunce (Abraham), Victoria, a Latin Comedy. Ed. from the Penthurst Ms. by Prof. G. C. Moore Smith, M. A. XL, 130 s. Leipzig, Harrassowitz. Subskr.-Pr. M. 6,40, Einzelpr. M. 8.
  (Materialien zur Kunde des älteren engl. Dramas, begr. u. hrsg. v. Prof. W. Bang. XIV. Bd.)

c) Literatur des 16.—18. Jahrhunderts.

Shakespeare. Alvor (Pet.), Das neue Sh.-Evangelium. 55 s. München (Goethestr. 49 III), Geo. Herrmann. M. 1.
— Bleibtreu (Karl), Der wahre Shakespeare. Das neue Sh.-Evangelium. Shakespeare. Tragikomödie in 5 Akten. 176 s. München, G. Müller. M. 3, geb. 4,50.
— Prober (Rud.), Also sprach Shakespeare. Ein Brevier, gesammelt u. eingeleitet. XVI, 168 s. Berlin, Concordia. M. 2, geb. 3.
— Sarrazin (Greg.), Aus Shakespeare's Meisterwerkstatt. IX, 226 s. Berlin, G. Reimer. M. 5.
— Schmidt (Karl), Margareta v. Anjou vor u. bei Shakespeare. XI, 286 s. Berlin, Mayer & Müller. M. 8.
  (Palaestra. Bd. LIV.)
— Siburg (Bruno), Schicksal u. Willensfreiheit bei Shakespeare. Dargelegt aus Macbeth. XVI, 128 s. Halle, M. Niemeyer. M. 3,60.
  (Studien z. engl. Philol. hrsg. v. Morsbach. XXVII.)
— Tolstoi (Leo N.), Shakespeare. Eine krit. Studie. Nebst dem Essay Ernest Crosbys über d. Stellg. Sh.'s zu den arbeitenden Klassen u. e. Brief Bernard Shaws. Übers. v. M. Enckhausen. VII, 148 s. Hannover, A. Sponholtz. M. 2, geb. 3.

Dryden, Albrecht (L.), Dryden's "Sir Martin Mar-all" in Bezug auf seine Quellen. Diss. Rostock. '06· 102 s.

Thomson. Weissel (Josefine), James Thomson der Jüngere, sein Leben u. seine Werke. VIII, 159 s. Wien, Braumüller. M. 4.
(Wiener Beiträge zur engl. Philol. hrsg. v. Schipper. 24. Bd.)

Burns (Rob.), Poems. Selected and ed. with Notes by T. F. Henderson. XXXV, 171 s. Heidelberg, Winter. M. 3, geb. 3,60.
(Englische Textbibl. hrsg. v. Hoops. 12.)

d) Literatur des 19. Jahrhunderts.

Blake (Will.), Dichtungen. Deutsche Übertragung v. A. Knoblauch. Berlin, Oesterheld & Co. M. 6.

— Richter (Helene), William Blake. Mit 13 Taf. in Lichtdruck u. e. 3-Farbendr. VIII, 400 s. Strafsburg, Heitz. M. 12.

— Russell (Archib. B. G.), Die visionäre Kunstphilosophie des William Blake. Deutsch v. Stef. Zweig. 30 s. Leipzig, J. Zeitler. M. 0,80, Luxusausg. M. 2.

Shelley. Ackermann (Rich.), Percy Bysshe Shelley, der Mann, der Dichter u. seine Werke. Nach den besten Quellen dargestellt. X, 382 s. m. 2 Bildnissen. Dortmund, F. W. Ruhfus. M. 5, geb. 6.

Southey. Schwichtenberg (E.), Southey's Roderick, the Last of the Goths, und Landor's Count Julian, mit einer Darstellung des Verhältnisses beider Dichter zu einander. Diss. Königsberg. '06· 95 s.

Thackeray, Das braune Haus. W. M. Thackeray's Briefe an e. amerik. Familie. Deutsche autoris. Ausg. v. Cecilie Mettenius mit Vorwort v. A. Bonus. XXXII, 194 s. München, Beck. M. 4.

Carlyle (Thom.), Die französische Revolution. Neue illustr. Ausg. v. Thdr. Rehtwisch. 3. (Schlufs-) Bd. Mit 158 Abbildgn. u. 9 Beilagen. IV, 340 s. Leipzig, Wigand. M. 8,50 (geb.).

— Zerstreute historische Aufsätze. Übers. v. Th. A. Fischer. II. Bd. Biographien. VII, 300 s. Leipzig, O. Wigand. M. 5.

— Goethe. Carlyle's Goetheporträt nachgezeichnet von Sam. Saenger. 156 s. Berlin, Oesterheld. M. 3, geb. 4.

Kingsley. Dicke (Dr. Ludw.), Ch. Kingsley's Hereward the Wake. Eine Quellenuntersuchung. IV, 65 s. Münster, Schöningh. M. 1,80.
(Münster'sche Beiträge zur engl. Litgesch. hrsg. v. Prof. Dr. O. Jiriczek. 1. Hft.)

Morris. Bartels (Dr. H.), William Morris' The Story of Sigurd the Volsung and the Fall of Niblungs. Eine Studie über d. Verhältnis des Epos zu den Quellen. VI, 80 s. Münster, Schöningh. M. 2.
(Münstersche Beiträge zur engl. Litgesch. hrsg. v. Jiriczek.)

Meredith (George), Gesammelte Romane. 3. Bd. Lord Ormont u. seine Aminta. Übertr. v. Julie Sotteck. 447 s. Berlin, S. Fischer. M. 4.

Pater (Walt.), Die Renaissance. Studien in Kunst u. Poesie. 2. Aufl. Aus dem Engl. v. W. Schölermann. Mit Buchschmuck v. Paul Hanstein. VIII, 296 s. Jena, Diederichs. M. 6, geb. 8.

Ruskin (John), Über Mädchenerziehung. Nach dem Originale übertr. u. m. e. biogr. Einleitg. vers. v. Johanna Severin. VII, 85 s. Halle, Gesenius. M. 1.

— Broicher (Charlotte), John Ruskin u. sein Werk. Kunst-Kritiker u. Reformer. 2. Reihe. Essays. VI, 299 s. Jena, Diederichs. M. 5, geb. 6.

Wilde (Osc.), Ein idealer Gatte. Deutsch v. Isidore Leo Pavia u. Herm. Frhrrn. v. Teschenberg. 2. Aufl. 132 s. Leipzig, Spohr. M. 2, geb. 2,40.

e) Amerikanische Literatur.

Emerson. Sein Charakter aus seinen Werken. Bearb. u. übers. v. Dr. Egon Fridell. 280 s. Stuttgart, R. Lutz. M. 2,50, geb. 3.

Whitman. Binns (Henry Bryan), Walt Whitman. Übers. v. J. Schlaf. Leipzig, H. Haessel Verl. M. 6.

f) **Collection of British Authors.** Leipzig, Tauchnitz. je M. 1,60.

3916—17. Maxwell (W. B.), The Guarded Flame. 2 vols.
3918. Roosevelt (Theodore), Outdoor Pastimes of an American Hunter. With Portrait.
3919—20. Hichens (Rob.), The Call of the Blood. 2 vols.
3921. Moore (George), Memoirs of my Dead Life.
3922—23. Cholmondeley (Mary), Prisoners (fast bound in misery and iron). 2 vols.
3924. Kipling (Rudyard), Puck of Pook's Hill.
3925—26. Benson (E. F.), Paul. 2 vols.
3927. Wells (H. G.), In the Days of the Comet.
3928—29. Hope (Anthony), Sophy of Kravonia. 2 vols.
3930. Croker (B. M.), The youngest Miss Mowbray.
3931—32. Weyman (Stanley J.), Chippinge. 2 vols.
3933. Atherton (Gertr.), Rezanov. A Novel.
3934. Eccles (Charlotte O'Conor), The Matrimonial Lottery.

g) **Unwin's Library.** London u. Leipzig, T. F. Unwin. je M. 1,50.

45. Bacheller (Irving), Silas Strong.
46. Troubridge (Lady), The Woman thou gavest.

3. Erziehungs- und Unterrichtswesen.

a) Allgemeines.

Handbuch, encyklopädisches, der Erziehungskunde. Unter Mitwirkg. v. Gelehrten u. Schulmännern hrsg. v. Schulinsp. Dr. Jos. Loos. Mit 225 Abbildgn. u. 9 Separatbeilagen. 1. Bd. 8, 1071 s. Wien, A. Pichlers Wwe. & Sohn. M. 15, geb. 17.

Handbuch, encyklopädisches, der Pädagogik hrsg. v. W. Rein. 8. Bd. I. Ergänzungsb. 2. Hälfte. VI u. s. 481—962. Lex. 8°. Langensalza, Beyer & Söhne. M. 7,50.

Rein (Dir. Prof. Litt. D. Dr. W.), Pädagogik im Grundrifs. 4. Aufl. 136 s. Leipzig, Göschen. M. 0,80.

Noser (bischöfl. Kanzler Dr. Frid.) u. **Grüninger** (Sem.-Dir. Jak.), Allgemeine Erziehungslehre f. Lehrerbildungsanstalten. 2. umgearb. Aufl. X, 113 s. Einsiedeln, Benziger & Co. M. 2, geb. 2,80.

Natorp (Paul), Gesammelte Abhandlungen zur Sozialpädagogik. I. Abt. Historisches. VIII, 510 s. Stuttgart, Frommann. M. 8,50, geb. 9,70.

Schmidt-Jena (Dr. Karl), Deutsche Erziehungspolitik. Eine Studie zur Sozialreform, m. e. Anh.: Die deutsche Reformschule. 47 s. Leipzig, Voigtländer. M. 1.

Kerschensteiner (Studienr. Stadtschulr. Dr. G.), Staatsbürgerliche Erziehung der deutschen Jugend. Gekrönte Preisarbeit. 3. Aufl. VIII, 78. s. Erfurt, Villaret. M. 1,60.

Land-Erziehungsheime, deutsche. Erziehungsgrundsätze u. Organisation der deutschen Land-Erziehungsheime f. Knaben: Ilsenburg i. Harz, Klasse VI—IV; Haubinda i. Th., IIIb—IIb; Bieberstein i. d. Rhön, IIb—Ia. Landerziehungsheime f. Mädchen: Sieversdorf b. Buckow, Gaienhofen a. Bodensee. 39 s. m. Abbildgn. Lex. 8°. Leipzig, Voigtländer. M. 1.

Landeck (A. v. der), Lebensdienst oder Todesdienst? Die Notwendigkeit einer Reformation in der Volkserziehung. 30 s. Berlin, Verlag Continent. M. 1.

Erni (J.), Über Erziehung zur Sittlichkeit u. Charakterbildung. Progr. Schaffhausen. '06· 42 s.

Zeller (Pfr. E.), Erziehungsfehler. Ein Vortrag. 2. Aufl. 28 s. Basel, Helbing & Lichtenhahn. M. 0,30.

Benda (Th.), Besonderheiten in Anlage und Erziehung der modernen Jugend. Berlin, Herm. Walther. M. 1.

Otto (Berth.), Vom königl. Amt der Eltern. 130 s. Leipzig, Voigtländer. M. 2,40.

Buch, das, vom Kinde. Unter Mitarbeit zahlreicher Fachleute hrsg. v. A d e l e S c h r e i b e r. 2 Bde. Leipzig, Teubner. je M. 7, geb. 9. In 1 Bde. geb. M. 16.
1. Einleitg. Körper u. Seele des Kindes. Häusliche u. allgemeine Erziehung. Mit Abbildgn. u. 17 Taf. XXV, 200 u. 231 s.
2. Öffentl. Erziehgs.- u. Fürsorgewesen. Das Kind in Gesellschaft u. Recht. Berufe u. Berufswahl. IV, 240 u. 216 s.

Scharrelmann (Heinr.), Fröhliche Kinder. Ratschläge f. die geistige Gesundheit unserer Kinder. Hamburg, A. Janssen. Geb. M. 3.

Lorenzen (Ernst), Mit Herz und Hand. Beiträge zur Reform des Unterrichts u. der häusl. Erziehg. 141 s. Darmstadt, A. Koch. M. 1,50.

Block (s. Z. Rekt. F. A.), Lebensführung u. Lebensarbeit. Tatsachen u. Erinnerungen aus e. langen Lehrerleben. IV, 114 s. Merseburg, F. Stollberg. M. 1,50.

Kietz (Reg.- u. Schulr. a. D. H.), Schulreden. Aus der Schulpraxis hervorgegangen u. f. dieselbe bestimmt. 2. Aufl. 104 s. Breslau, Hirt. M. 1,25.

Jäger (Osk.), Erlebtes u. Erstrebtes. Reden u. Aufsätze. München, C. H. Beck. M. 5.

b) Geschichte der Pädagogik.

Scherer (Schulr. H.), Die Pädagogik in ihrer Entwicklung im Zusammenhange mit dem Kultur- u. Geistesleben. H. B. Die Pädagogik als Wissenschaft v. Pestalozzi bis zur Gegenwart. 1. Abt. Die Entwicklg. des Kultur- u. Geisteslebens. XX, 416 s. Leipzig, F. Brandstetter. M. 6,40.

Schriften hervorragender Pädagogen f. Seminaristen u. Lehrer. Breslau, F. Hirt.
10. S a i l e r ' s (Jos. Mich.) Über Erziehung f. Erzieher. Ausgew. u. m. Anmerkgn. vers. v. Sem.-Lehr. J. K r a l l. 80 s. M. 0,85, kart. 1.
11. S a l z m a n n ' s Ameisenbüchlein. Mit Einleitg. u. Anmerkungen v. Sem.-Dir. P. S c h ü t z e. 80 s. M. 0,80, kart. 0,95.
13. P e s t a l o z z i ' s Wie Gertrud ihre Kinder lehrt. Ausgew. u. hrsg. v. Sem.-Lehr. J. N i e s s e n. 88 s. M. 1, kart. 1,20.
14. F e l b i g e r ' s (Joh. Ign. v.) Eigenschaften, Wissenschaften u. Bezeigen rechtschaffener Schulleute. Ausgew. u. hrsg. v. Sem.-Lehr. G. L e n n a r z. 107 s. M. 1,20, kart. 1,35.

Schwarz (Mittelsch.-Lehr. C.), Inwiefern ist Eberhard v. Rochow von den Philanthropen abhängig u. inwiefern wandelt er eigene Bahnen? 31 s. Bielefeld, Helmich. M. 0,50.

Salzmann's Konrad Kiefer od. Anweisung zu e. vernünftigen Erziehg. der Kinder. Bearb. v. Reg.- u. Schulr. Dr. W i m m e r s. 164 s. Paderborn, Schöningh. M. 1.

Pestalozzi's Ausgewählte Werke. Mit Biographie P.'s hrsg. v. F r d r. M a n n. 3. Bd. 5. Aufl. VI, 547 s. Langensalza, Beyer & Söhne. M. 3, geb. 4,

Steck (Prof. Dr. Rud.), Johann Rudolf Fischer von Bern u. seine Beziehungen zu Pestalozzi. 63 s. Bern, Grunau. M. 1,50.

Herbart's pädagog. Schriften. Mit Biographie H.'s hrsg. v. Dr. Fr. B a r t h o l o m ä i. 7. Aufl. neu bearb. u. m. erläut. Anmerkgn. vers. v. Dr. E. v. S a l l w ü r k. 2. Bd. VIII, 467 s. Langensalza, Beyer & Söhne. M. 3, geb. 4.

Strüber (P. S.), Willens- u. Charakterbildung bei Herbart und Wundt. Progr. Münnerstadt. 48 s.

Müller (V.), Schleiermachers System der Pädagogik. Progr. Kalk. '06· 18s. 4º.

Link (T.), Die Pädagogik des Philosophen Christian Wolff (Halle) aus seinen Werken zusammengestellt u. durch seine Philosophie erläutert. Diss. Erlangen. '06· 107 s.

Touroff (Dr. N.), Jean Paul als Pädagoge. 95 s. Lausanne. Leipzig, G. Fock. M. 1,50.

Seiler (K.), Johann Georg Hamanns Bedeutung für die Pädagogik. Diss. Leipzig. '06· 51 s.

Geissler (C.), Die pädagogischen Anschauungen E. M. Arndts im Zusammenhang mit seiner Zeit. Diss. Leipzig. '05· 41 s.

Hähnel (Paul), Friedrich Rückerts Ansichten über Bildung u. Erziehung. Leipzig, F. Brandstetter. M. 1,20.

Weber (Dr. Ernst), Die pädagog. Gedanken des jungen Nietzsche im Zusammenhang m. seiner Welt- u. Lebensanschauung. XVI, 169 s. Leipzig, Wunderlich. M. 2, geb. 2,50.

Beiträge zur Gesch. der Erzieh. u. des Unterrichts in Württemberg. Hrsg. v. der Gruppe Württemberg der Ges. f. deutsche Erziehgs.- u. Schulgesch. 144 s. Berlin, A. Hofmann & Co. M. 3.

c) Psychologie.

Erni, Psychologische Pädagogik. Schaffhausen, Schoch. M. 3.

Conrad (Sem.-Dir. P.), Grundzüge der Pädagogik u. ihre Hilfswissenschaften in elementarer Darstellung. I. T. Psychologie m. Anwendgn. auf den Unterricht u. die Erziehung. 2. verb. u. verm. Aufl. 4 Lfgn. XII, 411 s. Chur, Schuler. M. 4,80, geb. in Leinw. 5,60.

Ament (Dr. W.), Die Seele des Kindes. Eine vergleich. Lebensgeschichte. Mit 2 Taf., 43 Abbildgn. im Text. 96 s. Stuttgart, Franckh. M. 1, geb. 2.

Fischer (Kuno), Kleine Schriften. 6. Das Verhältnis zwischen Willen u. Verstand im Menschen. Vortrag. 3. Aufl. 56 s. Heidelberg, Winters Verl. M. 1.

Kahl (G.), Vom Wesen u. den Funktionen der Menschenseele. Progr. Feldkirch. '06· 31 s.

Kirchner (R. E.), Schlummernde Fähigkeiten u. geheime Seelenkräfte. Berlin, Modern pädagog. u. psychol. Verl. M. 2.

Pohlmann (A.), Experimentelle Beiträge zur Lehre vom Gedächtnis. Diss. Göttingen. '06· 191 s. m. 25 Tab.

Seitz (F.), Die geistige Aneignung. Eine psychol. Analyse. Progr. Karlsbad. '06· 34 s.

Förster (Fr.), Die psychologischen Reihen u. ihre pädagog. Bedeutung. 53 s. Langensalza, Beyer & Söhne. M. 0,65.

Wenzel (G.), Die Bedeutung der Apperzeption für die zweckmäfsige u. fruchtbringende Gestaltung des Unterrichtes. Progr. Wien. '06· 32 s.

Ziehen (Prof. Dr. Th.), Die Geisteskrankheiten des Kindesalters mit bes. Berücksichtigg. des schulpflichtigen Alters. 3. Hft. 130 s. Berlin, Reuther & Reichard. M. 3.

Hoesch-Ernst (Dr. Lucy), Anthropologisch-psychologische Untersuchungen an Züricher Schulkindern. 165 s. mit 29 farb. u. schwarzen Kurventaf. Leipzig, Nemnich. M. 18, geb. 20. (Für Abnehmer der Experimentellen Pädagogik M. 13,50, geb. 15.)

d) Gesundheitspflege.

Verhandlungen der VII. Jahresversammlg. des deutschen Vereins f. Schulgesundheitspflege am 6. u. 7. VI. 1906 in Dresden, hrsg. v. Priv.-Doz. Dr. H. Selter u. Oberl. K. Roller. 103 s. S.-A. Leipzig, Teubner. M. 2,40.

Archiv, internationales, f. Schulhygiene. Hrsg. v. Dr. A. Mathieu, Dr. Sir Lander Brunton, Proff. DD. A. Johannessen u. H. Griesbach. 3. Bd. 4 Hfte. Leipzig, W. Engelmann. M. 20.

Profé (Dr. Alice), Lehrbuch der Gesundheitspflege. 138 s. m. 4 Taf. Berlin, Schall & Rentel. geb. M. 1.

Laukamm (Sem.-Oberl. Wichard), Unser Körper. Mit vergleich. Ausblicken auf die Tierwelt u. ausgewählten Kapiteln aus der Gesundheitslehre. III, 83 s. Meissen, Sächs. Schulbuchh. Kart. M. 1,20.

Loewe (H.), Die Leibesübungen als Erziehungsmittel u. ihre Einfügung in den Lehrplan der humanistischen Gymnasien in Bayern. Progr. München. '06· 38 s.

Kessler (Lehr. Rob.), Kurze Gesundheitslehre. Für einfache Schulverhältnisse zusammengestellt. 6. verm. Aufl. VIII, 79 s. m. 20 Abbildgn. Langensalza, Beyer & Söhne. b. M. 0,50.

Oppenheim (H.), Nervenleiden u. Erziehung. Die ersten Zeichen der Nervosität des Kindesalters. Nervenleiden u. Lektüre. 3 Vorträge. Berlin, S. Karger. M. 2.

Huber (D. A.), Über sexuelle Aufklärung. 1.—3. Taus. 84 s. Münster, Schöningh. M. 0,60.

Bach (W. K.), Die Behandlung des Sexuellen in der Schule. Bielefeld, Helmich. M. 0,40.

e) Unterrichtsorganisation.

aa) Leyen (F. v. der), Deutsche Universität u. deutsche Zukunft. Betrachtungen. 114 s. Jena, Diederichs. M. 2, geb. 3.

Willmann (Hofr. Dr. O.), Die Hochschule der Gegenwart. Vortrag. 31 s. Dresden, Zahn & Jaensch. M. 1.

Horneffer (Dr. Aug.), Der Verfall der Hochschule. 1. u. 2. Taus. 114 s. Leipzig, J. Zeitler. M. 2.

Schröder (Univers.-Sekr. O.), Die Erlangung der philos. Doktorwürde an den Universitäten Deutschlands. III, 103 s. Leipzig, H. Beyer. M. 1,50.

bb) Gurlitt (Ludw.), Der Deutsche u. seine Schule. Erinnerungen, Beobachtungen u. Wünsche eines Lehrers. 2. Aufl. XII, 246 s. Berlin, Wiegandt & Grieben. M. 2, geb. 3.

Ritthaler (Lehr. Max), Konfessionsschule od. Simultanschule? 48 s. München, Höfling. b. M. 0,50.

Ehrhardt (Karl), Unser Schulwesen. Stuttgart, E. H. Moritz. M. 1.

Malfertheiner (Prof. Ant.), Gedanken u. Vorschläge zu einer zeitgenössischen Reform des humanistischen Gymnasiums. 75 s. Brünn, F. Irrgang. M. 1,30.

Mitteilungen des Vereins der Freunde des humanistischen Gymnasiums. Red. v. Dr. S. Frankfurter. 1. Hft. 48 s. Wien, Fromme. M. 0,50.

Cauer (Prov.-Schulr. Prof. Dr. Paul), Zur freieren Gestaltung des Unterrichts. Bedenken u. Anregungen. 48 s. Leipzig, Dieterich. M. 1.

Wetzstein, Die geschichtliche Entwickelung des Realschulwesens in Deutschland. I. Die Entstehung deutscher Realschulen im 18. Jhdt. Progr. Neustrelitz. '06· 48 s. 4°.

cc) Schultess (J.), Die Frauenbildungsfrage im Lichte kritischer Reflexionen. 32 s. Berlin, Gerdes & Hödel. M. 0,60.

Krause (M.), Einiges zur Reform der Mädchenbildung. Progr. Königsberg i. Pr. 9 s.

Gaudig (Dir. Prof. Dr.), Zur Fortbildung der Schülerinnen der höheren Mädchenschule. III, 56 s. Leipzig, Quelle & Meyer. M. 0,80.

Adametz (J.), Die österreichischen Mädchenlyzeen. Progr. Salzburg. '06· 21 s.

dd) Nodnagel (Geh. Oberschulr. L.), Das höhere Schulwesen im Grofsherzogt. Hessen. Gesetze, Verordnungen, Verfügungen. 2. Nachtrag. Juli '04 — Juli '06· 39 s. Giefsen, Roth. M. 1.

Prüfungsordnungen u. Lehrpläne f. die höheren Lehranstalten des Gofsherzogt. Hessen. Amtliche Handausg. III, 109 s. Darmstadt, Jonghaus. M. 1,20.

Mackay (S. F. H.), Die Entwickelung des schottischen Staatsschulwesens. Diss. Jena. '06· 115 s.

Leobner (H.), Die Grundzüge des Unterrichts- u. Erziehungswesens in den Vereinigten Staaten v. Nordamerika. Wien, F. Deuticke. M. 5.

Hübner (Schulmus.-Leiter M.), Die ausländischen Schulmuseen. X, 258 s. Breslau, Hirt. M. 3.

ee) **Muthesius** (Karl), Die Lehrerbildung im Strome der Zeit. Rede, geh. bei der Einführg. als Sem.-Dir. zu Weimar am 9. X. '06· 20 s. Leipzig, Dürr'sche Buchh. M. 0,75.

Drewke (H.), Die Lehrerinnenfrage. 23 s. Bielefeld, Helmich. M. 0,40.

Herber (Pauline), Das Lehrerinnenwesen in Deutschland. VIII, 210 s. Kempten, Kösel. M. 1.

f) Didaktik und Methodik.

Ernesti (Sem.-Oberl. a. D. Conr.), Aus Seminar u. Schule. Gesammelte Schriften üb. Erziehung u. Unterricht. VIII, 284 s. Paderborn, Schöningh. M. 4,50.

Hassmann (Prof. Fr. S. Rud.), Allgemeine Unterrichtslehre f. Lehrer- u. Lehrerinnen-Bildungsanstalten. 3. unver. Aufl. V, 96 s. Paderborn, F. Schöningh.

Regener (F. R.), Allgemeine Unterrichtslehre. Im Grundrisse dargestellt. 3. Aufl. VI, 268 s. Leipzig, Teubner. Geb. M. 3,20.

Tögel (Dr. Herm.), Didaktik u. Wirklichkeit. Die Fragen der Unterrichtslehre in neuer Beleuchtg. VIII, 231 s. Dresden, Bleyl & Kaemmerer. M. 3,80, geb. 4,50.

Lehmann (Alfr.), Lehrbuch der psychologischen Methodik. VIII, 131 s. m. 15 Fig. Leipzig, Reisland. M. 3,60.

Treutlein (P.), Über das Mas u. die Austeilung der Unterrichtszeit an unsern höheren Schulen. Progr. Karlsruhe. 24 s. 4°.

Stürmer (Gymn.-Oberl. Frz.), Die Etymologie im Sprachunterricht der höheren Schulen. 55 s. Halle, Buchh. des Waisenhauses. M. 1.

Schläger (G.), Sprechübungen im Neusprachlichen Unterricht. Progr. Oberstein-Idar. '06· 13 s. 4°.

Theorie u. Praxis des Sekundarschulunterrichts. Diskussionsvorlagen f. d. St. Gallische Sekundarlehrer-Konferenz. 16. Hft. 146 s. St. Gallen, Fehr. M. 1,40.

g) Lehrbücher für den englischen Unterricht.

aa) **Klapperich** (Dr. J.), Englisches Lehr- u. Realienbuch. Wörterverzeichnis. 59 s. Bielefeld, Velhagen u. Klasing. M. 0,60.

Ritter (Dir. Prof. Dr. O.), Englisches Lesebuch f. höhere Lehranstalten. 8. Aufl. Mit Wörterbuch. VIII, 342 s. Berlin, Haude u. Spener. M. 2,40.

Röttgers (Oberl. Prof. Benno), Englisches Lesebuch f. höhere Lehranstalten. Wörterbuch. 116 s. Bielefeld, Velhagen & Klasing. Geb. M. 1.

Byron, Selections. Ed. with explanatory notes by Prof. Dr. J. K l a p p e r i c h. With 5 illusts. (Ausg. B.) Glogau, Flemming. M. 1,50.

Collection of Tales and Sketches. Mit Anm. hrsg. v. Prof. G. O p i t z. III. Bdch. Helen Mathers. — Holme Lee. — Thomas B. Aldrich. — Jerome K. Jerome. — Rudyard Kipling. — Francis Bret Harte. (Ausg. B.) X, 118 u. 35 s. Velhagen & Klasing. M. 1,10. (English Authors. 107 Lfg.)

Dickens (Ch.), A Tale of Two Cities. Hrsg. v. J. W. S t o u g h t o n B. A. u. Oberl. Dr. A. H e r r m a n n. Ausg. B. XIV, 172 u. 43 s. Velhagen & Klasing. M. 1,40.

Escott (Th. H. S.), England, its people, polity and pursuits. Wörterbuch bearb. v. Dr. H. E m e c k e. 2. Aufl. 53 s. Berlin, Weidmann. M. 0,50.

Ewing (Juliana Horatia), Jackanapes u. Daddy Darwin's Dovecot. Mit Einleitg. u. Anmerkungen hrsg. v. A l b. H a m a n n. 4.—6. Taus. XI, 84 u. 35 s. Leipzig, Dr. P. Stolte. M. 1.

Kinglake (Alex. William), The Siege of Sebastopol. (From the 12th vol. of the invasion of the Crimea.) Mit Anm. zum Schulgebrauch hrsg. v. Oberl. G. Budde. X, 116 u. 27 s. Mit 2 Karten. Bielefeld, Velhagen & Klasing. M. 1,20.
(English Authors. 106.)

Kingsley, Hereward the Wake. Wörterbuch bearb. v. Dr. F. Meyer. 44 s. Berlin, Weidmann. M. 0,40.

Longfellow (H. W.), Sketches. Mit Wort- u. Sacherklärungen f. den Schulgebrauch v. Frdr. Kratz. VIII, 54 u. 90 s. Nürnberg, Koch. M. 0,75.

Marryat (Frederick), Settlers in Canada, and Cooper (James Fenimore), The Pathfinder. Longfellow (Henry W.), The Song of Hiawatha. — Edit. with biogr. sketches and explanatory notes by Prof. Dr. H. Saure. VIII, 86 s. Vocabulary 20 s. Berlin, F. Herbig. M. 1, voc. 0,20.

Mason (Ch. M.), The Counties of England. Wörterb. bearb. v. Prof. Dr. K. Köhler. 2. Aufl. 54 s. Berlin, Weidmann. M. 0,50.

Moorman (Assistant Prof. Dr. Frederic W., B. A.), An Introduction to Shakespeare. IV, 82 s. Leipzig, Teubner. M. 1 geb.
(Teubner's School Texts. 2.)

Selections from English Poetry. Auswahl engl. Dichtungen. Hrsg. v. Oberl. Dr. Ph. Aronstein. Ergänzungsbd. I. Zur Verslehre. II. Anmerkgn. III. Übersetzungen. IV. Wörterbuch. Bielefeld, Velhagen & Klasing. M. 1,80.

Webster (Frances), The Island Realm or Günter's Wanderyear. Being Scenes from English Life. Mit Einleitg. hrsg. v. Prof. R. W. Reynolds u. Oberl. P. Vetter. Mit Illustr. v. London. Ausg. B. X, 175 u. 52 s. Bielefeld, Velhagen & Klasing. M. 1,40.

Wershoven (Prof. Dr. F. J.), Great Explorers and Inventors. Vorbereitgn. u. Wörterbuch. 2. verb. Aufl. 57 s. Berlin, Weidmann. M. 0,50.

Wershoven (Prof. Dr. F. J.), Useful Knowledge. Materialien zu Sprechübungen u. zur Lektüre. Mit Anmerkgn. hrsg. 2. Aufl. VIII, 110 s. Berlin, Weidmann. M. 1,20.

bb) **Dubislav** (Dir. Prof. Dr. G.) u. **Boek** (Prof. Paul), Elementarbuch der engl. Sprache. Anh. Neue Stoffe zu Sprechübungen: Das Wichtigste aus der engl. Landeskunde. 2. Abdr. s. 161—184. Berlin, Weidmann. M. 0,30.

— — Method. Lehrgang der engl. Sprache unter bes. Berücksichtigg. der Mädchenschule. In 2 Tln. 1. Tl. Lese- u. Elementarbuch. 3. Aufl. XII, 203 s. Ebd. M. 2,50.

— — Schlüssel zum Elementar- u. Übungsbuch der engl. Sprache. VIII, 164 s. Ebd. Kart. M. 3.

Gaspey (Dr. Thom.), Englische Konversations-Grammatik zum Schul- u. Privatunterricht. Neubearbeitet v. Gymn.-Prof. H. Runge. 24. Aufl. VI, 422 s. Heidelberg, Groos. Geb. M. 3,60, Schlüssel kart. 1,60.

Gesenius (F. W.), Kurzgefaſste englische Sprachlehre. Völlig neu bearb. v. Prof. Dr. E. Regel. 3. völlig umgearb. Aufl. Mit Karten u. Plänen. VIII, 244 s. Halle, Gesenius. M. 2,40.

Löhn (R. P.), Englische Grammatik. Wien, Sallmayer. M. 1,20.

Plate (H.), Lehrbuch der englischen Sprache. II. Systematische Grammatik. 3. verb. Aufl. bearb. v. Oberl. Dr. K. Münster. IV, 428 s. Dresden, Ehlermann. Geb. M. 3,20.

Becker (C.) u. **Killmeier** (C.), Lauttafel zu Plate-Kares, Lehrgang der englischen Sprache. 1 Bl. Dresden, Ehlermann. M. 0,15.
(Wandtafelausg. in 7facher Vergröſserung auf Leinw. M. 8.)

Reuter (Oberl. W.), Kurzgefaſste u. leicht verständliche Grammatik der englischen Sprache zum Selbststudium. Neue Aufl. 173 s. Leipzig, A. O. Paul. (N. 326—30 der Miniatur-Bibl.)

Schmeding (Prof. Dr. G.), An abridged English Grammar. For the use of the upper classes. VI, 40 s. Dresden, Koch. M. 1,20.

Swoboda (Prof. Wilh.), Lehrbuch der englischen Sprache f. höhere Handelsschulen. Wien, F. Deuticke.
3. Tl. Senior Book. H. Für den 3. Jahrgang des engl. Unterrichts. Von W. Swoboda u. Prof. K. Kaiser. Mit Wbch. IV, 174 u. 57 s. Geb. M. 3.

Tendering (Dir. Prof. Dr. Fritz), Lehrbuch der englischen Sprache. Ausg. B. Neue Bearbeitg. des kurz gefaſsten Lehrbuchs. 4. Aufl. V, 190 s. Berlin, Weidmann. M. 2,20.

Viëtor (Prof. Wilh.), Englische Schulgrammatik. 1. Tl. Laut- u. Wortlehre. 4. Aufl. X, 78 s. Leipzig, Teubner. M. 1,40 geb.

Weiss (Leop. Fr.), Lehrbuch der englischen Sprache zum Selbstunterricht mittelst Übergangs-System. 239 s. Leipzig, Schubert. Geb. M. 9.

cc) **Morbutter** (A.), Hilfsbuch f. den englischen Aufsatz. VI, 138 s. Leipzig, Renger. M. 1,60.

Oeser (Oberl. G.), Übungsbuch zum Übersetzen aus dem Deutschen in das Englische f. d. Mittelklassen höherer Mädchenschulen. IV, 42 s. Leipzig, Teubner. M. 0,60.

Berlitz (M. D.), A Course in Business English. 3rd ed. VII, 124 s. Berlin, S. Cronbach. Geb. M. 2.

Dieke (Paul), Praktisches Englisch. Korrespondenz u. Konversation f. Kaufleute. 2. Tl. Mittelstufe. IV, 72 s. Berlin, O. Dreyer. Geb. M. 2.

Krüger (Kriegsakad.-Lehr. Prof. Dr. G.), Englische Taschenbücher f. d. deutschen Offizier. I. Des deutschen Offiziers engl. Wortschatz. Mit Angabe der Aussprache. XII, 160 s. Dresden, C. A. Koch. Geb. M. 2,50.

Stier (Geo.), Little English Talks. Für die höhern Knaben- u. Mädchenschulen. 2. durchges. Aufl. VIII, 114 s. Cöthen, Schulze. M. 1,30.

4. Geschichte und Geographie.

a) **Andler** (E.), Die Beteiligung der Stadt London am Streit zwischen Karl V. u. dem langen Parlament 1640—44 nach den Berichten zeitgenössischer Schriftsteller u. Urkunden. Progr. Ravensburg. '06· 54 s.

Michael (Prof. Wolfg.), Cromwell. 2 Bde. Berlin, C. Hofmann & Co. M. 6, geb. 8.

Schnizer (Otto), Die ersten Quäker Georg Fox und William Penn. 291 s. Calw u. Stuttgart, Vereinsbuchh. Geb. M. 2.

Staatsverträge, österreichische. England. Bearb. v. Alfr. Francis Pribram. 1. Bd. 1526—1748. XIV, 813 s. Innsbruck, Wagner. M. 22.

Grand-Carteret, Onkel Eduard im Spiegel der Weltkarikatur. Deutsche Ausg. Berlin, Hofmann & Co. M. 3,50.

b) **Oppel** (Prof. Dr. A.), Landeskunde des britischen Nordamerika. Mit 13 Abbildgn. u. Karte. 154 s. Leipzig, Göschen. M. 0,80.

Fulda (Ludw.), Amerikanische Eindrücke. 216 s. Stuttgart, Cotta Nachf. M. 3, geb. 4.

5. Folklore.

Wundt (Wilh.), Völkerpsychologie. Eine Untersuchg. der Entwicklungsgesetze v. Sprache, Mythus u. Sitte. II. Bd. Mythus u. Religion. 2. Tl. VIII, 481 s. m. 8 Abbildgn. Leipzig, Engelmann. M. 11, geb. 14.

Mogk (Prof. Dr. Eug.), Germanische Mythologie. 129 s. Leipzig, Göschen. M. 0,80.

Siecke (Gymn.-Prof. Dr. E.), Mythus, Sage, Märchen, in ihren Beziehungen zur Gegenwart. Vortrag. 29 s. Leipzig, Hinrichs. M. 0,50.

Elfenmärchen, irische. Übers. u. eingeleitet v. d. Brüdern Grimm. Hrsg. v. Johs. Rutz. CXXIII, 224 s. München, Piper & Co. M. 3, geb. 4.

Singer (Prof. Dr. S.), Schweizer Märchen. Anfang e. Kommentars zu der veröffentlichten schweizer Märchenliteratur. 1. Fortsetzg. VI, 167 s. Bern, Francke. M. 4.

6. Vermischtes.

Gurlitt (Cornel.), Das englische Porträt im 18. Jhdt.: Gainsborough — Romney — Raeburn. Mit 5 Kpfrdr.-Taf. u. 5 Abbildgn. im Text. 75 s. Berlin, Bard u. Cassirer. M. 4.

Basedow (Oberstleutn. H. v.), England u. seine Armee. 12. Heft des Militär-Wochenblatts. Berlin, Mittler & Sohn. M. 0,75.

Walther (Freg.-Kapit. z. D. P.), Die englische Herrschaft in Indien. VII, 55 s. Halle, Gebauer-Schwetschke. M. 0,90.

Rogers (J. E. Thorold), Die Gesch. der englischen Arbeit. (Six centuries of work and wages.) Übers. v. M. Pannwitz; rev. v. K. Kautsky. 2. unveränd. Aufl. XXVIII, 422 s. Stuttgart, Dietz Nachf. M. 3,20, geb. 4.

Bericht üb. d. deutsche Lehrerversammlung in München 1906 (4.—7. VI.). 178 s. Leipzig. M. 1.

Stemplinger (Dr. Ed.), Über Schulprogramme u. Jahresberichte. Nach 1 Vortrage. (S.-A.) 15 s. Leipzig, Teubner. M. 0,40.

Bittner (Gymn.-Prof. Jos.), Systematisch geordnetes Verzeichnis der Programmarbeiten österreich. Mittelschulen. III. T. (1890—95). 175 u. 28 s. Czernowitz, Selbstverl. M. 4,20.

Leipzig. Paul Lange.

IV. MITTEILUNGEN.

A New

English Dictionary On Historical Principles.

(Volume VI: L—N.)

Mesne — Misbirth.

By Henry Bradley, Hon. M. A., Ph. D.

This double section includes 2298 Main words, 617 Special Combinations explained under these, and 885 Subordinate entries; in all 3800. The *obvious combinations* recorded and illustrated number 864, making a total of 4664. Of the Main words 439 (19 %) are marked † as obsolete, and 188 (under $8^1/_4$ %) are marked ‖ as alien or not fully naturalized.

Comparison with Dr. Johnson's and some recent Dictionaries gives the following figures: —

	Johnson.	Cassell's 'Encyclopædic.'*	'Century' Dict.	Funk's 'Standard.'	Here.
Words recorded, *Mesne* to *Misbirth*	323	2396	2156	2459	3800
Words illustrated by quotations	246	855	671	179	2822
Number of illustrative quotations	691	841	1414	232	13931

* Including the Supplement of 1902.

The number of quotations in the corresponding portion of Richardson is 724.

In this section the words that have come down from Old English are numerically a small minority; but among them are several that have required

to be treated at some length on account of their multitude of senses, or
have given rise to a considerable number of derivatives and combinations,
as *mickle, mid* adj., *middle, might, mighty, mild, milk, milt, mind* sb.[1] and
vb., *mingle* vb., *mirth*, and the originally Latin *mile, mill, mint* sb.[1].

More numerous, and on the whole more interesting with regard to
their development of meaning, are the words derived from French and Latin,
including *mesne, mess, message, messenger, mine, minim, minish, minister,
minor, minus, miracle, mirror*, and a large number of words ultimately
from Greek, as *metal* (and its differentiated form *mettle*), *metamorphosis,
metaphysic, meteor, method, metropolis, microcosm, misanthrope*. The
modern scientific terms formed from Greek elements are abundant, but in
general they occupy comparativelly little space in the Dictionary, many of
them being grouped together in the articles *meso-, meta-*, and *micro-*. The
Celtic languages contribute only *messan* (whence the diminutive *messet),
metheglin*, and *mind* sb.[2]. From Hebrew there are *Messiah* and some terms
relating to Jewish antiquities; from Arabic *mesquita* a *mosque* (obsolete),
metel, minar, minaret; from various Oriental and American languages a
few words pertaining to natural history or relating to the institutions of
remote countries.

Among the articles in which the etymological information given in
former Dictionaries is corrected or supplemented are those on *meter* sb.[3],
method, methyl, mew sb.[1], *mickle, mid* adj., *midden, middenerd, middling,
midst, mien, milch, milk* sb. and vb., *mill* sb.[1], *miller, milt, mine* sb. and vb.,
minus, minute sb., *mire* sb.[2], *mire-drum*, and the prefix *mis-*. The curious
form-history of *methinks* is fully, presented, probably for the first time.
Under *mess* sb., the senses confusion, muddle, dirty or untidy condition,
which have commonly been supposed to belong to an etymologically distinct
word, are shown to be a natural though very recent development of the
older senses. Various points of historical interest are illustrated under the
words *methodist, minister, minstrel*.

Forthcoming Issue, April 1, 1907: A portion of P, by Dr. Murray.

M.

INHALT.

Herausgegeben von Prof. Dr. **Max Friedrich Mann** in Frankfurt a/M.

Verlag von Max Niemeyer, Halle. — Druck von Ehrhardt Karras, Halle.

Beiblatt zur Anglia.

Mitteilungen
über englische Sprache und Literatur
und über englischen Unterricht.

Preis: Für den Jahrgang 8 Mark.
(Preis für 'Anglia' und 'Beiblatt' jährlich 24 Mark.)

XVIII. Bd.   April 1907.   Nr. IV.

I. SPRACHE UND LITERATUR.

Angelsächsische Paläographie. Die Schrift der Angelsachsen
mit besonderer Rücksicht auf die Denkmäler in der
Volkssprache. Teil I. Einleitung (8⁰, 56 Seiten), Teil II.
Dreizehn Tafeln nebst Transskriptionen (mit einem Vorworte
von A. Brandl und W. Keller, Gr. Fol.) von **Wolfgang Keller**.
A. u. d. T.: **Palaestra**, hgg. von **Brandl, Roethe, Schmidt**,
XLIII, I u. II. Berlin, Meyer & Müller. 1906. Pr. 12 M.

Vorliegendes unternehmen verdankt sein zustandekommen
der munifizenz eines ungenannten privatmannes, des vaters
eines mitgliedes des englischen seminars in Berlin, wie uns
Brandl im vorworte (zu teil II) mitteilt. Es ist sehr erfreulich,
dafs man endlich auch in Deutschland das edle beispiel befolgt,
das vermögende gönner der wissenschaft schon lange in England
und nochmehr in Amerika gegeben. Man möchte nur wünschen,
dafs solche mäcenatengunst sich nun häufiger und dringenderen
bedürfnissen zuwendet als dem hier angenommenen, denn gerade
das Angelsächsische bietet unsern studierenden von all den
mannigfachen problemen der handschriften- und bücherkunde
am wenigsten schwierigkeiten. Mit recht geringer mühe kann
sich auch der anfänger sehr leicht und rasch an ort und stelle
in die angelsächsischen originalhandschriften einlesen und sich
praktisch wirkliche handschriftenkunde erwerben; derjenige
hingegen, der auf dem kontinente keine gelegenheit hat, sich
mit den originalen selbst zu beschäftigen, wird überhaupt nicht

in die lage kommen, fragen der datierung zu behandeln; er
wird das für sprachgeschichte und textkritik wichtige leicht
aus dem überall zugänglichen textausgabenmaterial gewinnen
können. Die schwierigkeit für ihn beginnt erst mit dem Mittelenglischen und nimmt mit dem 14., 15. jahrhundert stetig zu,
sodaſs hiefür leicht zugängliche faksimileproben ungleich
schwerer zu entbehren sind, umsomehr da davon verhältnismäſsig
viel weniger erschienen sind. Für gewöhnliche bedürfnisse
wird daher die verdienstliche publikation von W. W. Skeat,
Twelve Facsimiles of Old English Manuscripts, Oxford 1892
(7 s. 6 d.), in der nur drei proben der (angelsächsischen) altenglischen, neun hingegen der mittelenglischen periode entnommen sind, nach wie vor ausreichen müssen und können.
Der wert der vorliegenden publikation ist also wohl weniger
in seiner praktischen bedeutung für unsere englischen univer-
sitätsseminare zu suchen, als vielmehr in der neuen, sachkundigen behandlung des gegenstandes selbst. Denn wenn Brandl
über die genannte faksimilienpublikation Skeat's, die nur drei
ags. proben enthält, sagt: „Das genügt für die neugierde, aber
nicht zum forschen. Damit kann man die entwicklung des
angelsächsischen schrifttums nicht einmal in den hauptzügen
veranschaulichen, noch weniger zu genauerer ergründung an-
leiten" —, so verrät es eine arge naivetät, wenn er etwa glaubt,
durch die vorliegenden 13 tafeln diesen bedürfnissen genügen
zu können; er hat sich vermutlich wenig selbst mit ags. handschriften beschäftigt, denn sonst würde er wissen, daſs die
schwierigkeit nicht im entziffern und deuten des angelsächsischen schrifttums ('ergründung') liegt, das forschen in demselben aber durch eine so beschränkte anzahl tafeln erst recht
nicht ermöglicht wird. Bei der verhältnismäſsig kurzen spanne
zeit, aus der uns angelsächsisches schrifttum überliefert ist, bei
der sprunghaft einsetzenden und immer wieder unterbrochenen
literarischen tradition ist eine chronologische darstellung der
„entwicklung des ags. schrifttums" viel schwerer als Brandl
sich vorzustellen scheint, vor allem deshalb, weil eben neu-
einsetzende traditionen meist auf vorlagen, die früheren jahrhunderten entstammen, zurückgehn, also die schreiber durch
nachahmung älterer formen beeinfluſst sind, und auch deshalb,
weil ein kleriker, der etwa mit 20 jahren zu schreiben be-
gonnen, auch mit 70 jahren genau so geschrieben haben kann,

wie mit 20, wodurch also ein halbes jahrhundert mehr oder
weniger eventuell keine grofse rolle spielt.

Was, wenn man glaubt, für anfänger zu den schon vorhandenen hilfsmitteln noch ein neues durchaus liefern zu sollen,
sich empfohlen hätte, wäre ein verzeichnis der typischen
buchstabenformen, ligaturen und abkürzungen aus sicher
datierbaren hss. in chronologischer folge, was auf einer
oder zwei tafeln reichlich platz gefunden hätte. „Genauere
ergründung" und „forschen" kann nur an den hss. selbst in
angriff genommen werden, und zwar vor allem in dem systematischen versuche, die einzelnen graphischen traditionen, und
zwar nicht mit beschränkung auf die zufällig im British Museum befindlichen hss., festzustellen. Das ist keine kleine aufgabe, vor allem auch eine recht kostspielige, weil sie unzählige
und unbeschränkte photographische proben für die zwecke des
einen speziellen forschers — noch nicht für eventuelle spätere
publikation! — zur voraussetzung hat, aber da sich ja das
füllhorn einsichtiger mäcenaten nun auch in Deutschland für
die anglistik zu öffnen scheint, so wäre das unternehmen nicht
so aussichtslos. Unternommen mufs es einmal doch werden,
denn vorher ist alles „forschen" oder gar „ergründen" wollen
auf diesem gebiete nur provisorisch und „genügt" allenfalls
„für die neugierde"! Wenn der betreffende forscher auf grund
photographischer proben die schriftzüge von handschriften, die
an verschiedenen orten aufbewahrt sind, zu vergleichen im
stande ist, dann dürften sich ihm manche wertvolle zusammenhänge ergeben, die hand eines und desselben schreibers an
verschiedenen orten sich feststellen lassen und dadurch auch
festere anhaltspunkte für die chronologie sowie die gleich-
zeitigen mannigfaltigkeiten einzelner schreiber zu gewinnen
sein. Solche graphische untersuchungen wären in ähnlicher
weise wie die literarischen zu führen, die Wolfgang Keller
in seinem lehrreichen buche „Die literar. Bestrebungen von
Worcester in angelsächsischer Zeit, Strafsburg 1900" geboten hat.

Wenn ich also den im vorworte zu vorliegender publikation ausgesprochenen zweck derselben als verfehlt bezeichnen
mufs, kann ich mit umso gröfserer befriedigung es begrüfsen,
dafs eben dieser junge gelehrte, der uns in dem ebengenannten
buche die literarische tradition einer bestimmten klosterschule

geschildert, seine wohlgeschulte und wohlbewährte kraft für
die ausführung zur verfügung gestellt hat. Die im zweiten
teil gebotenen 13 tafeln aus den handschriftenschätzen des
British Museum mit gegenüberstehenden transskriptionen,
kurzer literarischer orientierung und gelegentlichen einzelbe-
merkungen über die schreibweise sind ein schönes geschenk
von dauerndem werte und werden für seminaristische übungen
— freilich nicht allein in rücksicht auf paläographie! — mit
grofsem nutzen zu verwenden sein, wenn die studenten sie
sich wirklich anschaffen. Zu bedauern ist, dafs die transskriptionen nicht zeile für zeile der handschrift entsprechen
und vor allem auch, dafs keine zeilenzählung am rande gegeben ist, was die benützung aufserordentlich erschwert —
doch dazu ist es nun zu spät.

Tafel I bietet die aus Zupitzas Übungsbuch und Kluges
ags. Lesebuch bekannte urkunde Oswulf's 805—831 (810?),
halbuncial, aber in dem ersten teile, dem testamente (*A*), auf
eine insular geschriebene vorlage zurückgehend. Zu bemerken
ist, dafs dem in einen punkt endenden *t* im auslaute, das *t* ohne
punkt im anlaute und inlaute gegenübersteht; zu beachten
auch die grofse ähnlichkeit zwischen inlautendem *r* und *n*,
z. 21 des faksimile *gegeorwien*.

Tafel II. Schenkung der Lufa, 832, abgedruckt u. a. bei
Sweet, OET. 446 (nicht 486!) und Kluge, Ags. Lsb., südliche
insulare des 9. jh. Dafs die hs. von einer hand geschrieben,
wie Keller angibt, scheint mir doch nicht so sicher. Ich möchte
auch hier den ersten teil einschliefslich der unterschriften (*A*)
von dem späteren, wenn auch wohl zeitlich nicht weit entfernten zusatze (*B*) scheiden. Das *t* in *B* hat auch inlautend
den punkt, in *A* nicht, vgl. z. 10 und 17 des faksim.; ferner
vgl. das verschiedene *s* z. 1 und 15, z. 5 *ceses*, *cristes* und z. 14
elmes. Die annahme, dafs *B* später hinzugefügt worden, gibt
dem schriftstücke aufserdem auch einen literarisch-indivi-
duellen reiz.

Tafel III. Die Hattonhs. der Cura Pastoralis 890—900
(890—893?), frühe insulare. Zu beachten auch hier die ähnlichkeit zwischen *r* und *n*, z. 5 *orsorgnesse*; ferner zu beachten
in hinblick auf spätere verwechslung mit *ie* (12., 13. jh.), die
form des *æ* in *ðæt* z. 7, 15; meist sind die *ie* zwar durch höheres
i zu unterscheiden, doch kaum merklich z. 7 *ðæt*, *tiedernesse*

und z. 8 *gietsiende.* Sehr lehrreich sind auch die zusammenschreibungen wie *oðremenn* z. 11, *wewiton* s. 26 u. a. m., andrerseits
wen stu (= *wenstu*) u. a. m., umgekehrt aber tafel V z. 3 *teot
tingc tun* (ortsname *Teottingctun*), z. 2 *here togan . . . onwiogerne
ceastre* u. a. m. Für die frage, ob und was sich aus zusammenschreibungen und trennungen für die satzphonetik gewinnen läfst, ist für jeden einzelnen fall kritik geboten, denn
wenn dieselben auch zuweilen satzphonetische bedeutung
haben können, haben sie in andern fällen eine solche gewifs
nicht, und gerade in der langsam malenden ags. schrift zum
unterschiede von der späteren kursive nicht. Kluge hatte
seinerzeit Engl. Stud. VII, 480 zuerst auf die wichtigkeit der
zusammenschreibungen hingewiesen, und ich habe darauf Engl.
Stud. IX, 292 nachzuweisen versucht, dafs es doch vorwiegend
graphische motive sind, die für zusammenschreibung und
trennung mafsgebend sind, und habe zur illustration ein stück
eines textes nach zwei hss. parallel (wobei ein druckfehler
s. 293, zweite kolumne, drittletzte zeile *weorcþær* statt *weorc
þær* berichtigt werden möge), und ebenso den kleinen text
'De consuetudine monachorum' diplomatisch abgedruckt; trennungen wie z. b. *ong ynð, þenung e, neadbehe fre, ag unnene,
nað ing, forg yfenn yssa, cyn ge, hrin ge, sin gendum* u. dgl. m.
sind gegenüber gelegentlichem *nesy* doch unbestreitbar nur
aus graphischer bequemlichkeit zu erklären. Man wird
dabei freilich zu berücksichtigen haben, ob eine hs. original
oder gedankenlose abschrift ist, aber weder ist ersteres immer
sicher festzustellen, noch auch die jeweilige gedankenlosigkeit
eines abschreibers, der doch oftmals ändert gerade weil er
dabei selbständig denkt. (Als unwesentliches druckversehen
in der transskription sei erwähnt, dafs anmerkung 20 zu
ærendigean, anm. 21 zu *hiwcuð* gehören.)

Tafel IV. Schenkung des bischof Werfrith von Worcester
an Wulfsige, 904. Die ansicht Kellers, dafs die schriftzüge
eigentlich älter, auf das 9. jh. hinweisen, möchte ich mir nicht
ohneweiteres zu eigen machen, auch nicht gerade bestreiten,
aber eben weil sich eine abschätzung um ein halbes jahrhundert
mehr oder weniger für die zeit nicht empfiehlt. Zu *noman*
z. 9 sollte bemerkt werden, ob das *a* korrigiert ist oder sich
in der gestalt auch sonst findet.

Tafel V. Belehnungsurkunde von bischof Oswald von

Worcester, 969, „reformierte insulare", wobei die halbunciale gestalt des *a* bemerkenswert. Über zusammenschreibungen und trennungen vgl. unter tafel III.

Tafel VI. Testament Leofwine's, 998 (Crawford Collection ed. Napier & Stevenson, p. 22), die „fortschrittliche schrift" erinnert, wie Keller mit recht bemerkt, schon an das 11. jh. Bemerkenswert ist, dafs sich darin kein einziges *ð* findet. Ebenso zeigt weiterentwicklung tafel VII, urkunde des abts Alfwerd von Evesham 1017—1023, während tafel VIII, die urkunde des bischofs Byrhteh von Worcester 1033—1038, wieder eine „malende" schreibweise zeigt, bei der man nie wissen kann, welche tradition dem schreibkünstler als ideal vorgeschwebt hat. Weiter fortschrittlich in der richtung von tafel VI, VII ist wieder tafel IX, die stiftungsurkunde eines Thurstan, 1049, ebenso tafel X, die urkunde des bischofs Ealdred von Worcester 1058, bei der der lateinische text die minuskel, der englische und die englischen namen die insulare zeigen, ein nebeneinandergehen beider schreibweisen, das wir im 11. jh. so häufig finden.

Tafel XI zeigt eine seite aus dem wertvollen Chartularium des subpriors Hemming von Worcester, 1097—1100, über das Keller in seinem obengenannten buche ausführlich mitteilung gemacht hat. Die hs. ist typisch für das spätags. ausgehende 11. jahrhundert.

Sehr glücklich gewählt ist tafel XII, die stelle aus der Peterborough Chronik, in der der vorletzte fortsetzer mit dem jahre 1131 aufhört, der letzte mit dem jahre 1132 beginnt, und die „neuangelsächsische" hand von der französischen abgelöst wird. (In der einleitenden orientierung hiefse es, um jedes misverständnis auszuschliefsen, in z. 5 statt „dieselbe hand" besser „ein und dieselbe andere hand".)

Der spätere text (von 1132 an) ist auch in Kluges Mittelengl. Lesebuch abgedruckt, und darin im glossar das sinnlose *þa westre sona þas landes* von mir in *þa wes treson a þ. l.* richtigzustellen vorgeschlagen worden. Wenn ich auf diese naheliegende konjektur auch seinerzeit selbständig gekommen bin, möchte ich bei dieser gelegenheit doch erwähnen, dafs sie zwar im texte bei Plummer noch nicht, wohl aber in seinem zweiten bande (1899) in den anmerkungen s. 307 schon, und zwar als eine konjektur O. F. Emerson's verzeichnet ist, wie

ich nachträglich sehe. Nun, „doppelt genäht hält besser!"
Keller hat diese wohl nicht zu bezweifelnde besserung auch
in seiner transskription angenommen. Aber die aus dem faksimile deutlich erkennbare sinnwidrige buchstabenverknüpfung
beweist doch wohl zugleich, dafs die eintragungen des letzten
fortsetzers in *E* nicht original sein können, sondern dafs dieselben aus einer vorlage stammen müssen. Dies zeigt auch
z. 33 des faksimile das *Wuasua*, das wohl sicher auf buch-
stabenverwechslung auf ein *Huasua* zurückgehn wird, wie ja
h und *w* in englischen handschriften dieser periode nicht selten
miteinander vertauscht werden (s. Winteney Version der Reg.
St. Bened. p. XVIII). Diese schon frühmittelenglische, oder
wie ich für diese texte als bezeichnung vorgeschlagen habe:
„neuangelsächsische" handschrift, auf der überdies auf dem
oberen, unteren und dem linken seitenrande ein französischer
chroniktext aus dem ende des 13. jh. steht, ist wohl für seminar-
übungen die lehrreichste. Dasselbe gilt von der letzten tafel,
XIII, einer urkunde Heinrich's II. aus dem jahre 1155, zuerst
lateinisch, danach englisch, aus der man sehen kann, was aus
den letzten ags. ausläufern in den händen anglofranzösischer
kleriker geworden ist. Diese beiden letzten tafeln, die eben
nicht mehr „angelsächsisch" sind, zeigen, was aus faksimilien
für sprach- und text-kritische übungen zu gewinnen ist. Die
„angelsächsischen" handschriftproben hingegen erscheinen
mehr wie eine hübsche illustration zu Kellers ge-
nanntem buche über die liter. bestrebungen von Worcester
— und sind als solche wie auch an und für sich sehr willkommen — als wie eine systematische übersicht der entwicklung
des ags. schrifttums; denn wenn z. b. das Epinaler glossar in
seiner erhaltenen form wirklich erst in den anfang des 9. jahrhunderts gehören sollte, so ist das Corpusglossar doch jedenfalls
etwa ein jahrhundert älter. Wenn auch Hessels von letzterem
eine seite faksimiliert bietet, wäre eine andere doch wohl hier
am platze gewesen. Keller ist daher in seiner einleitung, teil I
der vorliegenden publikation, wiederholt genötigt, ältere schrift-
proben im texte noch anzubringen.

Indem ich mich nun zu dieser wende, mufs ich leider sagen,
dafs sie mich weit weniger befriedigt als teil II, und zwar
nicht weil man in sehr vielen punkten verschiedener meinung
sein kann, sondern weil die darstellungsweise alles andre als

klar und anschaulich ist; ich kann mir nicht denken, wie ein
anfänger daraus eine deutliche vorstellung von ursprung und
entwicklung der englischen schrift gewinnen könnte. Dergleichen ist an sich schon sehr schwer, aber eben darum, glaube
ich, kann man nur durch deutliche veranschaulichung der
einzelnen schriftzeichen, ihrer ältesten und späteren gestal-
tungen, nicht durch aphoristische bemerkungen zur klarheit
führen. Ich besitze eine sorgfältige abschrift eines heftes
über 'Old English Palæography' von Sweet, das er mir 1880/81
freundlichst geliehen hatte, worin dies schwierige thema doch
ganz wesentlich klarer, viel kürzer und dennoch erschöpfender
behandelt ist; natürlich ist seither durch die fortschritte der
forschung manches gesicherter geworden. Ich fühle mich nicht
autorisiert, aus dieser privathandschriftlichen quelle nähere
mitteilungen zu machen, bezweifle aber nicht, daſs Sweet das
heft, von dem er selbst sagte "This is merely a rough trial
sketch, very incomplete", ebenso bereitwillig Keller zur verfügung gestellt hätte. Nur eines darf ich vielleicht notieren,
wovon sich bei Keller keine spur findet, um zu begründen,
daſs das Sweetsche heft auch heute noch von nutzen sein
könnte: "The most important criterion of age is perhaps the
formation of the tags with which the strokes are begun and
finished, for, being only a half-conscious element, it is less
liable to arbitrary modification than the shapes of the letters
..... The period of transition from the sharp to the round
tag and the other varieties may be stated approximately
as 950 ....."
Eine menge angaben Kellers, die auch mit meinen er-
innerungsbildern nicht übereinstimmen, lassen sich natürlich
hier vom schreibtische aus weder kontrollieren noch bestreiten;
aber eben darin liegt das miſsliche, daſs Keller uns nicht für
jede seiner behauptungen die belege vor augen führt.
Gröſsere ausführlichkeit und veranschaulichung durch beispiele hätten auch die abkürzungen und die ligaturen (besonders für seminarzwecke!) erheischt. Sehr dürftig ist, was
über die handschriftlichen akzente gesagt wird. Diese sehr
wichtige frage, die seinerzeit Sweet aufgerollt hatte, und zu
deren beleuchtung ich vor einigen zwanzig jahren einen pa-
ralleldruck der akzente sämtlicher hss. eines textes (Die ags.
Prosabearbeitungen der Benediktinerregel s. 143—204) gegeben

habe, ist seither immer noch nicht weiter verfolgt worden. Man hätte hier doch wenigstens eine zusammenfassung der bisherigen ergebnisse erwarten können. Ganz kurz und unzureichend ist zum schlusse auch die worttrennung (zusammenschreibung und trennung) gestreift, wovon ich oben gesprochen; glücklicherweise geben dafür ja die wertvollen 13 faksimiletafeln zu weiterer beobachtung reichlichere gelegenheit.

Wenn die vorliegende darstellung der „Angelsächs. Paläographie" vielleicht auch dem im vorworte ausgesprochenen zwecke nicht durchaus dient, so ist die publikation dennoch ein sehr dankenswertes hilfsmittel für unsere erkenntnis und wird gewifs zu weiterer planmäfsiger arbeit anregung geben. Wie es der unermüdlichen rührigkeit Brandls gelungen ist, trotz der „schweren zeiten" für seine Berliner studenten ein seminar zu schaffen, dessen einrichtung und bücherreichtum weit über Berlin hinaus verdientes ansehn gewonnen hat, so wollen wir hoffen, dafs auch die von verhältnismäfsig dringenderen aufgaben meist in den hintergrund gedrängten angelsächsischen studien daselbst bald eine neuauflage dieser „Angelsächs. Paläographie" nötig machen werden. Der kostspielige teil II, die tafeln könnten ja bleiben wie sie sind, falls sich zeilenzählung nicht nachträglich noch einfügen läfst, der leicht neuzudruckende und zu erweiternde teil I kann durch straffere zusammenfassung und zweckmäfsige illustrierung durch den auf diesem gebiete so wohlbewanderten verfasser auch praktischen bedürfnissen der lernenden nur wertvoller werden.

Cöln a/Rh., 22. II. 1907.   A. Schröer.

Bonner Beiträge zur Anglistik, herausgegeben von **Prof. Dr. M. Trautmann.** Bonn, P. Hansteins Verlag.

In heft XIV, Bonn 1904, behandelt W. Heuser die Kildare-gedichte, die ältesten mittelenglischen denkmäler in anglo-irischer überlieferung. Die untersuchung betrifft „den alten, von den ersten englischen ansiedlern im 12. und 13. jahrhundert aus der südenglischen heimat mit herübergebrachten und — losgelöst von dieser — anscheinend bald zu einer gewissen selbständigkeit entwickelten dialekt des "English pale",

der im laufe der zeit durch den fortwährenden und wechselnden
nachschub aus der heimatinsel, durch die berührung mit den
keltischen Iren und die ausdehnung über weitere gebiete, zumal
aber durch den immer stärker werdenden einfluſs der englischen
schriftsprache verflacht und schlieſslich erlischt oder doch nur
unter besonders günstigen verhältnissen, wie in Forth und
Bargy, bis in die neuzeit erhalten blieb". Die sprache des
"Land of Cockaygne", sowie der vier predigtgedichte aus dem
MS. Harl. 913 (bekannt aus Mätzners Altenglischen Sprach-
proben), die im allgemeinen die züge des sächsischen südens
trägt, während allerdings das charakteristische *eo* ganz fehlt
und *u* für ae. *y* stark zurücktritt, erkennt Heuser als den
dialekt der alten westsächsischen ansiedler im südwesten Irlands.
Die zeit der abfassung dieser gedichte sind die beiden ersten
jahrzehnte des 14. jahrhunderts. Die direkte fortsetzung des
dialektes der Kildare-gedichte ist der dialekt der Baronies of
Forth and Bargy, grafschaft Wexford, Irland, wie er noch zu
anfang des 19. jahrhunderts gesprochen wurde; jetzt ist er
erloschen. Teil II der arbeit enthält die texte.

Heft XVII, Bonn 1905, ist ein sammelheft.

„Über einige Beziehungen zwischen altsächsischer
und altenglischer Dichtung" handelt O. Grüters. Zunächst werden die ae. Genesis und Crist III einander gegenübergestellt (s. 7—20), sodann alles das zusammengetragen,
was Grüters in der ae. dichtung an anklängen an teile der
as. Genesis und des Crist gefunden hat. Das ergebnis dieser
untersuchungen ist vom verfasser zusammengefaſst in satz 4,
s. 34: „Es bleibt also nur noch übrig anzunehmen, daſs die
as. Genesis und der abschnitt des Crist auf verwandten ae.
dichtungen beruhen, da an ältere ae. dichtungen nicht zu
denken ist."

Im zweiten teile seiner arbeit sucht Grüters beziehungen
zwischen dem Heliand (v. 1034—1048 und v. 3592—3621), dem
Crist III, Christi Höllenfahrt, Auferstehung usw. (H. A.), Phönix
und anderen ae. gedichten nachzuweisen. Seine untersuchung
ergibt, daſs Crist, H. A. und Phönix an dieser stelle auf dieselbe überlieferung zurückgehen, und daſs auch der Heliand
von ihr abhängt. Die berührungen sind nach Grüters recht
auffällig (s. 48). Ich habe mich nicht davon überzeugen können.

Sie sind derselben art wie sie bestehen zwischen einer am
schlusse seiner arbeit angeführten Genesisstelle und einer
äufserung Bedas.

Genesis B. 595 ff.

> þæt is micel wundor
> þæt hit êce god æfre wolde
> þêoden þolian, þæt wurde þegn swâ monig
> forlædd be þâm lygenum.

Beda, ed. Migne, tom. II, 211 B: "*Si autem movetur quidam de
hac primi hominis tentatione, quod eam fieri permiserit Deus, ...*"

Ich meine, der von dem ae. dichter geäufserte gedanke
ist so natürlich, dafs er sich ganz vom selber einstellt: unzählige prediger mögen ihn auf der kanzel ausgesprochen haben,
ohne eine ahnung davon zu haben, dafs Beda dasselbe gesagt
hat. Da allen geistlichen stoffen schliefslich derselbe biblische
text zu grunde liegt, so mufs naturgemäfs in allen denselben
gegenstand behandelnden dichtungen im wesentlichen dasselbe
erzählt werden. Dafs bei der auslegung der biblischen tatsachen vielfach dieselben gedanken entwickelt werden, beruht
doch wohl darauf, dafs gleiche eindrücke gleiche empfindungen
wachrufen. Es ist wohl nicht zweifelhaft, dafs der Heliand-
dichter ae. geistliche dichtungen gekannt hat, aber im allgemeinen ist für die arbeitsweise der mittelalterlichen dichter
geistlicher stoffe an der bewährten meinung festzuhalten, dafs
sie lateinischen, nicht germanischen quellen folgten. Das
gilt m. e. auch für den Heliand, den bekanntlich Trautmann
auf dem Kölner Neuphilologentage am 26. Mai 1904 in seinem
vortrage „Der Heliand eine Übersetzung aus dem Altenglischen"
der deutschen dichtung abgesprochen hat. Der vortrag steht
als aufsatz im vorliegenden 17. hefte der Bonner Beiträge
s. 123—141. Die gründe, die zu der annahme, der Heliand sei
eine übersetzung aus dem Altenglischen, zwingen sollen, sind
im wesentlichen dieselben, die Trautmann im 7. hefte der
B. Btr. dafür ins feld führt, dafs das Hildebrandlied aus dem
Ae. übersetzt sei. Hier wie dort das argument von den altenglischen oder halbaltenglischen formen, die Trautmann hier
(s. 127) „stehn gebliebene reste der altenglischen vorlage"
nennt. Wollte ich das glauben, so müfste ich sagen *credo
quia absurdum*! Eine übersetzung ist doch kein chemischer
lösungsprozefs, bei dem allerdings, wenn die lösende säure

nicht reichlich genug vorhanden ist, einige teile in unveränderter form im rückstande bleiben können. Wenn ich aus dem Englischen übersetze, so ist es einfach unmöglich, dafs ich dem englischen *more* zu liebe mohr statt mehr schreibe. Nein, auf die weise lassen sich die ae. formen im as. Heliand nicht erklären! Sie konnten aber bei der nahen verwandtschaft der beiden sprachen einem ae. schreiber des as. gedichtes mit unterlaufen.

Wie im Hildebrandliede, so findet Trautmann auch im Heliand zahlreiche verse, die er „metrisch falsch" nennt, „die aber tadellos werden, sobald wir fürwörter, artikel, bindewörter, kleine adverbia, zuweilen auch andere für den sinn nicht unbedingt nötige worte und sogar ganze wendungen, streichen" (s. 127). Falsch ist nach Trautmann etwa der dritte teil aller Heliandverse. Wir werden uns darauf gefafst machen müssen, dafs er die 2000 verse „berichtigt". Das wäre denn wieder eine betätigung jener „destruktiven methode" (Sievers, Beiträge zur Gesch. der D. Spr. u. Lit. XXIX, 305), die Trautmann schon beim Hildebrandliede angewendet hat.

Ich bekenne gern, von Trautmanns ausführungen manche anregung erhalten zu haben; von der richtigkeit seiner these hat er mich aber nicht überzeugen können.

Das XIX. heft der Bonner Beiträge (Bonn 1905) ist ebenfalls ein sammelheft. Es enthält

1. **Lautlehre des germanischen Wortschatzes in der von Morton herausgegebenen Handschrift der Ancren Riwle von H. Ostermann.** — Es finden sich einige wörter, die nicht germanisch sind: *martir* (s. 1), *kastel* (ib.), *abbod* (ib.), *ancre* (ib.), *cradel* (s. 2; kelt.), *condelmesse* (s. 3), *messe* (s. 6), *offren, offreð* (s. 18), *munuch* (s. 23).

S. 17, anm. 3 „*sprintles* (pl. 'the twig') ist ae. nicht belegt". Vgl. Epinaler Gl. *tenticum : sprindil.*

S. 78 ist ȝet (ne. *yet*) fälschlich als ȝēt und ȝēte verzeichnet.

2. **A Grammatical Investigation of the Old Kentish Glosses, by Irene Williams.**

S. 164 *hireres* (*aucupis*) kann sehr wohl, wie frl. Williams richtig vermutet, mit *higre*, häher, zusammenhängen. — ib. in *forðtege, foribus,* steckt jedenfalls ae. *tîg, tîh* st. m. anger, weide; mndd. *tî, tig,* anger, sodafs Zupitzas vermutung, hier sei vom glossator *fores* mit *forum* verwechselt worden, zutreffend ist. Das wort ist unter § 275 aufzuführen. — Ref. vermifst die bezeichnung der quantität der vokale.

3. Alte und neue Antworten auf altenglische Rätsel. Hasu. Von Moritz Trautmann.

Trautmann, der verdienstvolle rätsellöser, bringt berichtigungen eigener früherer lösungen, sowie die „ablehnung von angriffen", die gegen einige seiner antworten von Nuck, Hicketier, Walz und Tupper gerichtet worden sind. Nr. 8 (11) löst Tr. auf „der anker", Stopford Brooke, dem Tupper folgt, mit *barnacle goose*, ringelgans. Dafs Dietrichs lösung, die seefurche, nicht richtig sein kann, ist wohl nicht zweifelhaft. Aber dafs die lösung anker wäre, kann ich auch nicht glauben. Ein vogel kann sehr wohl sagen,

> v. 9 ff. *mec lifgende lyft upp âhôf*
> *wind ofer wǣge, siþþan wîde bǣr*
> *ofer seolh-baþo,*

nicht aber der anker! Tr. sucht dies zwar glaubhaft zu machen mit dem hinweis, dafs der aufspringende wind die ursache sei, dafs die schiffer den anker hochwinden. Das ist wohl wahr, aber darum kann man noch nicht sagen, dafs der wind den anker hebt.

Holthausen löst die weifse seerose, eine auflösung, die von Tr. mit recht abgelehnt wird.

Ich setze das rätsel noch einmal hierher:

> *Neb wǣs mîn on nearwe, ond ic neoþan wǣtre,*
> *flôde, underflôwen, firgen-strêamum*
> *swîþe besuncen; ond on sunde âwôx,*
> *ufan ýþum þeaht, ânum getenge*
> 5 *lîþendum wuda lîce mîne.*
> *Hǣfde feorh cwico, þâ ic of fæþmum cwôm*
> *brimes ond bêames on blacum hrǣgle.*
> *Sume wǣron hwîte hyrste mîne,*
> *þâ mec lifgende lyft upp âhôf,*
> 10 *wind of wǣge, siþþan wide bǣr*
> *ofer seolh-baþo. Saga hwæt ic hâtte.*

Mir will scheinen, dafs von den bislang vorgebrachten lösungen die ringelgans noch am ehesten die richtige ist, wobei bemerkt sei, dafs dieser vogel nach dem aberglauben alter zeit

nicht wie andere vögel ausgebrütet ward, sondern in der see
aus einer muschel (*barnacle*) kroch. Ein vogel hat *feorh cwico*,
nicht aber der anker. „Reges leben" wird in den rätseln an
zwei andern stellen, erstens dem ausschlüpfenden küchlein
11 (14)[3] und dem fliefsenden wasser zugeschrieben 73 [5], wo es
vielleicht auch mehr vor den fischen darin, als vom wasser
selbst gesagt ist. Vom anker kann es der rätselsteller nicht
sagen. Zu v. 3 [b] ändert Tr. handschriftliches *on sunde âwôx*
„ich erwuchs im meere" in *on sande grôf* „ich grub im sande"
und v. 7 [a] *bêames* in *bearmes*. Erstere änderung darf man zu
den gewaltsamkeiten rechnen, die denen nicht unbekannt sind,
welche Trautmanns behandlung des Hildebrandtextes kennen.
Der „baum" (*bêam* nicht *bearm* 'schoofs') ist doch offenbar
das „fahrende holz" (v. 5), an dem die muschel haftet, aus
der der vogel kriecht.

Mit den übrigen lösungen und ausführungen Trautmanns
kann man einverstanden sein. Er hat das verständnis des
vielfach dunklen stoffes wesentlich gefördert. Seinem ae.
rätselwerke darf man mit grofsem interesse entgegensehen.

In dem kurzen schlufsartikel des XIX. heftes macht Trautmann wahrscheinlich, dafs ae. *hasu* 'glänzend' heifst.

Heft XXI der Bonner Beiträge (Bonn 1905) enthält eine
vollständige lautlehre zu Ælfrics Heptateuch und
Buch Hiob von J. Wilkes. Die arbeit kann, wie es auch
absicht des verfassers gewesen ist, für weitere grammatische
und lexikalische untersuchungen gute dienste leisten.

Würzburg.   H. Middendorff.

Rudolf Imelmann: **Laʒamon,** Versuch über seine Quellen.
Berlin, Weidmannsche Buchhandlung, 1906. 3 M.

Die englische überlieferung hat so geringen anteil an
Laʒamons werke, dafs sie für die quellenfrage ausscheidet.
Für diese kommen nur die normannische und die keltische
tradition in betracht. Was nun letztere betrifft, so stellt
Imelmann fest, dafs die frage nach Laʒamons „keltischen
quellen ebensowenig existiert, wie etwa die nach Shakespeares
„dänischen quellen" für den Hamlet. „Die Bretonen sind es,
deren überlieferungen wir in der literatur über alles britische
begegnen, und das organ ihres einflusses sind die Normannen.

Nach alledem ist man berechtigt, von vornherein zwischen Laȝamon und den ihm benachbarten Kymren jeden zusammenhang zu bezweifeln" (pag. 7). Das ergebnis der untersuchung ist, dafs Laȝamon zwar Wace benutzte, „aber keine uns bekannte version desselben, sondern eine jüngere, die kompilatorischen charakters war; als ein neben Wace wesentlicher faktor wurde die gleichzeitige reimchronik des Gaimar bezeichnet. Sie wurde in einen Wace verarbeitet, und diese bearbeitung erfuhr einflüsse durch andere dichtungen, wie den Lanzelot und Tristan" (pag. 97).

Würzburg. H. Middendorff.

C. Thürnau, **Die Geister in der englischen Literatur des 18. Jahrhunderts.** Ein Beitrag zur Geschichte der Romantik. Berlin, Mayer & Müller, 1906.

  A. u. d. T.: **Palaestra** LV. VIII + 150 ss. 8⁰. Pr. M. 4,50.

Die vorliegende abhandlung bespricht eine sehr interessante seite der englischen literatur des 18. jahrhunderts, das auftreten von geistern innerhalb derselben. Der verfasser beschränkt sich, um sein thema möglichst erschöpfen zu können, auf eine gattung von geistern, die geister verstorbener. Diese behandelt er in zwei hauptteilen, von denen der erste die kritik über geister des 18. jahrhunderts, der zweite längere ihre poetische verwendung in allen gattungen der literatur, der erzählenden prosa, gesprächen und briefen, der rhythmischen prosa (Ossian), dem drama und der erzählenden und lyrischen poesie behandelt. Bei jeder einzelnen literaturgattung bespricht der verfasser sowohl die ernste als die komische und parodistische behandlung des geisterglaubens. — In der ersten hälfte des 18. jahrhunderts sind die geister sehr zahlreich in der literatur, aber es sind nicht, wie die geister des renaissancedramas, wirkliche, gewissermafsen lebendige geister, wesen einer anderen welt, die ihre besonderen gesetze hat, sondern es sind sozusagen geister von geistern, theatermaschinen oder satirischen, humoristischen, pädagogischen zwecken dienende abstraktionen, wenn nicht gar der geisterspuk blofs verspottet oder bekämpft werden soll. Aber um die mitte des jahrhunderts tritt ein umschwung ein. Thürnau weist darauf hin, wie die kirchhofspoesie, die bekanntschaft mit der schottisch-

keltischen sagenwelt und der Ossianismus, endlich die neuent-
deckung der altgermanischen, speziell skandinavischen sagen
den weg für eine neue aufnahme der geister in die literatur
ebnete, die dann mit Walpole's an und für sich unbedeutenden
und doch epochemachenden schauerromane *The Castle of
Otranto* (1765) zur wirklichkeit wurde. Er eröffnet die bahn,
und nun hält die schauerromantik erst im roman und dann
im drama lärmend ihren einzug, sich immer mehr steigernd,
bis sie in M. Lewis' *Monk* (1795) und seinem drama *The
Castle Spectre* (1797) den höhepunkt erreicht und sich gleichsam
selbst überschlägt, wie denn auch der geschickteste der grusel-
romantiker sich zugleich selbst parodiert. In der lyrischen
dichtung knüpft die geisterromantik an die volksballade und
Bürgers mehrfach übersetzte *Lenore* an und erreicht ihren
höhepunkt in Coleridge's *Ancient Mariner* und *Christabel*, während alles andere ziemlich minderwertig ist.

Das sind etwa die wichtigsten resultate dieser gut angelegten untersuchung, die in der tat einen wertvollen beitrag
zur kenntnis der anfänge der romantik bringt. Die darstellung
ist klar und ansprechend. Die methode der behandlung nach
literaturgattungen hat allerdings den nachteil, dafs die führenden persönlichkeiten in dieser bewegung, die, wie besonders
Walpole und Lewis, auf mehreren gebieten tätig waren, aus-
einandergerissen werden und nicht so zur geltung kommen,
wie es ihrer bedeutung entspricht.

Myslowitz O/S., Dez. 1906.   Phil. Aronstein.

An Introduction to Shakespeare by **Frederic W. Moorman**, B. A.,
   Ph. D., Assistant Professor in the University of Leeds. B.
   G. Teubner. 1906. cloth M. 1.—

This little introduction to Shakespeare forms part of a
collection of French and English school-texts, under the general
editorship of F. Dörr, H. P. Junker, and M. Walter. The object
of the series is to provide school-editions of works of literary
worth, so that the educational value of modern language
teaching may be at least equivalent to that of a training in
the classics. The texts will be chiefly taken from 19th century
authors, but a small selection of the greatest writers of earlier
times will be included. Besides works of pure literature some

numbers will be devoted to the history and the life of the respective nations. The commentaries are to be written by natives with the collaboration of a German editor to safeguard the paedagogic side of the work.

In the English section an edition of *Julius Caesar* has already been published; further numbers will contain *Froude, The Armada,* and three more of Shakespeare's plays: *Merchant of Venice, Macbeth,* and the *First Part of Henry IV.* The present volume is intended as a companion to these editions. It gives a short life of the poet, an interesting description of an Elizabethan theatre, an account of Shakespeare's language and verse, and analyses of the four plays Professor Moorman will edit for the series. The volume is enriched by four illustrations giving the portrait of the poet, a picture of the house where he was born, and reproductions of the prints of the Globe and Swan theatres.

For pupils to whom the language has ceased to cause serious difficulties it will be a pleasure to study this book, a pleasure which to the book-lovers among them will be enhanced by the admirable get-up which the publisher has bestowed on the book. Here and there the author seems to have forgotten the public he wrote for. This seems to me to apply to the account of Shakespearean research in the first chapter, and to the discusson of the genuineness of some scenes in *Macbeth.* In the chapter on Shakespeare's verse also the author seems to have thought of the 'seminarist' of whom he speaks in his Preface at least as much as of schoolboys. The fourth chapter, on Shakespeare's language, although good, seems to me the least satisfactory. Observations such as those on p. 26, that the language in Shakespeare's time was 'in a more plastic condition', or that 'The transitional character of Elizabethan English is most strongly marked in the lack of uniformity in the matter of spelling' do not convey any clear meaning and can only encourage vague thinking. Apart from these small blots, however, the book is excellent.

Amersfoort. E. Kruisinga.

White Poppies. Poems by **Jarfhlaith.** (Pub. Blackwell, Oxford.) Oxford: B. H. Blackwell.

The author rarely allows his own personality to appear in this graceful little volume of verse. Upon a first reading, we are struck by a note, — the personal note of the whole series. It is but rarely that we hear for a moment — faintly — almost inaudibly — the echo of some master's song, but at times we are conscious of a cadence not wholly the author's own. And there is scarcely one of those graceful lyrics which is absolutely perfect. The noblest poetic heights of the Shelleyian, Keatsian or the Tennysonian raptures are never reached, nor is the thought of the profoundest, — for, although it is unessential that deep thinking go along with beauty of lyrical sentiment, we nevertheless expect our souls to be stirred by magic words not our own. But we have in this volume many pieces of tenderness and softness, e. g. in "Kalki Blossoms"

Like cowslips growing
In meadows, be
The blossoms strowing
The Kalki tree . . . .

Where Beauty, striving
With sharp sunbeams,
A shaft is driving
Toward rich seams

For them the palace
For them the wine
In a gold chalice,
For me the mine,

Of metal rarer
Wherewith to deck,
And render fairer,
Her wrist her neck.

Or again in: To Gwendolyn

These wastes of snow and wells of water jet
Were crowned with tresses of the darkest hue,
Dark as the woods that like a burgonet
Adorned the brow of Twilight ere she drew

The curtain screening the pale stars aside . . . .

But we might make a very large selection from this volume of pretty lyrics, and find satisfaction wherever we read. Jarfhlaith is also the author of "Eastern Sunsets", but for sheer prettiness of expression and graceful fancy, if not imagination of the highest order, the book may be safely recommended to readers of verse who neither desire that their deepest moods be interpreted, nor their noblest moments of self-contemplation revealed.

Frankfurt a/M.   J. H. Wagner.

II. UNTERRICHTSWESEN.

J. Pünjer und H. Heine, Lehr- und Lesebuch der Englischen Sprache für Handelsschulen. Grofse Ausgabe (Ausgabe A). Mit einem Anhang. 3. verb. u. verm. Aufl. Hannover und Berlin, Carl Meyer (Gustav Prior) 1906. VIII + 335 S. Preis geb. 3,60 M.

Vor einigen jahren konnte ich in dieser zeitschrift die „kleine ausgabe" des vorliegenden lehrbuches als ein „praktisches, vielseitiges, empfehlenswertes büchlein" bezeichnen. Auch diese „grofse ausgabe" besitzt viele vorzüge und verdient, wie ich gleich vorweg erwähnen will, anerkennung.

Pünjer und Heine's Lehr- und Lesebuch ist für drei jahre berechnet, bietet jedoch so überreichen stoff und so mannigfache anregungen zu selbständiger betätigung, dafs man zu seiner vollständigen durcharbeitung gut noch ein jahr zulegen dürfte. Das buch will besonders der praktischen anwendung der englischen sprache dienen und ist seinem sprachstoffe nach in dieser beziehung äufserst geschickt zusammengestellt.

Nachdem im ersten teile, gleichwie in der „kleinen ausgabe" der schüler mit den anschauungskreisen des alltäglichen lebens bekannt gemacht worden — ohne dafs indes dabei der künftige kaufmännische beruf zu kurz käme —, bieten der zweite und dritte teil eine stets unser interesse rege erhaltende, dem leben abgelauschte erzählung, die in die eigentlichen handelsverhältnisse einführt. Die hierin eingeflochtenen, fast alle vorkommnisse des handels berücksichtigenden briefe und sonstigen kommerziellen schriftstücke (vornehmlich der wechsel in seinen verschiedenen formen) ersetzen vollkommen einen leitfaden der handelskorrespondenz. Der inhalt der erwähnten erzählung macht auch infolge der in ihm enthaltenen „realien" ein besonderes lesebuch, wenigstens für diese stufen, überflüssig.

Zu begrüfsen ist die beigeheftete sammlung von gröfstenteils ausgefüllten formularen, sowie einigen adressen und handschriftlichen briefen, die eine bessere einführung in das wesen und die eigenheiten des englischen briefschreibens bilden als lange darlegungen.

Der grammatische teil (s. 209—262) ist im hinblick auf den praktischen zweck des buches, wie das vorwort sagt,

„möglichst einfach und möglichst kurz" gehalten. Diese selbst-
beurteilung gilt hauptsächlich für das letzte unterrichtsjahr,
wo der schüler m. e. etwas eingehender mit gewissen partien
der grammatik vertraut gemacht werden dürfte, wie z. b. mit
dem gebrauche der zeiten, dem umschriebenen konjunktiv,
dem akkusativ mit inf., dem partizip. S. 239 wird § 66 unter
der überschrift "Adjectives used as Substantives" versehent-
lich: Kiel butter, Neufchâtel cheese; Cotton yarn besprochen.
Erwähnen möchte ich noch, dafs im sinne der verfasser die
grammatik stets nur im anschlufs an die lektüre bez. zusammenhängenden sprachstoff zu behandeln ist.

Für diejenigen kollegen, die wert auf übersetzungen legen,
sind übungen in deutscher sprache beigefügt worden, auch ist
für das erste kapitel des lehrbuches ein beiheft mit über-
setzungsbeispielen erschienen (preis 20 pf.), „die zu klassen-
arbeiten und prüfungen verwendung finden können".

Für gutes Englisch bürgen mehrere englische freunde der
verfasser, die das buch wiederholt auf idiomatische richtigkeit
geprüft haben.

Den schlufs bilden drei ausführliche wörterverzeichnisse.
Die zum ersten und zweiten teile gehörigen wörter und wendungen sind lektionenweise angeführt, diejenigen für den dritten
teil in alphabetischer anordnung. Die aussprache ist nahezu
bei jedem worte angegeben und zwar meist durch ein in laut-
schrift dargestelltes wortbild. Die bezeichnung der laute geschieht gröfstenteils nach Wessely "English Dictionary". Dies
führt mich zu einem, meiner meinung nach, nicht unwesent-
lichen mangel des werkes.

Es fehlt eine systematische einführung in die aussprache.
Ich kenne sehr wohl alle argumente, die die verfasser für sich
geltend machen können, aber die praxis spricht für mich. Ohne
eine gründliche, systematische, einige zeit zur verdauung ge-
währende behandlung der englischen aussprache laborieren die
schüler erfahrungsgemäfs an einer unsicherheit im aussprechen,
die eine ständige quelle des verbesserns seitens der lehrer
bleibt und geradezu zu einer qual für lehrer und schüler werden
kann. Warum nicht einen kurzen kursus der aussprache
vorausschicken, wie ein solcher z. b. in allein Deutschbein'schen
vortrefflichen und bewährten lehrbüchern enthalten ist; besonders Deutschbein, ausg. D, hat in dieser beziehung meinen

vollen beifall. Vielleicht lassen sich die verfasser durch diesen hinweis dazu veranlassen, auch nach dieser seite hin ihr aufserdem recht brauchbares, sehr geschickt bearbeitetes, zweckentsprechendes und anerkennenswertes buch zu vervollkommnen.

Für einen tüchtigen, berufsfreudigen lehrer mufs es ein vergnügen sein, diesen lehrgang mit fähigen, strebsamen und fleifsigen schülern durchzuarbeiten.

Nürnberg.   Jul. Riegel.

Velhagen und Klasings Sammlung französischer und englischer Schulausgaben.

1. **English Authors** 94. Lieferung. **On Heroes, Hero-Worship and the Heroic in History**, by **Th. Carlyle.** Im Auszug mit [englischen] Anmerkungen zum Schulgebrauch herausgegeben von **A. Lindenstead,** B. A. Bielefeld und Leipzig 1904.

2. **Reformausgaben mit fremdsprachlichen Anmerkungen** Nr. 8. **Three Men in a Boat** (to Say Nothing of the Dog), by **Jerome K. Jerome.** Abridged Edition for Schools. With preface and annotations by **Dr. K. Horst** und **G. F. Whitaker.** With a map of the Thames and 7 illustrations. 1904.

Die herausgeber dieser beiden für prima bestimmten schulausgaben haben einen glücklichen griff getan. Carlyle mufs durch die edle begeisterung, die aus seinen kurzen markigen sätzen spricht, durch sein mannhaftes eintreten für alles, was wahr ist und gut und grofs, den schüler packen. Aber man quäle den ärmsten nicht mit dem verlangen, eine übersetzung in einwandfreiem Deutsch zu liefern. Man lasse diese begeisterte sprache aus sich selbst auf den schüler wirken, und sie kann es auch mit ihrer einfachen satzbildung, zumal dieses werk in nur geringem umfang jene seltsamkeiten des stils und jene dunkelheit des ausdrucks zeigt, die sonst für Carlyle bezeichnend ist. Der text ist etwa auf die hälfte gekürzt. Es ist klar, dafs bei den vielen nötigen auslassungen manches in der darstellung noch sprunghafter erscheint als sonst bei Carlyle, doch ist die auswahl im ganzen nicht ungeschickt.

S. 76, 17 ist der satz *the soul of it was first this* unverständlich, weil *this* auf die folgende stelle hindeutet, die gestrichen worden ist. Aus demselben grunde war s. 64, 31 *so we hear it said* wegzulassen. S. 85, 28 steht

ein satz ohne verb, der ganz ohne sinn ist. — Die in einem besonderen
heftchen beigegebenen anmerkungen gehen viel zu weit in ihren sachlichen
ergänzungen zum text. Wozu eine 2¹/₂ seiten lange lebensbeschreibung
Shakespeares? Was sollen die anmerkungen zu Hamlet, Macbeth usw. mit
den daten der ersten drucke? Ist es mehr als müssige gelehrsamkeit, wenn
alle gönner Dantes aufgezählt werden?

Die sprachlichen schwierigkeiten hingegen sind so gut wie
vollständig unberücksichtigt gelassen. Da mußte dem schüler
mehr hilfe geboten werden, um ihm das öde wörterbuchwälzen
zu ersparen. Ein wort wie *precontrivance* findet er nicht
einmal im Muret. *Objurgation, horse-play, slough, lovelocks,
internecine* und vieles andere mußte erklärt werden; was
Erfurt ist und Eisleben, dürfte einen primaner schon eher
bekannt sein. Tartuffe (annotations s. 47) war übrigens nicht
*a hypocritical priest in Molière's famous comedy of the same
name*, sondern ein gewöhnlicher sterblicher, der eine reiche
mitgift erheiraten wollte, und vielleicht auch aus diesem grunde
seiner zukünftigen schwiegermutter den hof machte.

Der humorist Jerome erobert sich allmählich einen platz
in der schullektüre, und es würde nichts schaden, wenn er den
alten guten Dickens etwas verdrängte, dessen nach der schablone
gearbeitete figuren doch manchmal etwas zu kindlich-naiv für
primaner sind. Jerome steht natürlich an literarischem wert
weit hinter Dickens, aber er ist moderner, er ist nicht senti-
mental, er bewegt sich auf dem boden der wirklichkeit; seine
sprache ist natürlich, ungesucht, ohne die preziöse färbung,
die Dickens gelegentlich so schwer für den schüler macht.
Jerome' führt in das heutige England und in das English as
it is spoken ein. Die vorliegende ausgabe der *Three Men in
a Boat* kürzt das original etwa um die hälfte, ohne dem verständnis der einfachen erzählung irgendwie abbruch zu tun.
Die treppengeschichte auf s. 36 ff. hätte mitsamt der abbildung
weggelassen werden können. Die schöne poetische stelle
s. 10, 16 ist zu unrecht gekürzt worden. Das *re-measure*
s. 15, 30 ist ohne die ausgelassene stelle unverständlich, ebenso
das *notice-board* s. 53, 13. Was die englischen anmerkungen
und erklärungen betrifft, so leiden sie teilweise an dem fehler,
der fremdsprachlichen erklärungen gemeiniglich anhaftet: sie
sind ohne wörterbuch nicht verständlich, sie setzen an stelle
des einen unbekannten ein anderes, ja manchmal ein noch un-

bekannteres (z. b. s. 6, 10 *oily smile* = *smoothly subservient*; s. 119, 30 *plaster of Paris* = *calcined gypsum or sulphate of lime*). Grammatische erklärungen sollten nicht dinge berühren, die den schülern der oberklassen bekannt sind (z. b. den gebrauch des weiblichen pronomens für die namen der schiffe). Das *was England's Virgin Queen* s. 35, 4 hätte hingegen schon eher erklärt werden können. Zu s. 133, 17 *cynosure of every eye* fehlt der hinweis auf Milton, L'Allegro z. 80. Druckfehler: s. 14, 2 lies *frame-maker's* statt *makers*.

Frankfurt a/M. K. Lincke.

III. NEUE BÜCHER.

In England erschienen vom 1. Oktober bis 31. Dezember 1906.

(Wenn kein ort angeführt, ist London zu ergänzen, wenn kein format angegeben, 8° oder cr. 8°.)

L Sprache.

a) **New** English Dictionary, A. Edit. by Dr. James A. H. Murray. *N— Niche.* Vol. 6. By W. A. Craigie. 4to, pp. 128. Clarendon Press. 5/.

Atkinson (Thomas Dinham), A Glossary of Terms used in English Architecture. Illust. 12mo, pp. 364. Methuen. net, 3/6.

Technological and Scientific Dictionary, A. Edit. by G. F. Goodchild and C. F. Tweney. Roy. 8vo, pp. 884. Newnes. net, 18/6.

b) **McLaughlin** (J.), English-French and French-English Vocabulary. 18mo, pp. 744. Siegle. net, 2/6.

Blum (J.), English-German and German-English Vocabulary. 18mo, pp. 718. Siegle. net, 2/6.

Military Dictionary. English-German and German-English. By Neuschler. 2 pts. 12mo. pp. 244, 268. Rees. ca., net, 3/6.

c) **Settle** (James Herbert), Names for Baby. A Dictionary of Christian Names, with Meanings, Derivations, Variations, Diminutives, and Pronunciation. 18mo, pp. 140. C. A. Pearson. 1/.

d) **Sweet** (Henry), A Primer of Phonetics. 3rd ed. Revised. 18mo, pp. 123. Clarendon Press. 3/6.

Wheeler (Dr. B. I.) "Simplified Spelling". A Caveat. Being the Commencement Address Delivered on September 15, 1906, before the Graduating Class of Stanford University. pp. 41. B. H. Blackwell. 6 d.

2. Literatur.

a) Allgemeines.

aa) **Taine** (H. A.), History of English Literature. Translated from the French by H. Van Laun. In 4 vols. 32 Portraits. 18mo. Chatto & Windus. net, 2/; net, 3/.

Jusserand (J. J.), A Literary History of the English People. Vol. 2. From the Renaissance to the Civil War. pp. 568. T. F. Unwin. net, 12/6.

Schofield (William Henry), English Literature, from the Norman Conquest to Chaucer. pp. xiii—500. Macmillan. 7/6.

Stobart (J. C.), Epochs of English Literature. Vol. 4. The Milton Epoch. pp. 160. E. Arnold. 1/6.

bb) **Rappaport** (A. S.), The English Drama. 18mo. pp. VIII—130. Dent. net, 1/.

Peter (T. C.), The Old Cornish Drama. A Lecture. E. Stock. net, 2/6.

Who's Who in Fiction? A Dictionary of Noted Names in Novels, &c. 32mo, lr. Routledge. net, 1/.

Rickett (Arthur), The Vagabond in Literature. With 6 Portraits. pp. xvii—205. Dent. net, 4/6.

Folliott (Th.), The Poetic Spirit. Studies. 12mo, pp. 122. Fifield. net, 3/.

Ribot (T.), Essay on the Creative Imagination. Translated by A. H. N. Baron. Paul, Trübner & Co. net, 7/6.

Wardell (Rev. R. J.), Highways in Bookland. A Survey for General Readers. pp. 125. C. H. Kelly. 1/6.

Robinson (A. C.), The Poet's Parables. 12mo. S. Appleton. net, 1.

Lang (Elsie M.), Literary London. With Introduction by G. K. Chesterton. Illust. pp. 364. T. W. Laurie. net, 6/.

cc) **Treasury** of English Literature (A) (From the Beginning to the 18th Century.) Selected and Arranged with Translations and Glossaries by Kate M. Warren. With an Introduction by Stopford A. Brook. pp. viii—973. A. Constable. net, 7/6.

England's Parnassus. An Anthology of Anthologies. Edit. by W. Garnett Horder. 12mo, pp. xii—321. I. Pitman. net, 2/6.

Garden of Spiritual Flowers (A) From the Devotional Books of the Reign of Elizabeth. Edit. by Alfred H. Hyatt. 16mo, pp. 34, bds. P. Wellby. net, 3/.

Pageant of Elizabethan Poetry (A). Arranged by Arthur Symons. pp. 412. Blackie. net, 6/.

Minor Poets of the Caroline Period. Vol. 2. Edit. by G. Saintsbury. Oxford Univ. Press. net, 10/6.

Poets and Poetry of the 19th Century. Robert Bridges and Contemporary Poets. Edit. by Alfred H. Miles. 12mo, pp. 728. Routledge. net, 1/6; lr., net, 2/6.

Treasury of Minor British Poetry (A) Selected and Arranged, with Notes, by J. Churton Collins. Cheap ed. pp. 464. E. Arnold. 3/6.

Old Ballads. Illust. by John Eyre. 12mo, pp. 148. Nister. 2/6.

Macleod (Mary), A Book of Ballad Stories. With Introduction by Edward Dowden. Illust. by A. G. Walker. pp. xxiv—403. Gardner, Darton. 6/.

Sea Songs and Ballads. Sel. by Christopher Stone. With Introduction by Admiral Sir Cyprian Bridge. 12mo, pp. 338. Clarendon Press. net, 2/6.

Christmas Anthology (A) Carols and Poems Old and New. pp. 120. Harrap. net, 2/6.

Anthology of Australian Verse. Edit. by Bertram Stevens. 18mo, pp. xxix—300. Macmillan. net, 2/6.

Hull (Eleanor), A Text Book of Irish Literature. Pt. I. Nutt. net, 3/.

b) Literatur der älteren Zeit.

Chaucer. Root (R. K.), The Poetry of Chaucer. A Guide to its Study. Constable. net, 6/.

— Story of Patient Griselda (The) From the Clerk's Tale of Geoffrey Chaucer. Done into Modern English with a few Notes by Walter William Skeat. Illust. pp. 93. Routledge. net, 3/6.

Everyman. A Morality Play reprinted in English from the 1st ed. 18mo, sd. Gowans & Gray. net, 6 d.

c) Literatur des 16.—18. Jahrhunderts.

Heywood (John). The Four P. P. The Pardoner and the Friar. (The Museum Dramatists.) Edit. by John S. Farmer. No. 2, ix—78. Gibbings.

Buchanan (George), The Sacred Dramas Translated into English Verse by Archibald Brown. pp. 176. Simpkin. net, 2/6.

Spenser (Edmund), Poems, Selected, and with an Introduction by W. B. Yeats. Roy. 16mo, pp. 338. Jack. net, 2/6.

— Tuckwell (W.), Spenser. (Miniature Ser. of Great Writers.) 12mo, pp. 86. Bell. net, 1/.

Howell's Devises, 1581, With Introduction by Walter Raleigh. 4to, pp. 122. Clarendon Press. net, 5/.

Montaigne, Essays. Translated by John Florio. 12mo, pp. 446. H. Frowde. net, 1/.

— Essays. Translated by J. Florio (1603). 6 vols. 18mo. Gibbings. net, 9/.

Bacon's Essays. 4to, pp. 281. Camb. Univ. Press. net, 21/.

— Advancement of Learning and the New Atlantis. 12mo, pp. 300. H. Frowde. net, 1/; lr., 1/6.

Shakespeare (W.), Complete Works. Reprinted from the First Folio. Edit. by Charlotte Porter and H. A. Clarke. With an Introduction by John Churton Collins. 13 vols. Harrap. net, 42/.

— Works. 3 vols. (Everyman's Library.) 12mo (sets only), special bindig. Dent. net, 6/.

— King Henry IV. Part 2. 18mo, pp. 141. Blackie. net, 1/; net, 1/6.

— Measure for Measure. Edit. by E. K. Chambers. 18mo, pp. 125. Blackie. net, 1/; net, 1/6.

— Sonnets. (Royal Libraries.) Roy. 16mo, pp. 208. A. L. Humphreys. sd., net, 6/.

— The Tempest. With Introduction, Full Text and Notes, Glossary, Examination Questions, and Index to Notes by C. W. Crook. pp. 111. Ralph Holland. 2/.

— Flowers from Shakespeare's Garden. A Posy from the Plays. Pictured by Walter Crane. 4to, pp. 40. Cassell. 6/.

— Stories from Shakespeare for Children. Romeo and Juliet. By Alice Spencer Hoffmann. Illust. 16mo, pp. 112. Dent. net, 1/.

— Launsbury (T. R.), The First Editors of Shakespeare. Pope and Theobald. Nutt. net, 10/6.

— Lee (Sidney), Shakespeare and the Modern Stage, with Other Essays. pp. 268. J. Murray. net, 9/.

Beaumont and **Fletcher**, Works. Vol. 4. The Tragedy of Valentinian, Monsieur Thomas, The Chances, The Bloody Brother, The Wild-Goose Chase. Edit. by A. R. Waller. pp. 412. Camb. Univ. Press. net, 4/6.

Drayton (Michael), Nymphidia; or, The Court of Faery. With 8 Photogravures after Drawings by Thomas Maybank. Routledge. net, 3/6.

Jonson (Ben), Works. Vol. 2. Methuen. sd., net, 6 d.; net, 1/.

— Conversations of Ben Jonson with William Drummond of Hawthornden. Edit., with Introduction and Notes, by Philip Sidney. pp. 68. Gay & Bird. net, 2/.

Herbert (George), Poems. (Christian Classics.) 16mo, pp. 272. Bagster. net, 6 d.

Knyvett (Sir Henry), The Defence of the Realme, 1596. Now for the First Time Printed from a MS. in the Chetham Library, Manchester. With an Introduction by Charles Hughes. (Tudor and Stuart Library.) pp. 102. Clarendon Press. net, 5/.

Herrick (Robert), Poems. Edit., with a Biographical Introduction by John Masefield. (The Chapbooks.) 18mo, pp. 348. Richards. net, 3/6.

Taylor (Jeremy), The Way of Peace. 12mo. Foulis. sd., net, 6 d.

Milton, Paradise Lost. Illusts. by William Blake. 4to, pp. 408. Simpkin. bds., net, 12/6.
— Comus and other Poems. 4to, pp. 85. Camb. Univ. Press. net, 21/.

Cowley (Abraham), Essays, Plays, and Sundry Verses. The Text edit. by A. R. Waller. pp. 500. Camb. Univ. Press. net, 4/6.

Evelyn (John), Diary. With an Introduction and Notes by Austin Dobson. 3 vols. pp. 430, 426, 486. Macmillan. net, 31/6.

Bunyan. McGown (G. W. T.), Ten Bunyan Talks. 12mo, pp. 222. A. Gardner. net, 2/.

Addison, Selected Essays, Ethical and Religious, Contributed to the "Spectator". (Christian Classics.) 16mo, pp. 270. Bagster. net, 6 d.

Thompson (James), The Castle of Indolence and other Poems. Edit. by Henry D. Roberts. 12mo, pp. 288. Routledge. net, 1/.
— The Seasons. Edit. by Henry D. Roberts. 12mo, pp. 224. Routledge. net, 1/.

Johnson (Samuel), Lives of the English Poets. 2 vols. (World's Classics.) 12mo, pp. 498, 500. H. Frowde. ea., net, 1/; lr., net, 1/6.

Burns. Ford (Robert), The Heroines of Burns and their Celebrating Songs. 4to, pp. 193. A. Gardner. net, 3/6.

Garrick. Parsons (Mrs. Clement), Garrick and his Circle. Illust. pp. 442. Methuen. net, 12/6.

Goldsmith. The Traveller and The Deserted Village. Edit. by W. Murison. pp. xx—84. Camb. Univ. Press. 1/6.

Burke (Edmund), Works. Vol. 2. 12mo, pp. 402. H. Frowde. net, 1/.

Blake (William), Poetical Works. Edit. and Annotated by Edwin J. Ellis. 2 vols. pp. 588, 498. Chatto & Windus. net, 12/.
— Songs of Innocence. Illust. 16mo, pp. 32. Jack. sd., net, 6 d.; net, 1/.
— Vol. 1. Illusts. of the Book of Job. With a General Introduction by Laurence Binyon. 4to, pp. 66 and Plates. Methuen. net, 21/.
— Letters, together with a Life by Frederick Tatham. Edit. from the Original MSS. With an Introduction and Notes by Archibald G. B. Russell. pp. 236. Methuen. net, 7/6.
— Gilchrist (Alexander), The Life of William Blake. Edit., with an Introduction, by Graham Robertson, and numerous Reproductions from Blake's Pictures. Many hitherto unpublished. pp. 556. Lane. net, 10,6.

d) Literatur des 19. Jahrhunderts.

Shelley. Hogg (Thomas Jefferson), The Life of Percy Bysshe Shelley. With an Introduction by Prof. Edward Dowden, and an Index. Portrait. pp. xx—585. G. Routledge. net, 2/6.

Keats (John), Poetical Works. Edit., with an Introduction and Textual Notes by H. Buxton Forman. pp. 572. Clarendon Press. net, 7/6.
— Odes, Sonnets, and La Belle Dame sans Merci. 16mo, bds. S. Wellwood. net, 3/6.

Scott (Sir Walter), Waverley Novels. 25 vols. Maclaren. net, 126/.
— Poems. Sel., and with Introduction, by Oliphant Smeaton. (Golden Poets.) pp. 342. Jack. net, 2/6.
— Old Mortality. Edited with Introduction, Notes, and Glossary by Hereford B. George. pp. 444. Clarendon Press. 2/.
— The Talisman. Edit. by W. K. Leask. Blackie. 1/6.
— The Talisman. Edit., with Introduction, Notes, and Glossary, by A. S. Gaye. 12mo, pp. 408. Camb. Univ. Press. 2/.

Coleridge (S. T.), Poems. Selected, and with Introduction by Prof. E. Dowden. pp. 322. Jack. net, 2/6; lr., net, 3/6.

Hazlitt. Waller (A. R.) and Glover (A.), An Index to the Collected Works of William Hazlitt. Dent. net, 5/.

Peacock (Thomas Love), Poems. Edit. by Brimley Jonson. 12mo, pp. 430. Routledge. net, 1/.

De Quincey (Thomas), Autobiography and Confessions. (Thin Paper Classics.) 12mo, pp. 758. Newnes. net, 3/; lr., net, 3/6.

Bronte (Charlotte and her Sisters), Complete Works. 7 vols. Gresham Pub. Co.

Procter (Adelaide), Poems. Foulis. vellum, net, 1/.

Gaskell (Mrs.), Works of. With Introductions by A. W. Ward. In 8 vols. Knutsford Ed. Smith, Elder. ea., net, 4/6.

Dickens (Charles), Works. National Edition in 40 vols. (Vols. 1—4.) Chapman & Hall. ca., net, 10/6.

— — Illustrated Pocket Classics. 12mo. Collins. ea., net, 1/, lr., net, 2/. (Little Dorrit. — Martin Chuzzlewit. — Master Humphrey's Clock and Pictures from Italy. — Stories and Sketches.)

— A Christmas Carol. A Facsimile of the Original MS. Re-issue. 4to. Chapman & Hall. net, 1/.

— A Christmas Carol. With Introduction by Hall Caine. Illusts. by John Leech. 18mo, pp. x—118. W. Heinemann. net, 6 d.

— The Cricket on the Hearth. With an Introduction by Hall Caine. Illust. by D. Maclise. 18mo, pp. xii—114. W. Heinemann. net, 6 d.

— Speeches, 1841—1870. Edit., with Introduction, by Richard Herne Shepherd. Fine Paper Edition. 12mo, pp. 328. Chatto & Windus. net, 2/; lr., net, 3/.

— Stories from. By Walker McSpadden. Harrap. ½ lr., net., 6/.

— Comedy of Charles Dickens (The) A Book of Chapters and Extracts taken from the Writer's Novels. By his daughter Kate (Mrs. Perugini). 1st Series. pp. 554. Chapman & Hall. 6/.

Lytton (Lord), Lucile. Re-issue. Longmans. net, 3/6.

— Selected Poems. Re-issue. Longmans. net, 3/6.

— The Wanderer. Re-issue. Longmans. net, 3/6.

Lytton (Robert, First Earl), Personal and Literary Letters. Edit. by Lady Betty Balfour. 2 vols. pp. 362, 458. Longmans. net, 21/.

Tennyson. Gordon (William Clark), The Social Ideals of Alfred Tennyson as Related to His Time. pp. 266. T. Fisher Unwin. net, 6/6.

Browning (Robert), Poetical Works. With an Introduction by Rev. Edward Frederick Hoernlé. pp. 736. W. P. Nimmo. net, 2/.

— Loudon (K. M.), Browning's Sordello. A Commentary. 18mo, pp. 212. Swan, Sonnenschein. net, 1/6.

— Symons (Arthur), An Introduction to the Study of Browning. pp. xii—263. Dent. net, 3/6.

Browning (E. B.), Lady Geraldine's Courtship. 16mo, pp. 48. Jack. net, 6 d.

Browning (Robert and Elizabeth Barrett), Letters, 1845—1846. 2 vols. 5th Impression. pp. 590, 586. Smith, Elder. 21/.

Kinglake's Eothen. With an Introduction and Notes by D. G. Hogarth. pp. 320. H. Frowde. net, 2/6.

Rossetti (Dante Gabriel), The Blessed Damozel. Illust. 16mo, pp. 16. Jack. net, 6 d.

— Marillier (H. C.), Rossetti. Illust. 18mo, pp. 112. G. Bell. net, 1/.

Rossetti (William Michael), Some Reminiscences. 2 vols. pp. 610. Brown, Langham. net, 42/.

Rossetti (Christina), Goblin Market. Illust. 16mo, pp. 32. Jack. net, 6 d.

Bridges (Robert) and Contemporary Poets. Edit. by Alfred H. Miles. Portrait. 18mo, pp. xxiii—580. G. Routledge. net, 1/6.

Hardy. Selections from the Wessex Novels and Poems of Thomas Hardy. Made by Alfred H. Hyatt. 18mo, pp. viii—312. Chatto & Windus. net, 2/; net, 3/.

Ruskin (John), Modern Painters. 6 vols. Popular Ed. 12mo. G. Allen. ea, net, 1/.

— The Ethics of the Dust. Ten Lectures to Little Housewives on the Effects of Crystallisation. 39th Thousand. 12mo, pp. 264. G. Allen. net, 1/; lr., net, 1/6.

Stevenson (Robert Louis), Works. Pentland Ed., in 20 vols. Edit. by Edmund Gosse. Cassell. net, 210/.

— A Christmas Sermon. pp. 32. Chatto & Windus. net, 1/.

— Poems. Including Underwoods, Ballads, Songs of Travel. 12mo, pp. x—205. Chatto & Windus. net, 2/; net, 3/.

Irving (H. B.), Occasional Papers, Dramatic and Historical. Imp. 16mo, pp. 260. Bickers. net, 3/6.

— Stoker (Bram), Personal Reminiscences of Henry Irving. 2 vols. pp. 386, 396. Heinemann. net, 25.

Symons (Arthur), The Fool of the World, and other Poems. pp. 126. Heinemann. net, 5/.

e) Neuste Gedichte und Dramen (einschliefslich Übersetzungen).

Buckton (A. M.), Kings in Babylon. A Drama. Methuen. net, 1/.

Caine (Hall), The Bondman Play. Illust. pp. 256. "Daily Mail". net, 2/6.

Dakeyne (Stephen), A 'Varsity Lunch. An Original Farce. sd., pp. 20. Alden (Oxford); Spalding (Cambridge). net, 6 d.

Gingold (H.), Abelard and Heloïse. A Tragedy in 5 Acts. Greening. net, 3/6.

Hill (G.), Guinevere. A Tragedy in 3 Acts. E. Mathews. net, 2/6.

Howard (Newman), Constantine the Great. A Tragedy. pp. 122. Dent. net, 4/6.

Kipling (Rudyard), Puck of Pook's Hill. pp. ix – 306. Macmillan. 1/.

Mahon (Richard Hartland), Love the Avenger. A Play in 4 Acts. pp. 148. Sealy, Bryers. net, 2/6.

Saward (William T.), William Shakespeare. A Play in 4 Acts. 12mo, pp. 120. E. Mathews. net, 2/6.

Taylor (T. Hilhouse), Parsifal. A Romantic Mystery Drama. pp. 147. Australian Book Co. net, 3/6.

Williams (A. R.), Three New Plays. pp. 151. T. W. Laurie. 5/.

Goethe Faust. A Drama. Translated by Anna Swanwick. Illust. by Gilbert Jones. pp. 141. Routledge. net, 3/6.

Ibsen (Henrik), The Vikings at Helgeland. The Pretenders. With Introduction by William Archer. (Collected Works, Vol. 2.) pp. 374. Heinemann. 4/.

— Brand. With Introduction by C. H. Herford. (Collected Works, Vol. 3.) pp. 276. Heinemann. 4/.

— The Lady from the Sea. A Play in 5 Acts Edit., with Introduction, by William Archer. Roy. 16mo, pp. 230. W. Scott. sd., 1/6; 2/6.

Cuchulain. A Cycle of Irish Plays. By Suseen Varian. With Oisin, the Hero, by John Varian. Frontispiece. 12mo, pp. 70. Sealy, Bryers & Walker. 1/.

f) Amerikanische Literatur.

Whitcomb (S. L.), Chronological Outline of American Literature. Macmillan. net, 6/6.

Emerson. A Choice of Passages from the various Works of Emerson. Made by Alfred H. Hyatt. 18mo, pp. 272. Chatto & Windus. net, 2/; net, 3/.
— Leaves of Friendship from Ralph Waldo Emerson. Foulis. sd., net, 6 d.

Whitman. Perry (Bliss), Walt Whitman. His Life and Work. Illust. pp. 330. Constable. net, 6/.
— Traubel (Horace), With Walt Whitman in Camden, March 28 — July 14, 1888. pp. 490. Gay & Bird. net, 12/6.

Whittier, Poems of. Selected and with an Introduction by Arthur Christopher Benson, of Eton College. Illust. by Charles Pears. 12mo, pp. xlviii—280. Jack.

3. Erziehungs- und Unterrichtswesen.

a) Pritchard (E.), Infant Education. H. Kimpton. net, 2/.

Smith (Arnold W.), Education and Ethics and other Essays on Educational Subjects. pp. 72. Saint George Press. net, 2/.

Drawbridge (Rev. C. L.), Religious Education. How to Improve It. pp. 222. Longmans. net, 3/6.

Davidson (J. Thain), Talks with Young Men. Hodder & Stoughton. net, 1/.

b) Home (H.), The Child Mind. A Study in Elementary Ethnology. 12mo. E. Mathews. sd., net, 1/.

Morgan (C. Lloyd), Psychology for Teachers. New ed. Rewritten. pp. 320. E. Arnold. 4/6.

Thorndike (E. L.), The Elements of Psychology. Paul Trübner & Co. net, 7/6.
— The Principles of Teaching based on Psychology. Ibd. net, 6/6.

c) Thwing (C. F.), Higher Education in America. S. Appelton. net, 12/6.

d) Mitchell (T. C.), and **Carpenter** (G. R.), Exposition in Class-room Practice. Macmillan. net, 3/.

Critchley (Harry G.), Hygiene in School. pp. 120. Allman. 2/.

e) George (H. B.), New College, 1856—1906. Clarendon Press. net, 2/6.

Prickard (A. O.), New College, Oxford. Illust. 18mo, pp. xiv—99. J. M. Dent. net, 2/.

White (H. J.), Merton College, Oxford. Illust. 12mo, pp. xii—104. Dent. net, 2/.

Macray (W. D.), A Register of the Members of St. Mary Magdalen College. Oxford. New Series. Vol. 5. Fellows, 1713—1820. Clarendon Press. net, 7/6.

Falkiner (Sir Frederick R.), The Foundation of the Hospital and Free School of King Charles II., Oxmantown, Dublin. Commonly called the Blue Coat School, &c. pp. 322. Sealy, Bryers. 7/6.

Mahaffy (John Pentland), An Epoch in Irish History, Trinity College, Dublin. Its Foundations and Early Fortunes, 1591—1660. 2nd ed. With a new Preface. pp. viii—389. T. F. Unwin. net, 7/6.

4. Geschichte.

a) Public Record Office. Calendar of the Charter Rolls. Vol. 2. Henry III.
— Edward I., A. D., 1257—1300. 15/.
— — the Close Rolls. Edward I. Vol. 4. A. D. 1296—1302. 15/.
— — of Inquisitions Post Mortem and Other Analogous Documents. Vol. 2. Edward I. 15/.

Public Record Office. Calendar of Entries in the Papal Registers relating to Great Britain and Ireland. Vol. 7. A. D. 1417—1431. 15/.

— Lists and Indexes. No. 22. Lists of Inquisitions ad Quod Damnum. Part 2. 14/.

— Year Books of the Reign of King Edward III. Year 19. 10/.

b) **Beard** (C. A.), An Introduction to the English Historians. Macmillan. net, 7/.

Cambridge Modern History (The) Planned by the Late Lord Acton. Edit. by A. W. W a r d and Others. Vol. 4. pp. xxx—1,003. Camb. Univ. Press. net, 16/.

Tout (T. F.), An Advanced History of Great Britain from the Earliest Times to the Death of Queen Victoria. Book 3. Longmans. 2/.

Readings in English History from Original Sources. Book 1, B. C. 54—A. D. 1154. Edit. by R. B. M o r g a n and E. J. B a l l e y. pp. 134. Blackie. 2/.

Bulfinch (Th.), The Age of Chivalry. 12mo, pp. 186. Routledge. net, 1/.

Illustrative History. Mediæval Period. Edit. by A. K i m p s t e r and G. H o m e. pp. xxviii—246. H. Marshall. 2/6.

Oman (C.), The History of England. From the Accession of Richard II. to the Death of Richard III. 1377—1485. (Political History of England. Vol. 4.) pp. 542. Longmans. net, 7/6.

Outline of the History of Great Britain, from the Tutorial History by C. S. Fearenside. pp. xxiv—568. W. B. Clive. 4/6.

Flanders (W. H.), A Thousand Years of Empire. Vol. 1. Gay & Bird. net, 6/.

Outlines of British History. From 1017—1870. By M a b e l E. C a r t e r. pp. xiv—395. Clive. 2/6.

Marten (C. H. K.), Syllabus of English History. Part 7, 1603—88. Part 8, 1689—1763. Part 9, 1760—1815. 4to, sd. Spottiswoode. ca., net, 1/6.

Paul (Herbert), A History of Modern England. In 5 vols. Vol. V. pp. 408. Macmillan. net, 8/6.

c) **Ashton** (John), The Dawn of the 19th Century in England. A Social Sketch of Times. 5th ed. pp. 496. T. Fisher Unwin. net, 2/6.

Synge (M. B.), A Short History of Social Life in England. pp. 424. Hodder & Stoughton. 6/.

Joyce (P. W.), A Small Social History of Ancient Ireland. Illust. Longmans. net, 3/6.

Stirling (Amelia Hutchinson), A Sketch of Scottish Industrial and Social History in the 18th and 19th Centuries. pp. 236. Blackie. net, 6/.

Calthrop (D. C.), English Costume. Vol. 3. Tudor and Stuart. Illust. pp. 150. Black. net, 7/6.

Harper (Charles G.), The Old Inns of Old England. A picturesque account of the Ancient and Storied Hostelries of our own Country. 2 vols. Illust. pp. 344, 328. Chapman & Hall. net, 42/.

Living Races of Mankind (The) A Popular Illustrated Account of the Customs, Habits, Pursuits, &c., of Mankind Throughout the World. Vol. 2. 4to, pp. 390. Hutchinson. net, 10/6.

d) **Gasquet** (Abbot), Parish Life in Mediæval England. Illust. pp. 300. Methuen. net, 7/6.

McCarthy (Michael J. F.), Church and State in England and Wales, 1829—1906. pp. 684. Simpkin. 7/6.

Shepherd (J. H.), Introduction to the History of the Church in Scotland. 12mo, pp. 208. S. P. C. K. 2/6.

e) **Webb** (Sydney and Beatrice), English Local Government from the Revolution to the Municipal Corporations Act: The Parish and the County. pp. 690. Longmans. net, 16/.

f) **D'Alton** (E. A.), History of Ireland. From the Earliest Times of the Present Day. Vol. 2. 1547—1782. With Maps and Plans. pp. 592. K. Paul net, 12/.

O'Connor (G. B.), Elizabethan Ireland, Native and English. pp. 310. Sealy, Bryers. 3/6.

Keene (H. G.), History of India from the Earliest Times to the end of the 19th Century. For the Use of Students and Colleges. 2 vols. New and revised ed. pp. 396, 376. J. Grant. net, 12/6.

g) **Hume** (Martin), The Courtship of Queen Elizabeth. A History of the Various Negotiations for her Marriage. Cheaper ed. pp. 412. Nash. 3/6.
— The Love Affairs of Mary Queen of Scots. Cheaper ed. pp. 500. Nash. 3/6.

Mary Queen of Scots. With Pictures in Coulour by James Orrock, R. I., and Sir James Linton, R. I., the Story by Walter Wood. Edit. by Shaw Sparrow. Roy. 8vo, pp. 134. Hodder & Stoughton. net, 15/.

Clerici (Graziano Paolo), A Queen of Indiscretions: The Tragedy of Caroline of Brunswick, Queen of England. pp. 456. Lane. net, 21/.

Moorhouse (E. Hallam), Nelson's Lady Hamilton. With 51 Portraits. pp. 388. Methuen. net, 7/6.

Dunckley (Henry), Lord Melbourne. 2nd ed. pp. 260. Dent. net, 2/6.

Morley (John), The Life of W. E. Gladstone. Vol. 2. New ed. pp. 956. Macmillan. net, 5/.

Rosebery (Lord), Lord Randolph Churchill. pp. 187. A. L. Humphreys. 3/6.

Saintsbury (George), The Earl of Derby. New ed. pp. 234. Dent. net, 2/6.

5. Landeskunde.

Baddeley (M. J. B.), The Northern Highlands. 7th ed. 12mo. Maps. Dulau. net, 3/6.

In the Border Country. With Pictures in Colour by James Orrock, R. I., and Historical Notes by W. Shaw Sparrow. Hodder & Stoughton. net, 7/6.

Henderson (T. F.), The Auld Ayrshire of Burns. 12mo, pp. 160. Foulis. net, 2/6.

Clark (A.), A Bodleian Guide for Visitors. 18mo, pp. xii—128. Clarendon Press. net, 1/6.

Smith (Mrs. A. Murray), Westminster Abbey. Its Story and Associations. Illust. pp. xii—384. Cassell. 6/.

6. Folklore.

Bibliography of Folk-Lore, 1905. Compiled by N. W. Thomas. pp. 36, sd. Nutt. net, 1/.

Echenstein (L.), Comparative Studies in Nursery Rhymes. pp. vii—231. Duckworth. net, 3/6.

Book of Nursery Songs and Rhymes (A) Edit. by S. Baring-Gould. Illust. 2nd and Cheaper ed. pp. 176. Methuen. net, 2/6.

Fairy-Gold. A Book of Old English Fairy Tales. Chosen by Ernest Rhys. Illust. by Herbert Cole. pp. xvi—474. J. M. Dent. net, 5/.

Golden Fairy Book (The) Edit. by Andrew Lang. Illust. pp. 372. Longmans. 6/.

Grimm's and **Andersen's** (Hans) Fairy Tales. Selected and Edit. for Little Folk. Illust. by Helen Stratton. Fol. Blackie. 5/.

Tregarthen (Enys), North Cornwall Fairies and Legends. With Introduction by H o w a r d F o x. Illust. pp. xiv—192. Gardner, Darton. net, 3/.

Hamilton (Mary), Incubation; or, The Cure of Disease in Pagan Temples and Christian Churches. pp. 236. Simpkin. net, 5/.

Folk Tales from Tibet. With Illusts. by a Tibetan Artist, and some Verses from Tibetan Love Songs. Collected and Translated by Capt. W. F. O'C o n n o r. 4to, pp. 188. Hurst & Blackett. net, 6/.

Grey (Sir George), Polynesian Mythology and Ancient Traditional History of the New Zealanders, as furnished by their Priests and Chiefs. 12mo, pp. 264. Routledge. net, 1/; lr., net, 2/.

7. Z e i t - u n d S t r e i t f r a g e n.

Alexander (William), Our National Church. 12mo, pp. 64. Nisbet. net; 1/.

Brassey (Hon. T. A.), Problems of Empire. Papers and Addresses. pp. 228. A. L. Humphreys. net, 2/6.

Sanderson (Edgar), Great Britain in Modern Africa. pp. 380. Seeley. 5/.

Worsfold (W. Basil), Lord Milner's Work in South Africa. From its Commencement in 1897 to the Peace of Vereeniging in 1902. Containing hitherto Unpublished Information, with Portraits and Map. pp. 628. J. Murray. net, 15/.

"Times", The, and the Publishers. pp. 32. Publishers' Assoc.

Arnold (Alfred C.), The Englishman in Anecdote and Story. pp. 224. E. Mackay. net, 2/6.

Leipzig.   P a u l L a n g e.

INHALT. Seite

Herausgegeben von Prof. Dr. **Max Friedrich Mann** in Frankfurt a/M.

Verlag von Max Niemeyer, Halle. — Druck von Ehrhardt Karras, Halle.

Beiblatt zur Anglia.

Mitteilungen
über englische Sprache und Lite atur *L*
und über englischen Unterricht

Preis: Für den Jahrgang 8 Mark.

(Preis für 'Anglia' und 'Beiblatt' jährlich 24 Mark.)

| XVIII. Bd. | Mai 1907. | Nr. V. |

I. SPRACHE UND LITERATUR.

George Saintsbury. A History of Criticism and Literary Taste in Europe *from the Earliest Texts to the Present Day.* In 3 vols. **Vol. III: Modern Criticism.** Edinburgh and London. William Blackwood and Sons, 1904. XX u. 656 S.

Die grofsen ereignisse der in dem dritten und letzten band dieses werkes[1]) besprochenen modernen periode sind die erschütterung des systems der neuklassischen kritik und das mächtige aufblühen der das joch der alten regeln abschüttelnden neuen kritik. Einer der wichtigsten grundsätze dieser neuen kritik ist, dafs jedes einzelne kunstwerk nach seinen eigenen vorzügen und mängeln, nicht aber nach starren regeln zu beurteilen ist: *That a work of art is entitled to be judged on its own merits or demerits, and not according as its specification does or does not happen to be previously entered and approved in an official schedule* (p. 606). Saintsbury betont auch die gefahren dieser freien, "romantischen" kritik: *As the older arrangements went to make the critic's trade not merely homely and slighted, but cramped by too many, too strict, and too little comprehended rules and formulas, so the new tended*

---

[1]) Vgl. meine besprechungen der beiden ersten bände in Beibl. XII 225 ff., XV 1 ff., und eine besprechung des dritten bandes von J. G. Robertson in The Modern Language Quarterly VII 169 ff.

rather to make it a paradise of the ignoramus with a touch of impudence (p. 422); aber er tritt doch immer wieder mit aller entschiedenheit für die neue richtung ein und erhofft von ihr *the at least possible institution of a new Priesthood of Literature, disinterested, teaching the world really to read, enabling it to understand and enjoy, justifying the God and the Muse to Men* (p. 607) — eine hoffnung, die seinem optimismus das glänzendste zeugnis ausstellt.

Sehr eingehend wird die beteiligung der drei führenden nationen, der Engländer, Franzosen und Deutschen, an dieser kritischen revolution erörtert. Zuerst kommen die Engländer an die reihe und an ihrer spitze Coleridge, dessen kritische bedeutung für die englische welt Saintsbury zusammenfaſst in den sätzen: *Coleridge is the critical author to be turned over by day and by night. Never take him on trust .... But begin with him, continue with him, come back to him after excursions, with a a certainty of suggestion, stimulation, correction, edification* (p. 231). Obwohl er selbst ein literatur-professor sei, fügt Saintsbury mit der bei ihm üblichen, nicht immer geschmackvollen mischung von ernst und scherz bei, so würde er doch nicht gegen die abschaffung dieser professuren sein — vorausgesetzt natürlich, daſs die entlassenen professoren anständige pensionen erhielten —, im falle das ersparte geld dazu verwendet würde, jedem der sich auf die universität begebenden jünglinge ein exemplar der "Biographia Literaria" in den koffer zu legen.

In Frankreich übernimmt nach Madame de Staël und Chateaubriand, dessen kritik ihrer ganzen tendenz nach bereits antiklassisch gewesen sei, Sainte-Beuve die führerrolle. Seine aufsätze, Victor Hugos kritische erlasse, in denen bereits das evangelium der neuen schule verkündet sei, und die kleineren französischen kritiker werden nicht ohne widerspruch, aber doch durchaus liebevoll und liebenswürdig besprochen. Beachtenswert ist Saintsburys auseinandersetzung mit der von Hugo und besonders von Théophile Gauthier vorgetragenen "*L'Art pour l'Art*"-theorie, die ihm nur als eine halbe wahrheit erscheint: *Art, after all, is a means: and "means for means sake only" if not nonsense, is at any rate sense very incomplete. But it was necessary, and it was almost desirable, that the exaggeration should be formulated, because of the incessant intrusion of the opposite theories, which are scarcely even quarter-truths, that all depends on the subject, that art must serve morality, and the like* (p. 340).

Die freundliche, wohlwollende miene, mit der Saintsbury die entwicklung der französischen kritik betrachtet, verändert sich gründlich, sobald er seinen blick von Frankreich nach Deutschland wendet. Den deutschen kritikern gegenüber ist er nie um ein scharfes wort verlegen. Schon bei den Schweizern Bodmer und Breitinger hören wir, dafs sie *in their long-windedness and want of concinnity* echt deutsch waren (p. 27); Lessings literarische kritik leidet unter seinen moralischen bedenken, *his moral obsession*, was an seiner besprechung einer Marmontelschen erzählung mit vielen spöttischen zwischenbemerkungen dargetan wird (p. 34 f.); Goethe ist grofs, aber ein grofser pedant (p. 230) — aus seinem aufsatz "Shakespeare und kein Ende" werden drei sätze herausgerissen und mit der randbemerkung versehen: *We have all heard of Goethe as a great and true Apollo, a Philistine-slayer from youth to age. Was there ever more platitudinous and trivial chatter of Ashdod than in these three sentences?* (p. 365) — grimmig wird ihm verübelt, dafs er Eckermann gegenüber von Fleming sagte: "Er kann jetzt nichts mehr helfen": *This calculus of profit is mighty disgusting and, we may add, mighty dangerous: for it is at the root of much of the bad criticism in the world* (p. 369) — kurz, der kritiker Goethe ist für ihn ein durchaus überwundener standpunkt: *The critical Goethe has too much the character of a superstition, now rather stale* (p. 377)! Was Schiller betrifft, so sind die Engländer im allgemeinen sehr geneigt, ihn auf kosten Goethes zu loben — Saintsbury vermeidet diese einseitigkeit, aber nur um gegen Schiller noch rücksichtsloser zu sein, als gegen seinen grofsen freund. Er geht bei der beurteilung Schillers von seiner vielbesprochenen rezension der gedichte Bürgers aus, die er als *an offence against literary morality* betrachtet und erlaubt sich auf grund dieses dokuments den schlufs: *The truth appears to be that Schiller, with all his talent, all his genius, was something of a prig: and a prig is capable of almost any discreditable act* (p. 379). Er könne in Schiller keinen grofsen, ja nicht einmal einen guten kritiker sehen.

Ein solcher polemischer oder herablassender ton wird nur allzu häufig angeschlagen. Auch bei seinem versuch, die ver-

dienste der Deutschen um die kritische revolution möglichst
ruhig und gerecht abzuschätzen, hängt er der widerwillig ausgesprochenen anerkennung viele aber-sätze an. In literarischen
dingen besäfse der Deutsche wohl neugierde, aber keine fähigkeit des leidenschaftlichen, intimen geniefsens; verstand, aber
keinen enthusiasmus; fleifs, aber nur wenig intuition, die überdies kaum je tiefdringend genannt werden könne: *He only
gets out of the pupillary state — if he ever does so — to get
into the pedagogic. And it is difficult to say which of these is
the more unfavourable to true critical accomplishment* (p. 416).

Bei der vergleichenden betrachtung der urteile Saintsburys
über die französischen und deutschen kritiker hat sich mir
immer wieder die überzeugung aufgedrängt, dafs er, der selbst
eingesteht, dafs seine kenntnis der modernsten deutschen literatur eine viel weniger vollständige sei als seine kenntnis der
französischen und englischen literatur (p. 563), auch mit den
schriftstellern unserer grofsen zeit nicht genügend vertraut
ist, dafs er, ohne einen überblick zu gewinnen, an einigen ihm
besonders auffälligen und anstöfsigen einzelheiten haften geblieben ist, die ihn verhinderten, der bedeutung auch des
kritischen wirkens unserer geisteshelden gerecht zu werden.
Wahrscheinlich wird ihm auch ihre sprache schwierigkeiten
bereitet haben, denn es ist wohl kein zufall, dafs sein überaus
sorgfältig gedrucktes buch gerade in deutschen zitaten wiederholt falsche formen aufweist. Der titel des von ihm so scharf
kritisierten Goetheschen aufsatzes lautet bei ihm stets "Shakespeare und keine Ende" (p. 361, 364) — die ihm ärgerliche
bemerkung Goethes über Fleming (nicht Flemming!) wiederholt "er kann jetz nicht mehr helfen" statt "jetzt nichts"
(p. 369) — p. 37 ist das wort "zusammenhang" in einem unmöglichen sinn gebraucht — p. 538, 586 sind in deutschen
wörtern korrekturen vorzunehmen. Es sind das gewifs nur
kleinigkeiten, die uns aber doch bestätigen, dafs Saintsbury
der deutschen sprache fremder gegenübersteht als der sprache
des volkes, dessen literatur er als den besten wertmesser für
die literatur seines vaterlandes betrachtet — *French literature,
which, as a whole, is the best suited to qualify the study of
our own, correct it, and preserve it from flaws and corruption*
(p. 412) — als der sprache der ihm geistig so viel sympathi-
scheren Franzosen.

Dieser mangel an verständnis für deutsches wesen darf aber selbstverständlich auch den deutschen rezensenten nicht abhalten, den fleifsigen englischen kritiker zum abschlufs seines sehr umfangreichen und mühevollen werkes zu beglückwünschen. Den verfasser — und ein wenig auch sich selbst, denn es war keine ganz leichte aufgabe sich durch die über 1600 seiten der drei bände hindurchzulesen, diese endlose, ermüdende aufzählung von kritikern zu bewältigen. Dafs Saintsbury mutig geplante und tapfer durchgeführte arbeit dauernden wert behalten wird, bezweifle ich nicht; man wird sie als nützliches hülfsmittel oft und immer wieder zur hand nehmen müssen, um so mehr, als er den wert seines werkes als nachschlagebuch noch erhöht hat durch zwei anhänge zum letzten band, die eine aufzählung und kritische würdigung der inhaber des 1708 gegründeten *Oxford chair of Poetry* und einen überblick über die leistungen der amerikanischen kritik bieten. Fraglicher ist, ob diese wuchtige geschichte der kritik die von ihrem verfasser gewünschte wirkung haben wird: *that it helps the ear to listen when the horns of Elfland blow* — das uns aus ihr entgegendringende chaos der kritischen stimmen scheint mir eher geeignet diese zarten klänge zu übertönen.

Strafsburg, im März 1907.   E. Koeppel.

Ph. Aronstein. Ben Jonson.
(A. u. d. T.: **Literarhistorische Forschungen** herausgegeben von **Schick** und **Waldberg**, Heft XXXIV.) Berlin, Emil Felber, 1906. X u. 278 S.

Diese neue arbeit des fleifsigen verfassers kann als eine vorzügliche einführung in das studium dieses schwierigen autors in jeder hinsicht empfohlen werden. Aronstein hat nicht nur das biographische und literarhistorische material mit grofser gewissenhaftigkeit gesammelt und geprüft, sondern er hat sich im laufe der jahre auch so verständnisvoll in den charakter und die gedankenwelt Jonsons vertieft, dafs es ihm gelungen ist, sich für ihn auch menschlich zu erwärmen. Jonsons eigenart läfst eine sehr verschiedene beurteilung zu: mit leichter mühe kann man, auf der oberfläche der sich in fülle bietenden tatsachen bleibend, ihn als einen höchst unliebenswürdigen menschen erscheinen lassen, während es einer liebevollen hingabe bedarf, um in ihm nicht nur den bedeutenden,

zielbewufsten dramatiker, sondern auch den überzeugungs-
treuen, warmherzigen menschen zu erkennen. Aronstein hat
dieses liebesopfer gebracht — er hat, ohne die fehler seines
helden zu verbergen, doch so viel licht auf seine reichen
geistesgaben und seine tüchtigen eigenschaften fallen lassen,
dafs sein buch sehr geeignet ist, diesem scharfkantigen original,
dem gegenüber sich so viele leser nicht zur liebe zwingen
können, neue freunde zu gewinnen.

Die darstellung ist knapp und gewandt, unsere aufmerksamkeit bleibt stets gefesselt, weil der autor mit strenger
selbstkritik darauf bedacht war, uns jede überflüssige einzel-
heit, jedes unnötige wort zu ersparen. Nur der letzten durchsicht vor dem imprimatur hätte noch etwas mehr sorgfalt
gewidmet werden sollen. [1])

Strafsburg, im März 1907.   E. Koeppel.

--- --- -

Hugo Hesse, Perfektive und imperfektive Aktionsart im Altenglischen
(Münsterer Dissertation). Münster i. Westf. 1906. 100 S. 8⁰.

Die schon oft behandelte frage nach den aktionsarten im
Germanischen ist neuerdings auch für das Altenglische zum
gegenstand einer untersuchung gemacht worden. Auf anregung
W. Streitbergs hat Hugo Hesse in einer Münsterer dissertation
die altenglische Bedaübersetzung auf die aktionsarten hin
geprüft und ist dabei zu resultaten gelangt, die, wie er selbst
sagt, sich im wesentlichen mit denen Streitbergs für das Gotische
(P. B. B. 15, s. 176 f.) decken und die er (s. 98) in folgende sätze
zusammenfafst:

1. Der formale unterschied zwischen perfektiver und im-
perfektiver aktionsart besteht auch im Ae.

2. Auch im Ae. dient vorzugsweise die farblose partikel
ge- zur perfektivierung, daneben auch ziemlich häufig *ā-*.

---

[1]) Besonders bei den namen hat sich der druckfehlerkobold manche
freiheiten gestattet. S. 25 ist zu lesen *Hemings* für Hennings, *Duke* für
Dyke; s. 33 *Clement* für Clemence; s. 243 *Spingarn* für Springarn; s. 225
Otto für Aug. Aufserdem ist, von kleinen druckfehlern abgesehen, zu
setzen *schauerdrama* für schaudrama s. 9, *zweideutige* für zweilustige s. 83,
keuschen für komischen s. 166; nach *der witz wie* (s. 103) scheint *der ball*
oder ein ähnliches wort zu fehlen, s. 32 vor *das wirtshaus* die präposition *in*.
Ganz ungeläufig ist mir das wiederholt gebrauchte wort *abgötze*.

3. Einige verba enthalten schon an sich den hinweis auf den moment der vollendung; wenn sie dennoch nicht selten mit *ge-* komponiert sind, so erklärt sich das als analogiebildung.

4. Einige wenige durativa entziehen sich gänzlich der perfektivierung durch *ge-*.

H. hält sich ganz an die von Streitberg aufgestellte einteilung der aktionsarten, ohne sich in den streit um diese begriffsfragen, der ja noch nicht zum abschlufs gekommen ist[1]), einzulassen. Neben den präfixen *ge-* und *ā-* sind die übrigen präfixe nur selten berücksichtigt. Gewöhnlich werden simplex und kompositum mit ihren grundbedeutungen einander gegenübergestellt, dann folgen einige musterbeispiele und schliefslich eine anzahl belegstellen. Auch die varianten sind zuweilen angegeben.

Die musterbeispiele sind im ganzen geschickt gewählt und bringen den gegensatz zwischen impf. und pf. aktionsart in der regel klar zum ausdruck. In einigen fällen wird man dem verf. allerdings nicht beipflichten können. Mit besonderer vorsicht sind dagegen die nur zahlenmäfsig belegten stellen zu betrachten. Schon die verwechslung von *āfyllan*[2]) 'zu falle bringen' mit *āfyllan* 'erfüllen' beweist, dafs H. nicht alle fälle sorgsam abgewogen hat.

Wie wenig die belege oft mit den musterbeispielen übereinstimmen, tritt beim verhältnis von *fultumian* zu *gefultumian* besonders deutlich hervor. H. stellt die stellen 208, 11 *him fultmade Felix se biscop* (iuvante Felice episcopo) und 132, 3 *cac swylce him gefultumade, þæt he to rice becwom* (ut in regnum perveniret, adiuvit) einander gegenüber und übersetzt im ersten falle 'war behilflich', im zweiten 'verhalf ihm zur regierung'. Mit einem 'desgleichen' schliefst er noch 13 zahlen-

---

[1]) Vgl. H. Pedersen, Zur Lehre von den Aktionsarten. K. Z. 37, 219 ff. Chr. Sarauw, Syntaktisches. K. Z. 38, 145 ff. H. Lindroth, Zur Lehre von den Aktionsarten P. B. B. 31, 239 ff.

[2]) Die stellen 42, 22 *Se gedweola wæs on þam Nyceaniscan sinoþe geniðerad 7 afylled . . . .*, 50, 4 *þa com semninga mycel wól . . . . 7 se on hrærdnesse swa mycele menigo heora fornóm 7 gefylde* und 240, 26 *mid grimme wæle . . . micle menigeo monna afylde 7 fornom*, sind unter *gefyllan* 'erfüllen' aufgezählt. (Ich zitiere nach Miller, E. E. T. S. bd. 95, 96.)

belege an. Von diesen kann man höchsten bei vieren (122, 13;
124, 30; 304, 13; 432, 6) pf. bedeutung annehmen; bei allen
übrigen halte ich diese auffassung für ausgeschlossen (98, 11;
142, 20; 160, 10; 230, 11; 230, 16; 342, 15; 368, 32; 414, 9;
450, 27).

Ebenso mifslich steht es um den unterschied zwischen
cennan und *aceṇṇan* (s. 80). H. gibt folgendes musterbeispiel:
"76, 19 *Fulwian þonne þæt cennende wiif oðþe þæt bearn þæt
þær acenned bið .... ge heo in þa seolfan tíid þe heo cenneð
ge þæt þær acenned bið nænige gemete is bewered.* Baptizare
autem vel enixam mulierem vel hoc quod genuerit, vel ipsam
hora eadem, qua gignit, vel hoc quod gignitur, eadem, qua
natum est, nullo modo prohibetur 'die taufe zu spenden einem
weibe, das mit dem akte der geburt beschäftigt ist, oder dem
kinde, das das erzeugnis dieses aktes ist, sogar in derselben
zeit, wo dieser akt vor sich geht, und einem kinde in demselben augenblicke, wo es ans licht der welt gebracht wird,
ist keineswegs verboten'." Man darf sich hier durch das part.
praes. in *þæt cennende wiif* nicht irre führen lassen. Es fehlt
dem übersetzer an einem aktiven part. praet., um das 'enixam
mulierem' wiedergeben zu können; er braucht daher das part.
praes. Der sinn der stelle ist also: 'die taufe zu spenden
einem weibe, das geboren hat etc.' Unmittelbar vorher
steht in hs. T für 'enixam mulierem' *þæt acennende wiif* (76, 17)[1]),
während B, O und Ca auch hier das simplex aufweisen. Der
sinn ist perfektiv. Im part. praet. steht auch in impf. bedeutung das komp. z. b.: 88, 3 *þonne onginneð þær seo syn
acenned beon* (tunc peccatum incipit nasci). Hier ist schon
durch das *onginnan* die impf. bedeutung erwiesen. 140, 21 *in
þæm fruman þære acendan cirican* (in exordio nascentis ibi
ecclesiae).

Umgekehrt steht öfters das simplex in perf. bedeutung,
z. b.: 74, 12 *Hwæðer sceal geeacnad wiif fulwad beon oðþe
æfter þon þe heo bearn cenneð?* (postquam genuerit). 76, 5 ...
*þonne wiif cennende wære, æfter hu feola daga heo moste in
circan gongan.* (Cum vero enixa fuerit mulier, post quot dies
debeat ecclesiam intrare). Vgl. oben 76, 19. — 122, 26 *Þa*

---

[1]) *gif we beweriað þæt acennende wiif, þæt heo ne mot in circan
gongan ...*

wæs þære ilcan neahte ... cende seo cwen dohtor þæm cyninge
(peperat regina filiam regi). Wirklich impf. ist die stelle
122, 32 ... *þæt heo seo cwen gesund 7 buton hefigum sare þæt*
bearn cende (absque dolore gravi sobolem procrearet): die ent-
bindung ging ohne heftige schmerzen vor sich (Streitberg
a. a. o. s. 95). — H. erschwert einem die nachprüfung dadurch,
dafs er, aufser zwei musterbeispielen, für das simpl. keine
belege anführt.

Bei *feormian* liegt der unterschied zwischen simpl. und
komp. nur in H.'s übersetzung (s. 81): "278, 19 *se þe hinc*
feormade 7 se þe gefeormad wæs· et susceptor, et is, qui susceptus est 'sowohl er, der ihn bewirtete, als auch der, an
dem diese handlung vollbracht wurde, wirt und bewirteter'."
Hier ist doch ein und dieselbe handlung blofs aktivisch und
passivisch ausgedrückt. Wie kann an einem objekt eine handlung vollbracht werden, ohne dafs das handelnde subjekt sie
zum abschlufs bringt? Ich sehe in diesem beispiel nur einen
der häufigen fälle, wo das part. praet. ohne rücksicht auf die
bedeutung ein *ge-* aufweist.[1])

Im ganzen begeht H. den fehler, dafs er überall zwischen
simpl. und komp. glaubt unterschiede sehen zu müssen; dies
verleitet ihn zu einer sehr subjektiven auffassung einzelner
stellen. Leider sind die syntaktischen verbindungen, die ihm
einige objektive kriterien hätten bieten können, gänzlich aufser
acht gelassen. Ich denke dabei besonders an die ruhe- und
richtungskonstruktionen,[2]) also an unterschiede wie: 128, 11
sæt swiðe unrot on stane beforan þære healle und 398, 8 *héton*
hi hine sittan mid him to swæsendum (jusserunt eum sedere
secum ad epulas).[3])

Die okkasionellen bedeutungen von simpl. und komp. jedes
verbums sollten systematisch berücksichtigt werden, damit der
leser sich überzeugen kann, ob nicht durch entfernung von
der grundbedeutung eine verschiebung der aktionsart einge-

---

[1]) H. ist freilich anderer meinung, wenn er (s. 96) sagt: „Im Ae. ist
von einer blofs konstatierenden bedeutung des *ge-* beim part. praet. nichts
zu merken, vielmehr dient es auch hier lediglich zur perfektivierung."

[2]) Paul, Die Umschreibung des Perfektums im Deutschen, Abh. d. bayr.
Ak. 1. Cl. bd. 22, s. 172.

[3]) Diesen beleg entnehme ich Wülfing, Alfredsyntax II. § 871ª.

treten ist. Hat doch H. selbst belege dafür erbracht (s. 26),
dafs *gewunian* perfektiv in der bedeutung 'zurückbleiben,
verharren', imperfektiv in der bedeutung 'gewohnt sein' auftritt. Dieses verfahren hätte auch den vorteil, dafs man des
verfassers auffassung gewisser stellen gleich erkennen könnte.
Wenn H. (s. 15) für *ahabban* 'sich enthalten' effektive bedeutung annimmt, so ist daraus noch nicht ersichtlich, warum
dies auch für die stelle 256, 13[1]) gelten soll: *ond from him
frcmsumlice wæs onfongen 7 micle tíd mid him wel gehæfd wæs*
(et ab eo benigne susceptus et multo tempore habitus est),
umsoweniger, als nur ein paar zeilen vorher in derselben bedeutung ('beherbergen, bewirten') das simplex steht: 256, 8
hæfde heo mid micelre are mid him, oþðæt ... (retenti sunt ab
eo quousque ...).

In der auswahl der belegstellen verfährt H. sehr ungleich; für *geseon*, dessen simpl. im Beda nicht belegt zu sein
scheint und das somit keinen direkten vergleich zuläfst, gibt
er ca. 200 stellen, für *gehyran* ca. 100, 'für *deman* nur eine
einzige, obgleich dieses verbum mindestens noch viermal belegt ist (74, 5; 194, 15; 214, 9; 224, 21).[2]) Auch sonst wird
zuweilen das simpl., öfters das komp. (vgl. *acennan*) in dieser
weise begünstigt, ohne dafs man den grund hierfür erkennen
könnte.

Es hätte sich vielleicht gelohnt, die varianten tabella-
risch zusammen zu stellen, damit man die allfällig sich er-
gebende unterschiedliche verwendung der präfixe in den einzelnen zeitlich auseinanderliegenden hss. übersehen könnte.

So nahe es liegt, einen dem Got. analogen zustand im Ae.
vorauszusetzen (vgl. s. 7 der einleitung), so ist doch mit dieser
voraussetzung eine gefahr verbunden, der H. nicht völlig entgangen zu sein scheint: Er sucht in seinem text nach erscheinungen, die mit dem Got. übereinstimmen und kommt

---

[1]) 256, 13 und 256, 15 7 *longe mid him wel gehæfd wæs* sind ohne
scheidung neben belegen für *ahabban* aufgezählt unter dem stichwort
„effektive bedeutung". Überhaupt sind die *ā*- und *ge*-komposita in der
regel nicht von einander getrennt.

[2]) Die belege sind zuweilen auch dann nicht vollständig, wenn H.
ausdrücklich auf vollständigkeit anspruch erhebt. So kommt *abidan* noch
6, 13, *gedeman* 164, 11 und 368, 22, *myntan* 178, 34, *geniedan* 8, 5 vor.

natürlich zu dem schlufs, die abweichungen des Ae. vom Got.
seien gering. Das übel wäre nicht einmal so grofs, wenn H.
in seinem verfahren konsequent gewesen wäre. Für eine
gröfsere, wohlgeordnete beispielsammlung, die den unterschied
zwischen impf. simplex und pf. kompositum gut illustriert,
wäre man dankbar. Was H. in dieser hinsicht geleistet hat,
wird man als den brauchbarsten teil seiner arbeit anerkennen
müssen. Daneben trägt er aber in seinen belegstellen material
zusammen, dafs seinen ausführungen z. t. direkt widerspricht,
verliert jedoch kein wort darüber, sondern führt sogar den
leser durch ein 'ebenso' oder 'desgleichen' irre.

Für eine untersuchung, die der eigenart des Ae. in bezug
auf die aktionsarten gerecht werden soll, kann dieses eklek-
tische verfahren nicht genügen. Die fälle, wo der unterschied
zwischen simpl. und komp. verwischt ist, sind ebenso wertvoll
und daher mit der gleichen sorgfalt zu behandeln, wie die, die
ihn erhalten haben. Vor allem müfsten einmal an einem
gröfseren texte die bestehenden verhältnisse in möglichst bestimmter und übersichtlicher form dargestellt werden; weitere
arbeiten an anderen texten brauchten dann nur die abweichungen zu konstatieren. Bei diesem verfahren wird es vielleicht einmal möglich sein, die geschichte der aktionsarten in
den einzelsprachen zu schreiben, die doch das letzte ziel aller
spezialuntersuchungen bilden sollte.

Es sei mir gestattet, an einem beispiel zu zeigen, wie ich
mir etwa diese arbeit denke. Ich wähle das verbum *halgian*,
für das H. ausreichendes material beigebracht hat. Er sagt
darüber (s. 57): "*halgian* 'weihen, segnen'; *gehalgian* 'die
weihehandlung vollenden'. Das simpl. steht 260, 1 (346, 286):
*þa ferde Theodor biscop geond alle Ongolcynnes mægðe 7
biscopas halgode·* perlustrans universa ordinabat episcopos 'da
reiste Th. durch das ganze land der Angeln umher und weihte
bischöfe'. Wo aber auf die ausdrückliche betonung der dauer
gar nichts ankommt, steht gewöhnlich das komp., z. b. 458, 8
(663, 2620) *het gehalgian to bysceope ... Ceaddan þone halgan
wer ....*" Es folgen die zahlenbelege. Ich zweifle, ob aus
diesen bemerkungen jemand eine deutliche vorstellung von der
unterschiedlichen verwendung von simpl. und komp. gewinnen
kann. Sie liefse sich vielleicht durch folgendes schema etwas
näher bestimmen:

I. *halgian.*

1. In gesetzlichen bestimmungen über das recht und die art des weihens; das recht haben zu weihen.

72, 11 *hwæðer mot biscop halgod beon buton oðera biscopa ondweardnesse*[1]) (an debeat sine aliorum episcoporum praesentia episcopus ordinari). — 72, 14 *ne meaht þu on oðre wisan biscop halgian buton oðrum biscopum.* — 90, 5 *Sende eac swilce Agustine . . . . gewrit, in þam he getacnode, hu he sceolde oðre biscopas halgian.* — 146, 22 *. . . þætte swa oft swa Cantwareburge biscop oðþe Eoforwicceastre of þissum life geleorde, þætte se ðe lifigende wære hæfde meahte oðerne biscop his stowe to halgianne.*

2. Die wiederholte handlung des weihens erweckt die vorstellung der dauer.

42, 8 *7 hi ða edniwedon Godes cyricean . . . 7 eac cyricean timbredon 7 halgodon þam halgum martyrum* (tätigkeit der christen nach der zeit der verfolgung). — 168, 8 *Ond he þær se biscop Gode lifde 7 circan worhte 7 halgade.* — 226, 22 *timbrede cirican in monegum stowum 7 mæssepreostas 7 diaconas halgode.* — 260, 1 *þa ferde Theodor biscop geond alle Ongolcynnes mægðe 7 biscopas halgode.* — 420, 3 *ðæt he . . . gerisenlice meahte in ðara haligra áare syndrige stowe gehwylce haligra halgian.*

3. Die handlung des weihens wird in aussicht genommen, beabsichtigt, gewünscht (ausgenommen die unter II. 2 genannten fälle).

146, 15 *Se cwom to Scē Paulini, þæt he hine halgian sceolde.* — 220, 13 *þane cwom þider to halgianne Itthamar se biscop þære cirican æt Hrofesceastre.* — 394, 19 *. . . Godes wer wæs ðyder gelaðod circan to halgianne . . .* — 396, 15 *. . . wæs se biscop gelaðod sumes gesiðes circan to halgianne, . . .*

Wie schon die überschriften zeigen, sind die bisher aufgezählten fälle impf. Folgende stellen bedürfen besonderer erwägung:

Einzelheiten: 42, 10 *þa godcundan geryno clænan muðe 7 clænre heortan halgedon 7 fremedon.* Da es nur auf die

---

[1]) B. O. Ca. haben '*gehalgod*', wie überhaupt das part. praet. meist das komp. aufweist. Der sinn ist impf., vgl. 72, 14.

kirchliche handlung selbst, nicht auf deren abschlufs ankommt, so fasse ich die stelle impf. — 64, 14 *Þonne is þeaw þæs apostolican seðles, þonne heo biscopas halgiað, þæt him bebodu sellað,* ... (Mos autem sedis apostolicae est, ordinatis episcopis praecepta tradere). Das Ae. hat gegen die lateinische vorlage: 'Es ist die gewohnheit des apost. stuhles, jeweilen bei anlafs des weiheaktes den bischöfen vorschriften zu erteilen,' Die handlung ist somit impf. — 136, 19 *Forþon ic þonne nu lære,* ... *þæt þæt templ 7 þa wigbedo, þa ða we buton wæstmum ænigre nytnisse halgodon, þæt we þa hraþe forleosen 7 fyre forbærne* (... templa et altaria, quae sine fructu utilitatis sacravimus), 'die tempel und altäre, an denen wir die weihe vollzogen haben ...' Der sinn' ist pf., vgl. 138, 15. Folgende stelle lasse ich unentschieden: 260, 25 *Đa* ... *bæd he Theodor biscop, þæt he him neowne biscop funde 7 sealde,* · *þa ne wolde he him neowne biscop halgian* ...

II. *gehalgian*.

1. **Die an sich dauernde oder sich wiederholende handlung wird nur in ihrem resultat ausgedrückt.**[1])

332, 3 *ond efn fela þa æfterfylgendan in munuclife heo æðelicor Drihtne gehalgode* (et totidem sequentes (sc. annos) nobilius in monachica vita Domino consecravit). — 422, 13 *ond æfter fæce monige oðre bisscopas þér gesette 7 gehalgade of þara broðra ríme* (alios quoque ... ipse constituit antistites ex eorum numero fratrum).

2. **Die handlung des weihens wird in aussicht genommen, beabsichtigt, gewünscht, vgl. I. 2.**

a) In den ausdrücken *Gode, Drihtne* etc. *gehalgian.*

104, 22 *þa heht Æðelberht ... cirican getimbran, 7 þa gehalgian Sċī Pauli þæm apostoli.* — 104, 27 ... *heht cirican getimbran 7 þa gehalgian Sċē Andreae ...* — 124, 3 *Ond þa ilcan his dohtor to gehalgienne Criste þam biscope to wedde gesealde, ...* — 134, 5 ... *þæt he wolde mid his freondum ... geþeaht habban, ... þæt hi ealle ætsomne on lifes willan Criste gehalgade wæran.* — 234, 33 *þæt he wolde his dohtor Gode*

---

[1]) Man wäre geneigt in den beiden fällen konstatierende statt perfektive bedeutung anzunehmen. Ich lasse die entscheidung offen.

forgeofan 7 gehalgian in clænum mægðhade. — 468, 25 ... *þæt he þa wolde on áre* ... *gehalgian Sce̅ Petres.*

b) Mit 'to' und dativ des prädikatsnomens.

166, 28 *þa het se papa hine to biscope gehalgian* ... — 170, 32 *Ond þa bædon Theodorum* ... *þæt he hine to biscope gehalgode.* — 244, 30 ... *sende Alhfrið se cyning* ... *Willferð his mæssepreost, þæt hine mon sceolde* ... *to biscope gehalgian.* — 248, 12 7 *heo hine þa to Rome sendon, þæt hine mon scolde þær to biscope gehalgian.* — Ebenso 248, 27; 252, 17; 254, 21; 458, 8.

3. Die handlung des weihens wird in irgend einer zeitstufe zum abschlufs gebracht.

90, 17 *worhte mid cyninges fultome þa cirican,* ... *ond þa in usses Drihtnes Hælendes Cristes noman gehalgode.* — 90, 25 *Þa cirican* ... *nales he Agustinus, ac Laurentius* ... *heo gehalgode.* — 38, 29 ... *seo stow* ... *þe eft sceolde mid þy blode ðæs eadigan martyres* ... *gehalgod weorþan.*[1]) — 374, 8 *oðþæt se biscop gecoren wære, se þe fore Cuðbyrhte gehalgod beon sceolde.* — 104, 12 ... *Agustinus Breotone ærcebiscop gehalgade twegen biscopas.* — 104, 32 *forðon heo þa gyta næs fullice geworht ne gehalgod.* — 106, 1 *Sona þæs þe heo gehalgad wæs,* .. — 106, 7 *Is* ... *in middre þære miclan cirican wigbed geseted 7 þæt on Sce̅ Gregorius naman gehalgod.* — Ähnlich 106, 18; 116, 18; 118, 26; 138, 15; 142, 21; 150, 13; 152, 19; 170, 3; 170, 33; 172, 26; 176, 14; 192, 12; 194, 2; 200, 2; 204, 8; 218, 22; 220, 17; 246, 1; 246, 20; 260, 4; 260, 26; 272, 12; 280, 19; 280, 25; 300, 17; 336, 16; 376, 23; 394, 20; 396, 2; 408, 7; 408, 11; 408, 13; 416, 15; 416, 16; 420, 11; 458, 14; 466, 7; 472, 32; 476, 5; 478, 5; in der verbindung *Gode gehalgian* (vgl. II. 2. a) 236, 23 ... *his dohtor Gode forgef,* 7 *him gehalgode* ... — 236, 29 *Þa eode seo foresprecene dohtor* ... *Gode gehalgod in þæt mynster.* — 278, 9 *þa mynster, þa þe Gode gehalgode syn* ... — Ebenso 284, 32; 286, 3; 340, 2; 354, 21; 380, 23; sehr oft mit 'to' und dativ des prädikatsnomens: *to biscope, to mæssepreoste, to æfterfylgende* etc. *gehalgian:* 104, 24 *Þone Iustum he* ... *to biscope gehalgode;*

---

[1]) Dieser wie der folgende fall gehören nicht unter II. 2, da es gar keinen zweifel unterliegt, dafs die handlung wirklich zum abschlufs kommt.

146, 17 7 *in þære cirican* ... *he hine þær to biscope gehalgode*;
ebenso 62, 29; 64, 2; 106, 23; 120, 25; 144, 8; 146, 17; 164, 14;
220, 3; 224, 5; 246, 17; 246, 21; 246, 29; 248, 28; 254, 33;
280, 16; 294, 11; 298, 6; 298, 25; 300, 10; 334, 26, 27, 29;
336, 14; 358, 2: 360, 21; 374, 9; 402, 28; 420, 10; 420, 31;
448, 15; 456, 26; 458, 2.

Man beachte den zwischen II. 2. und I. 3. bestehenden
unterschied. Die unter II. 2. b aufgezählten fälle enthalten
in ihrem '*to biscope*' einen deutlichen hinweis auf das resultat
der weihehandlung, die bischofswürde. Hat also der übersetzer
dieses ziel vor augen, so braucht er die pf. form. Nicht ganz
so klar sind die fälle II. 2. a. Die vorstellung ist jedenfalls:
durch einen weiheakt bewirken, dafs eine person oder sache
gott etc. heilig ist. Die bedeutung wäre somit gleichfalls perfektiv. Sicherlich gilt pf. bdtg. für II. 3.

Einzelheiten: Aus dem eben genannten grunde fasse
ich die stelle 232, 6 perfektiv: ... *þætte þæt wære heora ge-*
wuna ... *þætte þa onfongnan neowan stowe mynster to tim-*
brenne ... *þætte þa sceolde ærest mid gebedum 7 mid fæstenum*
Drihtne gehalgian. Folgende stelle wäre vielleicht unter II. 1.
anzuführen: 384, 9 *Æðelwald se* ... *ða onfongnan ðegnunge*
mæssepreosthades æfter wyrðum dædum ðæm hade gehaalgade
(... *acceptum presbyteratus officium condignis gradu ipse con-*
secrabat actibus).

Es wäre natürlich nicht nötig, alle verben mit der gleichen
ausführlichkeit zu behandeln. Z. b. könnte nun *hadian*, das
mit *halgian* in der bedeutung nahe verwandt ist, mit bestän-
digen verweisen auf dasselbe ziemlich kurz abgetan werden.

In dieser art wäre die verwendung von simpl. und komp.
jedes verbums zu umgrenzen, besonders in den fällen, wo es
nicht möglich ist, durch ein nhd. wortpaar (z. b. fragen : er-
fragen) den unterschied deutlich genug zu bestimmen. Ist
eine solche abgrenzung bei einem verbum nicht möglich, so
sind simpl. und komp. in ihrer bedeutung zusammengefallen;[1]
der unterschied der aktionsart tritt dann nur im satzzusammen-

---

[1] Die möglichkeit, dafs zwar ein unterschied der wortbedeutung,
nicht aber der aktionsarten vorliegt, darf natürlich nie aufser acht gelassen
werden (vgl. *wunian* : *gewunian*, 'wohnen : gewohnt sein').

hang, nicht aber in der form des verbums zu tage. Vielleicht
werden sich aus den schemata der einzelnen verba zum schlufs
einige allgemeinere gesichtspunkte gewinnen lassen, nach denen
die verwendung der simplicia und komposita sich regelt.

Basel.   Karl Jost.

II. UNTERRICHTSWESEN.

**Elijah W. Bagster-Collins, The Teaching of German in Secondary
Schools.** New York, The Columbia University Press (London,
Macmillan and Co.), 1904. VIII und 232 s. kl. 8⁰.

Die angabe unter dem namen des verfassers auf dem titelblatt: „Adjunct Professor of German, Teachers College, Columbia
University" erinnert unwillkürlich daran, dafs wir dem vorstand des nämlichen lehrinstituts, dr. J. E. Russell, das wertvolle
buch über die deutschen höheren schulen verdanken, das freilich bedauerlicher weise bei uns nicht so viele leser gefunden
zu haben scheint als es verdient hätte. Mag es nun zufällig
sein oder nicht, Bagster-Collins' gediegene und gehaltreiche
schrift liest sich partienweise fast wie eine ausführung und
erweiterung des kapitels über den unterricht in den neueren
sprachen in Russells buch. Jedenfalls haben die zwei veröffentlichungen, so ungleich sie sonst nach art und umfang
sich darstellen, mancherlei verwandtes. Beide beruhen auf
einem umfassenden studium der deutschen pädagogischen literatur und auf längeren, sehr scharfen und eindringenden beobachtungen beim hospitieren in deutschen schulen; in beiden
kommt neben unverhohlener bewunderung dessen, was in
Deutschland geleistet wird, auch die kritik zum ausdruck
(allerdings bei R. ganz bedeutend schärfer und häufiger als
bei B.-C.) und beide haben eben deshalb anspruch auf eine
aufmerksame beachtung in Deutschland; beide sind mit der
absicht geschrieben zu einer genauen vergleichung des unter-
richtsbetriebes in beiden ländern gelegenheit zu geben und
durch sie zu ernstem nachdenken über die gestaltung des unterrichtswesens in den Vereinigten Staaten und zu erneuter prüfung der besten wege zu seiner hebung und verbesserung,
soweit sich eine solche als nötig herausstellt, anzuregen; in
beiden tritt dem wunsch, das wirklich gute und brauchbare

an den deutschen lehrmethoden für die eigenen schulen nutzbar
gemacht zu sehen, die nachdrückliche warnung zur seite, nicht
in blinder nachahmung das heil zu suchen und nie den eigenartigen charakter und die besonderen bedürfnisse des amerikanischen schulwesens aus dem auge zu verlieren, wobei aber
B.-C. in jedem einzelnen falle selbst zu entscheiden unternimmt
oder wenigstens seine meinung darüber bestimmt äufsert, was
als vorbildlich und auf die amerikanischen schulverhältnisse
übertragbar anzusehen ist und was nicht, während es Russell
absichtlich fast ganz seinen lesern überläfst, sich darüber ein
urteil zu bilden.

Man kann die lehrer, die an dem Teachers College der
Columbia University ihre vorbildung suchen, nur dazu beglückwünschen, dafs sie auf dem weg zu einem der schwersten und
an problemen reichsten berufe von so allseitig orientierten,
erfahrenen, einsichtigen und besonnenen führern geleitet werden.
Die zuletzt genannte eigenschaft berührt an dem buch von
prof. Bagster-Collins ganz besonders wohltuend. Überall ein
ruhiges abwägen des für und wider, überall ein mafsvolles
urteilen, nirgends etwas von der aufdringlichen und arroganten
art, mit der manche fanatiker neuer und neuester methoden
ihre thesen als alleinseligmachende weisheit proklamieren und
jeden, der nicht ohne weiteres zustimmt, sondern sich das ding
lieber zuerst noch etwas genauer besehen möchte, als dummen,
trägen, heuchlerischen anhänger allgemeiner rückständigkeit
niederzuschreien suchen. Vor solcher im letzten grunde ober-
flächlichen einseitigkeit bewahrt den verf. schon die wirkliche,
allseitige beherrschung des stoffes, wie sie sich in der klarheit
der fragestellung und in der gründlichkeit der beantwortung
durchweg kundgibt. Fügen wir noch hinzu, dafs der ansprechende und anregende inhalt in einer sehr angemessenen,
gefälligen form — sowohl was die darstellung als auch was
die ausstattung anbelangt — geboten wird, so haben wir
damit zwar bei weitem nicht alles, was sich zum lobe des
buches sagen läfst, erschöpft, aber doch wenigstens die wesentlichsten seiner grofsen vorzüge angedeutet.

Was es an material zur belehrung über das amerikanische
unterrichtswesen bietet, ist verhältnismäfsig nicht viel im vergleich zu seiner bedeutung als eines beitrages zur didaktik
der neueren sprachen. Insofern würde wohl ein fachmann ihm

besser gerecht werden können als der altphilologe, auch wenn
es einer ist, der, wie ref. von sich sagen kann, seit langem
sich gern und viel mit modernen sprachen beschäftigt, einer
von ihnen, teilweise im ausland, ein angestrengtes studium
gewidmet und manche gelegenheit wahrgenommen hat, sich
über die probleme, die den unterricht in ihnen betreffen, zu
orientieren. Doch wird auch ein solcher den vorwurf nicht zu
befürchten haben, dafs er ungebührlich die ihm gezogenen
schranken überschreite, wenn er von den einzelheiten, die in
irgend einer weise sein besonderes interesse erweckt haben,
einige heraushebt und dabei auch nicht mit den fragen und
bedenken zurückhält, zu denen er bei der lektüre des gehalt-
reichen buches anlafs gefunden hat.

Gleich in der kurzen vorrede, in welcher der verf. den
etwas vagen titel des buches durch die formulierung der beiden
hauptfragen, die dasselbe zu beantworten habe, näher erklärt:
„1. Was ist das beste, was wir in einem unterrichtskurs von
höchstens vier jahren in der high school zu leisten hoffen
können? 2. Was kann die erfahrung uns hinsichtlich des besten
weges, es zu leisten, lehren?" — bezeichnet er mit erfreulicher
entschiedenheit den vernünftigen standpunkt, den er in der
methodenfrage einnimmt: „Die zeit ist noch nicht reif, dafs
irgend jemand hergehen und sagen und nach den gesetzen der
wissenschaft beweisen könnte: meine methode ist die methode
des sprachunterrichts. Wir brauchen noch immer mehr ex-
perimentelles material (scientific data) zur kenntnis der geistigen
vorgänge bei der erlernung einer fremden sprache. Jede methodik wird daher breit angelegt und eklektischer art sein und
zu einem grofsen teil aus der eigenen erfahrung und derjenigen
anderer lehrer derselben und früherer generationen, die unter
ähnlichen bedingungen gearbeitet haben, gewonnen werden
müssen. Sie mufs darin bestehen, dafs ein plan entworfen
wird, der lose genug gefügt ist, um sich unter verschiedenen
verhältnissen erfolgreich zu erweisen." — In einer zwischen
vorrede und eigentliche ausführung noch eingeschobenen einleitung gibt verf. einen kurzen überblick über die entwickelung
der reformbewegung in Deutschland und Amerika; als eines
ihrer wesentlichsten ergebnisse sieht er die erweckung des
verständnisses für die grundlegende bedeutung der gewinnung
einer tüchtig ausgerüsteten lehrerschaft an; dafs das haupt-

stück dieser ausrüstung nicht der technische apparat, sondern die fähigkeit ist von jenem einen weisen gebrauch zu machen, dieser gedanke ist hier nicht so scharf betont, als am schlufs des entsprechenden kapitels in Russells buch (s. 289 f.). Ob übrigens unter den deutschen neuphilologen die „neue schule" schon oder noch ganz so herrschend ist, als es nach B.-C. scheinen möchte, darf man füglich bezweifeln (vgl. u. a. die kurzen bemerkungen von G. Budde-Hannover in der zeitschrift für das Gymnasialwesen LIX [1905], s. 643 ff.). — „The Value of German" — so lautet die überschrift des I. kapitels — bespricht verf. nach drei seiten hin: practical, cultural, formal or disciplinary value. Die wichtigste ist ihm die an zweiter stelle genannte. In einem zusammenhange, in dem man es nicht gerade erwartet, trifft man hier auf die sehr begründete warnung (s. 8): „Es wäre eine enge, gemeine auffassung von der funktion eines lehrgegenstandes, wenn man ihn so betrachtete, als ob er so und so viel kapital darstellte, das späterhin in so und so viel dollars und cents umzusetzen sei." Das ward schon oft gesprochen, doch spricht man's nie zu oft. Bezeichnend ist, dafs hinsichtlich der praktischen bedeutung des Deutschen für amerikanische schüler der millionen von Deutschen, die in den Vereinigten Staaten leben, mit keiner silbe gedacht wird. Mit bezug auf die frage nach dem formalen bildungswert der modernen sprachen erklärt B.-C. im anschlufs an die bekannten schriften von Ohlert: „Weder Lateinisch noch die moderne fremdsprache hat hinsichtlich der 'formalen bildung' ein monopol." Das ist ganz richtig, wenn — aber auch nur wenn — der unterricht überall annährend gleichmäfsig gestaltet ist. Bei uns würde vielleicht die gleichberechtigung der drei hauptgattungen von mittelschulen an innerer wahrheit gewinnen, manches bedenken gegen sie wegfallen oder abgeschwächt werden, wenn ein ausgleich etwa in der weise herbeigeführt werden könnte, dafs die realschule bei einer der fremden sprachen ein wirklich intensives, systematisches studium ihres grammatischen und syntaktischen baues in den vordergrund zu stellen und die lektüre in ihr mehr als „statarische" zu betreiben hätte. Die billigkeit würde dann allerdings fordern, dafs das gymnasium bei einer neueren sprache vor allem auf sprechfertigkeit gewicht zu legen und die lektüre möglichst diesem zweck unterzuordnen verpflichtet würde.

Eine grofse schwierigkeit — und nicht die einzige — liegt
hier allerdings darin, dafs am gymnasium überhaupt nur eine
moderne sprache obligatorisch ist und gerade diese sich zu
solchem unterrichtsbetrieb weniger empfiehlt als das Englische.
Immerhin wäre der gedanke am ende doch der erwägung wert;
die abfertigung, die er vonseiten Buddes (a. o.[1]) erfährt, wird
manchem, alt- und neuphilologen, etwas zu schroff dünken.
Im allgemeinen wird der formal bildende und erzieherische
wert des Deutschen (und anderer neueren sprachen) s. 15 ähnlich wie von Münch (Did. und Meth.[2] s. 33, ferner in einem
vortrag auf dem Wiener Neuphilologentag 1898) charakterisiert.
Im II. kapitel („Aim of a Course") tritt B.-C. entschieden dafür
ein, dafs im allgemeinen als lehrziel die aneignung der fähigkeit, Deutsches ohne mühe und mit verständnis zu lesen, ins
auge zu fassen sei; diese beschränkung sei für die amerikanischen high schools, von ausnahmefällen abgesehen, schon
durch die kürze der verfügbaren zeit geboten (höchstens
vier jahre; es scheint aber, dafs täglicher unterricht vorausgesetzt wird, wobei jedoch zu bedenken ist, dafs in Amerika
der sonnabend ganz schulfrei zu sein pflegt und keine „reci-
tation" volle 60 minuten währt). Mit recht erinnert er daran,
dafs das sprechen einer fremden sprache doch schliefslich nur
eine fertigkeit ist — eine sehr schätzenswerte zwar, aber für
die meisten entbehrliche — und warnt vor dem irrtum, als ob
der, welcher zwei oder drei fremde sprachen spreche, darum
an sich schon „gebildeter" sei als der, welcher nur seine
muttersprache gebrauchen könne. Trotz der vorliebe der
Amerikaner für das reisen könne man doch ruhig behaupten,
dafs die grofse majorität amerikanischer knaben nie gelegenheit haben würden deutsch zu sprechen. So steht es in der
hauptsache auch in Deutschland mit dem Französischen und
Englischen; vorausgesetzt nämlich, dafs man bei uns mit der
anschauung bricht, als ob wir uns erst dann auf der wahren
höhe der bildung zeigten, wenn wir jedem ausländer, der zu

---

[1]) Erst durch B. bin ich auf die ausführungen von W. Münch (Mo-
natsschr. f. höh. Sch. IV [1905], s. 487 ff. und Did. u. Meth. d. frz. Unt.,[2] s. 6
und 145 ff.), gegen die er sich wendet, aufmerksam geworden; sie waren
mir ihrem wortlaut wie ihrem allgemeinen inhalt nach noch ganz unbekannt, als die vorhergehenden sätze, sowie sie oben stehen, bereits konzi-
piert waren.

träge oder zu hochmütig war deutsch zu lernen, bevor er nach Deutschland reiste, in seiner sprache aufwarten könnten. Ref. hat während eines halbjährigen aufenthaltes in England, der ihn mit manchem fein gebildeten mann in berührung brachte, wohl hie und da von jemand eine andeutung, dafs derselbe deutsche zeitschriften oder bücher gelesen habe, mitunter auch wohl, mehr scherzes halber, einen kurzen deutschen satz gehört, nie aber einen ausdruck des bedauerns oder gar der beschämung, dafs man ihm nicht in der deutschen sprache auskunft geben konnte. Das soll nicht gerade unbedingt als muster hingestellt werden, aber etwas mehr rückgrat dürften wir in dieser beziehung wohl haben.

Sprechen, schreiben und hören sollen darum nicht ganz vernachlässigt, vielmehr auch recht fleifsig geübt werden, aber nur als mittel zum zweck; auf diese weise würden die interessen der acht- oder neunundneunzig, die nie anders als lesend von der sprache würden gebrauch machen können, mit denen des einen oder der zwei, die später zum sprechen kommen würden, zweckmäfsig vereinigt. Nachdrücklich betont verf. die notwendigkeit einer gründlichen kenntnis der muttersprache, und gerade auch ihrer grammatischen struktur, die man sehr gut entsprechend behandeln und erklären könne, ohne in die sünden des alten formalistischen, langweiligen betriebes zu verfallen, als basis für einen erspriefslichen neusprachlichen unterricht. Kap. III hat zum gegenstand die aussprache. Warum auf diese auch für diejenigen (98—99 prozent nach des verf. eigener schätzung!), die deutsch stets nur lesen werden, so sehr viel ankommen soll, ist doch recht schwer einzusehen. Tausende und aber tausende haben sich schon mit andacht in die werke der griechischen dichter und denker versenkt und bei solcher lektüre den reinsten und erhebendsten genufs gefunden ohne sich viel darum zu bekümmern, dafs vermutlich die zeitgenossen des Perikles und Demosthenes, wenn sie ihnen etwa bei lautem lesen zuhören könnten, sich mit grausen abwenden würden; warum soll das bei Shakespeare, Molière, Dante, Schiller prinzipiell anders sein müssen? Aber selbst wenn es sich ums sprechenlernen als hauptziel handelte, müfste man dem satz (s. 40): „Eine gute aussprache bei lehrer und schüler ist von grundlegender wichtigkeit; sie zu erlangen, ist alle darauf verwandte zeit und mühe wert", doch die frage entgegenhalten:

Was heifst „gute aussprache?" Ist nur die deutsche bühnen-
aussprache „gut"? Wer verlangt sie bei uns auch nur von
rednern, predigern oder sonst in der öffentlichkeit sprechenden?
Der verf. warnt selbst (s. 69) davor, strictness bei sprech- und
leseübungen mit fussiness zu verwechseln; ref. mufste bei
diesem ganzen abschnitt an das denken, was O. Jäger einmal
so treffend, wenngleich vielleicht etwas zu stark pointiert,
sagt (Lehrkunst und Lehrhandwerk, 1897, s. 439): „Augen-
blicklich ist bei vielen jungen lehrern — nach meinen beobachtungen an einigen zu schliefsen — das outrierte französische sprechen, wo man z. b. bei der letzten silbe des
parlez-vous francais? den mund aufreifst wie die unterwelt,
obenauf, und die altphilologen können jetzt den unglimpf, den
man ihnen wegen ihrer partikelreiterei und ihrer dürren
grammatik und ihrer tüfteleien angetan, den phonetischen
adepten mit zinsen heimzahlen, da diese unsere schüler mit
etwas noch viel äufserlicherem quälen." Dafs die anleitung
zu korrekter aussprache, soweit sie sich in vernünftigen grenzen
hält, notwendig und als eine feine äufserliche (teilweise auch
mehr als äufserliche) zucht nicht zu verachten ist, wird niemand im ernst bestreiten, wohl aber mancher fragen — fragen
namentlich diejenigen, die so beweglich darüber zu klagen
wissen, wie höchst unpatriotisch auf dem gymnasium das
Deutsche zu gunsten des Lateinischen und Griechischen vernachlässigt werde —, ob man von dem grofsen aufwand an
kraft und zeit, der auf die phonetischen finessen im Französischen und Englischen verwandt wird, nicht ein beträchtliches
teil lieber dem unterricht in der muttersprache sollte zu gute
kommen lassen; hier wäre für die „erziehung zum sprechen"
(im sinne des diese überschrift tragenden interessanten und
instruktiven, leider von starken übertreibungen nicht freien
aufsatzes von W. Berg in Lyons Zeitschrift für deutschen
Unterricht XVII [1903], s. 137 ff.), wenn sie überhaupt in der
schule angebracht ist, der passendste platz. — Das IV. kapitel
(„Work in Speaking") leitet verf. mit der wiederholten warnung ein, „nicht eine unberechtigte bedeutung einer seite des
neusprachlichen unterrichts beizumessen, die zwar wichtig, aber
nicht die wichtigste ist"; in Deutschland, findet er, werde allzu
einseitig auf das sprechen wert gelegt. „Es kommt sehr viel
darauf an", fügt er hinzu, „sich beständig gegenwärtig zu

halten, dafs der hauptzweck der anleitung zur konversation in der schule nicht die mitteilung der fähigkeit ist — für die schultage oder für späterhin — sich ein billet zu lösen oder etwas zum essen zu bestellen", sondern die erleichterung des erfassens der sprache im allgemeinen und die einprägung des wortschatzes. In der tat sind sprechen und sprechen zwei sehr verschiedene dinge. Trevelyan erzählt von seinem oheim Macaulay, wie dieser gegen ende seines lebens den entschlufs fafste, seine verblafsten kenntnisse im Deutschen und Italienischen noch einmal gründlich aufzufrischen und wie es ihm dabei mit dem Italienischen ging: „Solange als sich die lehrstunden auf den alltäglichen gesprächsstoff der landstrafse, der eisenbahn, des hotels etc. bezogen, wufste M. wenig zu sagen und hatte viel zu lernen; sobald aber die unterhaltung sich der politik oder literatur zuwandte, war sein gesellschafter ganz verblüfft über die fülle seines teilweise allerdings etwas archaischen wortschatzes. Der lehrer konnte kaum seinen ohren trauen, wenn ein zögling, dem die gebräuchlichsten ausdrücke, mit denen man sein gepäck durch das zollamt bringt oder seine poste restante aufbewahrten briefe vom postamt abholt, erst gelehrt werden mufsten, plötzlich die besetzung Roms durch die Franzosen in einem strom von redewendungen ankündigte, die direkt aus der feder Fra Paolos hätten hervorgegangen sein können" (The Life and Letters of Lord Macaulay, ed. Tauchn. vol. IV, p. 246). Ähnliche erfahrungen werden sich nicht ganz selten wiederholen; und Macaulay „konnte" doch wohl besser italienisch als der hotelkellner, den, wenn ich eine den kampf um die oberrealschule betreffende zeitungsnotiz richtig verstanden habe, ein namhafter universitätsprofessor den höheren schulen als beschämendes muster vorgehalten hat, französisch oder englisch. Eines schickt sich nicht für alle und die parole: „Sprechenlernen ist die hauptsache!" wäre noch nicht die lösung aller probleme, selbst wenn sie allgemeine zustimmung fände. — Einen nicht geringen teil des V. kapitels („Grammar") nimmt die sehr verständige darlegung einiger bedenken gegen die rein induktive methode im betrieb der grammatik ein, deren vorteile der verfasser durchaus nicht verkennt, die ihm aber, wenigstens für eine sprache mit so kompliziertem grammatischen bau wie das Deutsche, als unzulänglich erscheint, selbst in ihrer mafsvolleren form; den völligen ausschlufs jeder gedruckten grammatik vollends, den

die extreme richtung fordert, verwirft er aufs bestimmteste als
nutzlose zeitvergeudung und unwahrhaftige spielerei, und die
meinung, dafs es dem schüler erspart werden könnte, grammatische tatsachen auf treu und glauben hinzunehmen und
einfach zu lernen, als unhaltbare illusion. Auch im VI. kapitel
(„Written Exercises") zeigt er sich radikalem übereifer abhold,
gegen den er gewisse schriftliche übungen als förderlich, ja
unentbehrlich in schutz nimmt (niederschreiben von sätzen,
gedichten u. dgl. aus dem gedächtnis, diktate, dazu das im
V. kapitel empfohlene „grammatische botanisieren", das sam-
meln lehrreicher beispiele zur grammatik aus der lektüre), ohne
im geringsten einen zweifel darüber zu lassen, dafs er von
der noch immer nicht ganz ausgerotteten geistlosen vielschreiberei nichts wissen will (NB. der in heften; die vielschreiberei
an der tafel gehört ja recht eigentlich zu den universalmitteln
der didaktischen apotheke neuester einrichtung und der verf.
müfste nicht Amerikaner sein, wenn nicht auch er sie uns
wenigstens einmal [s. 147 f.] anpreisen sollte). Dem übersetzen
in die fremde sprache, mit dem er sich im VII. kapitel
(„Composition") beschäftigt, kann B.-C. anscheinend nicht viel
geschmack abgewinnen, weist ihm aber doch im unterrichts-
plan einen platz an; es soll indes nicht zu bald (frühestens
ein halbes jahr nach beginn des unterrichts) angefangen werden;
gegen einzelsätze hat er dann nichts einzuwenden, vorausgesetzt, dafs sie nicht albern und nicht von der art sind, wie sie
im wirklichen leben nie vorkommen. Aus dem VIII. kapitel
(„Reading") eine kleine notiz für die freunde der coeducation:
der verf. spricht die überzeugung aus, dafs in ihr eine der
ursachen für die in Amerika vorherrschende bevorzugung der
erzählungsliteratur gegenüber historischen schriften bei der
auswahl der klassenlektüre zu suchen sei; woraus hervorgeht:
erstens, dafs schliefslich auch in Amerika die mädchen eben
mädchen sind, und zweitens, dafs coeducation frei übersetzt
auf deutsch heifst: die knaben haben sich ohne weiteres nach
den mädchen zu richten. Recht beherzigenswert ist auch der
sehr zeitgemäfse satz, den man s. 173 liest: „Nach meiner
eigenen erfahrung will es mir scheinen, dafs der knabe mit
starken neigungen für mechanik und naturwissenschaften
gerade derjenige ist, der eine entschiedene betonung statt
einer verminderung der humanistischen studien auf der höheren
schule nötig hat." Erwähnt sei beiläufig, dafs der kanon der

lektüre, den das New York State Education Department in dem Syllabus for Secondary Schools 1905—1910 (Secondary Education, Bulletin nr. 27), s. 38 ff. für einen elementary and intermediate course in German aufgestellt hat, eine sehr weit gehende übereinstimmung mit den vorschlägen von B.-C. zeigt. Ein buch bleibt hier wie dort unerwähnt: die bibel. Welch wichtige dienste dieser bekannteste und verbreitetste aller klassiker bei der aneignung einer fremden sprache leisten könnte, scheint in der tat bei uns wenig gewürdigt zu werden, obwohl gelegentlich daran erinnert worden ist; so empfiehlt geheimrat prof. dr. Sachau in einem für die Berliner Juni-konferenz ausgearbeiteten gutachten (Verhandlungen über Fragen des höheren Unterrichts s. 342) „im zusammenhang der herkömmlichen übungen ab und zu nach mafsgabe der vorhandenen zeit besonders stücke aus dem evangelium, aber auch einiges aus dem pentateuch und den psalmen zu lesen, zu besprechen und wenn möglich memorieren zu lassen." Neu ist der gedanke durchaus nicht, wie wiederum aus der bio-graphie Macaulays zu ersehen ist. Als dieser vor der rück-reise von Indien nach England stand, beschlofs er die damals lange zeit der seefahrt zur erlernung des Deutschen zu ver-wenden. In einem briefe an Napier, den herausgeber der Edinburgh Review, erbittet er sich zu diesem zweck eine englische und eine deutsche bibel. „Meine art, eine sprache zu erlernen", fährt er fort, „ist immer die, mit der bibel an-zufangen, die ich ohne wörterbuch zu lesen vermag. Wenn ich ein paar tage in dieser weise zugebracht habe, habe ich mir alle gewöhnlichen partikeln, die allgemeinen regeln der syntax und einen ziemlich grofsen wortschatz angeeignet. Dann mache ich mich über ein gutes klassisches werk. Auf diesem wege habe ich Spanisch wie Portugiesisch gelernt und werde jetzt denselben kursus mit dem Deutschen probieren." Dafs er dem entschlufs mit gutem erfolg ausführte, lassen die weiteren mitteilungen erkennen (a. o. II, 241 ff.). — Im IX. kapitel („Translation") verteidigt verf. in einer für sein streben nach objektivität und seine abneigung gegen schroff extreme forderungen wieder besonders charakteristischen weise das recht der übersetzung aus der fremden sprache. Auch ihm erscheint es als das ideal, wenn eine klasse dahin gebracht werden kann. dafs man mit ihr ausländische literatur ganz so lesen und behandeln kann wie einheimische, doch glaubt

er nicht, dafs das in der amerikanischen high school, aufser
etwa in ganz seltenen ausnahmefällen, erreicht werden könne.
Zustimmend wird die these des Wiener und des Leipziger Neuphilologentags von 1898 bez. 1900 zitiert: „Die fremde sprache
wird nicht betrieben, um daran die muttersprache zu lernen."
Gut — wenn man nun nur auch den alten sprachen rückhaltlos
dieselbe autonomie zugestände. In wirklichkeit liegt die sache
so, dafs jedes studium eines fremden idioms, und nicht zum
wenigsten das „her-übersetzen" aus ihm, ganz von selbst für
die kenntnis und beherrschung der muttersprache reiche und
mannigfache förderung mit sich bringt. Der satz, dafs die
übersetzung der tod des verständnisses sei, ist ja recht geistvoll,
aber in der praxis der schule wird oft gerade das geistvollste
zum unsinn. Den inhalt des X. und letzten kapitels („Vocabulary") bildet die besprechung der besten wege zur gewinnung
und einprägung eines ausreichenden wortschatzes mit besonderer berücksichtigung der frage, in welcher art und welchem
umfang auf der schule wortbildungslehre, sprachvergleichung,
etymologie und synonymik getrieben werden können und sollen.

Inwieweit das literaturverzeichnis am ende des buches
wirklich gut und vollständig ist, kann ref. nicht beurteilen.
Einer der dort aufgeführten beiträge zum studium des gegenstandes (aus dem Jahresbericht über die Fortschritte der romanischen Philologie, von A. Grundlach) trägt die vielsagende
überschrift: „Unterricht im Französischen an höheren lehranstalten, einschliefslich selbstunterricht." Wir möchten
daran zum schlufs noch eine bemerkung knüpfen. Es mehren
sich seit einiger zeit die mahnenden stimmen, dafs man nicht
zuviel vom systematischen unterricht der schule erwarte,
mehr dem selbstbetätigungstrieb des jungen menschen über-
lassen werde (vgl. u. a. die bemerkungen von Wilamowitz auf
der Junikonferenz 1900, Verhandlungen s. 89, und L. v. Sybels,
in seiner trefflichen schrift „Gedanken eines Vaters zur Gym-
nasialsache, Marburg 1903, s. 30). Auch der kampf um die
stellung der neueren sprachen an den verschiedenen anstalten
wäre vielleicht mit etwas weniger heftiger leidenschaftlichkeit
geführt worden, wenn man sich allerseits gegenwärtig gehalten
hätte, dafs eine fertige ausrüstung „fürs praktische leben"
zwar etwas sehr angenehmes und nützliches, aber doch noch
nicht der güter höchstes ist, dafs vielmehr der schulunterricht
(auch in den modernen sprachen) seinen zweck am vollkommen-

sten erreicht, der den schüler befähigt und ihm lust macht, sich selbständig auf dem für seine besonderen neigungen und bedürfnisse geeigneten wege weiterzubilden und der ihn mit einem klaren bewuſstsein davon erfüllt, daſs das, was er von seinen lehrern überkommen hat, etwas ist, das er erst erwerben muſs, um es zu besitzen.

Bamberg.   W i l h e l m S c h o t t.

Haastert, H. Fr., Prof., On English Trade. F ü r d i e O b e r k l a s s e n von H a n d e l s s c h u l e n a l l e r A r t. Leipzig, G. Freytag. 1906. 168 S. Preis geb. 1,60 M.

Es ist unbedingt ein glücklicher gedanke für kaufmännische fortbildungs- resp. mittlere und höhere handelsschulen ein englisches lesebuch zusammenzustellen, das uns nach möglichkeit „ein bild des gegenwärtigen handels in dem groſsen britischen reiche" vor augen führt. Selbstverständlich kann ein solches werkchen nur anregung zu weiteren studien bieten. Der verfasser hat es deshalb nicht versäumt, hiezu die nötigen anweisungen zu geben, indem er vor allem die vollständigen titel und den verlag der bücher mitteilt, denen er seine stoffe entlehnt; auch werden wir durch einige biographische notizen sowie durch anführung der sonstigen werke der benützten autoren mit letzteren näher bekannt gemacht, was ich recht dankenswert finde.

Die auswahl der texte ist geschickt und zweckentsprechend. Geschichtliche skizzen vermitteln uns interessante kenntnisse bezüglich der entwicklung des englischen freihandels sowie der kolonialbestrebungen, der eisenbahnen und der häfen unserer groſsen vettern. Dem bank- und börsenwesen sind einige recht anziehende und belehrende kapitel gewidmet. Auch das im leben des kaufmanns eine so hervorragende rolle spielende annoncenwesen ist gebührend berücksichtigt. Nachdem sodann im vorletzten abschnitte die anforderungen, die das heutige geschäftsleben an einen gewiegten und tüchtigen kaufmann stellt, erörtert worden, schlieſst das hübsche büchlein mit einer kurzen darstellung der obliegenheiten und notwendigen eigenschaften eines englischen handelsgehilfen in verschiedenen betrieben.

Als ergänzung möchte ich noch besonders empfehlen: Fredk. Hooper and James Graham: Modern Business Methods,

Import and Export Trade (3/6) 1902 und The Home Trade
(2/6) 1903. London, Macmillan & Co., Limited.

Haastert's büchlein ist nur für schüler bestimmt, die schon
einer vorgeschritteneren stufe angehören. Die anmerkungen
s. 123—153 geben hauptsächlich sacherklärungen und berichtigungen des textinhaltes, wo dieser durch die letzten jahre
überholt worden.

Einem „verzeichnisse der anmerkungen und eigennamen"
(mit aussprachebezeichnung) schliefst sich noch ein „wörterverzeichnis" an, das sich jedoch darauf beschränkt, im allgemeinen nur technische ausdrücke und seltenere wörter oder
bedeutungen anzuführen.

Im ganzen eine zeitgemäfse, fleifsige und verdienstvolle
arbeit, die warme empfehlung verdient und sicherlich in den
oberklassen von handelsschulen mit vorteil verwendet wird.

Nürnberg.   Jul. Riegel.

Unterrichtsbriefe zum Selbststudium neuer Sprachen nach origi-
neller Methode mit humoristischem Übungsstoff. Bearbeitet
und herausgegeben von **George A. S. Oliver**, Nottingham.
Englisch. 36 Lektionen in 20 Briefen à 1 M. — Stuttgart,
Paul Neff Verlag, 1903. 322 S. + 55 S. (Schlüssel).

An gelegenheiten zum selbststudium fremder sprachen ist
gegenwärtig wahrlich kein mangel. Von denen, die ich selbst
näher kenne, will ich hier, aufser den zwar mit enormem
fleifse und gröfster gewissenhaftigkeit durchgeführten aber
m. e. zu breit angelegten Toussaint-Langenscheidt'schen unter-
richtsbriefen, nur die in ihrer art ganz vortrefflichen lehrgänge
von Massey-Penner (methode Schliemann) und Häufser (-Kron)
nennen.

Welche daseinsberechtigung hat nun ein neues werk dieser
gattung? Kann es sich besonderer eigenschaften rühmen, die
ihm einen vorzug sichern? Hat es ein spezifikum entdeckt,
das etwa „spielend" und „in kürzester zeit" bequemen studierenden zur „beherrschung" fremder sprachen verhilft? Es ist
selbstverständlich, dafs ein wissenschaftlich gebildeter kollege
wie G. Oliver sich nicht derartige torheiten zu schulden kommen
läfst, im gegenteil warnt er gleich im vorworte vor solchen
unerfüllbaren versprechungen. Und doch schlägt er, wenigstens
auf dem gebiete der selbstunterrichtsmethoden einen eigenartigen weg ein, indem er den humor zum anregenden lehr-

meister macht. Der gesamte sprachstoff huldigt diesem erwecker der heiterkeit und der lust zum studium, diesem besten mittel zur wachhaltung des interesses, zur belebung des unterrichts.

In lehrbüchern hat man ja wohl hie und da gleichfalls den humor verwertet, ich erinnere nur an Edward Collins' „Umfassendes englisches Übungsbuch" (Bonz, Stuttgart); ein ganzes lehrgebäude jedoch auf solcher basis aufzubauen, ist meines wissens noch nicht versucht worden und bildet die originalität von Oliver's briefen.

Gleich an dieser stelle will ich erwähnen, dafs sich um die ausgestaltung des werkes noch zwei männer verdient gemacht haben, deren namen in der gelehrten welt einen guten klang besitzen. Prof. dr. Arnold Schroer, der verdienstvolle förderer der modernen englisch-deutschen lexikographie, unterstützte den verfasser bei der abfassung des kapitels über die aussprache und überliefs ihm seine lautbezeichnung, während prof. dr. M. Mann das unternehmen durch praktische winke und ratschläge jeder art förderte.

Die grundsätze, von denen sich Oliver bei der ausarbeitung leiten liefs, sind die in den schriften Felix Franke's, dr. Henry Sweet's, graf von Pfeil's und dr. J. Storm's niedergelegten. Auf grund der erfahrungen solch bewährter autoritäten bestrebte er sich ein zweckentsprechendes werk zu gestalten.

Was den unterrichtsstoff anbetrifft, so geht der verfasser zunächst gleich Toussaint-Langenscheidt von einer Dickens'-schen schöpfung aus und zwar wählte er seinem vorgefassten plane gemäfs die aus Dickens' erstlingswerk „Londoner Skizzen" entnommene humorvolle, mit komischen einfällen gewürzte erzählung: The Boarding-House. A Tale by Boz. Ihr schliefsen sich von l. 25 bez. l. 31 ab zwei possen an: The Turned Head. A Farce in One Act by Gilbert Abbot A'Beckett bez. Binks, The Bagmann. A Farce in One Act by J. Stirling Cayne. Beide sind jedoch nicht ins Deutsche übertragen worden, weil sie „der vielen wortspiele wegen nicht übersetzbar sind". Dafür werden erläuterungen gegeben. Aufserdem ist in einer besonderen abteilung jeder lektion dem witze und humor durch kleinere gaben, die der heiteren sphäre des alltagslebens entlehnt sind, rechnung getragen. Die von l. 25 ab sich findenden sätze, sentenzen, sprüche der lebensweisheit etc. bedürften

wohl manchmal einer näheren erklärung. Es ist nicht immer
leicht, hinter den richtigen sinn einzelner derselben zu kommen.

Jede lektion gliedert sich in folgende abschnitte: Text,
Notes, Translation (zur rückübertragung sind in klammern
übersetzungshülfen beigesetzt), Conversation, Grammar, Wit
and Humour (l. 1 — l. 24). Von l. 19 ab treten an die stelle
der Conversations Exercises.

Der schlüssel zu diesen übersetzungsaufgaben vom Deutschen
ins Englische wie zu den Conversations bildet den inhalt der
briefe nr. 10, nr. 12 und teilweise nr. 20. Diesem „schlüssel“,
der nebenbei bemerkt in klammern zulässige synonymische
wendungen angibt, geht ein vorwort voran, dem ich nicht
in allen punkten beipflichten kann. Wenn der studierende
die dortigen anweisungen befolgt, so macht er eben stets
nur rückübersetzungen. Mir scheint aber doch, dafs derjenige, der die briefe bis l. 10 gewissenhaft durcharbeitet,
sich bereits soviel fertigkeit im Englischen erworben hat,
dafs er bei genügender unterstützung durch angaben und anmerkungen den gröfsten teil der gegebenen deutschen texte
im Englischen wiedergeben kann.

Recht gut hingegen gefällt mir die von einigen beispielen
begleitete anleitung, wie die in “Wit and Humour” vorkommenden witze umzuformen sind, damit sie sich zum nacher-
zählen eignen. Überhaupt bietet der ganze unterrichtsstoff ein
„ausnahmsweise interessantes und ergiebiges feld“ zu freien
übungen. An dieser stelle wird auch das gemeinsame studium
mindestens zweier schüler empfohlen.

Der aussprachlehre, die vom laute ausgeht, ist mit vollem
rechte ein verhältnismäfsig breiter raum gewährt worden.
In ihr vertritt der verfasser die einzig richtige ansicht, dafs
ohne theoretische belehrung über die laute und ohne fleifsige
einübung derselben keine sicherheit in der aussprache möglich ist. Es geht eben nicht an, nur durch lautbezeichnungen
schnell über dieses wichtige kapitel hinwegzugehen.

Im einzelnen kann ich mich jedoch nicht mit allem dort
gelehrten einverstanden erklären. Es hängt z. b. die stimm-
hafte bez. stimmlose aussprache eines konsonanten nicht, wie
Oliver angibt, von der geringeren oder gröfseren stärke ab, mit
der die luft durch die entsprechenden sprachwerkzeuge „durch-
getrieben“ wird (s. 5). Klingt der anlaut *o* von *oi* in *soil* wirklich
„genau wie *o* in ‚soll‘“ (mit übergang zu kurzem *i*)? (s. 7).

Darf man ganz allgemein sagen: $\bar{e}$ (laut in *bear* tragen) ver-
sinnbildlicht den langen laut des offenenen *e* in „sehr" [oder
ä in Bähr]? (s. 12). Nach meiner erfahrung sollte man auch
nicht lehren, dafs *saw* und *sore* (s. 11) völlig gleich auszu-
sprechen sind u. a. m.

Die wortbeispiele des ausspracheabschnittes sind sämtlich
den ersten zwei lektionen entnommen. Trotzdem scheint es mir,
dafs dem anfänger, der noch keine englischen vorkenntnisse
hat, vornehmlich in den ersten lektionen zuviel zugemutet
wird und zwar in jeder hinsicht, besonders auch im grammatischen teile, der ohne rücksicht auf den jeweiligen text
in ziemlicher ausführlichkeit systematisch zunächst die formenlehre und später die syntax etc. behandelt. Dabei mufs ich
allerdings erwähnen, dafs in den Notes auf grammatische aufhellung des textes, soweit notwendig, in kürze gebührend
rücksicht genommen wird. Überhaupt sind diese Notes eine
fundgrube gediegenen wissens. Wort- und sacherklärungen
wechseln ab mit grammatischen und synonymischen bemerkungen, mit schilderungen von land und leuten usw.

In dem abschnitte "Conversation" sind bereits in der
ersten lektion fragen und antworten englisch gegeben. Dieser
teil verrät anerkennenswertes didaktisches geschick. „Ja- und
nein-fragen" sind gänzlich vermieden. In meisterhafter weise
werden neue anknüpfungspunkte und passende übergänge gesucht,
um den text zu anregender konversation zu verarbeiten. Dadurch
erfährt der wortschatz eine ganz beträchtliche erweiterung.
Sinnverwandte ausdrücke und wendungen ermöglichen es dem
lernenden, den sprachstoff in mannigfachster weise zu variieren.

Die bedeutung der englischen präpositionen ist durch eine
gelungene schematische anordnung veranschaulicht. Die lehre
vom konjunktiv scheint mir nicht an der richtigen stelle
untergebracht.

Recht dankenswert sind die im letzten briefe befindlichen
wörterlisten, auf die in der abteilung "Wit and Humour"
gleichfalls, soweit möglich, bezug genommen wird. Endlich
erfahren wir auch. dafs der lernende, wenn er den inhalt der
briefe gewissenhaft in sich aufgenommen hat, im besitze von
11000 wörtern und wendungen ist; auch macht uns das schlufswort (s. 313) damit bekannt, wie das bisher erlangte wissen
erweitert und vertieft werden soll. Ein ausführlicher alphabetischer index (s. 315—322) schliefst das interessante werk ab.

Oliver's unterrichtsbriefe reihen sich würdig den eingangs erwähnten vortrefflichen selbstunterrichtswerken an und bezeugen gleich diesen den praktischen, erfahrenen, didaktisch gebildeten lehrer. Eine gewaltige summe von wissen ist darin aufgespeichert und mit anerkennenswertem fleiſse dem studierenden mundgerecht gemacht. Wegen ihrer ziemlich hohen anforderungen gleich vom anbeginn an möchte ich sie in erster linie allen denen aufs angelegentlichste empfehlen, die im Englischen bereits vorkenntnisse haben und sich weiter ausbilden und vervollkommnen wollen, oder auch jenen, die früher einmal betriebene englische studien wieder auffrischen und ergänzen möchten. Oliver's briefe gehören zu den besten und anregendsten praktischen lehr- und fortbildungsmitteln, die ich kenne.

Nürnberg.   Jul. Riegel.

III. MITTEILUNGEN.

That Fast Miss Blount, a novel by **Roy Horniman.** Unwin's Library, Leipzig. M. 1.50.

The scene is laid in a garrison town. We are made acquainted chiefly with a set of women whose sole occupations are tea and dinner-parties, private theatricals, garrison dances, charity concerts, church parades, and such like cheap amusements, — a regular set of scandal mongers, depicted true to nature.

Philippa, the chief character of the book, the daughter of Captain and Mrs. Blount, is considered a strickingly beautiful girl, and therefore favoured by a number of admirers, much to the dismay of other representatives of her sex, unmarried as well as married ones. Just some of the maried ones understand the art of flirting very well, and know how to get her talked about. She is the sort of girl men fall easily in love with, but, on the other hand, she is difficult to win, and has several times refused earnest offers of marriage. And yet the jealousy of her so-called friends gives her the doubtful attribute of "that fast Miss Blount". Finally she marries the man she has refused before, and who has stuck to her for six years.

There is nothing very exciting in the novel, the characters are no examples worth striving after, and the language is ordinary.

Frankfurt a/M.   J. H. W.

Herausgegeben von Prof. Dr. **Max Friedrich Mann** in Frankfurt a/M.

Verlag von Max Niemeyer, Halle. – Druck von Ehrhardt Karras, Halle.

Beiblatt zur Anglia.

Mitteilungen
über englische Sprache und Literatur
und über englischen Unterricht.

Preis: Für den Jahrgang 8 Mark.

(Preis für 'Anglia' und 'Beiblatt' jährlich 24 Mark.)

| XVIII. Bd. | Juni 1907. | Nr. VI. |

I. SPRACHE UND LITERATUR.

Dr. Max Kaluza, Professor an der Universität Königsberg, **Historische Grammatik der englischen Sprache.** Erster Teil: Geschichte der englischen Sprache, Grundzüge der Phonetik, Laut- und Formenlehre des Altenglischen. Zweite, verbesserte und vermehrte Auflage. Berlin, Felber 1906. XVI + 368 S. Preis M. 7.50. — Zweiter Teil: Laut- und Formenlehre des Mittel- und Neuenglischen. Zweite, verbesserte und vermehrte Auflage. Berlin, Felber 1907. XVI + 546 S. Preis M. 11.

Die erste auflage von Kaluza's werk ist in diesen blättern ausführlich besprochen worden (XII, 321 ff.; XIII, 65 ff.). Die zweite unterscheidet sich von ihr durch übersichtlichere anordnung des stoffes innerhalb der einzelnen paragraphen, durch reichliche literaturangaben, längere beispielverzeichnisse, umfängliche wortindices, endlich durch zahlreiche besserungen von mängeln und versehen im einzelnen, namentlich derjenigen, welche in verschiedenen besprechungen der ersten auflage aufgezeigt worden sind. Die umarbeitung ist also keine geringfügige und sie soll nachdrücklich anerkannt werden. Die ganze anlage des buches und seine wesentlichen charakteristika sind aber die gleichen geblieben und daher auch mancherlei mängel, die damit zusammenhängen. Nach wie vor ist die gliederung eine durchaus äufserliche, schematische, welche

dinge, die ihrem wesen nach zusammengehören, auseinander
reifst und die grofsen inneren zusammenhänge zwischen den
einzelerscheinungen nicht hervortreten, sondern hinter einer
unzahl von regeln verschwinden läfst. Nach wie vor ist im
altenglischen teil das Westsächsische breit in den mittelpunkt
gerückt, sodafs beim studium der folgeentwicklung die im
ersten teil erworbenen vorstellungen vom Altenglischen immer
wieder umgestülpt werden müssen. Der verfasser weist freilich
den wunsch nach einer eingehenderen behandlung der nicht
westsächsischen dialekte mit der bemerkung ab, dafs solche
'einzelheiten' 'zwar für den zukünftigen privatdozenten, aber
nicht für den zukünftigen oberlehrer, der doch nur die entwicklung des Englischen in grofsen zügen überblicken soll,
wert und interesse' hätten (I s. VIII). Als ob es sich um
einzelheiten handelte und nicht gerade die grundzüge der
englischen lautentwicklung vom Anglischen ausgingen! Die
unrichtigen und schiefen behauptungen, zu welchen diese anordnung früher den verfasser selbst fortwährend geführt hatte,
sind allerdings zumeist gebessert. Aber noch immer lesen wir
z. b., dafs ae. *ie* zu me. $\bar{e}$ wird (§ 205, II 14), noch immer erscheinen
formen wie me. *slēpe* in dem abschnitt, der 'Ae. *ǣ* im Mittelenglischen' überschrieben ist (§ 211, II 27), noch immer wird die
doppelheit von me. *slēpe* und *slēpe*, die § 211 wenigstens erwähnt ist, in der weiteren darstellung ganz aus dem auge
verloren: in der übersicht des § 250 (II 78 f.) erscheint ae. *ǣ*
aus westgermanisch $\bar{a}$ als quelle für me. $\bar{e}$, nicht auch $\bar{e}$, und
dementsprechend sind im neuenglichen teil (§ 360, s. 250) sämt-
liche wörter mit westgerm. $\bar{a}$ unter me. $\bar{e}$ angeführt, auch
read, mead, breathe, meal, obwohl schon die schreibung mit *ea*
deutlich auf eine mittelenglische grundlage mit $\bar{e}$ hinweist.
Hat Kaluza jene doppelheit, auf die er Beibl. XIII 70 hingewiesen wurde, selbst aus dem auge verloren, so ist das schlimm;
meint er aber auf diese weise die sache vereinfachen und das
studium erleichtern zu können, so ist das noch schlimmer.

Auch die widersprüche, die in der ersten auflage als folgen
hastiger kompilation hervortraten, sind noch nicht ganz getilgt.
So heifst es I 54 im anschlufs an Sweet, Viëtor und Schröer,
dafs im Englischen die lippen 'weder gespreizt noch vorgestülpt', I 61, dafs sie 'nicht stark gespreizt und nur wenig
vorgestülpt' werden. Der lernende hat also die wahl!

Bei der umarbeitung sind aber auch neue mängel hinzu-
gekommen. Die bemerkungen über die entwicklung von ae. *ĭ*-
und *ŭ*- (II 35) geben den gegenwärtigen stand der forschung
nicht gut wieder. K. lehrt, Heuser habe das richtige gefunden:
ĭ-, *ŭ*- seien im Nordhumbrischen vor nicht verstummter endung
zu *e, o* geworden und dieses *e* sei, wie *weevil* usw. zeigen, 'in
einzelnen fällen zu *ę̄*, ne. *i* gedehnt worden'. Unklar sei der
grund der dehnung zu ne. *i* in *week*. Also zwei vorgänge:
erst übergang zu *e, o* und dann in einzelnen fällen dehnung:
daran hat wohl niemand gedacht! Tatsächlich hat Heuser
zunächst nur die negative seite, den in gewissen texten deutlichen mangel an dehnung vor dem verstummten -*e* festgestellt
und ist im weiteren verlauf seiner untersuchung zur annahme
von schwebendem *i* und *u* gekommen, die teils zur länge, teils
zur kürze geführt haben sollen. *Week* ist weder ihm, noch
einem anderen der an jener diskussion beteiligten 'unklar'
geblieben, nur Kaluza. Wenn dieser nun weiter behauptet, ich
hätte die lösung Heusers 'anerkannt', so muſs ich mich nachdrücklich dagegen verwahren und ihn ersuchen, doch wenigstens
die drei seiten meiner 'Studien zur englischen Lautgeschichte',
auf denen ich meine ergebnisse und ihr verhältnis zu denjenigen
Heusers zusammenfassend darstelle (s. 140 f., 144), mit einiger
aufmerksamkeit zu lesen. Auch wer nur bescheidenen ansprüchen genügen will, wird sich wenigstens so weit bemühen
müssen.

Noch ein anderer fall sei herausgegriffen. Im phonetischen
kapitel (I 58) lehrt K., dafs die althergebrachte haupteinteilung
der sprachlaute in vokale und konsonanten auch phonetisch
durchaus gerechtfertigt sei, da die vokale reine stimmtonlaute
oder klänge, die konsonanten aber, wenn auch zum teil mit
stimmton verbunden, geräuschlaute seien. Also ist etwa *m*
ein (mit stimmton verbundener) geräuschlaut? In einer anmerkung lehnt er hierauf die lehren Sievers' ab, der 'nur die
silbische funktion der einzelnen laute' berücksichtige, danach die
vokale, liquiden und nasale als sonanten oder (!) sonorlaute
zusammenfasse und damit den funktionellen unterschied über
den prinzipiellen stelle. Kann man sich eine ärgere verwirrung
der klaren linien Sievers' vorstellen? Tatsächlich fordert dieser,
dafs zwischen der akustischen beschaffenheit, also dem wesen
der laute, und ihrer funktion in der silbe genau geschieden

11*

werde. Legt man jene der einteilung zu grunde, so zerfallen die laute in reine stimmtonlaute oder sonore (vokale, liquiden, nasale) und geräuschlaute (reibe- und verschlufslaute). Nach ihrer funktion stehen sich sonanten (silbenträger) und konsonanten (unsilbische laute) gegenüber, aber theoretisch kann jeder sprachlaut bald das eine, bald das andere sein. Wesen und funktion dürfen nicht vermengt werden. Die menschen zerfallen nach ihrer nationalität in Deutsche, Engländer, Franzosen usw., nach ihrem beruf in bauern, handwerker, angestellte und andere kategorien. Niemandem wird es einfallen, die bewohner einer stadt etwa in Deutsche und handwerker einzuteilen. Der logische fehler, der darin läge, ist nun von den antiken grammatikern tatsächlich begangen worden, als sie den vokalen, einer gruppe von stimmtonlauten, die sich durch ihre wesensähnlichkeit zusammenschliefsen, alle laute, die in den alten sprachen nur unsilbisch vorkamen, als konsonanten gegenüberstellten. Darum ist die scheidung von vokalen und konsonanten in der herkömmlichen weise phonetisch falsch.

Nun ist es ja natürlich möglich, dafs man dieser argumentation aus irgend einem grunde nicht zustimmt und sich veranlafst fühlt, gegen sie zu polemisieren. Aber voraussetzung mufs doch sein, dafs man sie zuerst einmal richtig erfafst hat und nicht gegen ein zerrgebilde ankämpft.

Es dünkt mich übrigens wunderlich, dafs diese lehren Sievers' noch nicht gemeingut geworden sind und vielfach das bemühen zu tage tritt, die alte einteilung zu retten. Sweet bezeichnet (HES. § 9) die konsonanten als 'the result of audible friction or stopping of the breath in the throat or mouth'. Aber er mufs gleich hinzufügen: 'In many consonants the friction is not audible when they are uttered with voice'. Wird damit nicht seine definition wieder über den haufen geworfen, und kann etwas unhörbares für die beurteilung eines schalles mafsgebend sein? Ähnlich sind seine äufserungen New Engl. Gram. § 653 ff. und Primer of Phonetics[3] § 64 f. Viëtor (Phon.[3—5] § 91, anm. 1) erkennt die berechtigung der Sievers'schen gruppierung ausdrücklich an, stöfst sich aber an dem 'mifsstand, dafs das, was, wenn nicht der sprache selbst, so doch der allgemeinen auffassung als ein und derselbe laut erscheint, zum teil in diese, zum teil in jene der beiden hauptgruppen von lauten gehört'. Er denkt dabei an die liquiden, welche

ja manchmal auch mit geräusch verbunden vorkommen und
die er deshalb 'in hergebrachter weise' den konsonanten, u. z.
speziell den reibelauten, zuweisen will. Also reibelaute, die
gewöhnlich kein reibegeräusch haben — mich erinnert das an
lucus a non lucendo. Kommen ferner nicht auch *i* und *u*
mit reibegeräusch verbunden vor, ersteres z. b. vielfach im
deutschen *j*, und wird es deswegen jemandem einfallen, die
geräuschlosen *i* und *u* zu den reibelauten zu stellen? Daſs über-
gangsformen zwischen zwei kategorieen bestehen, kann doch
nicht ein grund sein, sämtliche fälle blofs einer von ihnen
zuzuweisen? Welche verwirrung das zurückscheuen vor klaren
linien und das kompromifsschliefsen bei weniger sachkundigen
hervorrufen kann, zeigt gerade die darstellung Kaluzas.

Viëtor selbst hat freilich zu einem auskunftsmittel gegriffen, das scheinbar die alte einteilung rettet, indem er die
laute mit mundöffnung (vokale und *h*), denjenigen mit mund-
enge (reibelaute, liquiden) und mit mundverschlufs (verschlufslaute, nasale) gegenüberstellt. Er macht also ein einzelnes
element der artikulation zum einteilungsprinzip, anstatt den
akustischen gesamteffekt ins auge zu fassen: das kommt mir
vor, als ob man die tiere nach einem merkmal, etwa der
zahl der zehen, klassifizieren wollte, oder wie das auf der zahl
der staubgefäfse beruhende Linné'sche pflanzensystem, das doch
allgemein als etwas künstliches erkannt ist. Die folge ist,
dafs bei Viëtor so verschiedenartige dinge, wie etwa der reine
stimmton- und dauerlaut *m* und der reine geräusch- und mo-
mentanlaut *p* in einer hauptgruppe stehen, dagegen etwa *l*
und *u*, beides reine stimmton- und dauerlaute, in zweien.
Übrigens wird die alte einteilung doch nicht ganz gerettet,
denn die *h*-arten sind nach Viëtor's system keine 'konsonanten';
sie stehen mit den vokalen in einer hauptgruppe, obwohl sie
doch für das unbefangene sprachgefühl von ihnen viel weiter
abstehen als von den reibelauten, namentlich χ.

Auch was von anderen seiten, z. b. jüngst von Jespersen,
Phonetik § 115, für die alte einteilung beigebracht worden
ist, kann ich nicht für stichhaltig erachten. Im grunde genommen wirkt bei diesen versuchen doch immer — bewufst
oder unbewufst — das bestreben mit, etwas altüberliefertes,
was uns von kindesbeinen an geläufig ist, zu retten. Ich
meine, dafs wir uns davon losmachen und uns offen sagen

müssen, dafs wir in diesem punkte wie in so vielen anderen über die gelehrten des altertums hinausgekommen sind. Und ferner bin ich der hausbackenen meinung, dafs für die beurteilung der laute in erster linie eben das laute an ihnen, das was wir hören, in betracht kommen mufs.

Mancherlei wäre noch an Kaluzas buch zu besprechen. Wenn er z. b. jetzt *nē͗i͗šn̥*, *pē͗i͗šn̥t*, *ō͗u͗šn̥* und ähnlich transkribiert (II 233, 289), während er früher *nē͗i͗šən*, *pē͗i͗šənt*, *ō͗u͗šən* hatte (II 209, 240), so kann ich diese änderung nur lebhaft bedauern. In der gebildeten südenglischen aussprache fällt in solchen fällen der nachtonige vokal in der regel nicht aus, wie denn sogar der so stark abschleifende Sweet hier ə bietet. Noch schlimmer ist aber, dafs im § 397 aus der früheren auflage die angabe stehen geblieben ist, ne. ə erscheine in der schrift als *a* in *ocean*, als *e* in *patient*, als *o* in *nation* u. dgl., somit hier gelehrt wird, jene vokale seien als ə zu sprechen: der studierende hat also wieder die bange wahl, welcher lehre er mehr glauben schenken soll.

Nach dem vorgebrachten wird es nicht verwundern, dafs mein gesamturteil über die neue auflage nicht wesentlich anders lauten kann als über die frühere: das buch ist weit davon entfernt, den berechtigten anforderungen an eine historische grammatik des Englischen genüge zu leisten.

Graz, 29. März 1907.   K. Luick.

Heinrich Lange, Das Zeitwort in den beiden Handschriften von Laȝamon's Brut. Strassburger Dissertation, 1906. 130 S.

In den Laȝamon'schen wörtern *hatte*, *habben*, *ar*, *water*, *aðel*, *wal*, *braðer*, *falke*, *afel* drückt das zeichen *a* neun verschiedene laute aus; ein und derselbe laut liegt vor in *aiðes*, *arœs*, *wao*, *ihoaten*, *igreap*, *abed*, *abeod*, *leou*, *aros*, *luðe*. Daraus ergibt sich, dafs man bei unserem dichter stets genau zwischen schreibung und lautwert zu scheiden hat, ehe man seinen wortschatz, oder teile davon, in die grammatischen reihen einordnen kann.

Dem verfasser ist diese scheidung nicht immer gelungen, vielleicht als notwendig nicht recht zum bewufstsein gekommen, und so sind seine der zusammenstellung folgenden 138 an-

merkungen zu L.'s verbalformen vielfach unbefriedigend.
[1] [2] *Abed, abeod,* beide im reime, sind nur als schreibungen un-
gewöhnlich; der laut $\bar{a}^o$ steht fest. Gleiches gilt von [4] [5] *drœf,*
dreof = *draf,* [11] *lœð* = *lað*; *œ* im praet. dieser klasse ist
schreibung. [13] *swindene* ist gewiss nur verschrieben für
swundene, wie verfasser selbst für möglich hält. [112] *feolle*
(nicht *feole*) ist vom schreiber gar nicht als verbum gemeint.
Sœht (s. 117) ist praet. sg. zu *sittan, waht* (s. 119) zu *witan.*
Die zuletztgenannten formen stehen unter den „verba fraglicher herkunft", wo auch sonst mancherlei nicht fragliches
erscheint. Zu *tobrosene* A 16952 (s. 115) sagt verfasser, vielleicht liege schreibfehler für *tobrokene* vor, während professor
Koeppel *torosene* lesen will. Diese form hat, wie eine nachprüfung von Madden's lesung ergab, sicher ursprünglich im
texte gestanden; aber wenn man erwägt, dafs Laȝamon das
part. praet. von *hrēosan* überhaupt nicht kennt und in dem
einmaligen *ruren* A 27986 grammatischen wechsel aufweist, so
scheint es besser, *tobrokene* zu lesen, wie verfasser vorschlägt.
Das leuchtet um so mehr ein, als Laȝamon noch zweimal in
ganz ähnlichem zusammenhange sich dieses wortes bedient; so
darf man in *tobrosene* eine unvollständige korrektur sehen, die
an der hand des originals gemacht wurde.

ȝeȝen, wozu *ȝeiden* A 27750, braucht nicht auf an. *geyja*
zurückgeführt zu werden, da *gēgan* schon altenglisch gesichert
ist; vgl. Jordan, Anglist. Forsch. 17, 27 ff.

alaski B. 8838 für eine verschreibung von *aslaki(en)* zu
halten, wie verfasser zweifelnd vorschlägt, scheint unnötig,
zumal im selben satze *paisi* steht.

Im ganzen zeigt die arbeit sorgfältiges bemühen, das nur
in der kritik von Bülbring's jetzt naturgemäfs in einzelheiten
rückständigen (1889!) werkes über den ablaut öfters unver-
hältnismäfsig wirkt. Und jedenfalls ist des verfassers beitrag
zur grammatischen Laȝamon-literatur verdienstlich.

Bonn. Rudolf Imelmann.

Shakespeare, Twelfth Night or What You Will. Edited by Morton
Luce. London, Methuen and Co. pp. XI u. 195. 8⁰. (*The
Arden Shakespeare*: General Editor *W. J. Craig*). (1906.)
Pr. 2 sh. 6 d.

Morton Luce, A Handbook to the Works of W. Shakespeare. London,
G. Bell and Sons, 1906. pp. X u. 463. Pr. 6 sh.

Die ausgabe von "The Tempest", die uns Morton Luce
vor einigen jahren geschenkt hat und die im kreise der fachleute, besonders auch an unseren hochschulen, grofse anerkennung gefunden (vgl. unsere anzeige in diesen blättern
bd. XIV, 259 f.), liefs uns an diese neue ausgabe des Bristoler
gelehrten mit grofsen erwartungen herantreten, die auch nicht
enttäuscht wurden: denn wir finden hier, um es gleich anfangs
zu sagen, einen gleich gründlichen interpreten und kommen-
tator wie bei jenem letzten märchendrama des grofsen Briten.

Eine bemerkung, die wir bei den untersuchungen Luce's
über das stück machen möchten, betrifft eine gewisse weit-
schweifigkeit, die gewisse punkte an verschiedenen orten bringt,
statt sie an einer stelle eingehend abzutun; so wird die
quellenfrage in der "Prefatory Note" gestreift, in der einleitung behandelt und bildet dann nochmals den gegenstand von
Appendix I. Die ausgabe folgt möglichst getreu dem F von
1623 mit wenigen änderungen hauptsächlich in der interpunktion. Vier emendationen seinerseits, die wieder auf Craig,
Theobald und andere zurückgehen, hebt der herausgeber in
dem vorwort nochmals hervor, während sie unter dem text
in den noten wie die übrigen besonders erwähnt sind.

Die einleitung befafst sich naturgemäfs mit der quellen-
frage, der datierung und der charakteristik des stückes. Die
quellen werden der reihe nach überzeugend nachgewiesen, von
Plautus, den Ingannati, den Inganni des Gonzaga bis auch
Bandello ⟶ Barnabe Riche, den man bis jetzt als hauptquelle
überschätzt hat; gl' Ingannati haben auch als vorlage für das
underplot gedient. Bei angabe seiner gewährsmänner durfte
Luce von den Deutschen neben Brandl auch Delius anführen.
Einzelheiten, wie (p. XII) ob für Shakespeare das original der
Ingannati vorlage war, oder ob es sich auf die lateinische
übertragung stützte, könnten bei einer spezial-untersuchung
voraussichtlich genauer präzisiert werden. Ansprechend sind
die drei hypothesen über den titel und den zweiten titel, der

besagen soll: "Call my play what you will!", wie es ja auch
tatsächlich geschah (Malvolio!). Auch die spuren der namen
werden bis zu ihren verschiedenen vorläufern verfolgt, wobei
zugleich beispielsweise Emanuel Forde's "Parismus" (1598)
anhaltspunkte zur datierung des dramas gewährt. Diese datierung selbst ist mit beachtung aller in frage kommenden
momente durchgeführt und lautet schliefslich auf 1600 (1601?)
); der "innere" beweis stimmt hiermit überein, der Twelfth Night
wegen der kunst und des geschmackes in der ausführung für
die letzte der komödien erklärt. Als feinsinniger scholar,
der sich in die werkstatt des dramatikers ganz eingelebt hat,
zeigt sich endlich der herausgeber in der charakteristik, wo
alle in frage kommenden punkte abgehandelt sind: die voll-
kommenheit und dramatische technik des stückes samt den
stimmen darüber, die zeit der handlung und ungenauigkeiten
in derselben, der schauplatz und die idee des stückes, zum
schlüsse des herausgebers persönliche eindrücke, die er von
diesem empfangen, und die uns klar machen, dafs er nach dem
"Tempest" gerade dieses drama seines lieblings zur bearbeitung
gewählt: die theorien über die liebe und das starke persönliche element, das von Shakespeare in diesen beiden dramen
zu finden, die alle zwei eine wichtige lebensperiode abzu-
schliefsen scheinen.

Unter dem text werden genau die übrigen lesarten gegeben, dazu eine fülle von noten sprachlicher und sachlicher
natur, die sich durch reichhaltigkeit und gründlichkeit aus-
zeichnen. Man sehe z. b. die bemerkung zu II, 3, 59 an: "shall
we rouse the night owl in a catch that will draw three souls
out of one weaver?" oder eine andere strittige stelle, II, 5, 41:
"the lady of the Strachy" — Luce gibt der reihe nach die
verschiedenen erklärungen, entscheidet sich für eine oder läfst
die frage offen, wofern er nicht eine eigene hinzufügt. Beachtenswert ist darunter V, 1, 393 die note über die sprache
der clowns.

Von den drei Appendices gibt der erste näheren aufschlufs
über einzelne quellen, so den inhalt von Gl' Ingannati und von
den Inganni des Secchi, kleinere parallelen aus Bandello und
näheres über Malvolio und Aguecheek. Der zweite anhang
enthält erläuterungen über II, 4, 111—116, der dritte Spedding's
und Sir Henry Irving's einteilung in akte und scenen.

Somit dürfte die wertvolle ausgabe nicht nur dem Shake-speare-forscher, sondern auch zum gebrauch unseren kandidaten wärmstens empfohlen sein!

Die gleiche anerkennung sind wir dem trefflichen buche Luce's schuldig, in welchem er seine jahrelangen studien über Shakespeare zusammengestellt hat und seine genaue kenntnis von den forschungen über ihn dokumentiert. Wie sein hand-buch zu Tennyson, das wir vor mehr denn acht jahren an dieser stelle (Anglia-Beibl. IX, 136) besprochen haben, so bringt das Handbook to Shakespeare's Works nach einer ein-leitung, in der er sich über den plan seines buches, über die kritik und das drama verbreitet, sieben teile, von denen der sechste, "Einführung in die Werke", p. 63—378 umfassend, den kern des buches ausmacht; die anderen befassen sich mit dem zeitalter des dichters, biographischem in zwei kapiteln (ge-schichte, mythe, literarisches), einem abschnitt über die werke insgesamt ("A summary"), dann endlich über Shakespeare's philosophie und seine kunst. Die anhänge enthalten metrisches, die bibliographie und sonstige anmerkungen.

Wenn das vorwort betont, dafs das buch "soweit möglich, alle neueren untersuchungen" enthält, so hat es doch den an-schein, als ob die deutschen Shakespeare-autoren etwas zu kurz gekommen sind, wie auch im appendix I (bibliographie), der allerdings zugegebenermafsen sehr summarisch ist; aber unter den angeführten ausgaben sollte doch die kommentierte von Delius, die Luce wohl benützt hat, und bei den schrift-stellern über Shakespeare sollten namen wie Genée, Vischer, ten Brink, Brandl, Rud. Fischer neben den anderen nicht fehlen.

Fügen wir an ausstellungen noch folgende kleinere ver-sehen des druckes hinzu: p. 14 ist bei der niederlassung des John Shakespeare in Stratford 1551 statt 1581 zu lesen; bei dem mir vorliegenden exemplar ist von p. 50—64 eine voll-ständige verwirrung in der aufeinanderfolge der pps. in druck und einheftung.

In der besagten vorrede macht Luce auf Dr. A. C. Bradley's neues buch "Shakespearian Tragedy" aufmerksam, mit dem er vielfach übereinstimmt, so bei den definitionen von tragödie und komödie (p. 412 f.), mit dem er sich aber auch gelegent-lich auseinandersetzt: vgl. die scharfe kritik p. 420, note, wo

Bradley das religiöse moment im tragischen theoretisch nicht zulassen will.

Die Shakespeare-Bacon-theorie ist im vorwort kurz abgemacht: für Luce kommt unter den Elisabethanern Spenser zuerst, der für sich allein steht, dann Shakespeare und Bacon; der erste als vertreter des gemütes und der phantasie, kurz der poesie, der letztere des intellektes, der. wissenschaft, — ·der prosa; ethisch stehen sich die beiden fern, aber in dem verhältnismäfsig kleinen milieu, in dem sie lebten, mufsten sie vieles im gedanken und im ausdruck gemeinsam haben; durch diese verhältnisse ist auch die umfassende kenntnis Shakespeare's auf den verschiedensten gebieten (p. 38) zu erklären, die zu gunsten Bacon's in jener kontroverse zu sprechen scheint.

Wir halten uns nicht für kompetent genug auf dem weiten gebiete der Shakespeare-literatur, um in details an dem buche kritik zu üben, und begnügen uns damit, auf einzelne interessante oder wertvolle punkte des werkes hinzuweisen. So auf die geschickte zeichnung des mannes (p. 29), der „eine wunderbare fähigkeit des ausdruckes und eine wirkliche oder scheinbare spontaneität mit einer gleichfalls wunderbaren gedankenzucht und beherrschung des stoffes verbindet". Ich weifs nicht, ob das faktum schon anderorts genugsam hervorgehoben worden ist, das Luce wiederholt betont, dafs Hamlet und Prospero als die hauptrepräsentanten von des dichters eigener persönlichkeit gelten können, wie sich denn auch beide mit dem schauspiel sich beschäftigen. Über das verlorene stück "Love's Labour's Wonne" (p. 177) vgl. jetzt auch Tolman's artikel "What has become of Shakespeare's Play 'Love's Labour's Won'"? und unsere anzeige desselben in diesen blättern bd. XVI, 193.

Bei der einführung in die einzelnen dichtungen beginnt der verfasser stets mit ("Historical Particulars", die zunächst sich mit quellen und vorlagen befassen, um daran "Critical Remarks" zu reihen, verschiedene seiten früherer und moderner kritik zusammenfassend. Noch genauer wird bei den sonnets vorgegangen, wo zunächst über den sonnetenbau und die sonnetenmanie der Tudor-zeit gehandelt wird (Introductory), um dann zu dem problem der sonnete überzugehen, das p. 88 nochmals zusammengefafst wird; die geschichtlichen ein-

zelheiten befassen sich zunächst mit den hypothesen über
die widmung, von denen uns immer die einfachste als die
natürliche erschienen ist; eine analyse der sonnete, die Luce
geschrieben hat, hält er vorsichtigerweise noch vom drucke
zurück und verweist auf Dowden, Wyndham und Beeching.

Es würde bei unserer kurzen anzeige zu weit führen,
wenn wir noch auf das so inhaltsvolle kapitel über „die kunst
Shakespeare's" näher eingehen wollten, aus dem wir so reiche
belehrung geschöpft haben: das wachstum seiner kunst, die
künstlerische entwicklung der historischen stücke, der tragödien etc. in ihren elementen sind darin nach den verschiedensten seiten beleuchtet, die technik und ihre behandlung
der stoffe ist darin scharfsinnig und geistreich erörtert. In
appendix II sind in zwei tafeln die Verse-tests nach Ingram,
Fleay, Hertzberg, König und anderen zusammengestellt.

Wir dürfen wohl annehmen, dafs aufser den bis jetzt vorhandenen standard - works für die Shakespeare - forschung in
zukunft auch das vorliegende immer mit nutzen wird zu rate
gezogen werden.

Nürnberg, November 1906.　　Richard Ackermann.

Jules Deroquigny, Charles Lamb. Sa vie et ses œuvres. Lille 1904.
A. u. d. T.: Travaux et mémoires de l'université de Lille.
Nouvelle Série. I. Droit, Lettres. — Fascicule 3.

Während Charles Lamb in England stets eine, wenn auch
nicht grofse, so doch treue gemeinde an lesern und verehrern
besessen hat, war er im auslande verhältnismäfsig wenig bekannt. Infolgedessen hat sich auch die literarische forschung
des auslandes nur selten mit ihm beschäftigt. Namentlich in
Frankreich existierten bislang nur wenige, und teilweise recht
dürftige arbeiten, über den liebenswürdigen essayisten: Phila-
rète Chasles, Amédée Pichot, Eugène Fourcade und Louis
Dépret — mit diesen namen ist die liste derjenigen autoren,
die sich über ihn geäufsert haben, erschöpft. Es war deshalb
ein verdienstvolles unternehmen, das leben und die werke
Lambs in einer erschöpfenden arbeit zu behandeln.

In der einleitung präzisiert der verfasser mit einigen
scharfen strichen die eigentümliche stellung Lambs zu Words-

worth, Coleridge und andern vertretern der romantischen bewegung, um sodann die materiellen umstände der zeit und des
ortes darzulegen, die für seine bildung und entwickelung von
entscheidendem einfluſs geworden sind.

Der erste und hauptteil des buches behandelt das eigentliche thema in folgenden kapiteln: 1. Enfant, 2. Écolier,
3. Commis, 4. Crise, 5. Années de production (1798—1809),
6. Ralentissement dans la production (1809—1815), 7. Arrêt
dans la production (1815—1820), 8. Élia.

In diesen kapiteln erhalten wir ein klares und eindrucks-
volles bild von Lambs entwickelung und seiner persönlichkeit.
Das ist wesentlich; denn in allem, was Lamb geschrieben,
interessiert uns in erster linie der reine, goldene, köstliche
mensch. D. stützt sich nicht bloſs auf die briefe, sondern hat
auch das autobiographische material der einzelnen werke —
namentlich die kindergeschichten — im weitesten umfang für
seine darstellung verwertet. Dankbar werden ihm seine leser
für die auf pp. 191—96 mitgeteilten proben von Lambs meisterhafter unterhaltungsgabe sein.

Lambs verkehr mit seinen zahlreichen freunden wird von
D. mit besonderer aufmerksamkeit verfolgt. Dadurch gewinnt
seine darstellung nach mehrfachen richtungen hin. Denn Lamb
lebte mit seinen freunden. Alle seine fähigkeiten wachten
im freundeskreis auf. Der stumme verkehr mit ihnen nährte
seine muſsestunden. Die eindrücke seiner lektüre besprach er
im geiste mit ihnen. Daher seine freude am geselligen leben,
die weiter ging als seiner arbeit und gesundheit gut war.
Daher sein eigenartiges talent zum briefschreiben. Die beschäftigung mit seinen freunden tritt auch in seinen wirkungs-
vollsten essays hervor. Manche essays haben sich direkt aus
ansätzen in briefen an seine freunde entwickelt. So enthält
der brief an Coleridge vom 9. März 1802 im keime den essay
Dissertation etc., der im folgenden Semptember erschien. Der
brief an Wordsworth vom 18. Febr. 1818 gibt das material
zu dem essay *Many Friends etc.* Ein brief vom 11. Juni 1827
an Barton deutet bereits den inhalt des essays über die un-
fruchtbarkeit der einbildungskraft bei modernen künstlern an.

Die partien des buches, welche sich mit Lambs freunden
befassen, enthalten des interessanten viel. Über den charakter
Mannings wird ganz neues licht verbreitet. Auch das ver-

hältnis zu Coleridge wird vielfach in hellere beleuchtung gerückt. Das bild, welches wir von dem jungen, genialen schüler
von Christs Hospital erhalten, ist in höchstem mafse anschaulich und fesselnd. Wir erfahren, dafs im laufe der jahre Lamb
dem begabten freunde gegenüber durchaus nicht immer in der
rolle des anbetenden schülers steht; seinen gesunden menschen-
verstand und sein sicheres kritisches gefühl macht er zu wiederholten malen mit erfolg geltend. Dankenswert sind auch die
aufschlüsse, die uns über die vorübergehende trübung der herr-
lichen freundschaft mitgeteilt werden. Die frage, ob Coleridge
für die temporäre geistige umnachtung seines freundes mit-
verantwortlich zu machen sei, möchte ich zurückweisen. Bei
der verfassung Lambs und der eigentümlichen veranlagung
der ganzen familie war die möglichkeit eines solchen zusammen-
bruchs ohne weiteres gegeben. Auch bei andern mitgliedern
der familie, die D. nicht erwähnt, und von denen mir durch
persönliche beziehungen kenntnis wurde, zeigt sich ein auffälliger mangel an innerm gleichgewicht, dieses seltsame gemisch von tüchtigkeit und torheit, munterkeit und melancholie,
wie es des guten Charles erbteil ward. Man mufs sich, wie
der verfasser übrigens auch andeutet, wundern, dafs der zu-
sammenbruch des jungen autors sich nicht häufiger wiederholte.
An einer stelle hätte ich D.'s darstellung gern etwas genauer
und anschaulicher gesehen, nämlich dort, wo er auf den dichter-
kreis in Nether-Stowey zu sprechen kommt. Der bericht, den
uns beispielsweise Marie Gothein in ihrem buche über Wordsworth von dem freundschaftlichen verkehr der jungen poeten
entwirft, ist weitaus belebter und anziehender.

Die charakteristik der einzelnen werke, wie sie uns D.'s
buch bietet, ist anschaulich und legt auf die hauptmomente
gebührendes gewicht. Bei der besprechung von *Rosamunde
Gray* versteht es der verfasser, die autobiographischen züge
gut herauszuheben. Die feine charakteristik der *Tales of
Shakespeare* kann geradezu als musterhaft bezeichnet werden.
Das verhältnis der *Adventures of Ulysses* zum original wird
näher bestimmt. Auch Chapmans euphuistische manier, den
Homer zu übersetzen, hat der verfasser durch bestimmte
proben zu veranschaulichen gesucht. Es geht daraus hervor,
wie falsch und oberflächlich des „grofsen" Saintsbury behauptung ist, Chapmans übersetzung komme Homer durch den

ganzen eindruck, den sie bewirke, am nächsten. Aus des
verfassers bemerkungen über die *Specimens of Dramatic Poetry*
ergibt sich deutlich, welchen einflufs dieses werk auf die erweckung der romantischen bewegung gehabt hat. Die besprechung des *Elia* leitet der verfasser ein mit einigen angaben über das im jahre 1820 gegründete *London Magazine*,
in dem ja die einzelnen essays erschienen. Über bedeutung,
mitarbeiter und leistungen der zeitschrift wird sehr gut
referiert. Ich hätte an dieser stelle auch eine ausführliche
übersicht über den inhalt des Elia gewünscht. Die spätere
analyse des menschen und schriftstellers kann für den ausfall
nicht entschädigen.

Schon bei der besprechung der einzelnen werke tritt
Lambs grofse bedeutung als kritiker klar zu tage. Im wesentlichen habe ich des verfassers urteilen durchaus beipflichten
können: Lambs kritik ist weder systematisch noch erschöpfend.
Sie gibt im grofsen und ganzen nur einzelheiten. Aber in
diesen einzelheiten ist sie durchaus positiv. Immer sind es
bestimmte, lebendig gefühlte eindrücke, die den urteilen zu
grunde liegen. Bewunderungswürdig ist Lambs aufserordentlich sicherer geschmack, der sich — wie hervorgehoben —
auch Coleridge gegenüber nie verleugnet hat. Er gibt seiner
Verehrung für Burns, dem Coleridge merkwürdigerweise Bowles
vorzieht, unverhohlen ausdruck. Er sucht den sinn des glänzend begabten, phantasiebeschwingten freundes auf das einfache und natürliche zu richten. Southey empfiehlt er, sich
in seiner eigentlichen domäne, der einfachen erzählung, zu
halten. Er stellt die anmutige ungebundenheit der essays
Cowleys über die höfliche glätte Addisons. Bei Lambs verhältnis zu Shakespeare hätte der verfasser vielleicht etwas
ausführlicher verweilen können. Man mufs dies verhältnis
genau ins auge fassen, um Lambs ganzes wesen richtig zu
beurteilen. Lambs sprache nimmt vielfach ganz elisabethanische färbung an (vgl. pp. 112 ff.). Die schöne freimütigkeit
der Elisabethaner hatte ihn an weitere begriffe der moral
gewöhnt (vgl. 258). Seine grofse fähigkeit in das seelenleben
anderer einzudringen, wurde durch Shakespeare ständig ge-
nährt und vertieft. Sein eigenes gutes, grofses herz fand er
in Shakespeare wieder und das gab ihm mut und selbstver-
trauen. Übrigens ist D.'s buch reich an feinen bemerkungen

über Shakespeare und seine beurteilung durch Lamb. Vgl.
p. 157, 242, 323 etc.

Der zweite teil des werkes faſst die gewonnenen resultate
in feinsinniger darstellung unter folgenden gesichtspunkten
zusammen: 1. l'homme, 2. le sentiment, 3. l'observation,
4. l'humour, 5. l'esprit, 6. l'écrivain, 7. le critique.

Ich gehöre nicht zu denjenigen, welche analysen dieser
art als einen mehr oder minder überflüssigen appendix französischer literargeschichtlicher untersuchungen ansehen: geist
und geschmack eines schriftstellers treten in ihnen am deut-
lichsten zu tage.

Auch D.'s darstellung habe ich mit genuſs und gewinn
gelesen. Besonders interessiert hat mich das mit mancherlei
ausführlichen proben ausgestattete kapitel über Lambs humor.

Eine wertvolle bibliographie Lambs beschliefst die sorgfältige und tüchtige arbeit Deroquigny's, für die auch die
deutsche forschung dem französischen fachgenossen aufrichtig
dankbar zu sein allen grund hat.

München.   E. Sieper.

Wilhelm Bolle , Die gedruckten englischen Liederbücher bis 1600.
Ein Beitrag zur Geschichte der sangbaren Lyrik
in der Zeit Shakespeares.
        A. u. d. T.: **Palaestra XXIX.** Berlin, Mayer & Müller.
1903.

Mit dem vorliegenden buche hat Bolle einen schätzbaren
beitrag zur geschichte der sangbaren englischen lyrik im 16.
jahrhundert geliefert. Die veröffentlichungen A. H. Bullens
hatten das interesse für diese bisher wenig beachtete literatur
geweckt und den wunsch rege gemacht, sie in ihrer gesamtheit zugänglich zu wissen. Bolle kommt diesem wunsche entgegen; er bietet uns einen abdruck "aller texte aus den bisher
noch nicht neugedruckten liederbüchern" bis 1601 [1]) nebst an-

---

[1]) Die genauigkeit der Bolleschen Neudrucke habe ich leider nicht
prüfen können, da ich nicht in der lage war, stichproben anzustellen. Nur
zu den angaben über die *Musica transalpina* 1588 (s. 19), von der ich vor
jahren eine abschrift im Britischen Museum genommen habe (Signatur:
K. 3. k. 19), möchte ich mir einige bemerkungen erlauben. Das titelblatt
des *Cantus* liest: *La Verginella ... Yonge ...* take pleasure *in Musick* of

gaben über die zu grunde gelegten originaldrucke, sowie über bereits vorhandene neudrucke und über herkunft der einzelnen lieder.[1]) Es sind nicht weniger als 23 englische liederbücher, deren texte uns auf diese weise zugänglich gemacht werden. Fünf liederbücher lagen bereits in vollständigen neudrucken vor, weshalb sie Bolle von seiner sammlung ausgeschlossen hat. Ob er nicht besser getan hätte, sie trotzdem aufzunehmen und uns dergestalt ein gesamtcorpus der gedruckten englischen liederbücher bis 1601 in die hand zu geben?

Seinen neudrucken hat Bolle eine ausführliche einleitung vorausgeschickt (p. I—CXXVI). Zuerst wird die liederbuchliteratur von Wynkyn de Worde bis zu Robert Jones (1600) in grofsen zügen skizziert; Bolle schildert aufkommen, blüte und niedergang des Madrigals im elisabethanischen zeitalter und die ablösung des weltlichen chorliedes durch den deklamatorischen sologesang, die sich um die jahrhundertwende vollzog.[2]) Weiter behandelt er die frage nach dem verhältnis

---

voices ... *assignè* (*Virginella* ... *Younge* ... take pleasure of voices ... *assigne* Bolle). Die ersten sechs nummern der sammlung sind auch von G. W. Budd 1843 neugedruckt worden; neun lieder von Ferrabosco hat Arkwright in die *Old English Edition* (1894) aufgenommen, die worte allerdings hie und da abgeändert 'to make them more suitable for modern singers'. Zu nr. IV 'False Loue now shoot and spare not, Now doe thy worst I care not' konnte an den anfang von Morleys 'Shoote, false love, I care not; spend thy shafts, and spare not' (Bolle s. 91) erinnert werden. Nr. VII 'In vayne he seekes for beautie that excelleth' beruht auf Petrarcas Sonett 108, vgl. meine notiz *Engl. Stud.* 32, 160. Eine deutsche übertragung des französischen originals von nr. VIII findet sich in *Orlandi Lassi ... Teutschen Liedern mit fünff Stimmen* (Nürnberg 1583), nr. IIII: 'Susannen frumb wolten jhr ehr verletzen | zween alte durch jr schön verblendte Mann | das thet jr hertz inn schweres leiden setzen | in dem sie sah jhr keuschheit tasten an | da sagt sie jn ein schwere wahl ich han | wann ich soll ewrs verruchten willens leben | ists mit mir auß, wird ich euch wiederstreben | so bin ich gwiss mit groß vnehren tod | doch besser ists on schuld den geist auffgeben | als daß ich soll erzürnen meinen Gott.'

[1]) Die angaben über ältere neudrucke einzelner lieder hätte ich gern zu gunsten weiterer quellennachweise eingeschränkt gesehen. Dafs auf diesem gebiete noch viel zu tun bleibt, hat sich Bolle selbst nicht verhehlt. Hoffentlich findet er bald gelegenheit, seine diesbezüglichen forschungen weiterzuführen. — Im vorbeigehen sei bemerkt, dafs die verse aus Byrd's *Songs of Sundrie Natures* (1589), nr. XXXVIII 'Behold how good a thing it is for brethren to agree' Psalm 133 paraphrasieren.

[2]) Man vermifst ein verzeichnis der benutzten hilfsmittel.

von komponist und dichter und spricht sich gegen die von Davey und (zögernd) von Becker geäußerte vermutung aus, die Madrigalisten seien durchgehends ihre eigenen dichter gewesen. Biographische zusammenstellungen über die einzelnen komponisten schließen sich an; sie scheinen mir zum teil zu ausführlich geraten zu sein — der verweise auf Grove, D. N. B. usw. hätte sich Bolle nicht gar so ängstlich zu enthalten brauchen. [1]) Die einleitung gipfelt in einer eingehenden untersuchung über "inhalt und form der Morley'schen lyrik". Die wahl Thomas Morleys rechtfertigte sich dadurch, daß die liedersammlungen Morleys, eines "der ersten und bedeutendsten komponisten", "uns bis 1600 abgeschlossen vorliegen und seine texte innerhalb der einzelnen liederbücher einen noch am meisten gleichförmigen charakter tragen" (s. LXXXIII). Ich bedauere, daß Bolle unterlassen hat, dieser verdienstlichen studie durch ausgiebige vergleichung der quellen den nötigen abschluß zu geben.

Die anhangsweise beigefügten neudrucke der deutschen texte, die man in den ausgaben von Haußmann (1609) und Friderici (1624) Morleyschen kompositionen untergelegt findet, werden auch dem deutschen literarhistoriker interesse bieten.

In anbetracht des hohen preises des buches (CXXVI + 284 s. — 11,50 M.) hätte der verlag für ein besseres papier sorge tragen sollen. Es ist nicht dicht genug, um ein durchscheinen zu verhindern, und sein glanz macht sich einem empfindlicheren auge unangenehm bemerkbar.

---

[1]) Der titel der s. XLIX angeführten italienischen Madrigalsammlung, die als vorbild für die *Triumphs of Oriana* anzusehen ist (*British and Foreign Review*, 1844), lautet korrekt: IL TRIONFO DI DORI, DESCRITTO DA DIVERSI, Et posto in Musica, à Sei Voci, da altretanti Autori. In Venetia Appresso Angelo Gardano (vgl. Eitners Bibliographie der Musiksammelwerke des XVI. und XVII. Jahrhunderts, 1877, s. 222). Husk's angabe (bei Grove, *Oriana*) "the earliest extant edition ... was printed at Antwerp in 1601", war dahin zu berichtigen, daß die erste ausgabe im jahre 1592 in Venedig erschienen ist. — Der auf s. LXIV genannte Nürnberger lautenist hat nicht Gerse, sondern Ger*le* geheißen.

Halle a. S.   Otto Ritter.

Zur alliteration im Ne.

Bei dem eifrigen studium der alliteration in me. und ne. dichtungen[1]) wird vielleicht öfter übersehen, dafs dieser schmuck des verses auch auf zufall beruhen kann. Interessant ist in dieser beziehung eine äufserung Thom. de Quincey's in seinen *Confessions of an Opium-eater* (The World's Classics, p. 105), wo es in einer anmerkung zu der stelle: "... after exchanging a *f*ew parting words, and a *f*ew *f*inal or *f*arewell *f*arewells with my *f*aithful *f*emale agent, *f*urther business I had none[2]) ..." heifst: "Some people are irritated, or even fancy themselves insulted, by overt acts of alliteration, as many people are by puns. On their account let me say that, although there are here eight separate *f*'s in less than half a sentence, this is to be held as pure accident. In fact, at one time there were nine *f*'s in the original cast of the sentence, until I, in pity of the affronted people, substituted *female agent* for *female friend*.

Kiel. F. Holthausen.

II. UNTERRICHTSWESEN.

G. Krüger, Englisches Unterrichtswerk, II. Teil: Grammatik, gekürzte Fassung. 265 ss. Leipzig, G. Freytag 1907. Preis geb. 2 Mk. 40. —

Von der gröfseren „grammatik" erscheint hier eine wesentlich (um mehr als 100 seiten) gekürzte ausgabe. Durch diese kürzung ist zu meiner freude das ausgezeichnete buch auch den schulen zugänglich geworden, die wenig zeit auf das studium des Englischen verwenden können. Und auch in dieser gekürzten fassung bietet die grammatik noch genug auch für höhere anforderungen.

Ich brauche hier wohl kaum etwas über die vorzüge von Krügers arbeiten zu sagen. Die regeln seiner grammatik zeichnen sich, wie hinreichend bekannt, durch ihre klare und vielfach originelle fassung aus. Was uns an den musterbei-

---

[1]) Hier wird eben über alliteration bei Bale, Pope und Byron (spez. *Don Juan*) gearbeitet!

[2]) Die kursivierung von mir.

spielen besonders wohltuend berührt, ist, dafs sie echtes, modernes Englisch geben. Viele unserer, selbst neuerer und neuester, englischen grammatiken machen durch ihre veralteten beispiele den eindruck von antiquitätensammlungen. Und oft das Englische! Was soll man dazu sagen, wenn man z. b. in Röttgers' Englischer Schulgrammatik (§ 290, zusatz) liest: „Doch ist heute vielfach die akkusativform it is *me*, it is *him* (*her*), it is *us* (!!!), *them* (!!!) üblich geworden." — — Welcher gebildete lehrer möchte hier *him*, *her* und gar *us*, *them* lehren? Und in derselben grammatik (§ 94) werden formen wie *beautifuller*, ja sogar *excentricalest* als sehr üblich gegeben! Diese letztere form ist Jerome K. Jerome entlehnt, der auch von anderer seite ausgiebig als quelle für englische mustersätze angezogen worden ist. Ich will doch im interesse unserer eigenen sprache hoffen, dafs „die Berliner Range" oder „Buchholzens in Italien" nicht *vice versa* in England als autorität für gutes Deutsch in schulbüchern aufnahme finden: das ist ganz der gleiche fall auf Deutsch! —

Solchen grammatischen elaboraten gegenüber sticht Krügers grammatik unendlich vorteilhaft ab.

Um zu zeigen, wie trotz der knappen fassung Krügers grammatik über manch schwierigen punkt auskunft gibt, will ich die behandlung von *sail* als singular und plural hier wiedergeben. Bei Im. Schmidt, Schulgrammatik (s. 10) heifst es, die substantive *sail*, *cannon* ... werden in der singularform gebraucht, wo im Deutschen der plural oder ein eigenes kollektivum steht. — Röttgers (s. 169) gibt an, dafs in der .. seemannssprache *sail* .. in kollektivem sinne ohne pluralzeichen gebraucht werde. — Bei Krüger heifst es (§ 34): *Sail* bedeutet:

1. ein segel, z. b. The wind has torn my little sail. Der plural davon ist *sails*; The wind has torn our sails;

2. ein aus der ferne wahrgenommenes, auf dem wasser segelndes schiff, z. b. We saw a sail and gave chase. Der plural ist *sails*: We saw two *sails*, one on the starboard bow [bau], the other about two miles astern of us (achtern);

3. die gesamtfläche, welche die segel eines schiffes dem winde bieten, z. b. It is dangerous to carry too much sail;

4. als plural, aber fast nur nach zahlwörtern, bedeutet sail: schiffe, z. b. With five sail of the line and six frigates

(*fri˙gėtβ*) he attacked a fleet of twenty sail. Of these, eleven sail were captured, the rest escaped;

5. in gewissen ausdrücken = the *sails*, z. b. to set sail to (in see gehen nach), to strike sail die segel streichen, to shorten sail die segel einziehen, with all sail alle segel aufgesetzt. —

Das ist klar, und der lehrer, der nach diesem buch unterrichtet, braucht nicht auf jeder seite zusätze zu machen und verbessern zu lassen; sollte ihm hie und da eine ausführung für seine zwecke noch zu lang sein, so kann er streichen: das ist leichter und schneller getan, als das in anderen grammatiken oft so notwendige bessern.

So wünsche ich denn der neuen grammatik den besten erfolg und empfehle sie hiermit allen fachgenossen aufs wärmste.

Darmstadt, Dezember 1906. H. Heim.

E. Wilke, Einführung in die englische Sprache. Ein Elementarbuch für höhere Schulen. Fünfte verbesserte Auflage der Stoffe zu Gehör- und Sprechübungen. Leipzig, Verlag von Raimund Gerhard 1905. 254 ss. geb. 2 Mk. 20.

Ein durchaus brauchbares aus der praxis hervorgegangenes schulbuch, das sich in seiner neuen auflage gewifs auch neue freunde zu den alten erwerben wird. Wer sich mit dem buch bekannt machen will, dem ist vor allem die „gebrauchsanweisung“ zur durchsicht zu empfehlen, in der der verfasser auseinandersetzt, in welcher weise hier die lautlehre, formenlehre, syntax und die sprechübungen in einander gearbeitet sind, und wie sie am besten durchgearbeitet werden können. Als ergebnis weist der verfasser für das erste schuljahr (das buch ist auf zwei jahre berechnet) auf:

1. Aus den wortgruppen allein, abgesehen von den lesestücken, wird ein wortschatz von über 500 wörtern gewonnen und deren aussprache genau geübt.

2. Neun kleinere und 18 gröfsere lesestücke werden besprochen, zehn kleinere und drei gröfsere gedichte, sowie eine ziemliche anzahl von proverbs und idiomatismen werden erlernt.

3. Sämtliche wortarten, dabei eine ziemliche anzahl von unregelmäfsigen verben, sind vorgeführt worden.

4. Zusammenhängende schriftliche übungen werden im anschluſs an das behandelte geliefert.

5. Von anfang an werden die schüler im verstehen des gesprochenen wortes geübt und zum sprechen angehalten. Zur einübung der aussprache ist eine im ganzen recht brauchbare phonetische umschrift gewählt, die auch im wörterverzeichnis jedem wort beigegeben ist. Die grammatischen regeln sind klar und bündig gefaſst und alle übungsstücke, die englischen wie die deutschen, durchaus praktisch gehalten.

Der druck ist sehr klar und korrekt, das papier von angenehmer gelblich weiſser farbe und recht kräftig. Das ganze buch verdient volles lob und warme empfehlung.

Darmstadt.   H. Heim.

III. NEUE BÜCHER.

In Deutschland erschienen vom 1. Januar bis 30. März 1907.

1. Sprache.

a) **Wilser** (Dr. Ludw.), Stammbaum der indogerman. Völker u. Sprachen. Nach e. Vortrag. 38 s. Jena, Costenoble. M. 1.

Preuss (A.), Syntaktische Prinzipien. Progr. Graudenz. '06· 20 s.

Delbrück (B.), Synkretismus. Ein Beitrag zur german. Kasuslehre. VII, 276 s. Straſsburg, Trübner. M. 7.

Prokosch (E.), Beiträge zur Lehre vom Demonstrativpronomen in den altgermanischen Dialekten. Diss. Leipzig. '06· 94 s.

b) **Kaluza** (Prof. Dr. Max), Historische Grammatik der englischen Sprache. 2. verb. u. verm. Aufl. Berlin, E. Felber.
II. Laut- u. Formenlehre des Mittel- u. Neuenglischen. XVI, 546 s. M. 11, geb. 12.

Eilers (F.), Die Dehnung vor dehnenden Konsonantenverbindungen im Mittelenglischen, mit Berücksichtigung der neuenglischen Mundarten. Diss. Göttingen. '06· 44 s.

Hesse (H.), Perfektive u. imperfektive Aktionsart im Altenglischen. Diss. Münster. 1906. 100 s.

Lange (H.), Das Zeitwort in den beiden Handschriften von Laȝamon's Brut. Diss. Straſsburg. '06· 130 s.

Redepenning (H.), Syntaktische Kapitel aus der "Ancren Riwle". Diss. Rostock. '06· 199 s.

Robertson (W. A.), Tempus u. Modus in der altenglischen Chronik. Hss. A u. E. (C. C. C. C. 173, Laud 636.) Diss. Marburg. '06· 80 s.

Hauck (E.), Systematische Lautlehre Bullokars. (Vokalismus.) Diss. Marburg. '06· 104 s.

c) **Höge** (O.), Die Deminutivbildungen im Mittelenglischen. Diss. Heidelberg. '06· 55 s.

Martin (Fr.), Die produktiven Abstraktsuffixe des Mittelenglischen. Diss. Straſsburg. '06. 79 s.

Hemken (E.), Das Aussterben alter Substantiva im Verlaufe der englischen Sprachgeschichte. Diss. Kiel. '06· 63 s.

Geldner (J.), Untersuchung einiger altenglischer Krankheitsnamen. Diss. Würzburg. '06· 48 s.

d) **Lekebusch** (J.), Die Londoner Urkundensprache von 1430—1500. Ein Beitrag zur Entstehung der neuenglischen Schriftsprache. Diss. Göttingen. '06· 87 s.

Franzmeyer (F.), Studien über den Konsonantismus u. Vokalismus der neuenglischen Dialekte auf Grund der Ellis'schen Listen u. des Wright'schen Dialect Dictionary. Diss. Strafsburg. '06· 87 s.

Schilling (K. G.), A Grammar of the Dialect of Oldham (Lancashire). Diss. Giefsen. '06· 150 s.

e) **Loewe** (Dr. Heinr.), Lexikon der Handelskorrespondenz: Deutsch-Englisch-Französisch. Unter Mitwirkg. v. Harry Alcock u. C. Charmillot hrsg. 7. Aufl. IV, 571 s. Berlin, Regenhardt. Geb. M. 7,50.

Schmidt (R.), Viersprachiges autotechnisches Wörterbuch. Deutsch - Französisch-Englisch-Italienisch. 193 s. Leipzig, R. C. Schmidt & Co. Geb. M. 2,80.

Knortz (K.), Amerikanische Redensarten. Leipzig, Teutonia-Verl. M. 1.

2. Literatur.

a) Allgemeines.

Wülker (R.), Geschichte der englischen Literatur. 2. Aufl. 9.—14. Lfg. Leipzig, Bibliogr. Institut. je M. 1.

Koehler (Dr. W.), Geschichte des literarischen Lebens vom Altertum bis auf die Gegenwart, in den Grundzügen dargestellt. 1. Tl. Grundlegung. 1. Halbbd. XVI, 108 s. Gera, Untermhaus, W. Koehler. M. 2,50.

Hillmann (W.), England u. Schottland in den englisch-schottischen Volksballaden. Diss. Halle. '06· 99 s.

Wegener (Rich.), Die Bühneneinrichtung des Shakespeare'schen Theaters nach den zeitgenössischen Dramen. Halle, M. Niemeyer. M. 4,40.

Weitnauer (K.), Ossian in der italienischen Literatur bis etwa 1832, vorwiegend bei Monti. Diss. München. '05· 72 s.

Ortlepp (Paul), Sir Joshua Reynolds. Ein Beitrag zur Gesch. der Ästhetik des 18. Jhdts. in England. XI, 84 s. Strafsburg, Heitz. M. 2,80.

Sieper (Ernst), Das Evangelium der Schönheit in der englischen Literatur u. Kunst des 19. Jhdts. 30 Vorträge üb. die Vorbereitg. u. Entwickelg. der ästhet. Kultur in England. VIII, 377 s. Dortmund, F. W. Ruhfus. Geb. M. 9.

Richter (K.), Die Entwickelung des Seeromans in England im 19. Jhdt. Diss. Leipzig. '06· 82 s.

b) Literatur der älteren Zeit.

Taxweiler (R.), Angelsächsische Urkundenbücher v. kentischem Lokalcharakter. Diss. Berlin. 60 s.

Lydgate. Bergen (H.), Description and Genealogy of the Manuscripts and Prints of Lydgate's Troy Book. Diss. München. '06· 75 s.

Reicke (C.), Untersuchungen über den Stil der mittelenglischen alliterierenden Gedichte Morte Arthure, The Destruction of Troy, The Wars of Alexander, The Siege of Jerusalem, Sir Gawayn and the Green Knight. Ein Beitrag zur Lösung der Huchown-Frage. Diss. Königsberg. '06· 85 s.

Neumeister (R.), Der verzauberte Topf. Ein mittelenglisches Gedicht. Diss. Erlangen. '06· 15 s.

Davies (J.), A Myrroure for Magistrates. Considered with special reference to the sources of Sackville's contributions. Diss. Leipzig. '06· 46 s.

c) Literatur des 16.—18. Jahrhunderts.

Shakespeare. Bleibtreu (Karl), Der wahre Shakespeare. 2. Aufl. 49 s. Münster, G. Müller. M. 1.

— Winckel (Frz. v.), Shakespeare's Gynäkologie. 23 s. Leipzig, Breitkopf u. Härtel. M. 0,75. (Sammlg. klinischer Vorträge. N. 441.)

— Lüdemann, Über den Begriff Tragik u. die Tragik im Hamlet. Progr. Pankow. '06· 7 s. 4⁰.

— Meier (Prof. Dr. Konrad), Klassisches in Hamlet. Progr. Dresden. 56 s. 4⁰.

— Joachimi-Dege (Marie), Shakespeare-Probleme im 18. Jhdt. u. in der Romantik. Leipzig, H. Haessel Verl. M. 5.

— Holzer (Oberrealsch.-Prof. Gust.), Die Apotheose Bacon-Shakespeares. Eine Studie. 31 s. Karlsruhe, Gutsch. M. 0,50.

— Schreckhas (R.), Über Entstehungszeit u. Verfasser des "Titus Andronicus". Diss. Rostock. '06· 64 s.

Richards (A. E.), The English Wagner-Book of 1594. Edit. with Introduction and Notes. Diss. München. 32 s.

Ignoramus. Gundy (J. L. van), "Ignoramus". Comœdia coram regia majestate Jacobi regis Angliae. An examination of its sources and literary influence with special reference to its relation to Butler's Hudibras. Diss. Jena. '06· 104 s.

Beaumont and **Fletcher.** Herbst (C.), Cupid's Revenge by Beaumont and Fletcher und Andromana, or the Merchant's Wife in ihren Beziehungen zu einander u. zu ihrer Quelle. Diss. Königsberg. 1906. 74 s.

Vacano (Dr. Steph.), Heine II. Sterne. Zur vergleich. Literaturgeschichte. 83 s. Berlin, Fontane & Co. M. 2.

Stanglmaier (K.), Mrs. Jane Barker. Ein Beitrag zur englischen Literaturgeschichte. Diss. München. '06· 83 s.

d) Literatur des 19. Jahrhunderts.

aa) **Byron's** (Lord) Briefe. Ausgewählt, aus dem Engl. übers. II. erläutert v. Jarno Jessen. 341 s. Leipzig, Reclam. M. 1.

— Pönitz (A.), Byron und die Bibel. Diss. Leipzig. '06· 122 s.

Shelley. Droop (A.), Die Belesenheit Percy Bysshe Shelley's nach den direkten Zeugnissen u. den bisherigen Forschungen. Diss. Jena. '06· 167 s.

Wordsworth. Bönig (K.), William Wordsworth im Urteile seiner Zeit. Diss. Leipzig. '06· 88 s.

Lewis. Weigang (J.), Lewis's Monk und Ossian in ihrem Verhältnisse zu Lord Byron. Diss. Zürich. '05· 64 s.

Buckle. Fränkel (Dr. F.), Buckle u. seine Geschichtsphilosophie. II, 113 s. Bern, Scheitlin, Spring & Co. M. 1,50.

Kingsley. Samtleben (G.), Charles Kingsley. Hamburg, Agentur des Rauhen Hauses. Kart. M. 1,90.

Carlyle. Adler (E.), Jane Welsh Carlyle. Wien, Akadem. Verl. M. 2,40.

Tennyson. Dyboski (Roman), Tennyson's Sprache u. Stil. Wien, W. Braumüller. M. 15.

Morris. Bartels (H.), William Morris, The Story of Sigurd the Volsung and the Fall of the Nibelungs. Eine Studie über das Verhältnis des Epos zu den Quellen. Diss. Münster. 1906. 80 s.

Ruskin (John), Der goldene Zauberfluß od. die schwarzen Brüder. Ein Märchen aus Steiermark. Nacherzählt v. W. Blumentritt u. Sophie Steinwarz. 63 s. München, Einhorn Verl. Geb. M. 1,50.

— Broicher (Charlotte), John Ruskin u. sein Werk. Sozialreformer, Professor, Prophet. 3. Reihe. Essays. VIII, 327 s. Jena, J. Diederichs. M. 5, geb. 6.

— Besser (Dr. Reinhold), John Ruskins Beziehungen zu Thomas Carlyle. Progr. Dresden. 34 s. 4⁰.

Wilde (Osc.), sämtliche Werke in deutscher Sprache. Wiener Verlag. Jeder Bd. M. 2, geb. 3.
    5. Betrachtungen. Übers. v. Emanuela Mattl-Löwenkreuz 303 s.
— Der Priester II. der Mefsnerknabe. 62 s. Budapest, Schneider & Kunert. M. 2.
— Weisheiten. 126 s. Wien, Wiener Verl. M. 1.
— Greve (Fel. Paul), Oscar Wilde. 2. Aufl. 57 s. Berlin, Gose & Tetzlaff. M. 0,50.

    bb) **Collection of British Authors.** Leipzig, Tauchnitz. je M. 1,60.

3935—36. Doyle (A. Conan), Sir Nigel. 2 vols.
3937—38. Crawford (F. Marion), A Lady of Rome. 2 vols.
3939.   Bennett (Arnold), Whom God hath joined.
3940.   Pemberton (Max), The Lady Evelyn. A Story of To-day.
3941.   Philips (F. C.), A Barrister's Courtship.
3942.   Wells (H. G.), The Future in America. A Search after Realities.
3943—44. Malet (Lucas) [Mrs. Mary St. Leger Harrison], The Far Horizon. 2 vols.
3945.   Clifford (Mrs. W. K.), The Modern Way.
3946—47. White (Percy), The Eight Guests. 2 vols.
3948.   Norris (W. E.), Harry and Ursula. A story with two sides to it.
3949.   Osbourne (Lloyd), The Motor Maniacs.
3950.   Haggard (H. Rider), Benita. An African Romance.
3951.   Ruskin (John), The Seven Lamps of Architecture. With Illustrations drawn by the Author.
3952.   Rita, The Pointing Finger.
3953.   Phillpotts (Eden) and Bennett (Arnold), The Sinews of War. A Romance of London and the Sea.

    cc) **Library, the English** (Neue Aufl.). Leipzig. je M. 1,60.
72. Howells (W. D.), Tuscan Cities. (N. Aufl.)

    dd) **Unwin's Library.** London u. Leipzig, T. F. Unwin. je M. 1,50.
43. Prichard (K.) and Prichard (Heketh), The New Chronicles of Don Q.
47. Holdsworth (Annie E.) [Mrs. Lee-Hamilton], The Iron Gates.

    e) Amerikanische Literatur.

Emerson. Gleichen-Russwurm (Carl Alex. Frhr. v.), Emerson. 55 s. Berlin, Gose & Tetzlaff. M. 0,50.
Poe. Häusser (E.) u. Schäfenacker (P.), Der Rabe von Edgar Allan Poe. Zwei metrische Übersetzungen. (Im Anhang drei übersetzte Gedichte Poe's.) Progr. Mannheim. '06· 20 s. 4º.
Whitman (Walt). Binns (Henry Bryan), Walt Whitman, ein Leben. Aus dem Engl. v. Johs. Schlaf. VII, 450 s. Leipzig, Haessel. M. 6, geb. 7.
— Bertz (Ed.), Whitman-Mysterien. Eine Abrechnung m. Joh. Schlaf. 175 s. Berlin, Gose & Tetzlaff. M. 2,50.

    3. Erziehungs- und Unterrichtswesen.

    a) Allgemeines.

Rein (W.), Encyklopädisches Handbuch der Pädagogik. 2. Aufl. 5. Bd. 2. Hälfte. VII, s. 481—982. Langensalza, H. Beyer & Söhne. Subskr.-Pr. M. 8.
Perkmann (Prof. Dr. Jos.), Die wissenschaftlichen Grundlagen der Pädagogik. 2. erw. Aufl. V, 48 s. Langensalza, Beyer & Söhne. M. 0,70.
Weber (Dr. Ernst), Ästhetik der pädagog. Grundwissenschaft. X, 367 s. Leipzig, Wunderlich. M. 4, geb. 4,60.
Hösel (P.), Die Erziehung zur geistigen Selbständigkeit. Leipzig, J. Klinkhardt. M. 0,50.

Kerp (Kreisschulinsp. Heinr.), Die Erziehung zur Tat zum nationalen Lebenswerk. 192 s. Breslau, Hirt. M. 2,50.

Megede (Marie zur), Frauengedanken über Menschenerziehung· IX, 204 s. Berlin,. F. Fontane & Co. M. 3, geb. 4.

Wagner, Über Persönlichkeitsbildung. Rede. Progr. Altona. '07· 8 s. 4⁰.

Jones (A. J.), Charakterbildung in den englischen Schulen in Theorie u. Praxis. Diss. Jena. '06· 75 s.

Lewinski (Ger.-Assess. K. v.), England als Erzieher? (Aus Beiträge z. Erläuterg. des deutschen Rechts.) 74 s. Berlin, F. Vahlen. M. 1.

Hilmer (H.), Amerikanische u. deutsche Volkserziehung. Leipzig, Teutonia-Verl. M. 0,60.

Bergervoort (Dr. B.), Erziehungsbilder. 2. Taus. 285 s. Einsiedeln, Benziger & Co. M. 2,20, geb. M. 3,20.

Lietz (H.), Deutsche Landerziehungsheime. Leipzig, R. Voigtländer. M. 1.

Mielke (R.), Beiträge zur Frage der Kunsterziehung in der Schule. Progr. Berlin. '06· 12 s. 4⁰.

Pabst (Sem.-Dir. Dr. A.), Die Knabenhandarbeit in der heutigen Erziehung. VIII, 117 s. Leipzig, Teubner. M. 1.
(Aus Natur u. Geisteswelt. 140.)

Dürr-Borst (M.), Die Erziehung der Aussage u. Anschauung des Schulkindes. Diss. Zürich. '06· 32 s. m. 17 Tab.

Hellwig (Bernh.), Die 4 Temperamente bei Kindern. Ihre Äuserung u. ihre Behandlg. in Erziehg. u. Schule. Als Anh. Das Temperament der Eltern, Lehrer u. Erzieher. 9. Aufl. 74 s. Paderborn, Esser. M. 1, geb. 1,60.

Gründler (Reg.- u. Schulr. Ernst), Nur treu! Seminar-Ansprachen. 213 s. Leipzig, Dürrsche Buchh. M. 2,25, geb. 2,80.

b) Geschichte der Pädagogik.

Volkmer (Sem.-Dir. Schulr. Dr.), Grundriſs der Volksschul-Pädagogik in übersichtl. Darstellung. 2. Bd. Gesch. der Erziehg. u. des Unterrichts. 11. Aufl. VI, 382 s. Habelschwerdt, Franke. M. 3, geb. 3,50.

Blumberger (Frdr.), Übersicht über die Geschichte der Pädagogik u. Allgemeine Schulkunde. Köln, M. Dumont-Schauberg. M. 1,30.

Eggersdorfer (Frz. Xaver), Der hl. Augustinus als Pädagoge u. seine Bedeutg. für die Geschichte der Bildung. V, XIV, 238 s. Freiburg i/B., Herder. M. 5.

Keller (weil. Pfr. u. Schulinsp. Chr. Geo.), D. Martin Luther über Jugenderziehung u. Volksbildg. Vortrag. 44 s. Basel, Kober. M. 0,50.

Comenius (Joh. Amos), Groſse Unterrichtslehre. Mit Einleitg., Übersetzg. u. Kommentar v. Prof. Schulr. Dr. G. A. L i n d n e r. 5. Aufl. X, LXXXIX, 311 s. Wien, Pichlers Wwe. M. 2.

— B o h l e n (J. L.), Die Abhängigkeit des Pädagogen Joh. Amos Comenius von seinen Vorgängern. Diss. Erlangen. '06· 83 s.

Winckelmann's (Joh. Just.) einfältiges Bedenken. Eine pädagog. Reformschrift aus d. J. 1649. Mit Vor-, Nachwort u. Register vers. v. W. D i e h l. Berlin, A. Hofmann & Co. M. 3,50.

Scherer (Schulr. H.), Die Pädagogik als Wissenschaft v. Pestalozzi bis zur Gegenwart in ihrer Entwicklg. im Zusammenhang mit dem Kultur- u. Geistesleben dargestellt. II. Abt. Die Entwickelg. der wissenschaftl. Pädagogik. IV, 288 s. Leipzig, Brandstetter. M. 4, geb. 4,60.

Herbart's (Joh. Frdr.) sämtliche Werke. In chronol. Reihenfolge hrsg. v. K a r l K e h r b a c h. 12. Bd. hrsg. v. O. F l ü g e l. XII, 353 s. Langensalza, Beyer & Söhne. M. 5, geb. 6,50.

Häntsch (Sem.-Oberl. Dr. K.), Herbarts pädagog. Kunst u. von pädagog. Kunst überhaupt. Ein Beitrag zum Kampf um Herbart u. e. Einführg. in d. Studium seiner Pädagogik. V, 83 s. Leipzig, Wunderlich. M. 1,20.

Lebermann (B.), Die pädagogischen Anschauungen Conrad Heresbachs. Diss. Würzburg. '06· 143 s.

Kühne (J.), Philippe Sylvestre Dufour u. seine Instruction morale d'un père à son fils. Leipzig, J. Klinkhardt. M. 4.

Busse (R.), Aus Ludwig Wiese's pädagogischem Vermächtnis. Ein Gedenkblatt zu seinem 100jährigem Geburtstag. Progr. Küstrin. '06· 15 s. 4°.

Beiträge zur österreichischen Erziehungs- u. Schulgeschichte. Hrsg. v. der österreich. Gruppe der Gesellschaft f. deutsche Erziehungs- II. Schulgeschichte. 8. Heft. III, 135 s. Wien, C. Fromme. M. 2,50.

Delbrück (Frdr.), Die Jugend des Königs Friedrich Wilhelm IV. v. Preußen u. des Kaisers u. Königs Wilhelm I. Tagebuchblätter ihres Erziehers D. (1800—1809.) Mitget. v. Archivr. Dr. Geo. Schuster. I. T. (1800—1806). LXII, 530 s. m. 4 Taf. u. 15 Fks. Berlin, A. Hofmann & Co. M. 12, geb. 13. (Monumenta Germaniae paedagogica. XXXVI. Bd.)

Andenken, dem, der Universität Frankfurt 26. IV. 1506 — 10. VIII. 1811. Festschrift zur 400. Wiederkehr ihres Gründungstages. 114 s. Frankfurt a/M., Waldow. M. 1,50.

Brode (Prof. Dr. Rhld.), Die Friedrichs-Universität zu Halle. 2 Jahrhunderte deutscher Geistesgeschichte. IV, 68 s. Halle, C. Nietschmann. M. 2.

Oergel (D. Geo.), Universität II. Akademie zu Erfurt unter der Fremdherrschaft 1806—14. 57 s. Erfurt, C. Villaret. M. 1.

Fluri (Adf.), Die Bernische Schulordnung v. 1591 u. ihre Erläuterungen II. Zusätze bis 1616. 71 s. Berlin, A. Hofmann. M. 1,20. (Beiträge zur Gesch. der Erziehg. u. des Unterrichts in der Schweiz. Hrsg. v. der Gruppe Schweiz der Ges. f. deutsche Erziehgs.- u. Schulgesch.)

c) Psychologie.

Erni (Lehr. Dr. Joh.), Psychologische Pädagogik. Ein Lehr- u. Lesebuch f. Studierende u. Interessenten der Erziehungswissenschaft. VII, XIV, 210 s. Schaffhausen, C. Schoch. M. 2,40.

Richter (Paul), Psychologie f. Lehrerbildungsanstalten. 1. Tl. Leipzig, Teubner.

Reybekiel-Schapiro (H.), Die introspektive Methode in der modernen Psychologie. Diss. Zürich. '06· 48 s.

Safar (M.), Zur Stellung des Gefühls in unserem Seelenleben. Mit bes. Beziehung auf die Lehre von der Priorität des Gefühls. Diss. Jena. '06· 119 s.

Siebengartner (Gymn.-Prof. Markus), Die erste Entwickelg. des Kindes. Auf Grund der neueren Kinderforschg. dargestellt. 52 s. München, Höfling. M. 0,80.

Queyrat (Gymn.-Prof. Fr.), Das Denken beim Kind II. seine Pflege. Nach der 2. Aufl. des Originals übers., mit Anm. u. Vorwort vers. v. Paul Krause. VIII, 84 s. Leipzig, Teubner. M. 1,20, geb. 1,60.

Baade (Walt.), Experimentelle u. krit. Beiträge zur Frage nach den sekundären Wirkungen des Unterrichts, insbes. auf die Empfänglichkeit des Schülers. Leipzig, O. Nemnich. M. 4.

Radossawljewitsch (Paul R.), Das Behalten u. Vergessen bei Kindern II. Erwachsenen nach experimentellen Untersuchungen. Leipzig, O. Nemnich. M. 5.

Krüger (Fel.), Beziehungen der Phonetik zur Psychologie. Leipzig, J. A. Barth. M. 2.

Stössel (weil. Lehr. Edwin), Darstellung, Kritik u. pädagog. Bedeutung der Herbartischen Psychologie. Kann Herbarts Psychologie als ausreich. Grundlage der pädagog. Methodologie gelten? Eine krit. Untersuchg. Hrsg. v. Dr. Alfr. M. Schmidt. XVI, 231 s. Altenburg, Unger. M. 3.

d) Gesundheitspflege.

Schmidt (Prof. Dr. F. A.), **Möller** (Turninsp. K.), **Radczwill** (Lehrerin Minna), Schönheit u. Gymnastik. 3 Beiträge zur Ästhetik der Leibeserziehg. VIII, 224 s. m. 39 Abbildgn. Leipzig, Teubner. M. 2,80, geb. 3,20.

Scharnagl (J.), Über den erziehlichen Wert der Jugendspiele. Progr. Kremsier. '06· 10 s.

Stadelmann (Dr. Heinr.), Das nervenkranke Kind in der Schule. Vortrag. 12 s. Magdeburg, Faber'sche Buchdr. M. 0,50.

Siebert (Dr. Frdr.), Ein Buch f. Eltern. 2 Tle. 1. Den Müttern heranreifender Töchter. 2. Den Vätern heranreifender Söhne. 3. unveränd. Aufl. 128 u. 120 s. München, Seitz & Schauer. M. 1,80.

— Wie sag ichs meinem Kinde? Gespräche über Entstehg. v. Planzen, Tieren u. Menschen. III, 172 s. Ebd. M. 1,80.

Höller (K.), Die sexuelle Frage u. die Schule. Leipzig, Nägele. M. 1.

Siegert (G.), Was? Wer? Wie? Wann? 4 Fragen üb. die sexuelle Aufklärung unserer Jugend. Leipzig, Teutonia-Verl. M. 0,50.

e) Unterrichtsorganisation.

Diels (H.), Internationale Aufgaben der Universität. Gel. Berlin. ’06· 38 s. 4°.

Lentz (Ernst), Pädagogisches Neuland. Ausgewählte Aufsätze u. Vorträge z. e. naturgemäfsen u. nationalen Neugestaltg. der höheren Schulen. Berlin, O. Salle. M. 3.

Steinbart (Geh. Reg.-R. Dir. Dr. O.), Die Durchführung der preufs. Schulreform in ganz Deutschland. II. Vortrag. 17 s. Duisburg, J. Ewich. M. 0,75.

— Zur Weiterführung der Schulreform in Preufsen. Vortrag. 15 s. Duisburg, J. Ewich. M. 0,50.

Lehmann (Prof. Dr. Rud.), Die gegenwärtige Entwickelung unserer höheren Schulen. Rede. 16 s. Posen, Merzbach. M. 0,60.

Meyer (Eduard), Humanistische u. geschichtliche Bildung. Vortrag. 41 s. Berlin. Weidmann. M. 0,60.

Fuchs (Jos.), Die staatliche Bedeutung der Gymnasien. Wien, Konegen. M. 0,70.

Guhrauer (H.), Die Aufgabe des Gymnasiums in der Gegenwart. Progr. Wittenberg. ’06· 13 s. 4°.

Foerster (Prof. Dr. Paul), Anti-Roethel Eine Streitschrift. An die Freunde des humanist. Gymnasiums. 49 s. Leipzig, Teutonia-Verl. M. 0,60.

Herberich (Mädchensch.-Insp. Dr. Gust.), Entwurf zu e. Lehrplan f. die Oberrealschule. 52 s. Nürnberg, N. E. Sebald. M. 1.

Born (C.), Aufgaben u. Ziele der Realschule. Progr. Calbe a. S. ’06· 36 s. 4°.

Jantzen (Schuldir. Dr. H.), Die Mädchenschulreform. Tatsachen u. Aussichten. Vortrag. 46 s. Königsberg, Gräfe u. Unger. M. 0,80.

Noth (G.), Simultanschulfrage vom Standpunkt der theoret. Pädagogik aus. Diss. Jena. ’06· 48 s.

f) Didaktik und Methodik.

Fischer (Sem.-Lehr. Konrad), Allerlei Ratschläge f. das Lehr- u. Schulamt. Ein Wegweiser f. junge Lehrer. 2. unveränderte Ausg. VIII, 133 s. Hannover, C. Meyer. M. 1.

Hannemann (Rekt. Frz.), Erziehungsarbeit in der Schule. 192 s. Berlin, Heymann. M. 3.

Just (Prof. Dr. Karl), Charakterbildung u. Schulleben, od. die Lehre von der Zucht. Vorträge geh. bei den Ferienkursen in Jena. IV, 85 s. Osterwieck, A. W. Zickfeldt. M. 1,50.

Kiefer (O.), Zur Frage der körperlichen Züchtigg. bei Kindern. Leipzig, Leipziger Verl. M. 0,60.

Gansberg (Lehr. F.), Schaffensfreude. Anregungen zur Belebung des Unterrichts. 2. Aufl. XXII, 123 s. Leipzig, Teubner. M. 3.

Roller (Oberl. Karl), Hausaufgaben u. höhere Schulen. V, 143 s. Leipzig, Quelle & Meyer. M. 2,80, geb. 3,20.

Verhandlungen der III. Konferenz der Direktoren der Mittelschulen (Gymnasien u. Realschulen) im Erzherzogt. Oesterreich unter der Enns. Hrsg. v. Landesschulinsp. Dr. Aug. Scheindler. 2. Bd. IV, 196 s. Wien, Hölder. M. 5,20.

Aus dem pädagog. Univ.-Seminar zu Jena. 12. Hft. Hrsg. v. Prof. Dr. W. Rein. IV, 99 s. Langensalza, Beyer & Söhne. M. 1,25.

Ernesti (Conr.), Aus Seminar u. Schule. Gesammelte Schriften üb. Erziehg. u. Unterricht. Paderborn, F. Schöningh. M. 4,50.

Heims (Wilh.), Wie erlernt man fremde Sprachen? Winke f. d. Selbstunterricht, zugleich ein Beitrag zur Methodik des Studiums fremder Sprachen f. prakt. Zwecke. 3. Aufl. 80 s. Leipzig, W. Heims. M. 1.

Falkenberg (Wilh.), Ziele u. Wege f. den neusprachlichen Unterricht. Methoden u. Lehrpläne f. den neusprachl. Unterricht an höheren Lehranstalten u. Fachschulen. Der Privat- u. Selbstunterricht u. der Aufenthalt im Auslande. IV, 108 s. Cöthen, O. Schulze. M. 1,25.

Finger (Sem.-Lehr. Mich.), Der fremdsprachliche Unterricht in den Lehrerbildungsanstalten. 68 s. Leipzig, Dürr'sche Buchh. M. 1.

Walter (Mustersch.-Dir. M.), Aneignung u. Verarbeitung des Wortschatzes im neusprachlichen Unterricht. Vortrag. (In erweiterter Form.) Aus: Neuere Sprachen. 36 s. Marburg, N. G. Elwert. M. 0,75.

Aschauer (E.), Der internationale Briefwechsel auf der Mittelstufe. Progr. Troppau. '06· 5 s.

Martin (J.), Bildung u. Sprachunterricht. Kleine vergleich. Betrachtg. bes. hinsichtl. der Pflege der neueren Sprachen an d. humanist. Gymnasien Bayerns. Progr. Erlangen. '06· 46 s.

g) Lehrbücher für den englischen Unterricht.

aa) **Books** for the Young. Hamburg, O Meissner's Verl.
N. 1. Four Tales for the Young. Jack and the Bean-Stalk, a Fairy-Tale. — N. H a w t h o r n e, Pegasus, the Winged Horse, A Wonder Tale. — N. H a w t h o r n e, Midas, the King with the Golden Touch, A Wonder Tale. — W. W h i t e h e a d, The Skater and the Wolves. Arranged for the use in Schools, with Notes by G. H ö f t. 45 s. M. 0,30.

Bulwer-Lytton (Edw.), The Last of the Barons. In gekürzter Fassung f. den Schulgebrauch hrsg. v. Dr. F r i t z M e y e r. 144 s. Leipzig, G. Freytag. Wien, F. Tempsky. M. 1,60.

Burnett (F. H.), Little Lord Fauntleroy. Erkl. v. Dir. Dr. A. S t o e r i k o. Ausg. A. 2. verb. Aufl. V, 108 s. Gotha, Perthes. Geb. M. 1. Wbch. 19 s. M. 0,20. — Ausg. B. m. engl. Anmerkungen. 2nd ed. V, 129 s. Geb. M. 1. Wbch. 0,20.

Dickens (Charles), Sketches. Sel. and annotated by L o u i s H a m i l t o n. 152 s. m. Abbildgn. Leipzig, Freytag. Geb. M. 1,50.

Fison (E.) and **Ziegler's** (M.) Select Extracts from British and American Authors in Prose and Verse for the Use of Schools. An Introduction to the Study of Literature. 3rd ed. Rev. and enlarged by Proff. DD. E. R e g e l and F. K r i e t e. IX, 427 s. Halle, Gesenius. M. 3,50, geb. 4.

Giberne (Agnes), The Mighty Deep and What we Know of it. In Auszügen m. Anm. u. Fragen nebst Wbch. hrsg. v. W. S t u r m unter Red. v. Prof. Dr. C. Th. L i o n. Mit 11 Abbildgn. Rechtmäfsige Ausg. IV, 139, 27 u. 48 s. Dresden, Kühtmann. M. 1,20.

Haastert (Prof. N. Fr.), On English Trade. Für die Oberklassen v. Handelsschulen. 168 s. Leipzig, G. Freytag. Geb. M. 1,60.

Irving (W.), Tales from the Sketch-Book. Für den Schulgebrauch erklärt v. G. W o l p e r t. VIII, 90 s. Leipzig, Renger. M. 1,10.

Irving (Washington), The Life and Voyages of Christopher Columbus. Vorgeschichte u. erste Entdeckungsreise. Erklärt v. Prof. E. S c h r i d d e. 3. Aufl. 220 u. 31 s. Berlin, Weidmann. M. 2,20.

Longfellow, Selections. Für den Schulgebrauch hrsg. m. e. Einleitg. u. Anmerkungen in engl. Sprache von J o h a n n e s B u b e. 152 s. Leipzig, G. Freytag. Geb. M. 1,50.

Macaulay's History of England. Wörterbuch zum 26. Bdchn. Von Oberl. Dr. R u d o l p h. 28 s. Glogau, Flemming. M. 0,50.

Modern Explorers: Livingstone. Parry. Ross. Franklin. Nansen. Saussure. Tyndall. Whymper. Hrsg. u. erkl. v. Prof. Dr. W e r s h o v e n. III, 121 u. 27 s. Dresden, Kühtmann. M. 1,20.

Ruskin (John), Ausgewählte Stücke. Hrsg. v. Dr. R h o l d. B e s s e r. XVIII, 116 u. 76 s. Leipzig, Stolte. Geb. M. 1,40.

Shakespeare (William), Julius Caesar. A Tragedy. Für den Schulgebrauch hrsg. v. Prof. Dr. A. S t u r m f e l s. Leipzig, G. Freytag. M. 1,50.

Sharp (Evelyn), The Other Boy. Mit Anmerkgn.· zum Schulgebrauch u. e. Wörterbuch vers. v. F. Mersmann. 128, 15 u. 24 s. Paderborn, Schöningh. M. 1,50.

Wiggin (Kate Douglas), Rebecca of Sunnybrook Farm. In gekürzter Form hrsg. v. Lehrerin Elis. Merhaut. 128 s. Leipzig, Freytag. Geb. M. 1,20. Wbch. 41 s. M. 0,40.

bb) **Bube** (J.), Elementarbuch der englischen Sprache. Schlüssel. VI, 61 s. Stuttgart, A. Bonz & Co. Geb. M. 2.

Ellinger (Dr. Joh.) u. **Butler** (Percival A. J.), Lehrbuch der englischen Sprache. Ausg. B. (f. Töchterschulen). 1. Tl. Elementarbuch. 170 s. Wien, F. Tempsky. M. 2,50 (geb.).

Kleinschmidt (Oberl. Max), Kurzgefafste Grammatik der englischen Sprache. VI, 28 s. Leipzig, Teubner. M. 0,20.

Krueger (Gust.), Englisches Unterrichtswerk f. höhere Schulen. Unter Mitwirkg. v. Will. Wright bearb. 2. Tl. Grammatik. Gekürzte Fassung. 266 s. Leipzig, G. Freytag. M. 2,40.

Peters (Prof. J. B.) u. **Gottschalk** (A., Handelsschul-Oberl.), Kurzer Lehrgang der englischen Sprache f. kaufmännische Schulen u. ähnl. Anstalten. XII, 251 s. Leipzig, Neumann. Geb. M. 2,80.

Haberlands englische Unterrichtsbriefe. 28.—30. Brief. Leipzig, Haberland. Je M. 0,75.

4. Geschichte und Geographie.

a) **Hodgson** (C. E.), Jung Heinrich, König v. England, Sohn Heinrichs II. 1155—1183. Diss. Jena. 1906. 83 s.

Niethe (F.), Die Schlacht bei Azincourt. (25. Oct. 1415.) Ein Beitrag zur mittelalterlichen Kriegsgeschichte. Diss. Berlin. '06· 58 s.

Hitzigrath (Heinr.), Die politischen Beziehungen zwischen Hamburg u. England zur Zeit Jakobs I., Karls I. u. der Republik. 1611—1660. Berlin, K. Curtius. M. 1.

b) **Bamberg's** Schulwandkarte der Britischen Inseln. 1 : 800000. 8. verb. Aufl. Physikal. Ausg. 4 Blatt je 70×57 cm Farbdr. Berlin, C. Chun. Brosch. M. 10, auf Leinw. m. Stäben 17,50; m. polit. Grenzen 12, aufgez. 17,50.

Lecky (W. E.), Das britische Kolonialreich. Übers. v. J. Imelmann. Mit Nachschrift v. Hans Delbrück. 31 s. Berlin, Stilke. M. 0,50.

Baedeker (Karl), Londres et ses environs. Manuel du voyageur. Avec 4 cartes et 38 plans. 11e éd. Refondue et mise à jour. XXXVIII, 372 u. 44 s. Leipzig, Baedeker. Geb. M. 6.

c) **Baumgartner** (Kantonssch.-Prof. Andr.), Erinnerungen aus Amerika. 221 s. m. 49 Abbildgn. Zürich, Art. Institut Orell Füfsli. M. 3,50; geb. 4,50.

Danell (Prof. Dr. E.), Geschichte der Vereinigten Staaten von Amerika. VI, 170 s. Teubner. M. 1.

Dove (Prof. Dr. K.), Die angelsächs. Riesenreiche. Eine wirtschaftsgeograph. Untersuchg. II. Die Vereinigten Staaten v. Nordamerika. VI, 65 s. Jena, H. Costenoble, M. 2,50.

5. Folklore.

Mogk (Eug.), Germanische Mythologie. Der 2. verb. Aufl. 2. Abdr. (Aus Paul's Grundrifs der german. Philol. 2. Aufl.) VI, 177 s. Strafsburg, Trübner. M. 4,50, geb. 5,50.

Begemann (E.), Zur Legende vom heiligen Georg, dem Drachentöter. Gel. Hamburg. '05· 20 s.

Leipzig.   Paul Lange.

IV. MITTEILUNGEN.

A New

English Dictionary On Historical Principles.

(Volume VII: O — P.)
Piper — Polygenistic.
By Dr. James A. H. Murray.

This triple section extending from PIPER to POLYGENISTIC contains 3171 Main words, 805 combinations explained under these, and 657 Subordinate entries of obsolete forms, etc., amounting to 4633. The *obvious combinations* classified and illustrated under the Main words, number 903 more, raising the total to 5536. Of the Main words, 2465 (77³/₄ %) are now current English, native or naturalized, 487 (15¹/₃ %) are marked † as obsolete, and 219 (6¹¹/₁₂ %) ‖ as alien, or not fully naturalized.

Comparison with Dr. Johnson's and some more recent Dictionaries shows the following figures: —

	Johnson.	Cassell's 'Encyclo-pædic.'	'Century' Dict.	Funk's 'Standard.'	Here.
Words recorded, *Piper* to *Polygenistic*	435	2366	3090	3067	5536
Words illustrated by quotations	366	590	728	2б3	4261
Number of illustrative quotations	1311	991	2207	438	20848

The quotations in Richardson, *Piper* to *Polygenistic*, are 990.

Among the more important articles in this triple section (in some of which the history of the sense-development presents extraordinary difficulties) are those on PLAY sb. and v. (17 cols.), POINT sb. and v. (about 88 senses in the sb., as if to satirize the Euclidean definition 'a point is that which hath no parts'), PLACE, POLICE and its family, PITCH v.¹ and sb.², the PLIGHT group, PLOUGH and its compounds, the POEM-POETRY group, also *plain, plate, pocket, polarize*. Under *play* is seen by what steps a word originally, and still often, meaning brisk and vigorous action as in *swordplay*, a fire-engine in full *play* (i. e. in full action), has come in miner's speech to mean cessation from work, idlenes. The words and senses of historical interest are many; the articles on *pit and gallows* under PIT sb.¹, *pittance, pixy, placard, placebo, placet, plack¹, plagiary, planet, plantation* and *planter*, PLATFORM, *pleasane, polder*, PLUMBAGO, PLUM-PUDDING (with its predecessors *plum-porridge*, and *plum-pie*), PLUNDER, *plurality* (in voting), PLUS, *Plymouth cloak*, POINT-BLANK, *pole-ax*, and the juridical words PLEA, *plead, pledge, plevin, poind*, show how much early history and folk-lore, early science, and legal antiquities, are here illustrated. Interest of divers kinds also attaches to the words *pismire, pistol, plantain*, the curious Scottish academical use of *pneumatics* and *pneumatology* (the philosophy of spiritual beings), and the discussion of the *plough-land*.

As to their origin, very few of the words have any claim to be considered original Germanic, but *pith, plat* sb.¹, (v.¹), *play* sb. and v., *plight* v.¹ (sb.¹), *plough, pluch*, and *pock*, are common to Old-English with other Teutonic languages. *Plough* does not appear till the very end of the Old English period, indeed (as name of the implement), not certainly till sixty years after the Norman Conquest. As Old High German *phluog* occurs in literature c. 830, and in a collection of glosses a century older, and testifies to the existence of a West Germanic *plôg* before the date of the O. H. G. sound-shift, the late appearance of the word in England is remarkable.

Does it point to the introduction at a late date of a new or improved type of the implement, with its continental name? Other words which English has in common with Dutch and Low German (more rarely with High German also) are *plack, plash, pleck, pluff, plug, plump, poke* v. (whence *poker*); although these appear late in all the languages, one is fain to think that most of them must have had a common ancestry in an earlier time. Some of them, as *plash, pluff, plump,* were evidently onomatopœic formations of early date; similar formations in English itself probably appear in *pirl, pirr, pirrie, pish! pit-a-pat, pitter-patter, plod, plop, plout, plouter, plunk.* Words from Latin already in OE. (and in several cases in West Germanic) are *pit, pitch* (resin), *plant* v. and sb., *plaster, plum, po* (= peacock), and *pole* (of wood). But the great majority of the words here included came in from Old French. They are found on nearly every page, and need not here be specified, though it may be pointed out that occasionally, as in *plash, pleach, poke*[1], *pouch,* we have doublet forms from two Old French dialects, and that English itself has sometimes differentiated a single French word in confining plaintiff to the plaintive party in an action at law. The Old French words were mainly, of course, from Latin; but there are not a few of which the origin is unknown to French etymologists, and which come to us with all the mystery of their origin, to increase our own native problems. The more recent words, from Latin direct, or through later French, also abound, and groups of them occur in *pisci-, plan(o-, pleni-, plur(i-, polar(i-,* etc. More numerous are the groups of scientific terms from Greek in *placo-, plasmo-, platy-, pleio-, pleo-, plesio-, pleuro-, pneum(o-, pneumat(o-, podo-, pœcilo-,* and *poly-* (of which last only about one third are here included). Of words from distant languages, the North American, Indian tongues have contributed *pipsissewa, pocan, pocosin, pogy, poke, poke-loken;* Carib has given *piragua, pirogue, piwarrie;* Quichua, *pita;* Tupi, *pipi*[1]; Maori, *pipi*[2], *poebird;* Hawaiian, *poi;* Telugu, *pitta;* Marāthī, *poligar;* Persian, *pistachio;* Russian (alas!), *pogrom.* New, more accurate, or fuller etymological information will be found under *plat* sb.[3], *plod* v., *plot, plumbago, plump* adv., *ply* v.[2], *poetry, point, point-blank, polarize, poldavy, pole-ax, policy*[2]; the history of the construction in *if you please* appears under PLEASE v.; see also *poach* (for game). The recognition of the historial fact that POINT in English represents *two* French and Romanic words, never confused in those languages, has made it possible to arrange the senses in a clearer order than has hitherto been done in English Dictionaries.

Herausgegeben von Prof. Dr. **Max Friedrich Mann** in **Frankfurt a/M.**

Verlag von Max Niemeyer, Halle. — Druck von Ehrhardt Karras, Halle.

Beiblatt zur Anglia.

Mitteilungen
über englische Sprache und Literatur
und über englischen Unterricht.

Preis: Für den Jahrgang 8 Mark.

(Preis für 'Anglia' und 'Beiblatt' jährlich 24 Mark.)

| XVIII. Bd. | Juli 1907. | Nr. VII. |

I. SPRACHE UND LITERATUR.

Beówulf. Mit ausführlichem Glossar herausgegeben von
M. Heyne. 7. Auflage, besorgt von **A. Socin.** Paderborn,
F. Schöningh. 1903. VIII u. 298 ss. 8⁰.

Wenn der alte spruch: *De mortuis nil nisi bene* auch für
rezensionen gälte, dann dürfte ich dies buch überhaupt nicht
besprechen, da seit jahren jede neue auflage desselben mir
anlafs zu scharfem tadel gegeben hat. Aber es gibt ja in der
anglistik leider noch mehr bücher, die das *lasciate ogni spe-
ranza* an der stirn tragen, und doch immer wieder, wenn auch
immer resignierter, besprochen und, was schlimmer ist, gekauft
werden. Zu diesen gehört in erster reihe Heyne-Socins Beowulf.
Die stimme der kritik hat keinen der beiden herausgeber, die
allerdings (zu unserm troste sei es gesagt!) auch beide keine
anglisten waren, je veranlassen können, einmal gründlich den
text, die anmerkungen und das glofsar von alten fehlern zu
säubern und der neuen zeit rechnung zu tragen. So wimmelt
auch diese auflage wieder von groben und gröbsten irrtümern
und versehen, und wenn ich das ganze buch, das ich natürlich
bei der bearbeitung meiner ausgabe gründlich durchgeackert
und mit schier unzähligen frage- und ausrufszeichen, randnoten
und besserungsvorschlägen übersät habe, hier eingehend besprechen wollte, so könnte ich eine ganze nummer dieses blattes
damit füllen. Aber da, wie ich höre, Dr. Schücking eine neue,

hoffentlich sehr verbesserte, auflage vorbereitet, so will ich
mir die mitteilung meiner bedenken bis zum erscheinen dieser
ersparen, falls der gröfste teil meiner kritik dann überhaupt
nicht hinfällig geworden ist. Alle besitzer des buches werden
ja ohnehin schon wissen, dafs auch vor dem ankauf dieser
7. auflage jeder student nachdrücklichst zu warnen ist, eines
buches, vor dem die muse der anglistik schamhaft und
trauernd zugleich ihr haupt verhüllt. Und so etwas haben
wir uns ein menschenalter hindurch gefallen lassen, gekauft,
empfohlen und bei übungen und interpretationen zu grunde
gelegt! *Nostra maxima culpa!* Wahrlich, kein anderes fach
hat ursache, die junge englische philologie um ihre kinder-
stube zu beneiden!

Kiel, im monat Mai 1907.   F. Holthausen.

Joh. Jak. Köhler, Die altenglischen Fischnamen.
A. u. d. T.: **Anglistische Forschungen,** herausgeg. von **Dr. Joh.
Hoops,** Heft 21. Heidelberg, C. Winter's Universitätsbuch-
handlung 1906. 87 Ss. 8⁰.

Der verfasser behandelt nach dem muster ähnlicher arbeiten dieser sammlung die 35 aus ae. zeit bekannten fischnamen, indem er die belege sammelt, die bedeutungen der
namen festzustellen und diese selbst zu erklären sucht. Dafs
ihm auf diesem schwierigen gebiete viel neues zu bieten nicht
geglückt ist, wollen wir ihm nicht zum vorwurf machen;
jedenfalls hat er sich redliche mühe gegeben. Was mir bei
der lektüre aufgestofsen ist, sei hier anspruchslos zusammengestellt.

In der einleitung wäre noch meine gleichung: as. *grimpo*
'gobio' = gr. χρέμψ (K. Z. 28, 282) nachzutragen; ferner möchte
ich fragen, ob *ǣl* 'aal' nicht (wegen seiner gestalt!) mit *ahle*
'pfriemen' zusammengestellt werden könnte? — S. 27: entstehung von *bōl* aus *bogl* scheint mir undenkbar, denn *broden,
stroden, frunon* sind offenbar analogiebildungen, indem nur das
palatale *g* vor *d, l* und *n* schwindet. — S. 31 f.: *facg* ist doch
eine unmögliche form und der ac. sgl. oder pl. *fage* setzt entweder ein nom. sgl. *fagu* oder *fāg* voraus, aber kein *fage*! —
S. 35 oben: zu ae. *flōc* vgl. lat. *plaga* bei Walde. — S. 36
unten: über *forélle* vgl. jetzt H. Schröder, P. Br. B. XXXII, 120 ff.

— S. 37: zur etymologie von *forn* vgl. Walde s. *fario.* —
S. 38: über das suffix *-te* im Westfäl. vgl. jetzt verf., P. Br. B.
XXXII, 293 ff. — S. 42: auch nl. *snoek,* westf. *snauk* 'hecht'
hätte erwähnt werden können, vgl. westf. *snak* 'schlank' und
Falk-Torp unter *snage.* — S. 46: ist *häring* vielleicht an gr.
κόρος, κόρθος etc. anzuknüpfen (vgl. Walde s. *creo*)? — S. 47 f.:
ist *hĕard-hara* 'harder' etwa 'hartkopf', zu gr. *κάρᾱ, κάρη,*
κάρηνον etc. 'haupt'? — S. 55 oben: über *salmo* vgl. jetzt
Walde s. v. — Zu s. 62: die echt westfäl. form ist *müənə,* vgl.
Woeste. — S. 67 f. Die auseinandersetzungen über den namen
der *roche* bedürfen sehr der berichtigung. Zunächst ist *rohhe*
offenbar eine jüngere form von *rĕohhe,* das mit accentum-
springung über *rẹohhe > rohhe* werden konnte, vgl. ne. *sow*
'nähen', *show* 'zeigen' und Bülbring, Ae. Elem.-Buch § 325 ff.
sowie Sievers, Idg. Forsch. XIV, 32 ff.; XV, 336 ff. Mnl. und
mnd. *roche* ist wohl ebenso ein engl. lehnwort, wie dies dän.
rokke und schwed. *rokka* sind: hier ist der diesen sprachen
unbekannte gutturale stl. spirant durch die entsprechende
tenuis ersetzt (Falk-Torp[1]) nehmen entlehnung der skand.
wörter aus dem Mnd. an). Im Me. leben beide formen des
wortes noch weiter: ae. *rĕohhe* als *reighe, reihe, righe, rehge,*
dagegen ae. *rohhe* als *roughe, rouhc, rohge* (vgl. Köhler s. 70).
Ne. *roach* kann selbstverständlich nur frz. lehnwort sein. —
S. 73: *scylga* neben *scĕalga* weist entweder auf einen *jan*-stamm
hin, oder *y* steht hier für ws. *e* nach palatal (Bülbring, Ae.
El.-Buch § 314). — Ib. z. 4 v. u. l. *uox* statt *mox*! — S. 74:
die etymologie von *scĕalga* liegt auf der hand, da es offenbar
zu aisl. *skialg-r,* ae. *scĕolh,* ahd. *scelah,* nl. *scheluw* 'schief,
scheel', gr. *σκολιός* 'schief, krumm', lat. *scelus* 'bosheit, verbrechen' etc. gehört. Der fisch (die plötze) heifst 'der schiefe'
wegen des schief nach aufwärts gestellten maules! — S. 78:
über *tinca* vgl. noch Walde s. v. — S. 82: könnte *styria* 'meer-
schwein' vielleicht zum gleichbedeutenden lat. *tursio* gehören?
— S. 84: über *acipenser* vgl. Walde s. v.

---

[1] Köhler erwähnt deren (unmögliche) anknüpfung von *roche* an *rauh,*
ohne jedoch das dort gegebene historische verhältnis der formen zu berücksichtigen!

Kiel.   F. Holthausen.

Dr. Carl Weiser, Englische Literaturgeschichte. Zweite, verbesserte
und vermehrte Auflage. Leipzig, G. J. Göschensche Verlags-
buchhandlung 1906 [= Sammlung Göschen, Nr. 69].
175 ss., kl. 8⁰.

Dafs das büchlein einem bedürfnis entgegen gekommen
ist und beifall gefunden hat, beweist die notwendig gewordene
neuauflage. Bei einer so knappen darstellung, die — besonders
in der älteren zeit — nur das wichtigste hervorheben kann,
wäre nun zunächst strengste vermeidung aller journalistischen
floskeln und phrasen strengste pflicht des verfassers. Statt
dessen finden wir überall dutzende von zeilen, die ruhig gestrichen werden könnten, ohne dafs irgend ein leser sie vermissen würde; auf dem dadurch gewonnenen raume könnte
vorteilhaft mancher allzu kurz behandelter oder ganz aus-
gelassener dichter, manches kaum erwähnte dichtwerk eine
stelle finden! Noch viel schlimmer ist es aber, wenn (meist
in den ersten kapiteln des büchleins) eine reihe längst wider-
legter irrtümer noch ruhig wiederholt werden. Ein Weiser,
der in der universitätsstadt Wien lebt, sollte doch wissen,
dafs England im ae. *Engla-land*, nicht *Angla-land* heifst
(s. 12); ib. ist die übersiedelung der Angelsachsen mit 445 viel
zu spät angesetzt (vgl. Thurneysen, Engl. Stud. XXII, 163 ff.).
Woher weifs der verfasser, dafs die Sachsen einen gott *Beowa*
verehrten und warum ist vom kampf mit Grendels mutter
in der inhaltsangabe des Beowulfliedes s. 14 gar keine rede?
Dafs dies eine „schöpfung des volksgeistes", von verschiedenen
bearbeitern an verschiedenen orten verfafst und später von
einem rhapsoden zusammengefafst sei, wird heutzutage nur
noch wenig zustimmung finden (s. 15); überraschend wirkt die
behauptung, dafs in der ersten halbzeile der stabreim zweimal,
in der zweiten „gewöhnlich" nur einmal erscheine (ib.). Ebenda
steht die gewifs nicht auf tiefem studium der dichtung beruhende mitteilung, die sprache sei „knapp"! Schlimmeres
finden wir s. 16: darnach schildert uns Kädmon selbst, wie
ihn göttliche inspiration zum dichten angeregt habe (wo denn?);
die Exodus ist ein masc.! Auf s. 17 rechnet W. das lied von
der schlacht bei Brunnanburg zu den „alten heldensagen" und
meint, bis zu Alfreds tode seien alle erfolge der Dänen „von
kurzer dauer" gewesen! Alfred übersetzt „die schätze der

römischen literatur", neben Kynewulf und Alfred kennt der
verfasser eine „fast unübersehbare reihe von schriftstellern
zweiten ranges", während wir gewöhnlichen forscher uns bisher
mit einigen wenigen namen begnügen mußten! Nach s. 18
war Kynewulf „ein fahrender sänger", der „manche kriegs-
und seefahrt mitgemacht hatte", sein hauptwerk ist noch
immer der dreiteilige Christ (nicht bloſs die himmelfahrt
Christi), sein letztes werk die schicksale der apostel. Auch
die rätsel werden ihm sogar noch zugeschrieben (s. 19). Vielleicht nimmt Dr. W. einmal in einer freiviertelstunde den
13. band der Anglia zur hand und liest den ersten aufsatz
von Sievers darin!

Nach diesen proben wundert es uns nicht, noch immer
die anglische Bedaübersetzung unter Alfreds werken genannt
zu sehen und in der jüngeren Genesis nur „anklänge" an den
altsächs. Heliand erblicken zu müssen (s. 20). Sollte der verfasser wirklich nichts von der vor nunmehr 13 jahren erfolgten
auffindung des originals, der as. Genesisdichtung, erfahren
haben? Reizend macht sich der „Earl of Byrchtnoth"
s. 20 und verblüffend die behauptung, die dänische invasion
habe „keine nennenswerten spuren" in der englischen sprache
hinterlassen. Hunderte von skand. lehnwörtern reden doch
eine deutliche sprache, meine ich! Björkmans dickes buch ist
offenbar noch nicht bis nach Wien gelangt. — Köstlich ist es,
daſs hr. W. s. 26 "Sir John Maundeville" noch für eine wirkliche person hält, der „ein vielgereister mann" war! „Die
visionen Peters des pflügers" ist auch ein alter fehler, der
nicht immer wiederholt werden sollte (s. 30 f.), desgl. die behauptung s. 32, Luther habe die deutsche, Chaucer die englische
schriftsprache geschaffen. Wie Gower ib. als „reformator"
Englands bezeichnet werden kann, ist mir unverständlich; be-
dauerlich ist auch, daſs der verfasser von der wiederauffindung
und herausgabe der grofsen franz. dichtung Gowers, des
Speculum meditantis, noch nichts weiſs! Die *Canterbury Tales*

---

¹) Ich muſs mich allerdings schuldig bekennen, in meiner Elene-
ausgabe s. XII denselben irrtum begangen zu haben. Dies geht aus
v. 1259 f. durchaus nicht hervor, denn auch als krieger oder gefolgsmann
konnte er in der halle schätze und *æplede gold*, d. h. offenbar 'goldschmuck
mit buckeln', erhalten.

sind durchaus nicht alle in heroic couplets abgefafst (s. 38)
und nur der kann Lydgates dichtungen in bezug auf „schönheit und klangfülle der verse" neben diejenigen Chaucers
stellen (s. 39), der nie eine zeile von ihm gelesen hat. —
Unter den „Anfängen des Dramas" s. 45 erwartet man doch
mindestens die erwähnung, dafs die ältesten geistlichen spiele
aus der kirchlichen osterfeier hervorgegangen sind und in der
kirche selbst aufgeführt wurden; bei W. werden gleich auf
einem platz vor der kirche fertige biblische stücke gespielt.
Übrigens tragen diese in England niemals in älterer zeit den
namen „mysterien"! Moralitäten tauchen nicht erst unter der
regierung Heinrich VIII. auf (s. 46); das älteste, *Pride of Life*,
gehört ja noch dem 15. jahrhundert an. Wunderlich ist die
behauptung s. 48, die moralitäten gingen allmählich in die
maskenspiele über.

Wo der verfasser in die ne. literaturperiode kommt, werden
die fehler natürlich geringer, aber auch hier fehlts nicht an
dingen, die zum widerspruch reizen, so s. 64 die vermutung,
Shakespeares verhältnis zu der schwarzen dame der sonette
sei „rein platonischer art" gewesen, oder s. 65 die empfehlung
der textausgabe von Delius und der biographien von Elze,
Koch und G. Brandes!

Wenn hr. Weiser sein büchlein nochmals zu bearbeiten
hat, möge er doch von der neueren forschung ein wenig mehr
notiz nehmen, oder, wenn ihm dies nicht möglich sein sollte,
sich wenigstens der hilfe eines wissenschaftlich gebildeten
anglisten für die ersten 5 kapp. versichern. Solche krasse
fehler abermals dem grofsen publikum aufzutischen, sollte sich
ein Dr. phil. eigentlich schämen!

Kiel.   F. Holthausen.

Bonner Beiträge zur Anglistik, herausgegeben von **Prof. Dr. M.
Trautmann.**

Heft XV: **Dr. Paul Boll, Die Sprache der altenglischen glossen
im Ms. Harley 3376;** K. D. Bülbring, Über erhaltung des altenglischen kurzen und langen *œ*-lautes im Mittelenglischen. P. Hanstein. Bonn 1904. 8⁰. 100 + 40 S. M. 5.

Im elften bande des Beiblatts hat Bülbring über die sprache
der ae. glossen im ms. Harley gehandelt. Jetzt hat er einen

schüler angeregt, eine vollständige laut- und formenlehre von ihnen zu liefern.

Dr. Boll schliefst sich in der lautlehre, wie er sagt, ziemlich eng an seines lehrers Ae. Elementarbuch an. In diesem anschlufs ist er aber so weit gegangen, dafs er nicht nur alle diakritischen zeichen des Elementarbuchs gebraucht, sondern sogar behauptet, *e, i* in den glossen bedeute einen „engen" laut, als ob er diese kenntnis aus den glossen geholt hätte. In den anmerkungen teilt V. neben den verbesserungen von Sievers u. a. auch eigene erklärungen mit, so dafs die zahl der unerklärt gebliebenen formen, welche auf s. 99 f. zusammengestellt sind, auf 35 eingeschränkt worden ist. Kürzlich hat Schlutter (Engl. Studien 37, 177) nachgewiesen, dafs die glosse *deorenum fihtum* 'ferinis jubis' ein wort *fiht* enthält, das in der form *feht* in Sweets OET. s. 438 vorkommt. Ich mache aufmerksam auf das niederländische wort *vacht* 'vlies'; auch das ae. wort kann daher diese bedeutung gehabt haben, nicht notwendigerweise 'schafsfell mit dem vlies', obgleich beide bedeutungen so nahe verwandt sind, dafs es oft vom zusammenhang abhängen mag, welche bedeutung „im blickpunkte" steht.

Die formenlehre ist für die heimatsfrage wenig wichtig; am schlufs seiner arbeit beantwortet V. sie ganz auf grund lautlicher kriterien. Er vergleicht die laute mit denjenigen der bisher untersuchten texte. Er weist nach, dafs die glossen in vielen fällen von dem „Anglischen" und „Kentischen" abweichen, und schliefst, dafs ein ws. text vorliege. Die glossen zeigen aber auch abweichungen vom „Westsächsischen", d. h. der sprache Alfreds oder Aelfrics. Boll verwirft die annahme von entlehnungen aus nicht-ws. mundarten: er meint, der schreiber würde, wenn er ein Kenter gewesen wäre, doch wohl einige male z. b. *e* gesetzt haben für ws. *y* (aus westgerm. *u*); wenn ein Angle, z. b. ein *e* für ws. *œ* (westgerm. *ā*). Er nimmt daher an, dafs die nicht-„ws." formen aus einer nichtliterarischen sächsischen mundart stammen. In dieser mundart wurde *a* in *bald, aldor* nicht diphthongiert, und fand auch nach palatalen keine diphthongierung statt: *forgœf, gescœft, gelp,* usw.; wurde westgerm. *a* vor *r-, l-*verbindungen zu *e* umgelautet: *cerp, ferd* usw. Daneben gebrauchte der glossator aber auch die aus dem literarischen ws. bekannten formen, wie *ealdras, gyd, agylde, cyrm, gedyrnan, ylde* usw. Dafs diese

mundart nun ws. heifsen soll, und nicht anglisch, ist wohl
etwas willkürlich. Es kann doch auch einen „anglischen"
dialekt gegeben haben, in welchem westgerm. $\bar{a}$ zu $\bar{æ}$ wurde.
Wir sollen ja nicht aus dem auge verlieren, dafs westsächsisch,
anglisch, kentisch wörter sind mit ziemlich vager bedeutung, die
sich hauptsächlich auf handschriften, nicht aber auf bestimmt
abgegrenzte geographische gebiete beziehen. Dafs die vertei-
lung der ae. mundarten nur durchführbar ist, weil wir uns auf
wenige texte beschränken müssen, zeigt nicht nur die erfahrung
bei der untersuchung von lebenden mundarten, sondern auch
der aufsatz von Bolls lehrer in diesem hefte. Bülbring weist
darin nach, dafs die rundung des e durch vorhergehendes w,
welche bisher als besonders nordhumbrisch angesehen worden
ist, höchst wahrscheinlich auch stattgefunden hat in südlichen
mundarten, von denen uns aber keine ae. texte überliefert sind.

Früher ist schon gezeigt worden, dafs die schreibung in
der Ancren Riwle keineswegs „barbarous and uncouth" ist,
wie der verdiente herausgeber der A. R. in 1853 noch glaubte.
Für *fifte* neben *vifte*, *tis* neben *þis* ist die regel längst klar-
gelegt. Bisher hatte man aber meist angenommen, dafs die
schreibung *eo* in der A. R., sowie in den frühsüdne. legenden,
dazu diente das geschlossene e anzudeuten, also das e in *setten*
vom ę in *hefde* zu unterscheiden. Bülbring zeigt hier, dafs
eo zwar vom offenen ę unterschieden wird, aber doch dem
geschlossenen e nicht gleichgesetzt werden kann, da *eo* nur
in ganz bestimmten fällen auftritt. Es kommt in der aus
dem anfang des 13. jahrhunderts stammenden hs. R der legenden von der heiligen Katharina, Juliana und Margareta
(Stodtes „Katherine-gruppe") aufser für ae. *ĕo*, wo es ja historische schreibung sein könnte, vor 1. für ae. *oe* (aus urengl.
o + *i*); 2. für ae. *e* (aus urengl. *a* + *i*) zwischen rundenden
konsonanten, z. b. *tweolf*. Die schreibung in der A. R. stimmt
damit im allgemeinen überein. Der lautwert des *eo* mufs wohl
ein gerundetes e gewesen sein.

Nachdem diese basis für die beurteilung des *eo* gewonnen
ist, wird das *eo* für ae. *eo* besprochen, und nachgewiesen, dafs
die wörter mit e für ae. *eo*, wie *derf bernen*, in wirklichkeit
auf ae. e zurückgehen. Auch ae. *ĕo* wird zu einem gerundeten
laute, während vom ae. *æ* (aus *ō* + *i*) keine spur übrig ist.

Obgleich die schreiber im allgemeinen sehr genau waren, ist die annahme, dafs sie nicht fehlerlos schrieben, wohl nicht zu gewagt. Solche fehler scheinen vorzuliegen in *feonde* für *fonde* 'er versucht' und *neohwer* für *nowher*, auch in *seolcūðe*. Doch weifst Bülbring schon darauf, dafs im Ormulum sehr häufig *seollþe* vorkommt, und nach Stratman-Bradley wird in Laʒamon auch *sulcuð* und *neouwer* geschrieben. In untersuchungen weiterer texte wird also noch manche schwierigkeit im einzelnen ihre lösung finden. Bülbring selbst hat im 17. hefte der Beiträge das *eo* im Ormulum behandelt; weitere untersuchungen werden wir wohl von den verfassern von dissertationen erwarten dürfen, nachdem Bülbring ihnen gezeigt hat, dafs auch in dem von einer reihe von gelehrten behandelten material noch neues zu finden war.

Amersfoort, März 1907.   E. Kruisinga.

Zur altenglischen literatur.
IV.

9. Zu Crist I, v. 32.

Im sogenannten I. teile des Crist heifst es v. 31 f.:

> *þā wē heanlice   hwĕorfan scĕoldan*
> *tō þis engc lond,   ēðle bescyrede.'*

Hier wäre also *tō* mit dem akk. verbunden! Grein verzeichnet allerdings im Sprachschatz II, 541 mehrere solcher sonderbarer fälle, aber bei näherem zusehen sind sie alle anders aufzufassen. Zunächst fallen *tō-dæg* und *tō-morgen* natürlich aus (vgl. Sievers, Ags. Gr.[3] § 237, anm. 2); bei *tō deað dēman* Gūðl. 521 und *þē tō gewĕald* Jul. 86 sind (bei letzterem schon aus metrischen gründen) offenbar die dativformen *deaðe* und *gewĕalde* einzusetzen, wie dies auch die herausgeber, z. t. unbewufst, richtig getan haben; *gongan to Galileam* Sat. 527 kann kaum im ernst hierhergezogen werden! So bliebe noch Gūðl. 1316 f. übrig, wo es heifst:

> *hē þǣre mægeð scĕolde*
> *lāce gelǣdan   lāðspel tō sōð.*

Hier möchte ich statt *sōð* (wie sonst in dieser formel) *sōðe* schreiben; zum metrischen vgl. Sievers, Agerm. Metrik § 85, 2.

Darf man nun noch das einzige *tō* + akk. in der oben genannten Criststelle beibehalten? Ich glaube nicht, sondern bin überzeugt, dafs *to* hier einfach für *on* verschrieben ist, vgl. zu dieser konstruktion die zahlreichen belege im Sprachschatz II, 119 f.

10. Zur ae. Exodus.

In Herrigs Arch. CXV, 162 f. habe ich bereits auf einige übereinstimmungen der dichtung mit angaben hingewiesen, die sich in älteren lat. und griech. schriftstellern fanden. Durch die güte meines kollegen prof. dr. Lidzbarski bin ich nun in der lage, aus der altjüdischen literatur bemerkenswerte ergänzungen hierzu zu bringen, die es wahrscheinlich machen, dafs die zahlreichen apokryphen züge in der ae. exodus zum gröfsten teile aus diesem gebiete stammen. Die unmittelbare quelle des dichters ist damit allerdings immer noch nicht gefunden, aber wir müssen ja oft in der literarhistorischen forschung zufrieden sein, wenn wir wenigstens für das rein stoffliche ältere belege beibringen können. So wird auch dieser kleine beitrag auf das interesse der anglisten rechnen dürfen!

Zu v. 290 ff. bemerkt Lidzbarski: „dafs der stamm Juda zuerst in das rote meer gesprungen sei, wird Midrasch Rabbah Exod., c. 24, 1 (ed. Ramm, p. 88 a) — etwa aus dem 5. jahrh. — gesagt. Jüngere schriften (Pirqē de R. Eliezer, c. 42; Jalqut Šimeōni, c. 234) lassen die stämme Benjamin und Juda, die beiden königsstämme, die ersten sein."

Zu v. 579 ff. desgl.: „Es ist charakteristisch, dafs Josephus und die christlichen autoren von **waffen**, während die späteren jüdischen schriften von **gold, silber und edelsteinen** reden (Midrasch Rabbah, a. a. o.; Jalqut, c. 243, 254)."

11. Zu Cynewulfs Crist v. 15.

Himmelfahrt Christi v. 15 f. (Crist II, 445 f.) ist überliefert:

> *siþþan hē Mārian,   mægða weolman,*
> *mǣrre meowlan   mundheals geceas.*

Das nur hier vorkommende *weolman* erklärt Grein im Sprachschatz fragend als "auswahl, das beste unter seinesgleichen (wie *cyst*)" und setzt als nom. sgl. *weolme* f. oder -*a* m. an.

Ettmüller, Lex. anglosax. 113 oben, läſst die wahl zwischen 'electio' und 'uterus' als wiedergabe des f. *weolme*, das er aber mit fragezeichen versieht; Bosworth-Toller gibt dem m. *weolma* fragend die bedeutungen: 'desire, what of its kind is most to be desired, what is best', vergleicht wie Gr. *cyst* und verweist auf *wil-*; Clark Hall, Concise Anglo-Saxon Dict., nimmt ein f. *weolme* an, das er ohne fragezeichen mit 'choice, selection, pick of one's fellow creatures' übersetzt, während Sweet das wort überhaupt nicht aufgenommen hat. In seiner ausgabe von Cynewulf's Crist (Boston 1900) setzt Cook ein f. *weolme* an, das 'flower, pick, pearl, paragon' bedeuten soll, ohne sich jedoch in eine besprechung des wortes in den doch sonst so weitläufigen anmerkungen einzulassen. Simons, Cynewulfs Wortschatz (Bonner Beitr. III) s. 151 verzeichnet ein f. *weolme* 'auswahl, das beste unter seines gleichen?', worauf Thiele, Die kons. Suff. der Abstracta des Altengl., Strafsb. Diss. 1902, s. 87 verweist, indem er fragend beziehung zu *willan* annimmt. Daſs 'auswahl' = 'ausgewählte' die hier allein passende bedeutung ist, kann niemand leugnen; *eo* wird aber für *ĕa* verschrieben sein, [1]) da *e* vor *l + m* nicht gebrochen wird und der alte diphthong *eo* (got. *iu*) kaum vorliegt. Der nom. muſs daher nach analogie der übrigen masc. abstracta auf *-ma* (Kluge, Stammbildung² § 154 f.) als *wĕalma* m. angesetzt werden, und dies ist eine ableitung von der germ. wurzel **wal*, die in ahd. *wala, wĕlī*, aisl. *val*, got. *ga-waleins* 'wahl, auswahl', ahd. *irwĕlida, -unga* 'erwählung, auswahl', got. *waljan*, ahd. *wĕllen*, aisl. *vĕlia* 'wählen' erscheint, im Englischen aber sonst nicht nachzuweisen ist.

12. Zur jüngeren Genesis.

V. 647 ff. lauten:

forlēc h[i]e þā mid ligenum, se wæs lāð gode,
on hete hĕofoncyninges, ond hyge Ēvan,
wīfes wācgeþōht, þæt heo ongan his wordum trūwian.

Behaghel in seiner ausgabe s. 220 schlägt zweifelnd die ergänzung von *forlǣrde* nach *ond* v. 648 b vor; sollte dies aber

---

[1]) Vielleicht wegen des folgenden *meowlan*? Oder infolge anlehnung an *wĕola*?

nicht einfach eine entstellung von *speon* vorstellen? Das *s* könnte wegen des vorhergehenden schlufs-*s* durch haplographie ausgefallen sein, worauf dann ein späterer abschreiber das unverständliche *peon* in *ond* umsetzte. Vgl. die verbindung *hige speonne* v. 274 b.

V. 780 ff. sind überliefert:

> *hĕofones waldend, and hine bǣdon,*
> *þæt hie his hĕarmscĕare habban mōsten,*
> *gĕorne fulgangan etc.*

Die offenbar verderbte stelle ist durch heranziehung von v. 829, auf die schon Behaghel verweist und einige kleine änderungen leicht zu heilen: man ergänze *helpan* nach *hine* v. 780, *tō* vor *hĕarmscĕare* v. 781 (vgl. v. 829) und bessere *þæt* v. 781 nach 829 in *hwæt*. Das ganze würde dann lauten:

> *hĕofones waldend and hine [helpan] bǣdon,*
> *hwæt hie his [tō] hĕarmscĕare habban mōsten,*
> *gĕorne fulgangan.*

Vgl. noch: *endi ina gerno bad | helpan hēlagne* Hel. 2094 f., *endi im helpan bad* ib. 5455. Das *hine* von v. 780 in den d. pl. *him* (reflex.) zu ändern, ist wohl nicht nötig, da ein solcher sich leicht in gedanken ergänzen läfst. Ob nach *helpan* im Ae. der inf. *fulgangan* ohne *to* stehen kann, vermag ich allerdings nicht zu sagen; im Me. steht (wie noch im Ne.) der inf. mit und ohne *to* nach *helpe*, vgl. Einenkel, Angl. XIII, 99; fürs Deutsche gibt J. Grimm, Gram. IV (neuer abdr.) s. 112 f. nur beispiele des reinen inf. nach *helfen*.

13. Zu Crist III, 1470.

Der metrisch falsche vers 1470 a in der stelle:

> 1470 *þæt ic þē for lufan mid mīne līchoman,*
> *heanum tō helpe hold gecȳpte,*

ist leicht zu heilen, wenn man *dĕore* hinter *lufan* einschiebt, vgl. Metra 26, 19: *deore gecēpte.*

14. Zur Elene.

Die verse 532 a und 1165 a in den stellen:

> *hwæt eow þæs on sefan sēlest þince[ð],*

sowie:

> *hwæt him þæs on sefan sēlost þūhte,*

sind leicht durch eine kleine umstellung metrisch zu korri-
gieren. Man lese:

> *hwæt eow þæs sēlest   on sefan þince[ð]*

und:

> *hwæt him þæs sēlost   on sefan þūhte.*

Ferner ist v. 492 und 509 meiner ausgabe *Stēphānus* zu lesen,
vgl. Sievers, Altgerm. Metrik § 77, 3.

V. 1278 l. *swā þeos [æðele] world   ĕall gewīteð,* vgl. 647 b:
þeos æðele gewyrd.

15. Zu Genesis v. 2276.

Der metrische fehler in v. 2276 b ist durch ergänzung
zweier buchstaben zu beseitigen. Man lese:

> *hwonne of hĕortan   hunger oððe wulf[as]*
> *sāwle ond sorge   somed ābregde.*

Weniger einfach, aber gerade so gut, wäre eine ergänzung
nach Wand. 82:

> *hwonne of hĕortan hunger   oððe [se hāra] wulf.*

16. Psalm 120, 6.

Die hs. bietet:

> *Ne þē sunne on dæge,   sōl ne gebærne,*
> *ne þē mōna on niht   min ne gewĕorðe!*

Entsprechend heifst es in der vulgata: *Per diem sol non uret
te, neque luna per noctem!* Statt des unverständlichen *min,*
das natürlich nicht der — im Ae. unbelegte — komparativ
des adverbs (ahd. *min,* g. *mins,* aisl. *miðr*) sein kann, möchte
ich jetzt *mān* ʻschädlich, verderblich' zu lesen vorschlagen,
wodurch die stelle einen klaren und passenden sinn erhält.
Dem bösen einfluſs des mondes schrieb man bekanntlich früher
die geisteskrankheiten zu, daher *lunaticus* ʻmondsüchtig', ne.
lunatic. Dies zu meiner bemerkung im Beiblatt 16, 228 f., wo
ich *min* mit Cosijn in *mirce* zu bessern vorschlug.

17. Nochmals zum Clermonter runenkästchen.

Im Beibl. a. a. o. 231 habe ich die zwei letzten zeilen der
versinschrift so interpungiert:

> *āglāc drīgiþ,   swē him Ercæ giscrāf:*
> *sǣrnēd sorgæ   and sefa[n] tornæ.*

Stilgemäſser scheint es mir aber jetzt, den doppelpunkt nach *giscrāf* zu streichen, d. h. die objekte *sǣrnēd* und *sefa[n] tornœ* von letzterem, nicht von *drīgiþ* abhängen zu lassen, vgl. die auch von Napier schon angeführte stelle Beow. 2574 f.:

> *swā him wyrd ne gescrāf*
> *hrēð œt hilde,*

(mit Klaebers interpunktion, nicht mit meiner). — Über *āglāc* vgl. jetzt Idg. Forsch. XX, 316, wozu noch Pogatscher, E. St. XXV, 424 und das von Ekwall, Suffixet *ja*, Uppsala 1904, s. 21 f. besprochene ahd. *eigileihhi* 'phalanx' zu vergleichen ist.

18. Zu Daniel v. 202.

Die einfachste besserung dieses verses besteht wohl in der ergänzung von *ǣfre* am ende:

> *ne hie tō þām gebede mihte   gebǣdon [ǣfre]*
> *hǣðen heriges wīsa etc.*

19. Klage um Wulf v. 18.

Der vers ist metrisch falsch überliefert:

> *þœt mon eaþe toslīteð   þœtte nǣfre gesomnad wœs,*
> *uncer gĭedd gĕador.*

Da *eaþe* unbedingt die alliteration tragen muſs, wird in *gesomnad* ein fehler stecken. Hierfür spricht auch der sinn, oder vielmehr der unsinn, den die lesart der hs. bietet: 'das zerreiſst man leicht, was nie vereinigt, zusammengefügt, war'. Ich vermute in *gesomnad* ein ursprüngliches *geœmnad* oder *geemnad* = *geœfnad*, *geefnad* 'vollendet', das sehr häufig in der ae. dichtung vorkommt (s. die belege in Greins Sprachschatz). Damit erledigen sich die bedenken, die soeben Imelmann, Die altengl. Odoaker-Dichtung, Berlin 1907, s. 18, gegen diese stelle äuſsert. Wenn er aber ebenda auch v. 10a: *þonne hit wœs rēnig weder* verdächtigt, weil hier das adj. statt des subj. alliteriere, so hat er eine grundregel des altgerm. verses, wonach von 2 nominibus immer das erste stärker betont ist und deshalb auch allein alliterieren kann, nicht beachtet! Vers 5a: *fœst is þœt ēglond*, wo nur *fœst* alliteriert, zeigt übrigens dasselbe verhältnis. — Wie anderseits I. den schauderhaften vers 12:

Wæs mē wyn tō þon, wæs mē hwæþre eac lāð,

in schutz nehmen kann (s. 13), ist mir ebenso unverständlich, wie seine, mindestens geschmacklose, übersetzung von *bōgum* v. 11 b mit 'schenkeln'. Solche obscönitäten finden sich doch nur in einigen zweideutigen ae. rätseln, und hier sind offenbar die vorlagen dafür verantwortlich zu machen!

20. Zur Botschaft des Gemahls.

Leider folgt Imelmann a. a. o. s. 37 der falschen ergänzung Trautmanns von v. 37:

(hold)ra hæleþa   þeahþe hēr mīn wine,

ohne zu bemerken, dafs dies einen ganz unmöglichen vers ergibt und dafs sich hinter *wine* eine gröfsere lücke befindet. Schon Ettmüller hat richtig ergänzt:

(wlanc)ra hæleþa,   þeahþe hēr mīn wine(drihten

und Kluge folgt ihm mit recht in seinem ags. lesebuche.

Ib. übersetzt er in v. 48:

ofer ĕald gebeot   incer twēga

das erste wort mit 'gemäfs', was *ofer* eben nicht bedeuten kann! Will man nicht *æfter* dafür schreiben, das Wand. v. 50 mit dem akk. *swǣsne* verbunden erscheint, so ist diese deutung unmöglich. Entweder heifst es 'gegen', oder wir müssen mit Trautmann, Angl. XVI, 218 f. nach *benĕah* einen punkt setzen, was ich für richtig halte, und *gehȳre* statt *gecyre* lesen, was auch die hs. wirklich zu haben scheint. So kommt alles in schönste ordnung, da dann der inf. *benemnan* v. 49 von *gehȳre* abhängt. Imelmanns „um zu verheifsen" (s. 40) ist absolut unmöglich und offenbar, wie sein *gecyrre*, nur dem wunsche entsprungen, eine vorgefafste meinung in die stelle hinein zu interpretieren. Natürlich könnte *benemnan* auch pl. opt. präs. sein, aber ich wüfste nicht, was damit gewonnen wäre. Kluges interpunktion gar, der in seinem lesebuch hinter *benemnan* einen punkt setzt, läfst das folgende *þæt hē ... lǣstan wolde* ganz in der luft schweben!

Wenn endlich I. a. a. o. glaubt, sein *gecyrre* könnte statt
ætsomne alliterieren und er — nur der fixen idee zu liebe! —
statt der rune *S* ein *C* in v. 48 einsetzt, so beweist das
wiederum einen bedauerlichen mangel an verständnis für die
elementarsten gesetze der ae. metrik. Daſs damit die ganze
leicht gezimmerte „Odoaker-dichtung" zusammenstürzt, brauche
ich wohl kaum noch zu sagen.

Kiel, 1. Mai 1907.　　　　　　　　　　F. Holthausen.

II. UNTERRICHTSWESEN.

Our Language, First Book, by **Lida B. McMurry** and **F. T. Norvell.**
B. F. Johnson Publishing Co. Richmond 1905.

"Our Language" certainly means a progress in the list of English
educational books for learning the mother tongue. It contains well drawn
pictures, done with that artistic taste for the beautiful, natural to the
English, and pleasanter to look at than any pictures I have at present
seen in any of our German Readers. A good selection of stories, and well
chosen pieces of poetry, problems in arithmetic which require clear thinking
and accurate use of language, offer a great amount of material for discussion and give the pupils ample chance of speaking themselves in class,
and therefore make excellent language lessons. The pupils should also be
encouraged to illustrate the stories that are used in the class room, thus
inspiring early for drawing.

The chief object of the authors with their Reader seems to be to
train children to speak accurately, and to speak during a lesson as much
as possible themselves. This seems an infinite progress in English school-
work. Lately, I was asked by an English schoolmistress, who had been
sent to Germany by her government to study our method, how we brought
our pupils to speak so much themselves in a lesson, how we trained them
to have but one accurate pronounciation of the mother tongue, and to use
such correct forms of speech.

Well, this Reader, which I had then not yet had in my hands, is
partly giving the answers to this lady's questions, because it is tending to
fulfil some highly necessary demands of fruitful teaching.

In giving the children freedom of expressing themselves after having
read a story, the authors give hints to the teachers how to fight against
such inaccuracies of speech which one hears so much among the well-
educated. "Can", in asking permission, instead of "may"; — "is" for "are";
— "I haven't got any, I ain't got any" for "I have none, or I have not
any"; — "done" for "did"; — "set" for "sit"; — "lay" for "lie"; — "like"
for "as"; — "them" for "those"; — "me" for "I", and "us" for "we"; etc.

The blackboard should be continually used by pupils and teachers.
Oral productions of what the children have read or heard should be re-

presented there by the pupils and then examined and corrected by the rest of the class under the guidance of the teacher.

Originality of thought and freedom in expression in written as well as in oral work should be aimed at.

I miss the hints for the instruction of the "phonetic method" in the Reader. It is so frequent that a teacher pronounces with marked provincialism before the class, and as long as they themselves do not consider phonetics as the essential science for a proper prononciation, how can they expect an accurate prononciation of their pupils?

I wish the authors good luck with their Reader and full success.

Frankfurt a/M. J. H. W.

Freytags Sammlung englischer Schriftsteller.

Kate Douglas Wiggin, Rebecca of Sunnybrook Farm. In gekürzter Form für den Schulgebrauch herausgegeben von **Elisabeth Merhaut**, vorm. Lehrerin der engl. Sprache an der Smitt'schen höheren Töchterschule, Leipzig. Mit 1 Titelbild und 1 Musikstück. Leipzig, G. Freytag, Wien, F. Tempsky, 1906. 128 S. Preis: geb. 1 M. 20 Pf. Hierzu ein Wörterbuch (41 S.): Preis 40 Pf.

Longfellow, Selections. Für den Schulgebrauch herausgegeben mit einer Einleitung und Anmerkungen in englischer Sprache von **Johanna Bube**. Leipzig, G. Freytag, Wien, F. Tempsky, 1906. 152 S. Preis: geb. 1 M. 50 Pf.

Edward Bulwer-Lytton, The Last of the Barons. In gekürzter Fassung für den Schulgebrauch herausgegeben von **Dr. Fritz Meyer.** Leipzig, G. Freytag, Wien, F. Tempsky, 1906. 144 S. Preis: 1 M. 60 Pf.

Charles Dickens, Sketches. Selected and annotated by **Louis Hamilton**, English Master in the Oriental Seminary, University Berlin. With one vignette, and three illustrations. Leipsic, G. Freytag, Vienna, F. Tempsky, 1907. 152 S. Preis: geb. 1 M. 50 Pf.

Der inhalt der erzählung der amerikanischen schriftstellerin Kate Douglas Wiggin ist in kurzem folgender: Rebecca, eines von sieben kindern der verwitweten pächterin der Sunnybrook Farm, ein aufgewecktes mädchen, kommt zu zwei unverheirateten tanten, die ein haus in Riverboro . besitzen und ihre nichte in den schulen zu Riverboro und Wareham zu

einer lehrerin ausbilden lassen. Sie hat die wahl zwischen
mehreren guten stellen, die ihr angeboten werden; da wird
ihr gemeldet, dafs ihre mutter schwer erkrankt ist, und
Rebecca fährt nach hause, um ihre mutter zu pflegen. Sie
mufs auf die ausübung ihres geliebten berufes verzichten, doch
ihre materielle lage bessert sich bald derart, dafs sie es nicht
mehr nötig hat, eine stelle zu suchen; denn eine ihrer tanten
stirbt und vermacht ihr ihr haus, und ein noch ziemlich jugendlicher hagestolz, der sich schon während ihrer studienzeit lebhaft für sie interessiert hat, fafst zu ihr eine zuneigung, die
wenn es auch am schlusse der erzählung nicht ausgesprochen
wird, zu einer heirat zwischen den beiden führen mufs. Obwohl diese erzählung nur einfache, alltägliche vorkommnisse,
wie sie das leben in einer kleinen stadt Neuenglands mit sich
bringt, vorführt, wird das interesse des lesers an den schick-
salen Rebeccas vom anfang bis zum ende festgehalten. Ein
kabinettstück der erzählungskunst ist das erste kapitel, worin
mit feinem humor geschildert wird, wie die kleine gesprächige,
geistsprühende Rebecca den schweigsamen, schwerfälligen
kutscher des postwagens, in dem sie nach Riverboro zu ihren
tanten fährt, zum sprechen förmlich zwingt.

Die „anmerkungen" der herausgeberin (s. 110—123) enthalten sachliche erläuterungen sowie erklärungen der vertraulichen ausdrucksweisen
und Amerikanismen, die ja in dem buche auf schritt und tritt zu finden
sind. In *everywheres* liegt kein plural-*s* (s. 111), sondern das alte adver-
biale-*s* vor! Die anmerkung „*you and me* = I, akk. statt nom." (s. 117)
ist viel zu dürftig und dunkel, als dafs sie zum verständnisse der betreffenden
syntaktischen erscheinung beitragen würde. Der stil ist mangelhaft in der
anmerkung: „*laying* statt *lying* wird häufig verwechselt". Anmerkungen
fehlen zu: s. 21, z. 17 *I s'pose you might call it main street, an' your Aunt
Sawyer lives on it* (Amerikanismus statt *in it*), s. 68, z. 34 *She's into
every namable thing in the neighbourhood*, s. 69, z. 19 *and him so fond
of children* (statt des absoluten partizips *he being so fond ...*), s. 100,
z. 26 *You listen to me* (imperativ!).

Der druck ist ziemlich schlecht überwacht worden; ich habe mir folgende druckfehler angemerkt: s. 15, z. 8 *most* (st. *'most*) [ebenso s. 17, z. 20],
s. 23, z. 33 *Riberboro*, s. 27, z. 24 *Janc*, s. 28, z. 15 *afectionate*, s. 31, z. 11
is (st. *in*), z. 15 *boundles*, s. 36, z. 9 *yon* (st. *you*), s. 42, z. 3 *te* (st. *the*),
s. 47, z. 15 *committe*, s. 48, z. 22 *a the* (st. *at the*), s. 51, z. 10 *seemd*, s. 55,
z. 15 *aswered*, z. 29 *cher* (st. *her*), s. 63, z. 7 *aunt'* (st. *aunt,*), s. 64, z. 23
is (st. *it*), s. 72, z. 7 *karosene* (st. *kerosene*), s. 73, z. 6 *Is* (st. *I*), s. 76, z. 29
comig, s. 92, z. 11 *is* (st. *it*), s. 93, z. 16 *buth* (st. *but*), s. 94, z. 22 *uncon-
vered*, s. 96, z. 5 *a* (st. *as*), s. 97, z. 29 *thing's* (st. *things*), s. 101, z. 19 *and*

(st. *an*), s. 102, z. 25 *itwithout*, s. 108, z. 16 *ant* (st. *and*), s. 114, z. 3 *Split Infinitiv*.

Die geschicklichkeit und umsicht, mit der die herausgeberin den für schulzwecke zu langen originaltext gekürzt und kommentiert hat, vermissen wir leider in dem „wörterbuch", das dem texte in einem eigenen hefte beigegeben ist. Schon die erste forderung, die man an eine spezialwörterbuch stellt, dafs es nämlich das ganze worrtmaterial seines textes samt allen bedeutungen enthalte, wird hier nicht erfüllt, wie das folgende verzeichnis der lücken beweist: *bide* (s. 97, z. 3 *biding their time*) fehlt ganz. — „*call* rufen, nennen"; fehlt „*call a name* einen namen geben" (s. 67, z. 1 *how could you call him a nickname?*). — „*do* tun, machen"; fehlt „*to do well*" (s. 91, z. 13 *she did wonderfully well in some of the required subjects*). — „*fearful* furchtsam, besorgnis erregend"; auch „besorgt" (s. 73, z. 35 *I am fearful for you*). — „*feel* fühlen"; auch „sich fühlen [als] (s. 16, z. 23 *I've never felt the same to Fanny since*; s. 104, z. 31 *I feel torn in two between you and the brick house*). — „*finish* beendigen"; auch „ein kleidungsstück abtragen" (s. 25, z. 25 *Fanny's going to finish it* [sc. *my everyday hat*]. — „*get* bekommen"; fehlt *I have got = I have* (s. 18, z. 30 *you 've got a powerful memory*) und „*get over* überwinden" (s. 61, z. 25 *I haven't got over trembling from the last place yet*). — „*interpose* dazwischenreden"; es soll wohl heifsen „dazwischentreten" (s. 103, z. 3 *No consciousness of self interposed between her and her filial service*). — *journey*; fehlt *journey-proud* (s. 12, z. 32 *that isn't much to be journey-proud of*). — „*perch* sitzen"; besser „setzen", da nur das partizip perfekt *perched* „gesetzt", „sitzend" vorkommt (s. 15, z. 18 *the bird perched by his side*). — *question*; fehlt *in question* „in rede stehend, fraglich" (s. 15, z. 11 *the article* [in question]. — „*self* selbst"; es kommt auch als substantiv vor (s. 105, z. 20 *looking very unlike her bright self*; s. auch oben s. 103, z. 3). — „*sink, sank, sunken* oder *sunk*"; das ehemalige partizip *sunken* kommt jetzt nur als attributives adjektiv vor. — *slow*; fehlt *slow-moving* (s. 15, z. 18 *Mr. Jeremiah Cobb's slow-moving mind*). — *start* aufbrechen"; auch transitiv „aufbrechen lassen, bringen" (s. 31, z. 14 *starting the child on the path*; s. 35, z. 34 *You started all the others*). — „*take* nehmen"; auch „in anspruch nehmen" (s. 17, z. 10 *When there's a baby, it always takes Hannah and me both*); fehlt *take in* „aufnehmen, annehmen" (s. 57, z. 1 *Mrs. Simpson took in washing*). — „*though* obgleich"; aber auch „doch" (s. 69, z. 21 *There's hope for him still, though*). — „*walk* gehen"; auch transitiv „hin- und hergehen auf" (s. 105, z. 10 *walking the floor*).

Auch die aussprache ist im „wörterbuch" vielfach unrichtig umschrieben. So finden sich irrige aussprachangaben a) von betonten vokalen: əmoɳ, əpēˊrənt, bōᵘɹ, tšaɹtš (!), kōᵤˊrəs, diskovəɹ, dᵘt (st. dot!), drēˊri (st. drɪˊri), fəmɪˊliəɹ, flɛɹt, foɹm, intəˊɹminəbl, meˊɹsi, maˊɹməɹ (!), pōˊətri, pāˊniš, paɹs (st. pāɹs!), rikovəɹ, rɪˊspit, sōᵘr, vēˊriəs, wont; b) von unbetonten vokalen: eksépt, fōᵘˊlɪ-edž, faúntən, māɹveləs, ankamˊfoɹtəbl, metāˊɹnəl, pāɹtšment, səɹfes, vizˊəbl; c) von konsonanten: sentr, disaiˊrəbl, eldəɹs, enpjūˊziæsm, djækit, autˊlændiž, simˊbəlism, sōᵘldjəɹ, stēɹs, sūƥ, apˊstēɹs, hweˊƥəɹ, hoteˊvəɹ (!). Auch einige inkonsequenzen in der bezeichnung gleicher laute mögen angeführt werden: bægedž, kaˊredž, etc.

(die nachsilbe -*age* wird sonst auch durch -ədž oder -idž wiedergegeben);
die nachsilbe -*ate* wird in *deliberate, delicate* -et, in *inadequate* -ət umschrieben; *object* (-ekt), dagegen *subject* (-əkt). Sonderbar ist es auch, dafs
in sə́*tn*, im'*pl*ment die unbetonten vokale gar nicht ausgedrückt werden,
während in ī̄vəniɳ ein nicht vorhandener vokal eingeschoben wird. Auch
sind in den aussprachangaben sehr viele druckfehler stehen geblieben.

Der text eignet sich für die mittleren klassen aller arten höherer
lehranstalten; doch kann das „wörterbuch" wegen seiner vielen mängel
nicht empfohlen werden.

Aus Longfellow's werken hat fräulein Johanna Bube
eine vorzügliche auswahl getroffen. Aufser einigen proben
aus des dichters prosaschriften *Outre-Mer, a Pilgrimage beyond
the Sea* und *Hyperion* liegen uns vor: 1. einzelne gedichte
aus den sammlungen „*Voices of the Night*", „*Birds of Passage*",
„*Miscellaneous*", „*The Seaside and the Fireside*", darunter das
längere gedicht *The Building of the Ship*, das an Schillers
„Glocke" erinnert, „*The Golden Legend*", 2. eine szene aus
dem dramatischen gedichte „*The Divine Tragedy*", 3. die erzählung des wirtes aus den „*Tales of a Wayside Inn*", 4. ein
längeres bruchstück aus „*Evangeline*" und drei bruchstücke
aus „*The Song of Hiawatha*", endlich das 53 seiten umfassende
epische gedicht *The Courtship of Miles Standish*. Dieses letztere, für unsere schulen wohl zum erstenmal herausgegebene
gedicht hat folgenden inhalt: Miles Standish, ein schon ält-
licher und verwitweter, aber noch strammer und tapferer
hauptmann, verliebt sich in ein junges mädchen, Priscilla, und
schickt seinen jungen, ihm treu ergebenen genossen, John
Alden, als brautwerber zu ihr, ohne zu wissen, dafs sich die
jungen leute lieben. Alden, seine liebe bekämpfend, richtet
den auftrag seines älteren freundes aus, bringt aber natürlich
eine abweisende antwort des mädchens zurück. Als sich die
nachricht verbreitet, dafs der *Captain* im kampfe mit den
Indianern gefallen sei, beschliefsen Alden und Priscilla zu
heiraten. Während der hochzeit erscheint der totgeglaubte
hauptmann und versöhnt sich mit dem jungen ehepaar.

Die englisch geschriebene, ausführliche biographie Long-
fellows (s. 5—16) sowie die gediegenen englischen anmerkungen
(s. 124—152) erhöhen noch den wert des buches, das eine treffliche lektüre für die Oberstufe der höheren lehranstalten für
knaben und mädchen abgeben wird.

„*The Last of the Barons*“ ist der graf von Warwick, der „königmacher“, der Heinrich VI. zu gunsten Edwards IV. absetzt, dann sich mit dem letzteren zerwirft und wieder Heinrich auf den thron erhebt und im dienste Heinrichs gegen das siegreiche heer Edwards in der schlacht bei Barnet (1471) sein tatenreiches leben beschliefst. Dem herausgeber ist es gelungen, den umfangreichen Bulwerschen roman durch weglassung alles episodenhaften so zu kürzen, dafs der text in einem semester bewältigt werden kann und doch eine zusammenhängende darstellung der hauptereignisse bietet. Die „anmerkungen“ (s. 125—141) und das „verzeichnis der eigennamen“ (s. 142—144), worin jeder name phonetisch umschrieben wird, sind dankenswerte beigaben zu dem texte. Eine anmerkung hätte das seltene wort *gipsires* (s. 11, z. 4) verdient. Diese ausgabe wird stets eine zierde der Freytagschen sammlung bilden.

Die „skizzen“, die aus den *Sketches by Boz*, die 1836 zum erstenmal in buchform erschienen sind, von Hamilton ausgewählt wurden, sind: I. *Mr. Minns and His Cousin*, II. *Our Next-Door Neighbour*, III. *The Streets-Morning*, IV. *The Streets-Night*, V. *Early Coaches*, VI. *Omnibuses*, VII. *A Christmas Dinner*, VIII. *The New Year*, IX. *The Hospital Patient*, X. *Horatio Sparkins*, XI. *The Steam Excursion*. Über die vorzüge dieser skizzen ist es nicht nötig, auch nur ein wort zu verlieren, da ja die meisten schon aus unseren englischen lesebüchern und chrestomathien bekannt sind. Eine der köstlichsten skizzen ist *Horatio Sparkins*: diesen namen führt ein junger mann von vornehmem äufsern, tadelloser kleidung, ein guter tänzer und sportsman, der sich die gunst des wohlhabenden herrn Malderton, sowie seiner frau und töchter in hohem mafse zu erringen weifs, bis er sich eines tages, als frau Malderton mit ihren töchtern ahnungslos ein billiges geschäft betreten, um dort einkäufe zu machen, als ein ganz gewöhnlicher kommis, namens Mr. Smith, entpuppt.

Die arbeit des herausgebers, eines gebürtigen Engländers, besteht in der abfassung eines kurzen, englisch geschriebenen lebensbildes von Dickens (s. 5—8), einer „*Introduction*“ (s. 9) und der „*Annotations*“ (s. 121—152), welch letztere allen anforderungen, die an einen kommentar gestellt werden können, vollkommen gerecht werden. Schade, dafs sowohl text als auch anmerkungen von vielen druckfehlern verunziert sind. Ich habe mir fol-

gende versehen angemerkt: s. 13, z. 32 carped, s. 24, z. 21 tho, s. 31, z. 9
preceping (d), s. 38, z. 34 tho, s. 41, z. 9 invain, atract, z. 20 explatiate,
s. 43, z. 15 a hundred guest, z. 32 delightfull, s. 51, z. 7 consits, s. 56, z. 19
repcetion, s. 63, z. 4 writter, s. 75, z. 32 successfull, s. 77, z. 30 lodgins,
s. 90, z. 26 wlll, s. 91, z. 14 Scolding (st. scolding), s. 117, z. 8 scats, s. 122
accusativ, s. 123 to keep to them warm, s. 124 an triangle, s. 125 gentleman (e), s. 126 frurniture, s. 131 beginnig, in centre of London, s. 133 oomie,
referes, s. 134 on (st. an), clebrated, s. 137 risins (ai), s. 142 come (a),
s. 145 seperate, s. 148 on (st. or), s. 149 boatsmann, s. 151 gentleman (e).

Wien, März 1907. 　　　　　　　　Joh. Ellinger.

Sophie Hamburger, English Lessons after S. Alge's Method. *For
the First Instruction in Foreign Languages.* With Ed.
Hölzel's Pictures. Fifth Edition. St. Gallen. Fehrsche Buchhandlung. 1905. Für das deutsche Reich, Österreich-Ungarn,
Skandinavien, Rufsland: Verlag von Friedrich Brandstetter
in Leipzig.

Das büchlein dürfte für den ersten unterricht im Englischen willkommen sein. Wie die überschrift besagt, soll
damit weder methodisch noch inhaltlich etwas wesentlich neues
geboten werden. Der unterrichtsstoff ist auf 73 lektionen verteilt, die das grundlegende in der grammatik umfassen. Sie
bieten in bezug auf das sprachliche eine praktisch getroffene
auswahl, zugleich auch genügende abwechslung. Ein anhang
bringt eine knappe übersicht des zu bewältigenden grammatischen stoffes, ferner eine auswahl der bekanntesten, für anfänger beliebtesten englischen gedichte, schliefslich noch ein
handliches vocabularium. Dem buche ist ein heftchen mit den
neun Hölzel'schen bildern beigegeben.

S. Camerlynck, A Handbook of English Composition. *For the use
of Continental Pupils.* Leipzig, Friedrich Brandstetter 1906.

Wie das vorwort besagt, ist das buch den bedürfnissen
derer angepafst, denen das Englische eine fremdsprache ist.
Dieser gesichtspunkt hat den verfasser durchaus geleitet.
Seine auswahl ist dementsprechend sorgfältig getroffen. In
geschickter weise geht es allmählich vom leichten zum schwe-
reren über. Auf die mannigfaltigste art wechseln die aufgaben. Um der gröfseren fafslichkeit und anschaulichkeit

willen sind dem buch illustrationen beigegeben, die als sehr gelungen bezeichnet werden können. Das ganze bietet ein willkommenes ergänzungslehrmittel für den englischen unterricht.

Frankfurt a/M. Frieda Geerling.

III. NEUE BÜCHER.

In England erschienen vom 1. Januar bis 30. März 1907.

(Wenn kein ort angefuhrt, ist London zu erganzen,
wenn kein format angegeben, 8° oder cr. 8°.)

1. Sprache (einschliefslich Metrik).

a) **Bright** (James W.), An Outline of Anglo-Saxon Grammar. Published as an Appendix to an Anglo-Saxon Reader. 3rd ed. pp. 80. Sonnenschein. 1/6.

Wyld (Henry Cecil), Historical Study of the Mother Tongue. An Introduction to Philological Method. pp. 424. J. Murray. 7/6.

Rahtz (F. J.), Higher English. pp. 386. Methuen. 3/6.

Allen (F. Sturges), Principles of Spelling Reform. pp. 38. Bradley-White Co. (New York).

Johnson (Trench H.), Phrases and Names. Their Origins and Meanings. pp. 390. T. W. Laurie. net, 6/.

Moore (A. W.), Manx Names; or, The Surnames and Place-Names of the Isle of Man. Cheap ed., rev. E. Stock. 3/6.

b) **New** English Dictionary (A) on Historical Principles. Edit. by Dr. James A. H. Murray. *Mesne — Misbirth.* Vol. 6 by Henry Bradley. Fol. Clarendon Press. 5/.

Ross (F. E.), A Pocket Dictionary of Technical and Scientific Terms. Popularly Explained. 32 mo, lr. Routledge. net, 1/.

Follows (G. H.), Universal Dictionary of Mechanical Drawing. Constable. net, 4/.

Montgomery (Hugh) and **Cambray** (Philip G.), A Dictionary of Political Phrases and Allusions. With a short Bibliography. pp. 412. Sonnenschein. 7/6.

c) **New** German and English Dictionary (A) Compiled from the Best Authorities in both Languages. Revised and considerably Enlarged by Karl Breul. pp. 562. Cassell. net, 7/6.

Pocket Dictionary of English and German Languages. Revised by C. Stoffel and G. Payn. 16mo. Ward, Lock. 2/.

Wesseley (J. E.), Pocket Dictionary of English and French Languages. Rewritten by L. Tollhausen and G. Payn. 16mo. Ward, Lock. 2/.

d) **Edmunds** (W.), Sound and Rhythm. pp. 108. Baillière. 1/.

2. Literatur.

a) Allgemeines.

aa) **Edwardes** (Marian), A Summary of the Literatures of Modern Europe (England, France, Germany, Italy, Spain). From the Origins to 1400. pp. 548. Dent. net, 7/6.

Corbett (F. St. John), A History of British Poetry. Cheaper ed. Gay & Bird. net, 7/6.

Seccombe (Thomas) and Nicoll (W. Robertson), The Bookman Illustrated History of English Literature. Vol. 1. Chaucer to Dryden. Vol. 2. Pope to Swinburne. 4to. Hodder & Stoughton. each, net, 7/6.

Stobart (J. C.), The Pope Epoch. (Epochs of English Literature.) Vol. 6. pp. 160. E. Arnold. 1/6.

Vaughan (Charles Edwyn), The Romantic Revolt. (Periods of European Literature.) pp. 518. W. Blackwood. net, 5/.

Smith (Arnold), The Main Tendencies of Victorian Poetry. Studies in the Thought and Art of the Greater Poets. pp. 222. Simpkin. net, 5/.

bb) Transactions of the Royal Society of Literature. Vol. 27. Part 2. Asher. net, 3/.

Raymond (George Lansing), The Essentials of Æsthetics in Music, Poetry, Painting, Sculpture and Architecture. pp. 424. J. Murray. net, 10/6.

Dale (Edmund), National Life and Character in the Mirror of Early English Literature. Roy. 8vo, pp. xiv—338. Camb. Univ. Press. net, 8/.

Gardiner (J. H.), The Bible as English Literature. pp. 414. T. Fisher Unwin. net, 5/.

Farrer (J. A.), Literary Forgeries. With Introduction by Andrew Lang. pp. 308. Longmans. net, 6/6.

Dobson (Austin), Eighteenth Century Essays. 2nd Series. Fine paper ed. 12mo, pp. 318. Chatto & Windus. net, 2/; lr., net, 3/.

Nicholson (W.), The Struggle for a Free Stage in London. Constable. net, 10/6.

Shaw (G. Bernard), Dramatic Opinions and Essays. 2 vols. Constable. net, 10/6.

cc) Anthology of English Verse with Introduction and Glossary by A. J. Wyatt and S. E. Goggin. pp. xxiv—262. W. B. Clive. 2/.

Treasury of English Verse (A) Selected by Adam L. Gowans. Illust. pp. 320. Gowans & Gray. net, 5/.

Popular Ballads of the Olden Time. Selected and edit. by Frank Sidgwick. 3rd Series. Ballads of Scottish Tradition and Romance. 12mo, pp. 236. A. H. Bullen. bds., net, 3/6.

Black's Literary Readers. Written and Edit. by John Finnemore. Book 2. With Illusts. pp. 143. A. & C. Black. 1/.

Letters of Literary Men. Sir Thomas More to Robert Burns. Arranged and edit. by Frank Arthur Mumby. pp. x—374. G. Routlege. net, 2/6.

— of Literay Men. The 19th Century. Arranged and edit. by Frank Arthur Mumby. pp. vii—632. G. Routledge.

b) Literatur der älteren Zeit.

Pearl (The) A Middle English Poem. Edit. by C. G. Osgood. 16mo, bds. Harrap. net, 2/6.

Story of Chanticleer (The) Retold from Chaucer. By R. Brimley Johnson. 18mo, sd. Gowans & Gray. net, 6 d.

Early English Prose Romances. Edit. by William J. Thoms. New ed. revised and enlarged. pp. 958. Routledge. net, 6/.

Old English Miracle Play of Abraham and Isaac. (De La More Booklets.) 18mo. De La More Press. sd., net, 6 d.; net, 1/.

Summoning of Every Man (The) Edit., with an introduction, Note Book, and Word List, by John S. Farmer. 18mo, pp. 36. Gibbings. net, 1/6; net, 2/.

c) Literatur des 16.—18. Jahrhunderts.

Sidney (Sir Ph.). Greville's (Sir Fulke) Life of Sir Philip Sidney, &c. First published 1652. With an Introduction by Nowell Smith. pp. 304. Clarendon Press. net, 5/.

Dramatic Writings of R. Edwards, T. Norton, and T. Sackville. Edit. by J. S. Farmer. (Early English Dramatists.) 12mo. bds. Gibbings. net, 10/6.

Six Anonymous Plays. 2nd Series. Edit. by J. S. Farmer. (Early English Dramatists.) 12mo, bds. Gibbings. net, 10,6.

Udall (N.), Dramatic Writings. Edit. by J. S. Farmer. (Early English Dramatists.) 12mo, ·bds. Gibbings. net, 7/6.

Lodge (Thomas), Rosalynde. A Novel. With 8 Photogravures and several line Illusts. by Thomas Maybank. pp. 150. G. Routledge. net, 3/6.

Shakespeare (W.), Love's Labour Lost. Edit. by H. C. Hart. (Arden Edition.) pp. 240. Methuen. net, 2/6.

— The Comedy of Errors. (Red Letter Edition.) 12mo. Blackie. net, 1/; lr., net, 1/6.

— Measure for Measure. (Red. Letter Ed.) 12mo. Blackie. net, 1/; lr., net, 1/6.

— King Lear. With Notes by A. V. Houghton, and Illusts. by Gordon Browne. "Swan" ed. Longmans. 1/.

— A Midsummer Night's Dream. With Notes by J. W. Iliffe, and Illusts. by C. A. Shepperson. "Swan" ed. Longmans. 1/.

— King Richard the Second. Edit. by A. F. Watt. pp. xxx—158. W. B. Clive. 2/.

— Merchant of Venice Parsed and Analysed by M. Bryant Robinson. Simpkin. net, 1/.

— Twelfth Night; or What you Will. With Introduction, Full Text and Notes, Appendix, Examination Questions, and Index to Notes by John H. Brittain. pp. xlviii—137. Ralph, Holland. 2/.

— Canning (Hon. Alb. S. G.), Shakespeare Studied in 6 Plays. pp. 545. T. F. Unwin. net, 16/.

— Coleridge (Samuel Taylor), Essays and Lectures on Shakespeare. (Everyman's Library.) 12mo. Dent. net, 1/; lr., net, 2/.

— Lathrop (Elise), Where Shakespeare set His Stage. pp. 258. T. W. Laurie. net, 8/6.

— Moorman (F. W.), An Introduction to Shakespeare. (Teubner's School Texts.) Nutt. 1/6.

— Smith (Francis A.), The Critics versus Shakespere. A Brief for the Defendant. pp. 128. Knickerbocker Press (New York).

— Hudson (R.), Tales from Shakespeare. (Tales for the Children.) 12mo, pp. 125. W. Collins. net, 1/; 1/6.

Lyrics of Ben Jonson, Beaumont and Fletcher. Edit. by John Maxfield. 18mo, pp. 192. Richards. vellum, net, 3/6.

Bacon (Lord), Works. Vol. 2. Essays. 12mo, pp. 250. Routledge. net, 1/; 2/.

— Selected Essays. Set for the Certificate Exam. 1908. Edit. by A. F. Watt and S. E. Goggin. pp. 66. W. B. Clive. 6 d.

— Essays in Bacon. An Autograph Book. Compiled by G. E. Farrow. A. Treherne. 1/.

Peacham's Compleat Gentleman, 1634. With an Introduction by G. S. Gordon. Imitation vellum. Clarendon Press. net, 5/.

Taylor. Worley (George), Jeremy Taylor: A Sketch of His Life and Times with a Popular Exposition of His Works. Cheaper Re-issue. pp. 256. Longmans. net, 1/6.

Lovelace (Richard), Poems. 12mo, pp. 246. Hutchinson. net, 10 d.; 1/6.

Stanley (Thomas), His Original Lyrics, complete in their Collated Readings of 1647, 1651, and 1657. With an Introduction, Textual Notes, a List of Editions, an Appendix of Translations, and a Portrait. Edit. by L. J. Guiney. pp. xxi—110. J. R. Tutin.

Addison (Joseph), Selected Essays of. With an Introduction by A u s t i n
D o b s o n and a Portrait of Addison. 18mo, pp. xi—102. Wm. Heinemann. net, 6 d.; net, 1/.

Spectator (The) By Joseph Addison, Richard Steele, and others. 4 vols.
(Everyman's Library.) 12mo. Dent. ca., net, 1/; lr., net, 2/.

Defoe (Daniel), The Fortunes and Misfortunes of the Famous Moll Flanders
and The Fortunate Mistress: or the Lady Roxana. With Introduction
by E. A. B a k e r. (Early Novelists.) pp. 456. Routledge. net, 6/.

Pope (Alexander), The Dunciad and other Poems. (Carlton Classics.) 18mo.
Long. sd., net, 3 d.; net, 6 d.

Hume (David), Dialogues Concerning Natural Religion. Reprinted, with an
Introduction by B r u c e M c E w e n. W. Blackwood. net, 3/6.

— Essays. (New Univ. Lib.) 12mo, pp. 436. Routledge. net, 1/.

Goldsmith (Oliver), Poetical Works Complete. Oxford Edition. Edit. with
Introduction and Notes, by A u s t i n D o b s o n. pp. 314. H. Frowde. 2/; 3/6.

Burns (Robert), Poetry. Edit. by W. E. H e n l e y and T. F. H e n d e r s o n.
4 vols. Cheap re-issue. Centenary. 12mo. Jack. net, 6/.

— Poems. With an Introduction by N e i l M u n r o. 18mo, pp. xvi—245.
Blackie. net, 2/6.

— L o c k h a r t (J. G.), The Life of Robert Burns. (Everyman's Library.)
12mo. Dent. net, 1/; lr., net, 2/.

Burke (Rt. Hon. Edmund), The Works of. With an Introduction by F r a n k
H. W i l l i s. Vol. 3. 18mo, pp. xiv—301. H. Frowde. net, 1/.

Blake. E l l i s (Ewin J.), The Real Blake: a Portrait Biography. Illust.
pp. 464. Chatto & Windus. net, 12/.

Sheridan (Richard Brinsley), Dramatic Works. With an Introduction by
J o s e p h K n i g h t, and 15 Illusts. (Oxford Edition.) pp. 512. Oxford
Univ. Press. 2/.

d) Literatur des 19. Jahrhunderts.

Byron (Lord), Don Juan. A New, Revised, and Enlarged ed. With Illusts.
Edit. by E r n e s t H a r t l e y C o l e r i d g e. pp. 628. J. Murray. 6/.

— With Byron in Italy. A Selection of the Poems and Letters of Lord
Byron. Relating to his Life in Italy. Edit. by A n n a B e n n e s o n
M c M a h a n. With 60 Illusts. from Photographs. pp. xxi—327. T. F.
Unwin. net, 5/.

Scott (Sir Walter), The Fair Maid of Perth; or, St. Valentine's Day. With
Introduction and Notes by F. W. J a c k s o n. Black. 1/.

— Ivanhoe. Abridged and Edited by the Rev. C. F. A. W i m b e r l e y.
Illust. pp. 240. E. Arnold. 1/6.

— Talisman (The) Edit. with Introduction, Notes and Glossary. By A. S.
G a y e. 12mo, pp. xxxii—375. Camb. Univ Press. 2/.

— The Talisman. With an Introduction and Notes by W. M e l v e n.
Black. 1/.

— Woodstock; or, The Cavalier. A Tale of the year 1651. With Introduction
and Notes by H. C o r s t o r p h i n e. Exam. ed. pp. 204. Black. 1/.

— Lives of the Novelists. With an Introduction by A u s t e n D o b s o n.
18mo, pp. xi—342. Frowde. net, 1/.

— Y o u n g (Charles Alexander), The Waverley Novels. An Appreciation.
pp. 146. MacLehose. net, 3/.

Crabbe (George), Poems. Vol. 3. Edit. by A d o l p h u s W i l l i a m W a r d.
(Cambridge English Classics.) pp. 588. Camb. Univ. Press. net, 4/6.

Lamb (C.), Essays and Letters. Selected and edit. by A. Guthkelch. pp. viii—152. G. Bell. 1/4.

Hazlitt (William), Essays. With an Introduction by Chas. Whibley. (Red Letter Library.) 18mo, pp. xvi—451. Blackie. net, 2/6.

Wordsworth (William), Shorter Poems. (Everyman's Library.) 12mo. Dent. net, 1/; lr., net, 2/.

— Robertson (F. W.), Wordsworth. A Criticism. 12mo, pp. 58. H. R. Allenson. net, 1/.

Hunt (Leigh), Essays and Sketches Chosen and Edit., with Introduction, by R. Brimley Johnson. (World's Classics.) 12mo, pp. 440. H. Frowde. net, 1/; lr., net, 1/6.

— Essays. (Carlton Classics.) 18mo. Long. sd., net, 3 d.; net, 6 d.

Hood (Thomas), Poems of. With an Introduction by Walter Jerrold. 18mo, pp. 535. Hy. Frowde. net, 1/.

— Poetical Works. Complete Oxford Edition. Edit., with Notes, by Walter Jerrold. pp. 790. H. Frowde. 2/; gilt top, 3/6.

De Quincey (Thomas), Reminiscences of the English Lake Poets. Edit. by Ernest Rhys. (Everyman's Library.) 18mo, pp. xi—335. J. M. Dent. net, 1/; 2/.

Bronte (Emily), Poems of. With an Introduction by Arthur Symons. 18mo, pp. xii—70. W. Heinemann. net, 6 d.; net, 1/.

Thackeray (William Makepeace), The Book of Snobs. By One of Them. Routledge. sd., 6 d.; 1/.

— The History of Henry Esmond, Esq. (Hutchinson's Popular Classics.) 12mo, pp. 528. Hutchinson. net, 10 d.; lr., net, 1/6.

— The English Humourists of the 18th Century. (Carlton Classics.) 18mo. Long. sd., net, 3 d.; net, 6 d.

— The History of Pendennis. His Fortunes and Misfortunes, his Friends and his greatest Enemy. With an Introduction by Edmund Gosse. In 2 vols. (The World's Classics.) 18mo. H. Frowde. ca., net, 1/.

Brown (Dr. John), Horæ Subsecivæ. With an Introduction by Austin Dobson. (World's Classics.) 18mo, pp. xviii—350. Hy. Frowde. net, 1/.

Dickens (Charles), Works. National ed. in 40 Vols. Vols. 5—11. Chapman & Hall. ca., net, 10/6.

— A Tale of Two Cities. Abridged and Edit. by J. Conolly. Illust. (Arnold's English Lit. Ser.) pp. 256. E. Arnold. 1/6.

— A Christmas Tree (Little Prose Masterpieces.) Narrow 12mo, sd. Foulis. net, 6 d.

— Dickensian (The). Vol. 2. Chapman & Hall. net, 4/.

Arnold (Matthew), Poems. With Introduction by Alice Meynell. (Red Letter Library.) 12mo, pp. 370. Blackie. net, 1/6; lr., net, 2/6.

— Poems 1849—1864. With Introduction by A. T. Quiller-Couch. (World's Classics.) 12mo, pp. 378. H. Frowde. net, 1/; lr., net, 1/6.

Tennyson. Ellison (Edith Nicholl), A Child's Recollections of Tennyson. 12mo, pp. 112. Dent. net, 2/6.

— Garnett (Dr. Richard) and Chesterton (G. K.), Tennyson. Illust. 18mo, pp. 43, sd. Hodder & Stoughton. net, 6 d.

— Richmond (W. R.), Tales from Tennyson. 12mo, pp. 96. W. Collins. net, 1/.

Rossetti (Dante Gabriel), Early Poems. 18mo, pp. 92. Richards. net, 6 d.; lr., net, 1/.

— The Blessed Damozel, and other Poems. (Ariel Booklets.) 18mo, lr. Putnam. net, 1/6.

Rossetti (William Michael), Democratic Sonnets. 2 vols. A. Rivers. net, 1/.

Patmore (Coventry), Works. 5 vols. New uniform ed. 12mo. G. Bell. ea., net, 3/.

Morris. Stories from The Earthly Paradise. Re-told from William Morris by Magdalen Edgar. pp. 256. Harrap. ¹/₂ lr., net, 2/6.

Ruskin (John), Works. New Universal Library. 18mo. Routledge. ea., net, 1/. (Lectures on Architecture and Painting. 1 vol. — Modern Painters. 5 vols. — The Elements of Drawing. 1 vol. — The Political Economy of Art. Subsequently called 'A Joy for Ever'. 1 vol. — The Seven Lamps of Architecture. 1 vol. — The Stones of Venice. 3 vols. — The Two Paths. Lectures on Art and its Application to Decoration and Manufacture. 1 vol. — Unto this Last. 4 Essays on the First Principles of Political Economy. 1 vol.)

— Selections from the Writings. 18mo. pp. 413. Routledge. net, 1/.

Greenwell (Dora), Selected Poems, with Introduction by Constance L. Maynard. pp. 252. Allenson. net, 3/6.

Tabb (John B.), Verses: Selections Made by Alice Meynell. 12mo, pp. 132. Burns & Oates. net, 2/6.

Stevenson (Robert Louis), Virginibus Puerisque and other Papers. Fine paper ed. 12mo, pp. 204. Chatto & Windus. net, 2/: lr., net, 3/.

— The Strange Case of Dr. Jekyll and Mr. Hyde. With other Fables. New ed. 12mo, pp. 228. Longmans. net, 2/.

— Kelman (John), The Faith of Robert Louis Stevenson. 3rd ed. pp. 322. Oliphant. net, 3/6.

— Nicol (W. Robertson) and Chesterton (G. K.) Illust.: Robert Louis Stevenson. 18mo, pp. 44. Hodder & Stoughton. net, 6 d.

e) Neuste Gedichte und Dramen (einschliefslich poet. Übersetzungen).

Baring (Maurice), Desiderio: A Drama in 3 Acts. pp. 128. B. H. Blackwell. sd., net, 3/.

Bell (A. H. H.), Childe Roland and other Poems. E. Stock. 6/.

Besier (Rudolf), The Virgin Goddess. A Tragedy. 12mo, pp. 82. J. M. Dent.

Butler (Arthur Gray), Harold. A Drama in 4 Acts. 2nd ed. Clarendon Press. sd., net, 2/.

Cruso (H. A. A.), Sir Walter Raleigh: A Drama in 5 Acts. T. F. Unwin. net, 5/.

Davis (Louis), The Goose Girl at the Well. A Fairy Play adapted from the Version of the Brothers Grimm. Songs by Dollie Radford. 12mo, bds. E. Mathews. net, 3/6.

Dawson (W.), The Worker, and Other Poems. 12mo. Macmillan. net, 5/.

Harris (E. G.), St. Agnes and Other Dramas. 18mo, pp. ix—179. J. M. Dent.

Hensley (Almon), The Heart of a Woman. Poems. Putnam's Sons. net, 6/.

Lanier (Sidney), Poems. Edit. by his Wife. New ed. A. F. Bird. net, 7/6.

London (Jack), Scorn of Women. In 3 Acts. pp. 266. Macmillan. net, 5/.

Pinero (Arthur W.), His House in Order. A Comedy in 4 Acts. Roy. 12mo, pp. 230. Heinemann. sd., 1/6; 2/6.

Schofield (P.), The Triumph of Man. A Dramatic Poem. E. Stock. 3/6.

Shepherd (Frederick B.), Bernardine. A Dramatic Poem. pp. 134, sd. J. Baker & Son (Clifton). net, 2/.

Aeschylus. The Seven Plays in English Verse by Lewis Campbell. 12mo, pp. 300. H. Frowde. net, 1/.

Bards of the Gael and Gall. Examples of the Poetic Literature of Erinn done into English after the Metres and Modes of the Gael by George Sigerson. 2nd ed., revised and enlarged. pp. 448. T. Fisher Unwin. net, 6/.

Old German Love Songs. Translated from the Minnesingers of the 12th to 14th Centuries. pp. 256. T. F. Unwin. 6/.

Goethe: Faust. A Dramatic Mystery. Translated by John Aster. 12mo, pp. 258. Hutchinson. net, 10 d.; lr., net, 1/6.

f) Amerikanische Literatur.

Franklin (Benjamin), Writings. Vol. 9. 1783—88. Macmillan. net, 12,6.

Lincoln (Abraham), Speeches and Letters. With an Introduction by Rt. Hon. James Bryce. Edit. by Ernest Rhys. (Everyman's Library.) 18mo, pp. xxii—237. J. M. Dent. net, 1/; net, 2/.

Hawthorne. Stearns (F. P.), The Life and Genius of Nathaniel Hawthorne. Lippincott. net, 9/.

Longfellow (H. W.), Poems. Selected and with Introduction by Prof. George Saintsbury. (Golden Poets.) 12mo, pp. 370. Jack. net, 2/6; lr., net, 3/6.

Twain (Mark), The Thirty-thousand Dollar Bequest and Other Series. pp. 532. Harper. 6/.

3. Erziehungs- und Unterrichtswesen.

a) **Sonnenschein's** Cyclopædia of Education. Arranged and Edit. by Ewen Fletcher. Revised by Mr. E. John. 3rd ed. pp. 570. Sonnenschein. net, 2/6.

Darroch (Alexander), The Children. Some Education Poblems. pp. 133. Jack. net, 1/.

Harper (J. Wilson), Education and Social Life. pp. xvi—315. I. Pitman. net, 4/6.

Lockyer (Sir Norman), Education and National Progress. Essays and Addresses, 1870—1905. With an Introduction by the Rt. Hon. R. B. Haldane, K. C. pp. 282. Macmillan. net, 5/.

Mason (Charlotte M.), Some Studies in the Formation of Character. (Home Education Series.) pp. 476. K. Paul, Trübner & Co. net, 3/6.

b) **Munsterberg** (Hugo), Psychology and Life. New ed. Constable. net, 6/.

Brackenbury (Laura), A Primer of Psychology. 12mo, pp. 128. J. Murray. 1/.

Mitchell (W.), Structure and Growth of the Mind. pp. 538. Macmillan. net, 10/.

c) **Mackenzie** (W. Leslie), The Health of the School Child. pp. 128. Methuen. 2/6.

Porter (Charles), School Hygiene and the Laws of Health. A Text Book for Teachers and Students in Training. Illust. pp. 314. Longmans. 3/6.

d) **Breul** (Karl), The Teaching of Modern Foreign Languages and the Training of Teachers. 3rd ed. pp. xii—156. Camb. Univ. Press. net, 2/.

e) **Public** Schools from Within (The) A Collection of Essays on Public School Education written chiefly by Schoolmasters. pp. 320. Low. 3/6.

Crowley (Jeremiah J.), The Parochial School: A Curse to the Nation, A Menace to the Nation. 5th ed. Author. net, 5/.

Paton (J. B.), A Plea for Recreative Evening Schools and for the Secondary Education of our Industrial Classes. New ed. 18mo, pp. 64. Clark. net, 6.

Dewey (John), The School and the Child. Being Selections from the Educational Essays. Edit. by J. J. Findlay. 12mo, pp. 128. Blackie. net, 1/.

Miller (Hugh), My Schools and Schoolmasters; or, the Story of My Education. With Introduction and Notes by W. M. Mackenzie. Illust. pp. 578. W. P. Nimmo. 3/6.

London, Map of. Showing Local Centres for the Extension of University Teaching. Univ. of London 1876—1905. Univ. Extension Guild. 1/.

Asquith (H. H.), Ancient Universities and the Modern World. An Address delivered before the University of Glasgow on January 11, 1907. Mac-Lehose. net, 1/.

f) **Woodward** (William Harrison), Studies in Education during the Age of the Renaissance, 1400—1600. pp. xx—336. Camb. Univ. Press. net, 4/6.

Schiller (F. C. S.), Studies on Humanism. pp. 510. Macmillan. net, 10/.

Coulton (G. G.), Religious Education before the Reformation. Reprinted from the "Contemporary Review". Simpkin. net, 6/.

Hayward (F. H.), The Secrets of Herbart. An Essay on the Science of Education. Revised and enlarged. Watts. 6 d.

4. Geschichte.

a) **Doughty** (C. M.), The Dawn in Britain. Vols. 5 and 6. Duckworth.

Chadwick (H. Munro), The Origin of the English Nation. pp. 360. Camb. Univ. Press. net, 7/6.

Thierry (Augustine), The Conquest of England by the Normans. 2 vols. (Everyman's Library.) 12mo. Dent. net, 1/; lr., net, 2/.

Fisher (H. A. L.), The History of England from the Accession of Henry VII. to the Death of Henry VIII. (1485—1547). pp. 538. Longmans. net, 7/6.

Lindsey (J. S.), Problems and Exercises in British History. Vol. 3. Part 5. England, 1509—1603. 2nd ed., revised, extended, and standardised. 4to, sd. W. Heffer. 2/.

Lindsey (J. S.), Problems and Exercises in British History. Book I, 1688—1882. 4to, bds. W. Heffer. net, 3/6.

Mackinnon (James), The Union of England and Scotland. Re-issue, with a new Preface. Longmans. net, 10/6.

Chambers (E. K.), Notes on the History of the Revels Office under the Tudors. pp. 84. A. H. Bullen. net, 3/6.

Select Statutes and other Constitutional Documents Illustrative of the Reigns of Elizabeth and James I. Edit. by G. W. Prothero. 3rd ed. Clarendon Press. 10/6.

b) **Dunbar** (Sir Archibald H.), Scottish Kings. A Rev. Chronology of Scottish History. 1005—1625. 2nd ed. pp. 460. D. Douglas (Edinburgh). net, 12/6.

Studies in Irish History. 1603—1649. Being a Course of Lectures delivered before the Irish Literary Society of London. Edit. by R. Barry O'Brien. 2nd Series. pp. 326. Browne & Nolan. net, 3/6.

Public Record Office. Calendar of the State Papers relating to Ireland preserved in the Public Record Office. 1663—1665. 15/.

c) **Kirkpatrick** (F. A.), Lectures on British Colonisation and Empire. First Series (1600—1783). With an Introduction by H. E. Egerton. pp. 132. J. Murray. 2/6.

Doyle (J. A.), The Colonies under the House of Hanover. pp. 646. Longmans. net, 14/.

— The Middle Colonies. pp. 580. Longmans. net, 14/.

Dutt (Romesh), The Economic History of India in the Victorian Age. 2nd ed. pp. 650. K. Paul, Trübner & Co. net, 6/.
— The Economic History of India under the Early British Rule. 2nd ed. pp. 460. K. Paul, Trübner & Co. net, 6/.
d) **Rhodes** (J. F.), History of the United States. Vols. 6 and 7. Macmillan. ea., 12/.
Morris (C.), Heroes of Progress in America. Illust. Lippincott. net, 4/6.
— Heroes of the Army in America. Illust. Lippincott. net, 4/6.
e) **Markham** (Sir Clements R.), Richard III. His Character Reviewed in the Light of Recent Research. pp. 348. Smith, Elder. net, 10/6.
Paul (Herbert), Queen Anne. With Illusts. from Contemporary Works of Art. Royal 4to, pp. 210. Goupil. Sd., net, 63/.
McCarthy (Justin), Sir Robert Peel. 4th ed. pp. 194. Dent. net, 2/6.

5. Landeskunde.

M. P. Atlas (The). A Collection of Maps Showing the Commercial and Political Interests of the British Isles and Empire Throughout the World. Folio. W. & A. K. Johnston. net, 25/.
Besant (Sir Walter), Mediæval London. Vol. 2. Ecclesiastical. Illust. 4to, pp. 446. Black. net, 30/.
Fyfe (W. T.), Edinburgh Under Sir Walter Scott. With an Introduction by R. S. Rait. pp. xxi—314. A. Constable. net, 10/6.
Smith (Alexander), A Summer in Skye. Cheap ed. 12mo, pp. 576. W. P. Nimmo. sd., 6 d.; 1/.
Baedeker (Karl), The Dominion of Canada, with Newfoundland and an Excursion to Alaska. With 13 Maps and 12 Plans. 3rd ed. 12mo, pp. LXIV—331. Dulau. 6/.

6. Folklore.

Hulme (F. E.), Proverb Lore. Cheaper ed. E. Stock. 5/.
Bechtel (John H.), Proverbs, Maxims, and Phrases drawn from all Lands and Times. 16mo, pp. 202. Gay & Bird. sd., 1/; 1/6.
Muger (Frederic W.), Epitaphs. A Unique Collection of Post Mortem Comment, &c. 16mo, pp. 170. Gay & Bird. 1/6; sd., 1/.

7. Zeit- und Streitfragen.

Stead (William T.), Peers or People? The House of Lords Weighed in the Balances and Found Wanting. An Appeal to History. pp. VIII, 264. T. F. Unwin. 2/6.
Cutten (George B.), The Psychology of Alcoholism. pp. 376. W. Scott. 5/.
Drink Problem (The) In its Medico-Sociological Aspects. By 14 Medical Authorities. Edit. by T. N. Kelynack. pp. 308. Methuen. net, 7/6.

Leipzig.   Paul Lange.

IV. MITTEILUNGEN.
University of London.
Holiday Course for Foreigners 1907.

The Board for the Extension of University Teaching of the University of London is arranging a Holiday Course for Foreigners, to be held in London in July and August, 1906, under the direction of Professor Walter Rippmann.

The full Course will extend over Four Weeks, from July 22nd to August 16th, but students will also be admitted to the first or second fortnight only.

The Course is planned in such a way as to be of special value to Teachers in *Lycées, Collèges, Gymnasien, Real-Gymnasien, Realschulen,* and other schools of the same type; but it by no means appeals only to this class of student.

Those who propose to attend the Course will be expected to have a fair knowledge of the language, and to have made themselves familiar with the mode of transcription adopted by the *Association Phonétique Internationale*.

Arrangements cannot be made for students who are only beginning the study of English, and have no conversational knowledge of the language.

The Director will be glad to see students at the University, Imperial Institute Road, South Kensington, on Saturday, July 20th, between 10 and 5.

Work will begin on Monday, July 22nd, when Sir Arthur Rücker, Principal of the University of London, will deliver the Inaugural Address.

Angekündigte Schriften.

In Marburg ist eine doktorarbeit in vorbereitung über den „Humor bei Thackeray".

Herausgegeben von Prof. Dr. **Max Friedrich Mann** in Frankfurt a/M.

Verlag von Max Niemeyer, Halle. — Druck von Ehrhardt Karras, Halle.

Beiblatt zur Anglia.

Mitteilungen
über englische Sprache und Literatur und über englischen Unterricht.

Preis: Für den Jahrgang 8 Mark.

(Preis für 'Anglia' und 'Beiblatt' jährlich 24 Mark.)

XVIII. Bd.	August 1907.	Nr. VIII.

I. SPRACHE UND LITERATUR.

W. van der Gaaf, The Transition from the Impersonal to the Personal Construction in Middle English.
A. u. d. T.: Anglistische Forschungen, hsg. von J. Hoops, Heft 14. XIX u. 168 S. Gr. 8⁰. 5 M. Heidelberg, C. Winter, 1904.

Für den übergang der unpersönlichen konstruktion in die persönliche (*þām cyninge līcaþ ... > the king līketh > he likes*) bietet F. Koch, *Hist. Grammatik* II², § 109 eine belegsammlung. Den gang der entwickelung stellt O. Jespersen, *Progress in Language* §§ 173—180 in kürze dar. Die vorliegende abhandlung ist nun ein sorgfältig ausgeführtes gemälde auf grund der Jespersen'schen skizze. Die materialsammlung ist sehr umfänglich; hervorgehoben sei, dafs auf die chronologie besonderes gewicht gelegt wird. Sein ausgedehntes material setzt den verfasser in den stand, gelegentlich neues licht auf die erscheinungen zu werfen. Die gründe für die entwickelung stellt van der Gaaf auf s. 171 f. übersichtlich zusammen, in allem wesentlichen im anschlufs an Jespersen, doch auch unter zufügung neuer gesichtspunkte.

Von beachtenswerten einzelheiten seien hervorgehoben die ausführlichen erörterungen über *think* und über *I had rather*. Der verfasser weist nach, dafs die ansicht, wonach *I would rather* jünger wäre als *I had rather*, unrichtig ist;

15

einleuchtend werden verschiedenartige kontaminationen, die
sich herausgebildet haben, aufgezeigt.

Die abhandlung ist ein wertvoller beitrag zur historischen
englischen syntax.

Giefsen, im Mai 1907.   Wilhelm Horn.

Eduard Hauck, Systematische Lautlehre Bullokars (Vokalismus).
A. u. d. T.: **Marburger Studien zur englischen Philologie.**
Heft 12. Marburg. N. G. Elwert. 1906.
**Ludwig Diehl, Englische Schreibung und Aussprache im Zeitalter
Shakespeares nach Briefen und Tagebüchern.** Giessener Diss.
Halle, Ehrhardt Karras. 1906.

Seit den grundlegenden werken von Ellis und Sweet haben
verschiedene deutsche gelehrte mit bewundernswerter ausdauer
an der weiteren ausarbeitung der neuenglischen lautgeschichte
gearbeitet. Alle vorhandenen mittel, die texte, die zeitgenössischen grammatiken und endlich die heutigen mundarten
sind zu rate gezogen. Im einzelnen sind wir in den letzten
zwanzig jahren dann auch wohl etwas weiter gekommen;
doch scheint es mir bisweilen, dafs die geleistete arbeit und
der verwendete scharfsinn in keinem gehörigen verhältnis
stehen zu den erstrebten resultaten.

Die systematische lautlehre Bullokars von Hauck war
ursprünglich als einleitung zu einer geplanten neuausgabe von
Bullokars *Booke at large* gedacht, die in Dr. R. Brotaneks serie
„Neudrucke frühneuenglischer Grammatiken" erscheinen sollte.
Da inzwischen von Plessow eine neuausgabe von Bullokars
werken herausgegeben hat, ist die einleitung von Hauck in
Viëtors Marburger Studien, heft 12 veröffentlicht.

Hauck behandelt nur den vokalismus. Dieser bildet zwar,
wie er bemerkt, den gröfsten und wichtigsten teil, aber es ist
doch zu bedauern, dafs er nicht die arbeit vollendet hat. Er
behandelt jedes einzelne von Bullokar benutzte vokalzeichen,
sucht seinen lautwert festzustellen, wobei er im allgemeinen
mit Ellis übereinstimmt, und behandelt darauf die me. und
ae. entsprechungen von B.'s laut, während er schliefslich bis
zum heutigen Englisch aufsteigt. Im einzelnen findet er so
gelegenheit, Ellis angaben zu berichtigen, während er einmal

Ellis gegen Kluge und Luick in schutz nimmt (s. 94). Bemerkenswert sind (ɔ) in *love*, (ī) in *give*, (ā) in *gape*; auch kurzes *a* in vielen französischen wörtern, wo die heutige schriftsprache und viele (nicht alle) mundarten die entsprechung eines spätme. *ā* aufweisen, z. b. in *favour, occasion, place* u. a. Die transkription *rwm* für *room* scheint zu beweisen, dafs das me. *ū* vor labialen zu einem sehr geschlossenen ọ̄ geworden ist (vgl. WSom. Gr. § 507). Denn Bullokars *w* ist die entsprechung des me. ọ̄, wie in *sooth, broom*, während me. *ū* z. b. in *about* mit *oụ* wiedergegeben wird. Nach Sweet deutet *w* auf ein sehr geschlossenes ō (wie im Schwedischen), nach Viëtor auf ein niedriges *ū*. — Zu *language* berichtigt H. die falsche transkription (*laṇgadž̌*) bei Ellis (auch von Köppel Spelling-pronunciations s. 23 übernommen), da Bullokar das *u* auszuprechen glaubte. Diese angabe Bullokars ist vielleicht richtig, aber es mufs doch an möglichem einflufs der schreibung gedacht werden. Sicher ist dieser einflufs doch wohl, wenn B. die aussprache (ɔ) angibt für *o* in den unbetonten silben von *dictionary, ignorant, opinion, division, common, second*, und besonders *gravor* neben *graver* (Hauck s. 26 f.). Selbst weist H. auch einmal auf diesen einflufs hin (s. 98 f.). Dafs *could* mit (*l*) ausgesprochen sein sollte, scheint H. nicht zu bezweifeln; er führt die aussprache auf analogie von *should, would* zurück (s. 4), während umgekehrt das lange *ū* in *should, would* von dem *ū* in *could* herrühren soll. Da wir wissen, wie sehr die frühne. grammatiker von der schreibung abhängig waren, kommt mir die erklärung der B.'schen transkriptionen als spelling-pronunciations auch hier wahrscheinlicher vor. Dabei bleibt es unsicher, ob diese spelling-pronunciations weiteren kreisen bekannt waren oder nur der einbildung der grammatiker ihre entstehung verdanken.

Was die darstellungsweise Haucks angeht, so scheint sie mir das gerade gegenteil von gedrängt. Die entwicklung der laute nach Bullokars zeit, die etymologie der behandelten wörter und dgl. werden uns nicht erspart, obgleich der leser einer arbeit wie die vorliegende das alles doch wohl wissen mufs, oder jedenfalls in einer historischen grammatik oder einem etymologischen wörterbuch nachschlagen kann. Manche etymologien, welche der verfasser in Skeat oder Kluge-Lutz fand, scheinen ihm so interessant, dafs er nicht umhin kann,

sie in seinem buche noch einmal abzudrucken, ja für einige
wörter ist dies noch nicht genug: er gibt die etymologie von
callet, basket u. a. zweimal, während er dreimal bemerkt, dafs
die etymologie von *boisterous* unbekannt ist (s. 13, 81, 94).
Ein verzeichnis aller behandelter wörter mit stellenangaben
würde dem verfasser auf solche wiederholungen aufmerksam
gemacht haben, abgesehen von dem weiteren nutzen eines
solchen beim nachschlagen. — Sonderbar berührt die bemerkung Haucks (s. 27), Bullokars *o* sei im heutigen Englisch
vor *r* zu (ɔ:) gedehnt, wie in *orthography*; „während es zu
o (:) *u* im Ne. geworden ist in den lat. wörtern" wie *Cicero* u. a.
Wenn man sagt, ein me. laut sei zu einem ne. laut geworden,
bedient man sich einer eigentlich unsinnigen, für den fachmann aber sehr bequemen ausdrucksweise. H. scheint dieses
werden aber buchstäblich aufzufassen, denn sonst würde er
doch kaum behaupten, ein englischer laut sei in lat. wörtern
im heutigen Englisch zu einem andern geworden, statt von
einem andern ersetzt. Von entwicklung, auch im übertragenen
sinn, kann hier doch keine rede sein.

Einer anregung Morsbachs folgend, der auf den wert von
untersuchungen nicht-literarischer texte für die lautgeschichte
hingewiesen hat, sind von Diehl eine anzahl tagebücher und
dergleichen schriften auf ihre orthographie untersucht. Obgleich dabei, wie schon der titel von Diehls schrift andeutet,
die schwierigkeit sich zeigt, zu unterscheiden zwischen aussprache und schreibung, ist doch anzuerkennen, dafs es auf
grund der schreibungen oft möglich ist, „manch schon bekannte
tatsachen der lautgeschichte zu bestätigen", und was von mehr
wert ist, „lautliche veränderungen, die von grammatikern bezeugt werden, zurückzudatieren". So zeigt die schreibung
woss 'wash' in einem texte von 1560, dafs der übergang vom
(a) zum (ɔ) nach *w* schon viel früher stattgefunden hat, als
nach den angaben der phonetiker zu schliefsen wäre, da erst
Cooper (1685) den übergang deutlich bezeugt. Wenn Wilkins
(1668) noch (wæz) transkribiert für *was*, mufs die richtigkeit
dieser angabe sehr zweifelhaft erscheinen. — Die schreiber
wissen nicht stets zwischen langem und kurzem vokal zu entscheiden: so könnte man bei *leeved* 'lived', *geeve* 'give' an die
aussprache mit (ī) denken, aber schwerlich in *unfeete* 'unfit'.
Während Bullokar aus dem ende des 16. jahrhunderts noch

monophthongische aussprache lehrt für das me. $\bar{\imath}$, kommt in den texten aus dem anfang des jahrhunderts schon die schreibung *ei* für $\bar{\imath}$ vor. Auch die bisher erst aus Jones bekannte änderung von *wr-* > *r-* wird ein volles jahrhundert zurückdatiert. — Aus den schreibungen *fuschen, fusthen, fostchen* schliefst Diehl, „dafs t_i — wenigstens im Londoner dialekt — gegen ende des 16. jahrh. schon zu *tš* geworden war" (s. 54). Ebenso d_i > *dž* auf grund von *soger, sawgyors* 'soldier', *Engies* 'Indies'. Daneben kommen aber, teilweise im selben texte, *venterer* 'adventurer' und *leysor* 'leisure' vor, die zu zeigen scheinen, dafs unbetontes *u*, statt *ju*, als ǝ ausgesprochen ward. — Das *t* in *Arture* ist nicht für *th* geschrieben, sondern ursprünglich, während das gelehrte *th* erst in die schreibung, und |jetzt auch in die aussprache eingeführt ist; vgl. aber noch die form *Artie*.

Aus der arbeit Haucks geht hervor, dafs Ellis im allgemeinen doch recht gewissenhaft gearbeitet hat; viel neues bringt sie nicht. Dies gezeigt zu haben, ist aber nicht ohne wert. Die untersuchung von Diehl gibt zu berichtigungen der bisherigen auffassung der ne. lautgeschichte anlafs; die bedeutendsten dieser berichtigungen sind oben angedeutet worden.

Amersfoort, Juni 1907. E. Kruisinga.

A. Erichsen, Thomas Shadwell's Komödie "The Sullen Lovers" in ihrem Verhältnis zu Molière's Komödien "Le Misanthrope" und "Les Fâcheux". (Kieler Doktor-Dissertation.) Flensburg 1906.

Dr. A. Steiger, Thomas Shadwell's "Libertine". *A Complementary Study to the Don Juan-literature.* Berne 1904.

A. u. d. T.: **Untersuchungen zur neueren Sprach- und Literatur-Geschichte.** Hrsg. v. **Prof. Dr. O. F. Walzel,** Bern. Heft 5.

Wie die gesamte dramatik des englischen pseudoklassizismus, steht auch Shadwell im banne der Franzosen. Er macht kein hehl daraus. Er behauptet, nicht spärliche erfindungsgabe lasse die englischen bühnenschriftsteller nach fremdem gut greifen, sondern die pure faulheit; übrigens hätten die Franzosen keinen anlafs zu klagen, ihre werke hätten stets

in der bearbeitung gewonnen. Shadwell hat damit den mund
etwas zu voll genommen. Seine eigenen werke wären wohl
kaum auf die nachwelt gekommen, hätte sie nicht sein sohn
pietätvoll gesammelt und herausgegeben (1720). Und das ist
die einzige gesamtausgabe geblieben, die sich kaum in einer
bibliothek des kontinents findet. Vier dramen sind jetzt durch
einen band der Mermaid Series einem weiteren leserkreis zugänglich. Mit den quellen einer dieser vier komödien, der
"Sullen Lovers", beschäftigt sich die dissertation Erichsens.
Sie zeigt, wie zwei werke Molières herhalten mußten, "Les
Fâcheux", die Shadwell selbst als quelle nennt, und der
"Misanthrope", der für die hauptfigur der Sullen Lovers
modell stand. Freilich ist daraus ein nervöser stadtmensch
geworden, der des städtischen getues satt sich nach ländlichem
frieden sehnt, der aber vorher rasch noch mit einer frau
gleicher anschauungen und gefühle durch die quälgeister zu-
sammengequängelt wird. Das resultat ist: Molière in ver-
gröberter auflage.

Ähnliches weist die elegant geschriebene arbeit Steigers
für Shadwells "Libertine" nach. Shadwell nennt in seiner
vorrede mehrere französische, eine italienische und spanische
bearbeitung des Don Juan, so daß man denken könnte, er
habe alle diese fassungen gekannt. Nach Steigers untersuchung
ist das ausgeschlossen. Seine einzige quelle ist Rosimond,
Le nouveau festin de Pierre on l'athée foudroyé, ein buch, das
ein paar jahre nach Molières Don Juan herauskam. Die bisherige annahme, Shadwell stehe auch im "Libertine" in
Molières schuld, ist nicht mehr zu halten; was an Molière
anklingt, findet sich auch in Rosimond, und die von Shadwell
aufgeführten früheren bearbeitungen finden sich genau so in
Rosimonds vorrede aufgezählt. Doch hat Shadwell auch
eigenes hinzugetan. Mehr handlung wollte er in das stück
hineintragen, und das hat er folgender art bewerkstelligt.
Einige dreißig morde, unzählige ent- und verführungen, sakrileg
und vatermord hat Don Juan schon zu beginn des spieles auf
dem gewissen, am ende hat er mehr als ein dutzend weiterer
weiber ihrer unschuld entledigt und zehn unbequeme väter,
brüder und geliebte ins bessere jenseits befördert. Shadwell
hat so den ruhm, das blutigste, aber auch in jeder hinsicht
gröbste Don Juan-drama geschrieben zu haben.

Künstlerischen wertes sind Shadwells dramen bar; nur in einer hinsicht haben sie ein gewisses interesse. Shadwell schrieb um geld zu machen, und seine stücke brachten es bis zwölf aufführungen, einer ganz respektablen zahl für die zeit, was besseren produktionen nicht glückte. So geben sie einen maſsstab für den geschmack des theaterpublikums, d. i. damals der oberen kreise, sie bieten ein bild der lockeren sitten am hofe der Stuarts, und so wird wenigstens der kulturhistoriker mit hoffnung auf einige ausbeute nach Shadwells werken greifen können.

Frankfurt a/Main. Lorenz Petry.

---

1. **S. T. Coleridge, Select Poems. Ed. by Andrew J. George.**
2. **Rob. Browning, A Blot in the 'Scutcheon. Colombe's Birthday. A Soul's Tragedy. In a Balcony. Ed. by Arlo Bates.** Boston, U. S. A., and London, Heath & Co.

1. Georges ausgabe bringt auſser einer sorgfältigen auswahl von Coleridges gedichten eine ziemlich ausführliche einleitung, die den ursprung der romantischen bewegung in England zum gegenstand hat. George unterscheidet unter ihren bahnbrechern zwei gruppen, auf der einen seite die natur- und stimmungsdichter: Thomson, Collins, Gray, auf der andern die schwärmer für eine poetische vergangenheit: Macpherson, Percy und Chatterton. Dadurch, daſs er an ihrem schaffen die wesenszüge der neuen dichterischen anschauung zeigt, gelingt es ihm zugleich, die gröſsere bedeutung Coleridges von vornherein in das gehörige licht zu rücken. Die biographischen einzelheiten und die ausführungen zu den gedichten hat G. in ein ganzes verwoben. Diese „Notes" erörtern bei jedem einzelnen gedicht alle damit verknüpften fragen der entstehung, der etwaigen quellen und varianten und des ästhetischen wertes, bilden aber in ihrer gesamtheit zugleich eine recht umfangreiche, wenn auch mosaikartig wirkende biographie Coleridges. G. hat darin die ansichten der maſsgebenden Coleridgeforscher fleiſsig zitiert und nebeneinandergestellt. Zu bedauern ist nur, daſs er sich hierbei lediglich auf den namen des forschers beschränkt, ohne titel oder seitenzahl des betreffenden werkes zu nennen.

Um so mehr zu bedauern, als im übrigen der zweck der ausgabe, dem „general student" genügendes material zum verständnis Coleridges an die hand zu geben, sicherlich erreicht ist.

2. Dem Browningbande hat Arlo Bates neben einer knappen biographischen skizze eine einführung beigefügt, worin er, ausgehend von der charakteristik des dichters Browning, eine charakteristik des dramatikers zu geben versucht. Die resultate, zu denen B. gelangt, sind zwar nicht durchaus neu — darauf erheben sie auch keinen anspruch —, werden aber in eigenartig instruktiver und feinsinniger weise vorgebracht. In der analyse der vier dramen wendet sich B. mit glück gegen die ansichten, die Stopford A. Brooke in „The Poetry of Robert Browning" vertreten hat. — Die den stücken folgenden anmerkungen enthalten erklärungen einzelner ausdrücke und schwieriger stellen, daneben hinweise auf die dichterischen schönheiten und technischen mängel der stücke.

Auch diese beiden bände besitzen die immer wieder zu rühmenden vorzüge der Heath'schen Belles-Lettres Series: wissenschaftlich gediegenen inhalt, übersichtliche anordnung, handlichkeit des formats und würdige ausstattung.

Frankfurt a/Main.   Dr. Gustav Noll.

Allan Fea, Some Beauties of the Seventeenth Century. XVI + 315 pages. London, Methuen & Co. 12/6.

Der verfasser, der seine vertrautheit mit der memoirenliteratur aus der zeit Karls I. und Karls II. schon wiederholt dokumentiert hat, so in seiner ausgabe der „Memoirs of Count de Gramont", sowie in den „Memoirs of the Martyr King" und dem „King Monmouth", gibt in seinem jüngsten buche eine reihe von aufsätzen über die frauen, die in der zweiten hälfte des 17. jahrhunderts speziell am hofe des Merry Monarch durch ihre schönheit oder den zauber ihrer persönlichkeit eine bedeutsame rolle gespielt haben. Die portraits dieser frauen, 17 an der zahl, bieten eine fülle kulturhistorisch interessanten materials, das zumeist aus zeitgenössischen quellen zusammengetragen ist. Pepys' Diary, Reresby's Memoirs, Evelyn's Diary und ähnliche werke werden ausgeschöpft, briefstellen werden

geschickt verwertet, um ein anschauliches bild dieser aben-
teuerlichen und romantisch auf- und absteigenden lebensläufe
zustande zu bringen. Der ganze glanz und taumel eines
üppigen und leichtlebigen hofes tut sich auf, und mit kundiger
hand werden die höfischen ränke und die fäden amouröser
affären entwirrt und klar gelegt. Das politische element ist
offenbar absichtlich ausgeschaltet oder doch in den hintergrund
gedrängt, das biographische interesse herrscht vor. Fea gibt
zuweilen dem reiz des novellistischen nach, aber er verfällt
weder der pikanterie noch der unsachlichkeit. Einen hauptreiz
des bandes machen die beigegebenen 82 portraits der geschilderten heldinnen und kavaliere aus, zumeist reproduktionen
nach Lely, dem meister der „Windsor Beauties“, und seinem
jüngeren rivalen Kneller, dem maler der „Hampton Court
Beauties“; daneben figurieren Mignard, Petitot, Cooper u. a.
Die sicherheit, mit der Fea die falsche Benennung mancher
portraits rektifiziert und die oft recht verwickelten genealo-
gischen verhältnisse aufdeckt, sowie die stets bewiesene genaue
kenntnis der örtlichen verhältnisse erhöhen das verdienst des
klar und gewandt geschriebenen buches.

Frankfurt a/Main.   Dr. Gustav Noll.

Helene Richter, William Blake. Straſsburg, J. H. Ed. Heitz (Heitz
und Mündel). 1906.

Die ahnung, mit der sich William Blake bei seinen leb-
zeiten getragen und getröstet hat, dafs die nachwelt ihm die
anerkennung zollen werde, die ihm von seinen zeitgenossen
vorenthalten wurde, scheint wirklichkeit werden zu wollen.
Die letzten jahre haben uns eine wahre hochflut von werken
von und über Blake gebracht. Der erste bedeutsame ausdruck
der wiedererwachenden teilnahme für Blake war wohl die
Blakeausstellung der Carfax Gallery. Daneben ist die neuausgabe von Swinburnes essai über Blake mit einer neu hin-
zugekommenen einleitung zu nennen und die kritische ausgabe
der Lyrical Poems durch John Sampson. Weiterhin wurde
die bewegung zu gunsten Blakes durch eine verbesserte und
vermehrte neuausgabe seiner briefe von A. G. B. Russell und
die veröffentlichung seiner Illustrations of the Book of Job
durch Lawrence Binyon erheblich gefördert. Eine weitere
anzahl von werken wird bereits angekündigt.

In die reihe all dieser bücher stellt Helene Richter ihr
umfangreiches werk, das Blake den menschen, den dichter und
maler zum gegenstand hat und das im gegensatz zu der von
Ellis und Yeats in ihrer Blakeausgabe geleisteten arbeit den
dichter mit gröfserer objektivität darstellen, ihn mehr „aus
sich selbst" erfassen will. Die verfasserin hat sich dieser zuweilen recht entsagungsvollen aufgabe mit einem fleifs unterzogen, der wohl in erster linie aus einer innigen sympathie
mit der geschilderten persönlichkeit zu erklären ist. Sie hat
dabei mit glück die klippe vermieden, ihrem helden gegenüber
zu einem götzendiener zu werden, wenn man sich auch der
empfindung nicht erwehren kann, dafs sie die bedeutung Blakes
doch unbewufst übertrieben hat. Das buch ist gediegen fun-
damentiert und fafst die resultate der englischen Blakeforschung
lückenlos zusammen. Die weitverzweigten quellen, die in den
breiten strom dieser komplizierten künstlerischen individualität
auslaufen, werden bis ins letzte geäder aufgespürt, die ver-
schlungenen wege, die aus dem Blakeschen gedankenkreise zu
Swedenborg und Böhme hinüberführen, werden geschickt aufgedeckt, und manche wesensverwandtschaft mit der hl. Therese,
mit Thomas a Kempis, Novalis und selbst Nietzsche tritt zu
tage. Das prinzip der verfasserin, die entwicklung des dichters
und malers Blake fortlaufend nebeneinander zu verfolgen, ist
mit erfolg durchgeführt, nur hätte man vielleicht zu gunsten
des gesamtaufbaues hie und da ein weniger breites hinein-
treten der analysen der werke in die biographie gewünscht.
Der ton dieser langatmigen analysen, in denen der philosophische ideen- und mythenkreis Blakes betrachtet wird, leidet
m. e. zuweilen unter einer gewissen trockenheit und einförmig-
keit, die offenbar durch die gewissenhaftigkeit bedingt ist, mit
der die verfasserin zu werke gehen wollte. Besser gelungen
erscheinen in dieser hinsicht die rein biographischen teile der
arbeit, am besten darunter die schilderung der mannigfach
wechselnden verhältnisse Blakes zu seinen freunden. Mit
grofsem interesse folgt man den auskünften über Blakes art,
visionen zu sehen und zu zeichnen, wenn man auch dem stets
milden urteil der verfasserin über Blakes tätigkeit als maler
und seine engherzigen ansichten in rein malerischen dingen
nicht immer beipflichten kann. Der einflufs, den Blake auf
zeitgenossen und nachstrebende, besonders auf die präraphae-

liten ausgeübt hat, ist gebührend hervorgehoben und zeigt klar, welche fäden ihn mit der gegenwart verknüpfen. Der stil, in den die arbeit gekleidet ist, verdient bei der sprödigkeit des stoffes für seine klarheit und sachlichkeit alle anerkennung; unangenehm aufgefallen ist mir nur der öfters wiederkehrende Gallizismus „es davon tragen über etwas" (s. 142, 317/18, 379), sowie der ausdruck „ein künstlerisch-philanthropisches unternehmen aufs tapet nehmen" (s. 229). Die in die darstellung verflochtenen übersetzungsproben Blakescher gedichte sind nicht immer glücklich. Unerträglich ist z. b. für ein feiner empfindendes ohr die banale kürzung „'nen" für „einen" (auf s. 235) und die recht fragwürdige betonung zweier verszeilen an dieser stelle sowie in je einer zeile der übersetzungsproben auf s. 273 und 287. Bedauerlicherweise ist das buch durch druckfehler, besonders in eigennamen, arg entstellt. Als beispiele, die ich mir zufällig notiert habe, führe ich nur an: die bis auf einen fall ständige schreibung Hausman statt Housman, ferner Joh. Gottfr. Haman statt Hamann, Rosetti (s. 116), W. Muther (s. 380), Gildrich (s. 389), Antonello de Massina (s. 354) usw. Bei einer eventuell nötig werdenden neuauflage könnte in dieser hinsicht auch an anderen stellen noch vieles gebessert werden.

Alle diese kleinen ausstellungen ändern indessen nichts an der tatsache, dafs die verfasserin mit ihrer arbeit einen gründlichen und wissenschaftlich wertvollen beitrag zur modernen englischen literaturgeschichte geliefert hat, der imstande ist, eine lang vorhandene lücke endlich auszufüllen.

Frankfurt a/M. Dr. Gustav Noll.

Binns, A Life of Walt Whytman. London 1905, Methuen & Co.

Durch Binns' buch haben wir endlich ein erschöpfendes lebensbild einer der eigenartigsten und meist umstrittenen dichtergestalten der weltliteratur erhalten. Leider gelangte der band verspätet in meine hände, so dafs mittlerweile bereits eine deutsche übersetzung desselben erschienen ist. Kein geringerer als Johannes Schlaf hat sich dieser aufgabe unterzogen, dem ja als begeistertem jünger, als den er sich

mehrfach in dithyrambischen publikationen bekannt hat, das
unternehmen nahe lag. Dafs indessen durch begeisterung
sprachliche kenntnisse nicht zu ersetzen sind, hat dem übersetzer die grausame hinrichtung beweisen müssen, die ihm
O. E. Lessing in Nr. 42 der beilage zur Münchener Allgemeinen
Zeitung 1907 hat widerfahren lassen. — Doch kehren wir zu
Binns zurück. Die Taine'sche forderung betreffs studium des
milieus hat der biograph bis ins extrem befolgt. Das ist
nicht mehr die geschichte eines mannes, das ist die geschichte
der geistesströmungen der Vereinigten Staaten, allenfalls zu-
sammengehalten durch die lebensbeschreibung eines mannes.
Es wird aber auch sehr, sehr vieles gesagt, was zu Whytman
schlechterdings nicht mehr in beziehung gebracht werden
kann. Dahin rechne ich einen grofsen teil der abschweifungen
über die geschichte des landes und mehrfach auch die auslassungen über das politische leben. Darunter leidet die ein-
heit des werkes, das doch zweifellos auch als kunstwerk
genannt und als solches betrachtet zu werden verdient. Klar
und plastisch tritt aus allem, einer kraftvollen und recht
knorrigen eiche vergleichbar, eine imponierende dichtergestalt
hervor. Ist aber diese dichtergestalt auch der wirkliche
Whytman??? — Schon bei betrachtung der porträts, die das
vornehm ausgestattete buch in reicher fülle bringt, müssen
sich zweifel regen. Diese machen trotz der gegenteiligen bemühungen Binns' einen recht fatalen eindruck. Sodann war
mir auffallend, wie konsequent der verfasser die mit bestem
willen nicht zu verteidigenden, milde gesagt, kleinlichen seiten
im charakter des dichters zu beschönigen sucht, wenn auch
wenigstens ein streben nach unparteilichkeit anerkannt werden
mufs. Binns scheint auch zu der andächtigen jüngergemeinde
des dichterphilosophen zu gehören und geheimnifst wohl so
manches in die dinge hinein. So berechtigt die milieuforderung
auch sein mag, so birgt sie doch auch ihre gefahren, wie
schon der junge Nietzsche in seiner Baseler antrittsrede hervorgehoben hat. Um so gefährlicher, wenn man mit einem
ziemlichen prozentsatz vorgefafster meinung an die aufgabe
herantritt. Schon im hinblick auf das rein korporelle ist das
streben nach idealisierung unverkennbar. Nach Binns lernen
wir einen kraftstrotzenden, urgesunden organismus kennen,
hervorgegangen aus einem starken geschlecht, während Eduard

Bertz in „Der Yankee-Heiland", Dresden 1906, den nachweis führt, dafs Whytman keineswegs dieser hüne, ja direkt erblich belastet war. Was das sexuelle leben des dichters anlangt, sucht der biograph uns eine romantische liebesgeschichte glaubhaft zu machen, die während des dreimonatlichen aufenthalts des dichters in den südstaaten gespielt haben könnte. Diesem dreimonatlichen aufenthalt — ein weiteres. ist nicht nachweisbar — wären möglicherweise nicht weniger als sechs kinder entsprossen. Da sich Whytman um diese allenfallsigen spröfslinge nie gekümmert zu haben scheint, lieferte er, der verherrlicher der zeugung und der mutterschaft, möglicherweise ein interessantes seitenstück zu dem verfasser des „Émile". Die eigentümlichen männerfreundschaften des dichters sucht Binns gleichfalls zu idealisieren, während Bertz in verschiedenen veröffentlichungen direkt den vorwurf homosexueller veranlagung erhebt. Ich bin zu wenig unterrichtet, um in dieser frage stellung nehmen zu können. Auch einer anderen frage möchte ich mit aller vorsicht entgegentreten — dem bestreben des biographen, aus den werken des dichter - philosophen ein system seiner lebensanschauungen zu konstruieren. Whytman hat sich seine durchaus nicht zu unterschätzenden kenntnisse auf vielen gebieten, so auch in der philosophie, wie auch aus Binns ersichtlich, in nichts weniger als systematischer weise angeeignet, und sie sind durchaus nicht lückenlos. Und sprunghaft ist auch, vielfach vielleicht aus diesem grunde, seine entwicklung, was sich in nicht zu verkennenden widersprüchen seiner gedichte zeigt. Für mich war die dichterische intuition stärker in ihm als die logische folgerichtigkeit. Viele seiner gedichte scheinen mir in einer art dämmerzustand geschrieben zu sein. Mir ist er ein dichter von elementarer kraft, aber nicht ein überzeugender philosoph. Dafs trotzdem seine sogenannte philosophie einen gewaltigen einflufs auszuüben vermochte, scheint mir in erster linie die folge seines ungeheuren, sieghaften glaubens an sich selbst.

Ansbach, im März 1907.　　　　　　　　　　F. Kratz.

Neuere Erzählungsliteratur.

Mrs. Campbell Praed, Nyria. 'Unwin's Library' Nr. 23. T. Fisher
Unwin, London, Leipzig, Paris, 1904. Preis M. 1,50.

Silas K. Hocking, Meadowsweet and Rue. Ebda. Nr. 28. 1904.
Preis M. 1,50.

Eden Phillpotts, The Portreeve. Ebda. Nr. 44. 1906. Preis M. 1,50.

Percy White, The Patient Man. Tauchnitz Edition Nr. 3841.
Leipzig, 1905. Preis M. 1,60.

Was 'Unwin's Library' für den festen preis von andert-
halb mark pro exemplar zu bieten vermag, ist erstaunlich.
Das erste der oben genannten werke ist ein stattlicher band
von 432 dicht bedruckten seiten, das dritte schmückt eine
schöne abbildung des *Yes Tor* (Dartmoor). Das häufig gewählte
dünne büttenpapier verringert das buchgewicht, ohne der
klarheit des druckes zu schaden.

Mrs. Praed's *Nyria* spielt in jener interessanten römisch-
klassischen epoche, auf deren boden das junge christentum
dem zerbröckelnden alten götterglauben innerlich sieghaft,
äußerlich geknechtet gegenüber tritt. Diese epoche ist denn
auch von jeher gern zum hintergrund von prosa- und vers-
erzählungen gewählt worden; wir haben Dumas' *Acté*, Victor
Hugos *Martyrs*, Hamerlings farbenprächtiges epos *Ahasverus
in Rom* noch nicht vergessen, und Sienkiewicz' *Quo Vadis?*
hat seit 1895 die welt erobert. Wenn man letztgenanntes
werk gelesen hat (und wer hätte es nicht gelesen), so vermag man bei der lektüre von Mrs. Praed's erzeugnis das
ärgerliche *O imitatores, servum pecus* kaum zurückzuhalten.
Den zeitpunkt um einige dezennien verrückend, also statt des
launischen Nero, des unschuldsvollen christenmädchens Lygia,
ihres treuen beschützers Ursus, des silberhaarigen apostels
Paulus den launischen Domitian, die unschuldsvolle, bald
zum christentum bekehrte sklavin Nyria, ihren treuen be-
schützer Stephanus, den silberhaarigen apostel Johannes ma-
lend, hat die verfasserin sich nicht enthalten können, auch viele
einzelzüge und -szenen der handlung dem bahnbrechenden
Quo Vadis getreulich nachzukopieren, oder — um mich ritter-
lich auszudrücken — „nachzuempfinden". Die hauptheldin
Nyria, als gefangenes Germanenkind im sklavenhof einer

römischen herrschaft aufgezogen, erduldet die gröfsten körperlichen und seelischen qualen, ehe sie ihre beiden idole verleugnet: eine fremde *domina*, deren liebeshändeln sie als
zwischenträgerin dient, und Christus, der sie selbst zu seiner
nachfolge beruft. In ihrer unerschütterlichen anhänglichkeit
schlägt Nyria die hand rettender und schirmender ehrenmänner
aus und weiht sich schliefslich in der arena dem löwenrachen,
ehe sie dem grimmen Caesar den verehrungsgrufs darbringt,
der nur ihrem seelenbräutigam Christus gelten darf. Wenn
einem werk von solchem umfang der lebensodem der spannung
nicht ausgeht, so bedeutet das ein gesundheitszeugnis für seine
konstitution. Gewisse kapitel, wie die geifselung des nackten
mädchens, der sklavenmarkt, der überfall der christen und
die letzte speisung der märtyrer sind mit dem ehernen griffel
Zolas geschrieben; überdies steckt eine unsumme von gelehrsamkeit und arbeitskraft in den vollgepfropften seiten. Aber
trotzdem: des antiken geistes hab' ich keinen hauch verspürt,
insonderheit darf der verfasserin der vorwurf nicht erspart
bleiben, dafs sie das empfindungsleben ihrer personen dem
zeitalter nicht adäquat aufgefafst hat. Die titelheldin beispielsweise ist ein feinnerviges, ideal strebendes mädchen unserer
jahrhunderte. Die rauheren lebensbedingungen des altertums,
die umgebung eines verachteten, mit allen schändlichkeiten
des lebens abgehärteten sklavendaseins konnten eine solche
mystisch veranlagte Jeanne Darc, eine solche lilienreine elfen-
seele nicht entwickeln: das sind historische unmöglichkeiten.
In diesem sinne erscheint die ganze auffassung des sklaven-
lebens, die ganze denkart und redeweise (sehr im gegensatz
zu der unverblümten art des Polen) entstellt, geschminkt,
durch die farbigen gläser der moderne verziert und verzerrt.
Der erzählung geht, auf kunstdruckpapier gesetzt, eine tele-
pathisch-mystisch-spiritistische einleitung voraus, die ich alle
künftigen leser bitte, vor beginn der lektüre fein säuberlich
herauszuschneiden, um nicht etwa zufällig in die gefahr zu
kommen, dieselbe gar zu lesen!

Über Hocking's so reizend betitelten roman *Meadowsweet
and Rue* darf ich mich ganz kurz fassen. Eine geschichte,
die im glattesten Marlittfahrwasser aussegelnd, bald in einige
leidenschaftswogen und problemstürme geworfen wird und zum
schlufs in den hafen der einzig richtigen katastrophe einläuft:

das liebespaar ihrer handlung n i c h t à la Marlitt in den
hafen der ehe einlaufen zu lassen. Sie konnten zusammen
nicht kommen: der krieg war viel zu wild. Der burenkrieg
natürlich, der seit sechs jahren als szenischer prospekt schon
nicht mehr zu entbehren ist. Der mangel anschaulicher orts-
schilderung verrät, daſs der autor sein südafrika nicht kennt:
non cuivis homini contingit adire Corinthum, und fernschilderer
wie Gustav Frenssen im *Peter Moor* sind dünn gesät . . .

Eden Phillpotts, der farbenkräftige maler des Dartmoor,
bietet in dem *Portreeve* wieder eine bodenständige geschichte
aus jenem interessanten landschaftswinkel Englands. Der roman
ist wie Matthias Claudius' winter „kernfest und auf die dauer“,
d. h. in seinem lokalton kernfest, nur in der entwicklung der
geschehnisse allzusehr in die breite geraten. Seine fabel bietet
die beste illustration zu dem denkwort, daſs der frömmste
nicht in frieden bleiben kann, wenn es dem bösen nachbar
nicht gefällt. Ein ehrgeiziger, aber ehrenhafter und reichlich
frommer landmann wird von einer ränkesüchtigen gutsbesitzers-
tochter wie ein wehrloses wild durch das dasein gehetzt; sein
erstes liebesglück mit einer plumpen theaterintrige untergraben,
sein vermögen und ansehen, sein hoffen und gottvertrauen,
ja sein leben fallen den teufelslaunen dieser potenzierten
Ortrud zum opfer. Dabei sind die voraussetzungen ihres
hasses von lächerlicher bedeutungslosigkeit. Kein mann von
echtem schrot und korn wie der *Portreeve* lieſse sich dermaſsen
quälen, ohne wider den stachel zu löken, und sein gottvertrauen, das ihn getreu nach ev. Luc. 6, 29 handeln läſst,
leidet schlieſslich selber schiffbruch, sodaſs man beinahe an
satirische absichten des autors glauben möchte, zumal er dem
frommen helden gegenüber die gedankenlosen oder freidenkenden
kinder der welt in den sonnenglanz ihrer alltagserfolge rückt.
So zeigt sich der verfasser der *Sons of the Morning* bereits
auf der stufe eines durchschnittsromanschreibers, der die poesie
seiner stimmungen und farbenschilderungen durch theatereffekte
erschlägt und seinen Pegasus mitunter ganz gemütlich über
dürre brachfelder traben läſst.

Und endlich zu Percy White's *Patient Man!* Wie anders
wirkt dies zeichen auf mich ein! Welches widerspiel zu der
bauerngeschichte des weiten, schweigenden Dartmoors, dieser
fashionable, brillantenglitzernde gesellschaftsroman Percy.

Whites! Ein jeder, den sein unstern schon im tanz um das goldene kalb gehetzt oder in die fallstricke und fufsangeln des modernen „gesellschaftslebens" geführt hat, wird diesen ausschnitt aus dem Londoner 'high life' richtig zu schätzen wissen und mit dem schmunzeln des kenners auf all die feinen satirischen farbenstriche hinweisen, in denen der gewandte und stoffvertraute autor auch hier seine meisterschaft bekündet. Jeder andere freilich mag die handlung von einem schuftigen herrchen, das mit seinem eigensüchtigen minnen mutter und tochter unglücklich macht, allzu weitschweifig behandelt finden, mag die grofsen gesichtspunkte vermissen, aus der parfümierten salonatmosphäre sich in die frische waldluft hinaussehnen. *Pro captu lectoris* wird also auch dies büchlein seine schicksale haben. Jedenfalls möge man einem so smarten schilderer gegenüber nicht den Zoïlus spielen und nicht vergessen, seinen weitschweifigkeiten die künstlerische absicht einer psychologisch erschöpfenden analyse zu gute zu rechnen.

Ansbach, April 1907. Armin Kroder.

Mrs. L. T. Meade, Love Triumphant,
London, Fisher Unwin.

The well-known picture by G. F. Watts, that great Master of Art, has inspired the authoress to the name of her book. She begins her novel with a Prologue, making the reader acquainted with the plot or her story, then giving in 4 detailed Books, — called Boyhood, Youth, Early Manhood, Manhood, — the development of her heroes character through all the struggles and temptations of life, until he finds back his manhood in the love of his mother whom he has not known before. —

Sebastian Pelham was born in a small fishing-village on the French coast, where his mother, Madeleine, had lived. His father, gifted with a great charm of manner but weak of character, had lived a wild life at Oxford University, was rusticated, and had been sent by his mother, a widow, to travel round the world for a year in order to find back his way into the path of virtue. Home again, the prodigal was received with open arms, and led into the stream of pleasure of the gay London world, adored and spoiled by women, and liked by men. On the way to ruin as a speudthrift his mother and himself, he falls in love with a friend of his mother's, and this rich and aristocratic marriage would save both his life and his reason for a respectable future. Shortly before it was to take place, Pelham had disappeared, leaving it to his mother in a letter to declare his changed sentiments to the young lady.

Meanwhile he had ventured in a sailing boat from St. Malo over to a French fishing-village, when a storm overtook him, but he was rescued by Madeleine. After a fortnight's stay at her house, until his boat was repaired, he sailed away, leaving as a farewell to the girl the avowal of his love. All Madeleine's thoughts, hopes and fears were from now centered round Sebastian Pelham, but she never thought for a moment that she would ever have him back again. One bright summer's day she saw a boat skimming across the waves with two men in it. Sebastian sprang ashore, assured Madeleine of his undisturbed affection, and that it was impossible for him to live without her, and she felt all the conviction in his passion to believe him. Without delay he took her across to St. Malo, where a priest was supposed to wait to marry them with the necessary marriage certificate, and he put a ring on her finger. After two months of a magnificent honey moon, they returned to her small cottage.

Only her grandmother, with whom she was living, had discovered the truth bit by bit. The girl had not been married at all, the certificate was a false one, and the priest was a man, bribed to act as one. Pelham, distressed at her great grief, vowed to marry her before their child would be born, and it would be all right. Owing to the unwonted cold of the place and the absolute want of comfort and wonted luxuries to one so spoiled, he was seized by consumption during the winter. Madeleine ministered to him with all the devoted love, repayed by his passion, which made her forget altogether that she was not his true wife in the sight of men. Nor did she give any thought to the baby which was coming. Spring arrived and brought a great change in his illness, the doctor giving him up. Although her grandmother tried to explain to her that Pelham has brought shame on her and that she must press him to summon a priest to marry them, before he dies, she did not for a long time wish to trouble him with her selfish fears during his last hours, nor would she remind him of that sorrow and shame which must be her portion. To end her grandmother's sorrow, at last she took a heart and asked him to be legally married to him for the sake of their child. Repenting of all the evil things he has done, and willing to do her and the child justice before he dies, he sends for the priest. He arrived one minute too late, and Madeleine was not married and her child was born a month later.

So runs the story related to old Mrs. Pelham by Madeleine herself in simple words, unaffected by pain, fear nor remorse.

After two years in which Mrs. Pelham had in vain been seeking for her son, she had traced him, with the aid of her lawyer, to his lonely grave in the cemetry of the little village of Les Petites Roches. Joy had left her, and the great dream of her life, her Sebastian, had vanished into nothingness. All her remaining feeling was centered in that sense of justice, due to her nature, to do the best for the dishonoured child who had come into the world. As to the mother of the boy, she had no in-

tention of being oversevere with her; she knew her son and his ways too
well; but as to tolerating her society, or allowing her to have anything
to do with her son's child, this did not even once enter into her mind.
Willing to adopt the child as her own, present him to the world as her
grandson, and make him her heir, she will do all that position and wealth
can do for him and his future, on the sole condition that Madeleine gives
him up and promises never to see him again, when her solicitor will provide
her regularly with a sum to put her into a position never to want again.
After a passionate fit of moaning and crying, Madeleine's natural power
of self-control told her that the fight must be fought, whether she fell
under the weight of the heavy cross which she was about to carry, or not.
That pain unspeakable was soothed by the feeling of duty that she did
not want to be unworthy and deprive her child of a career of honour.

Calm and erect, as though no emotion could ever move her, the mother
with her child to her heart accepts Mrs. Pelham's conditions on that lonely
grave. "Take the boy and give him the inheritance you have promised.
Give him all the good things of life, the honour of right living, the best
education man can give, and instil into him the noblest principles that can
animate man's heart. But remember, when you teach him all about the
things of this world, that there is another and a greater, where God grant
that he and I may meet. Teach this child to know God, as well as you
will certainly teach him to know man. — — — I surrender him absolutely,
until the time comes, and it may never come, when he will want me more
than you. — — — I give him up until he wants me more than you." — — —

So far the Prologue. — In a masterly manner the authoress pictures
her young heroe's future in his grand mother's house, his Varsity-life at
Cambridge, his work and his marriage, — the rock on which his ship of
goodly promise foundered. She leads us deep into the social problems of
the day. Sebastian Pelham is an illegitimate son, whose birth is to be
kept a secret by a web of lies and falsehoods about his pedigree, cleverly
concocted by his grandmother. In appearance a well drawn representative
of old England's best society; his nature the very essence of pure chivalry;
warm and affectionate of heart; a firm belief in his fellow-men; endowed
with the richest mental capacities; striving without being ambitious;
modelling his life after a great example of what a brave man's life ought
to be; all faith in absolute goodness in women, until there came a first
shock, given him by the girl in his youth; a second shock, given him by
the woman when he was a man, when the wickedness of his wife makes
him loose all faith in women and he pronounces them to be bad and frail.
Arrived at that point of utter bitterness and hatred, filled with the lust
of revenge, Madeleine crosses his way in the hour of need. Her warm
look, revealing all that sympathy after which he had been longing all his
life, makes him feel that he is no longer lonely, and the touch of her hand
brings his manhood back to him. "Take me home with you, mother", he
said simply — and Mother Love is triumphant. —

Then there is Leonora Airlie, the daughter of that girl his father
had jilted, the woman who ascends the ladder of life with him as his girl-

companion, student-fellow at Cambridge, until she becomes his wife and brings ruin upon him. Her ambitions desire to reach up to his mental capacities at the Alma Mater is satisfied when both she and he come out first in the Honours List of the Classical Tripos. A most unsuitable comrade for his life, most unworthy of his noble mind, in character and feeling his very reverse. In appearance most attractive, possessing all the graces of a woman, she is wanting in every inward womanly charm; very beautiful, with a spirit face altering each moment; fascinating and subduing, carrying the airs of a queen, quite capable of marking out her own career. Brilliant in speech, she knows that there are men, ready to die for her, and even a man's heart, if she must step on it, will not keep her back from what she means to do. She only married Sebastian Pelham for power and position, and, in very truth, can consider herself one of the most popular women in London. When Verschoyle, her constant admirer, has, in his own interest, put the venom into her proud soul that she has been married by a nameless one, she no more thinks of that man's superior qualities, his foremost and much honoured position in life, but her low and common nature rages against him who has dared to take her in her honour, in the glory of her youth, in the fulness of her beauty, and hold her in his shameless arms, and had given her a name which was not his to bestow. She feels lowered to the very dust, and loathes the man who has brought her to this bitter shame. Her uncontrollable hatred has torn asunder that decent veil with which old Mrs. Pelham has all the time so anxiously tried to cover her dead son's memory, she herself has proclaimed the ghastly secret to the world, and her brutality has actually killed the old lady.

Poor old Mrs. Pelham! A scape-grace son, on whom she has lavished a weak affection in his youth, has brought nameless misery into her existence. Her character is severe, a lack of sympathy is in her manner, her sombre and dark eyes never smile with love at her warm hearted grandson who always longs for a look of affection from her. She is a woman of sorrows, and the ploughshares have gone deep over her soul. The web of lies which she has drawn around her believing friends, about the two graves at the far off little cemetery at Les Petites Roches, about the mother who has left her life for her child, about that dead mother's noble French origin, — all these press upon her conscience by day and night like a heavy nightmare, filling her with ever wakeful suspicion against her surrounding. She has kept from her grandson's knowledge his father's history, because she will keep him unfettered by her painful recollections and from knowledge which can do him no good. Leonora Airlie was never to her taste, but, from her point of view the marriage between the two playmates means richess connected to his immense fortune.

Cedric Verschoyle, the evil spirit to them all! He is distantly related to Mrs. Pelham, a clever and noted London surgeon, always looking at his unsuspecting cousin with keenness and watchfulness, with a deep and deadly hatred, only waiting for an opportunity to strike his apparently fortunate kinsman a deadly blow. He has traced his enemy to the little far off

French village, and has found out all about the two graves at the cemetery of Les Petites Roches. He knows nothing against the man, but much against his pedigree. He calls him illegitimate to the face of old Mrs. Pelham, who fears her foe, and trembles before him. However, he mesmerises Leonora with his love, although knowing her many faults and vanities better than her husband, but loves them all. She dislikes his presence and wishes him to leave her, because she wants to become good, at least in a sort of commonplace way, when alone subject to Sebastian's perfect influence, even telling him that she feels like looking into the face of evil when she looks into his face. He is fully aware of his tormenting qualities, but spite and hatred towards Pelham make him from the beginning be on the side of the innocent girl Mrs. Pelham wants to improse on, and will protect her against disgrace. Before Leonora's engagement to Sebastian Pelham, he played with her inconsistant feelings, but when she thought she felt sure of him, he told her he would not marry, and preferred to love many women a little rather than one all in all. And at last, after he has helped to kill poor old Mrs. Pelham, thoroughly ruined Pelham's family-life, and revolted Leonora's feelings, he feels certain of his precious victim, and finally holds the run away wife in his vicious arms.

Last not least there is Beaufort, Pelham's schoolmaster and friend, a beautifully drawn character. His life holds its tragedy, unspoken, but ever-present, underlining his sunny sympathetic nature, his calm face with those truthful, serene eyes. Good and learned, he is always found working at the magnum opus of his life. His best friend is his vast library of the works of the Ancients, in whose company he is happiest. His books are all alive to him, more alive many of them, than some of the fellow-creatures whom he meets day by day. He manages to convey a certain sense of repose to each person he comes in contact with; his is a calm of power not of indolence, and the restless natures of the most restless boys in his form settle down into calm under his influence. He has taken into his house his orphan niece, Lilian de Moleyns, the child of his only sister, a tender hearted, very sympathetic ltttle creature with an early developping great beauty of mind, her sunny nature reflecting warmth wherever she is. She has the extraordinary merit of being liked both by men and women. To her, Sebastian was the friend of her childhood, the knight-errant who has listened to her baby sobs, always good to her in a very special way, and she gives him in return the whole-hearted love of a simple child. Mr. Beaufort has taken into his house after the death of his old housekeeper, Madeleine Le Farge, a French woman, who has answered to his advertisement in a London paper of a general servant and companion to his niece. For three years she has been their faithful servant, helping them with the greatest tact in a thousand ways, and ministering to their needs, her sad history not being suspected by any of them, — a noble character, whatever her unhappy youth has been. — — — —

Finally a few remarks about the value of Mrs. Meade's novel. Her language is beautiful throughout, her characters are genuine and taken out of England's best society. From first to last the book teems with interest, full to the brim of observation of life and character. Admirably conceived as a whole, and most skilful in its details, the novel cannot be too highly recommended and deserves to be widely read. --

Frankfurt a/M.   J. H. W.

III. NEUE BÜCHER.

In Deutschland erschienen vom 1. April bis 30. Juni 1907.

1. Sprache.

a) **Rahn** (W.), Der reguläre Bedeutungswandel. I. Allgem. Teil. Progr. Danzig. 22 s.

b) **Eilers** (Frdr.), Die Dehnung vor dehnenden Konsonantenverbindungen im Mittelenglischen m. Berücksichtigg. der neuengl. Mundarten. VII, 212 s. Halle, M. Niemeyer. M. 6.
(Studien zur engl. Philol. hrsg. v. Prof. Morsbach. 26. Hft.)

Meyer (Wilh.), Flexionslehre der ältesten schottischen Urkunden 1385—1440. XIII, 102 s. Halle, M. Niemeyer. M. 3,60.
(Morsbachs Studien zur engl. Philol. 29. Hft.)

Schmitt (L.), Die Akzente in altenglischen Handschriften mit Berücksichtigung der Akzente im Lateinischen und Althochdeutschen. Diss. Bonn. '07· 37 s.

c) **Ries** (John), Die Wortstellung im Beowulf. Gedruckt m. Unterstützg. der Kgl. Gesellsch. der Wissenschaften zu Göttingen. XV, 416 s. Halle, M. Niemeyer. M. 10.

Priess (M.), Die Bedeutungen des abstrakten substantivierten Adjektivs u. des entsprechenden abstrakten Substantivs bei Shakespeare. Diss. Göttingen. '06· 57 s.

d) **Jones's** (Dr. John) Practical Phonography (1701). Ed. by Dr. Eilert Ekwall. VII, CCCV, VI, 202 s. Halle, M. Niemeyer. M. 18.
(Neudrucke frühneuengl. Grammatiken. Hrsg. v. R. Brotanek. 2. Bd.)

e) **Breul** (Dr. Karl, M. A.), A New German and English Dictionary, compiled from the best authorities in both languages. Rev. and considerably enlarged. XVI, 798 u. 545 s. Leipzig, Gloeckner. Geb. M. 8.

Rothwell (Prof. J. S. S.), Pult-Wörterbuch. Englisch-Deutsch u. Deutsch-Englisch. 4. verm. u. verb. Aufl. V, 388 u. XIII, 382 s. Berlin-Schöneberg, Langenscheidts Verl. Geb. M. 3.

Rothwell (J. S. S) and **Coursier** (Ed.), A New and Practical Dictionary of the English and French Languages. 2nd ed. 322 u. 383 s. 16°. Berlin-Schöneberg, Langenscheidts Verl. Geb. M. 3.

Waller (Dr. Jos. R.), German-English Medical Dictionary. 4th ed., improved and enlarged by Dr. M. White. III, 449 s. Wien, F. Deuticke. Geb. M. 6.

Blaschke (Paul), Medizinisches Wörterbuch in deutscher, franz. u. englischer Sprache in 1 Alphabet. XVI, 450 s. Berlin, Rothschild. M. 6, geb. 7.

Wotton (Tom S.), A Dictionary of Foreign Musical Terms. VII, 226 s. Leipzig, Breitkopf & Härtel. M. 3, geb. 4.

2. Literatur.

a) Allgemeines.

Wülker (Geh. Hofr. Prof. Dr. Rich.), Gesch. der englischen Literatur. 2. neubearb. Aufl. 2. (Schlufs) Bd. VIII, 571 s. Leipzig, Bibl. Institut. Geb. in Halbfr. M. 10.

Weddigen (Dr. Otto), Das griechische u. römische Theater u. das Theater Shakespeares in ihrer kulturgeschichtlichen Entwickelung nach den neusten Forschungen f. Schule u. Volk dargestellt. 52 s. Kötzschenbroda, Thalwitzer. M. 0,50, geh. in Leinw. 0,80.

Vershofen (Dr. W. L.), Gedanken zur Technik des Dramas, erläutert an Shakespeare's Hamlet. Progr. 37 s. Bonn, Hanstein. M. 0,75.

Reimarus Secundus, Geschichte der Salome von Cato bis Oscar Wilde, gemeinverständlich dargestellt. I. Das Haupt Johannis des Täufers. IV, 40 s. Leipzig, Wigand. M. 1.

Abraham (Dr. J.), Salome oder Über die Grenzen der Dichtung. Eine krit. Studie. 30 s. Berlin, H. Walther. M. 0,60.

Bertram (F.), Die Timonlegende, eine Entwickelungsgesch. des Misanthropentypus in der antiken Literatur. Diss. Heidelberg. 1906. 99 s.

König (Prof. D. Dr. Eduard), Ahasver, der ewige Jude, nach seiner ursprünglichen Idee u. seiner literar. Verwertung betrachtet. 74 s. Gütersloh, C. Bertelsmann. Geb. M. 1,50.

Eckert (K.), Die dramatische Behandlung der Ermordung des Herzogs Alessandro de Medici durch seinen Vetter Lorenzino in der englischen Literatur. (Tourneur, Shirley, Sheil.) Diss. Königsberg. '07· 63 s.

Kahle (R.), Der Klerus im mittelenglischen Versroman. Diss. Strafsburg. '06· 217 s.

Wirth (A.), Typische Züge in der schottisch-englischen Volksballade. T. II. Progr. Bernburg. '07· 27 s. 4°.

b) Literatur der älteren Zeit.

Daniel. Schmidt (W.), Die altenglische Dichtung Daniel. (Bearbeiteter Text.) Diss. Bonn. '07· 36 s.

Odoaker. Imelmann (Priv.-Doz. Dr. Rud.), Die altenglische Odoaker-Dichtung. 48 s. Berlin, Springer. M. 2.

Scriftbôc. Berbner (W.), Untersuchungen zu dem altenglischen Scriftbôc. Diss. Bonn. '07· 35 s.

Wærferth's Bischof v. Worcester, Übersetzung der Dialoge Gregors des Grofsen. Einleitg. v. H. Hecht. Hamburg, H. Grand. M. 7.

Wunder des Ostens. Knappe (F.), Das angelsächs. Prosastück die "Wunder des Ostens". Überlieferung, Quellen, Sprache u. Text nach beiden Handschriften. Diss. Greifswald. '06· 64 s.

Colyn Blowbols Testament. Lehmeyer (F.), Colyn Blowbols Testament. Ein spät-mittelenglisches Gedicht. Diss. Erlangen. '07· 40 s.

c) Literatur des 16.—18. Jahrhunderts.

More. Kautsky (Karl), Thomas More u. seine Utopie. Mit e. hist. Einleitg. 2. durchges. Aufl. VIII, 322 s. Stuttgart, J. H. W. Dietz Nachf. M. 3.

Spenser. Riedner (Wilh.), Spensers Belesenheit. Leipzig, A. Deichert Nachf. M. 3,50.

Shakespeare (W.), First Part of King Henry IV. Ausg. f. Studenten. Hrsg. v. Prof. Dr. G. Krüger. 196 s. Leipzig, Freytag. Geb. M. 2,50.

— Pape (O.), Über die Entstehung der ersten Quarto von Sh.'s Richard III. Diss. Erlangen, '06· 49 s.

— Hauschild (G. R.), Das Verhältnis von Goethe's Romeo u. Julia zu Shakespeare's gleichnamiger Tragödie. Progr. Frankfurt a/M. '07· 57 s.

— Siburg (B.), Schicksal u. Willensfreiheit bei Sh., dargelegt am "Macbeth". Diss. Göttingen. '06, 73 s.

— Neubner (Alfr.), Mifsachtete Shakespeare-Dramen. Eine lit. histor. Untersuchung. XI, 197 s. Berlin, Elsner. M. 4, geb. 5.

Shakespeare (W.), Ein Trauerspiel in Yorkshire. Übers. u. m. e. einführ. Vorwort v. Alfr. Neubner. IX, 49 s. Berlin, Elsner. M. 1,50, geb. 2,25.

— Alvor (Pet.), Das neue Shakespeare-Evangelium. 2. bed. verm. Aufl. XXI, 132 s. Hannover, Sponholtz. M. 2, geb. 3.

— Wolff (Dr. Max J.), Shakespeare der Dichter u. seine Werke. In 2 Bdn. 1. Bd. V, 477 s. München, C. H. Beck. M. 5, geb. 6.

Jonson's (Ben) Every Man out of his Humour. Reprinted from Holme's Quarto of 1600 by W. Bang and W. W. Greg. Leipzig, Harrassowitz. M. 8.

— — Reprinted from Linge's Quarto of 1600 by W. Bang and W. W. Greg. Ebd. M. 8.

Rowe. Behrend (A.), Nicholas Rowe als Dramatiker. Diss. Königsberg. '07· 66 s.

— Schwarz (Dr. Ferd. H.), Nicholas Rowe, the Fair Penitent. A contribution to literary analysis, with a side reference to Richard Beer-Hofmann, der Graf v. Charolais. 84 s. Bern, A. Francke. M. 1,80.

Montague (Lady Mary Wortley), Reisebriefe. Übers. v. Max Bauer. Berlin, Seemann Nachf. M. 2.

Blake (William), Ausgewählte Dichtungen übertragen v. Adf. Knoblauch. 2. Tl. 84 s. Berlin, Oesterheld & Co. M. 4,50; geb. 6,50. (Mit d. 1. Tl. zus. M. 8,50, geb. 12,50.)

d) Literatur des 19. Jahrhunderts.

aa) **Godwin.** Meyer (J.), William Godwin's Romane. Ein Beitrag zur Geschichte des englischen Romans. Diss. Leipzig. '06· 78 s.

Byron. Uhde (H.), Zur Poetik von Byrons Corsair. Progr. Bergedorf. '07. 51 s.

Barrett-Browning (Elis.), Aurora Leigh. Aus dem Engl. frei übertr. v. Anna Freifrau v. Zedlitz und Neukirch geb. v. Bonin. XI, 438 s. Dresden, E. Pierson. M. 5, geb. 6.

— Portugiesische Sonette. Aus dem Engl. VI, 44 s. Dresden, Pierson. M. 1, geb. 2.

Browning (Rob. u. Elizab. Barrett), Briefe. Übertragung v. Fel. Paul Greve. Wohlfeile Ausg. 474 s. Berlin, S. Fischer. M. 4, geb. 5.

Carlyle. Wolf (Geo. Jac.), Worte Carlyles. Minden, J. C. C. Bruns. Geb. M. 2,50.

Eliot (G.). Richter (Helene), George Eliot. 5 Aufsätze. IV, 199 s. Berlin, Duncker. M. 5.

Tennyson's Enoch Arden. Im Versmafs des Originals übers. v. Dr. Adalb. Schroeter. Mit e. Einleitg. v. Prof. Dr. E. Koeppel. Mit des Dichters Bildnis. 53 s. Geb. M. 0,60.

Wilde (Oscar), Gedichte. Deutsch v. Etzel. 123 s. Leipzig, Insel Verl. M. 6.

— Solome. Deutsch v. H. Lachmann. Luxusausg. m. 15 Zeichnungen v. A. Beardsley. Leipzig, Insel Verlag. Geb. M. 14.

— Das Granatapfelhaus. 3. rev. Aufl. Übers. v. Felix Paul Greve. Bilderschmuck v. H. Vogeler-Worpswede. 101 s. Leipzig, Insel-Verlag. M. 6, geb. in Halbperg. 8.

— Langgard (Halfdan), Oskar Wilde. Stuttgart, A. Juncker. M. 1,50.

bb) **Collection of British Authors.** Leipzig, Tauchnitz. je M. 1,60.

3954.　　Pemberton (Max), The Diamond Ship.

3955—56. Phillpotts (Eden), The Whirlwind. 2 vols.

3957.　　Hearn (Lafcadio), Kokoro. Hints and Echoes of Japanese Inner Life.

3958.　　Mason (A. E. W.), Running Water.

3959.　　Twain (Mark), The $ 30000 Bequest and Other Stories.

3960—61. Bagot (Rich.), Temptation. 2 vols.
3962. Emerson (Ralph Waldo), Representative Men. 7 Lectures.
3963. Oldmeadow (Ernest), Susan.
3964. Wiggin (Kate Douglas), New Chronicles of Rebecca.
3965. Vachell (Horace Annesley), Her Son. A Chronicle of Love.
3966. "Q" (A. T. Quiller-Couch), Merry Garden and other Stories.
3967. Clifford (Mrs. W. K.), The Getting Well of Dorothy.
3968. Braddon (M. E.), Dead Love has Chains.
3969. Gerard (Dorothea) [Madame Longard de Longgarde], Itinerant Daughters.
3970—71. Benson (E. F.), The House of Defence. 2 vols.
3972. Schmidt (Fräulein) u. Mr. Anstruther. Being the letters of an independent woman. By the Author of 'Elizabeth and her German garden'.

cc) **Unwin's Library.** London u. Leipzig, T. F. Unwin. je M. 1,50.
48 Wilkins (Mary E.), Doctor Gordon.

e) Amerikanische Literatur.

Emerson (R. W.), Natur u. Geist. Aus dem Engl. v. Wilh. Miefsner. IV, 251 s. Jena, Diederichs. M. 3, geb. 4.

Whitman (Walt), Grashalme. In Auswahl übertragen v. Johs. Schlaf. 239 s. Leipzig, Reclam. M. 0,80.

Twain's (Mark) humorist. Schriften. N. F. Stuttgart, R. Lutz. je M. 2, geb. 3. 4. Meine Reise um die Welt. 2. Abt. Indien. — Südafrika je 330 s.

Knortz (Prof. Karl), Amerikanische Redensarten u. Volksgebräuche. Mit dem Anh. Folkloristisches in Longfellow's Evangeline. 82 s. Leipzig, Teutonia-Verl. M. 1.

3. Erziehungs- und Unterrichtswesen.

a) Allgemeines.

Engelhart (Inst.-Insp. Jak.), Leitfaden der Erziehungslehre. VIII, 171 s. Landshut, J. Hochneder. Geb. M. 2,20.

Rafsfeld (Mädchenschul- u. Sem.-Dir. Dr. Karl) u. **Wendt** (Sem.-Lehr. Herm.), Grundrifs der Pädagogik f. Lehrerinnen-Bildgs.-Anstalten u. zum Selbstunterricht. 2. verm. u. verb. Aufl. X, 411 s. Leipzig, Teubner. Geb. M. 4,40.

Kellner (Dr. Lor.), Zur Pädagogik der Schule u. des Hauses. Aphorismen. 17. Aufl. XVI, 287 s. Essen, Baedeker. Geb. M. 2,50.

Berg (E.), Schule u. Haus. Eine Kritik ihrer Beziehungen zu einander vom Standpunkte eines Realschuloberlehrers aus. 36 s. Leipzig, Quelle & Meyer. M. 0,80.

Kankeleit (A.), Unsere Lieblinge in Haus u. Schule. 1.—3. Taus. 172 s. Gumbinnen, Sterzel. M. 1.

Tews (I.), Moderne Erziehung in Haus u. Schule. Vorträge. IV, 132 s. Leipzig, Teubner. M. 1.

Culemann (Konsist.-R.), **Wellenbrink** (Hauptlehrer) u. **Goldstein** (Lehrer), Unsere Kinder u. ihre Erziehung in der Familie. 3 Vorträge. 27 s. Gütersloh, F. Tigges. M. 0,30.

Foerster (Priv.-Doz. Dr. Fr. W.), Jugendlehre. Ein Buch f. Eltern, Lehrer u. Geistliche. 21.—25. Taus. XVIII, 724 s. Berlin, G. Reimer. M. 5, geb. 6.

Key (Ellen), Das Jahrhundert des Kindes. Studien. Volksausg. in gekürzter u. veränd. Form. Übertragg. v. Francis Mars. 1.—6. Taus. 230 s. Berlin, S. Fischer, Verl. M. 1,50, kart. 2.

Gjems-Selmer (Agot), Die sittliche Erziehg. unserer Kinder. Vortrag. Aus dem Norweg. v. Frdr. v. Kaenel. 96 s. Aarau, E. E. Meyer. M. 1,50.

Freimut (Dr. G. H.), Charakterbildung, Erziehung u. Pflege unserer Kinder u. der heranwachsenden Jugend. IV, 393 s. Leipzig, Modern-mediz. Verl. M. 3.

Hecklau (M.), Kunsterziehung u. deren Seele, das Schöne. Progr. Eisleben. '07· 11 s. 4°.

Loewenberg (Dr. J.), Geheime Miterzieher. Studien u. Plaudereien f. Eltern u. Erzieher. 4. Aufl. 201 s. Hamburg, Gutenberg-Verl. Dr. E. Schultze. M. 1,50, geb. 2,50.

Willner (D.), Ein Vater an seine Kinder. Ermahnungen u. Ratschläge eines Vaters an seine Kinder. Mitgeteilt v. W. 71 s. Münster, Alphonsus Buchh. M. 0,35.

Horak (Joh.), Die Schule nach den Gesetzen des Organismus. Eine notwend. Einleitg. zur modernen Erziehungslehre. 151 s. Wien, Buchh. des kathol. Schulvereins. M. 1,50.

Jahrbuch des Vereins f. wissenschaftl. Pädagogik. Begründet v. Prof. Dr. T. Ziller. Hrsg. v. Proff. DD. Th. Vogt u. K. Just. 38. Jhrg. 1905. 79 s. Dresden, Bleyl & Kämmerer. M. 1.

— Dasselbe. 39. Jhrg. III, 276 s. Ebd. M. 5.

Verhandlungen des 3. allgem. Tages f. deutsche Erziehung. Weimar, d. 2. u. 3. X. '06· 118 s. Birkenwerder, Verlag der Blätter f. deutsche Erziehg. M. 1,20.

b) Geschichte der Pädagogik.

Funke (Sem.-Dir. Schulr. Dr. A.), Grundzüge der Geschichte der Pädagogik. 7. Aufl. 182 s. Paderborn, Schöningh. M. 1,20.

Luther's pädagog. Schriften, ausgew. v. Geh. Reg.-R. Prov.-Schulr. A. Moldehn. 5. durchges. Aufl. 63 s. Breslau, Hirt. M. 0,80.

Lindner (H.), Fénelon u. seine Töchterbildung. Progr. Kolberg. '07· 7 s. 4°.

Gebhardt (O.), Theodor Waitzs pädagog. Grundanschauungen in ihrem Verhältnis zu seiner Psychologie, Ethik, Anthropologie u. Persönlichkeit. Diss. Leipzig. '06· 140 s.

Paulus (O.), Goethe als Erzieher. Progr. Cassel. '07. 26 s. 4°.

Hüttner (A.), Die Pädagogik Schleiermachers in der Periode seiner Jugendphilosophie. Diss. Leipzig. '06· 85 s.

Monumenta Germaniae paedagogica. Begründet v. K. Kehrbach. Hrsg. v. der Gesellsch. f. deutsche Erziehgs.- u. Schulgeschichte. Berlin, A. Hofmann & Co.

XXXVII. Bd. Delbrück (Frdr.), Die Jugend des Königs Friedrich Wilhelm IV. v. Preußen u. des Kaisers u. Königs Wilhelm I. Tagebuchblätter ihres Erziehers D. (1800—1809). Mitget. v. Archivr. Dr. Geo. Schuster. II. Tl. 1806—1808· VII, 578 s. m. 1 Taf. u. 4 Fksm. M. 14.

XXXVIII. Bd. Schnell (Oberl. Dr. H.), Das Unterrichtswesen der Herzogtümer Mecklenburg-Schwerin u. Strelitz. 1. Bd. Urkunden u. Akten zur Gesch. des mecklenburg. Unterrichtswesens. Mittelalter u. Reformation. XXII, 552 s. M. 15·

Beiträge zur hessischen Schul- und Universitätsgeschichte. Hrsg. v. DD. Pfr. D. W. Diehl u. Prof. A. Messer. I. Bd. 2. Hft. s. 129—248 Gießen, Roth. M. 2.

c) Psychologie.

Wundt (Wilh.), Grundriß der Psychologie. 8. verb. Aufl. XVI, 414 s. Leipzig, Engelmann. Geb. M. 8.

Jerusalem (Prof. Dr. Wilh.), Lehrbuch der Psychologie. 4. Aufl. XII, 213 s. Wien, Braumüller. Geb. M. 3,60.

Kahle's (F. Herm.) Grundzüge der Pädagogik. Für Seminare, Lehrer u. Lehrerinnen. 12. gänzlich umgestaltete Aufl. hrsg. v. Otto Gerlach. I. T. 1. Abt. Leitfaden der pädagog. Psychologie u. Logik. Bearb. v. Reg.- u. Schulr. Otto Gerlach. VIII, 256 s. m. 37 Abbilgn. Breslau, C. Dülfer. M. 2,80, geb. 3,40.

Dörpfeld (weil. Hauptlehr. F. W.), Gesammelte Schriften. Gütersloh, Bertelsmann. 1. Bd. Beiträge zur pädagog. Psychologie. 10. Aufl. XXVIII, 171 s. M. 2, geb. 2,50.

Michaelis (H.), Inwiefern ist für den Beruf des Pädagogen die Beschäftigung mit der Psychologie unerläfslich? Diss. Erlangen. '06· 46 s.

Eichberg (Th.), Psychologische Probleme. Versuch einer prakt. Psychologie. III, 105 s. Stuttgart, Strecker & Schröder. M. 1,20.

Baade (Dr. Walt.), Experimentelle u. kritische Beiträge zur Frage nach den sekundären Wirkungen des Unterrichts, insbes. auf die Empfänglichkeit des Schülers. III, 124 s. Leipzig, Nemnich. M. 4, f. Abonn. 3,20.

Brentano (Frz.), Untersuchungen zur Sinnespsychologie. X, 161 s. Leipzig, Duncker & Humblot. M. 4,20.

Pfeiffer (Ludw.), Über Vorstellungstypen. IV, 129 s. Leipzig, Nemnich. M. 4, f. Abonn. M. 3,20.

Queyrat (Gymn.-Prof. Fr.), Das Denken beim Kinde u. seine Pflege. Nach der 2. Aufl. des Originals übers. mit Vorwort u. Anm. vers. v. Paul Krause. VIII, 84 s. Leipzig, Wunderlich. M. 1,20, geb. 1,60.

Ostermann (Dr. W.), Das Interesse. Eine psychol. Untersuchung m. pädagog. Nutzanwendgn. 2. Aufl. IV, 184 s. Oldenburg, Schulze. M. 1,80.

Bericht über den 2. Kongrefs f. experimentelle Psychologie in Würzburg v. 18.—21. IV. '06· Hrsg. v. Prof. Dr. F. Schumann. XVIII, 266 s. Leipzig, J. A. Barth. M. 9.

d) Gesundheitspflege.

Altschul (San.-R. Dr. Thdr.), Lehrbuch der Körper- u. Gesundheitslehre f. Lehrer- u. Lehrerinnen-Bildungsanstalten. Mit 129 Abbildgn. 182 s. Leipzig, Freytag. M. 3.

Roller (Oberl. K.), Lehrerschaft u. Schulhygiene in Vergangenheit u. Gegenwart. 35 s. Leipzig, Teubner. M. 0,80.

Leubuscher (Reg.- u. Geh. Med.-R. Prof. Dr. G.), Schularzttätigkeit u. Schulgesundheitspflege. 70 s. Leipzig, G. Teubner. M. 1,20.

Steudel (Past. Fr.), Arzt u. Schulbetrieb. Gutachten deutscher Ärzte. Gesammelt vom Elternbund f. Schulreform in Bremen. IX, 90 s. Leipzig, Teutonia-Verl. M. 1.

Aufgabe, die, der deutschen Schule in der Kulturbewegung gegen den Alkoholismus. 5. verb. Aufl. 24 s. Berlin, Mäfsigkeits-Verl. M. 0,15.

Müller (Julie), Die Alkoholfrage betrachtet v. einer Lehrerin. Vortrag. 16 s. Augsburg (Oblatterwallstr. 2), Selbstverl. M. 0,10 (Partiepreise).

Kubatz (Alfr.), Akademiker u. Alkoholismus. 46 s. Berlin, Heymann. M. 0,60.

e) Unterrichtsorganisation.

Kerschensteiner (Geo.), Grundfragen der Schulorganisation. Eine Sammlg. v. Reden, Aufsätzen u. Organisationsbeispielen. VII, 296 s. Leipzig, Teubner. M. 3,20, geb. 4.

Lentz (Prof. Dr. Ernst), Pädagog. Neuland. Ausgewählte Aufsätze u. Vorträge. VII, 172 s. Berlin, O. Salle. M. 3.

Thumser (Gymn.-Dir. Reg.-R. Dr. V.), Strittige Schulfragen. Ein Wort der Verständigung an die Eltern. 34 s. Wien, F. Deuticke. M. 1.

Ziehen (Dr. Jul.), Aus der Werkstatt der Schule. Studien üb. den innern Organismus des höhern Schulwesens. VI, 207 s. Leipzig, Quelle & Meyer. M. 4, geb. 4,60.

Müller (Gymn.-Prof. Dr. Hugo), Die Gefahren der Einheitsschule f. unsere nationale Erziehung. VIII, 142 s. Giefsen, Töpelmann. M. 2,40.

Hanf (G.), Zur Frage des Reformgymnasiums. Progr. Magdeburg. '07· 24 s. 4°.

Aly (Frdr.), Gymnasium militans. Marburg, N. G. Elwert. M. 0,40.

Coste (D.), Versuche einer freien Gestaltung des Unterrichts in Prima. Progr. Wilmersdorf. 8 s. 4°.

Gaede (Gymn.-Dir. Dr. Rich.), 2 Jahre Bewegungsfreiheit im Unterricht der Prima. Progr. 52 s. 8°. Leipzig, G. Fock. M. 1.

Wetzstein (O.), Die geschichtliche Entwickelung des Realschulwesens in Deutschland. Abschnitt II. Gymnasium u. Realschule in der 1. Hälfte des 19. Jhdts. Progr. Neustrelitz. 48 s. 4°.

Apt (Prof. Dr. Max), Zur Handelshochschul-Bewegung in Deutschland. Vortrag. III, 40 s. Berlin, Heymann. M. 2.

Wychgram (Jak.), Vorträge u. Aufsätze zum Mädchenschulwesen. VI, 298 s. Leipzig, Teubner. M. 3,20, geb. 4.

Brelje (v. d.), Die Reform der höhern Mädchenschule. Frankfurt a/M., Dr. E. Schnapper. M. 1.

Szczepanski (Schulvorsteherin C. v.), Die Reform der höhern Mädchenschule. Ein Wort zur Orientierung f. deutsche Frauen u. Männer. III, 35 s. Giefsen, Roth. M. 0,60.

Seibt (Geo.), Gedanken zur Reform der Mädchenerziehung. 42 s. Stuttgart, Ch. Belser. M. 0,80.

Wagner, Zur Orientierung über die geplante Umgestaltg. des höhern Mädchenschulwesens. Progr. Altona. '07· 6 s. 4°.

Lehrplan f. d. Königsbërger Mädchen-Mittelschulen. 64 s. Königsberg, Gräfe u. Unzer. M. 0,60.

Jantzen (H.), Die städtischen Realgymnasialkurse für Mädchen. Progr. Königsberg i/Pr. '07· 13 s.

Rost (Dr. Bernh.), Die gymnasiale Ausbildung der Mädchen im Königreich Sachsen. V, 40 s. Leipzig, Roth & Schunke. M. 1,50.

— Entwickelg. u. Stand des höhern Mädchenschulwesens im Königreich Sachsen bes. während der letzten Dezennien. XVIII, 430 s. Ebd. M. 10.

— Die sächs. Lehrerinnenseminare in ihrer geschichtl. Entwickelg. u. ihrem gegenwärtigen Stande. VII, 164 s. Ebd. M. 3,50.

Lortzing (Prof. Dr. Frz.), Denkschrift über die Gleichstellung der Oberlehrer mit den Richtern. 40 s. Gelsenkirchen, Kannengiefser. M. 0,80.

Kuypers (Dr. Frz.), Volksschule u. Lehrerbildung der Vereinigten Staaten in ihren hervortretenden Zügen. Reiseeindrücke. Mit 48 Abbildgn. XII, 146 s. Leipzig, Teubner. M. 1.

Hilmer (Herm.), Amerikanische u. deutsche Volksbildung. (Ein Vergleich.) Vortrag. 38 s. Leipzig, Teutonia-Verl. M. 0,60.

Krause (Dr. Friedland), Die englische Volksschulgesetzgebung m. bes. Berücksicht. des Verhältnisses zw. Staat u. Kirche. 99 s. Berlin, C. Heymann. M. 2.

Spahn (Prof. Dr. Martin), Der Kampf um die Schule in Frankreich u. Deutschland. 33 s. Kempten, Kösel. M. 0,70.

f) Didaktik und Methodik.

Scharrelmann (H.), Weg zur Kraft des herzhaften Unterrichts. 2. T. 283 s. Hamburg, A. Janssen. Geb. M. 4,50.

Rosenthal (Mittelsch.-Lehr. A.), Die Konzentration im Unterricht nach dem Begriffe der heutigen Pädagogik. 24 s. Bielefeld, Helmich. M. 0,50.

Dorn (J.), Wie ist dem mechanischen Arbeiten der Schüler entgegenzuwirken? Tl. 2. Progr. Ostrowo. '07· 23 s. 4°.

Hösel (Schuldir. Paul), Die Erziehung zur geistigen Selbständigkeit. Mit Berücksichtigg. der Ansichten Diesterwegs. (Preisschrift.) Leipzig, Klinkhardt. M. 0,50.

Portzehl (O.), Die Lehre vom Bedeutungswandel in der Schule. T. I. Progr. Königsberg. '07· 64 s.

Budde (Lyc. Prof. Gerh.), Die Theorie des fremdsprachlichen Unterrichts in der Herbartschen Schule. Eine hist. krit. Studie, nebst e. Vorschlag zu e. Neugestaltg. des gesamten fremdsprachl. Unterrichts nach einheitl. Prinzip. VIII, 154 s. Hannover, Hahn. M. 3.

Maagen (Oberl. Vict. v.), Wie man Kinder in einer fremden Sprache u. in der Grammatik unterrichten muſs. 45 s. Riga (Reval, Kluge & Ströhm). b. M. 2.

g) Lehrbücher für den englischen Unterricht.

aa) **Barnstorff** (E. H.) and **Schmarje** (J.), English Reading Book for German Pupils. 2nd ed. VIII, 238 s. Flensburg, Westphalen. Geb. M. 2.

Saure (Prof. Dr. Heinr.), Englisches Lesebuch f. höhere Mädchenschulen u. Lehrerinnen-Bildungsanstalten. Nebst Stoffen zur Übung im mündl. Ausdruck. 2. Tl. 4. Doppel-Aufl. XV, 574 s. Frankfurt a/M., Kesselring. M. 4.

Aronstein (Prof. Dr. Ph.), English Prose Selections. Auswahl v. 16. Jhdt. bis zur Gegenwart. Mit 14 Illustr. (Ausg. B.) XI, 410 s. Bielefeld, Velhagen & Klasing. M. 3 geb.

Bulwer (Edward Lytton), Money. A Comedy. Abridged and annotated for school use by Dr. G. Krüger. 104 s. Leipzig, Freytag. M. 1,20.

Byron. Selections from Lord Byron's Poems. Für den Schulgebrauch hrsg. v. Oberl. Dr. A. Herrmann. 135 s. Leipzig, G. Freytag. Geb. M. 1,50.

Carlyle (Thomas), Two Lectures on Heroes and Hero-Worship. Selected and annotated by Louis Hamilton. 130 s. Leipzig, G. Freytag. M. 1,50.

Chambers's History of England 55 B. C. to the Present Time. Für Schulu. Privatgebrauch hergerichtet v. Prof. Dr. Klapperich. Mit 14 Abbildungen u. Karten. VIII, 128 s. Glogau, C. Flemming. M. 1,40.

Chambers's English History. Für den Schulgebrauch hrsg. v. Dir. Dr. G. Dubislav u. Prof. P. Boek. 10. Aufl. III, 127 s. Berlin, Weidmann. M. 1,50. Vorbereitungen u. Wörterverzeichnis 51 s. M. 0,50.

Dickens (Charles), David Copperfield's School-Days. Für den Schulgebrauch erklärt v. Hugo Bahrs. 5. Aufl. XIV, 122 s. Leipzig, Renger. M. 1,20.

Dickens (Charles), A Christmas Carol in Prose. With Introduction, Notes and Glossary by Prof. Dr. Herm. Fchse. 2nd ed. X, 80 u. 73 s. Leipzig, Roſsbergsche Verlagsbuchh. M. 1,50. (Neusprachl. Reformbibl.)

Everett-Green (Evelyn), The Secret of the Old House. Für den Schulgebrauch bearb. v. Elis. Taubenspeck. 2. Aufl. 118 s. Leipzig, Renger. M. 1,20.

Gardiner (S. R.), Historical Biographies. Cromwell and William III. Mit Anm. hrsg. v. Prof. Dr. Jos. Schoppe. Mit 1 Karte u. 8 Abbildgn. Ausg. B. XVIII, 109 + 38 s. Bielefeld, Velhagen & Klasing. M. 1,20.

Gardiner (Sam. Rawson), Oliver Cromwell. In gekürzter Fassg. hrsg. v. Oberl. A. Greeff. Mit Karte. 134 s· Leipzig, Freytag. M. 1,40.

Harraden (B.), Things will take a turn. Hrsg. v. Lehrerin F. Kundt. (Ausg. B.) VI, 75 u. 16 s. Bielefeld, Velhagen & Klasing. M. 0,75.

Henty (G. A.), With Clive in India, or, the Beginnings of an Empire. Mit Anm. hrsg. v. Prof. G. Opitz. Mit 1 Karte. Ausg. B. VI, 143 + 21 s. Bielefeld, Velhagen & Klasing. M. 1,20.

Lawrence (Charles), A Merchant of New-York. Englische Novelle f. den Sprachunterricht an Realanstalten, Handelsschulen u. Privatinstituten. Hrsg. u. erläutert v. Geo. Kluge. Mit e. Beschreibg. v. New-York. VIII, 158 s. Stuttgart, Violet. M. 1,80.

Lives of Eminent Explorers and Inventors. Ausgew. u. m. Anm. hrsg. v. Prof. Dr. Aug. Sturmfels. Mit 6 Portr. u. 2 Karten. Ausg. B. V, 186 u. 56 s. Bielefeld, Velhagen u. Klasing. M. 1,60.

Maucaulay (Th. B.), Warren Hastings. Mit Anm. hrsg. v. Prof. Dr. Karl Köhler. XVIII, 176 s. Gotha, Perthes. M. 1,50, Wbch. 0,50.

— William of Orange and his Descent of England. Hrsg. v. Oberl. Dr. W. Otto. XVII, 104 s. Gotha, Perthes. M. 1, Wbch. 0,40.

Modern English Novels. Ausgewählt u. m. Anmerkungen hrsg. v. Prof. Dr. A. Mohrbutter. 2. Aufl. VII, 140 s. Berlin, Weidmann. M. 1,40, Wbch. 0,40.

Peronne (Prof. Dr.), From Lincoln to Mac Kinley. 41 years of the Hist. of the United States. (1860--1901.) Adapted from A Student's Hist. of the Unit. States by Prof. Edw. Channing. Zum Schulgebrauch hrsg. m. Karten. (Ausg. B.) V, 132 + 35 s. Bielefeld, Velhagen & Klasing. M. 1,20.

Witchell (Charles A.), Nature's Story of the Year. Hrsg. v. Oberl. Dr. F. Strohmeyer. (Ausg. B.) V, 111 + 19 s. Bielefeld, Velhagen & Klasing. M. 1.

bb) **Barnstorff** (E. H.), Lehr- u. Lesebuch der englischen Sprache. 8. Aufl. VIII, 296 s. Flensburg, A. Westphalen. Geb. M. 2,25.

Büttner (Mädchensch.- u. Sem.-Oberlehrerin Ros.), Hilfsbüchlein zur Einübung der englischen Laute. 2. veränd. Aufl. des „Lesestoffes". 29 s. Leipzig, Roth & Schunke. M. 0,70.

Flaxmann (Rob.), Handbuch der englischen Umgangssprache f. Deutsche u. Engländer. Neubearb. u. verm. v. Prof. Philipp Wagner. 13. Aufl. XXII, 584 s. Berlin-Schöneberg, Langenscheidts Verl. M. 2,75.

Gräfenberg (Handelsschul-Oberl. Dr. S.), Elementarbuch der englischen Sprache f. Handels- u. kaufm. Fortbildungsschulen. Unter Mitwirkg. v. A. Cliffe. 2. verb. Aufl. VIII, 273 s. Wiesbaden, O. Nemnich. Geb. M. 2,60.

Haberland's englische Unterrichtsbriefe. 31.—33. Brief. Leipzig, Haberland. je M. 0,75.

Kiesewetter (Mittelsch.-Lehr. G.), Lehrgang der engl. Sprache, nebst Einführg. in d. Geogr. u. Gesch. Grofsbritanniens. Mit Karte u. Plan v. London u. Illustr. VIII, 189 s. Frankfurt a/M., Kesselring. M. 2.

Kron (Prof. Dr. R.), Englische Taschengrammatik des Nötigsten. 80 s. 16°. Freiburg i/B., Bielefeld. Geb. M. 1,20.

Krueger (Gust.), Englisches Unterrichtswerk f. höhere Schulen. 4. Tl. Deutsch-engl. Übungsbuch. 220 s. Leipzig, Freytag. — Wien, Tempsky. Geb. M. 2,50.

Thiergen (Prof. Dr. Osc.), Elementarbuch der englischen Sprache. Mit Genehmigg. der General-Inspection des Militär-Erziehgs.- u. Bildungswesens auf Grundlage des Boerner-Thiergenschen Lehrbuchs bearb. 2. Aufl. VIII, 213 u. 84 s. Wbch. Leipzig, Teubner. M. 3,40.

— Lehrbuch der englischen Sprache. Ausg. B. f. höhere Mädchenschulen. III. T. 3. Aufl. X, 236 s. Ebd. M. 2,40.

— Oberstufe zum Lehrbuch der englischen Sprache. Gekürzte Ausg. C. bearb. v. Realsch.-Dir. Prof. Dr. J. Schöpke. 3. Aufl. VIII, 289 s. Ebd. M. 2,80.

Bergmann (Martha), geb. Lutter: Idioms. Spracheigenheiten. Englisch-Deutsch. 55 s. Paderborn (Magdeburg), K. Peters. In Leinw. kart. M. 1.

Morich (Lekt. R. J.), Der englische Stil. Ein Übungsbuch f. Deutsche. VIII, 335 s. u. 94 s. Schlüssel. Wien, F. Deuticke. Geb. M. 6.

Assfahl (Rekt. K.), Je 50 franz. u. englische Übungsstücke, die bei der württ. Zentralprüfg. f. d. Einj. Freiwilligendienst 1905—7 gegeben wurden. 4. Ser. 64 s. Stuttgart, Bonz & Co. M. 0,80.

Dubislav (Dir. Prof. Dr. G.) u. **Boek** (Prof. P.), Stoffe zum Übersetzen aus dem Deutschen ins Englische. Zur Wiederholung der Syntax. 2. Aufl. VI, 119 s. Berlin, Weidmann. M. 1,60.

Bock (Dr. Frz.), Collection of English Letters. With Introduction and Notes. 62 s. Nürnberg, C. Koch. Geb. M. 0,80.

Rothwell (Prof. J. S. S.), Deutsch-englischer Briefsteller. Briefmuster mit gegenübergedruckter Übersetzg. 5. Aufl. I. Familienbriefsteller. Neubearb. u. verm. v. Realsch.-Prof. Ph. Wagner. H. Handelsbriefsteller. Von John Montgomery. Neue (Titel) Ausg. VIII, 192 u. 192 s. Berlin-Schöneberg, Langenscheidt's Verl. Geb. M. 3. (Beide Teile auch getrennt zu haben.)

cc) **Clay** (H. Alex. M. A.) u. **Thiergen** (Prof. Dr. Osk.), Über den Kanal. Ein Führer durch England u. d. engl. Sprache. Mit Plänen u. Karten. Across the Channel. VIII, 276 s. Leipzig, Haberland. M. 3,50.

Systematisch geordneter deutsch-englischer Wortschatz, ins Engl. übertr. v. Dir. Lect. Prof. Dr. Hamann, M. A. VII, 312 s. Berlin, Behrs Verl. Geb. M. 2.

Schlesing (A.), Neues Handbuch der englischen Konversationssprache. 4. Ster.-Aufl. VIII, 342 s. Leipzig, Tauchnitz. Geb. M. 2,25.

Waddy (S. D.), The English Echo. A Practical Guide to English Conversation. Unterhaltgn. über alle Gebiete des modernen Lebens. 25. Aufl. Bearb. v. John Charles Limschou. Mit Karte u. Wbch. VIII, 127 u. 64 s. Stuttgart, W. Violet. M. 1,80.

Vocabularien franz. u. englische zur Benutzg. bei den Sprechübungen. Leipzig, Renger. je M. 0,40.

    8. **Wallenfels** (Oberl. H.), Der Bauernhof im Anschlufs an das Hölzelsche Anschauungsbild. Englisch. 38 s.

4. Geschichte und Geographie.

a) **Meyer** (A. O.), Der britische Kaisertitel zur Zeit der Stuarts. 9 s. Rom, Loescher & Co. M. 0,60.

Hintze (Prof. Dr. Otto), Die Seeherrschaft Englands, ihre Begründung u. Bedeutung. 38 s. Dresden, v. Zahn u. Jaensch. M. 1.

Simon (K.), Der Einflufs der englischen Seegewalt auf die Feldzüge Napoleons in Mittel- u. Osteuropa. Progr. Schwiebus. '07· 12 s. 4º.

Saenger (Dr. S.), Die wirtschaftlichen Aussichten des britischen Imperialismus. Vortrag. 34 s. Berlin, L. Simion Nachf. M. 1.

Laughlin (Prof. J. Laurence), Aus dem amerikanischen Wirtschaftsleben. IV, 160 s. Leipzig, Teubner. M. 1.

b) **Gutjahr** (Prof. Dr. E.), Schulwandkarten f. den neusprachl. Unterricht. gezeichnet v. Ed. Gaebler. Leipzig, G. Lang. Nr. III. British Islands. 1 : 800 000. 4 Bl. je 77,5 × 58 Frbdr. M. 11, auf Leinw. m. Stäben M. 15.

Fleck, Vier Wochen in London zum Ferienkurs 1906. Progr. Fulda. '07· 27 s. 4º.

Stephan, My Sojourn in London. Progr. Geestemünde. 1907. 18 s. 4º.

Venema (J.), Ein Studienaufenthalt in England. Progr. Lippstadt. '07· 14 s. 4º.

5. Volkskunde.

Henri (Pfr. N.), Das Märchen u. die Kindesseele. 36 s. Zürich, Richter. M. 0,80.

Fischer (Wilh.), Aberglaube aller Zeiten. Stuttgart, Strecker & Schröder. je M. 1.

    4. Die Gesch. der Teufelsbündnisse, der Besessenheit, des Hexensabbats u. der Satansanbetung. 103 s.

    5. Der verbrecherische Aberglaube u. die Satansmessen im 17. Jhdt. 112 s.

6. Vermischtes.

Baumann (Lina), Die englischen Übersetzungen v. Goethes Faust. VI, 123 s. Halle, M. Niemeyer. M. 3.

Festschrift zur 50-Jahrfeier der Klinger-Oberrealschule zu Frankfurt a/M. 1857—1907. III, 90 s. Frankfurt a/M., Gebr. Knauer. Geb. M. 4,50.

Verhandlungen des 12. deutschen Neuphilologentags vom 4.—8. VI. '06 in München. Hrsg. vom Verbandsvorstand. IV, 227 s. München, Junge. M. 3. Leipzig.   Paul Lange.

III. MITTEILUNGEN.

Bekanntmachung.

In einer ausgabe der "Poems of William Dunbar", die unlängst für die Cambridge University Press veröffentlicht worden ist von Dr. H. Bellyse Baildon, Lecturer in English Language and Literature, University College, Dundee, ist der kritisch edierte text meiner in band XL—XLIII der "Denkschriften der kaiserl. Akademie der Wissenschaften" veröffentlichten ausgabe dieser gedichte in der gleichen anordnung derselben sowie ebenfalls das glossar dazu fast wörtlich abgedruckt worden, obwohl Dr. Baildon die erlaubnis dazu weder erbeten, noch erhalten hatte. Da er nur darum angesucht hatte, meine ausgabe in der gleichen weise wie andere ausgaben benutzen zu dürfen, um die nach seiner meinung besten lesarten für die von ihm geplante eigene ausgabe auswählen zu können, unter der bedingung der quellenangabe jeder von ihm verwerteten lesart oder anmerkung, so war ihm auf meinen vorschlag, um ihm die mühe einer neuen kollation aller manuskripte zu ersparen, von der philosophisch-historischen klasse der kaiserl. Akademie der Wissenschaften die erlaubnis erteilt worden, die "lesarten" meiner ausgabe abzudrucken.

Indem ich Dr. Baildons vorgehen dem urteile der öffentlichkeit, insbesondere auch demjenigen der herren fachgenossen überlasse, begnüge ich mich damit, bekannt zu machen, dafs dem herrn Dr. Baildon von der philosophisch-historischen klasse der kaiserl. Akademie der Wissenschaften untersagt worden ist, für etwaige künftige ausgaben seines buches irgend welche teile meiner ausgabe zu benutzen.

Wien, den 3. Aug. 1907.   J. Schipper.

Angekündigte Schriften.

In Münster wird disseriert über das thema: Quellenstudien zu Will. Morris, Defence of Guenevere.

Herausgegeben von Prof. Dr. Max Friedrich Mann in Frankfurt a/M.

Verlag von Max Niemeyer, Halle. — Druck von Ehrhardt Karras, Halle.

Beiblatt zur Anglia.

Mitteilungen
über englische Sprache und Literatur
und über englischen Unterricht.

Preis: Für den Jahrgang 8 Mark.

(Preis für 'Anglia' und 'Beiblatt' jährlich 24 Mark.)

| XVIII. Bd. | September 1907. | Nr. IX. |

I. SPRACHE UND LITERATUR.

Hubert Gibson Shearin, Ph. D., The Expression of Purpose in Old English Prose.
    A. u. d. T.: Yale Studies in English ed. A. S. Cook, no XVII. New York. Henry Holt & Co. 1903. $ 1.00.

W. Krohmer, Altenglisch *in* und *on*. Berlin, Mayer & Müller, 1904.

Der verfasser der ersten oben genannten dissertation hat, wie schon der ausführliche titel zeigt, seine syntaktische arbeit auf die ae. prosa beschränkt. Aber das verzeichnis der gelesenen texte zeigt, dafs er keine mühe gescheut hat, um auf dem so abgegrenzten gebiete vollständig zu sein. Ebensowenig wie an fleifs, fehlt es ihm an gründlicher kenntnis dessen, was für eine syntaktische arbeit, wie die vorliegende, nötig ist. Wenn trotzdem das resultat seines bemühens nicht so bedeutend ist, als man erwarten und wünschen würde, mufs dies, glaube ich, hauptsächlich der wahl des themas zugeschrieben werden. Ein thema der logischen syntax zu behandeln, wie Shearin hier will, ist nur möglich unter der voraussetzung, dafs die formale syntax der betreffenden sprache, und anderer sprachen, schon genügend ausgearbeitet ist. Und das ist bekanntermassen nicht der fall. Shearin selbst bemerkt dies wiederholt, z. b. beim präpositionalen infinitiv (s. 16 und 28). In anderen fällen wird die beantwortung einer frage vom fortschritt unserer kenntnis der formalen syntax abhängig gemacht. So wird (s. 86) bemerkt: 'Further

study of the phenomenon in *all* (d. h. nicht nur in den final-
sätzen) subordinate clauses in Old English might show that
the Modern English relative pronoun *that,* standing for all
genders, numbers and cases, was materially influenced by the
analogy of the conjunction *ðæt.*'

Wie das bei syntaktischen untersuchungen fast selbstverständlich ist, hat der verfasser auch andere sprachen zum
vergleich herangezogen, und darunter besonders das Neu-
englische. Dabei fällt das Mittelenglische aber nur zu oft
aus. Sonderbar berührt uns die neigung Shearins, überall
fremden einfluſs zu sehen. So wird der gebrauch von *for to* vor
infinitiv nordischem einfluſs zugeschrieben. Aber für die verbreitung dieser form ist überdies noch an das Französische
zu denken; also das Nordische der vater, das Französische
der pate!

Krohmer untersucht noch einmal die frage wie *on* und *in*
im Altenglischen zu beurteilen sei. Er schliefst, dafs die
bisherige ansicht, wonach *on* 'in' Westsächsisch, *in* 'in'
Anglisch sei, richtig ist. Er meint, dafs abweichungen auf
mundartenmischung zurückzuführen sind. Im zweiten abschnitt
bespricht er die frage, wie es kommt, dafs *on* in der einen
mundart 'in', in der anderen 'auf' bedeuten kann. Er versucht
zur erklärung eine präposition zu finden, „die ein so allgemeines raumverhältnis bezeichnet, dafs darin *on* = 'in' und
= 'auf' zugleich enthalten ist". Im dritten abschnitt gibt
er eine übersicht über den gebrauch von *on* und *in* in den
verschiedenen quellen und ein verzeichnis der bedeutungen,
welche beide präpositionen im einzelnen aufweisen.

Amersfoort, April 1907.   E. Kruisinga.

Wilhelm Vietor, Shakespeare's Pronunciation:
    1. *A Shakespeare Phonology with a rime-index to the
poems as a pronouncing vocabulary.* Preis geb. 6 M.
    2. *A Shakespeare Reader in the old spelling and with
a phonetic transcription.* Marburg i. H. N. G. Elwert. 1906.

In den vorliegenden büchern gibt Vietor eine populäre
darstellung der aussprache Shakespeares, und ein lesebuch,
um die aussprache einzuüben. Mit rücksicht auf den erwünschten
leserkreis sind sie englisch abgefaſst. Überhaupt scheint alles
mögliche getan zu sein, um das englische publikum zu ge-

winnen. Wo irgend möglich, wird auf englische quellen verwiesen, und auf dem titelblatt nennt verfasser sich "Hon.
Member of the Modern Language Association of Great Britain
and Ireland". Vielleicht wird es so gelingen, die englischen
leser für das buch zu interessieren. Und dafs ein buch, wie
das vorliegende, für sie nicht überflüssig ist, leuchtet jedem
ein, der weifs, wie sehr das studium der lebenden sprachen
in England noch im argen liegt, und wie sehr die ansichten
über sprachliche dinge noch dem verderblichen einfluſs der
klassizistischen gelehrten ausgesetzt sind. Ein charakteristisches
beispiel dieser antiken sprachweisheit gibt die Academy vom
9. Febr. ds. Js., s. 148, wo der Dubliner professor R. Y. Tyrrel
schreibt: "I condemn the split infinitive and so far as I know
habitually eschew it . . . There are, I believe, instances of the
split infinitive in the Bible, and it is sometimes really hard to
avoid it without weakening the force of the sentence." Es
genügt dies, um zu zeigen, wie nützlich Viëtors buch in
England wirken kann. Aber auch aufserhalb Englands sind
in den kreisen der literatoren die ansichten über das leben
der sprache nicht weniger antiquiert. So hat in der Zeitschrift
Nieuwe Gids ein holländischer dichter und kritiker einen
aufsatz geschrieben, worin er zu zeigen sich bemühte, wie
schön die harmonie zwischen laut und inhalt in den Shakespeareschen sonnetten. Es war ihm unbekannt, dafs das Englische
in den letzten drei jahrhunderten eine vokalverschiebung
durchgemacht hat, gegen welche, wie Viëtor anderswo sagt,
„die hochdeutsche konsonantenverschiebung (die sog. zweite
lautverschiebung) wenig bedeuten will".

Ob nun freilich diese literatoren sich die von Viëtor gelehrte aussprache einprägen werden, ist mir mehr als zweifelhaft. In seiner 'Einführung in das Studium der englischen
Philologie', s. 60, sagt V. dazu: „Auf das ältere Neuenglisch,
z. b. Shakespeare, pflegt man nicht allein die heutige orthographie, sondern auch (wie vor nicht allzulanger zeit auch
auf Chaucer) die heutige aussprache zu übertragen. Man
wird entweder auf diese bequemlichkeit oder auf eine wirklich
philologische lektüre verzichten müssen." Ich fürchte aber,
dafs eine solche „wirklich philologische lektüre" grofse gefahr
läuft, auf eine wirklich literarische lektüre zu verzichten.
Die historische aussprache wird in einzelnen fällen das metrum

verbessern, und ist natürlich richtiger als die moderne, wenn
auch keineswegs die wirkliche aussprache Shakespeares. Aber
die lektüre in der historischen aussprache wird, was sie an
richtigkeit gewinnt, an ästhetischer wirkung verlieren, denn
nur wenn die historische aussprache im geiste des lesers zu
einer ebenso lebendigen geworden ist als das heutige Englisch,
wird sie ästhetisch unanstöfsig sein. Bei Chaucer ist es ein
ganz anderer fall. Diesen kann man einfach nicht in der
heutigen aussprache lesen, wenn man seine verse wenigstens
nicht als rhytmische prosa zu lesen wünscht, und selbst dann
kann der leser sich nicht dem gefühle verschliefsen, dafs eine
fremde sprache vorliegt. Einverstanden bin ich mit V., wenn
er in der anmerkung a. a. O. sagt: „Wissen mufs man zum
mindesten, dafs und inwiefern das Englisch Shakespeares und
das heutige unterschieden sind."

Im ersten bande gibt V., nach einigen einleitenden bemerkungen über seine quellen, auf 115 seiten eine kurze und
klare besprechung der einzelnen laute. Darauf folgt ein reimindex zu den nicht dramatischen gedichten Shakespeares
(s. 116—268), endlich ein wortindex. Das buch bietet den
fachleuten vielleicht nicht besonders viel neues; doch ist das
gebotene dankenswert, da eine übersichtliche darstellung bis
jetzt fehlte. Neben den grammatiken, und bisweilen den
heutigen mundarten, stützt V. sich besonders auf die reime.
Ob er so der wirklichen aussprache näher kommt, mufs in
einzelnen fällen zweifelhaft bleiben. Wenn der reimindex
z. b. zeigt, dafs -aim und -ame stets auf sich selbst, nie auf-
einander reimen, kann Viëtors schlufs -aim meist noch als
-æim gesprochen, richtig sein. Daneben bleibt aber auch einflufs der orthographie möglich. So gut wie sicher ist dieser
in der scheidung der reime auf -omb, -umb (wie entomb: dumb)
und auf -oom, -ome (wie doom: come); vgl. Phonology § 64.
Im allgemeinen ist Viëtor konservativ, so dafs der unterschied
zwischen Shakespeares aussprache und der jetzigen so grofs
wie möglich wird. — Zu § 12 bemerke ich, dafs shed auf
ae. scēdan zurückgeht (es kommt auch in der mundart von
Adlington, Lancashire, vor). Zu § 13. Es gibt doch in den
heutigen mundarten hinweise auf eine verschiedenheit des i
vor -ht, -sh, da in diesen fällen me. i oft zu ī gedehnt worden
ist. — Im letzten kapitel spricht V. kurz über den einflufs

von akzent und metrum auf die aussprache. Wenn er dabei
die theorie von Dams über elision usw. verwirft, wird er wohl
die grofse mehrzahl der fachgenossen auf seiner seite haben.
Der Reader gibt eine reiche auslese sowohl aus den dramen
als aus den gedichten und wird an universitäten sowohl als
für das privatstudium vorzügliche dienste leisten können.
Viëtors arbeit scheint mir also ein wertvoller beitrag zur
englischen sprachgeschichte, in zweiter linie zur englischen
literaturkunde.

Amersfoort, April 1907.   E. Kruisinga.

A. Droop, Die Belesenheit Percy Bysshe Shelley's nach den direkten Zeugnissen und den bisherigen Forschungen.
Inaug.-Diss. Jena. Weimar 1906. pp. 167. 8⁰.

Arbeiten wie die vorliegende sind dankenswert und notwendig, um den betreffenden autor als produkt seiner jugend-
bildung und der geistesbildung seines milieu zu erkennen und
auf dieser grundlage seine quellen zu untersuchen. So nimmt
Droop, auf anregung Brandls, Fuhrmanns ähnliche arbeit
über „Die belesenheit des jungen Byron" zum vorwurf und
untersucht dieses hochinteressante und weite gebiet geistigen
lebens und verarbeitens bei unserem dichter, von der bibel
ausgehend und die bekannten literaturen der neuzeit bis auf
das Portugiesische und Neugriechische beobachtend. Bei dem
englischen und französischen schrifttum wird aufser der schönen
und wissenschaftlichen literatur auch das zeitungswesen berücksichtigt.

Der beitrag Droops zur lösung der frage: „was ist
Shelley's, was ist sein überkommenes erbgut?" ist
wohl gelungen und hat in gründlicher und umfassender weise
gezeigt, wie der poet die überkommene bildung in seinen
schöpfungen benutzt und verarbeitet hat. Dabei hebt Droop
mit recht hervor, dafs zwischen anklang und direktem einflufs ein oft übersehener unterschied besteht. Dann wäre es
allerdings auch wünschenswert gewesen, wenn er bei den
einzelnen quellen auch zwischen diesen beiden faktoren äufserlich unterschieden hätte. Die parallele zwischen Macbeth V,
5, 24 und Adonais XXI scheint uns beispielsweise sehr fraglich,
die zwischen Curse of Kehama und Rosalind and Helen p. 77

kaum ein schwacher anklang, ebenso die gegenüberstellungen aus Faust und Alastor p. 127, aus Faust und Adonais 129 und 130; gesucht scheint mir die parallele zwischen dem bekannten "la vida es un sueño" des Spaniers und Shelley's "life's unquiet dream", das diesem sein lebelang so viel zu denken gab. Dagegen ist von Droops selbständig gefundenen resultaten das verhältnis zwischen Prometheus Unbound und Southey's Curse of Kehama zu beachten, das noch einer näheren untersuchung bedarf. Einen neuen wichtigen hinweis für die quellenforschung gibt die arbeit ferner mit den amerikanischen erzählungen, die er p. 121 anführt, und deren bedeutung für den dichter noch nicht genug gewürdigt ist; vgl. so den namen Constantia, den Shelley aus Browns erzählungen geholt haben und für Jane Clairmont (allerdings nicht für Mary, wie Droop irrtümlich schreibt!) gewählt haben kann. Die notiz über den Italiener Fortiguerra (p. 153) ist etwas zu dürftig ausgefallen, desgleichen die verfolgung der figur des ewigen juden in den dichtungen Shelleys. Auch bezüglich des incest-motives in The Cenci ist die spanische vorlage des Calderon bis jetzt noch nicht genügend hervorgehoben worden. Droops notiz über Mrs. Byrnes roman Zofloya (p. 93) regt zu neuen studien über des dichters verhältnis zu dieser vorlage an.

Über Shelleys übersetzung des Kyklops von Euripides (p. 20) ist jetzt Asangers gründliche abhandlung zu vergleichen; p. 28 „Platos" distichon ist, wie schon früher von uns erwähnt, *cum grano salis* zu nehmen, da es kaum von Plato selbst stammt; interessant ist übrigens, dafs Droop aus Hoggs biographie wieder herausgefunden hat, dafs die jungen enthusiasten in Oxford die deutsche *editio bipontina* benützten! p. 135 lies anstatt des immer noch grassierenden [*Fénélon*] *Fénelon*; p. 146 *Ariosto* statt *Aristo*. Im register vermifsten wir *Mandeville*.

Das ergebnis unserer durchsicht des werkchens ist die beobachtung, dafs der verfasser sich mit den werken Shelley's eingehend vertraut gemacht und mit liebevoller genauigkeit und grofsem fleifs all den fäden nachgespürt hat, die diese mit anderen geistesprodukten der alten und neuen zeit verknüpfen: eine nicht blofs interessante, sondern auch wertvolle übersicht für die literarhistorische wissenschaft.

Nürnberg.   Richard Ackermann.

English Synonyms Explained and Illustrated. J. H. A. Günther,
English Master in the Eerste Hooghere Burgerschool met
drijarigen Cursus, Amsterdam. Groningen: J. B. Wolters,
1904; 490 SS.

Das buch ist englisch geschrieben und nennt in der einleitung nur das New English Dictionary (A bis K), the Century
D. und the Standard D. als quellen, denen er etwas zu verdanken hat. Etwas sonderbar ist es ja, dafs ihm, der sich
doch seit jahren mit seinem gegenstand befafst haben mufs,
niemals ein buch, das sonst gerade in Holland eifrig benutzt
wird, unter die finger sollte geraten sein. Dafs er es zwar
kennen, aber aus nachsicht sein dasein übersehen haben sollte,
wie man es mit machwerken tun darf, ist deshalb nicht anzunehmen, weil wir uns ja in grofser übereinstimmung befinden. Wer je sich mit synonymik beschäftigt hat, wird
wissen, dafs diese wissenschaft auf der begriffsbestimmung,
allerdings nur eines teiles der gesamten wörter, nämlich derer,
welche ähnlicher bedeutung sind, beruht. Und wer sich je
mit begriffsbestimmung abgegeben hat, wird wissen, wie
schwierig diese art der geistigen tätigkeit ist, und zwar liegt
die schwierigkeit im ziehen der grenzen. Man kann in einem
park sehr gut bescheid wissen, ohne imstande zu sein, seine
gröfse und gestalt genau anzugeben. Selbst von den durch
die wörter unserer muttersprache bezeichneten begriffen wissen
wir nur dann den umfang, wenn wir ihn eigens festgestellt
haben, und eine beliebige probe wird jeden überzeugen, dafs
selbst gebildete meist damit nicht zu rande kommen. Und
wenn man zu einer richtigen bestimmung gekommen zu sein
glaubt, mufs man noch jahre lang an jedem neuen beispiel
erproben ob sie stimmt; man wird dann finden, dafs sie meist
noch zu weit oder zu eng war, und danach ändern, bis alles
klappt.

Der wert eines synonymischen werkes liegt also in erster
linie in seinen bestimmungen. Wie der künstler sein bild erst
in allgemeinen umrissen hinwirft, so wird der synonymiker
sie zuerst versuchsweise in ihren auffälligsten merkmalen festlegen, und nun mittels geduldiger beobachtung die feineren
züge nach und nach eintragen. Dazu bedarf es grofsen
materials, aber das ist alles nur mittel zum zweck; aus demselben material werden zwei unabhängig arbeitende synony-

miker sehr verschiedene folgerungen ziehen, und es gibt genug,
die überhaupt niemals den springenden punkt erfassen. Da
haben sich denn die meisten eigentümlich geholfen. Sie gaben
eine bestimmung, die im allgemeinen paſste, weil sie gewisse
merkmale des begriffes zweifellos richtig angab — dazu gehört
auch sehr wenig —, aber sorgfältig vermieden, scharfe grenzen
zu ziehen, so dafs, was sie von dem einen wort sagten, ebenso
gut auf das daneben behandelte sinnverwandte oder auf eine
ganze gruppe solcher paſste; man sagte es aber mit ein bischen
anderen worten, und so merkte meistens der leser die täuschung
nicht, war freilich auch nicht einen deut klüger, nachdem er
eine solche "synonymik" gelesen. So haben Crabbe und
Webster gearbeitet, so auch der synonymiker des Muret-
Sanders.

Einige letzterem entnommen proben sollen das beweisen:
"hate, hatred, allgem. ausdruck für hafs, feindselige gesinnung.
grudge, anfall von verdrufs und neid, oft wegen kleinigkeiten
[falsch]; pique, empfindlichkeit, augenblickliche gereiztheit
[falsch]; spite, plötzlicher ärger, hastig angreifender
zorn [falsch]; anger, plötzliches zorngefühl wegen beleidigung, ungehorsam und a. [der ganze zusatz falsch];
vexation, beunruhigung, ärger, kummer wegen mifslingens
von plänen [falsch]; ill-will, übelwollen, unwillen, hafs, der
nicht zur tat übergeht [falsch]; malevolence, mehr gelegentlicher, übler wille, zeitweilige bosheit [letzteres falsch];
malice (spite), stetige bosheit des herzens, die sich freut zu
schaden [richtig]; nice vor sachen: fein und zart, sanft, nicht
grob und rauh; fein von den geistigen eigenschaften und dem
geschmack der menschen; fine, fein in jeder beziehung; delicate,
in hohem grade fein und zart, für die sinne angenehm und
lieblich." Welch eine fülle von unsinn in wenige worte zusammengedrängt. 1. Ob nice von personen gebraucht werden
kann, wird nicht gesagt, obwohl die geschichte anhebt mit:
"von sachen". he is a nice man ist also schon nicht untergebracht; zweitens bezieht sich in dieser verbindung nice auf das
wesen, nicht auf geistige eigenschaften oder geschmack, denn
es heifst: er ist ein netter mann. 2. Fein in jeder beziehung
sagt gar nichts; 3. wird weder bei fine noch delicate gesagt,
ob es von personen oder sachen, oder beiden gebraucht wird;
"in hohem grade fein und zart" ist dies nur eigentlich oder

bildlich? da plötzlich gesagt wird, "für die sinne angenehm
und lieblich", so muſs man annehmen, daſs mit ersterer bestimmung nur sinnlich feines und zartes gemeint ist. Dann
fehlt she is a delicate woman, sie ist eine feinfühlende frau.
Also nur verschwommene und unvollständige bestimmungen,
mit denen niemand etwas anfangen kann. malignity (malig-
nance), verruchte bosheit, lebhafte sucht, anderen in ihren
innersten interessen zu schaden, stärker als malice [kaum zu
beweisen]; oder: asperity, harshness, entspringen aus ärger-
licher stimmung, verbunden mit rücksichtslosigkeit gegen die
gefühle anderer [das paſst natürlich auf die ganze gruppe];
acrimony, bitterness, mehr äuſserlich sichtbar [törichter
zusatz]; sourness, dauernd; [harshness, acrimony und bitterness
müssen danach immer vorübergehend sein]; tartness, geringer
grad einer oft mit witz vereinigten verbitterung [der witz
kann bei allen vorhanden sein]; rancour, der höchste grad von
verbitterung, [die wichtigste eigentümlichkeit, daſs der rancour
sich an anderen luft zu machen sucht, fehlt]. So geht die
salbaderei das ganze wörterbuch hindurch.

Es muſs mich demgemäſs mit groſser befriedigung erfüllen, daſs die tausende von begriffsbestimmungen, welche ich
in meiner synonymik aufgestellt habe, durch die, wie ich annehmen muſs, selbständigen forschungen Günthers bestätigt
worden sind. Ich habe nicht ein halbes dutzend änderungen
nach seinen vorzunehmen; dagegen sind seine abweichungen
fast immer verschlechterungen, ja enthalten falsches. Merkwürdig ist ferner, daſs dieses buch von 474 druckseiten kaum
drei hat, welche gruppen bringen, die sich nicht auch in meiner
synonymik finden, obwohl doch der stoff schier unerschöpflich
ist, so daſs ich, wenn mich die rücksicht auf den umfang nicht
abgehalten hätte, es doppelt so stark hätte machen können.
Wer meine definitionen mit den Güntherschen vergleicht, wird
zudem finden, daſs sie, abgesehen von ihrer richtigkeit, viel
kürzer gefaſst sind und immer auf den kern des unterschiedes
hinzuführen suchen. Ferner glaube ich der erste synonymiker
gewesen zu sein, der planmäſsig auf die bürgerliche stellung
der wörter, sowie auf ihren syntaktischen gebrauch, in bezug
auf einzahl und mehrzahl, tätige und leidende form, ob sie
von personen oder sachen gebraucht werden, ob sie ergänzungen verlangen oder verbieten, aufmerksam gemacht hat.
Hier folgen einige proben zu dem oben gesagten.

ändern; to alter, to modify, to change, to vary; ebenso
bei G. Die erklärungen stimmen überein; und das ist merkwürdig. Zu to modify sage ich nämlich: "ebenfalls (wie to
alter) teilweise umgestalten, wird aber nicht von sinnlichen dingen gebraucht." Diese entdeckung hat auch G. gemacht, obwohl sie falsch, und dies eine der wenigen änderungen
ist, die ich zu machen habe. Folgendes beispiel zeigt dies:
If you still want to act a shepherdess you will have to modify
your costume considerably.

Herr G. sagt: modify — not used with reference to material objects — to make somewhat different.

Antwort, answer, reply, retort, repartee, response. Die
erklärungen stimmen überein, aufser bei retort; ich: scharfe
entgegnung; G.: a keen, witty and severe reply. a retort
braucht aber nicht witzig zu sein; eine witzige retort ist a
repartee.

In gruppe schlecht stimmen die beiderseitigen definitionen überein; merkwürdig ist wieder, dafs meine bemerkung
bei ill, nur attributiv; prädikativ heifst es krank, aufserdem
adverb im sinne von übel, schädlich, sich auch bei G. findet,
obwohl keine der anderen synonymiken auf beides aufmerksam
gemacht hat.

Die gruppe "koffer" taucht bei mir zuerst auf; danach
bei G.

nackt, bare, naked, nude. Kr.: This is the naked truth,
stärker als the bare truth. — G.: naked. When used fig. it
is stronger than bare. Cf. the naked truth and the bare truth.

Kr.: nude, in der kunst das allein übliche. — G.: To draw
from the nude especially used with reference to works of art;
to draw from the nude. Klöpper hat die gruppe gar nicht;
Crabbe nude nicht.

Esel, ass, donkey. Kr.: ass heifst das tier in der natur-
geschichte, doch auch donkey, Im höheren stil und der bibel
nur ass, donkey im verkehr und geschäftsleben. — G.: ass
— the name useed in Natural History, in the Bible, and in
dignified language; the word is likewise found in proverbial
sayings and idiomatic phrases. donkey — the familiar name.
Die übereinstimmung ist um so auffälliger, als in den vor
meiner vorhandenen synonymiken, Crabbe eingeschlossen, diese
wörter nicht behandelt sind.

In gruppe zustimmen hat G. genau meinen bestimmungen von to assent, consent, acquiesce, und hat ebenso wie ich anzugeben vergessen, dafs man auch to assent to a proposal, invitation, request sagen kann.

Man vergleiche mein lachen; to laugh, to guffaw, to grin, to sneer, to smile, to simper, to smirk. — to laugh, lachen etc.; to guffaw, roh auflachen ...; to grin, grinsen ...; to sneer, höhnisch lachen oder lächeln ...; to smile, lächeln ...; to simper, geziert oder einfältig lächeln; mit: smile, to give an amused expression to the features of the face. sneer, to smile contemptuously; to express contempt by a slight turning up of the nose. simper, to smile in a silly affected manner. laugh, the natural expression of merriment. guffaw, to laugh in a course and boisterous way.

versuchen, bei mir zuerst; Kr.: to try das alltäglichste wort. to attempt, gewählter etc. to essay, ebenfalls gewählt. to endeavour, mit anstrengung versuchen, sich bemühen. — G.: try, the simplest and most usual term. attempt, more formal — to try with some effort. essay, dignified. endeavour — implies systematic exertion to effect something etc.

Korb, fast wörtlich übereinstimmend.

Schnabel, bill, beak, desgleichen, obgleich weder bei Crabbe noch Klöpper.

werden, become, get, grow, wax, turn, go. Die definitionen stimmen im wesen durchaus. Auffällig ist da wieder eins. Von to get sagt Kr.: = to become, aber nur mit adjektiv oder particip passivi; G.: a familiar term used especially used with adjectives. Ich hatte vergessen einen wichtigen zusatz zu machen, nämlich: "Nur von unerwünschtem." Warum hat herr G., der alle meine entdeckungen so sorgfältig noch einmal macht, dies nicht nachgetragen?

Kosten, auslagen, expense(s), cost(s), outlay stimmt so überein wie das vorige; vor allem in allen einzelheiten über den gebrauch des singulars und plurals; Crabbe bespricht die beiden ersten wörter, hat aber nicht eine spur von jenen bemerkungen.

Kissen, cushion, pillow, bolster, hassock; zuerst bei mir; stimmt mit G. völlig überein.

Haltung. Kr.: carriage, port, bearing. c. die gewöhnliche haltung des körpers oder eines körperteils. p. edeles

wort; nur von der haltung des ganzen körpers. b. haltung
und auftreten; daher oft = betragen, verhalten. — G.: c. — the
usual way of holding one's body or any part of it. p. — a
literary word, never heard in the spoken language; the same
meaning as carriage, but it is used only with reference to the
whole of the body. b. — wider in meaning than the other
terms, as it refers not only to the way in which a person
carries his body, but to his whole manner of bearing or con-
ducting himself. Woher diese übereinstimmung? Klöpper hat
die gruppe nicht; Crabbe nur das wort carriage unter einer
andern gruppe (betragen). Man beachte auch die zusätze, die
teils nichtssagend sind, teils dem gesagten widersprechen.

So vergleiche man mein lassen mit nr. 104 cause, have,
get, make; himmlisch mit nr. 107, celestial, heavenly; wählen
mit nr. 115, choice, alternative, option und 116, choose, select,
elect, cull, pick.

hauptsächlich. Kr.: principal, am allgemeinsten, kann
immer stehen; von personen und sachen, chief = principal.
main nur von sachen; in gewissen verbindungen stehend, wie:
The main pipe, the main sewer, the main thoroughfares, streets.
— G. = chief — a) of persons ... b) of persons and things
principal — most important, said of persons and things main
— most important — said of things only: the main thoroughfare,
pipe, sewer etc. Klöpper hat sie nicht, Crabbe ohne jede
definition.

Spalte. Kr.: fissure, cranny, crevice, chink, cleft, rift,
crack, flaw. Die definitionen stimmen fast wort für wort; und
dabei hat weder Crabbe noch Klöpper die gruppe!

Die gruppe geizig findet sich schon bei Crabbe: avaricious,
miserly, parsimonious, niggardly, ich habe noch stingy, sordid,
covetous, greedy. G. hat dazu close, close-fisted und —
penurious!

verbergen, hide, conceal, secrete zuerst von mir aufgestellt; stimmt aufs genaueste mit mir, mit ausnahme des zu-
satzes zu conceal "not often used of material objects", welcher
falsch ist.

gruppe höhle von mir zuerst aufgestellt; nur das meine
bestimmung von den, "die höhle wilder tiere; übertragen auf
die behausung von verbrechen", genauer ist als a hollow place
in the earth or in a rock used by wild animals for their lair.

Heide, heathen, pagan, gentile stimmen fast wörtlich überein; sogar taucht mein beispiel: Do you think me a heathen? in der form Do you take me for a heathen? wieder auf.

Zu Greek, Grecian bemerkt G., they are now used without any difference of meaning und fährt dann fort: Greek ist the more common word etc. Grecian is a more formal term and rarely used except with reference to matters belonging to the domain of art. Das wäre doch ein unterschied.

betrunken. Nicht bei Crabbe und Kl. Kr. drunk und drunken umgangssprache; drunk nur prädikativ, drunken nur attributiv. intoxicated feiner; inebriated gewählt. G.: drunk — the most usual word, always used predicatively. drunken — only used attributively etc. int. — more formal than drunk. inebr. — a very formal term. Die übereinstimmung ist na- türlich zufällig.

Kr.: verdienen, earn, deserve, merit. G. desgleichen (208). Dies ist um so merkwürdiger, als earn nur vom deutschen standpunkt mit den anderen synonym ist; Crabbe hat deshalb auch nur desert, merit, worth als gruppe.

Eingang, entrance, entry. Die gruppe bei mir zuerst; Günther stimmt mit dem von mir gesagten überein.

Die gruppe weihen, widmen, von mir zuerst aufgestellt; Günthers begriffsbestimmungen von inscribe, dedicate, devote, consecrate enthalten nicht ein körnchen neues.

Bei reise fällt mir besonders auf, dafs meine bemerkung: "travels, reise nur im plural; im sinne 'reise' gibt es also davon keinen singular. travel das reisen, travelling", die ich nirgendwo gefunden hatte, bei G. offenbar unabhängig noch einmal gemacht worden ist: travels. The singular is used as an abstract noun in the sense of travelling.

niederlegen to lay down, deposit, von mir zuerst auf- gestellt, desgleichen unterworfen, liable, subject, haben alles wesentliche mit mir gemeinsam. Man vergleiche nur einmal: liable to ist der möglichkeit ausgesetzt, von etwas übelem betroffen zu werden. "subject to tatsächlich von etwas un- angenehmem heimgesucht" mit: Subject has reference to what we are obliged to suffer by nature and constitution. Liable points to what may befall, subject to what does so customarily.

Den springenden punkt bei der scheidung von little und small hatte ich darin gefunden, dafs jenes absolut, dieses relativ

ist; herr G. bestätigt: Small always implies comparison, little
does not. Ich sage: A small house kann an sich recht grofs
sein, und ist nur zu klein für jemandes verhältnisse; herr G.:
We call a house small when it does not afford us sufficient
accommodation.

Die gruppen gepäck, luggage, baggage, von mir zuerst aufgestellt; maschine, machine, engine; mütterlich, motherly,
maternal; mahl, meal, repost; arznei, medicine, physic sind
von mir zuerst aufgestellt; desgleichen schmelzen, to melt,
smelt, denen aber G. to fuse zugefügt hat.

Bei machen, to do, make, render sage ich, dafs to do
an exercise und to make an exercise verschiedene dinge sind.
Dies hat auch G. entdeckt (s. 284).

lodgings, apartments, chambers. Der inhalt dieses findet
sich bei mir unter wohnung und zimmer, nur alles viel genauer. Aus der gruppe herr ist vor allem merkwürdig die
übereinstimmung inbetreff dessen, was über Sir gelehrt wird.
G.: Gentlemen and ladies do not, as a rule, use the words Sir
and Madam in conversation; these words are only correct in
heading letters, when we are under the necessity of addressing
total strangers, and in speaking to superiors, and even then
should be sparingly used. Kr.: Gleichstehende brauchen es
(Sir) nur gelegentlich. Man gebrauche in der unterhaltung
mit gleichstehenden Sir möglichst wenig; es ist immer förmlich; es ist am ort, wenn man genötigt ist, einen fremden
herrn anzusprechen, oder man ernst, gemessen, drohend wird.
Auch sonst stammen die beiden bücher in dieser gruppe völlig
überein.

neu. new, novel modern, recent. Schon bei Kl. Merkwürdig ist, dafs mein wesentlicher zusatz bei novel "von
abstrakten", sich auch bei G. findet, und merkwürdig auch,
dafs er sich nicht richtig ist. Wenn es auf die meisten fälle,
die ich gesammelt habe, auch zutrifft, so sind mir doch später
beispiele aufgestofsen wie: her novel cycling-suit.

Abgrund. Kl.: precipice, eigentlich "absturz", jäher,
steiler abgrund. Bildlich: grofse gefahr, unheil. Ich: precipice
ist die senkrechte, abstürzende seite eines felsens, nicht der
tiefe grund selbst. Günther: a bank or cliff very stiff or
even perpendicular or overhanging; the walls of an abyss,
never the cavity itself. Gerade dieses ist die hauptsache,
und auf die habe ich zuerst hingewiesen.

Gruppe vorwand, zuerst bei mir, pretext, pretence, stimmen bei uns beiden genau überein.

Dasselbe gilt für die von mir aufgestellte gruppe vorsichtig.

Die zusätze bei der gruppe schnell sind alles verschlechterungen; weder ist "rapid stronger than swift or quick" noch ist fast "properly an adverb".

Es ist wohl nur zufall, dafs meine bemerkung zu peel, schälen: "Auch intransitiv: The skin peels off in fever", sich bei G. so wieder findet: Also used intransitively: the skin peels off in fever.

Die gruppe zubringen, to pass, spend, ist zuerst bei mir. Die aus drei reihen bestehende gruppe gem, jewel, gehört G., dafür ist aber seine bestimmung "a jewel is a gem set in precious metal for personal adornment" falsch.

So ist seine behauptung, dafs famous stronger than celebrated, renowned stronger than famous ist, aus der luft gegriffen, und seine beispiele widersprechen dieser behauptung.

Bei beleidigen habe ich unter offend hervorgehoben, dafs es unabsichtliche beleidigung bedeutet; wie nichtssagend ist dagegen: offend (n. offence) is the weakest term.

Sehr merkwürdig ist, dafs sich meine bemerkung über ancient "Oft scherzhaft. What an ancient-looking hat you are wearing!" bei G. in der form occasionally with a touch of humour: an ancient hat sich wiederholt.

Dafs menace fast nur von personen gebracht wird, ist falsch.

Die gruppe turm bei mir zuerst; die bestimmungen bei G. fast wörtlich wie bei mir. Da ist es denn merkwürdig, dafs bei dungeon sich bei uns beiden derselbe fehler findet, nämlich dafs ich sage: der hauptturm eines schlosses, einer befestigung, besonders auch als unterirdisches turmverliefs für gefangene, und G.: a) the principal tower or keep of a castle; b) a dark underground place of confinement. Dies "unterirdisch" ist unrichtig.

Dafs bei gruppe stören, unter trouble beide bücher das beispiel May I trouble you for the salt? haben, ist natürlich zufall.

Stamm, trunk, stem, stock, zuerst bei mir; ebenso dämmerung.

unglücklich, zuerst bei mir; fast wörtlich übereinstimmend; nur sind miserable und wretched hinzugefügt.

Daſs grief 'is demonstrative and violent' (nr. 491) ist eine willkürliche behauptung.

Die gruppen probe, sample, specimen (495), sparen, save, spare (496) zuerst bei mir; Günther hat dasselbe wie ich.

anerkennen; to acknowledge, to recognise, to own, to confess, to avow. G.: Acknowledge, Own, confess, avow. to own erklärt er mit "to admit as a fact — said esp. of things to one's disadvantage etc. Letzteres läſst sich von der ganzen gruppe sagen, kann also nicht ein ihr angehöriges zeitwort von anderen unterscheiden. Ich sage: förmlich anerkennen. to avow, erklärt mit: a literary word always used in a good sense etc. The word implies consciousness of right in the person who acts (soll wohl heisen that avows?). Die ganze erklärung ist willkürlich. Das Standard Dictionary sagt s. v.: To declare openly, as with a view to justify, maintain, or simply to own, acknowledge, or confess frankly: as, he avowed his fault. In dem absatz über die Synonyma fügt es allerdings hinzu avow has usually a good sense; damit widerspricht es sich aber selbst, und es hätte ruhig bei seiner ersten bestimmung bleiben sollen. Meine S. hat: freimütig, offen zugestehen.

Handlung; tat; action, deed, act, exploit, achievement, feat, fact, das ich zusätzlich behandelt habe. G.: dieselben. deed erklärt er: graver and more formal than act and action — is used for a great and important act, and with special reference to the result accomplished. Damit vgl. das St. D.: Anything done or effected; an act good or bad, great or small; specifically a notable achievement or exploit. Meine S.: deed, gehobenes wort für action. exploit. Exploits are brilliant; but, as a rule, without any permanent result. Sind Winkelrieths oder des füsiliers Klinke selbstopferung, der angriff der deutschen reiter bei Gravelotte exploits oder nicht?

Gruppe 168 feucht, weicht von mir ab, ist aber auch danach. damp expresses a moderate degree of moistness ... and denotes an unpleasant or undesirable quality. moist is stronger than damp but usually has a favourable or neutral sense. Dann kann es doch nicht stärker als damp sein.

Besen, nicht in Kr., broom, besom; von letzterem heiſst es the latter is a dignified term and now chiefly used in a figurative sense. Wann es nun im eigentlichen gebraucht wird, erfährt man nicht.

auch; also, too, likewise. "These words are frequently, though by no means always, interchangeable, too being the most familiar, likewise the most formal term." Wann kann man die beiden ersteren nun nicht mit einander vertauschen? too ist nicht im geringsten mehr der umgangssprache angehörig als also, sondern es ist, ebenso wie likewise, nachdrücklicher.

Höchst merkwürdig ist, dafs da, wo mir etwas entgangen ist, es auch von herrn G. nicht bemerkt worden ist. So sage ich unter haltung (carriage, port, bearing) zu port: edeles wort, doch nur von der haltung des ganzen körpers. Günther: a literary word, never heard in the spoken language — has the same meaning as carriage, but is used only with reference to the whole of the body: a majestic port, the port of a gentleman. Der zusatz never heard etc. ist höchst fragwürdig. Die hauptsache aber, auf die ich erst viele jahre nach der abfassung der Synonymik gekommen bin, die der herr G. zeit gehabt hätte, durch eigene studien zu finden, fehlt bei uns beiden, nämlich dafs port nur von einer vornehmen, edelen, schönen haltung gebraucht wird, während man ebenso von a fine bearing, wie von a lubberly, clumsy b. reden kann.

Das endurteil kann nur lauten: das gute an dem buche ist nicht neu, das neue nicht gut; es bedeutet also für die wissenschaft nichts.

Berlin. G. Krüger.

Lehrbuch der Englischen Sprache für den Schul- und Privatunterricht. Eine neue und praktische Methode in anregender Gesprächs- und Briefform unter beständiger Erläuterung der Sprachlehre. Von **Edward Collins**, B. A., Professor der englischen Sprache und Literatur am k. k. Offizierstöchter-Erziehungs-Institut in Wien. Vierte umgearbeitete Auflage. Stuttgart, Paul Neff Verlag. 1896. 8. VIII, 414 SS.

Dem buch sollen einige vorzüge nicht abgesprochen werden, es ist inhaltsreich und gibt gute synonymische belehrungen. Damit ist aber auch fast alles gesagt, was daran zu loben ist. Die übungssätze sind nach der alten Ollendorffschen art vom grünen Engländer und dem gelben regenschirm, z. b. "Is my aunt dear? — Who walks home? — What has our son on

his table?'", während die zusammenhängenden stücke gut
gewählt sind. Leider steht der verfasser auf einem vorsünd-
flutlichen grammatischen standpunkt. Er kennt kein gerundium, sondern nur ein partizipium, und so sind "saying so,
he gave me a ticket", und "after having bought that tool,
you must use it", dieselbe zeitwortform. Dieser unsinn schleppt
sich in der gröſsten breite durch das ganze buch.

"Der genitiv wird gebildet, indem man *of* vorsetzt (!), oder
in der einzahl '*s* und in der mehrzahl ein (so!) apostroph „'"
anhängt" (s. 21). men's clothes ist hier nicht unterzubringen.

"Die form (so!) mit '*s* und ' wird sächsischer genitiv genannt und kommt meist nur bei personen vor, wo sie gebräuch-
licher ist, als die form mit *of*." Danach wäre I am thinking
my mother's üblicher als of my mother.

Die fassung der regeln ist vielfach unklar, eine eigenschaft, welche das buch freilich mit den meisten deutsch-
englischen grammatiken teilt. "Vor verwandten wird der
artikel the nicht angewendet, sondern ein besitzanzeigendes
fürwort *my, your* etc. oder gar nichts gesetzt: our uncle was
here oder uncle was here, der onkel war hier." Wie steht
es denn mit The father was ill. — The good uncle could not
refuse her?

"Wird ein maſs, gewicht oder eine menge durch ein
hauptwort (wie pound, bottle etc.) ausgedrückt, so wird dasselbe von dem folgenden hauptwort (den inhalt oder stoff bezeichnend) durch of getrennt (!): eine flasche wein, a bottle
of wine" (s. 14).

"Das *to* bleibt weg nach vielen zeitwörtern, welche deutsch
den dativ regieren, englisch jedoch den akkusativ" (s. 22).
Wenn *to* unmöglich ist, kann es doch nicht wegbleiben.

"Da die wortfolge im E.: subjekt — prädikat — objekt
stets dieselbe bleibt etc." (s. 25). Wirklich?

"*Too*, zu, auch, deutet entweder den zu hohen grad einer
eigenschaft an: too poor, zu arm — oder es steht für *also*,
auch etc." Hier werden ganz verschiedene wörter vermengt.

"Bei angabe eines bestimmten zeitraums wird im E. gewöhnlich for vorangesetzt" (s. 13). Also auch: nach 8 tagen
for 8 days?

"Wenn eins der fragenden fürwörter *who* wer? *which*
welcher? *what* welcher? was für ein? im nominativ, oder

whose wessen? vor einem nominativ den fragesatz einleitet, so wird do, did in dieser frage nicht angewendet etc." Wie heiſst nun auf Englisch: Wer weiſs es nicht?

"*meet* ist nie zurückbeziehend (s. 126); soll etwa „wir begegneten uns" es sein?

"For a long time oder einfach long ... erfordert das perfekt" (s. 137). Das ist zu weit; ist nicht he bore the pain for a long time gutes Englisch?

"*love* bezeichnet verwandtschaftliche liebe" (s. 58).

"Was für ein heiſst in fragen *what?* und in einem ausrufe *what!* oder *what a!*" (s. 150). In dieser fassung ist die regel unbrauchbar und falsch; danach müſste man sagen können what a pretty toys.

Dear Sir heiſst nicht: "Lieber herr" (s. 151), sondern nur: "Geehrter herr". In der wendung *Yours truly* ist *Yours* nicht hauptwort (s. 152), sondern die alleinstehende form des besitzanzeigenden eigenschaftsworts. *as* ist kein fürwort (s. 157). "Der genitiv *of which* (warum wird nicht auch *of whom* genannt) muſs hinter dem worte stehen, auf welches es sich bezieht" (s. 158). O, nein! — "Das relative *what* ist eine verschmelzung des hinweisenden *that* und des relativen *which*" (s. 159). Ein merkwürdiges wort. — "Der akkusativ eines relativen fürworts kann oft ganz weggelassen werden" (s. 161). Das ist das „oft" der gedankenlosen grammatiker. — "Das mit dem passiv verbundene von heiſst *by*" (s. 211). Eine gefährliche behauptung. — "*was to* drückt einen zwang oder befehl in der vergangenheit aus" (s. 228). Ersteres nie. — "*should* ist sowohl zwang oder befehl in der vergangenheit als ein erinnern an die pflicht in der gegenwart. You were to oder should mention the case yesterday" (s. 129). Das ist ein grober schnitzer. — "Das auffordernde „wir wollen" wird nie durch *we will*, sondern muſs stets durch *let us* übersetzt werden" (s. 237). Das ist nicht richtig; we will go ist gutes Englisch. — "*another*, noch ein, von menge und zeit" (s. 239). Von ersterer sicher nicht. — Nach *to have* und *to get* veranlassen kann auch der infinitiv des aktivs gebraucht werden, nicht blofs das partizip der vergangenheit (s. 247). — Nach *I have done* kann nicht infinitiv folgen (s. 275). — Ein satz wie I am fond of darning wird folgender regel untergeordnet: "Wenn irgend ein wort ein anderes wort als *to* regiert, und

hinter diesem vorwort ein zeitwort steht, so muſs das zeitwort im partizip präsens stehen" (s. 277). — "Das deutsche
um zu wird entweder durch *to*, in *order to* oder durch *for*
mit dem folgenden partizip (gemeint ist gerundium) übersetzt"
(s. 287). Hier sind ganz verschiedene dinge zusammengeworfen.
Aufserdem ist 'we are too tired for walking on' statt 'to
walk on' nicht das gewöhnliche. — 'Request him to send
us etc.' ist kein akkusativ mit infinitiv (s. 296). — 'To ride
by a carriage, coach, cab', ist unmöglich (s. 297). — "Vor
hundred und thousand steht in der einzahl stets *one* oder *a*"
(s. 321), wie ist es mit 'these hundred men?' — six books
more steht unter "multiplikationszahlen" (s. 322). — Die ordnungszahlen werden ... durch anhängung von *th* an die grundzahlen gebildet. Die endung *y* wird hierbei in *ie* verwandelt
(s. 329). Die endung *ieth* ist nicht blofs eine änderung der
schreibung, sondern stellt zwei silben dar. — lade, laded ist
ganz veraltet (s. 327). — "Die vervielfältigungszahlen werden
durch anhängung von *fold* an die grundzahlen gebildet" (s. 311).
Gibt es auch onefold? — "some wird 2. als mehrzahl vor
einer bestimmten anzahl von dingen gebraucht" (s. 339); doch
wohl auch vor namen von personen? — "Each bezeichnet
jeden einzelnen aus einer bestimmten anzahl" (s. 340); auch
aus einer unbestimmten. To betake und oversleep kommen nur
mit rückbezüglichem fürwort vor.

Das Englische ist oft nicht einwandfrei; offenbar ist dem
verfasser sein sprachgefühl durch langen aufenthalt in Deutschland getrübt worden. So sagt er: There are 9 large boxes
on our loft = auf unserm boden (s. 18). — What would you
do in the orchard this morning? Das soll heifsen: Was
wolltest du .. tun! — If the woman has any mayflowers, she
must sell me some. How pretty they look with their white
little bells (s. 33 und 37). Gemeint sind lilies of the valley.
The child always behaved well while you walked out. — On
these damp autumn days; they (man!) sometimes catch cold.
She has (!) cleaned the room just now (s. 96). — I hope you
are quite healthy (statt well) again (s. 103). — How does your
mother do? (s. 114). — Wunderlich ist: What do you call
that blue flower? Our gardner calls it a tulip (s. 132). —
it snows out-doors (s. 196) statt out of doors. — All things
shall be prepared by me for the travel (s. 211). — At such a

stupid talk everyone must feel weary (s. 213). — I hope to
call on you in few days (s. 215). — I have had some heavy
misfortunes the last months (s. 221). — I am sure I shall make
good progress in my English knowledge (s. 279). — To amuse
oneself wird fortwährend falsch für to enjoy oneself gebraucht.
— Is Miss Emily used to be left alone so often? (s. 237). —
To make noise (s. 109) statt a noise. — We were about
starting statt to start ist auch böse; ebenso such cares use
to happen (s. 309). — You neglected advancing (heifst?) s. 341.
— Can anybody of you play etc. (s. 343). — Man möchte auf
grund solcher schnitzer fast zweifeln, dafs der verfasser ein
Engländer ist.

Auch das Deutsch ist vielfach mangelhaft. Glauben Sie,
da werden viele leute sein? (s. 125). — Warum hat er dich
vor deinem schulfreund gerufen? (s. 138); gemeint ist "aufzu-
rufen". — Ich suche meine spielzeuge schon lange (s. 138). —
Wir werden die pflanzen hinausstellen, wenn es nicht während
der nacht friere (s. 194, kein druckfehler!). — Warum fragte
er nicht den zimmermann um einen stärkern nagel? (s. 272).
"Dies kommt daher, weil" (s. 276); unserm gegenseitigen
freunde (s. 202); im gedränge hat mir jemand auf die zehe
getreten; es schmerzt jetzt sehr (s. 294). "Öffentliche unter-
haltungen" (s. 302), public entertainments heifst ö. lustbar-
keiten. Es ist genau $3/4 7$ an meiner uhr (s. 326). Wenn sie
nicht den krug geschüttelt hätten, wäre der liqueur nicht
übergegossen (s. 328). Aufserdem heifst liqueur nicht liquor.
Ich möchte es nicht einem jeden erwähnen (s. 341), nach
mention it to everybody. er ratet (s. 350). Sowohl ich wie
meine schwester gehen wenigstens alle anderen tage in das
theater (s. 356); gemeint ist every other day! Sie machen
mir viel ehre, wenn sie sagen, dafs ihnen etwas an meinen
bemerkungen ... liegt (s. 358). Das duell fechten (s. 359).
An jenem abend erblickten wir den grofsartigen anblick des
mondes (s. 359). Ich trieb die pferde zu schnell und fuhr
über eine frau, sagte der kutscher in kürze (with brevity).
Der geizhalz hätte uns das eigentum nicht vorenthalten können
(s. 361), gemeint ist "das besitztum".

Die aussprache von hundred als reim zu wondered ist
tadelnswert; der vokal in want ist ganz verschieden von dem
in water (s. 79), ebenso roast und board (s. 85); laugh hat

langes a, nicht den vokal von man (s. 103); seldom wird mit
m, nicht n am ende gesprochen (s. 123). Der name der stadt
Bath hat langes a (s. 197). Man kann nicht sagen "zurückbeziehendes fürwort", wie der verfasser dauernd tut, sondern
nur "sich zurückbeziehendes" oder "rückbezügliches". one's-
self ist unmöglich. Byron als reim zu iron zu sprechen ist
ungebildet (s. 236); to strew wird mit ū gesprochen; daneben
gibt es strow. — Auch der druckfehler könnten in einer
vierten auflage weniger sein.

Berlin.   G. Krüger.

II. NEUE BÜCHER.

In England erschienen in den monaten April bis Juni 1907.

(Wenn kein ort angeführt, ist London zu ergänzen,
wenn kein format angegeben, 8° oder cr. 8°.)

1. Sprache (einschliefslich Metrik).

a) **Oxford** English Dictionary on Historical Principles. Edit. by Dr. James
A. H. Murray, and others. Reissue. *Penfold—Platitude.* 4to, sd.
Oxford Univ. Press. 3/6.
— *Piper—Polygenistic* (Vol.7.) Treble Section. 4to, sd. Clarendon Press. 7/6.
Farquharson (J. A.), Dictionary of Synonyms. 32mo. Routledge. net, 1/.
Bierce (Ambrose), The Cynic's Word Book. pp. 240. A. F. Bird. net, 3/6.
Hyamson (Albert M.), Dictionary of the Bible. Illust. 32mo. Routledge.
net, 1/.
Gould (George M.), The Practitioner's Medical Dictionary. pp. 1060. H. K.
Lewis. lr., net, 21/.
Wotton (Tom S.), A Dictionary of Foreign Musical Terms. Roy. 8vo, sd.,
pp. vii—226. Breitkopf & Härtel. net, 3/.
b) **Cambridge** Philological Society Proceedings. 73—75. Lent, Easter, and
Michaelmas Terms. 1906. Cambr. Univ. Press. ca., net, 1/.
Palmer (A. Smythe), Some Curios from a Word-Collector's Cabinet. 12mo,
pp. 204. Routledge. 2/6.
Wright (Joseph), Historical German Grammar. Vol. 1. Phonology, Word-
Formation, and Accidence. pp. 330. H. Frowde. net, 6/.
c) **Omond** (T. S.), English Metrists in the 18th and 19th Centuries. Being
a Sketch of English Prosodical Criticism during the last 200 years. pp.
282. Clarendon Press. net, 6/.

2. Literatur.

a) Allgemeines.

aa) **Edmunds** (E. W.), The Story of English Literature. Vol. 1. The Eliza-
bethan Period. 1558—1625. pp. xi—388. J. Murray. 3/6.
Stobart (J. C.), The Shakespeare Epoch, 1600—1625. pp. 160. E. Arnold. 1/6.
English Literature, 1740—1832. From the Intermediate Text-Book of English
Lit. by A. J. Wyatt. pp. 202. W. B. Clive. 3/.
Sessions (F.), Literary Celebrities of the English Lake District. Illust.
Cheap Reissue. E. Stock. 2/6.
Poets' Country. By Various Authors. Edit. by Andrew Lang. 50 Illusts.
in Colour by Francis S. Walker. pp. 378. Jack. net, 21/.
Swan (H.), Who's Who in Fiction? A Dictionary of Noted Names in Novels,
Tales, Romances, Poetry, and Drama. 48mo, pp. 308. G. Routledge. net, 1/.

Baker (Ernest A.), History in Fiction. A Guide to the best Historical Romances, Sagas, Novels, and Tales. Vol. 1, English; Vol. 2, American and Foreign. 12mo, pp. 236, 254. Routledge. ea., 2/6.

bb) **Transactions** of the Royal Society of Literature. Vol. 27. Part 3. Asher. net, 3/.

Putnam (George Haven), The Censorship of the Church of Rome and its Influence upon the Production and Distribution of Literature. Vol. 2. pp. 510. G. P. Putnam's Sons. net, 10/6.

Newbigging (T.), The Scottish Jacobites and their Songs and Music. 2nd ed. Gay & Bird. net, 2/6.

Tucker (T. G.), The Foreign Debt of English Literature. pp. 278. Bell. net, 6/.

Dinsmere (Charles Allen), Atonement in Literature and Life. pp. 270. Constable. net, 6/.

Mombert (Rev. J. I.), English Versions of the Bible. A Handbook. With copious examples illustrating the Ancestry and Relationship of the several Versions, and Comparative Tables. New and enlarged ed. pp. xxv—539. S. Bagster. net, 2/6.

Darbyshire (Alfred), The Art of the Victorian Stage. Notes and Recollections. pp. 194. Sherratt & Hughes. net, 6/.

Brereton (Austin), The Literary History of the Adelphi and its Neighbourhood. Illust. pp. 285. A. Treherne. net, 10/6.

St. John (Christopher), Ellen Terry. Illust. pp. 108. Lane. net, 2/6.

Cran (Mrs. George), Herbert Beerbohm Tree. Illust. pp. 120. J. Lane. net, 2/6.

cc) **Edmunds** (E. W.) and **Spooner** (Frank), Readings in English Literature. Junior Course. Vol. 1. The Elizabethan Period, 1558—1625. pp. viii—248. J. Murray. 2/6.

— Senior Course. Vol. 2. The Elizabethan Period, 1558—1625. pp. viii—380. J. Murray. 3/6.

Early 16th Century Lyrics. Edit. by F. M. Padelford. 18mo. Harrap. net, 2/6.

Early English Lyrics: Amorous, Divine, Moral, and Trivial. Chosen by E. K. Chambers and F. Sidgwick. 12mo, pp. 394. A. H. Bullen. net, 6/.

Shirburn Ballads (The) 1585—1616. Edit. from the MS. by Andrew Clark. pp. 388. Clarendon Press. net, 10/6.

Ballads and Poems. Illustrating English History. Ed. by Frank Sidgwick. pp. viii—212. Camb. Univ. Press. 1/6.

Poems of Patriotism. Ed. by G. K. A. Bell. 12mo, pp. 256. Routledge. net, 1/; lr., 2/.

Hadow (G. E. and W. H.), The Oxford Treasury of English Literature. Vol. 2. Growth of the Drama. pp. 424. Clarendon Press. 3/6.

Golden Treasury (The) of the Best Songs and Lyrical Poems in the English Language. Selected and arranged with Notes by Francis Turner Palgrave. Together with Additional Poems (to the end of the 19th Century). 18mo, pp. xiii—432. H. Frowde. net, 1/; 1/6.

Wyatt (A. J.) and **Coggin** (S. E.), Anthology of English Verse. With Introduction and Glossary. pp. xxiii—262. W. B. Clive. 2/.

Poets and Poetry of the Nineteenth Century (The) Joanna Bailie to Jean Ingelow. Edited by A. H. Miles. 12mo, pp. 430. Routledge. net, 1/6; lr., net, 2/6.

Love-Letters of Famous People. Chosen and Arranged by Freeman Banting. 12mo, pp. 133. Gay & Bird. 2/6.

b) Literatur der älteren Zeit.

Beowulf. An Old English Epic. Translated into Modern English Prose by Wentworth Huyshe. With Notes and Illusts. pp. 270. Routledge. net, 2/6.

Bede's Ecclesiastical History of England. A Revised Translation, with Introduction, Life, and Notes, by A. M. Sellar. pp. xliii—439. G. Bell. net, 6/.

Proverbs of Alfred (The) Re-edited from the MSS. by the Rev. W. W. Skeat. 12mo, pp. 140. Clarendon P. 2/6.

Gospels. Gothic Anglo-Saxon (The) Wycliffe and Tyndale Versions arranged by J. Bosworth. 4th ed. Gibbings. net, 6/.

Chaucer. The Legend of Good Women. Done into Modern English by Prof. Skeat. Roy. 16mo, pp. 156. Chatto & Windus. net, 1/6.

Dunbar (William), The Poems of. With Introduction, Notes, and Glossary by H. Bellyse Baildon. pp. xlii—395. Camb. Univ. Press. net, 6/.

Moore (E. Hamilton), English Miracle Plays and Moralities. pp. 206. Sherratt & Hughes. net, 3/6.

c) Literatur des 16.—18. Jahrhunderts.

Buchanan (George), A Memorial. 1506—1906. Edit. by D. A. Millar. Nutt. net, 7/6.

Sidney (Sir Philip), The Countess of Pembroke's Arcadia with the Additions of Sir William Alexander and Richard Beling. A Life of the Author and an Introduction by E. A. Baker. pp. 718. Routledge. net, 6/.

Bacon (Francis), Essays. With the Notes of Ellis and Spedding, to which is added the Praise of Knowledge. With an Introduction by W. H. D. Rouse, and a Glossary of the more difficult Words and Phrases and of Peculiar and Obsolete Uses of Words, with Translation of the Foreign Quotations, &c. 18mo, pp. 250. Routledge. net, 1/.

— Essays. Selections. 2nd Series, with Introduction, Notes, and Paraphrases by K. Oswald Platt. 12mo, sd., pp. 118. Macmillan. 1/.

— Essays. Set for the Certificate Examination. 1908. Edit. by David Salmon. pp. 144. Ralph, Holland. 1/9.

Shakespeare (W.), Works. Red Letter Ed. 12mo. Blackie. ea.; net, 1/; lr. 1/6. (Hamlet. — King Lear. — Titus Andronicus.)

— The Life and Death of King John. Edit. by Ivor B. John. (Arden Edition.) pp. 186. Methuen. net, 2/6.

— Pericles. Edit. by K. Deighton. (Arden Ed.) pp. 178. Methuen. net, 2/6.

— The Merchant of Venice. A Comedy. Edit., with Introduction and Notes, by Francis Storr. (The Blackfriars Sh.) pp. xxiv—153. Meiklejohn & Holden. 1/6.

— Merchant of Venice. A Complete Paraphrase by Jean F. Terry. Simpkin. net, 6 d.

— King Richard II. Edit. by A. T. Watt. pp. xxx—158. W. B. Clive. 2/.

— Twelfth Night: or, What You Will. With Introduction, full Text and Notes, Appendix, Examination Questions, and Index to Notes. pp. 186. Ralph, Holland. 2/.

— King Lear. With Introduction, Full Text and Notes, Glossary, Examination Questions, and Index to Notes. By C. W. Crook. pp. lxv—157. Ralph, Holland. net, 2/.

— Raleigh (Walter), Shakespeare. pp. 238. Macmillan. net, 2/.

— Jaggard (William), Shakespeare's Publishers. Notes on the Tudor-Stuart Period of the Jaggard Press. Shakespeare Press (Liverpool). net, 6 d.

— Jaggard (William), Shakespeare's First Play: Some Gleanings and Conjectures upon "Love's Labours Lost". Shakespeare Press (Liverpool). net, 6 d.

— Werder (K.), The Heart of Hamlet's Mystery. Translated by E. Wilder. Putnam. 6/.

— Alicia's Diary. With Shakespeare Criticisms. E. Stock. 10/6.

— Anso (W. S. W.), Shakespeare's Quotations. With Indications of the more Common Forms of Misquotation, and a Few Explanatory Notes. With an Index Verborum. 48mo, pp. 160. Routledge. net, 1/.

Selden (John), Table Talk. With a Biographical Preface and Notes by S. W. Singer. 12mo, pp. 254. Routledge. net, 1/; lr., net, 2/.

Strode (William), Poetical Works, 1600—1645. Edit. by B. Dobell. Dobell. net, 7/6.

Milton, Early Poems, Comus, Lycidas. Edit. by S. E. Coggin and A. F. Watt. pp. 192. Clive. 2,6.
— Areopagitica and Select Poems. Prescribed for Training College Students, 1908. Edit. by A. F. Watt and S. E. Coggin. pp. xii—263. W. B. Clive. 2/.
Addison. Essays on Addison. By Macaulay and Thackeray. With 12 Essays by Addison. Edit. by G. E. Hadow. pp. 160. Clarendon Press. 2/.
Defoe (Daniel), The Life and Adventures of Robinson Crusoe. With Introduction, Notes, Appendix, &c. Oxford and Camb. ed. pp. 324. G. Gill. 2/.
Swift (Jonathan), Prose Works. Vol. 11. Literary Essays. pp. 450. Bell. 5/.
Montagu. Paston (George), Lady Mary Wortley Montagu and Her Times. Illust. pp. 570. Methuen. net, 15/.
Chesterfield (Lord), Advice to his Son, and the Polite Philosopher. Rev. ed. pp. 176. Wellby. net, 2/6.
— Craig (W. H.), Life of Lord Chesterfield. An Account of the Ancestry, Personal Character, and Public Services of the 4th Earl of Chesterfield. Illust. pp. 390. Lane. net, 12/6.
Johnson. Selections from Dr. Johnson's "Rambler". Edit., with Preface and Notes by W. Hale White. 12mo, pp. 168. H. Frowde. net, 2/6.
— Raleigh (Walter), Samuel Johnson. The Leslie Stephen Lecture delivered in the Senate House, Cambridge, Febr. 22, 1907. Clarendon Press. net, 1/.
Boswell (James), The Life of Samuel Johnson, LL. D. Newly edited, with Notes, &c., by Roger Ingpen. Part 1. Cr. 4to. I. Pitman. net, 1/.
— Gems from Boswell. Being a Selection of the Most Effective Scenes and Characters in the Life of Johnson and the Tour to the Hebrides. By Percy Fitzgerald. (The Bibelots.) 32mo, pp. 142. Gay & Bird. lr., net, 2/6.
Burney (Frances), Early Diary. 1768—1788. With a Selection from her Correspondence, and from the Journals of her Sisters Susan and Charlotte Burney. 2 vols. pp. 430, 386. Bell. ea., 8/6.
Burke (Edmund), Works. Vol. 4. 12mo, pp. 390. H. Frowde. net, 1/; lr., net, 1/6.
Burns (Robert), Poetical Works. Centenary Edition. Cheap ed. 4 vols. Jack. net, 6/.
Beddoes (Thomas Lovell), The Poems of. Edit., with an Introduction, by Ramsay Colles. 18mo, pp. xxvii—460. G. Routledge. net, 1/.

d) Literatur des 19. Jahrhunderts.

Austen (Jane). Mitton (G. E.), Jane Austen and Her Times. 2nd and cheaper ed. pp. 342. Methuen. 6/.
Keats, Poems of. Selected, and with an Introduction, by Arthur Symons. Illust. 12mo, pp. xxxix—240. Jack.
Scott (Sir Walter), Ivanhoe. Examination ed. Black. 1/.
— Old Mortality. Examination ed. Black. 1/.
— The Fortunes of Nigel. Examination ed. Black. 1/.
— Quentin Durward. Edit., with Introduction, Notes, and Glossary, by P. F. Willert. pp. 492. Clarendon Press. 2/.
— Handley (G. M.), Notes on Scott's Heart of Midlothian. Simpkin. net, 9 d.
— Wisdom of Sir Walter (The) Criticisms and Opinions Collected from the Waverley Novels and Lockhart's Life of Sir Walter Scott. Compiled by Owen Redfern. With Introduction by the Rev. John Watson. (Ian Maclaren.) pp. 322. Black. net, 5/.
Crabbe. Huchon (René), George Crabbe and his Times, 1754—1832. A Critical and Biographical Study. Translated from the French by Frederick Clarke. pp. 578. J. Murray. net, 15/.
Coleridge (Samuel Taylor), Christabel. Illust. by a facsimile of the MS. and by Textual and other Notes by Ernest Hartley Coleridge. Oxford Univ. Press. ¹/₄ lr., net, 21/.

Coleridge, Lectures and Notes on Shakespeare and other English Poets.
(York Library.) 12mo, pp. 564. Bell. net, 2/; lr., net, 3/.
Lamb. Lucas (E. V.), The Life of Charles Lamb. 4th ed. revised. pp. 774.
Methuen. net, 7/6.
Hazlitt (William), Lectures on the English Comic Writers. With an In-
troduction by R. Brimley Johnson. 18mo, pp. xv—248. H. Frowde.
net, 1/; 1/6.
Wordsworth (William), Poems. Selected and with an Introduction by Stop-
ford A. Brooke. Illust. pp. 374. Methuen. net, 7/6.
Landor (Walter Savage), Charles James Fox. A Commentary on his Life and
Character. Edit. by Stephen Wheeler. pp. 281. J. Murray. net, 9/.
Macaulay (Lord), History of England. Chapters 1—3. Edit. by W. F.
Reddaway. 18mo, pp. xvi—400. Camb. Univ. Press. 2/.
Dickens (Charles), Works. National Ed. in 40 vols. Vols. 12—19. Chapman
& Hall. ea., net, 10/6.
— — Popular Edition. 12mo. Chapman and Hall. ea., net, 1/; lr. 2/.
　　(Hard Times. — Martin Chuzzlewit. — Nicholas Nickleby. —
　　Sketches. — Great Expectations. — Oliver Twist.)
— Williams (Mary), The Dickens' Concordance. Being a Compendium of
Names and Characters and Principal Places mentioned in all the Works
of Charles Dickens, &c. pp. 170. F. Griffiths. net, 3/6.
Kingsley. Pocket Charles Kingsley (The) Being Passages from the Various
Books of Charles Kingsley. By Alfred Hyatt. 18mo, pp. 228. Chatto
& Windus. net, 2/; lr., net, 3/.
Carlyle (Thomas), The French Revolution. 2 Vols. 12mo, pp. 538, 504.
H. Frowde. ea., net, 1/.
— Stories from Carlyle. (For Schools.) 12mo, pp. 152. Dent. 1/.
— Christie (Mary), Carlyle and the London Library. Account of its
Foundation, together with Unpublished Letters of Thomas Carlyle. Edit.
by Frederick Harrison. pp. 124. Chapman & Hall. net, 3/6.
Fitzgerald (Edward), Poetical and Prose Writings. 7 vols. Variorum and
Definitive ed. Macmillan. net, 168/.
Newman (John Henry), The Dream of Gerontius. New ed., with Introduction
specially written for the Edition by E. B. (L.). Illusts. Longmans. net, 3/.
Tennyson, Poems of, Selected, and with an Introduction, by Prof. H. J. C.
Grierson. Illust. pp. xlix—298. Jack. net, 2/6.
— In Memoriam. With Analysis and Notes by H. M. Percival. 12mo,
pp. xxiii—185. Macmillan. 2/6.
— Ellison (E. L.), A Child's Recollections of Tennyson. 12mo. Dent.
net, 2/6.
— Raybould (W.), Notes on Tennyson's Coming and Passing of Arthur.
Simpkin. net, 1/.
Browning. Tales from Browning. (Series for Schools.) 12mo, pp. 232. Dent. 1/.
Pater. Wright (Thomas), The Life of Walter Pater. 2 vols. Illust.
pp. 292, 298. Everett. net, 24/.
Ruskin (John). New Universal Library. 12mo. Routledge. ea., net, 1/; lr. 2/.
　　(Poems. — Essays on Political Economy (Munera Pulveris). — Pre-
　　Raphaelitism. — The Elements of Perspective. — The Harbours
　　of England.)
— Pocket Ed. 12mo. G. Allen. ea., net, 2/6; lr. 3/6.
　　(Vols. 1—2. Praeterita. — Vol. 3. Praeterita and Dilecta.)
— Popular Ed. 12mo. G. Allen. ea., net, 1/; lr., 1/6.
　　(Munera Pulveris. — The Harbours of England. — Lectures on
　　Architecture and Painting. — The Elements of Drawing. —
　　Selections from the Writings. 2 vols.)
— Everyman's Library. 12mo. Dent. ca., net, 1/.
　　(Pre-Raphaelitism. — The Elements of Drawing. — The Stones of
　　Venice. Edit. by Ernest Rhys. 3 vols. — Modern Painters.
　　Edit. by Ernest Rhys. 5 vols. — Unto this Last. Edit. by
　　Ernest Rhys. — Sesame and Lilies. The Two Paths and The
　　King of the Golden River.)

Ruskin (John). National Library. 12mo. Cassell. ca., net, 6 d. (Unto this Last. — The Two Paths.)

— Mirror of the Soul (The) and other Noble Passages from John Ruskin. 12mo, pp. 48. H. R. Allenson. net, 1/.

— On Education. Some Needed but Neglected Elements. Restated and Reviewed by William Jolley. pp. 184. G. Allen. net, 1/.

— Of Kings' Treasuries. Edit. for Schools by Edward D. Jones. Frontispiece. 18mo, pp. ix—139. G. Allen. net, 1/.

— Writings, Selections. With Biographical Introduction by William Sinclair. Edina ed. pp. 582. W. P. Nimmo. 3/6.

— Pearls of Thought. From the Lectures, Writings and Correspondence. Selected by Freeman Bunting. 12mo, pp. 148. Gay & Bird. sd., net, 1/; net, 1/6.

— Aphorisms and Passages from the Works of John Ruskin. Chosen by Alfred H. Hyatt. 32mo, pp. 352. Chatto & Windus. net, 2/; 3/.

— Thoughts from Ruskin. 32mo. W. P. Nimmo. net, 6 d.; lr., net, 1/.

Stevenson (Robert Louis), A Child's Garden of Verses. With an Introduction by Andrew Lang, and a Frontispiece. Pocket Edition 18mo, pp. xvi—155. Longmans. net, 2/.

— Travels with a Donkey in the Cevennes. Fine Paper ed. 12mo, pp. 186. Chatto & Windus. net, 2/.

Symons. Murdoch (W. G. Blaikie), The Work of Arthur Symons; An Appreciation. 12mo, sd., pp. 66. J. & J. Gray. net, 1/6.

Wilde (Oscar), The Happy Prince and Other Tales. Illust. by Walter Crane and Jacomb Hood. 5th Impression. 4to, pp. 123. Nutt. 3,6.

e) Neuste Gedichte und Dramen.

Fitch (C.), Her Own Way. A Play in 4 Acts. 12mo. Macmillan. net, 3/.

Holmes (Walter S.), Margaret. A Tragedy. pp. 107. Central Pub. Co. net, 3/6.

Butler (Arthur Gray), Charles I. A Tragedy in 5 Acts. 2nd ed., revised. H. Frowde. bds., net, 2/; 2/6.

Falbe (L. C.), Sabbioneta. A Drama in 3 Acts. Drane. 3/6.

Johnston (Mary), The Goddess of Reason. A Drama in 5 Acts. pp. 242. Constable. net, 7/6.

Jones (Henry) and **Herman** (Henry), The Silver King. A Drama in Five Acts. pp. 184. S. French. net, 2/6.

Lee (T. H.), The Swordsman's Friend. A Drama. Drane. 3/6.

Mackaye (P.), Sappho and Phaon. A Tragedy. Macmillan. net, 5/.

Presland (J.), The Marionettes. A Puppet-Show in Two Parts. T. F. Unwin. net, 5/.

Synge (J. M.), The Playboy of the Western World. A Comedy in 3 Acts. Library Edition. pp. 96. Maunsel. net, 2/.

Wilcox (E. W.), Poems of Passion and Poems of Pleasure. 1 vol. 12mo. Gay & Bird. net, 4/6.

Shaw (G. Bernard), John Bull's Other Island and Major Barbara; also, How He Lied to Her Husband. pp. 306. A Constable. 6/.

Shuttleworth (Henry Cary), Poems and Hymns. Collected and Edit. by Edward H. A. Koch. With an Introduction by Canon Henry Scott Holland. pp. 80. Priory Press. net, 3/6.

Keegan (John), Legends and Poems. Now First Collected. Edit. by the late Very Rev. J. Canon O'Hanlon. With Memoir by D. J. O. Donoghue. pp. 586. Sealy, Bryers. 3/6.

Hardy (Thomas), Wessex Poems and other Verses. Poems of the Past and the Present. 12mo, pp. 506. Macmillan. net, 2/6; lr., net, 3/6.

Cope (George C.), Poems. pp. 252. C. Mathews. net, 4/6.

Aeschylus Agamemnon. Rendered into English Verse by W. R. Paton. 4to. Nutt. net, 5/.

Euripides: Tragedies in English Verse. By A. S. Way. 3 vols. Macmillan. Advanced, ca., 7/6.

Homer: The Iliad Rendered into English Blank Verse. By Edward Earl of Derby. 12mo, pp. 432. G. Routledge. net, 1/; lr., net, 2/.

Wine, Women, and Song. Mediæval Latin Students' Songs now first Translated into English Verse. With an Essay by John Addington-Symonds. Roy. 16mo, pp. 224. Chatto. net, 1/6.

Hauptmann (Gerhart), Hannele. A Dream Poem. Translated from the German by William Archer. Roy. 16mo, pp. 116. Heinemann. sd., 1/6; 2/6.

f) Amerikanische Literatur.

Franklin (Benjamin), Writings. Vol. 10, 1789—1790. With a Life and Introduction. Macmillan. net, 12/6.

Lincolnics. Familiar Sayings of Abraham Lincoln. 18mo, lr. Putnam. net, 1/6.

Irving (Washington), Rural Life in England. Illust. by Alan Wright and Vernon Stokes. pp. viii—104. G. Routledge. net, 3/6.

— Rip Van Winkle. With Drawings by Arthur Rackham. 3rd Impression. 4to, pp. 68, and Plates. Heinemann. net, 15/.

Thoreau (Henry David), Walden. With an Introduction by Richard Whiteing. 18mo, pp. xi—410. Blackie. net, 2/6.

Whitman (Walt), Leaves of Grass. Siegle & Hill. net, 7/6.

3. Erziehungs- und Unterrichtswesen.

a) **Butler** (M. M.), The Meaning of Education and other Essays and Addresses. Macmillan, 4/6.

Hayward (F. H.), The Meaning of Education. As interpreted by Herbart. pp. xii—217. Ralph, Holland. net, 2/.

Gilman (Charlotte Perkins), Concerning Children. Watts. 6 d.

Heath (H. Llewellyn), The Infant, The Parent, and the State. A Social Study and Review. With an Introduction by Prof. G. Lewis Woodhead. Illust. pp. xv—191. P. S. King. net, 3/6.

Hughes (James L.) and **Klem** (L. R.), Progress of Education in the Century. pp. 528. Chambers. net, 5/.

Brown (Mabel A.), Child Life in our Schools. 2nd ed. Enlarged. 4to, pp. 160. G. Philip. net, 3/6.

Ellis (F. H.), Character-Forming in School. pp. 248. Longmans. 3/.

De Garno (C.), Principles of Secondary Education. The Studies. Macmillan. net, 5/.

Birdseye (C. F.), Individual Training in our Colleges. Macmillan. net, 7/6.

b) **Sadler** (M. E.), A Bureau of Education for the British Empire. Longmans. net, 1/.

Paton (J. B.), Continuation Schools from a Higher Point of View. And a Concordat between Church and State to Safeguard the Youth of the Nation and Train them for Life. 18mo, sd., pp. 72. Clarke. net, 6 d.

Sharp (W. H.), The Education System of Japan. T. F. Unwin. 5/.

c) **Bagley** (W. C.), Class Room Management. Macmillan. net, 5/.

Fraser (J. N.), Modern Methods of Teaching English in Germany, and other Papers. T. Fisher Unwin. 3/.

d) **Douglas** (Carstairs C.), The Laws of Health. A Handbook on School Hygiene. Illust. pp. 248. Blackie. net, 3/.

In Furtherance of Teaching in Hygiene and Temperance. Fol., sd. Simpkin. net, 6 d.

Shelly (C. E.) and **Stenhouse** (E.), A Health Reader. Book H. pp. 204. Macmillan. 1/4.

Horsley (Sir Victor) and **Sturge** (Mary D.), Alcohol and the Human Body. An Introduction to the Study of the Subject. pp. 396. Macmillan. net, 5/.

e) **Freeman** (Kenneth J.), Schools of Hellas. An Essay on the Practice and Theory of Ancient Greek Education from 600—300 B. C. Edit. by M. J. Rendall, with Preface by A. W. Verrall. Illust. pp. 320. Macmillan. net, 4/.

Comenius (John Amos), The Great Didactic. Translated into English and
edit. with Biographical, Historical, and Critical Introductions, by M. W.
Keatinge. Part. 2. Text. pp. 320. Black. net, 4/6.
Pestalozzi (Joh. Heinr.), How Gertrude Teaches her Children. 4th ed. pp.
308. Sonnenschein. 3/.
Herbart (Johann Friedrich), Letters and Lectures on Education. Translated
from the German, and edit., with an Introduction, by Henry M. and
Emmie Felkin. pp. 312. Sonnenschein. 4/6.
Colville (J.), Some Old-fashioned Educationists. pp. 108. W. Green. net, 2/.
Scott (R. F.), St. John's College, Cambridge. Illust. 12mo, pp. 120. Dent.
net, 2/.
Warren (T. Herbert), Magdalen College, Oxford. Illust. 12mo, pp. 152.
Dent. net, 2/.

4. Geschichte.

a) **Record Office.** Catalogue of Manuscripts, &c., in the Museum of the
Public Record Office. 4th ed. 6 d.
–- Accounts of Lord High Treasurer of Scotland. Vol. 7. 1538—1541. 10/.
–- Calendar of State Papers, Foreign Series. Of the Reign of Elizabeth.
Vol. 15. January, 1581 — April, 1582. 15/.
— Calendar of State Papers and Manuscripts. Venice. Vol. 13. 1613—1615. 15/.
— Calendar of State Papers. Domestic Series. Vol. 17. March 1, 1675, to
February 29, 1676. 15/.
Pike (Luke Owen), The Public Records and the Constitution. A Lecture
Delivered at All Souls' College, Oxford. H. Frowde. sd., net, 2/6.
Creasy (Sir Edward), The Rise and Progress of the English Constitution.
17th ed., revised. pp. 348. Macmillan. net, 3/6.
Medley (Dudley Julius), A Student's Manual of English Constitutional History.
4th ed. pp. 678. B. H. Blackwell. net, 10/6.
Scalacronica. The Reigns of Edward I., Edward II., and Edward III. As
recorded by Sir Thomas Gray and now translated by the Rt. Hon. Sir
Herbert Maxwell, Bart. 4to, pp. 218. MacLehose. net, 24/.
Fletcher (C. R. L.), An Introductory History of England from Henry VII. to
the Restoration. With Maps. pp. 602. J. Murray. 5/.
Montague (F. C.), The History of England from the Accession of James I.
to the Restoration (1603—1660). pp. 534. Longmans. net, 7/6.
Cambridge Modern History (The). Vol. 10. The Restoration. Roy. 8vo,
pp. 964. Camb. Univ. Press. net, 16/.
Certificate History of England (The) (1688—1760). Prepared and edit. by
A. A. Thomas. pp. 244. Ralph, Holland. net, 2/6.
Tombs (R. C.), The King's Post. Being a Volume of Historical Facts Relating
to the Posts, Mail Coaches, &c. p . 268. Simpkin. net, 3/6.
Burrows (Geo. T.), Some Old English Inns. Illust. 32mo, pp. 144. T. W.
Laurie. 1r., net, 2/6.
b) **Lang** (Andrew), A History of Scotland from the Roman Occupation.
Vol. 4. pp. 638. W. Blackwood. net, 20/.
Elcho (David, Lord), A Short Account of the Affairs of Scotland in the
Years 1744, 1745, 1746. Printed from the Original MS. at Gosford. pp.
488. Douglas. net, 15/.
Macgregor (Alexander), The Feuds of the Clans, from the Year MXXXI,
into MDCXIX. pp. 184. E. Mackay. net, 3/6.
Two Centuries of Irish History, 1691—1870. By Various Authors. With
Introduction by the Right Hon. James Bryce. Edit. by R. Barry
O'Brien. 2nd ed. pp. 560. Paul, Trübner & Co. net, 7/6.
Joyce (P. W.), The Story of Ancient Irish Civilisation. 12mo, pp. 188.
Longmans. net, 1/6.
Morris (William Bullen), Ireland and Saint Patrick. 4th ed. sd., pp. xi—
307. Burns & Oates. net, 1/.

Muller (E. B. Iwan), Ireland; To-Day and To-Morrow. With Introduction by the Rt. Hon. Wa l ter H. L o n g, M. P. pp. 318. Chapman & Hall. net, 3,6.

c) **Lyall** (Sir Alfred), The Rise and Expansion of the British Dominion in India. 4th ed., down to 1907. pp. 408. J. Murray. net, 5/.

Sastri (M. Hara Prasard), A Short History of India. pp. 128. Blackie. 1/.

Blunt (Wilfred Scawen), Secret History of the English Occupation of Egypt. Being a Personal Narrative of Events. pp. 620. T. Fisher Unwin. net, 15/.

Osgood (H. L.), The American Colonies in the 17th Century. Vol. 3. Macmillan. net, 12/6.

d) **Love** Letters of Henry VIII. to Anne Boleyn (The). With Notes. Richards. net, 5/.

Brookfield (Francis M.), My Lord of Essex. With Frontispiece. Some Scenes and Exploits in the Life of Robert Devereux, Earl of Essex, Queen Elizabeth's favourite Courtier. pp. 330. I. Pitman. 6/.

Cowan (Sam.), The Last Days of Mary Stuart, and the Journals of Bourgoyne, her Physician. pp. 336. Nash. 12/6.

Maccunn (Florence A.), Mary Stuart. New and cheaper issue. pp. 330. Methuen. 6/.

Scott (Eva), The Travels of the King. Charles II. in Germany and Flanders, 1654—1660. Frontispiece. pp. xix—302. A. Constable. net, 15/.

Maxwell (Sir Herbert), The Life of Wellington. The Restoration of the Martial Power of Great Britain. Illust. 6th ed. pp. 462. Low. net, 18/.

Cobden as a Citizen. A Chapter in Manchester History. A Facsimile of Cobden's Pamphlet "Incorporate your Borough". With Introduction by W. E. A. A x o n. Illust. T. Fisher Unwin. net, 21/.

Kebbel (T. E.), Lord Beaconsfield and other Tory Memories. pp. 372. Cassell. net, 1/6.

Churchill (Winston Spencer), Lord Randolph Churchill. Frontispiece. 2nd ed. pp. 930. Macmillan. net, 7/6.

e) **Picton** (J. A.), Memorials of Liverpool: Historical and Topographical. 2nd ed. revised, with additions. Continued to the Reign of Queen Victoria by J. A l l a n s o n Picto n. 2 vols. pp. 616, 616. E. Howell. net, 7/.

Muir (Ramsay), A History of Liverpool. Maps and Illusts. pp. 388. Williams & Norgate. net, 6/.

Headlam (Cecil), The Story of Oxford. Illust. by Herbert Railton. 12mo, pp. 452. Dent. net, 4/6; lr., net, 5/6.

Chart (D. A.), The Story of Dublin. Illust. 12mo, pp. 384. Dent. net, 4/6; lr., net, 5/6.

Fitzpatrick (Samuel A. Ossory), Dublin. A Historical and Typographical Account of the City. Illust. by W. C u r t i s G r e e n. pp. xv—360. Methuen. net, 4/6.

5. Landeskunde.

Black's Guide to Cornwall. Edit. by A. R. H o p e M o n c r i e f f. 20th ed. 12mo. Black. 2/6.

— Guide to Scotland, South East. Edit. by G. E. Mitto n. New ed. 12mo. Black. 2/6.

Bradley (A. G.), Round about Wiltshire. Illust. pp. 396. Methuen. 6/.

Gould (S. Baring), Devon Illustrated. 12mo, pp. 324. Methuen. net, 2/6.

Bonnie Scotland. Leng's Portfolio of the Scenic Beauties of Scotland. Complete in 20 Parts. Part I. Obl. folio, sd., pp. 22. J. Leng. net, 7 d.

Walker (Francis S.) and **Mathew** (Frank), Ireland Painted and Described. pp. 232. Black. net, 6/.

Orkney Islands, Handbook to the. With Illusts. pp. 151. Simpkin. 1,6.

Fea (Allan), Nooks and Corners of Old England. Illust. pp. 288. Nash. net, 10,6.

Tuker (M. A. R.), Cambridge. Painted by William Matthison. pp. 416. Black. net, 20/.

Shore (W. Teignmouth), Canterbury. Painted by W. Biscombe Gardner. pp. 132. Black. net, 7/6.

6. Folklore.

Grey (Sir George), Polynesian Mythology and Ancient Traditional History of the New Zealanders, as Furnished by their Priests and Chiefs. G. Routledge. net, 1/.

Brown (J. Macmillan), Maori and Polynesian: Their Origin, History, Culture. pp. 332. Hutchinson. net, 6/.

Te Tohunga. The Ancient Legends and Traditions of the Maoris. Orally Collected and Pictured by W. Dittmer. 4to, pp. 138. Routledge. net, 25,.

Dames (M. L.), Popular Poetry of the Baloches. Vol. 1. Nutt. net, 15/.

7. Zeit- und Streitfragen.

Mills (J. Saxon), Landmarks of British Fiscal History. pp. 134. Black. net, 1/.

Beesly (Edward Spencer), A Strong Second Chamber. pp. 16. W. Reeves. 3 d.

Socialism, Its Fallacies and Dangers. Edit. by Frederick Millar. Watts. 6 d.

Hardie (J. Keir), From Serfdom to Socialism. 18mo, pp. xi—130. G. Allen. net, 1/.

Macrosty (Henry W.), The Trust Movement in British Industry. Roy. 8vo, pp. xvi—398. Longmans, Green. net, 9/.

Causes of Decay in a British Industry (The) by "Artifex" and Pontifex. Longmans. net, 7/6.

Life and Labour in Germany: Reports of the Gainsborough Commission. With an Appendix. Infirmity and Old Age Pensions in Germany. pp. 310. Simpkin. net, 2/.

Beauclerk (C. W. W. D.), A National Army. pp. 144. King, Sell. net, 2/6.

Roberts (Field-Marshal the Earl), A Nation in Arms. Speeches on the Requirements of the British Army. pp. xii—222. J. Murray. net, 1/.

Ross (Charles), The Problem of National Defence. pp. 358. Hutchinson. net, 12/.

Second Franco-German War (A) and Its Consequences for England. sd., pp. viii—146. Allen (Oxford). net, 1/.

Church and Empire. A Series of Essays on the Responsibilities of Empire. Edit. by the Rev. John Ellison and the Rev. G. H. S. Walpole. pp. 256. Longmans. net, 3/6.

Little (Canon W. J. Knox-), The Conflict of Ideals in the Church of England. Demy 8vo, pp. xiii—327. I. Pitman. net, 6/.

Leipzig. Paul Lange.

III. MITTEILUNGEN.

A New
English Dictionary On Historical Principles.
(Volume VI: L—N.)
Misbode—Monopoly.
By Henry Bradley, Hon. M. A., Ph. D.

This double section includes 2405 Main words, 286 Special Combinations explained under these, and 808 Subordinate entries; in all 3481. The *obvious combinations* recorded and illustrated number 309, making a total of 3790. Of the Main words 570 (23³/₄ %) are marked † as obsolete, and 98 (4 %) are marked || as alien or not fully naturalized.

. . . Comparison with Dr. Johnson's and some recent Dictionaries gives the following figures: —

	Johnson.	Cassell's 'Encyclo- pædic.' *	'Century' Dict.	Funk's 'Standard.'	Here.
Words recorded, *Misbode* to *Monopoly*	359	1983	2018	2103	3790
Words illustrated by quotations	275	742	859	203	3022
Number of illustrative quotations	991	933	1778	253	14394

* Including the Supplement of 1902.

The number of quotations in the corresponding portion of Richardson is 962.

More than a third of the space in the present instalment is occupied by the words beginning with the prefix *mis-*, which are partly of native English and partly of Romanic origin. Of the remaining words, the great majority are of Latin and French etymology. There is, however, a considerable number of native words, but several of these are obsolete; of those which still survive in use the most prominent are *miss* sb.[1], *mist*, *mite*[1], *moan* sb. and vb., *mole* sb.[1] and sb.[2], *Monday*. Of ultimately Greek derivation are the many formations with the prefixes *mis(o)-*, and *mon(o)-*, and a few other words, as *mnemonic* and its cognates, *moly*, *molybdena*, *molybdis*. The only Celtic words are *moar*, *mobarship*, *mod* and *mollag*, which have a very slender claim to be regarded as English. Modern German has given us *mispickel*; from Dutch there are the obsolete and rare *misken* sb., *miskin*[2], *miskin-fro*. Hebrew is represented by *mishna* (*h*) and *Moloch*; Arabic, Persian, and various Indian tongues by *miskal*, *mochras*, *mofussil*, *mogra*, *Mogul*, *mohair*, *Moharram*, *mokaddam*, *monaul*, *mongoose*; the American Indian languages by *mitu*, *mituporanga*, *mobbie*, *moccasin*, *moco-moco*, *Mohawk*, *Mohican*; Maori and Polynesian by *moa*, *mohiki*, *moho*, *moko*, *moko-moko*.

Although this double section contains no article of great length, the words exhibiting remarkable sense-development are perhaps more than usually numerous. Among these may be mentioned *mischief*, *miscreant*, *miser*, *miss* sb.[1] and sb.[2], *miss* vb.[1], *mistress*, *mite* sb.[2], *mock* vb., *mode*, *model*, *moderate*, *moderation*, *modern*, *modest*, *modulate*, *molest*, *moment*, *money*, *mongrel*, *monk*, *monopoly*.

In the department of etymology the most noteworthy point is the derivation of the verb *mix*, which is not, as has hitherto been commonly asserted, the representative of the Old English *miscian*, but a development from the Latin participle *mixtus*. The true explanation was already given in 1893 by Dr. Murray in the article *Commix*, but has been overlooked or tacitly rejected by subsequent lexicographers. Another result of some interest is the ultimate identity of *mockado* and *mohair*. Etymological facts or suggestions not given in previous Dictionaries will also be found in the articles *miss* sb.[1], *mistletoe*, *mitis*[1] and [2], *mizen*, *mo*, *mock* vb., *mode*, *moderate* vb., *moire*, *moist*, *mole* sb.[2], *moline*, *monkey*.

INHALT.

Herausgegeben von Prof. Dr. **Max Friedrich Mann** in Frankfurt a/M.

Verlag von Max Niemeyer, Halle. — Druck von Ehrhardt Karras, Halle.

Beiblatt zur Anglia.

Mitteilungen
über englische Sprache und Lit ~~atur~~
und über englischen Unterric

Preis: Für den Jahrgang 8 Mark.

(Preis für 'Anglia' und 'Beiblatt' jährlich 24 Mark.)

XVIII. Bd.	Oktober 1907.	Nr. X.

I. SPRACHE UND LITERATUR.

Beówulf. Mit ausführlichem Glossar herausgegeben von **Moritz Heyne.** Siebente Auflage, besorgt von **Adolf Socin.** Paderborn: Ferdinand Schöningh. 1903.

The editor of this popular book, which appeared for the first time forty years ago, has taken evident care to improve it further and bring it up-to-date. In numerous places of the Notes and Glossary as well as the Text are found traces of the correcting hand. Several recent publications have been utilized, both textual annotations and studies of a more general character, such as Boer's paper on the Beowulf legend. The latter scholar's discussion of the 'þrýðo' episode probably appeared too late to be consulted. Among other publications that might be found serviceable (some of them indeed of a rather recent date) are to be mentioned C. C. Uhlenbeck, 'Het Béowulf-epos als geschiedborn'; E. Otto, 'Typische Motive in dem weltlichen Epos der Angelsachsen'; R. C. Boer, 'Finnsage und Nibelungensage'; A. J. Barnouw, 'Textkritische Untersuchungen'; G. Shipley, 'The Genitive Case in Anglo-Saxon Poetry'. It would have done no harm to refer occasionally to Wyatt's edition, which was issued for the second time in 1898. American contributions have been treated as non-existent, as has been the case for ever so many years. Would Socin were the only guilty one!

Though this edition is an improvement upon its predecessors, the house cleaning has not been done nearly as thoroughly as one might wish. Not a few hereditary blemishes are left, as the following examples may show. The editor still writes *ōfost*, 774 *fæger fold-bold*; still explains *mundum brugdon* 514 as 'schwenktet (das meer) mit den händen' (cf. *Cræft.* 57: *ārum bregdað*), *seomian* in l. 161 as transitive, 'in fesseln legen', *sīgan* in l. 307 as 'abwärts gehen' (see *Z. f d. Ph.* 12. 124, Sievers' note on *Heliand* 3709), and translates (*mere-grundas*) *mengan* 1450 'sich mischen unter' (see *Mod. Lang. Notes* 16. 16). Wrong divisions of half-lines occur in 1481, 2620, 2744 f. *ðǣr on wicge sæt* 286 should be followed by a comma. The prejudice against *scinscaða* 708 should have been overcome by Schröder's remarks in *Z. f d. A.* 43. 365 f. The thoroughly discredited reading *gōde gewyrcean ... on fæder wine* 20 f. is still continued with reference to a *Heliand* quotation of an entirely different nature.

Bibliographical errors in the critical apparatus testify to the extreme difficulty of keeping track of everything that has been written about the *Beowulf* In the first six hundred lines several inadvertencies of this kind have been noticed. *hlēor-bergan* 304 was first suggested by Ettmüller (1875), *gangan* 386 by Rieger (*Z. f d. Ph.* 7. 47), *sæl timbred* 307 and the transposition of *ond* 431 f. by Kemble (Appendix to vol. 2); the conjectural *heorðe* 404 may be found in a foot-note in Kemble's edition; *Gēata* 443 was first claimed as the intended reading of the text by Rieger (*Z. f d. Ph.* 3. 401); *swendeð* as an emendation in l. 601 is as old as Ettmüller's edition. In the note to l. 146 f. credit should have been given to Sievers (*Beitr.* 9. 137).

As the Heyne-Socin *Beowulf* is not a Variorum Edition, difference of opinion will very likely be found concerning the matter to be included in the Notes. But I venture to mention (as examples) some places in which an additional reference would have been welcome. l. 168 f. cf. Cosijn, *Aanteekeningen*, Sarrazin, *Anglia* 19. 369 f. [and the more recent note by E. A. Kock, *Anglia* 27. 225 f.]. l. 249 (*seldguma*). cf. *Anglia-Beibl.* 13. 168, n. 2. l. 302 (*sole*), cf. *Beitr.* 8. 570, *Anglia* 25. 271. l. 1364 (*hrinde bearwas*), cf. *Indog. Forsch.* 14. 339. l. 876 ff. (Sigmund episode). cf. W. H. Schofield, 'Signy's Lament', *Publ. Mod. Lang. Ass.* 17. 262 ff. l. 2562. cf. *Engl. Stud.* 28. 409 f. etc.

Unnecessarily normalized spellings have been introduced

in l. 70: *ylda* (MS. *yldo*) *bearn* (cf. *Mod. Lang. Notes* 16. 17 f.;
Sievers' note on *Heliand* 97; exactly the same spelling occurs
Exod. 28); l. 136: *bealo* (MS. *beala*), besides the inherited *gearu*
1915 (MS. *geara*) (cf. *Z. f d. Ph.* 4. 194; *Anglia* 27. 419).

That the traditional conservative character of the edition
would remain unchanged was to be expected. Thus it was
natural that Socin should have maintained a sceptical attitude
towards Trautmann's interesting but largely problematic suggestions, a very few of which however might have received a more
distinct recognition. Holthausen's admirable emendations *ēame
on eaxle* 1118 and *heardran hǣle* 720 would probably have
been rejected by few editors. A reactionary act, which is
totally incomprehensible, is the return to Heyne's *sēle rēdenne*
in l. 51, for if anything is certain about the interpretation of
Beowulf, it is the identification of ll. 51 b and 1347 a (*sele-
rǣdende*). Of course, this compound, which runs parallel to
men, *lēode* need not be taken literally any more then the
lēodgebyrgean and *ceastre weardas* of *El.* 556, 384.

There is no need to prolong this review by examining
further details, especially as since writing the above the first
part of Holthausen's *Beowulf* has come out. I have to add
now, as I am reading the second proof, that also the second
part of Holthausen's excellent, up-to-date edition has appeared,
so that the old 'Heyne' is placed in an entirely different and
by no means enviable position. It is to be remembered,
however, that we have all profited from the old book in the
past — is spite of its numerous shortcomings —, and there
is every reason to believe that the eighth edition recently
announced as being prepared by Dr. Schücking will show a
very marked advance upon all the previous revisions of this
time-honored text-book.

The University of Minnesota.   Fr. Klaeber.

Elizabethan Critical Essays. Edited with an Introduction by **G.
Gregory Smith.** Oxford, Clarendon Press (London, H. Frowde).
1904. 2 vols. (XCII, 431; IV, 509). 12/- net.

Die geschichte der literarischen kritik und poetischen
theorien in England ist in den letzten jahren durch mancherlei
forschungen und darstellungen, besonders durch Saintsbury's

groſses werk: 'A History of Criticism and Literary Taste in Europe' (3 vols.) dem literarhistoriker in erhöhtem maſse nahe gerückt worden. Diesem gesteigerten interesse kommt das vorliegende buch in erwünschter weise entgegen, indem es die weitzerstreute elisabethanische literatur über poetik zu einem stattlichen quellenwerke vereinigt. Abgedruckt sind: eine einschlägige partie aus Roger Ascham's Schoolmaster (1570); Gascoigne's Certayne Notes (1575); eine dedication von Whetstone (1578); Th. Lodge's Defence of Poetry (1579); die Spenser-Harvey Correspondenz nebst der einleitung zum Shepheards Calendar (1579); Stanyhurst's vorwort zur Aeneide (1582); Sidney's Apologie for Poetrie (1595, verfaſst c. 1583); King James VI. Reulis and Cautelis (1584); Webbe's Discourse of English Poetrie (1586); theoretisch-kritische äuſserungen von A. Fraunce, Th. Nash, Sir J. Harington, G. Harvey, G. Chapman, W. Vaughan, Carew; Puttenham's Arte of Engl. Poesie (1589); Francis Meres' Palladis Tamia 1598 (auszugsweise); Th. Campion's Observations (1602); S. Daniel's Defence of Rhyme (1603). In fuſsnoten oder anhängen und in den anmerkungen ist noch weiteres zerstreutes kleinmaterial zusammengetragen. Die texte sind nach den originalausgaben gedruckt. Dazu treten eine allgemeine historische einleitung, bibliographisch-literarische notizen und sehr reichhaltige, auf mühsamer arbeit beruhende anmerkungen, die das abgedruckte material vielfach erst verständlich und nutzbar machen. Das verdienstvolle werk wird jedem, der sich mit elisabethanischer literatur befaſst, willkommen und unentbehrlich sein.

Münster i. W.   O. Jiriczek.

Poems by George Crabbe. *Edited by* **A. W. Ward.** Cambridge. At the University Press. Price 4 *s.*

Un Poète Réaliste Anglais, George Crabbe by **R. Huchon.** Paris. Hachette et Cie., 1906.

With this volume *Dr. Ward* brings to an end the edition of Crabbe's works reviewed in the February number of this magasine, 1907. It contains in addition to poems already published a number of hitherto unprinted pieces, a bibliography of Crabbe's works by Mr. Bartholomew, and in the preface, an account of the Crabbe MSS. at Cambridge. This is the completest of the editions of Crabbe, and for scholarly purposes will probably supersede all others. We should like to add a note of warning: although the texts chosen are reprinted with great accuracy, so far as we have checked them, the lists of various readings are not always exhaustive.

M. *Huchon's* book is, in his own words, an attempt to correct the errors and fill up the gaps in the preceding lives of Crabbe. M. Huchon has gone to work with great thoroughness. In order to make clear the conditions which went to the making of his poetry, he has visited every place where Crabbe once lived and he has given us an especially full picture of Aldeburgh and the Suffolk country where Crabbe spent the first years of his life. He summarizes and discusses in detail all Crabbe's important works, illustrating by copious quotation obscure points of literary or social interest. He has also drawn upon a good deal of material, collections of letters, sermons and other documents, not used by previous writers, and has thus been able to correct many mistakes. For instance, the love-affair of Crabbe's old age is here properly told for the first time. Again, there is the famous anecdote of Scott's going to see Crabbe, treasuring the glass in his pocket out of which George IV had just drunk, and being so excited by his first meeting with the poet that he sat down on the pocket and broke the glass. M. Huchon has adduced evidence to make one seriously doubt the story. The book is provided with a bibliography of Crabbe's works and a pretty full list of books, reviews and other articles that have as yet appeared about him. The concluding chapter which contains a general criticism of Crabbe seems to us to fail in one or two respects. In our judgement M. Huchon lays far too much stress on the elements in his style that he owed to Pope, far too little on what was new in Crabbe. We should also have liked to see a more detailed discussion of Crabbe's relation to the English Romantic movement and of his influence generally. But these are matters of opinion, the fact remains that M. Huchon has given us the most trustworthy life of Crabbe that we possess, and no future worker in this field can afford to ignore it.

Bonn.   H. T. Price.

P. Elsner, P. B. Shelleys Abhängigkeit von William Godwins Political Justice. Berlin, Mayer & Müller 1906. (Berliner Inaug.-Diss.) pp. V + 89. 8⁰.

Ungeteilte anerkennung verdient auch diese längst notwendig gewordene einzeluntersuchung, die in bezug auf die philosophische weltanschauung des dichters ergänzt und abschliefst, was S. Bernthsen über „den Spinozismus in Shelley's Weltanschauung" und H. Richter in ihrem artikel „Zu Shelley's Weltanschauung" (ESt. XXX) gesagt hatten. Schon in meiner anzeige von Bernthsens buch in diesen blättern hatte ich seinerzeit darauf hingewiesen, dafs erst des poeten verhältnis zu den einzelnen philosophen betrachtet und ihre einflüsse und wirkungen auf ihn dargestellt werden müfsten, um abschliefsend seine weltanschauung auf grund aller dieser ergebnisse niederzulegen. Die arbeit Elsners, der die andeutungen Dowdens und Richters in ihren biographien und eine studie Leslie Stephens (im Cornhill Mag. 1879) benützt, hat durch ihre gründliche betrachtung dieses abhängigkeitsverhältnisses uns jenem gesamtresultat erheblich näher gebracht.

Nach der einleitung über "Political Justice" selbst geht E. zur frage über, wie Shelley zu Godwin kam, so wie zur darstellung der beiderseitigen übereinstimmung in allgemein philosophischer, sowie in ethisch-politischer hinsicht. Den einflufs des philosophen auf des dichters studien und leben fafst E. zusammen in einem überblick über dauer und stärke des Godwinschen einflusses; in den schlufskapiteln zieht er den einfluls der ethischen und politischen ideen von Spinoza, Hume, Paine, Helvétius, Condorcet und Rousseau heran, um endlich die erweiterung und vertiefung der Godwinschen ideen durch Shelley's studium von Spinoza, Mary Wollstonecraft und Plato zu beweisen. Sehr bedeutsam ist der schlufs über „die vorbilder der ethisch-politischen ideen Sh.'s im hauptstrom der englischen poesie", der eine übersicht von Thomas Morus an gibt. Wenn Elsner darin bemerkt, dafs Shelley und seine „genossen" im 19. jahrh. in dieser tendenz keine nachfolger gefunden haben, so möchte ich ihm als echten nachfolger Shelleys die gestalt Swinburnes entgegenhalten. Nebenbei erwähnt, scheint Godwins buch über P. J. nach Elsners behauptung allerdings heute fast vergessen; doch erinnere ich

mich, erst kürzlich die anzeige einer neuen deutschen übersetzung des werkes gelesen zu haben. Wenn ich noch erwähne,
dafs Hellas als beispiel dafür, dafs Shelleys philosophie ge-
waltmaſsregeln ebenso wie Godwin verdammte, angeführt wird
mit dem zusatz, „er nimmt die tatsache der erhebung hin, er
billigt sie aber nicht" — hier als verfehlt zu betrachten ist,
und das böse versehen „Apollo" (p. 61) anzeige, so wäre das
so ziemlich alles, was ich an kleinen ausstellungen in der
schrift zu machen hätte; wohl ein indirekter beweis, wie sorgfältig und verdienstlich der inhalt ist.

Aus allen ausführungen geht genügend hervor, dafs Shelley
bis an sein ende seine grofse verehrung für Godwins ideen
bewahrt, dessen hauptgrundsätze in seinen dichtungen beibehalten und sich zu eigen gemacht hat. So ist er durch das
studium Godwins ein ethisch-politischer dichter geworden,
besonders auch in bezug auf jenes prinzip der mäfsigung hinsichtlich des widerstandes gegen die staatsgewalt, das er ebenso
wie sein schwiegervater, und zwar am stärksten in Laon and
Cythna vertritt, sozusagen ein „sozialist" ohne gewaltmaſs-
regeln. Auch den eckstein der Godwinschen philosophie, das
"private judgment", das sich in allen beziehungen des lebens
geltung verschaffen mufs, hat er sich ganz angeeignet. Wenn
Elsner der reihe nach die einzelnen leitsätze Godwins und ihre
entsprechungen bei Shelley erläutert, ergibt sich, dafs diese
am stärksten in Queen Mab, Laon and Cythna und Prom. Unb.
zur geltung kommen; in dem von Godwin übernommenen
dogma freilich, „der staat sei der verderber der menschheit",
beweisen beide ihren unhistorischen sinn. In seiner ver-
tretung der gewissensfreiheit (Proposals etc. etc.) „in seinem
denken unbehindert zu sein", erinnert er fast wörtlich an
Marquis Posas berühmte forderung in Schillers Don Carlos.
Elsner kann so schliefslich mit recht behaupten, dafs er „die
ganze ethisch-politische weltanschauung des philosophen im
spiegel der Shelleyschen schriften, seiner briefe, seiner prosa
und seiner poesien hat feststellen können"; in den letzten
jahren dagegen wendet der dichter sich von der abstrakten
philosophie mehr ab und Plato zu.

Man kann schon aus diesen wenigen zeilen ersehen, welche
fülle von wichtigen einzelheiten zur erkenntnis der poesien

und ihrer entstehung in dieser arbeit für den Shelley-forscher
zu holen sind; mit besonderem glück hat der verfasser die
spuren Godwins im Prom. Unb. nachgewiesen.

Nürnberg.   Richard Ackermann.

D. G. Rossetti. Von **Jarno Jessen.** Mit 70 Abbildungen.
  A. u. d. T.: **Künstlermonographien,** hrsg. von **Knackfuss,** Nr. 77.
Velhagen und Klasing, Leipzig 1905. 97 s. gr. 8⁰. 4 M.

Dem charakter der sammlung angepafst, beschränkt sich
vorliegendes buch auf die betrachtung Rossettis als maler.
Über das kunstgeschichtliche verdienst dieser studie im einzelnen steht mir kein urteil zu. Doch darf ich wohl nach
meiner kenntnis der einschlägigen literatur sagen, das mir das
gesamtbild, das Jessen von Rossettis künstlerischer leistung
entwirft, zutreffend, fein erfafst, und reich an fördernden
ästhetischen beobachtungen erscheint. Das lebendig und ge-
schmackvoll geschriebene buch bildet eine interessante einführung in das künstlerische schaffen des grofsen präraphaeliten;
auch die reproduktionen, darunter manche seltener gebotene,
unterstützen diesen zweck in wirksamer weise.

Im biographischen tatsachenmaterial sind mir manchmal
ungenauigkeiten und versehen aufgefallen; ich gebe hier zum
nutzen einer etwaigen zweiten auflage einige randnotizen, die
mir bei der lektüre des buches erwachsen sind.

S. 6: Rossetti besuchte das King's College 1837—42 (nicht
40), s. das Memoir von W. M. Rossetti p. 71. — Die schul-
anekdote p. 7 scheint apokryph zu sein (s. Memoir p. 92);
auch die in fast jedem Rossettibuche wiederkehrende anekdote
(s. 10), dafs F. M. Brown sich zu seiner ersten begegnung mit
R., dessen enthusiastisches schreiben er für spott hielt, mit
einem prügel bewaffnete, entbehrt wenigstens insofern der
beglaubigung, als W. M. Rossetti erklärt, sie weder von seinem
bruder noch von Brown je gehört zu haben (Mem. p. 71). —
Durch einen lapsus calami wird auf s. 9 und 10 John Keats
als verfasser eines briefes an Rossetti genannt; gemeint ist
Leigh Hunt, nicht Keats, der sieben jahr vor R.'s geburt starb;
Hunt's brief ist im Memoir p. 122 f. abgedruckt. — Eine
ähnlich seltsame verwechslung unterläuft dem verfasser auf

s. 14, bei besprechung des gemäldes The Girlhood of Mary Virgin, wenn er die männliche figur im hintergrunde (den vater Maria's) als den hl. Joseph bezeichnet, statt St. Joachim; in denselben irrtum verfiel, wie ich dem Memoir p. 143 entnehme, seinerzeit Bell Scott. — Burne-Jones und W. Morris wurden nicht „durch Rossettis machtspruch der theologischen laufbahn untreu" (s. 37), sondern hatten sich bereits im August 1855 auf einer ferienreise durch Nordfrankreich, schon vor ihrer bekanntschaft mit R., entschlossen, die künstlerlaufbahn einzuschlagen, s. Mackail, Life of W. Morris I, p. 78; nach demselben buche p. 148 wurde die kunstfirma „Morris (etc.) and Co." im April 1861 begründet, nicht 1860 (s. 44); W. M. Rossetti sagt in seinem Memoir, das wohl die quelle für Jessen's datierung war, allerdings 'it was, I believe, in 1860'. — S. 95: „In der nacht des 4. April 1882 willfahrte man dem dringenden wunsche des sterbenden mit der herbeischaffung eines priesters, der absolution erteilte": hier sind nun zwei verschiedene lebensmomente zusammengeworfen (wie auch in manchen anderen darstellungen dieser vorgänge): Rossetti äußerte das verlangen nach erteilung der absolution durch einen priester bei einem schweren krankheitsanfall im Nov. 1881, s. Memoir p. 378 ff., ohne seinen wunsch in die tat umzusetzen; in seinen letzten tagen besuchte ihn der ortsgeistliche von Birchington, "in consequence of Gabriel's having one night expressed some inclination to see the Rector" (Mem. p. 397). Auch das datum „4. April" scheint mir nicht zu stimmen; nach dem Memoir fanden diese besuche am 7., 8. und 9. April 1882 statt. — In den datierungen der gemälde finde ich manche abweichungen von Marillier, dessen angaben wohl autoritativ sind; die liste von Knight stimmt übrigens nicht immer mit Marillier. Sicher ein irrtum ist z. b. auch die angabe, Rossetti habe eine Salutatio Beatricis für eine thüre im hause von W. Morris 1859 als *Aquarell* ausgeführt (s. 20); nach Marillier (nr. 116) und dem Memoir (p. 202) führte R. diese malerei in öl aus. — Für „La Mort d'Arthur" (p. 31) ist Le Morte zu lesen; für „Watts-Dunstan" (p. 75) und „W.-Dunston" (p. 88) soll es heißen: Watts-Dunton. Ich benutze die gelegenheit, einen irrtum meinerseits zu berichtigen. In einem anspruchslosen aufsatze über Rossetti (Hochland 1906, Novemberheft) habe ich unten den freunden, die sich um

den sterbenden dichter versammelten, den maler Watts erwähnt; es war der dichter und kritiker Watts-Dunton, im
„Memoir" nur „Watts" genannt, da er, wie ich einer freund-
lichen brieflichen mitteilung von Mr. W. M. Rossetti entnehme,
erst später den zusatznamen (nach seiner mutter) annahm.

Münster i. W.   O. Jiriczek.

Anglosaxonica minora.

1. Anglia Beibl. XVII 300 habe ich als entsprechung des
me. ne. *dart* 'wurfspiefs' mhd. *tart* (das übrigens auch Ahd.
Gll. IV 208, 65 vorliegt) beigebracht. Letzteres ist aber bereits
ahd., vgl. Ahd. Gll. II 463, 51 *Lancea tart ł sagitta*, ib. 546, 60
Lancea tart. Ahd. mhd. *tart* verhält sich zu ae. *daroþ* wie
mhd. *wert, werd* 'Werder'[1]): ahd. *werith, warid* 'insula' (vgl.
z. b. Ahd. Gll. III 2, 62. 697, 37), ae. *waroð* 'Ufer' (vgl. Noreen,
Urgerm. Ltl. 87).

2. Ae. *læfel* m. 'sciffus, aquemanile' ist nach Lidén aus
lat. *labellum* 'wanne' entlehnt. Gleiches gilt für ahd. mhd.
label, labul, lauil 'pelvis' (z. b. Ahd. Gll. II 372, 73. 403, 50.
408, 65. 733, 19. 738, 1. III 215, 6. IV 85, 33).

3. Der hermaphrodit wird im volksglauben als unheim-
liches, erschreckendes, geisthaftes wesen angesehen.[2]) Das mit

---

[1]) Das von Noreen, Urgerm. Ltl. 87 und Streitberg, Urgerm. Gramm. 81
angezogene ae. *wĕarð, wĕard* (= mnl. *wardt*) 'ufer' kann ich nicht belegen.

[2]) Ae. *wīdl* 'illuvies' wird laut Walde 678 von Wood zu lat. *vitium*
'fehler, gebrechen' gestellt im sinne von 'verkrümmung'. Diesen zusammenhang halte ich aufrecht und erweitere ich durch folgendes: das ae. wort
gehört zunächst mit ahd. *withillo, widillo*, mhd. *widel* 'hermaphrodit' zusammen. Die hermaphroditen werden im volksglauben häufig als unsaubere
dämonische wesen betrachtet, wie ihre gleichsetzung mit 'waldschrat, larva,
monstrum' in den gll. bezeugt. Im skandin. aberglauben werden einer-
seits die zwerge als hermaphroditen, andererseits die unterirdischen,
kobolde u. dgl. als idioten angesehen (vgl. z. b. Falk-Torp s. *Tosse, Tvetulle*).
Auf grund dieser tatsachen verbinde ich ahd. *withillo* mit ir. *fiothal* 'a dwarf,
anything stunted; a fairy, hag, goblin'. E. Zupitza macht mich noch auf
ai. *vētāla-* 'ein dämon, der in leichen kriecht' aufmerksam. Das sachliche
medium wäre also in der tat 'verkrümmung, verkrümmtes [innerlich oder
äufserlich]'. Ich handele ausführlich über die genannten zusammenhänge
ZsfceltPh. VI, 435.

ae. *scritta* (vgl. darüber J. Grimm, Mythologie² 447 ff.) synonyme ae. *bæddel*, vgl. Ahd. Gll. IV 70, 29 *Hermafrodita pad* i 72ᶜ k 92ᵈ [*zviter* g 139ᶜ], dürfte daher mit as. *under-badōn* 'erschrecken' zu ir. *fo-bothaim* 'consternor' (Fick II⁴ 176) gehören. Vgl. mhd. *walt-screchel* 'faunus' (z. b. Ahd. Gll. III 273, 44): ahd. *screcchōn* 'auffahren', nhd. *schrecken*.

4. Sweet, Dict. 186 nimmt an, ae. *þwang* (vgl. me. Wr.-W. 575, 29 *Corigia, anᶜᵉ a thwange*, 42 *Corrigiatus, anᶜᵉ Ithonged*), ne. *thong*, ae. *þweng* 'band, riemen' seien aus dem An. entlehnt. Das erscheint unnötig gegenüber dem vorkommen des wortes im Ahd., vgl. Ahd. Gll. II 386, 27 ff. *Bagis . baga enim ferrum dicitur . quo captiua sepe mancipia strictis collis et manibus aguntur .i. halstuuinc* (vgl. IV 234, 20 *halspouga*); III 175 18, *Constringa hanttwenk*, 270, 18 *hantwinc* ds., 152, 12, 191, 57 *hantwinga* ds.

5. Zu ae. *těors* 'membrum virīle' vgl. Ahd. Gll. III 436, 56 (zu Fick I⁴ 455 vgl. nhd. vulg. *büchsen-wurm* 'penis', lat. *curculio* 'kornwurm; penis').

6. Zu ae. *cněarr* m. 'small war-ship' vgl. Ahd. Gll. III 163, 48 Mioparo ... *gnârrun, gnarrun, gnarren* etc.; 216, 64 Chioparo vel carabus *gnarrum*. Nir. *cnarra* f. 'ship' stammt aus dem Skandin.

7. Zu ae. *fūs* 'prompt' vgl. Ahd. Gll. I 287, 64 = 289, 3 *Prum[p]tissimi funsistun* — Jud. 20, 46.

8. Falk-Torp nennen s. v. *Jøkel* neben ae. *gicel* 'eiszapfen', ofries. *itsil* ds. nur das aus dem An. entlehnte mnd. *jokele*. Das wort ist aber auch im Ndd. heimisch, vgl. Ahd. Gll. IV 179, 3 *Stiria gikele*.

9. Mit ae. *feower-sciete* 'viereckig' (vgl. z. b. Wr.-W. 526, 29 *Quadratur, gefegde feoþerscette*) vgl. Ahd. Gll. I 447, 2 *Quadrarent fiarscoztin*: Reg. II 5, 17; II 412, 33 *Quadrent fierscozzensich*; in den Trierer ¹) Gll. 208, 15 *Quadro fier., sco ziu*.

10. Präfix *uz-* im Ae. 141 a 3 habe ich auf grund von Wr.-W. 30, 29 *Pittacium* .... *cleot* ein ae. *cleot* bez. *clott* 'klotz'

---

¹) Daselbst findet sich auch ein weiterer beleg für das afränk. *nimid* 'nemus', ib. 206, 43 *Pastorium* (= *Pastoforium*, vgl. 212, 31. I 291, 22. IV 154, 16, auch Wr.-W. 186, 20. Das ae. *ge-sceot* 'cancella, gradus ligneus', auch ib. 198, 17, fehlt bei Sweet) *kirikki-minada* = *kirikki-nimada*.

zu erweisen gesucht. Dies wird zur sicherheit durch Ahd. Gll.
I 336, 34 *Incastrature* (vgl. ib. 338, 14) *chlozza*: Exod. 26, 17
(vgl. auch III 415, 33 *Massa clotz*).

11. Ae. *wĕalca* m. 'velum, mitra, infula' ('light robe' Sweet)
findet sich wieder Ahd. Gll. III 175, 7 *Vitte*[1]) *walken l benda*.
Zu ae. *walc-spinl* 'calamistrum', das bei Sweet fehlt (Wr.-W.
198, 1), vgl. Ahd. Gll. I 333, 36 (auch II 375, 57. IV 122, 28)
Fibulae spinlen: Exod. 26, 11. Vgl. Falk-Torp s. *Valk, Valke.*

12. Zu ae. *dolg* n. 'wound, scar' vgl. Ahd. Gll. I 295, 8
Ulcus suo sponte nascitur t o l c; 354, 1 *Papula t o l c*; 312, 13 *In
liuorem meum in t o l c* = 316, 20. II 742, 21 *in tolg minaz*; III 5, 26
Uulnus t o l c; IV 682, 4 *dolec* 'exitialis', ib. 31 *Vulnera t o l c.*

13. Zu Wr.-W. 348, 9 *Anaglifa, heahgrœfte*[2]) (vgl. ib. 345, 18.
349, 29). 203, 28 *Celatura*, i. *sculptura, grœft* vgl. Ahd. Gll. I
443, 14 (*Anaglifa*) *anaglifa . i. eminans ictura l graft l simili-
tudo hominis*; III 180, 60 *Sculptura* vel *celatura graft* ib. 322, 24
Sculptile grephti: Exod. 20, 4.

14. Ae. *and-mitta, on-mitta* 'exagium, statera' (vgl. Wr.-W.
20, 20. 65, 19. 230, 11. 394, 18) trifft etymologisch mit ir. *med*
'wage' zusammen. Vgl. die weiteren zusammenhänge bei
Walde s. *meditor* (Stokes 204).

---

[1]) Sehr genau entsprechen sich: Wr.-W. 107, 35. 125, 12 *Uitta, snod*;
Ahd. Gll. III 375, 66. IV 209, 37 *Trama, snada* und in den von Zeufs, Gr. C.[1]
1109 mitgeteilten corn. gll. *Vitta, snod.* Vgl. Walde s. *neo*, Fick H [4] 315,
dazu noch nhd. hess. *sich schnatzen* (Grimm, Kinder- und Hausmärchen no. 89,
Recl.-ausg. H s. 18), nir. *snáth, snáith* m. 'thread, yarn'.

[2]) Sweet versieht seine zutreffende übersetzung 'object carved in relief'
aus nicht erkenntlicher ursache mit ?. — Wr.-W. 26, 41 findet sich *Inter-
asile, interana, glyffa.* Es könnte bestandteil des nicht weit entfernten
anaglifa sein: es handelt sich um die glossierung von Reg. III 7, 28, vgl.
Ahd. Gll. I 432, 3. 19. 443, 21; aufser dem oben mitgeteilten auch ib. 447, 9.
435, 29. III 266, 32. Andere möglichkeiten könnten sich ergeben aus dem
vergleich der deutschen gll. zu Reg. III 6, 4: Ahd. Gll. I 286, 22 *Obliquas
kleiffo*; 432, 1 *Fenestras obliquas gigleift*; ib. 7 *Obliquas gigleifta*; 434, 28
Obliquas [fenestras] gigleiftiv. Das lemma *interrasile* in der bedeutung
'schief' wird erwiesen durch Wr.-W. 423, 28 *Interrasilem, inheald* = ahd.
in-hald(i) 'clivus', vgl. darüber verf. präfix *uz-* 139. — Zu den von mir
a. a. o. 138 ff. behandelten zusammensetzungen mit *ā-, ua-* usw., ae. *ō-, ā-*
'hinter' gehört noch ahd. *ā-bacho* 'hinterkeule' (Ahd. Gll. III 267, 27 c).

15. Der erste teil des ae. *haþo-liþa* 'ellenbogen' kann als 'spitzer knochen' zu lat. *catus* 'acutus' gehören, vgl. u. a. ir. *cat-súil* f. 'scharfblick'.

16. Zu ae. *a-swębban* 'make to cease, lull etc.' vgl. Ahd. Gll. IV 158, 2 *Restagnat irswebit .t.*

17. Zu Sweets Dict. seien nachgetragen: Wr.-W. 127, 38 *Culliola, hnutehula*; 163, 16 *œsce-dun(n)* 'cinereus' (vgl. übrigens auch ahd. *dun* 'furvus' Ahd. Gll. I 320, 1); 388, 13 *mid-wędd* 'mitgift'; 60, 43 *wĭd-scrĭðel* 'vagus'; 161, 24. 415, 30 *cneowed(e)* 'genuosus'.

18. Dem ae. *wrenna* 'zaunkönig'[1]) neben *werna* (Sievers, Ags. Gr.[3] § 179, 1)[2]) entsprechen auf hd. und ndd. gebiet formen mit wechsel zwischen germ. *þ* und *t*, vgl. ahd. *rentilo,* mhd. *rentile* (Ahd. Gll. III 672, 37. IV 219 a 3); as. andd. *uurendo, uurendilo, vurendelo* (III 458, 32 die hss. a, d) aus urgerm. **wranþjô* (Noreen, Urgerm. Ltl. 173): in den Trierer Gll. IV 197, 33 *uurentol,* andd. *vuertlo* (III 458, 32 die hs. b 124[a 2]), ahd. *renzilo* (III 463, 20) aus urgerm. **wrantilan.*

Gremsmühlen i. H., 29. V. 07.   Wilh. Lehmann.

Zusätze und berichtigungen zu Muret's Wörterbuch.

(Vgl. bd. XII, s. 304 ff.; bd. XIII, s. 267 ff.; bd. XIV, s. 83 ff. u. s. 337 ff.; bd. XVI, s. 232 ff.; bd. XVII, s. 213 ff. d. zs.)

aborigines. In den wörterbüchern ist keine einzahl verzeichnet, indessen finde ich die einzahl aborigine fortwährend gebraucht in dem schönen wissenschaftlichen werke des Amerikaners George Wharton James, Indian Basketry and how to Make Baskets, Pasadena, California, 1903.

get about heifst nicht nur "ruchbar werden", wie bei M. allein angegeben ist, sondern auch: in der welt herumkommen. How you are getting about, to be sure!

adenoids, entzündete halsdrüsen, mandeln. She has adenoids, which will have to be cut.

advance. MS. "I v./a .... vorwärts-, ausstrecken (in, on, to, towards gegen)." Was soll ein solches gemenge von verhältniswörtern? Soll to advance in je "vorwärts- oder ausstrecken gegen" bedeuten? Zu 4: "to ∽ some one's interests seine interessen fördern". Lies: jemandes i. f.

advantage. To take an unfair ∽ of a p. seinen vorteil in unanständiger weise gegen jemanden ausnutzen, ist weder unter ad-

---

[1]) Wr.-W. 9, 11. 12 sind umzustellen, vgl. Corp. 301. 302.
[2]) Zur etymologie vgl. Lidén, Ein balt.-slav. Anlautsgesetz 18.

vantage noch unfair zu finden. Ist übrigens to make a p. at advantage wirkliches Englisch?

agenda, heifst auch "die tagesordnung, das gedruckte programm einer versammlung". It states on the agenda that discussions and questions shall be allowed.

aiguillette; die aussprache ist ungenügend angegeben. In betreff der bedeutung ist auf aglet 5 verwiesen. Der technische ausdruck für die "auf die brust herabhängende achselschnur" ist "fangschnur".

air. Homonyms dazu: Aire, Ayr.

all. Es fehlt 1. die wendung of all in sätzen wie this night of all (in dieser nacht ganz besonders) the fire was blazing brightly. 2. F. he's all there, er ist sehr pfiffig.

all-important äufserst wichtig fehlt.

alongside. Füge hinzu: from ∿, z. b. he called to us from alongside.

animadversion. Es fehlt die bed. "bemerkung", die noch nicht erloschen ist. Das N. E. D. sagt unter 6: A criticism, comment, observation, or remark (usually but not always, implying censure). Dies beweist folgende stelle: The book is really little more than a congeries of animadversions on detached passages etc., wo aus dem zusammenhang hervorgeht, dafs nur observations gemeint sind. (Engl. St., bd. 35, H. 3, s. 411.)

Antananarivo, fehlt; es ist aber wichtig wegen der aussprache.

anticlimax. anticlimax is the reverse process (of the climax), the intensity or importance weakening, instead of increasing, towards the end. (Meiklejohn, The Art of Writing English.)

antidiphtheric,
antidiphtheretic, } Diphterie bekämpfend, ∿ serum = anti-diphtherin serum, diphtherin antitoxin the antitoxin treatment for diphtherin.

antivivisect = antivivisectionist. So im Abolitionist, March 15, 1906, p. 92, 1st col.

armory. Fehlt "zeughaus".

arms. "to advance arms das gewehr 'anfassen', (beim 'gewehr über!'), schultern, aufnehmen." Davon verstehe ich nicht ein wort. Überhaupt habe ich drei viertel des inhalts dieses artikels im verdacht, dafs er, wenn überhaupt richtig, völlig veraltet ist.

assertive; fehlt "selbstbewufst". Dr. Johnson was a robust and assertive personality.

away; 1. ∿ down, mufs in Amerika bedeuten, sehr tiefstehend. As an intelligent force and numerically, he (the Irishman) has always been away down, but he has governed the country just the same. (Mark Twain, The Man that corrupted Hadleyburg, T. E. p. 24/25.) 2. ∿ late in the night, Am. spät in der nacht.

baby-farm, auch im schlechten sinn, engelmacherei. Children have been hated and sent to baby-farms for no other reason than that they were living reproaches to mothers and constant reminders of their sins. (Max O'Rell, Between Ourselves, Chatto and Windus, 1902, p. 45.)

back-kitchen, fehlt; ebenso **front-kitchen.**

backseat ist nicht "rücksitz" im deutschen sinn, das ja einen sitz im wagen, das gesicht den pferden zu, bedeutet, sondern einen, wo man den pferden

den rücken wendet; und to take a backseat heifst nicht blofs "verduften", wie M. angibt, sondern "zurücktreten müssen". Men who do not possess these qualities, take the back seats, and are the servants of others. (Max O'Rell, Between Ourselves, p. 40.)

ball. Der himmel mag wissen, warum the ball of the foot als "selten" bezeichnet wird; ist es doch der einzige engl. ausdruck für fufsballen.

bang-up, auch eine art dünnbier mit kräutern angesetzt, in Derbyshire von den ländlichen arbeitern getrunken. (Siehe N. and Q. 10th S. IV. 506.)

barkter, scherzhafte bildung, nach dem muster von laughter. My bulldog is good-tempered, hardly ever "bursting into barkter".

basket MS.: ✕ "am säbel korb = hilt". Nun, hilt ist jeder schwert- oder degengriff, der kein korb zu sein braucht.

basket-ball, ein in Amerika bei den damen beliebtes bewegungsspiel. Ein dem fufsball ähnlicher ball wird dabei von der angreifenden schar nach einem an der wand der spielhalle befindlichen korbe geworfen, was die andere, verteidigende schar zu verhindern sucht.

bath, es fehlt: ein bad geben, in einem geschlossenen bad oder raum jemanden baden. To bath a baby. I saw the rhinoceros bathed in a tank.

bed out scheint auch "beete anlegen" zu heifsen. Bedding-out is during this month a subject for much careful consideration with gardeners. Most beautiful specimens of bedding-out are seen now in all our parks and in all good private gardens from early spring to late autumn, so well is the art of succession understood. (The Tatler, Supplement, April 25, 1906.)

belligerent, auch der einzelne kriegführende, kombattant, kämpfer.

better. Es fehlt 1. for the ∽, z. b. that would be a change for the better, eine änderung zum bessern, eine besserung. 2. slang: to go one better, es besser machen als alle anderen: die redensart stammt wohl vom cricketspiel.

bias, füge hinzu: beigeschmack, im bildlichen sinn. One of these (proposed street names) had a political bias, and happily it has not been adopted. (N. & Q. 10th S. IV. 361.)

biddable. Dazu schreibt mir professor J. M. Hart, von der Cornell University, Ithaca, der verfasser des jüngst erschienenen The Development of Standard English in Outline, folgendes: "Common American. See Bartlett and American Dialect Notes I, p. 69. Said of a person or animal that does promptly and cheerfully what one says. The word is conversational but not slang. One of my students (from Ohio) tells me the story of a man with three daughters: Nancy is nice, Biddy is biddable, Kitty is cute (cute = munter, aufgeweckt, nett, anziehend); but applied to small objects: A cute little girl, a cute hat, a cute kitten." Indem ich dem geschätzten fachgenossen hiermit für seine berichtigung, sowie die zu jerk up, bestens danke, bitte ich ihn, wie andere, mich weiter durch derartige wertvolle auskünfte zu erfreuen. biddable also = willig.

bioscope, das bioskop = cinematopraph. Es ist auch zeitwort. Unscrupulous exhibitors used to bioscope the most blood-curdling incidents.

biscuit-shooter, Am. slang = küchendragoner.

bit; unter den bei MS. genannten geldstücken fehlt sonderbarerweise das three penny bit. In Trinidad ist übrigens a bit = fivepence; in San Francisco 12¹/₂ cents.

blackhead, schwarzes pünktchen in der haut, mitesser.

blank; ∼ verse MS.: "meist zehn- oder fünfsilbiger vers"; es mufs natürlich heifsen: zehnsilbiger oder fünffüfsiger vers.

blench, to ∼ **at** nicht sehen wollen, übergehen. Other minor matters we blench at. (N. & Q. 10th S. V. 219.)

bound. to be out of bounds. Muret hat dazu: "aufser rand und band sein, von schülern". Es heifst aber zunächst und am häufigsten: sich unerlaubt über die grenzen des schulgebiets begeben. Sodann sieht man es als ankündigung auf fluren, z. b. in der manöverzeit, und bedeutet da: darf nicht betreten werden!

brain-fag, geistige überanstrengung, ist nicht selten.

break. Zu 18, "to break (a piece of) news, a secret to, jemand eine neuigkeit, ein geheimnis mitteilen". Es sollte erwähnt sein, dafs die nachricht unangenehm sein mufs.

burn oneself out, sein haus, seinen laden anstecken.

Bushman bezeichnet auch die sprache der südafrikanischen buschmänner. She is the only person in London who understands Bushman. Die angabe der aussprache ist bei MS. auch ungenau; man spricht das man ganz tonlos wie in gentleman.

butterfly. Es fehlt ∼ -net.

caliver, hakenbüchse. Das zeichen des "veraltet" würde ich streichen. Nicht das wort, sondern die sache ist veraltet; für den waffensammler ist die bezeichnung gar nicht zu umgehen.

Cape cart; es wurde mir gesagt, dies sei dasselbe wie rickshaw; ich habe aber keine weitere gewähr dafür.

carrying. trade. Streiche den punkt hinter carrying.

Carnatic. The ∼ fehlt.

case. Es fehlt to be in the ∼, im spiele sein, z. b. there is a lady in the ∼.

cattery ist wenigstens in Amerika nicht selten; denn ich finde es in anzeigen amerikanischer tierschutzzeitungen.

cerebro-spinal. Füge hinzu: ∼ ∼ meningitis genickstarre.

certificate; silver ∼ heifst in Nordamerika der papierdollar, weil für jeden dieser papiere ein silberner dollar als rückhalt in den staatsschatz gelegt wird, so dafs für sämtliches papiergeld deckung in edelmetall vorhanden ist.

chaplet. MS. gibt unter 1.: Kranz. Das ist ungenau, kranz schlechthin heifst wreath. chaplet bezeichnet den blumenkranz, der zum schmuck des hauptes dienen soll.

chip-carving, kerbschnitt.

chow-chow, chinesischer hund, von der gröfse eines affenpintschers mit langem behang und merkwürdigem gesicht, den man jetzt in England uud Deutschland sieht.

cinematograph, der kinematograph; dazu cinematographer, derjenige, welcher aufnahme für den k. macht.

clear of the ship, to be signed ∽ ∽, ein zeugnis erhalten, dafs der inhaber (matrose) rechtmäfsig den dienst des schiffes verläfst.

clog up, verstopfen, durch schmutz, z. b. machinery, pores.

close-mouthed, verschwiegen.

cockroach; es fehlt F. nach küchensch(w)abe.

commit; to be committed to, in etwas verwickelt sein, sich mit etwas abgeben, bei etwas beteiligt sein. Professor X. is committed up to the hilt to cancer research work, in which thousands upon thousands of animals have been slowly tortured to death. ‖ The Home Secretary said that he could not appoint on the Commission anyone deeply committed to the other side. (The Tribune Dec. 12, 1906.)

company, als zeitwort, with a p., mit jemandem zusammen sein, ist nicht ganz selten.

comparative. Füge hinzu: comparatively speaking, verhältnismäfsig.

contrary. by contraries, nach dem gegenteil. Dreams go ∽ ∽, bei träumen ist es so, dafs genau das gegenteil von dem, was man geträumt hat, eintrifft. Nach meiner erfahrung sprechen auch gebildete hier immer contrairies; darf ich Engländer und Amerikaner um auskunft über den ihnen bekannten sprachgebrauch bitten?

copy, short copy, sonderabzug eines aufsatzes; es fehlt auch unter short.

corner boy. Ist das im slang ein herumtreiber?

couch [5], braucht nicht schriftlich zu sein, z. b. Cromwell's address (rede) to his soldiers was couched in the usual fanatical terms.

crassness auch: rohheit, gefühllosigkeit. But when this is extended so far as to condone and even to extol ... senseless and brutal cruelty, stoicism degenerates into mere crassness. (Journal of Zoophily [amerikanisch], July 1905, p. 76.)

criminal. ∽ story, verbrechergeschichte. Es ist merkwürdig, dafs auch im deutsch-englischen teil weder "verbrechergeschichte" noch "kriminalgeschichte" zu finden ist.

critique. MS.: "Kant's Critique of the Pure Reason." the ist zu streichen.

cross, a woman, obsc. = to have sexual connexion with her; es fehlt auch to fuck, und das gemeine fucking, das so gebraucht wird wie bloody, z. b. it is ∽ hot.

cross saddle, herrensattel.

curve. He is on to your curves, Am. slang, = he understands your manœuvres. Das bild stammt aus dem baseball. Manche spieler (pitchers) geben dem ball, den sie werfen, eine gewisse drehung, welche die billardspieler effet, engl. effect, nennen; solche bälle zu schlagen, ist natürlich für den batsman schwer. A curve in baseball is the changed direction produced in a pitched ball's course because of its rotation about its axis. (N. & Q. 10th S. VI. 133.)

cut. 1. to cut up a slide to, to cut out a slide, das eis zu einer schlitterbahn glatt laufen. 2. Wer kann sich unter den zeichen FP, (27) und F sl. (29) etwas vorstellen?

cut. "Zu 3. fenc.: ∽ over point, bei dem die degenspitze über des gegners degen geht." Degen dienen in erster linie zum stechen, nicht hauen, wenn sie auch zugleich als hiebwaffe eingerichtet sein können, aber davon abgesehen, was ist das für ein wunderbarer hieb, über die feindliche spitze? Und warum wird statt der vielen üblichen hiebe nur dieser gegeben?

cut and cover heiſst im tiefbau das verfahren auszuschachten und dann von oben zuzubauen.

decanonize, einen heiligen seiner heiligkeit entkleiden, ihn aus dem heiligenverzeichnis streichen; vor diesem schicksal ist auch ein heiliger nicht sicher. I hear from Paris that he (St. Expeditus) is about to be decanonized. (N. & Q. 10th S. V. 10.)

decipherability, entzifferbarkeit; dazu indecipherability.

dent, delle in einem hut; auch zeitwort: your hat is dented, Ihr hut ist eingedrückt.

department-store, Am. warenhaus. Eine in England übliche bezeichnung für diese herrliche errungenschaft der neuzeit kenne ich nicht, woraus man wieder sieht, wie rückständig Old England ist. Ein land ohne Wertheim, Tietz und Jandorf!

dessert-stand, fruchtschale, tafelaufsatz.

destined, als attributives eigenschaftswort fehlt, z. b. our ∽ prison, = our future pr.

Dickensian von Dickens. A ∽ phrase, joke. Da das wort sehr häufigen gebrauchs ist, erübrigt es sich, beispiele anzuführen.

diphtheritic, = diphtheric und diphtheretic. Alle diese formen habe ich im Zoophilist and Animals' Defender gefunden.

dirigible, fehlt: lenkbar, z. b. a ∽ balloon.

disappear. Es könnte hinzugefügt werden: he ∽ed into the street, er verschwand in die straſse.

divorce; es ist auch transitiv in der bedeutung: sich scheiden lassen, von: She .. was married to Henry Holland, Duke of Exeter, whom apparently she divorced in 1472. (N. & Q. 10th S. VII. 149.)

downwind (of), unter dem winde, so dafs der wind vom wild, oder beobachteten einem zuweht. When you are trying to get near your buck you must keep down-wind of him. (Baden-Powell, Aids to Scouting, p. 37.)

drag-cart, schleife, wagen ohne räder, wie er in Wales zur beförderung schwerer lasten in den bergen benutzt wird, auf wälsch heiſst er car Clusg. Eine beschreibung findet sich in der Penny Cyclopædia.

draughtsmanship, zeichenfertigkeit.

dress-vest, Am., wohl was wir smoking nennen; in England nennt man das kleidungsstück dress-jacket.

drop. Es fehlt to ∽ into the rear, in den hintergrund treten.

dully (Adv.), als aussprache ist angegeben dŏ'l-e statt dŏ'l-lı.

dump. Wie so viele sogenannte amerikanische wörter, ist dieses nur ein mundartliches gutes englisches wort, das im 17. jahrhundert in die neue welt hinübergenommen und im gebrauch allgemein wurde. In den N. & Q. 10th S. V. 175 schreibt Mr. Thomas Ratcliffe, Worksop: "This is an old

term used in connexion with setting or putting things down in a noisy
or bustling manner, and the dialect usage of the word I have known
from the time when I was a boy in Derbyshire. A man bringing a load
of any kind into a house would be told to dump it down i' yon newk"
(corner), or in the case of a parcel to "dump 'er on th' table"; and if it
was done with force and noise it would call forth the remark, "No need
ter dump it that way!" Any one engaged in filling a sack with a
compressible article would be told "to dump it well down". It was
necessary too in making dough to dump it well in the kneading; and
clothes put to soak prior to the wash were well dumped down in the
"seg pot".

edge. "To set a p.'s teeth on edge, jemandes zähne durch säuren stumpf
machen." Als ich die redensart in diesem sinn gebrauchte, bin ich
zweimal von verschiedenen personen berichtigt worden, die beide be-
haupteten, sie heifse: es macht mich nervös.

edit, einem aufsatz, einer schrift die form geben, in welcher sie erscheinen
soll, im besondern spöttisch oder verächtlich von der zustutzung, ja
fälschung, gesagt, mittels welcher das publikum getäuscht werden soll:
einen artikel, ein buch "frisieren" (Siehe Bradley, The Making of
English, p. 146.)

egg. "III. v/n. 7, vogeleier suchen." Streiche das zeichen des "selten".
Another method of extermination is egging; this is quite as fatal as
killing the birds. (Journal of Zoophily, Sept. 1905, p. 99.)

electrocide = electrocute.

Eothen, werk von W. Kinglake, = ἠῶϑεν, from the early dawn = from
the East.

epaulet(te) MS.: "Epaulett, achselschnur, achseltroddel". Die beiden letzteren ansätze sind ganz falsch.

epidemicity heifst auch das epidemische auftreten von krankheiten.
This is a further proof of the waves of epidemicity. (The Abolitionist,
Dec. 15, 1906, p. 82.)

estreat, heifst auch: eine bürgschaft einziehen, weil der angeklagte nicht
erschienen ist. As neither of the defendants appeared when "called out",
their recognisances were, on the motion of Mr. Burke, H. M.'s Solicitor-
General, ordered to be estreated. (N. & Q. 10th S. V. 105.)

exposure. Es fehlt: entblöfsung (von körperteilen); ebenso to expose
oneself, sich unanständig entblöfsen. Almost as soon as the train
loft the station the prisoner exposed himself. — He denied that there
had been any indecent exposure but that he had only adjusted his
trousers, which were not as they should be.

eye. I see eye to eye with him on that subject, ich denke darüber wie er.

fall. Es fehlt to ∼ to work, sich an die arbeit machen.

favour. "MS. 16. selten oder F. gleichen, ähneln, ähnlich sehen". Selten
und zugleich der umgangssprache angehörig ist ein bei MS. leider nicht
vereinzelter widerspruch. Streiche ersteres. Far from being the ideal
and picturesque cavalier of that potent wizard Antonio van Dyck, Charles
favoured his father, the sandy and slobbering James as much as Charles II.
favoured his mother. (The Gentleman's Magazine, Oct. 1906.

feed up, im slang, bildlich = einen mit etwas überfüttern. Modern readers are fed up with stories of sickly romance.

felly, umstandswort, die umschrift müfste sein fĕl-li statt fĕl-e.

fence, hehler, ist in Amerika noch gebräuchlich; es ist also das zeichen für "alt, gestorben", zu tilgen.

find. MS. "9· F. to find oneself: a) sich befinden (gesundheit)"; erstens sehe ich nicht ein, was das F. soll, zweitens müfste es heifsen statt "gesundheit" "krankheit"; da es nur von kranken gebraucht wird.

fire. Es fehlt to fire out a revolver, einen revolver so lange abfeuern, bis keine patronen mehr darin sind.

flagon, bei MS. übersetzt: Fläschchen, was ganz falsch ist; es ist eine schenkkanne; offenbar liegt eine verwechslung mit der bedeutung des frz. flacon vor.

flapper, backfisch, junges mädchen, das seine haare noch offen trägt.

floor-walker, streiche "weifswaren etc."

flop hat, a broadbrimmed lady's hat, soft so that it can be bent any way. (Private mitteilung.)

flue = influenza, soll "selten" sein. Das ist unsinn; es hätte angegeben werden sollen: F.

fluff up, den schwanz blähen, dick machen, von der katze.

flush. Füge hinzu: flushed, kühn gemacht, aufgeregt, z. b. flushed with victory.

folding-glass wind shield, zusammenlegbarer gläserner windschirm am automobil.

fool. Es fehlt ∽'s orchis (orchis moris).

for all it is (was etc.) worth, slang phrase = as much as possible. He has made use of that 'motif' for all it was worth, er hat das motiv ausgeschlachtet, zu tode gehetzt. — The band was braying for all it was worth, die kapelle tutete aus leibeskräften.

forestop, = to forestall, zuvorkommen, vorwegnehmen. At the end of the seventeenth century there was a strong tendency to bring in these words in crowds; and many did come in. But, finding their places were already supplied and their opportunities for doing work forestopped, they departed and have not been heard of since. (Meiklejohn, The Art of Writing English, p. 125.)

fork. MS.: "6. 10. Beine des menschen." Das ist nicht genau. fork bezeichnet die gabelung der beiden beine. A lady drops her knife and a gentleman stoops to pick it up. "What are you looking for?" another gentleman asks him. "I was feeling for Miss N.'s knife." "Oh, I thought, you were feeling for her fork."

forte, MS.: "unterer starker teil der säbelklinge, womit pariert wird." Streiche "unterer" und "säbel".

fortune. Es fehlt ∽s in he improved his fortunes by marrying a rich heiress; he shared my fortunes.

free, MS.: "to be made free of a city", das bürgerrecht erworben haben in"; sage: "erwerben". Für made findet sich auch sworn.

front. To be taken to the front, Am. verklagt werden. Bell, seeing the condition the horse was in, refused the employees of the company to allow them to move it until the ambulance came. He was threatened with being taken to the front, but this had no effect on him. (The Journal of Zoophily, Philadelphia, Pa., July 1905, p. 75.)

fumble-footed, wackelig auf den füfsen, von einem pferde gesagt; ich kenne es nur aus: Black Beauty, by Anna Sewell, p. 162.

Gaeldom, das ganz gälische gebiet. They (the words) illustrate a tendency, which is common to all Gaeldom, to substitute *r* for *t*. (N. & Q. 10th S. IV. 346.)

gaming, gambling als hauptwörter fehlen.

get into a woman, gemein für to have connexion with her.

grouse, red ⌣ füge hinzu: schottisches moorhuhn, Lagopus scoticus, auch moor fowl, moor game genannt. Wenn der Engländer grouse schlechthin sagt, so denkt er wohl ausnahmslos an diese art.

grouse, der soldatensprache angehöriges zeitwort = to grumble, murren, nörgeln. Harold was a cranky sort of beggar, always grousing about the natives and about his surroundings in a fashion that got upon my nerves. (Cornhill Magazine, Sept. 1905, p. 341.)

gun-fire; MS.: "Zeit des morgen- und abendschusses." Auch der schufs selbst. The fragrant, dewy grove We'll wander through, till gun-fire bids us part. (Kipling, 'Greater Britain'.) Auch morning gun, evening gun.

gun-layer, (kriegsschiff) = richtkanonier; gun-laying, schiefsfertigkeit mit dem geschütz.

happening, vorkommnis gilt, in England wenigstens, als vulgarism.

hardship, 2. "bedrückung". Das ist veraltet. Das N. E. D. hat das letzte beispiel von 1780.

hardware, auch steingutware. Siehe Memoirs of Sherlock Holmes, vol. I, pp. 123 und 129. Dort wird ein clerk für hardware verpflichtet, nachher heifst es: You will eventually manage the great depôt in Paris, which will pour a flood of English crockery into the shops of one hundred and thirty-four agents in France.

Haverhill. Ein Engländer, der ein jahr auf der schule zu H. war, sagte mir, dafs er nie eine andere aussprache des namens gehört habe als hē'-wŏ-ʀil.

haymow, MS.: "das in der scheune aufgestapelte heu". Das ist zu eng. Sage: heuschober.

heap. Es fehlt: to think heaps of a p., F., grofse stücke auf jemanden halten.

heart-searching ist auch hauptwort = bedenken, gewissensbifs. Billery had many and bitter heart-searchings on this question.

heavy-eyed, trübäugig, mit glanzlosen augen.

hereafter, MS.: "5. zukünftiger zustand, zukunft." Das ist nicht genau genug; es mufs heifsen: zukünftiger zustand im jenseits, das jenseits. Have animals a hereafter?

highstepper, MS.: "2. Person von auffallendem gang oder benehmen." Das erweckt einen falschen begriff. Ich habe es im bildl. sinn nur mit beziehung auf frauen gehört, die grofsartig aufzutreten lieben.

hold up heifst nicht blofs im westen Amerikas und von räubern aufhalten, wie M. angibt, sondern ganz allgemein. Salvationists tried hard to hold the General (nämlich Booth) up as far out as Chadwell Heath, but the general though fatherly was inexorable and the car ploughed on like a stout barque in a seething sea. (Daily Chronicle, Sept. 11, 1905.)

hollow way, h o h l w e g.

homestead: Füge hinzu: h o f s t e l l e; so nennt man in Schleswig-Holstein ein bäuerliches gut.

hooter, die h u p p e des autocar driver, auch horn genannt.

horse-master. Dazu horse-mastership, jemand, der gut mit pferden umzugehen weiſs. The remarkable performances of the mounted troops would have been attended by less waste had the men been better horse-masters. (Report of this Majesty's Commissioners. War in South Africa, p. 45.)

house-to-house wird auch als eigenschaftswort verwendet; to arrange for an official house-to-house census.

hundred. Eine wunderliche angabe ist: "a hundred etwa hundert, desgleichen: a hundred times, hundreds of times (viel) hundert male"; diese übersetzung trifft nur auf letzteren ausdruck zu.

impose upon, heiſst auch: z u v i e l z u m u t e n. I am aware that I am imposing upon the good-nature of busy men.

in. Es fehlt: in English, auf Englisch. Es fehlt ferner die verwendung von i n als umstandswort in redensarten wie we are in for a wetting.

incline, zeitwort. Unter den angegebenen bedeutungen fehlt "h i n z i e h e n z u". The nature of the work (the Essays), and of Bacon's mind, inclined him to those Latin authors who studied brevity. (Stephen Gwynn, The Masters of English Literature, p. 84).

inset, z e i l e n e i n r ü c k e n, beim satz. The division of the original into paragraphs by in-setting certain lines has not been preserved. (Engl. Stud., band 35, heft 2, s. 30.)

interregimental, ein zwischen mehreren regimentern gespieltes spiel; ebenso als eigenschaftswort, was sich auf ein solches spiel bezieht: an ~ tournament.

instant ist in der bed. "inständig" als veraltet bezeichnet; im deutsch-engl. teile aber wird es unter "inständig" ohne jeden vermerk gegeben.

introspective, auch t i e f e i n d r i n g e n d. Holmes looked me over with his introspective eyes.

invite, als hauptwort, wird in Amerika mit dem ton auf der ersten silbe gesprochen (ob ausschlieſslich, weiſs ich nicht.)

jerk up. Professor Hart sagt dazu: "schlecht behandeln". No! Rather schroff behandeln, packen, plötzlich zum stillstehen bringen, e. g. to jerk up a horse, to jerk up a man before the magistrate, beim kragen packen und vor's gericht schleppen. Jerk up = pull up, rein up suddenly." Sodann habe ich es noch in folgender besonderer anwendung gehört: He was not brought up, he was only jerked up, er wurde nicht ordentlich erzogen; seine erziehung war höchst mangelhaft.

lashing fehlt p e i t s c h e n h i e b a r t i g: the terrible lashing return-stroke of the cobra. (R. Kipling.)

lay. I tried here, and I tried there, but there were lots of other chaps on the s a m e l a y as myself. (Memoirs of Sherlock Holmes, vol. I, p. 118, T. Ed.) slang = on the same game.

leak, "MS.: veraltet oder P. sein wasser abschlagen." Dieser ansatz ist mir unverständlich. Ein wort kann doch nicht gebräuchlich und ungebräuchlich zu gleicher zeit sein. Tatsächlich ist es nach heute so üblich wie "seichen". Mary Lloyd, die Londoner tingeltangelsängerin sang vor jahren ein lied, worin der vers vorkam: she sits among the cabbages and peas. Als das von der polizei verboten wurde, sang sie: She sits among the cabbages and leaks.

legalised, füge hinzu: vom gesetze gut geheifsen. From the bottom of my heart I abhor cruelty, whether legalised or no. (The Animals' Guardian, Nov. 15th, 1905.)

leg. MS.: "We gave him a leg up, wir helfen ihm aus der patsche." Kann es das heifsen? Ich kenne nur: wir helfen ihm in seinem vorwärtskommen = we gave him a lift. — Ferner: "he has not a leg to stand upon, er hat keinen grund zur entschuldigung." Gemeint ist: er hat keinen grund als entschuldigung, hat nichts als entschuldigung vorzubringen. Sodann fehlt: er hat keinen grund, keine stütze für seine behauptung.

lesson, it taught me a lesson, das war mir eine lehre. Auch unter teach ist dies nicht zu finden.

lie, als hauptwort, das aussehen eines landes. What is the general lie of the land? — Try and get an idea of the lie of the country.

linotype. Die aussprache ist mangelhaft angegeben.

listen. Es fehlt to ∿ for, aushorchen nach, horchen, dafs man etwas höre.

literal (fault) druckfehler, würde ich nicht als selten bezeichnen.

lose. I shall lose no time in reading your book, 1. ich werde keine zeit damit verlieren ..., 2. ich werde mich beeilen, ..

machinist heifst jetzt auch der so sinnlos chauffeur benannte führer eines kraftfahrers; ebenso motor engineer, driver.

many-centuried, vieljahrhundertjährig. The vivisector is cruel, like the average sportsman, without his excuse of many-centuried custom. (Journal of Zoophily, Philadelphia, Pa., July, 1905, p. 83.)

margarine. Bei MS. ist das g als gutturallaut angegeben; ob es überhaupt so gesprochen wird, weifs ich nicht; die übliche aussprache ist jedenfalls die mit palatallaut; es sollte also margerine geschrieben werden. (Siehe N. & Q. 10th. S. VI. 191.)

margin, the upper ∿, der obere rand eines buches, the lower ∿, der untere rand, the inner, oder back ∿, der innere rand.

mark. Fehlt: mark him! (said to a dog) pafs auf ihn auf!

marle = marble, fehlt. Siehe Milton, P. L., I, 296.

Martial law, MS. "a) Kriegs-militärgesetz." Das ist falsch; m. l. ist nur das standrecht; Martial Law comprises all persons, whether civil or military. — M. L. is not a written law; it arises on a necessity to be judged of by the executive, and ceases the instant it can possibly be allowed to cease. (Torey, Martial Law, p. 68.)

masterly, herrisch, gebieterisch; das zeichen für selten ist zu streichen. His great powers, his masterly manner, and the experience which I had had of his many extraordinary qualities, made me diffident and backward in crossing him. (Conan Doyle, The Sign of Four, T. E. p. 8.)

Melton, MS. "nach dem ersten fabrikanten". Einen solchen hat es nie gegeben, so wenig wie den berühmten general Staff, trotz der angaben in vielen wörterbüchern. Meltons heifsen heute stoffe, aber das ist erst eine übertragung. Melton Mowbray war früher ein vornehmer jagdort; danach wurden elegante kleidungsstücke, besonders sportlicher art, benannt. So spricht Lord Byron von einem Melton jacket (Don Juan, XIII, st. 78). So auch heifst ein bruchband für reiter a Melton pad.

mesh, to go into ∿, ineinandergreifen. The gears go easily into mesh, die getriebe greifen gut in einander.

micado. Fehlt.

missfire, auch ein schufs, der nicht trifft, nicht blofs ein versager.

morphine. Auch morphin, besonders in Amerika.

motion-bench, (maschinenfabrik), feilbank.

mounting, the m. of a helmet, der helmbeschlag.

move. Slang: to put on a move, eine sehr schnelle gangart annehmen. As the man in the motor-car passed he saw a flash, for to his surprise, one of the men fired point-blank at him with a revolver. Fortunately the shot went wide, and he at once put on a move, and got down into Blythburgh village. (The Invasion of 1900, by William Le Queux.)

mudplumper, spitzname für die einwohner der fen counties, d. h. von Cambridgeshire, Huntingdonshire, Lincolnshire.

nap, druckfehler, lies: auf der tat ertappen. Aufserdem da M. after-dinner schreibt, was das gewöhnliche ist, darf es nicht hier afterdinner's nap geschrieben werden. To be caught napping auch: hineingelegt werden, = to be imposed upon. It is very seldom that English stamp-dealers can be caught napping like this.

nit, Am. slang = I don't believe it.

non-skid band, gummireifen mit aufsätzen, die das schleudern und weitergleiten verhindern.

orange-tip, fehlt der deutsche und der lateinische name des schmetterlings.

orgie, als einzahl fehlt; es steht in MS. nur das ungebräuchliche orgy.

overside. "Five hundred a year!" I cried. "Only that at the beginning, but you are to have an over-siding commission of 1 per cent, on all business done by your agents, and you may take my word for it that this will come to more than your salary. (Memoirs of Sherlock Holmes, vol. I, p. 123.)

own, im slang ist on one's own = of one's own accord. They have acted entirely on their own.

pamper. Unter 2 ist auch die bed. verzärteln gegeben; kann es die je haben?

Pan-German, Alldeutscher; dazu Pan-Germanic, alldeutsch.

pan out = to turn out ist entschieden slang; die redensart stammt aus der goldgräbersprache. — We will see how it pans out. — It did not pan (out) well, die sache hatte keinen rechten erfolg, es kam nicht viel dabei heraus, die angelegenheit hat nicht gut abgeschnitten.

pea (oder pee), Pipi machen.

peeker, P. = penis.

Pegu fehlt wunderlicherweise, obwohl das eigenschaftswort Peguan gegeben ist.

pennant, auch das fähnlein einer lanze.

periwinkle. 2. Dort heifst der lat. name Littorina littorea, unter pinpatch,
welches ein wunderlicher name für dasselbe schalentier ist, Litorina litorea.

permanent duty? John the elder was a volunteer officer, and died on ∽ ∽,
26 June, 1805, aged fifty-one. (N. & Q. 10th S. IV. 441.)

piece. MS.: "Stück, stoff, zeug von bestimmter länge." Die gewöhnliche
länge ist 50 yards (nominal) length. Es gibt auch double pieces, gewöhnlich 104 yards lang. Solche stücke werden auf dem Piece-Goods
Market gehandelt, z. b. in Bradford. — F. and so through the piece, und
so durch die bank.

pittite ist nicht selten, sondern nur slang.

plague-stricken. Fehlt.

pledge. He gave pledge of his sincerity, er gab den beweis seiner
aufrichtigkeit.

plume; es fehlt die bedeutung: federbusch des helmes oder einer anderen
militärischen kopfbedeckung.

pomander 2. Von einer parfümschachtel kann wohl keine rede sein;
pomanders waren metallene, meist goldene oder silberne büchsen, z. b. in
filigranarbeit. Wie lange hätte eine schachtel, die am leibe, oft an einer
kette getragen wurde, wohl vorhalten und woraus hätte sie bestehen
sollen?

preface, zeitwort; füge hinzu: einleitend vorhergehen; an examination of the composition of the three armies must necessarily preface an
account of the work which they were called upon to perform. (Hors-
burgh, Waterloo.)

prejudge, benachteiligen. In MS. wird diese bed. als alt angegeben,
ich finde aber in der Tribune, Febr. 27, 1907: Mrs. Stacy frequently
interrupted, and exlaimed, "There has been bribery in this case!" The
Judge said she was only prejudging her case by such interruptions.

pro; es fehlt ganz in MS. Die vorsilbe, die in zahlreiche bildungen eingeht,
wie pro-Boer, pro-German, burenfreundlich, deutschfreundlich.

protect. Fehlt ∽ed cruiser, gedeckter kreuzer.

provision. Es fehlt: 1. "Beschaffung", z. b. ∽ has to be made of a
suitable type of gun for the different services. — 2. Leibrente. The
baronet left his secretary a provision for life.

pull. Fehlt Ruderschlag, z. b. a long pull, strong pull and a pull all
together.

quality. Dafs die bed. "die vornehmen" niedrig sein soll, wie M. will, will
mir nicht in den kopf; es ist scherzhaft.

quandang, auch quandong (siehe True Eyes, by Randolph Bedford, 1903,
p. 295).

rag. Als erläuterung kann folgende mitteilung der T. R. dienen: Zum
vierten male innerhalb sechs tagen haben am donnerstag abend die
studenten der universität Cambridge, diesmal zur feier des besuchs der

neuseeländischen fufsball-spieler eine rüpelei in szene gesetzt, die einen
vollständigen landfriedensbuch bildete. Sie waren einen ganzen abend
hindurch herren der stadt und spielten den schutzleuten und pedellen
gar übel mit. Eine derartige ruhestörung, wie sie dieser tage in Cambridge vorkam, wird dort rag (lumpen) genannt und in Cambridge wurde
donnerstag tüchtig gelumpt. Am donnerstag waren die fufsballspieler
aus Neuseeland, die über ein dutzend englische klubs in allen teilen des
mutterlandes aus dem feld geschlagen hatten, auch in Cambridge gewesen und hatten es nicht ganz so leicht gehabt, den aus studenten zu-
sammengesetzten klub zu besiegen. Das versetzte die studierende jugend
in eine gehobene stimmung. Am donnerstag war auch der geburtstag
königs Eduard. Scharen von studenten, durch zuzügler aus dem besseren
und dem geringeren pöbel verstärkt, zogen auf die öffentlichen plätze
und veranstalteten dort freudenfeuer, wozu sie den brennstoff aus privat-
häusern mit gewalt wegnahmen. Nichts war der bande heilig, garten-
zäune, haustüren, hundeställe, geschäftsschilder, sogar querschwellen
wurden herbeigeschleppt und auf die lodernden scheiterhaufen geworfen.
Zwar suchten die bürger ihr eigentum vor der zerstörung zu verteidigen;
aber das nützte nichts. Selbst frauen, die ihr eigentum verteidigen
wollten, wurden nicht geschont. Eine dame, deren garten verwüstet
wurde, überschüttete die angreifer mit wasser, doch zogen die studenten
mit den gartenstühlen und der umzäunung ab. Die einzäunung um die
schule wurde ebenfalls abgerissen und weggeschleppt. Gegen 11 uhr
erhielt die polizei verstärkung, und es gelang ihr nun schliefslich, auf
den plätzen die ordnung wieder herzustellen. In den strafsen jedoch
dauerte das treiben bis nach mitternacht. Infolge dieser vorgänge wurde
gegen eine anzahl studenten und andere teilnehmer klage erhoben. Einer
von ihnen wurde zu zwei pfund sterling geldstrafe wegen gebrauchs ge-
meiner redensarten verurteilt und zu weiten fünf pfund sterling wegen
tätlichkeiten gegen schutzleute. Die gegen andere teilnehmer verhängten
strafen waren ähnlich leicht. Die als zeugen vernommenen schutzleute
erschienen vor gericht in bösem zustande. Sie sahen ganz zerschlagen
aus. Der bürgermeister erklärte, die studenten hätten sich schändlich
benommen. Einige der hauptrohlinge wurden auch für den rest des se-
mesters von der universität verwiesen. Der gesamtschaden, den sie an-
richteten, beläuft sich auf über mehrere hundert pfund.

rain. Es fehlt to rain blows on a person's head, h i e b e a u f j e m a n d e s
　　k o p f h a g e l n l a s s e n.

redemption, auch a u s b e s s e r u n g. Also much redemption work has been
　　done on our one great Norman fragment, St. Bartholomew's. (N. & Q.
　　10th S. V. 2.)

residential, fehlt: h e r r s c h a f t l i c h. A ～ flat ～, wohnung; a ～ quarter,
　　wohnviertel.

restrictionist; es fehlt die bedeutung: anhänger der blofsen beschränkung
　　der tierfolter, im gegensatz zum abolitionist, der ihre völlige unter-
　　drückung fordert.

tide; to ride for a fall, auf ein hindernis losreiten, von dem man sicher ist,
　　dafs man es nicht nehmen wird; im politischen leben auch: sich nicht

viel daraus machen, dafs man eine stellung, z. b. einen ministerposten, aufgeben mufs, und demgemäfs handeln.

roaring, the ∽ forties, lies "südlicher" statt "nördlicher'.

roosterish, F. Amerik. = cocky, frech, anmafslich. He stands vast and conspicuous, and conceited and self-satisfied, and roosterish and inconsequential, at Lueger's elbow, and is proud and cocky to be in such great company. (Mark Twain, The Man that corrupted Hadleyburg, T. E. p. 166.)

rough-and-tumble, überhaupt: rauh. The ∽ ∽ work in Afghanistan, coming on top of a natural Bohemianism of disposition, has made me rather more lax than befits a medical man. (The Mem. of Sh. Holmes, vol. I, p. 118.)

round. You must try round and get on a fresh scent, Sie müssen rings herum versuchen, und eine frische fährte aufsuchen. Wenn die spur des fuchses verloren gegangen ist, so mufs man die hunde im kreise herumführen, um sie wieder auf die spur zu bringen. (The Memoirs of Sherlock Holmes, vol. I, p. 264.)

roundtopped window, oben abgerundetes fenster.

ruin; es fehlt das eigenschaftswort ruined, in ruinen liegend, z. b. a ∽ abbey.

sake. Unter diesem wort hat Muret for the peace sake; der artikel ist falsch.

sandboy; die redensart as jolly (merry) as a sandboy ist nicht selten.

sanitation; es fehlt die wichtigste und üblichste bedeutung: die sanierung, hebung des gesundheitszustandes und der gesundheitlichen verhältnisses eines hauses oder ortes = improving its sanitary conditions.

set-down! "to give a p. a ∽, einen heruntermachen, einem einen derben verweis geben"; so MS. Ersteres würde ich ganz streichen; beim zweiten ist jedenfalls "derb" zu streichen, da man sagen kann: it is quite meritorious to give such presumptuous men a gentle set-down.

scrip, auch die metallene marke, welche dem arbeiter beim eintritt in die fabrik am fenster des Time Office heraus gereicht wird, wodurch sein pünktliches erscheinen festgestellt wird. A small plate of brass, with a certain number (say 115) stamped upon it, is given to you out of a window of the Time Office, as you pass in to work, and on leaving the works at meal time you return your scrip at the same window, and in this way your attendance is recorded. (How to become a Locomotive Engineer, p. 20.)

set-out. F. Festlichkeit. It was a set-out = a nice mess, es war eine schöne bescherung; es ging herrlich zu, war das ein kuddel-muddel!

shank. MS.: "1· anatom. schenkel, unterschenkel." In diesem sinn ist das wort veraltet.

share. Es fehlt I share this opinion, ich teile diese meinung.

shelve up, von felsen, an die oberfläche treten. Bed-rock shelved up to the surface at many points. (Humours of Cycling, by Jerome Jerome, p. 78.)

shot, a long shot, eine kühne, gewagte vermutung. My final shot was, I confess, a very long one . . . . . I asked a question which, rather

to my surprise, showed me that my ·surmise was correct. (Memoirs of
Sherlock Holmes. T. S. A. vol. I, p. 62.)

shroud. Foremost shrouds. Soll wohl heifsen foremast shrouds.

sidetrack, heifst im bildlichen sinne auch beiseite schieben. We do
not like to dwell upon these abhorrent facts. We sidetrack them. (Journal
of Zoophily, Philadelphia, Oct. 1906, p. 111.)

signaller, im heere: winker; so heifsen die soldaten, welche mit flaggen
zeichen zu geben gelernt haben.

silence; es fehlt geräuschlosigkeit; ebenso bei silent geräuschlos.

sjambok, Nilpferdpeitsche. In M. ist als aussprache angegeben der halb-
vokal jot hinter dem sch-laut, in Webster mit shambok und in Südafrika wird nach Jas. Platt Jun. die zweite silbe betont. (Notes and
Queries 10th S. IV. 204.) Nach den übereinstimmenden angaben mehrerer
herren, die in Südafrika gelebt haben, ist die allgemein übliche aussprache shambok oder shambuck mit schwebender betonung, während die
Holländer und Kaffern sambok sprechen. N. and Q. 10th S. IV 512.
Ein deutscher offizier, der ebendort gedient hat, sprach es mir gegenüber
ebenso aus.

sit a horse, auch ein pferd reiten: So if you know that you are not going
to lose your way, that you have a good horse under you, that you can
sit him over the country ... you get all the confidence that gives you
pluck and self-reliance to go anywhere. (Baden-Powell, Aids to Scouting,
p. 20.)

skid, schleudern, von motorwagen.

slaughter, waren zu schleuderpreisen auf den markt werfen,
um die mitbewerber zu erdrücken. Beim hauptwort ist in MS. richtig
angegeben: "Verkauf zu schleuderpreisen." Man sagt dafür auch to
dump goods.

smelly, MS.: "(schlecht) riechend, stinkend." Besser wäre: verdächtig
riechend, z. b. von einem ei.

smirk, füge hinzu: süfslich lächeln.

snap-vote, heifst in erster linie eine überrumpelung durch abstimmung.
Neither the Secretary nor any of the Council have received any notice
that this resolution was going to be moved but I know that private
letters have gone out to clergymen all over London asking them to come
here and so get what is called a snap vote in favour of Mr. Coleridge.
(The Zoophilist and Animals' Defender, Jan. 1, 1906.) Man nennt die
vorbereitung dazu canvassing, bearbeiten durch besuche, touting for con-
stituents, adherents, und to pack a meeting, eine geneigte versammlung
künstlich zusammenbringen.

snippet, schnitzel, stückchen, bischen. Das zeichen des "selten"
ist zu streichen.

so. Es fehlt so as to, z. b, he screamed so as to frighten the girls.

sombrero, die aussprache ist ungenügend angegeben.

sorts, wird in der bed. rotte, bande, als veraltet oder provinziell angegeben; das ist aber nicht zutreffend; noch heute sagt man im slang:
They are an army of sorts, ihr heer ist eine rasselbande.

souse, fehlt: etwas oder jemanden plötzlich ins wasser werfen, so dafs es
(er) gänzlich nafs wird.

spirit-case, schnapsbatterie in einem behälter.

spoor. Das zeichen für "selten" beim zeitwort mufs verschwinden; es ist
jetzt genau so üblich wie to track. Baden-Powell in seinen Aids to
Scouting gebraucht es fortwährend; seite 51 sagt er: Tracking means
following up footmarks. It is called "spooring" in South Africa. Auch
sollte es bei MS. "die spur eines lebenden wesens" (statt "wild") heifsen:
We had lost the enemy's spoor altogether.

square deal (weder unter square noch deal zu finden) F. amerikanisch =
fair play, ehrliches verfahren. Everything that offends the doctrine
of the "square deal", which we take to be the democratic doctrine of
equal opportunity, finds in Mr. Rooseveldt an untiring foe. (The Morning
Post, Nov. 3, 1905, p. 6.)

stand. From that moment I stood to win the game, von dem augenblick
an hatte ich aussicht, das spiel zu gewinnen. (Humours of Cycling, p. 82.)
Dies ist wohl eine verkürzung von I stood fair etc. To stand fair ist
bei M. angegeben, aber ohne konstruktion.

state; it states wie it says = es lautet: I intend to have fair play done
here, especially as it stated on the agenda that discussion should be
allowed.

state-aided, staatlich unterstützt; ∾ emigration.

staggers (a disease of horses). Fehlt.

stay. To come to stay, kommen, um nicht mehr zu gehen. Es
klingt heute noch nach slang.

stay-plate, an der lokomotive. Was ist es?

steer, MS.: "junger (Am. besonders verschnittener) stier; junger (Am.
schnitt-) ochs." Was ist der unterschied zwischen einem ochsen und
einem schnittochsen?

stick, MS.: "to ∾ to what one found, behalten, was man gefunden hat."
Es mufs heifsen: has found. Auch hier findet sich wieder das unverständliche FP.

stick-at-it-ness, F, sitzefleisch, ausdauer.

straight, in San Francisco = each. "Give me a few cigars for about
15 cents." — "Straight?"

stuff; the ∾ trade, der handel in damenstoffen; ladies' dress fabrics,
as distinguished from coatings, trouserings, &c. (N. & Q. 10th S. IV. 413.)

subcellar. Was ist das? When the site was being cleared, numerous
cellars and subcellars were the subject of notice in the newspapers.
(N. and Q. 10th S. V. 307.)

suburbanite. Ich würde das zeichen des "selten" streichen; es ist eine ge-
bräuchliche scherzhafte bildung.

suffragette (βα-frɔ-ʒet'), frauenstimmrechtlerin. Ich kenne diese
scherzhafte bildung seit sommer 1906.

sun-power, the size of a star in relation to the sun, which is taken as the
unit. Thus Arcturus has a sun-power of 1,989, and Rigel of 9,216.

sustentation, auch erneuerung, ausbesserung, instandhaltung
von gebäuden. And here must have mention the constant sustentation

work at the [Westminster] Abbey, especially the facial restoration of the north transept. (N. & Q. 10th S. V. 2.)

swear. 1. To be sworn free of a town, das bürgerrecht einer stadt erwerben. 2. The old man's estate was sworn at something over half a million, das vermögen des alten mannes betrug, nach eidlicher versicherung des erben vor dem erbschaftsgericht, über eine halbe million.

swell. Es fehlt "die luft mit tönen erfüllen, wie in: The village church swells the breeze with merry peals. (Rogers, A Wish.)

table-center, tischdeckchen, das man in der mitte des tisches auflegt.

tag, fehlt: anhängsel, henkel, stropp an einem kleidungsstück.

take off, MS. hat unter 15: ⌁ a p., einen verspotten; es sollte heifsen: a p. or a th.: Punch likes to take off Society and its functions.

taste, fehlt geschmacksrichtung (auch tastes), z. b. he is a man of cultivated taste(s).

tea. scaled tea, druckfehler für sealed tea.

telegraphese, scherzhaft wie journalese, telegrafenstil.

ten-pointer, zehnender.

terrain, das "selten" ist unbedingt zu streichen, da es in jedem militärischen buch das übliche wort für unser jetziges "gelände" ist: the singularly open terrain in the Orange River Colony. (Tactics of To-day, by Major Callwell, Blackwood and Co., 1901, p. 3.)

textile machinist, fabrikant von webemaschinen.

thou. Es konnte die angabe hinzugefügt werden, dafs es, statt you gebraucht, verachtung ausdrückte.

threefield, the ⌁ system, die dreifelderwirtschaft.

ticket-clerk und ticket-collector werden beide mit billettabnehmer übersetzt; das ist ein böser fehler; der ansatz pafst natürlich nur auf das zweite englische wort.

ticky, in Südafrika a threepenny price, threepence.

tie? As to the alleged origin, it may be remarked that the ceremonial is little tie to regimental officers, only one or two subalterns having to be found daily for guards in an English garrison. (N. & Q. 10th S. VI. 117.)

toast. I have (got) them on toast heifst in slang: sie sind mir in die falle gegangen, oder sie haben sich eine blöfse gegeben, sodafs sie in meiner hand sind. Was MS. sagt, scheint mir unbegründet.

toddy. 2. MS. "mischung aus heifsem wasser, arak, zucker und muskatnufs." Das mag sein; gewöhnlich ist aber das, was man in England und Schottland so nennt, eine mischung aus whisky, hot water and sugar; also was wir Whisky-Grog nennen würden. In Irland heifst das gemisch punch. punch ist sonst a concoction made of rum.

tonneau? the ⌁ of a motor car.

tow, ist auch intransitiv: with a boat towing astern.

tow-car, anhänger (strafsenbahnwagen). Fehlt.

transcontinental, MS.: "durch den kontinent gehend, jenseits des kontinents." Ist die zweite angabe richtig? Ich kenne nur die erste; z. b. a ⌁ railway.

transport, auch die beförderte menge von dingen oder personen, z. b. a transport of prisoners.

tread, querstreifen, den man an den hinterrädern des automobils anbringt, damit sie nicht gleiten; ebenso to tread, räder mit solchen treads versehen; dazu to retread, die treads erneuern. Messrs. R. and J. Pullman have just had returned to them a pair of back tyres to retread with their non-skid bands.

trencherman, "starker esser". Wenn das so ohne weiteres richtig wäre, so könnte man doch nicht sagen: Your are a poor trencherman. Die'aussprache ist falsch angegeben; das man darin ist nicht mæn, sondern mən.

trunking. wires in wooden ∿, in holzleitung.

try it on with a p., MS.: "jemanden zu überlisten suchen, jemandem trotz zu bieten suchen". Das ist ungenau; es heifst: es mit jemandem versuchen, ob er sich etwas ungebührliches gefallen läfst; das kann mit list, aber ebenso gut mit unverschämtheit oder jedem andern mittel geschehen.

two-yearer, slang, zweijährige fahrt zur see. "Thank you, sir, said the seaman, touching his forelock. 'I'm just off to a two-yearer in an eight-knot tramp, short-handed at that, and I wants a rest." (The Memoirs of Sherlock Holmes, vol. I, p. 164, T. Ed.)

typescript, schreibmaschinenschrift.

ugh. MS. hat: "huh! (schreck)". Es drückt aber vor allem verachtung, ekel aus. Ugh! Get along with you, do! said my aunt. (D. Copperfield, T. E. p. 278.)

underfeature, in der ortsbeschreibungslehre (topographie) kleiner hügel, der mit einem gröfseren hügel zusammenhängt, = hillock, knoll.

upliftment, erhebung im sittlichen sinn. The silent hour that produces mental tranquillity and spiritual upliftment is not wasted. (The Herald of the Golden Age, April 1905.)

up-grade, steigung = grade, gradient, incline, ascent. Now came a long stretch, the last of the level ground of the moorlands, terminating in a brief up-grade into higher ground. (Humours of Cycling. By Jerome Jerome etc. p. 77.) Auch adverb: So on I toiled, almost up-grade, ebenda s. 80. Auch up-hill wird so als hauptwort und adverb gebraucht.

up-slant, steigung, wie up-grade (siehe dieses). Peering forward, instead of the eternal up-slant of rocky wastes before me, I seemed to look out on a dark void. (Humours of Cycling, p. 81.)

value, "zu value 2", druckfehler; lies: on expiration.

walk. Merkwürdigerweise fehlt die bedeutung, welche als erste angegeben sein sollte: zu fufse gehen.

water-polo, wasserpolo, polo, das im wasser gespielt wird.

water-rake, wasserrechen, "built across a river to stop floated wood".

wear out one's welcome, seinen besuch zu lange ausdehnen, als besucher zur last fallen.

week-end. In Anglia, Beiblatt, band XIV, s. 83, hatte ich das hauptwort verzeichnet. Inzwischen ist es auch zeitwort geworden. Such was the amazing news received in that high up room in Carter-lane, City, on that sweet sunny morning when all the great world of London was at

peace, either still slumbering or week-ending. (The Invasion of 1910.
By William Le Queux.)

well-groomed, MS. hat nur "gut geputzt, vom pferd". Es wird aber auch
von menschen gebraucht = g u t g e h a l t e n , s a u b e r. The man who
entered was young, some two-and-twenty at the outside; well groomed
and trimly clad. (The Adventures of Sh. Holmes, T. E. I, 191.) The
visitors are all well-dressed, beautifully groomed, and after dinner yawn
their heads off till it is time to go to bed. (Max O'Rell, Between
Ourselves, p. 111.)

wheeling, f a h r b a r , ∾ soup-kitchen, fahrbare feldküche.

whip ist nicht genau übersetzt mit "aufforderung zur abstimmung zu erscheinen", whips are notices of every parliamentary day's business, usually
five a week. They come from the party "whips". The chief whips send
out the written (i. e. lithographed or type-written) "whips" according to
party. (N. & Q. 10th S. V. 16.)

whipper-in für whip, im parlamentarischen sinn, ist ganz ungebräuchlich.

whole-hogger. Das zeichen für selten ist zu tilgen und dafür F. zu setzen.

wicked[3], mit docht versehen, die aussprache kann unmöglich zweisilbig
wie die von wicked, s c h l e c h t, sein.

work. Es fehlt to ∾ on, a n g e l e g e n t l i c h a n e t w a s a r b e i t e n, z. b.
he showed me a new species he was working on, mit deren näherer
untersuchung er sich beschäftigte.

workmanlike, worin man arbeiten kann, z. b. a ∾ suit, coat.

worse. You might do worse than write to my old friend, es würde gar
nichts schaden, w ü r d e s i c h l o h n e n .. zu schreiben.

yellowism, das wesen und treiben der yellow press.

yellow wagtail, fehlt unter yellow und wagtail.

Yorkshire. Der ∾ pudding wird nicht von blätterteig gemacht, wie MS.
meint, sondern von eierkuchenteig.

Berlin.   G. K r ü g e r.

INHALT.   Seite

Herausgegeben von Prof. Dr. **Max Friedrich Mann** in Frankfurt a/M.

Verlag von Max Niemeyer, Halle. — Druck von Ehrhardt Karras, Halle.

Beiblatt zur Anglia.

Mitteilungen
über englische Sprache und Literatur
und über englischen Unterricht.

Preis: Für den Jahrgang 8 Mark.

(Preis für 'Anglia' und 'Beiblatt' jährlich 24 Mark.)

| XVIII. Bd. | November 1907. | Nr. XI. |

I. SPRACHE UND LITERATUR.

Edward Dowden, Shakespeare. Mit Genehmigung des Verfassers aus dem Englischen übersetzt und für den deutschen Leser bearbeitet von **Paul Tausig.** Umschlagtitel: **Max Hesses Volksbücherei** Nr. 245—247. **Dichter und Denker II.** 200 S. 8⁰. Preis 60 Pf., in Leinenbd. M. 1.—

Dowdens Shakespare Primer ist den lesern dieser zeitschrift bekannt und bedarf keiner neuen empfehlung. Dafs fafst dreifsig jahre seit seiner ersten veröffentlichung verfliefsen konnten, bis ein verleger auf den gedanken kam, eine deutsche übersetzung davon zu veranstalten, ist erstaunlich. Jetzt bietet Max Hesse eine solche in seiner volksbücherei und wird seinen entschlufs gewifs nicht zu bereuen haben. Den fortschritten der Shakespeareforschung der letzten dreifsig jahre ist durch einige von Dowden selbst beigesteuerte einfügungen und verbesserungen einigermafsen rechnung getragen; gelegentlich hat auch der übersetzer dem deutschen leser zu liebe kleine änderungen vorgenommen und zusätze gemacht. Eine zu starke kürzung hat er sich m. e. im kapitel über die metrischen kriterien für die chronologie der Shakespeareschen dramen erlaubt; auch an der deutschen übersetzung hätte sich die entwickelung von Shakespeares verskunst, wenn vielleicht auch weniger deutlich als am original, aufzeigen lassen. Die dem übersetzer zu verdankenden beigaben von illustrationen

und bibliographischen angaben, sowie das verzeichnis der
wichtigsten bei Shakespeare vorkommenden eigennamen mit
der angabe ihrer in England heute üblichen aussprache werden
manchem willkommen sein. Die deutsche übersetzung liest
sich im ganzen angenehmer als das stilistisch vielfach recht
anstöfsige vorwort erwarten läfst. Recht bedenklich ist schon
gleich zu anfang die kritiklose herübernahme eines augen-
scheinlichen druckfehlers aus Körtings Grundrifs (3. aufl.), der
Dowdens Primer „ein vorzügliches kleines kompendium der
Shakespeareurkunde" nennt.

Basel.   Gustav Binz.

**Haney, John Louis, The Name of William Shakespeare. A Study in
Orthography.** Philadelphia, The Egerton Press, 1906, Price
$ 1,00 net.

Der verfasser sagt in der vorrede seines buches: "None
will deny that it is far more important to study and to seek
to appreciate the greatness of Shakespeare's literary utterance
than to wrangle (though good-naturedly) over the c's and a's
in his name. At the same time, it is widely held that the
present lack of uniformity in that matter is discreditable to
the English world of letters and that any sincere effort to
correct this condition cannot be wholly in vain." Man wird
diesen worten des verfassers vorbehaltlos beipflichten können,
denn wenn auch von den 56 schreibungen des namens des
grofsen Briten, die einst gebraucht wurden, nur noch zwei um
den vorrang streiten, so bleibt doch dieser orthographische
dualismus für die breite masse der verehrer des dichters etwas
unverständliches. Man stelle sich nur vor, dafs die werke
„eines gewissen Gede" bald in der schreibung „Goethe",
bald in der schreibung „Göte" verbreitet würden, und man
wird jeden versuch willkommen heifsen, der die bestrebungen
auf einheitlichkeit in der orthographie von Shakespeare's namen
kräftig unterstützt. Das tut aber Haney in vortrefflicher weise.
In der einschlägigen literatur wohlbeschlagen, führt er uns in
neun kapiteln, die auch der laie mit vergnügen lesen wird,
die geschichte des namens Shakespeare, den streit um seine
bedeutung und seine schreibung vor und kommt am ende zu
dem schlusse, dem auch wir zustimmen: "Although a few

scholars of recognized authority and several highly esteemed periodicals are still unconvinced, it must be self-evident that the form Shakespeare is now so thoroughly entrenched, that, with the great bibliographical forces of England and America arrayed against them, the adherents of Shakspere are clinging to a lost cause. How long they will delay the muchdesired uniformity in spelling cannot, of course, be determined. Enough has been written here to point out the true path; let us turn now to fresher fields and more profitable pastures." Den gesamten ausführungen Haney's wüſste ich nichts hinzuzufügen, wenn nicht den wunsch für uns Deutsche, die wir in sachen Shakespeare mitzureden auch ein recht haben, daſs Haney's erwartungen sich bald erfüllen möchten.

Frankfurt a/M., 2. Sept. 1907.   Max Friedrich Mann.

Arthur Biber, Studien zu William Morris' Prose-Romances.   Greifswalder Dissertation.   Greifswald 1907.

Die vorliegende arbeit beschäftigt sich in ihrer einleitung mit den kritischen stimmen, die für und gegen die bewuſst archaisierende sprache des dichters William Morris laut geworden sind. Am schlusse dieser mit zahlreichen und zum teil recht ausgiebigen zitaten durchsetzten einleitung sucht der verfasser dann bei Morris selbst nach äuſserungen, „die den streit (der meinungen) schlichten könnten", und kommt dabei auf mancherlei einzelheiten zu sprechen, die das verhältnis William Morris' zur sprache charakterisieren, so seine abneigung gegen das Englisch seiner tage, seine sorgsamkeit im ziselieren der sprache, die nach der ansicht des verfassers in den Prose-Romances allerdings kaum übermäſsig zu tage tritt, und ähnliches.

Da der verfasser, wie er selbst sagt, nicht beabsichtigte, eine umfassende und erschöpfende darstellung der sprache der Prose-Romances zu geben, so hat er seine arbeit auf die wichtigsten und wesentlichsten punkte beschränkt. Der erste abschnitt betrachtet die epische technik der Prose-Romances, die von Morris mit vorliebe verwandten erzählungseingänge, kapitel- und satzanfänge, die formelhaften elemente, die er z. t. dem Altnordischen, z. t. auch Malory's Morte Darthur entlehnen

konnte, seine meisterschaft, diese antiquierten wendungen zu
variieren und als stimmungserzeuger zu verwenden. Daran
schliefsen sich einige kurz gefafste beobachtungen über alliter-
ration und assonanz. Bei der darauf folgenden behandlung
des vergleichs hat es der verfasser für nötig erachtet, 17 seiten
beispiele in kleindruck (etwa ein fünftel der gesamten arbeit!)
voranzustellen. Es fragt sich aber, ob es dieser ihrem umfange nach in keinem verhältnis zur gesamtarbeit stehenden
tabelle bedurft hätte, um zu den z. t. wenig überraschenden,
mehr oder minder selbstverständlichen ergebnissen zu gelangen,
die danach in einer „zusammenfassung über den vergleich"
geboten werden. Oder ist etwa die tatsache weiter verwunder-
lich, dafs das milieu der erzählungen an Morris' vergleichen
abgefärbt hat, oder dafs Morris als ein grofser naturfreund
anzusprechen ist, wenn er so prächtige vergleiche aus der
natur zu greifen wufste? Wertvoll ist dagegen der nachweis,
dafs Morris' vergleiche zu einem teil stark „literarisch" an-
muten und dafs seine vorliebe für die vergleiche aus den
„gebieten menschlicher tätigkeit" aus seiner eigenen tätigkeit
auf dem gebiete des kunsthandwerks hergeleitet wird. Meines
erachtens hat die aufstellung der etwas äufserlich erfafsten
einteilungstabelle dem verfasser insofern einen streich gespielt,
als sie ihn seine arbeit schon dort beendet glauben liefs, wo
sie hätte einsetzen müssen. Mit der rubrizierung der vergleiche allein ist für die beurteilung eines dichters wie Morris
wenig gewonnen, wenn mit dieser statistik nicht gleichzeitig
auch eine fruktifizierung für die erkenntnis der dichterischen
persönlichkeit erstrebt wird. Der verfasser hat in der genannten zusammenfassung zwar ansätze in dieser richtung
versucht, ist aber auf halbem wege stehen geblieben. — In
dem abschnitt über die metapher weist der verfasser nach,
dafs Morris hier in erster linie von altnordischer poesie beeinflufst ist, dafs der biblische einflufs daneben fast ver-
schwindet, dafs die metapher für alles kriegerische am häufigsten vertreten ist und dafs neuschöpfungen nur selten vorkommen. Auch die namengebung ist der hauptsache nach
auf das muster der altnordischen sage zurückzuführen, wenn
sich auch daneben anklänge an Malory und Froissart bemerk-
lich machen. — In dem schlufsabschnitt, den der verfasser
„Zur Sprache der Prose-Romances" überschreibt, wird mit

recht der standpunkt verfochten, dafs Morris niemals die
sprache einer bestimmten sprachperiode nachzuahmen beabsichtigte. Morris verwendet archaismen, aber nur um poetische
werte damit zu erzielen. Und wenn hierbei das germanische
element im wortschatz des dichters einen breiteren raum einnimmt als das romanische, so ist damit noch keïne bevorzugung
des ersteren erwiesen. Der grund dafür ist vielmehr in Morris'
intensiver beschäftigung mit den altnordischen sagas zu suchen,
die ihre spuren stark in die unmittelbar danach geschaffenen
werke hinüberträgt. Als Morris sich dann in das studium
altfranzösischer novellen versenkt, kommt ebenso unwillkürlich
eine bevorzugung des romanischen elementes in seinem wortschatz zum durchbruch. Zum schlusse wird die wortbildung
bei Morris untersucht und auch hier wieder der einfluſs des
Altnordischen aufgedeckt.

Der verfasser sagt auf s. 21 seiner schrift: „Der gewinn
der arbeit soll weniger auf der philologischen seite liegen,
als einen beitrag zur kenntnis von Morris' arbeitsweise als
erzähler bringen." Mit andern worten, Biber wollte einen
blick in die dichterische werkstätte Morris' tun, allein dieser
blick hat wenig mehr gezeigt als eine bestätigung dessen,
was sich dem philologisch und literarhistorisch geschulten
leser bei gewissenhafter lektüre alsbald als offenkundig auf-
drängt.

Frankfurt a/Main.   Dr. Gustav Noll.

Viktorianische Dichtung, eine auswahl aus E. Barrett Brow-
    ning, R. Browning, A. Tennyson, M. Arnold, D. G.
    Rossetti, W. Morris, A. Ch. Swinburne, Chr. Rossetti
    mit Bibliographien und literarhistorischen Einlei-
    tungen von **Dr. Otto Jiriczek.** Heidelberg 1907. Gr. 8⁰.
    XVII, 486 Seiten, geb. M. 4.—

Jiriczeks in allen teilen mit groſser sorgfalt gearbeitete
anthologie bildet einen bedeutsamen vorstoſs von philologischer
seite, der viktorianischen dichtung, dieser glanzvollen zweiten
renaissance in der englischen literatur, eine heimstätte bei uns
Deutschen zu bereiten. Der pädagogische zweck, den der
herausgeber bei seiner arbeit nie aus den augen gelassen hat,
eine brauchbare unterlage für seminaristische übungen an
universitäten zu schaffen, ist mit geschick erreicht. Der

herausgeber hat es mit vollem rechte abgelehnt, sich die land-
läufige methode der anthologieherstellung zu eigen zu machen;
er hat darauf verzichtet, einen schwall von dichtern zusammen-
zupferchen und selbst die markanteste persönlichkeit in diesem
strom rettungslos und eindruckslos versinken zu lassen. Er
hat sich vielmehr auf die gröfsten dieser zeit beschränkt und
einem jeden von ihnen soviel raum gelassen, als nötig ist, um
dem leser die weite seiner schwingen zu zeigen. Ein knappes
vorwort über den verlauf der englischen dichtung im 19. jahrhundert und ihre gliederung weist besonders auf die binde-
glieder zwischen der frühromantik und der poesie der viktorianischen ära hin und gibt die notwendige allgemeine
orientierung. Dann wird der reihen eröffnet mit Elizabeth
Barrett Browning, da in ihren dichterischen anfängen die
literarischen traditionen des 18. jahrhunderts noch nachwirken.
Den ausgewählten gedichten geht eine klar und prägnant
geschriebene einleitung voraus, die die stellung der dichterin
nach allen seiten hin scharf umgrenzt und ihr schaffen einer
eingehenden würdigung unterzieht. Das gleiche verfahren hat
der herausgeber auch bei den übrigen dichtern beobachtet.
Er hat dabei in engem rahmen eine fülle anregendsten stoffes
geboten, wofür ihm der studierende dank wissen wird. Die
art und weise, wie er die bedeutung jedes einzelnen dichters
auf eine entscheidende kunstform gründet oder aus einer
dominierenden fähigkeit heraus erklärt, wie er, um ein paar
beispiele herauszugreifen, den stil Robert Brownings analysiert,
wie er Tennysons bedeutung besonnen abwägt, wie er den
dualismus im wesen Mathew Arnolds erfafst oder Swinburnes
lyrik charakterisiert, verdient volles lob. Es ist nirgends ein
wort zuviel, und doch ist alles wesentliche gesagt. Neben
dieser präzision springt als anderer vorteil des buches der
geschmack in die augen, mit dem die auswahl getroffen ist.
Möglich, dafs man da und dort einen andern wunsch hat, im
grofsen und ganzen wird man dem herausgeber in seiner wahl
nur beipflichten und wünschen, dafs das buch den erfolg er-
ziele, den es verdient: die weiteste verbreitung. Sein schmuckes
äufsere kann ihm hierbei nur nützlich sein.

Zur berücksichtigung bei einer neuauflage möchte ich
noch kurz folgendes zur sprache bringen. Unter den zu
Swinburne angegebenen literarischen studien wäre noch zu

nennen: H. W. F. Wollaeger, Studien über Swinburne's poet. Stil, Heidelberg 1899. Ebenso wäre bei den Brownings noch das buch der Ellen Key (Berlin 1903) anzuführen, das nicht wenig zur kenntnis der Brownings in Deutschland beigetragen hat. Unter Morris' prosa-romanzen fehlen die „News from nowhere" und „A Dream of John Ball", sein „Child Christopher and Fair Goldilind" existiert nicht nur als druck der Kelmscott Press, sondern auch in einer verhältnismäfsig billigen ausgabe des amerikanischen verlegers Thomas B. Mosher (Portland, Maine), zu den billigen einzelausgaben kommt noch die Pocket Edition von „The Life and Death of Jason (Longmans 2/). Eine inkonsequenz erblicke ich darin, das Morris' schriften über kunst und kunsthandwerk nicht mit ihren titeln ange-geben werden, während andererseits aus einem mir nicht recht ersichtlichen grunde sogar die titel und daten der gemälde D. G. Rossettis aufnahme in die anthologie gefunden haben. Als einziger druckfehler stiefs mir auf „Anec*todes*" s. 397, z. 2 v. u.

Frankfurt a/M. Dr. Gustav Noll.

Oscar Wilde, Gedichte. Deutsche Übertragung von **Gisela Etzel.** Leipzig, Insel-Verlag, 1907.

Man könnte kaum einen englischen dichter nennen, um den die deutschen übersetzer sich in den letzten jahren heifser bemüht hätten, als Oscar Wilde. Man hat ihn nach und nach fast ganz übertragen, erst seine dramen, dann seine romane, dann seine essais, endlich seinen nachlafs, nur die Poems standen noch aus, wenn allerdings auch da und dort in zeit-schriften verstreut das eine oder andere gedicht einen über-setzer fand. Und diese scheue zurückhaltung war nur zu begreiflich, denn wenn es auch eine verlockende aufgabe schien, die gedichte Wildes ins Deutsche zu übertragen, so war es doch gleichzeitig auch ein wagnis. Wilde stellt an den übersetzer die höchsten anforderungen, er verlangt von ihm neben der rein äufserlichen beherrschung des sprachin-struments und treffsicherheit im ausdruck eine unbedingte künstlerische anpassungsgabe und eine aufserordentliche fähig-keit der modulierung und nüancierung. Welcher wechsel in der stilart durchflutet seine gedichte, von der dämonie und exotik der „Sphinx" zu der feierlichen pracht der hymnen zum preise der ewigen stadt, von der süfständelnden schäferei des „Endymion" und der „Serenade" zu der herben resignation der „Apologia" und des „Taedium vitae", vom raffinement der „Bella Donna della mia mente" zu der volksliedmäfsigen schlichtheit des „Requiescat".

Die verfasserin der vorliegenden übersetzung, Gisela Etzel, hat sich ihre aufgabe nicht leicht gemacht. Sie hat vor allen dingen den grundton der Wildeschen gedichte: eine aristokratie, die häufig bis zur preziosität geht, durchgehends festgehalten und überall ein anerkennenswertes künstlerisches feingefühl bewiesen. Sie hat, um auf einzelheiten zu kommen, im grofsen und ganzen stets engen anschlufs an die form des originals gesucht. Nur zweimal ist mir aufgefallen, dafs die übersetzerin das versmafs leicht geändert hat, so in dem sonst prächtig herausgekommenen „La bella donna della mia mente" (s. 56) und in der Impression „Le Réveillon" (s. 110), wo in beiden fällen die vierhebigen zeilen des originals durch fünfhebige wiedergegeben sind. Und ebenfalls nur in zwei fällen habe ich beobachtet, dafs der jambische rhythmus des originals in der übersetzung durch eingestreute daktylen unterbrochen ist, so in „Rome unvisited" I u. III (s. 34, 35) und in der „Impression du matin" (s. 47), beide male ohne dem original irgend welchen eintrag zu tun. Einmal ist es der verfasserin passiert, dafs sie einen reim vergessen hat, in dem Sonett auf das dies irae in der sixtinischen kapelle str. 1, wo „macht" unmöglich auf „silberbrust" reimen kann. Eine geschmacklosigkeit ist mir nirgends begegnet, es sei denn, dafs man im sinne Wildes als eines arbiter elegantiarum eine gequälte betonung wie „grashüpfér" (s. 101), einen unreinen reim wie „geblüt : klagelied" (s. 22) hierher rechnen wollte oder auch die nicht ganz einwandfreie rolle, die man der konjunktion „und" und dem artikel zuschiebt, wenn man sie zu reimträgern macht. Die übersetzerin ist in diesen fehler zum glück nur selten verfallen (so s. 22, 1. 41, 4 u. 43, 2). Wer die schwierigkeiten kennt, die sich bei metrischen übertragungen aus dem Englischen dem deutschen übersetzer auf schritt und tritt infolge der kürze der worte in den weg stellen, wird sich kaum darüber wundern, dafs es der verfasserin mitunter nicht gelungen ist, die ganze schönheit und plastik des Wildeschen textes zu retten. In der „Sphinx" heifst es:

„Or had you shameful secret guests
and did you harry to your home
Some Nereid coiled in amber foam
with curious rock-chrystal breasts.“

Wenn hier die deutsche übersetzung lautet:

„Vielleicht auch hattest du in lust
die Nereide einst zu gast
Und hieltest ihre brust umfaſst,
die seltsam bergkristallne brust?“

so ist ohne weiteres klar, was hier geopfert wurde. Auch die stelle:

.... „By reedy Styx
old Charon, leaning on his oar,
Waits for my coin ......“

verliert an anschaulichkeit, wenn das „leaning on his oar“, wie dies geschehen ist (s. 14), in wegfall kommt. Indessen ist hier der verlust nicht eigentlich bedeutend zu nennen. Gröſser wird der schaden, wenn z. b. in „Hélas!“ die stelle „Till my soul Is a stringed lute on which all winds can play“ etwas zu farblos übersetzt wird mit „Bis nun die seele ohne kraft und glanz“, wenn der ausdruck „the tangled pines That break the gold of Arno's stream“ übertragen wird als „ihn, der Arnos strom umgibt, den grünen Pinienwald“ (s. 35), oder endlich, wenn es in dem „Sonnet on approaching Italy“ für „from out the mountain's heart“ nur heiſst „aus den bergen“. In dem letztgenannten gedicht ist leider auch die bewuſste und wirkungsvolle kontrastierung des „I laughed as one ....“ und „I wept to see ...“ nicht zum ausdruck gekommen. Ausdrücklich aber sei betont, daſs derartige versehen bei der übersetzerin die ausnahme bilden und nicht die regel. Sie entschädigt auf der andern seite durch offenkundige vorzüge. Keine alliteration entgeht ihr, kein enjambement, keine metapher. Man ist erstaunt, wie geringe opfer sie der not des reimzwangs bringt, wie geschickt sie seine gefahren umgeht. Ein beispiel. In „Ave Imperatrix“ kommt die stelle vor:

„O lonely Himalayan height,
Gray pillar of the Indian sky,
Where saw'st thou last in clanging fight,
Our wingèd dogs of Victory?“

Die verfasserin übersetzt das:

„O Himalaja-einsamkeit,
Des indischen himmels graues pfühl,
Wo sahst zuletzt du todbereit
Die siegerschar im kampfgewühl?“ (S. 19.)

Hier ist das bild „pillar“ zwar zu „pfühl“ verschoben, aber
gleichwohl im gedanken mit glück gerettet. Derartige beispiele liefsen sich häufen. Es liegt in der natur der sache
begründet, dafs die verschiedenen gedichte auch mit verschie-
denem glück übertragen sind, aber keines ist eine niete, die
meisten sind gelungen, und manche, so „Rome unvisited“,
„Requiescat“, „Impression du matin“, „Her Voice“ und „My
Voice“, die „Sphinx“ und die lockung der Dryade in „Char-
mides“ sind als geradezu glänzende leistungen zu bezeichnen.
Zum schlufs noch einen wunsch. Die verfasserin hat von
den sämtlichen gedichten Wildes nur etwa $^2/_3$ übertragen,
dafür allerdings die separat erschienene „Sphinx“ ihrer übertragung einverleibt. Ich weifs nicht, aus welchem grunde sie
diese auswahl getroffen hat, denke mir aber, dafs sie das eine
oder andere gedicht wie z. b. „The Garden of Eros“ deshalb
ausliefs, weil es bereits von andern ins Deutsche übertragen
war. Allein es wäre nur zu begrüfsen, wenn die übersetzerin
auch die noch fehlenden gedichte in einer künftigen neuauflage
miteinbegreifen wollte. Sie hat das zeug in sich, das sprich-
wort zu erfüllen, dafs das bessere der feind des guten ist.

Frankfurt a/Main.   Dr. Gustav Noll.

George H. Nettleton, Specimens of the Short Story. VII + 229 pp.
New York, Henry Holt & Co.

Der herausgeber dieser sammlung hat sich bei seiner auswahl von dem gesichtspunkt leiten lassen, dem leser die verschiedenen gattungen der erzählenden prosa durch treffend
gewählte beispiele nahe zu bringen. Lamb, Irving, Hawthorne,
Poe, Thackeray, Dickens, Bret Harte und Stevenson sind in
dem bande vertreten; skizze und erzählung, allegorie und
detektivgeschichte, burleske und psychologische erzählung,
Story of Incident und Local Color Story lösen einander ab
und tragen jedem verlangen rechnung. Jedem autor ist eine
kurze biographisch-kritische einleitung vorangestellt, deren

erster abschnitt „Life" nur die dürren tatsachen und daten
gibt. Daneben fordert der herausgeber mit Macaulays worten
„the details which constitute the charm of biography" und
erteilt zu diesem behuf dem betreffenden autor selbst das wort,
indem er entweder aus seinen schriften oder aus seinen briefen
stellen heraushebt, die geeignet sind, seine geistige physiognomie
zu umreifsen. In dem abschnitt „Writings" ist nur von be-
deutenderen werken die rede, der abschnitt „Literary Qualities"
betont nur wesentliches und hält sich der „destruktiven kritik"
bewufst und nach möglichkeit fern. Häufig bietet indessen
der herausgeber weit mehr als er anfänglich in aussicht stellt,
so z. b. in der einleitung zu R. L. Stevenson, die bei aller ge-
drungenheit dem studierenden eine ganz vorzügliche basis für
weitergehende stilistische untersuchungen liefert. Das buch
zeugt in jeder hinsicht von dem grofsen pädagogischen talent
und dem praktischen sinn des herausgebers. Es belehrt nicht
nur, sondern, was noch wichtiger ist, es reizt zu eingehen-
derem studium der in ihm angeregten fragen.

Frankfurt a/M.   Dr. Gustav Noll.

E. E. Hale, Selections from Walter Pater. lxxvi + 268 pp. New
York, Henry Holt & Co.

Die vorliegende auswahl aus Pater, die wie der oben besprochene band von Nettleton das kleidsame gewand der
„English Readings"-serie trägt, bildet eine prächtige einführung in das studium Paters. Sie umfafst sämtliche perioden
und schaffensgebiete Paters und übergeht keines seiner in
buchform erschienenen werke. Zudem handelt es sich niemals
um proben, die nur im auszug wiedergegeben sind, sondern
um vollständige aufsätze und in sich abgeschlossene charakteristische passagen, die für sich selbst genossen und studiert
werden können. So sind der „Renaissance": Preface, Conclusion und Sandro Botticelli entnommen, den „Appreciations":
Wordsworth und Style, den „Miscellaneous Studies": The Child
in the House und Notre-Dame d'Amiens, aus „Marius the
Epicurean": Euphuism und Divine Service (kap. VI bezw.
XXIII), den „Imaginary Portraits": Denys l'Auxerrois und
endlich aus „Plato und Platonism": The Genius of Plato und
The Age of the Athletic Prizemen. Eine biographie Paters
hat der herausgeber nicht beigefügt, vielmehr hat er sich mit

einer kurzen chronologischen übersicht begnügt. Dafür hat
er aber dem bande eine „Introduction" beigegeben, die sich
mit Paters schriftstellerischer bedeutung gründlich auseinandersetzt. Ausgehend von der durch Mallock in „The New Re-
publican" hervorgerufenen und landläufig gewordenen vorstellung, die in Pater nur den Hedonisten und ästhetischen
Epikuräer sieht, betrachtet Hale zunächst die „Studies in the
History of the Renaissance". Er tut dar, wie viele kritiker von
der „Conclusion" ausgehend zu dem vorwurf eines heidnischen
Hedonismus kamen, betont aber ausdrücklich, dafs Paters anschauungen nicht unbedingt unchristlich zu sein brauchen.
Von dieser verteidigung abgesehen, bietet Hales aufsatz noch
genug des interessanten. Paters stellung zum prärafaelitismus
wird präzisiert; die ideen Paters werden durch alle seine werke
hindurch verfolgt, wobei sich herausstellt, dafs sie fast durch-
gängig wiederkehren, aber stets in anderer form, gereift, verarbeitet und überarbeitet, bis Pater ihnen alles abgewonnen
hat, was ihnen abzugewinnen war. Treffend und trefflich ist
die untersuchung von Paters stil und dessen metamorphose,
scharfsinnig und eindringend die betrachtung seiner philoso-
phischen anschauungen, wie sie in „Marius the Epicurean"
und „Plato and Platonism" niedergelegt sind. So vereinigt
sich alles, die arbeit Hales als mustergültig erscheinen zu
lassen.

Frankfurt a/M.   Dr. Gustav Noll.

II. UNTERRICHTSWESEN.

**Konrad Bitschins Pädagogik. Das vierte Buch des enzyklopädischen
Werkes: „De vita coniugali".** Nach der lateinischen
Handschrift zum erstenmal herausgegeben, mit
deutscher Übersetzung, historisch-literarischer
Einleitung sowie mit Erklärungen und Anmerkungen versehen von **Dr. R. Galle.** Mit zwei Probeseiten
der Handschrift in Lichtdruck. Gotha, Verlag von
E. F. Thienemann. 1905. LXl und 216 S. 8⁰. Ladenpreis:
brosch. 6 Mk.

Konrad Bitschin (so genannt nach seinem heimatsort, dem
schlesischen städtchen Pitschen) war in einer zeit, in der die

kämpfe zwischen dem Deutschritterorden und Polen sich in
einem besonders kritischen stadium befanden und jede einzelne
politische körperschaft von einiger bedeutung zwischen den
parteien ihre stellung zu wählen genötigt war, stadtschreiber
von Kulm in Westpreuſsen und fand als solcher neben seinen
nicht unbedeutenden berufsgeschäften noch gelegenheit, sich
als politiker und diplomat hervorzutun, bis dieser tätigkeit
der sturz seines bürgermeisters, in der er mit verwickelt
wurde, ein jähes ende bereitete. Er hat dann in Kulm, später
vielleicht noch anderwärts, ein geistliches amt bekleidet. Mehr
ist von seinem leben nicht bekannt, wir wissen weder sein
geburts- noch sein todesjahr; fest steht nur, dafs er als stadtschreiber von Kulm zuerst 1430, zum letztenmal 1438 nachweisbar ist. Vielleicht hat er schon in dieser zeit an dem
umfangreichen werke gearbeitet, das den gegenstand der vorliegenden veröffentlichung bildet. Offenbar ist er nämlich
schon in früheren jahren ein mann der feder weit über das
maſs hinaus gewesen, das durch seine unmittelbaren berufs-
pflichten gegeben war. Unter den hauptfrüchten seines schrift-
stellerischen fleiſses ist seine fortsetzung der chronik Peters
von Dusburg bereits früher von den historikern gewürdigt
und was sonst seine schriften an historischem und juristischem
material enthalten, von den fachgelehrten verarbeitet worden.
Aber als quellenschrift zur geschichte der theorie des erziehungswesens im mittelalter, als erste systematische pädagogik der
Deutschen, ist gerade sein gröſstes und reifstes werk, die neun
bücher De vita conjugali, erst im jahre 1892 von dem dom-
kapitular dr. Hipler in Frauenburg entdeckt worden. Seit
1877 hat dieser wiederholt die drei handschriften auf der Königs-
berger bibliothek, von deren existenz man allerdings schon
vorher genaue kenntnis hatte — eine nur die bücher I—VIII,
eine andere nur das (an umfang den acht ersten nahezu
gleichkommende) neunte buch enthaltend, während eine dritte,
die das buch nur bruchstückweise hat, als reinschrift be-
gonnen, dann aber als konzept weitergeführt zu sein scheint —,
genau durchstudiert und gedachte das ganze herauszugeben,
wurde aber durch den tod (im jahre 1897) an der ausführung seiner absicht verhindert. Auffallenderweise haben
seine ausführlichen mitteilungen (im organ der Gesellschaft für
deutsche Erziehungs- und Schulgeschichte, Jahrg. II [1892],

s. 1 ff.) längere zeit niemanden zu selbständigem weiterforschen
in der originalhandschrift angeregt; man begnügte sich, wo
man überhaupt auf Bitschin zu sprechen kam, mit wiederholungen dessen, was Hipler exzerpiert hatte. Nun hat dr. R.
Galle die pläne des ersten erforschers von Bitschins enzyklopädie wieder aufgenommen und legt der wissenschaftlichen
welt als probe zunächst das spezifisch pädagogische vierte
buch (De prole et regimine filiorum) in lateinischem text und
deutscher übersetzung vollständig vor (mit ausnahme einiger
weniger kapitel am anfang und am schlufs, bei denen er sich
aus besonderen, einleuchtenden gründen auf kurze inhaltsan-
gaben bez. -andeutungen beschränkt. Gerade dies buch aus-
zuwählen, hat ihn u. a. der wunsch und die hoffnung bestimmt, mit ihm für „die historische bewertung pädagogischer
bestrebungen so erheblich anders gearteter zeiten", die in der
wissenschaft noch nicht recht auf festem boden ruhe, eine
sichere, objektive grundlage zu bieten.

Betrachtet man Galles arbeit unter diesem gesichtspunkt,
so könnte man vielleicht eine gewisse inkonsequenz darin erblicken, dafs er eine ausführliche abhandlung über Bitschin,
in der er ihm auch zweimal — am ende des VIII. abschnittes
(s. LIV) und in dem sehr glücklich formulierten „schlufswort"
(s. LXI) — selbst eine bestimmte (nach ansicht des ref. durchaus die richtige) stelle in der geschichte des pädagogischen
denkens zuweist, mit dem text zusammen veröffentlicht, ja im
vorwort den rat gibt, sie vor dessen lektüre einzusehen.
Allein das zu befolgen, ist niemand genötigt und wer die
„einleitung" zuerst liest, hat dann die bequeme möglichkeit
das urteil, das er in ihr findet, an der schrift selbst nachzu-
prüfen. So wird jedermann nur dankbar sein, beides nebeneinander zu haben. Mit grofser gründlichkeit behandelt die
einleitung zuerst die bisherige kenntnis von Konrad Bitschin,
sodann die zustände des Kulmer landes zu seiner zeit und sein
leben, weiterhin seine schriften und ihre überlieferung, worauf
eine genaue analyse des inhaltes seiner enzyklopädie folgt;
an einen überblick über das vierte buch derselben reihen sich
sodann zwei abschnitte über die wissenschaft des mittelalters
im allgemeinen und über die pädagogik Bitschins und ihre
grundlagen; wir lernen hier die schranken kennen, in die
Bitschins pädagogik gebannt war und sein mufste, nehmen

aber auch schon die spuren einer einsicht in oder wenigstens
eines gefühls für die bestehende unfreiheit und ansätze zu
einer loslösung aus der umgebenden enge wahr. Endlich erfahren wir näheres über Bitschins quellen und insbesondere
über seine von ihm nicht direkt geleugnete, aber auch nicht
offen zugegebene abhängigkeit von dem fürstenspiegel (De
regimine principum libri tres) des 1316 zu Avignon gestor-
benen Aegidius Romanus.

Daſs dem lateinischen urtext eine übersetzung beigegeben ist, wird man ebenfalls nur billigen können. Mittel-
alterliches Latein sinngetreu und zugleich in gut lesbarer
form zu verdeutschen ist bekanntlich gar keine leichte aufgabe; Galle hat sie, soweit ref. urteilen kann, in recht glücklicher weise gelöst, wenn die übertragung auch wohl hie und
da etwas zu frei ist. Bedauern muſs man nur, daſs text und
übersetzung nicht neben einander (je auf einer ganzen seite)
gedruckt sind; das wäre für den, der die schrift lateinisch
studiert, wenn er an schwierigen oder zweifelhaften stellen
die übersetzung nachlesen möchte, ebenso wie für den, der
sich in der hauptsache an diese hält, aber doch zwischendurch
auf das original zurückgehen will, eine groſse erleichterung.

Auch die anmerkungen, die 26 seiten kleinen druckes
ausfüllen, sähe man lieber unter dem text, denn das beständige
umblättern ist doch recht umständlich. Im übrigen erfüllen
sie vollkommen ihren zweck, alles zu einem eindringenden
verständnis der schrift dienliche material vorzuführen und für
ein genaueres studium des einzelnen die nötigen nachweise
und hilfsmittel zu geben. Es ist darin manchmal sogar eher
zu viel als zu wenig geschehen und einige allzuweit aus-
greifende exkurse (z. b. anm. 26, 1 und 3) könnten ohne schaden
etwas beschnitten werden. Im wesentlichen aber könnten diese
anmerkungen als muster für den kommentar dienen, den er bei
gelegenheit der anzeige der neuen Cambridger ausgabe von
Roger Aschams werken als für diese wünschenswert bezeichnet hat.

Auf die details der textesedition, der übersetzungen und
der anmerkungen, sowie des druckes näher einzugehen, würde
ref. um so weniger für angezeigt halten, als es sich hier um
ein buch handelt, dessen gegenstand von dem hauptbereich
dieser zeitschrift doch etwas abliegt; und ohnehin wäre es

recht schön, wenn es mehr und mehr allgemeiner grundsatz würde mit gehäuften einzelausstellungen, soweit sie nicht für die beurteilung des wertes und wesens einer veröffentlichung von entscheidender bedeutung sind oder prinzipielle fragen von ihnen berührt werden, nicht die öffentlichen besprechungen zu beschweren (den lesern zur qual und den mit raumnot ringenden herausgebern zum verdrufs), sondern sie dem verfasser oder verleger (natürlich nur sofern es diesen selbst darum zu tun ist) privatim mitzuteilen. Das gesamturteil über die erste vollständige ausgabe eines gröfseren abschnittes aus Konrad Bitschins enzyklopädischem hauptwerk kann nur günstig lauten. Ihre veranstaltung erscheint durch den vieles interessante (und zwar nach verschiedenen seiten hin) bietenden inhalt der schrift vollauf gerechtfertigt und die art der ausführung, die wissenschaftliche akribie und erudition, die der verf. in der redaktion des textes, der ausarbeitung der übersetzung und der zusammenstellung der anmerkungen betätigt, verdienen alle anerkennung. Der entschlufs die mühevolle arbeit zu unternehmen erforderte bei dem verfasser, und die bereitwilligkeit für die drucklegung aufzukommen bei dem verleger angesichts der gewifsheit, dafs auch im günstigsten falle nur auf eine sehr beschränkte zahl von lesern bez. abnehmern zu rechnen sein würde, ein hohes mafs idealen sinnes. Möchten beide wenigstens in dem, was sie zu hoffen berechtigt sind, nicht enttäuscht werden! Es wäre erfreulich, wenn der erfolg der ersten probe zu einer fortführung des angefangenen unternehmens ermutigen könnte.

Bamberg. Wilhelm Schott.

Velhagen und Klasings Sammlung französischer und englischer Schulausgaben.

English Authors *lief* 98 B. England, its People, Polity and Pursuits by T. H. S. Escott. In Auszügen mit Anmerkungen zum Schulgebrauch herausgegeben von Dr. Otto Hallbauer, Professor am Gymnasium zu Holzminden. Mit 7 Abbildungen. Bielefeld u. Leipzig 1904. V u. 99 s.

Unter den zahlreichen schulausgaben, die die schüler höherer lehranstalten in die englische volks- und landeskunde einführen wollen, wird das vorliegende werkchen mit ehren

seinen platz behaupten. Der stolze titel verspricht vielleicht
mehr, als ein kurzer auszug naturgemäfs bieten kann. Die
ersten drei kapitel sind recht wertvoll. Kap. I *The Structure
of English Society* kennzeichnet das wesen der englischen
aristokratie und ihre fortgesetzte vermischung mit dem bürger-
tum, in das die jüngeren söhne hinabsteigen, während hervorragende *commoners* ins oberhaus gelangen, dann die neue ära,
in der ein jeder nach seinen leistungen bewertet wird, und
hierauf die verschiedenen schätzungen, die den einzelnen be-
rufen zu teil wird. Kap. II *The Social Revolution* stellt fest,
dafs ausländische einflüsse, besonders französische, sich mehr
und mehr in der englischen gesellschaft geltend machen. Der
country squire alten angedenkens finde sich nur noch in irgend
einem weltvergessenen winkel. Kap. III bringt eine unter-
haltende plauderei über das unterhaus, deren allgemeiner ton
den geschulten journalisten verrät. Eine flüchtige bekanntschaft mit den parlamentarischen sitten des auslands mufs bei
einem abiturienten vorausgesetzt werden, und mehr wird hier
nicht geboten. Es ist entschieden zu verurteilen, wenn dem
schüler womöglich schon in einer mittelklasse zugemutet wird,
sich eingehende kenntnisse zu erwerben über die verfassung
und geschäftsführung des parlaments, den verwickelten wahl-
modus und ähnliche hochpolitische dinge, während ihm die
entsprechenden verhältnisse in seinem vaterland doch kaum
in prima vorgetragen werden. Kap. IV *House of Lords* ist
von geringerem interesse. Das folgende kapitel, das uns in
einen gerichtshof führt, dürfte in der schule kaum verständnis
finden. Mehr als in allen anderen ländern ist in England die
rechtsprechung für den laien ein buch mit sieben siegeln. Die
letzten kapitel behandeln auf wenigen seiten das erziehungs-
wesen, die arbeit des landgeistlichen, die grofsen industrie-
städte, die arbeitenden klassen und volksbelustigungen. Das
ganze buch ist flott und lebendig geschrieben und will nicht
blofs belehren, sondern auch unterhalten. Die sprache, die
doch wohl nicht in allen einzelheiten die „mustergültige
färbung" hat, die ihr der herausgeber zuschreibt, bietet gelegentlich grofse schwierigkeiten, über welche die anmerkungen
etwas mehr hätten hinweghelfen können. Sie klingt zu häufig
an das Englisch eines leitartikels an und ist dann überhaupt
zu schwer für die schule. Dafs dies dem herausgeber selbst

zum bewufstsein gekommen ist, beweisen diejenigen seiner
anmerkungen, in denen er vergeblich darnach ringt, das
schwierige Englisch seines schriftstellers in gemeinverständ-
liches Deutsch umzugiefsen. Auf grund einer flüchtigen durchsicht scheinen mir die folgenden stellen bemerkenswert:

S. 7, z. 22 *seldom even those* = nicht einmal häufig diejenigen; 9, 9: *it*
fälschlich auf *character* bezogen statt auf *business* oder *pastime*; 9, 23 *suspicion of precariousness* = leiser makel; 10, 26 *genius* = geist; 11, 13 *the
calling of a painter lacks definitiveness of status*, etwa = schwebt zu sehr
in der luft, ist undefinierbar; 12, 5 *cheque in settlement* = einen scheck in
zahlung; 13, 15 *titular rank*, einfach titel; „ehrenstellung“ ist irreführend;
34, 32 *then* nicht = in diesem falle, sondern blofses flickwort, etwa =
eben; 37, 5 *manner* = auftreten (wie z. 21); 40, 24 *ready amount* ist schwer
zu übersetzen, wenn man sich nicht zu weit vom text entfernen will; etwa
= die schlagfertigkeit und den umfang; 43, 25 *crack speeches* = meister-
reden; 49, 3 *preoccupation* = voreingenommenheit, parteilichkeit; 54, 16
drastic powers = eigentlicher charakter; 60, 11 *takes te plea of Latro* =
fragt, ob sich L. schuldig bekennt; 70, 8 *really* nicht veraltet = aufrichtig
(wie sollte ein moderner schriftsteller ein so häufiges wort in veralteter
bedeutung gebrauchen?), sondern = in der tat, eben auch; 79, 20 *depo-
sitory* = inhaber; 80, 19 *anything like* bleibt am besten unübersetzt, jedenfalls nicht = wenn auch nur; 81, 32 *the powers that be* stehende wendung
= obrigkeit, regierung. Die aussprachebezeichnung für *area* 6, 21, *decorous*
10, 30 (o^u) ist ungenau. Einen bedeutungsunterschied der synonyma *serious,
grave, earnest* (8, 6) oder *calling, profession* (9, 11) in den betreffenden
stellen nachzuweisen, dürfte schwer fallen; für den verfasser war das bedürfnis mafsgebend, den ausdruck zu wechseln. Die puritaner behandelt
man besser als besondere (englische) sekte, nicht als „den fanatischen ra-
dikalen flügel der (schottischen) presbyterianer“.

English Authors *lief 92 B.* **The United States, their Origin and
Growth.** *Partly adapted from the „History of the United
States"* by **Prof. E. Channing** *of Harvard University.* Mit
Anmerkungen zum Schulgebrauch herausgegeben
von **Dr. J. Péronne.** Mit einer Übersichtskarte und einem
Kärtchen im Text. Bielefeld u. Leipzig 1904. VI u. 108 s.

Das interesse, das die grofse transatlantische republik in
Europa weckt, steigert sich von jahr zu jahr, und so bedarf
der versuch, den ursprung und das wachstum dieses eigenartigen staatswesens zum gegenstand der schullektüre zu
machen, keiner rechtfertigung. Das vorliegende bändchen
schildert zunächst die ersten anfänge der besiedelung Nord-
amerikas durch Raleigh usw., dann die zusammenstöfse mit
den Franzosen und die verdienste Washingtons, hierauf den

unabhängigkeitskrieg und führt die geschichte der Vereinigten
Staaten fort bis zum jahre 1860. Die weiterentwicklung bis
zur gegenwart bleibt einem zweiten bändchen vorbehalten.
Das in leichtem Englisch geschriebene buch liest sich teilweise
wie eine spannende erzählung; besonders die zahlreichen
kämpfe mit den Indianern werden den beifall der jugend
finden. Die geschichte der einzelnen territorien entbehrt hie
und da des interesses für uns, dagegen sind die kapitel über
die monroedoktrin und das goldfieber in California recht lesens-
wert. Allerdings wird der lehrer nicht recht wissen, in welcher
klasse das buch zu lesen ist. Die leichte sprache verweist es
nach U II, höchstens O II (und der herausgeber auch, denn
57, 16 hält er es für nötig, die redensart *I cannot but* zu erklären), der stoff aber, besonders soweit verfassungsfragen
berührt werden, verlangt reifere schüler.

Die anmerkungen sind vorwiegend sachlicher natur und sind zum teil
in englischer sprache gegeben. Diese mischung der beiden sprachen ist
kaum zu loben. Die sprachlichen erklärungen geben mitunter überflüssiges;
anderes fehlt wieder (z. b. *refugee uniform* 48, 14), wird aber wohl in dem
unvermeidlichen spezialwörterbuch zu finden sein. Druckfehler: s. 40, z. 2
ist unverständlich; sollte vielleicht *which* nach *on* zu ergänzen sein?
50, 5 *off* st. *of*; 54, 2 trenne *trench-es.*

English Authors *lief 95 B.* **The England of Shakespeare,** by
Edwin Goadby. Mit Anmerkungen zum Schulgebrauch
herausgegeben von **Dr. O. Hallbauer.** Mit 7 Abbildungen.
Bielefeld u. Leipzig 1904. VII u. 104 s.

Den schülern der prima, die sich durch ein stück des
grofsen dramatikers im urtext hindurchgearbeitet haben, das
England des 16. jahrh. kulturgeschichtlich vorzuführen, hat
etwas verlockendes. Der verfasser des vorliegenden werkchens
macht den versuch mit schönem erfolg. Er entwirft zunächst
ein bild von der physiognomie des landes, schildert sodann in
knappen zügen die entwicklung von handel und gewerbe, von
heer und flotte und behandelt in zwei weiteren kapiteln die
wesentlicheren kulturfragen: religion und erziehung, wissenschaft und aberglauben. Nach einer ausführlichen beschreibung
des hoflebens fordert er den leser zu einem gange durch Shakespeares London auf. Ein überblick über die entwicklung des
dramas bildet den schlufs. Die sprache ist leicht und anschaulich. Es wimmelt allerdings von seltenen wörtern, be-

sonders im dritten kapitel, das überhaupt über die bedürfnisse der schule hinausgeht. Zahlreiche zitate aus Shakespeare sind geschickt in den text eingeflochten. Ben Jonson hätte mehr, als es geschieht, zum vergleiche herangezogen werden sollen, denn seine lustspiele spiegeln das tun und treiben der damaligen zeit vorzüglich wieder, besonders die oft erwähnten *humours*.

Der herausgeber macht sich in den anmerkungen viel arbeit mit der erklärung der zahlreichen städte- und strafsennamen. Diese mühe wäre ihm erspart geblieben, wenn er dem bändchen je eine karte von England und von London zur zeit Shakespeares beigegeben hätte. Diese karten sind ein unbedingtes erfordernis für eine derartige lektüre. Die erklärungen der bekannteren personennamen wie Portia, Hamlet, Shylock u. a. hingegen sind ganz überflüssig. Schüler, die ihren Shakespeare in der deutschen übersetzung nicht einigermafsen kennen, haben kein interesse an einem solchen kulturbild. Worauf bezieht sich die anspielung in *the owl in Mr. Froude's fable* (s. 1)? Solche dinge gehören doch an erster stelle in eine anmerkung, mehr als die regièrungszeit Elisabeths oder Jakobs I. Das ist aber das bedauerliche in modernen schulausgaben, dafs sie so häufig über wirkliche schwierigkeiten hinweggehen, dafs die anmerkungen vielfach verfehlen, dem lehrer eine unterstützung zu sein. Die betreffende stelle mufste entweder erklärt oder weggelassen werden. Froude ist übrigens seit der 1891er ausgabe des Muret gestorben (1894). Falstaffs ausspruch (s. 24, 4) steht Henry IV., 2. teil IV, 3 (nicht 1). Die anmerkung zu *taking tobacco* (s. 39, 9) besagt nichts; der ausdruck gehört dem Elisabethschen Englisch an und ist daher vom verfasser in gänsefüfschen gesetzt. S. 47, 22 drückt *would* eine vermutung aus, was aus der anmerkung (= mufste) nicht hervorgeht; besser = mufste doch wohl. S. 50, 26 *a man of many stripes* = haudegen, ist irreführend; unsere zeitungen nennen das heutzutage einen „prügelpädagogen". 51, 13 Ben Jonson sagt *small Latin*, nicht *little*. 56, 23 *consummation* = ende. Greens charakteristik der Elisabeth s. 60, 9 wäre wohl besser weggeblieben. S. 70, 14 *the Tower ... representing the munificence which entertained royalty* soll nach der anmerkung heifsen: „der die befestigung darstellte, die das königtum unterstützte"; *munificence* und *entertain* fänden sich in diesen veralteten bedeutungen in Shakespeare. Das ist ein irrtum; *munificence* findet sich überhaupt nicht bei Sh., auch nicht in seiner heutigen bedeutung. Und wie käme herr Goadby dazu, seine gedanken in ein so altertümlich gewand zu kleiden? Die stelle heifst einfach: „die freigebigkeit, die könige bewirtete". Wer die freigebigkeit übt, und welches die könige sind, ob englische oder ausländische, das geht aus der stelle nicht hervor. Der verfasser hätte sich eben einer klareren, deutlicheren ausdrucksweise bedienen sollen. Sein stil ist auch sonst nicht einwandfrei, vgl. den sehr schlechten satz s. 53, 11—13 oder s. 49, 25; auch das *threatened* s. 43, 7 ist sehr bedenklich statt *threatening*.

English Authors *lief 99 B.* **New England Novels.** *Three Stories of Colonial Days*, by **Jane G. Austin.** Mit Anmerkungen zum Schulgebrauch herausgegeben von **Gustav Opitz**, Professor am Dorotheenstädt. Realgymn. zu Berlin. Bielefeld u. Leipzig 1904. VIII u. 92 s.

Die ausgabe enthält drei erzählungen aus der amerikanischen geschichte. Die erste schildert die leiden und entbehrungen der Pilgrim Fathers nach ihrer landung in ihrer neuen heimat. Sie ist wegen ihrer altertümelnden sprache für die schule nicht geeignet. Die beiden andern führen uns in die zeit des unabhängigkeitskrieges und lesen sich recht spannend. Jede enthält einen schiffbruch und eine wunderbare errettung; das wirkt stets, besonders auf die schuljugend.

Die anmerkungen haben in der hauptsache die archaismen des ersten stücks und den dialekt des küsters in der zweiten geschichte zu erklären, verirren sich leider gelegentlich auf das grammatische gebiet. In *sit you here* s. 1, 5 ist *you* reflexivpronomen, nicht personale. Dafs in der heutigen prosa *mine* neben *my* vor *own* häufig sei (s. 17, 25; 5, 1), wird entschieden bestritten. S. 43, 22 spricht von „folgesätzen, die finalen sinn haben"; das ist eine vermengung grammatischer begriffe. Das verb *to transpire* wird auch in England, besonders in zeitungen, fälschlicherweise in der bedeutung von „geschehen" gebraucht (s. 69, 6).

Frankfurt a/M. K. Lincke.

Arnold's Home and Abroad Readers. Book III: **England and Wales.** London, Edward Arnold. 200 S. Preis 1 sh 3 d.

Das vorzüglich gedruckte und mit schönen abbildungen ausgestattete büchlein behandelt in 39 kapiteln die geographie Englands und berührt in drei weiteren kurzen abschnitten Schottland, Irland und die Länder jenseits der Nordsee. Es lehrt das kind die karte lesen und macht es spielend, in einfacher, leicht verständlicher sprache, mit dem wissenswerten bekannt. Es gibt keine trockenen listen von namen, sondern weifs von jedem punkte etwas interessantes zu erzählen. Es schildert einen ausflug nach dem Peak District und nach den seen von Westmoreland, führt den jugendlichen leser in die kohlengruben und schieferbrüche und beschreibt die grofsen mittelpunkte der industrie und des handels. Die städte werden nach der beschäftigung der bewohner gruppiert. Das kind wird auch zum denken angeregt, es soll selbst die grofsen zusammenhänge zwischen boden und bewohnern herausfinden. Die bedingungen für die entwicklung der industrie werden aufgezählt und an beispielen erläutert. Warum entspringen die meisten grofsen flüsse im westen? fragt der verfasser und überläfst es dem lernenden, die antwort selbst zu finden. Heer und flotte und ihre bedeutung für England im vergleich mit anderen ländern werden behandelt. Eine aufmerksame lektüre des buches wird dem schüler klare geographische begriffe von seiner heimat vermitteln.

Frankfurt a. M.   K. Lincke.

Steps to Literature. Book III. **Stories from English and Welsh Literature.** London, Edward Arnold. 191 S. Preis 1 sh 3 d.

Unter diesem etwas anspruchsvollen und irreführenden titel wird ein hübsches lesebuch für die unterste stufe englischer schulen geboten, das einfache erzählungen nach dem Beowulf, Chaucer, Spenser, Shakespeare, Tennyson u. a. untermischt mit kleinen gedichten bringt. Die teilweise vorzüglichen bilder sind reproduktionen von gemälden englischer meister (Webster, Lawrence, Reynolds u. a.), und der herausgeber ist mit recht der meinung, dafs das beschauen und besprechen solcher bilder von demselben werte für die bildung des kindlichen gemüts und geschmacks ist wie ein hübsches gedicht oder eine ansprechende erzählung. Druck und ausstattung des büchleins verdienen höchste anerkennung.

Frankfurt a. M.   K. Lincke.

The Ranger Series of Scenes from Popular Books. **Scenes from A Christmas Carol,** by **Charles Dickens.** London: Edward Arnold. 64 s. Price 3 d.

Umfangreiche prosaerzählungen oder ganze romane in ausgewählten kapiteln dem leser auf knappem raume vorzuführen, wird immer ein gewagtes unternehmen bleiben. Dickens' *Christmas Carol* läfst sich wohl noch auf 64 seiten zusammendrängen, nicht aber Kingsley's *Westward Ho!* oder Scott's *Ivanhoe*, die in derselben sammlung gegeben werden. Die jugend mag die vollständigen werke lesen, und sie wird es mit eifer und genufs tun. Sie bekommt sonst von allem nur das, was der Engländer ein *smattering* nennt, und diese gefahr mufs vermieden werden.

Arnold's Language Lessons. Book I. For Junior Classes. 32 s.
2 d. — Book VI. For Senior Classes. 64 s. 3 d. London:
Edward Arnold.

Hilfsbücher für den unterricht in der muttersprache, be-
ginnend mit anweisungen zur rechtschreibung und zum verständnis der elementargrammatik und endend mit einem vollständigen kursus der englischen grammatik.

Frankfurt a. M. K. Lincke.

III. NEUE BÜCHER.

In Deutschland erschienen vom 1. Juli bis 30. September 1907.

L Sprache.

a) **Grossmann** (H.), Das angelsächsische Relativ. Diss. Berlin. '06· 94 s.

Dusenschön (F.), Die Präpositionen *aefter, aet* und *be* in der altenglischen
Poesie. Diss. Kiel. '07. 35 s.

Nicolai (O.), Die Bildung des Adverbs im Altenglischen. Diss. Kiel. 58 s.

Cornelius (Heinr.), Die altenglische Diphthongierung durch Palatale im
Spiegel der mittelenglischen Dialekte. Halle, M. Niemeyer. M. 6.

b) **Lange** (F.), Darstellung der syntaktischen Erscheinungen im angelsächsischen Gedichte von 'Byrhtnod's Tod'. Ein Beitrag zur angelsächs.
Syntax. Diss. Rostock. '06· 115 s.

Dunkhase (H.), Die Sprache der Wulfstan'schen Homilien in Wulfgeats Handschriften. Diss. '06· 77 s.

c) **Riegler** (Prof. Rich.), Das Tier im Spiegel der Sprache. Ein Beitrag zur
vergleich. Bedeutungslehre. XX, 295 s. Dresden, C. A. Koch. M. 7,20.
(Neusprachl. Abhandlungen hrsg. v. Dr. Cl. Klöpper. 15. u. 16. Hft.)

d) **James** (William), Wörterbuch der englischen u. deutschen Sprache. 40. Aufl.
von C. Stoffel. Englisch-Deutsch u. Deutsch-Englisch in 1 Bde. XII,
524 u. 485 s. Leipzig, Tauchnitz. M. 4,50, geb. 5.

Schmidt (R.), Dictionary autotechnic, compiled in 4 Languages. Vol. III.
English — German — French — Italian. 207 s. Berlin, R. C. Schmidt
& Co. M. 2,80.

Lesser (Erich), Englisch-deutsches Fachwörterbuch des Maschinenbaues u.
der Elektrotechnik zum Gebrauch f. Ingenieure u. Techniker. Weimar,
Steinert. M. 2,10.

2. Literatur.

a) Allgemeines.

Eisler (Jul.), Grundlegung der allgem. Aesthetik. VII, 51 s. Wien, Eisen-
stein & Co. M. 1.

Vischer (Frdr. Thdr.), Das Schöne u. die Kunst. Zur Einführg. in die Aesthetik.
Vorträge. 3. Aufl. XVIII, 308 s. Stuttgart, Cotta Nachf. M. 6, geb. 7.

Kleinmayr (Dr. Hugo v.), Zur Theorie der Tragödie. IV, 100 s. Wien, C.
Konegen. M. 1,50.

Gotzes (P. Heinr.), Die Tiersage in der Dichtung. Literar. Studie. 42 s.
Hamm, Breer & Thiemann. M. 0,50.

Kralik (Rich. v.), Die Gralsage. Gesammelt, erneuert u. erläutert. XVI, 348 s. Ravensburg, F. Alber. Geb. M. 4.

Golther (Wolfg.), Tristan u. Isolde in den Dichtungen des Mittelalters u. der neuen Zeit. III, 465 s. Leipzig, Hirzel. M. 8,50, geb. 10.

Maas (Herm.), Äufsere Geschichte der englischen Theatertruppen in dem Zeitraum von 1559—1642. X, 283 s. Leipzig, Harrassowitz. Subskr.-Pr. M. 14,40, Einzelpr. 18.

Möller (Gymn.-Prof. Dr. Geo. Herm.), Beiträge zur dramatischen Cleopatra-Literatur. Progr. 39 s. Schweinfurt, E. Stoer. M. 1.

Grieben (E.), Das Pagenmotiv im englischen Drama. Diss. Rostock. '06· 80 s.

Reinicke (W.), Der Wucherer im älteren englischen Drama. Diss. Halle. 78 s.

Liebe (C.), Der Arzt im Elisabethanischen Drama. Diss. Halle. 50 s.

Püschel (J.), Das Leben der Vornehmen Englands im 16. u. 17. Jhdt. vornehmlich nach den Dramen Ben Jonsons. Diss. Halle. 99 s.

Farrer (J. A.), Literarische Fälschungen. Mit 1 Einführg. v. Andr. Lang. Aus dem Engl. v. Fr. J. Kleemeier. XXIII, 223 s. Leipzig, Thomas. M. 5, geb. 6.

Sichel (J.), Die englische Literatur im Journal Etranger. Ein Beitrag zur Geschichte der literarischen Beziehungen zwischen England u. Frankreich im 18. Jahrh. Diss. Heidelberg. 74 s.

Foerster (Ernst), Die Frauenfrage in den Romanen englischer Schriftstellerinnen der Gegenwart. V, 78 s. Marburg, N. G. Elwert. M. 1.

Dichtung, Viktorianische. Eine Auswahl aus E. Barrett-Browning, R. Browning, A. Tennyson, M. Arnold, D. G. Rossetti, W. Morris, A. Ch. Swinburne, Chr. Rossetti, m. Bibliographien u. lit.-hist. Einleitgn. v. Prof. Dr. Otto Jiriczek. XIX, 486 s. Heidelberg, Winter. Geb. M. 4.

b) Literatur der älteren Zeit.

Waerferth's v. Worcester, Bisch., Übersetzung der Dialoge Gregors des Grofsen über das Leben u. die Wundertaten italienischer Väter u. üb. die Unsterblichkeit der Seelen. 2. Abt. Einleitg. v. Hans Hecht. IV, 183 s. Hamburg, H. Grand.
   (Bibl. der ags. Prosa, begr. v. Grein, fortges. v. Rich. P. Wülker. V. Bd. 2. Abt.)

Eule u. Nachtigall. Gadow (W.), Neuausgabe des mittelenglischen Streitgedichtes Eule u. Nachtigall, mit Einleitg. und Wortschatz. I. T. Diss. Berlin. 53 s.

c) Literatur des 16.—18. Jahrhunderts.

Spenser. Riedner (Dr. Wilh.), Spensers Belesenheit. 1. Tl. Die Bibel u. das klass. Altertum. XI, 132 s. Leipzig, H. Deichert Nachf. M. 3,20.
   (Münchener Beiträge z. roman. u. engl. Philol. XXXVIII.)

Kyd. Crawford (Ch.), A Concordance to the Works of Thomas Kyd. 2. Tl. s. 201—400. 30,5×23,5. Louvain. Leipzig, O. Harrassowitz. Subskr.-Pr. M. 16, Einzelpr. 20.
   (Materialien zur Kunde des ältern engl. Dramas, begr. u. hrsg. v. Prof. W. Bang.)

Shakespeare. Jahrbuch der deutschen Sh.-Gesellschaft. Hrsg. v. A. Brandl u. Wolfg. Keller. 43. Jhrg. XXXII, 493 s. Berlin-Schöneberg, Langenscheidt's Verl. M. 11, geb. 12.

— Joachimi-Dege (Dr. Marie), Deutsche Sh.-Probleme im XVIII. Jhdt. u. im Zeitalter der Romantik. IX, 296 s. Leipzig, H. Haessel Verl. M. 6, geb. 7.

— Bleibtreu (Carl), Die Lösung der Sh.-Frage. Leipzig, Th. Thomas. Kart. M. 3.

— Lederer (Dr. Frz.), Die Ironie in den Tragödien Shaksperes. VII, 84 s. Berlin, Mayer & Müller. M. 2.

Shakespeare. Vischer (Frdr. Thdr.), Shakespeare-Vorträge. 2. Bd. Macbeth. Romeo u. Julia. 2. Aufl. XII, 294 s. Stuttgart, Cotta Nachf. M. 6, geb. 7.
— Klingbeil (W.), Der poetische Wert der beiden ersten Quartos von Sh.'s Romeo and Juliet u. die Art ihrer Entstehung. Diss. Königsberg. 127 s.
— Wie es Euch gefällt! Lustspiel. Für die deutsche Bühne bearb. v. Thdr. Ling. 83 s. Ulm, Gebr. Nübling. M. 1,50.
Brewer's (Anthony) The Love-Sick King. Edit. from the Quarto of 1655 by A. E. H. Swaen. XV, 64 s. Louvain. Leipzig, Harrassowitz. Subskr.-Pr. M. 4; Einzelpr. 4,80.
> (Materialien zur Kunde des ältern engl. Dramas, hrsg. v. Prof. W. Bang. XVIII. Bd.)

Thomson. Zippel (O.), Entstehungs- u. Entwickelungsgeschichte von Thomson's "Winter". Nebst hist. kritischer Ausg. der "Seasons". (T. I. Abhandlung.) Diss. Berlin. 67 s.

Johnson (Sam.). Kleuker (R.), Dr. Samuel Johnsons Verhältnis zur französischen Literatur. Diss. Strasburg. 165 s. 8°.

Fielding. Waldschmidt (C.), Die Dramatisierungen von Fielding's Tom Jones. Diss. Rostock. '06· 104 s.

Darwin (Erasmus). Eckhardt (E.), Beobachtungen über den Stil in Erasmus Darwins poetischen Werken, insbesondere im "Botanic Garden". Diss. Greifswald. 62 s.

d) Literatur des 19. Jahrhunderts.

aa) **Scott** (W.). Korff (H. A.), Scott und Alexis. Eine Studie zur Technik des historischen Romans. Diss. Heidelberg. 143 s.

Rossetti (Christina). Breme (M. Ignatia), Chr. Rossetti u. der Einfluss der Bibel auf ihre Dichtung. Münster, H. Schöningh. M. 2.

Tennyson. Jellinghaus (Paul), Tennysons Harold. Münster, H. Schöningh. M. 2.

Ruskin, Die Kunst zu lesen. Arbeit. Nach dem Original übertragen v. Johanna Severin. IV, 99 s. Halle, Gesenius. M. 1, geb. 1,50.

Wilde (Osc.), Dorian Grays Bildnis. Deutsch v. Fel. Paul Greve. Neue bill. Ausg. 367 s. Minden, J. C. C. Bruns. M. 2.
— Zwei Gespräche von der Kunst u. vom Leben. Übertr. v. H. Lachmann. Leipzig, Insel-Verl. M. 4.

bb) **Collection of British Authors.** Leipzig, Tauchnitz. je M. 1,60.

3973. Jerome (Jerome K.), The Passing of the Third Floor Back and other Stories.
3974. Jacobs (W. W.), Short Cruises.
3975. Pasture (Mrs. Henry de la), The Lonely Lady of Grosvenor Square.
3976. Bennett (Arnold), The Ghost. A Fantasia on Modern Themes.
3977. Woods (Margaret), The Invader.
3978. Glyn (Elinor), Three Weeks.
3979. Twain (Mark), Christian Science. With notes containing corrections to date.
3980. Williamson (C. N. and A. M.), The Lightning Conductor. The strange adventures of a motor-car.
3981. Lee (Vernon), Hortus Vitae et Limbo.
3982—83. Zangwill (Israel), Ghetto Comedies. 2 vols.
3984. Pemberton (Max), The Lodestar. A Novel.
3985. Moore (F. Frankfort), The Marriage Lease. The Story of a Social Experiment.
3986. Ruskin (John), Mornings in Florence. Being simple studies of christian art for English travellers.
3987. Hearn (Lafcadio), Kwaidan. Stories and studies of strange things.
3988. Vachell (Horace Annesley), The Hill. A romance of friendship.

cc) **Unwin's Library.** London u. Leipzig, T. F. Unwin. je M. 1,50.
49 A s k e w (Alice) and A s k e w (Claude), The Shulamite. Illust.

e) Amerikanische Literatur.

Emerson, Die Sonne segnet die Welt. Ausgewählte Essays u. Vorträge.
Düsseldorf, K. R. Langewiesche. Kart. M. 1,80.

Twain's (Mark) humoristische Schriften. N. F. Autorisiert. 2.—5. Aufl.
Stuttgart, Lutz. je M. 2, geb. 3.
2. Bd. Querkopf Wilson. Roman.
5. Bd. Adams Tagebuch u. andere Erzählungen.

3. Erziehungs- und Unterrichtswesen.

a) Allgemeines.

Schulerziehung, deutsche. In Verbindg. m. DD. Andreae, Gertr. Bäumer,
Förster u. a. hrsg. v. M. R e i n. (In 2 Bdn.) 1. Bd. XIII, 266 s. München,
Lehmann's Verl. M. 4,50.

Lietz (Herm.), Deutsche Landerziehungsheime in Schlofs Bieberstein i. d. Rhön,
Haubinda i/Th., Ilsenburg i. Harz, Gaienhofen a. Bodensee u. Sieversdorf
i. d. Mark. Leipzig, Voigtländer.
Das 9. Jahr 1906/7. 109 s. m. 13 Taf. M. 4.
Das 10. Jahr 1907/8. 1. Tl. 58 s. M. 2,50.

Zimmer (Prof. D. Dr. Frdr.), Die Zimmerschen Töchterheime. 30 s. Berlin,
Wunder. M. 0,50.

Towne (Elizab.), Neue Menschen. Wie man Kinder u. Eltern erzieht! Übers.
v. H a r r y W. B o n d e g g e r. 40 s. Berlin, Georgi. M. 1.

Haase (Johs.), Wie erziehe ich mein Kind? Hamburg, Schlofsmann. M. 0,60.

Mason (Charlotte M.), Erziehung im Hause. Nach der 3. durchgeseh. Aufl.
Deutsche Bearbeitung v. E. K i r c h n e r. II. Eltern u. Kinder. XXIV,
250 s. Karlsruhe, Braun'sche Hofbuchdr. M. 3,50.

Plass (Dir. Past.), Über Arbeitserziehung. Vortrag. 18 s. Langensalza,
Beyer & Söhne. M. 0,40.

Nachtigal (A.), Künstlerische Weltanschauung. Ein Beitrag zur Kunsterziehung. Diss. Jena. '05· 48 s.

Weisweiler (Gymn.-Dir. Dr. Jos.), Das Schulkonzert. Ein Beitrag zur Frage
der Kunsterziehung am Gymnasium. 48 s. Leipzig, Quelle & Meyer. M. 0,80.

Salten (Alfr. v.), Pädagogische Kleinigkeiten. III, 74 s. Leipzig, Teutonia-
Verl. M. 0,60.

b) Geschichte der Pädagogik.

Raumer (Karl v.), Geschichte der Pädagogik vom Wiederaufblühen klassischer
Studien bis auf unsere Zeit. 1. Bd. Neue Ausg. 2. Aufl. VIII, 152 s.
Langensalza, Schulbuchh. M. 1,50, geb. 2.

Toischer (Gymn.-Dir. Wendelin), Geschichte der Pädagogik. III, 187 s.
Kempten, Kösel. Geb. M. 1.

Scherer (Schulr. H.), Die Pädagogik als Wissenschaft von Pestalozzi bis zur
Gegenwart in ihrer Entwickelung im Zusammenhange m. dem Kultur-
u. Geistesleben dargestellt. III. Abt. Die wichtigsten Darstellungen der
empir. Pädagogik. III, 298 s. Leipzig, F. Brandstetter. M. 4,40, geb. 5.

Luther. R i c h t e r (Dr. Paul), D. Martin Luthers pädagog. Schriften u. reformator. Verdienste um Schule u. Unterricht. VIII, 87 s. Halle, Schroedel.
M. 1,25.

Maintenon (Madame de), Extraits relatifs à l'éducation, choisis et annotés
par P r o f. H e n r i B o r n e c q u e et G e o r g e s L e f è v r e. VI, 152 s.
Berlin, Weidmann. M. 1,60.

Rousseau (Jean Jacques), bearb. v. Dr. G. Fröhlich, Prof. W. Glabbach u. G. Weber. I. T. Leben u. Lehre. H. T. Rousseau's Emil. 2. verb. Aufl. VIII, 398 s. Langensalza, Schulbuchh. M. 4,80, geb. 5,50.

— Sturz (Pet.) [1736—79], Rousseau. Ein Beitrag zu seiner Charakteristik u. Darstellung seines Aufenthalts auf preufs. Gebiet. Hersg. u. mit Anm. vers. v. Rekt. W. Hardt. 32 s. Langensalza, Schulbuchh. M. 0,50.

Sailer (Johann Mich.). Bearb. v. Prof. Wilh. Glabbach. 2. verm. u. verb. Aufl. XII, 405 s. Langensalza, Schulbuchh. M. 4,80, geb. 5,50.

Niethammer. Pfeifer (Dr. Rich. Arwed), Kritik der Schrift Friedr. Immanuel Niethammers: „Der Streit des Philanthropinismus u. Humanismus in der Theorie des Erziehungsunterrichts unserer Zeit. Jena 1808." Ein Beitrag zur Gesch. der Gymnasial-Pädagogik. 43 s. Leipzig, J. v. Schalscha-Ehrenfeld. Bar M. 2,50.

Fröbel. Mecke (Hanna), Fröbelsche Pädagogik u. Kinderforschung. Vortrag. 14 s. Langensalza, Beyer & Söhne. M. 0,35.

— Regmann (N.), Fr. Fröbels Geistesart u. Philosophie. Diss. Jena. 77 s.

Schleiermacher. Wickert (Rich.), Die Pädagogik Schleiermachers in ihrem ·Verhältnis zu seiner Ethik. Leipzig, Th. Thomas. M. 3.

Herbart. Wagner (Dr. Ernst), Vollständige Darstellung der Lehre Herbarts. (Psychologie, Ethik, Pädagogik.) 11. verm. u. verb. Aufl. X, 450 s. Langensalza, Schulbuchh. M. 5, geb. 5,70.

— Flügel (O.), Herbarts Lehren u. Leben. IV, 156 s. Leipzig, Teubner. M. 1.

— Renat (Matthäus), Herbart. Zur Würdigung seiner Pädagogik. 44 s. München, Höfling. M. 0,60.

— Thomas (Lehrer K.), Kann Herbarts Psychologie noch heute als Grundlage des psychol. Studiums empfohlen werden? 51 s. Langensalza, Schulbuchh. M. 0,65.

Schultz (Rekt. Adf.), Der deutsche Schulmann im Spiegel der vaterländischen Literatur des XVI. u. XVII. Jhdts. 30 s. Bielefeld, Helmich. M. 0,60.

c) Psychologie.

Bcetz (K. O.), Einführung in die moderne Psychologie. III. Bd. s. 325—889. (Begriffliche Einleitg., psycholog. Grundlinien der Psychologie, psychol. Aufrifs. 16 Abbildgn. u. 4 Taf. 2. völlig umgearbeitete u. auf das mehrfache erweit. Aufl. Osterwieck, A. W. Zickfeldt. M. 5, geb. 5,80.

Ebbinghaus (Herm.), Abrifs der Psychologie. Leipzig, Veit & Co. M. 3.

Elsenhaus (Dr. Th.), Psychologie u. Logik zur Einführg. in die Philosophie. Für Oberklassen höherer Schulen. 4. verb. Aufl. 5 Abdr. 144 s. Leipzig, Göschen. M. 0,80.

Friedlaender (Dr. S.), Psychologie. 72 s. Berlin, H. Hillger. M. 0,30, geb. 0,50.

Geyser (J.), Lehrbuch der allgemeinen Psychologie. Münster, Schöningh. M. 6.

Switalski (Prof. Dr. B. W.), Das Leben der Seele. Eine Einführung in die Psychologie. 148 s. Braunsberg, Bender's Buchh. M. 2, geb. 2,80.

Mercier (Kard. Erzbisch., ehem. Prof. Dir. D.), Psychologie. Nach der 6. u. 7. Aufl. des Franz. ins Deutsche übers. u. m. e. Einleitg. vers. v. L. Habrich. 2. Bd. Das Verstandes- od. Vernunftleben. VI, 400 s. Kempten, Kösel. M. 6, geb. 7.

Wundt (Wilh.), Outlines of Psychology. Translated with the cooperation of the author by Prof. Dir. Dr. Charles Hubbard Judd. 3rd rev. English ed. from the 7th rev. German ed. XXII, XXIV, 392 s. Leipzig, Engelmann. M. 8.

Schultze (O.), Einige Hauptgesichtspunkte der Beschreibung in der Elementarpsychologie. I. Erscheinungen u. Gedanken. Diss. Würzburg. '06· 98 s.

Stern (Clara) u. **Stern** (William), Monographien über die seelische Entwickelung des Kindes. I. Die Kindersprache. Eine psychol. u. sprachtheoret. Untersuchung. XII, 394 s. Leipzig, J. A. Barth. M. 11, geb. 12.

Focken (weil. Rekt. Th.), Begriff u. Wesen der Apperception u. ihre Wichtigkeit f. den unterrichtenden Lehrer. 3. durchges. Aufl. 56 s. Minden, Hufeland. M. 0,80.

Dürr (F.), Die Lehre von der Aufmerksamkeit. Leipzig, Quelle & Meyer. M. 3,80.

Delitsch (Hilfsschuldir. J.), Über individuelle Hemmungen der Aufmerksamkeit im Schulalter. Vortrag. 21 s. Langensalza, Beyer & Söhne. M. 0,50.

Landmann (Lehr. Hugo), Über die Möglichkeit der Beeinflussung abnormer Ideenassoziation durch Erziehg. u. Unterricht. Vortrag. 17 s. Langensalza, Beyer & Söhne. M. 0,40.

Walsemann (weil. Rekt. A.), Das Interesse. Sein Wesen u. seine Bedeutg. f. den Unterricht. Neu bearb. u. mit Anmerkgn. vers. v. Sem.-Dir. Dr. H. W a l s e m a n n. 2. Aufl. 124 s. Hannover, C. Meyer. M. 1,80.

Neumann (G.), Experimentelle Beiträge zur Lehre von der Ökonomie u. Technik des Lernens. Diss. Kiel. '06· 60 s.

d) Gesundheitspflege.

Baur (A.), Atlas der Volks- u. Schulhygiene. Esslingen, J. F. Schreiber. Geb. M. 6,50.

Orthner (Ob.-Bezirksarzt Dr. Joh.), Der Stand der Schulhygiene nach den Verhandlungen des 1. schulhygien. Kongresses in Nürnberg. IV, 412 s. Wels (J. Haas). M. 6.

Hanausek (Dr. T. F.), Lehrbuch der Somatologie u. Hygiene f. Lehrer- u. Lehrerinnenbildungsanstalten bearb. 5. verb. Aufl. 152 s. m. 145 Abbildgn. Wien, F. Tempsky (Leipzig, G. Freytag). Geb. M. 3.

Dannemann (Priv.-Doc. Oberarzt Dr. Adf.), Psychiatrie u. Hygiene in den Erziehungsanstalten. Eine Anleitg. f. Seelsorger, Lehrer u. Erzieher. 150 s. m. 1 Taf. Hamburg, Agentur des Rauhen Hauses. M. 2, geb. 2,80.

Dix (Lehr. Kurt Walther), Über hysterische Epidemien an deutschen Schulen. (Meissener Zitterepidemie. Tremor hystericus.) Vortrag. 42 s. Langensalza, Beyer & Söhne. M. 0,75.

Heller (Dir. Dr. Thdr.), Psychasthenische Kinder. Vortrag. 14 s. Langensalza, Beyer & Söhne. M. 0,35.

Lang (Leop.), Die kindliche Psyche u. der Genufs geistiger Getränke. Nach e. Vortrag. Mit Vorwort v. suppl. Chef Doz. Dr. A l e x. P i l c z. IV, 81 s. m. 14 Taf. Wien, Safář. M. 1,40.

Fiebig (Dr. M.), Rachitis als eine auf Alkoholisation u. Produktionserschöpfung beruhende Entwickelungsanomalie der Bindesubstanzen dargestellt. 34 s. Langensalza, Beyer u. Söhne. M. 0,75.

Walter (Prof. Dr. Frz.), Die sexuelle Aufklärung der Jugend. Notwendigkeit, Schranken u. Auswüchse. Mit Berücksichtigg. der sozialen Verhältnisse. 162 s. Donauwörth, L. Auer. Geb. M. 1,60.

Förster (Fr. W.), Sexualethik u. Sexualpädagogik. Kempten, Kösel. M. 1.

Thalhofer (D. Dr. Frz. Xav.), Die sexuelle Pädagogik bei den Philanthropen. VI, 127 s. Kempten, Kösel. M. 1,80.

e) Unterrichtsorganisation.

Horn (Ewald), Das höhere Schulwesen der Staaten Europas. Eine Zusammenstellung der Stundenpläne. VIII, 209 s. Berlin, Trowitzsch & Sohn. M. 6.

Butler (Univ.-Präs. Dr. Nicholas Murray), Schulbildung in den Vereinigten Staaten. Verdeutscht v. Dr. L. R. K l e m m. 26 s. Minden, Marowsky. M. 0,60.

Paterson (A.), Samuel Wilderspin u. das Infant System. Ein Beitrag zur Geschichte des englischen Schulwesens. Diss. Jena. '06· 96 s.

Erziehungs- u. Unterrichtswesen in der Schweiz. Hrsg. vom Bureau der Centralkommission f. schweizer. Landeskunde. Red. v. Bibl. Beamt. A l b. S i c h l e r. 1. Bd. 2. Hälfte. Das Schulwesen im Allgem. XII, 443 s. Bern, Wyss. M. 3,50.
(Bibliogr. der Schweizer. Landeskunde Fasc. V, 10 c.)

Handbuch über die Organisation u. Verwaltung der staatlichen, staatlich verwalteten u. staatlich unterstützten Unterrichtsanstalten in Preussen. In lexik. Form bearb. u. hrsg. v. O. Heinemann. Potsdam, A. Steins Verl. Lfg. 1—6. je M. 3.

Hinterberger (Dr. Alex.), Weiteres zur Frage der Erziehung an Mittelschulen, bes. zur Frage der Einheitsmittelschule. [Aus: „Die Schulreform.] V, 50 s. Wien, Braumüller. M. 1.

Jerusalem (Prof. Dr. Wilh.), Unsere Mittelschule. Ein Wort zur Reformfrage. 38 s. Wien, Braumüller. M. 0,80.

Rhenius (Landwirtschaftssch.-Dir. Dr.), Wo bleibt die Schulreform? Ein Weckruf an das Volk der Denker. Gewidmet der deutschen Jugend u. ihrem Kaiser. Neue billige Text-Ausg. IV, 156 s. Leipzig, Fel. Dietrich. M. 1.

Winterfeld (Arch. v.), Was will die Schulreform? 15 s. Leipzig, Fel. Dietrich. M. 0,25.

Zahler (Dr. Hans), Andere Wege. Gedanken üb. Reformen im Schulwesen. Mit 1 Planbeilage v. Archit. Otto Kästli. VIII, 72 s. Bern, A. Francke. M. 1,30.

Michaelis (Stadtschulr. Dr. Carl), Die Stadt Berlin u. das Reformgymnasium. Vortrag. 2. Aufl. 24 s. Leipzig, Dürr'sche Buchh. M. 0,50.

Temming (Oberl. Dr. Ernst), Wie erzieht u. bildet die höhere Mädchenschule unsere Töchter? Ein Beitrag. 47 s. Minden, Marowsky. M. 0,80.

Baumann (Jul.), Für freie Universitäten neben den Staatsuniversitäten. Langensalza, H. Beyer & Söhne. M. 1,20.

Behrens (Prof. Dr. Dietr.), Zur Geschichte des neusprachlichen Unterrichts an der Universität Gießen. 28 s. (S.-A. aus Die Univ. Gießen 1607—1907. Beiträge zu ihrer Gesch. 2 Bde.) Gießen, A. Töpelmann. M. 0,80.

Schröder (Dr. Heinrich), Zur Gleichstellung der höheren Beamten in Preußen, insbes. der Philologen u. Juristen. 80 s. Gelsenkirchen, Kannengießer. M. 1.

Thomsen (Dr. P.), Die gegenwärtige Lage u. die Wünsche der akademisch gebildeten Lehrer in Sachsen. 20 s. u. 10 s. Beilagen. Leipzig, Dr. Seele & Co. M. 0,50.

f) Didaktik und Methodik.

Schwochow (Rekt. H.), Die Fachbildung des Lehrers im Amte. III. T. Die Vorbereitung auf die Rektorprüfung, zugleich e. Repetitorium der Methodik u. Schulpraxis. 6. erweiterte Aufl. 381 s. Leipzig, Dürr'sche Buchh. M. 4,40, geb. 5.

Pabst (Sem.-Dir. Dr. A.), Die psycholog. u. pädagog. Begründung der Notwendigkeit des praktischen Unterrichts. Vortrag. 16 s. Langensalza, Beyer & Söhne. M. 0,40.

Vogel (Dr. Aug.), Die pädagog. Sünden unserer Zeit. Ein krit. Überblick üb. die Bestrebungen der modernen Pädagogik auf dem Gebiete des höhern u. des niedern Schulwesens. III, 118 s. Lissa, F. Ebbecke. M. 2,50.

Foerster (Fr. W.), Schule u. Charakter. Beiträge zur Pädagogik des Gehorsams u. zur Reform der Schuldisciplin. 213 s. Zürich, Schulthess & Co. M. 3.

Lippold, Das Ehrgefühl u. die Schule. Progr. Torgau. 49 s.

Vatter (Taubst.-Erz.-Anst. Dir. Johs.), Anschauliche Unterrichtssprache, Mimik u. Aktion. 17 s. Friedberg (Frankfurt a. M., K. Scheller). M. 0,50.

Cramer (Frz.), Die freiere Behandlung des Lehrplans auf der Oberstufe höherer Lehranstalten. Berlin, Weidmann. M. 2.

Rückoldt, Der fremdsprachliche Aufsatz in den Mittelklassen. Progr. Sonneberg. 11 s. 4°.

g) Lehrbücher für den englischen Unterricht.

aa) Bube (J.), English Poetry for German Schools. In 3 Pts. I u. II: VI, 48 u. IX, 82 s. III: XI, 195 s. Berlin-Schöneberg, Langenscheidt. M. 3 (geb.).

Ellinger (Dr. Joh.) u. **Butler** (A. J. Percival), Lehrbuch der englischen Sprache. Ausg. B. Wien, F. Tempsky.
  2. Tl. An English Reader. With explanatory Notes, Maps, Illusts. etc. M. 4,50.

Goerlich (Dir. Dr. Ew.), Englisches Lesebuch. 3. Aufl. VIII, 329 s. Paderborn, Schöningh. M. 3.
— The British Empire. Its Geography, History, and Literature. Ein Hilfsbuch f. den engl. Unterricht in den oberen Klassen. (Sonderabdruck des II. T. des engl. Lesebuchs.) 2. Aufl. 171 s. Paderborn, F. Schöningh. M. 1,60.

Lindenstead (Sprachlehr. Arth., B. A.), Gregory's Fledglings and what became of some of them. III, 176 s. Berlin, Mittler & Sohn. M. 2,10.

Craik (Mrs.), Cola Monti. Hrsg. v. Dr. A. Wiemann. 5. Aufl. besorgt v. Fr. Müller. 161 s. 12°. Gotha u. Leipzig, R. Wöpke. M. 0,90.

Farrar (Frederic W.), St. Winifred's or the World of School. Im Auszuge hrsg. v. Gymn.-Prof. Dr. Rich. Ackermann. Mit Anm. u. Wörterverzeichnis. XII, 109 s. u. 30 s. München, Lindauer. M. 1, kart. 1,20.

Fraser (Dir. J. Nelson), England. Hrsg. v. Prof. Dr. Otto Badke. VIII, 146 s. Berlin, Weidmann. M. 1,50.

Gardiner (S. R.), England in Former Times. B. C. 55 — A. D. 1066. — 1485 — 1603. Aus Outline of English History ausgew. u. erklärt v. Dr. Adf. Schmidt. X, 88 s. m. 4 Karten. Berlin, Weidmann. M. 1.
— Modern English History from 1837 to the 20th Century. Aus Outline of English History ausgew. u. erklärt v. Dr. Adf. Schmidt. XI, 86 s. m. 2 Karten. Berlin, Weidmann. M. 1.

Goldsmith (Oliver), A Selection. Für den Schulgebrauch hrsg. v. Mädchensch.-Dir. Dr. A. Stoeriko. 144 s. Leipzig, Freytag. Geb. M. 1,50.

Lamb (Charles), Five Tales from Shakespeare. Mit e. Verz. d. Redensarten. Hrsg. v. A. Wiemann. 4. Aufl. 128 s. 12°. Gotha, Woepke. M. 0,65.

Shakespeare's Macbeth. Erklärt v. Herm. Conrad. XXXIX, 100 u. 104 s. Berlin, Weidmann. Geb. u. kart. M. 2,20.
— The Tragedy of Macbeth. Hrsg. v. Dr. H. Dhom. X, 79 u. 47 s. München, Lindauer. M. 1, kart. 1,20.

Smiles (Sam.), Self-Help. With Illusts. of Conduct and Perseverance. Hrsg. v. Prof. A. v. Roden. VII, 122 s. Leipzig, Renger. M. 1,40.

bb) **Ellinger** (Dr. John) u. **Butler** (A. J. Percival), A Short English Syntax and Exercises, with Glossary. 110 s. Wien, F. Tempsky. M. 1,90.
  (3. Teil des Lesebuchs der engl. Sprache.)

Goerlich (Dir. Dr. Ew.), Grammatik der englischen Sprache. 3. verb. Aufl. XII, 228 s. Paderborn, Schöningh. M. 2,50.

Haberland's Englische Unterrichtsbriefe. 34.—36. Br. Leipzig, Haberland. je M. 0,75.

Mohrbutter (Prof. Dr. A.), The Adviser. Lexikon f. englische Grammatik. IV, 148 s. Leipzig, Renger. M. 2, geb. 2,40.

cc) **Baumgartner** (Kantonsschul-Prof. Andr), Englisches Übungsbuch f. Handelsklassen. Vorschule u. Hilfsbuch f. kaufmänn. Korrespondenz. 2. verb. Aufl. VIII, 152 s. Zürich, Art. Institut Orell Füßli. Geb. M. 2.

Oberlé (Gen.-Dir. Ernest), Universal-Handelskorrespondenz in 7 Sprachen. English Part. VIII, 152 s. Leipzig, Verlag der modernen kaufmänn. Bibl. Geb. M. 2,75.

Schubert (Kurt), Englische Musterbriefe aus der Praxis f. die Praxis. Halle, Gesenius. Kart. M. 1; Schülerausg. ohne d. Übersetzgn. M. 0,80.

dd) **Goldschmidt** (Thora), Bildertafeln f. den Unterricht im Englischen. 26 Anschauungsbilder m. erläut. Text, Textübungen u. e. systematisch geordneten Wörterverzeichnis. 3. neubearb. Aufl. IV, 72 s. Leipzig, F. Hirt & Sohn. Kart. M. 2,50, geb. 3.

Heine (Mittelschul-Rekt. K.), Einführung in die englische Konversation auf Grund der Anschauung nach den Bildertaf. v. Hölzel. 4. Aufl. VIII, 150 s. m. 4 Bildern. Hannover, C. Meyer. M. 1,80.

Wingerath (ehem. Oberrealsch.-Dir. Dr. Hub. H.), A Short English Vocabulary. Arranged according to the intuitive method. 2nd ed. rev. IX, 84 s. Köln, M. du Mont-Schauberg. Geb. M. 0,80.

Klöpper (Clem.), Englische Synonymik u. Stilistik f. höhere Schulen, Studierende u. zum Selbststudium. VIII, 340 s. Breslau, Kern. M. 8, geb. 9.

4. Geschichte und Geographie.

Wendt (Oberrealsch.-Prof. Dr. G.), England. Seine Geschichte, Verfassung u. staatl. Einrichtungen. 3. Aufl. XII, 379 s. Leipzig, Reisland. M. 6, geb. 6,80.

Langenbeck (Wilh.), Englands Weltmacht in ihrer Entwicklung vom 17. Jhdt. bis auf unsere Tage. Mit 19 Bildnissen. Leipzig, Teubner. M. 1, geb. 1,25.

Lenschau (Dr. Thom.), Gröfserbritannien. 68 s. Halle, Gebauer-Schwetschke. M. 1.
    (England in deutscher Beleuchtg. 10. Hft. Subskr.-Pr. 0,75.)

Martin (Reg.-R. Rud.), Kaiser Wilhelm II. u. König Eduard VII. 95 s. Berlin, Verl. Dr. Wedekind & Co. M. 2, geb. 3.

Brand (Wilh. F.), England von heute. Dresden, C. Reissner. M. 2.

Falkenegg (Baron v.), Albion quo vadis? Eine welthistor. Betrachtung. 43 s. Berlin, Boll & Pickardt. M. 0,50.

Lorenz (Dr. Thdr.), Die englische Presse. VII, 136 s. Halle, Gebauer-Schwetschke. M. 1,50.
    (England in deutscher Beleuchtg. 9. Heft. Subskr.-Pr. M. 1,15.)

Woerl's Führer durch London u. Umgebung nebst e. Ausflug nach der Insel Wight. 4. Aufl. Leipzig, Woerl. M. 1.

Knortz (Prof. Karl), Die Vereinigten Staaten v. Amerika. Mit 17 Illustr. 96 s. Berlin, Hillger. M. 0,30, geb. 0,50.

Leonhard (Arth. v.), Durch Dick u. Dünn. Amerikanische Streifzüge. III, 480 s. Zürich, Müllers Verl. M. 4.

Roosevelt (Präsident Theodore), Amerikanismus. Schriften u. Reden. Ins Deutsche übertr. u. m. e. Vorwort vers. v. Dr. Paul Raché. 95 s. 16°. Leipzig, Reclam. (Univ.-Bibl. 4919.) M. 0,20.

5. Volkskunde.

Blavatsky (H. P.), Night Mare Tales. Deutsche Übersetzung. Leipzig, Lotus-Verlag.

6. Vermischtes.

Mac Kinnon (James), Das moderne Deutschland in britischer Beleuchtung u. die deutsch-britischen Beziehungen. Aus dem Engl. v. Pauline Mac Kinnon. V, 62 s. Dresden, Kühtmann. M. 1.

Sprache, Deutsche, u. deutsches Streben in Amerika. Von e. Deutsch-Amerikaner. 14 s. New York (Lemcke & Buechner). M. 0,50.

Petri (Alb.), Übersicht über die im J. 1901 auf dem Gebiete der englischen Philologie erschienenen Bücher, Schriften, Aufsätze. III, 151 s. Halle, M. Niemeyer. M. 4.
    (Suppl.-Heft zu Jahrg. 1903/4 [26. Bd.] der Anglia.)
    Leipzig.   Paul Lange.

IV. MITTEILUNGEN.

To the Editor of Anglia.

May I express through your columns my deep regret that
in my book on *John Webster* I should have misrepresented
Professor Köppel's views on the authorship of *The Revenge
for Honour* as in the January number of the *Beiblatt* Professor Köppel himself makes it clear that I did? The mistake
arose, I am led to think, through my practise of reading the
Quellen-Studien piecemeal, section by section, according to the
play then in hand, and from the circumstance that in the
section on the *Revenge* there is no more than a single, am-
biguous word — unserem unbekannten dramatiker — to
suggest to the reader Professor Köppel's disbelief in Chapman's
authorship, which he expresses later. For all that, this expression of regret is due from me immediately, whatever I
may in the future have to say in behalf of Chapman's claim
to the play.

Cleveland, Ohio.   Elmer Edgar Stoll.

Herausgegeben von Prof. Dr. **Max Friedrich Mann in Frankfurt a/M.**

Verlag von Max Niemeyer, Halle. — Druck von Ehrhardt Karras, Halle.

Beiblatt zur Anglia.

Mitteilungen
über englische Sprache und Literatur
und über englischen Unterricht.

Preis: Für den Jahrgang 8 Mark.

(Preis für 'Anglia' und 'Beiblatt' jährlich 24 Mark.)

XVIII. Bd.	Dezember 1907.	Nr. XII.

I. SPRACHE UND LITERATUR.

The Oxford Treasury of English Literature by **G. E.** and **W. H. Hadow.** Oxford Clarendon Press, 1906 u. 7. 8⁰.

Vol. I: **Old English to Jacobean.** XI + 356 pp. 3 s. 6 d.

Es ist dies der erste band eines auf drei bände berechneten werkes, das eine einführung in die englische literatur bieten will. Die methode ist die einer auswahl charakteristischer beispiele mit kurzen kritischen, erklärenden oder biographischen einleitungen. Und zwar haben die herausgeber mit recht lieber gröfsere zusammenhängende stücke weniger autoren, als kleine möglichst vieler gebracht. — Der erste band behandelt die prosa und poesie (mit ausschlufs des dramas) vom zeitalter Beowulfs bis zu dem könig Jakobs. Die angelsächsischen texte sind in übersetzung gegeben, ebenso wie der längere auszug aus *Sir Gawayn*; in den älteren mittelenglischen texten bis auf Lydgate und Occleve ist die alte schreibweise beibehalten, zum teil mit kommentar; von da an sind die texte modernisiert. Mit der auswahl kann man sich im allgemeinen einverstanden erklären. Doch ist die angelsächsische poesie viel zu kurz gekommen. Neben 460 zeilen aus *Beowulf* bringt das buch nur zwei rätsel aus Cynewulf und eine kurze stelle aus Alfreds übersetzung des Orosius. Die lyrik und die geistliche dichtung sind gar nicht vertreten. Auch die literarhistorische einleitung ist etwas gar zu dürftig. In der mittelenglischen poesie fehlt Langland, der nach meinung der herausgeber einer späteren

und fortgeschritteneren stufe des studiums vorbehalten bleiben
solle.

In der einleitung zu kap. IX „Einfluſs der italienischen
Renaissance" wird nach älteren literaturgeschichten behauptet,
Sackvilles einleitung zu dem *Mirror of Magistrates* sei eine
nachahmung von Dantes *Inferno*. In wirklichkeit zeigt diese
dichtung, die mit Dantes Inferno nur die düstere grundstim-
mung gemeinsam hat, nicht sowohl den einfluſs Dantes als den
Vergils und des Schotten Gavin Douglas.

Vol. II: **Growth of the Drama.** VIII + 416 pp. 3 s. 6 d.

Der zweite band, der das drama behandelt, ist nach den-
selben allgemeinen grundsätzen angelegt. Er bringt im ganzen
18 stücke und zwar ein jedes in ziemlicher vollständigkeit.
Und zwar sind diese stücke je sechs tragödien, komödien und
historien. Die tragödien sind das mirakelspiel *Abraham and
Isaac,* die moralität *The Nice Wanton, Gorboduc, Tamburlaine* II,
Sejanus und *Vittoria Corombona.* Als komödien bringt das
buch *The Second Shepherd's Play* aus den Towrnley Miracles,
Ralph Roister Doister, Lylys *Alexander and Campaspe,* Jonsons
Every Man in his humour, Dekkers *Shoemaker's Holiday* und
als „komödie der einbildungskraft" Beaumont and Fletchers
Philaster. Wenn *Philaster* als „komödie" bezeichnet wird, so
zeigt das nur zu deutlich, daſs die alte konventionelle drei-
teilung für das jakobitische drama nicht mehr paſst. In dieser
epoche ist die herrschende form des dramas die misch- und
zwischengattung der tragikomödie, und das müſste bei einer
übersicht der dramatischen literatur auch zum ausdruck
kommen. — Sehr dankbar können wir den herausgebern sein
für das *Mumming-play* von „Robin Hood und dem Gerber",
mit dem sie den dritten teil, die „historien", einleiten. Der
text dieses stückes ist ihnen von den aufführenden selbst gegeben worden, sowie es noch alljährlich im dorfe South Cerney
aufgeführt wird. Es folgen dann in mehr oder minder groſsen
auszügen Bales *King John,* Peeles *Edward I.,* Marlowes
Edward II., dann als „gegenstoſs gegen Shakespeare" *Sir John
Oldcastle* von Anthony Munday u. a. und endlich als nach-
zügler Fords *Perkin Warbeck.*

Im ganzen scheint die wahl mehr nach dem gesichtspunkte
des studiums Shakespeares, das das buch begleiten soll, ge-

troffen, als nach rein sachlichen gesichtspunkten. Sonst hätten die herausgeber wohl andere beispiele gebracht als z. b. das zwar interessante und tüchtige, aber sicherlich nicht charakteristische stück *Sir John Oldcastle*. Und dann hätte wohl auch die so reiche und bedeutende spätere blüte des englischen dramas weit mehr berücksichtigung gefunden. Von Beaumont u. Fletcher bringt das buch nur ihr frühestes drama *Philaster*, von Massinger — gar nichts. Auch das schäferdrama und das höfische maskenspiel hätten einige berücksichtigung verdient, sowohl um ihrer selbst willen, als namentlich wegen ihres grofsen einflusses auf das regelmäfsige drama.

Die einleitungen sind ausführlicher und erschöpfender als im ersten bande. Zwei einzelheiten sind mir aufgefallen. Dafs Shakespeare an Jonsons *Sejanus* mitgearbeitet habe, wie auf s. 58 behauptet wird, ist doch wohl mehr als zweifelhaft. Ferner wird das stück *The Second Maiden's Tragedy* von keinem forscher Beaumont u. Fletcher zugeschrieben; Massinger oder Cyril Tourneur werden als verfasser desselben genannt. — Im allgemeinen ist das buch als einführung in das drama recht brauchbar. — Ein dritter band soll die literatur von Milton bis Tennyson und Browning behandeln.

Myslowitz O/S., August 1907.　　　Ph. Aronstein.

E. K. Chambers, Notes on the History of the Revels Office under the Tudors. A. H. Bullen, London 1906. 80 pp. 8⁰.

Der verfasser des werkes *The Mediæval Stage* gibt hier einen sehr interessanten beitrag zur geschichte des englischen theaters. Er erzählt nach dokumenten die entstehung und verwaltung des Revels Office bis nach der thronbesteigung Jakobs I. Besonderes interesse haben die berichte von Lord Burghley aus dem jahre 1573 über eine neueinrichtung des amtes. Zugleich verfolgen wir die entwicklung der stellung als *Master of the Revels*; wir sehen, wie dieser hofbeamte an bedeutung immer mehr zunahm, allmählich die zensur über die dramen und theater in seine hand bekam und diese gegenüber den theaterfeindlichen einflüssen der puritanischen City-behörden behauptete, eine zensur, die sich etwa seit 1607 auch auf die veröffentlichung durch den druck ausdehnte. Das amt hatte ursprünglich seinen sitz in dem ehemaligen kloster der Blackfriars, bis dies durch James Burbage im jahre 1596

erworben und zu einem theater umgestaltet wurde; dann
siedelte das Revels Office nach St. John's Hospital in Clerken-
well über.

Myslowitz O/S., August 1907.   Ph. Aronstein.

Ferdinand H. Schwarz, Ph. D. Nicholas Rowe, The Fair Penitent.
*A Contribution to Literary Analysis with a Side-Reference
to Richard Beer-Hofmann* **Der Graf von Charolais.** Bern,
1907. 84 ss.

Nach einer allgemeinen übersicht über die literatur der
restaurationszeit gibt der verfasser eine genaue inhaltsangabe
des Roweschen stückes mit aufzählung der quellen und den
urteilen der literarhistoriker. Neues bringt er nicht. Sein
einziger beitrag zur literarhistorischen Genesis des stückes
ist die behauptung einer möglichen anlehnung Rowes an
Otways *Venice Preserved,* die aber auch nach seiner darlegung
nur eine möglichkeit bleibt. Ferner bespricht er kurz eine
deutsche bearbeitung des stückes von Seckendorff und gibt
dann, meist an der hand früherer kritiker, eine charakteristik
Rowes als schriftsteller. In einem anhange ist dann noch
einmal die rede von dem vorbilde Rowes, Massingers *Fatal
Dowry,* und den nachahmungen, die diese kraftvolle tragödie
sonst noch gefunden hat bis auf Beer Hofmanns drama *Der
Graf von Charolais.* Die arbeit enthält viel selbstbewußtes
raisonnement, bringt aber kaum etwas förderndes.

Myslowitz O/S., August 1907.   Ph. Aronstein.

**Max Plessow, Geschichte der Fabeldichtung in England bis zu John
Gay (1726).** Nebst Neudruck von Bullokars *„Fables
of Aesop"* 1585, *„Broke of Large"* 1580, *„Bref Grammar
for English"* 1586, und *„Pamphlet for Grammar"* 1586.
A. u. d. T.: **Palaestra** LII. Berlin, Mayer & Müller 1906.
CLII + 392 ss. 8⁰. Pr. 15 M.

Diese sehr umfangreiche veröffentlichung zerfällt in zwei
von einander ganz unabhängige teile. Der erste enthält eine
gesamtübersicht der englischen fabeldichtung bis zu John Gay
und eine genaue charakteristik der fabeln dieses dichters.
Der verfasser hat sein großes material mit vielem fleiße
bearbeitet, wenn auch kaum vollständig gedanklich durch-

drungen. Namentlich ist die gegenüberstellung der fabeln
La Fontaines und Gays mehr extensiv breit als scharf durch-
dacht. Im einzelnen ist zu bemerken, dafs der verfasser
Thomas Nash unrecht tut, wenn er ihm (s. LXVI) als fehler
vorwirft, dafs er Aesop zusammen mit Roscius als "tragedians"
bezeichne. Nash hat hier vollkommen recht, denn nicht der
phrygische fabeldichter ist gemeint, sondern der berühmte
tragische schauspieler Clodius Aesopus, der freund Ciceros. Der
ausdruck ist zuweilen ungeschickt, so wenn der verfasser z. b.
sagt: „In der rhetorik stimmt Gay zu Lafontaine in der häufigen anwendung vom vergleich" (s. CXLI) u. a. a. st. Druckfehler finden sich mehrfach.

Der zweite teil der arbeit enthält einen neudruck von
William Bullokars „Aesop's fables in true orthography with
grammar-notes" (1585) in der phonetischen, von dem verfasser
erfundenen orthographie des originals, nur dafs wegen der
schwierigkeit des druckes die zeichen zum teil geändert
worden sind. Literarisch sind diese für kinder aus dem Lateinischen übersetzten fabeln wertlos, wie der herausgeber
auch auseinandersetzt. Wichtig ist das buch dagegen für den
philologen als ein zeuge für die englische aussprache um die
mitte des 16. jahrhunderts. Aufser den fabeln enthält das
buch eine übersetzung der Disticha Catonis in derselben
orthographie, ferner eine theoretische abhandlung zur verbesserung der englischen orthographie mit einer vorrede und
einem prologe in siebentaktigen paarweise gereimten versen,
einer grammatik mit gereimter einleitung und eben solchen
regeln und einer abkürzung dieser grammatik. Die einge-
streuten verse zeigen, dafs Bullokar ein ebenso schlechter
dichter als braver, tüchtiger mann war. Das buch legt in
seiner art auch zeugnis ab für die vielseitigkeit und das reiche
energische leben jener wunderbaren epoche, in der auch schon
dies problem der englischen orthographie, das bis heute noch
seiner lösung harrt, so energisch und gründlich angefafst
worden ist.

Myslowitz O/S., August 1907. Ph. Aronstein.

Matthew Prior. Dialogues of the Dead and other Works in Prose and Verse. Edited by **A. R. Walter**, M. A. Cambridge, at the University Press, 1907.

This present volume includes the whole of Prior's English literary works in prose and verse, other than those published in the folio of 1718, which were contained in the volume reviewed in Anglia Beiblatt XVIII, 38. In the preparation of this volume Mr. Waller has been allowed to go through the Prior Papers at Longleat and he has thus been able not only to recover pieces hitherto unprinted but also to glean some interesting information about poems which have already seen the light. So from this source Mr. Waller has gathered evidence which places it beyond reasonable doubt that the *Satires*, the authorship of which Prior "diplomatically" repudiated, were really written by him. The editor has further ransacked various eighteenth century miscellanies and other likely sources in search of poems by Prior, and the result is an Appendix of Poems attributed to Prior — on internal and, as it seems to the present writer, in some cases rather doubtful evidence. The Latin Poems in the Longleat MSS., of which Mr. Waller found a large number, are for the present left unpublished.

The recaptured poetry is mainly composed of light fugitive pieces of the sort which we have already been accustomed for a long time to associate with Prior's name. All critics praise the wit and the artless art of his clever verse and the neatness of his epigram. They usually go on to say that clever and amusing as his poems are, in reality they are but agreeable trifles, and noone need take his passion for Chloe or Euphelia very seriously. It may be said of him, what he makes Montaigne say of Locke, "One may read his Book over as the Irishman eat Whipt-cream, and when they asked him what he had been doing, he said, he had been tasting a great Nothing". It is all the more refreshing to find among the Longleat Poems a piece which from a phrase in the poem itself Mr. Waller has christened *Jinny the Just* (pp. 360—3). This with its unforced mixture of humour and pathos shows all that genius for friendship for which those who knew him esteemed Prior so highly and which otherwise found so little

expression in his poetry. It is probable that in future anthologies of English verse Prior will be represented by this
poem instead of the rather artificial imitations of Horace
which generally do duty nowadays. But by far the most
important pieces printed here for the first time are the prose
Dialogues of the Dead, four in number, *i. e.* between Charles V
and the grammarian Clenard, Locke and Montaigne, Sir Thomas
More and the Vicar of Bray, and Cromwell and his Porter.
It is a curious freak of Providence that allowed these Dialogues
to remain unprinted so long, while taking care that editions
of Wesley's Sermons and Watts' Hymns should multiply ex-
ceedingly. Pope who read them in manuscript thought them
excellent and Mr. Waller says with justice that they seem to
be among the best of their kind. Prior has the same easy
unaffected mastery of style in prose as in verse, as sure a
wit, and a much more penetrating criticism of life. For all
their apparent lightness, these Dialogues *bite.* The central
idea, that of making two people quite opposite in character
criticise in dialogue one another's life and principles, is carried
out with a depth and closeness of reasoning which one would
scarcely have expected in Prior. The execution of the idea
proves, that as was *not* the case with most of his contem-
poraries, Prior's artistic endowment included a just sense of
proportion as well as a feeling for style. It is rare that an
addition of so much value can be made to the works of an
author who died so long ago as Prior, and the *Dialogues of
the Dead* will probably be regarded as the most important
find of late years in English Literature.

Bonn. H. T. Price.

**Richard Ackermann, Percy Bysshe Shelley, der Mann, der
Dichter und seine Werke.** Dortmund, Ruhfus. 1906.
pp. X + 382. Preis M. 6.

Die erste Shelleybiographie deutscher zunge, ein beschei-
denes aber verdienstvolles werkchen, das eine verehrerin des
dichters (Helene Druskowitz) im jahre 1884 in die welt
gesandt hatte, konnte mit der seit zwei dezennien rüstig fort-
schreitenden sonderforschung längst nicht mehr schritt halten,
und Helene Richters grofses werk kam 1898 wie gerufen.

Leider zeigte sich dies buch bei praktischer benützung recht
wenig verlässig, seine vierzig bogen schleppten einen ballast
von mythen und hypothesen, auch dichtgepfropften fehlern und
flüchtigkeiten mit, die eine verwendung des buches für studien-
zwecke nicht immer rätlich erscheinen lieſsen. Wir dürfen
uns also dazu glückwünschen, daſs ein veteran der Shelley-
philologie die immer noch bestehende lücke einer allseits be-
friedigenden darstellung jenes reichen dichterlebens ausfüllte,
ein veteran, der das eiserne kreuz der forschung an der brust
und die narben der geisteskämpfe (die furchen der denkarbeit)
an der stirne trägt. Was Richard Ackermann für das
studium jenes wahrhaft modernen dichters geleistet hat, ist
allbekannt, und sein name auf dem titelblatt einer neuen
Shelleybiographie gibt die gewähr für volle beherrschung des
stoffes, wissenschaftliche gründlichkeit und maſsvolle behandlung der materie. Überdies hat es der verfasser in seltener
weise verstanden, dem schweren geschütz der wissenschaft
die feurigen renner belletristischer erzählfreudigkeit[1]) vorzu-
spannen und damit ein buch zu schaffen, das den fachgelehrten
nirgends im stich lassen und die immer wachsende gemeinde
der laien in ausgezeichneter weise unterrichten und unterhalten wird. Man kann es dem verfasser nicht genug zum
lobe anrechnen, daſs er auf einem wissensgebiete, das dem
streit der meinungen von jeher tummelplatz gewesen, ganz
nach Tacitus' anweisung von blinder schwärmerei und schmäh-
sucht gleich weit entfernt mit stiller überlegung prüft und
sichtet und dem hypothetischen nur insoweit raum gewährt,
als neu erkannte gründe oder ein neuer betrachtungsmodus
eine hinreichende stütze dafür abgeben können (p. 110: „Es
ist aber nur ein gebot der gerechtigkeit, daſs man in solchen
fällen sich auch in die lage und den gedankenkreis der han-
delnden personen versetze“; p. 143: „Es ist zu weitgehend,
Shelley hier von jeder moralischen schuld freisprechen zu
wollen“). Ein hoher wert wohnt auch dem schluſskapitel inne,
das — im rahmen einer lebensbeschreibung allerdings in kür-

---

[1]) Will wenig besagen, wenn hie und da solch ein renner über die
stränge der grammatik oder stilistik schlägt. Jedenfalls erwächst einem
Max Meyerfeld kein recht daraus, eine verdiente wissenschaftliche leistung
als stilistische schüleraufgabe zu verkritisieren.

zeren ausführungen — unsren Shelley als mann und persönlichkeit, als dichter, prosaisten und übersetzer charakterisiert
(„es ist noch viel zu wenig hervorgehoben, welche muster
poetischer übersetzung Shelley in seinen nachdichtungen uns
geschenkt hat" p. 358) und auf den ungeheuren einfluſs hinweist, den der philosoph auf die groſse soziale frage und auf
die deutsche literatur der 48er jahre ausgeübt hat.[1]) In der
wichtigen 'Ignota'-frage (dem Neapolitaner geheimnis) vermeidet es Ackermann eine neue these vorzubringen, so deutlich
man auch zwischen den zeilen zu lesen vermeint, dafs er bereit
wäre die gleichung Ignota = Claire aufzustellen. Schreiber
dieser zeilen ist derselben meinung, ja er wäre kühn genug
hinzuzufügen 'Neapolitan charge' = Shelleys kind von Claire;
doch scheint eine buchbesprechung nicht der richtige platz
für die erörterung derartig verwickelter und delikater verhältnisse. Man sollte meinen, nach dem tode des kinderlosen
Sir Percy stünde nichts mehr im wege, um das schloſs vom
familienarchiv zu nehmen ...

Mit den nadelstichen kleiner detailbemängelungen sei
gegen den heldenleib dieses werkes nicht angekämpft. Nur
eine untergelaufene verwechslung der beiden Harriets (p. 215
Grove statt *Westbrook*) möge berichtigt werden. Zu der bemerkung, dafs Shelley kein tieferes verständnis für musik
besessen, obwohl er an gewissen opern viel geschmack fand
(in der allgemeinen würdigung, p. 362) hätte ich gern die
weitere notiz gefügt, dafs unser dichter eine von jenen innerlich musikalischen naturen gewesen sein mag, die in ermangelung jeglicher praxis sich fürs leben auch eine eigene
musiktheorie und musikreligion gebildet haben, die sie nicht
hindert, die seelenvolle tonsprache auf ihre weise leidenschaft-

---

[1]) Ein prächtiger vorwurf für eine literaturgewandte junge kraft,
Shelleys spuren im internationalen schrifttum des 19. jahrhunderts nachzu-
gehen! Alfred Meiſsner z. b., den Ackermann p. 361 nennt, hat mit gie-
rigen zügen am borne der „Satanischen" getrunken; auf die selbsterzeugnisse
des melodischen übersetzers Strodtmann hat die englische vorlage vielfach
abgefärbt. Unter unsren tschechischen zeitgenossen aber ist einer, Emil
Frida in Prag (pseudonym: Jaroslaw Vrchlický), ein umfassender literatur-
kenner und ganz hervorragender dichter, der sich von Shelleys reicher
muse motive und harmonien willig einflöſsen liefs. Zu weiteren andeutungen wäre ref. gerne bereit.

lich mitzufühlen und zu lieben. Ist es doch Shelley, der hin-
gerissen zu Claires, zu Janes füfsen rhapsodiert, dessen seele
„nach der göttlichen musik lechzt" und, ein zauberboot, auf
den silberwogen süfsen sanges dahinschwimmt! — Den be-
schlufs des buches bildet eine sehr hübsch zusammengestellte
und nahezu erschöpfende bibliographie. Ein im unangenehmen
sinne modernes, aber immerhin beachtenswertes werk von
Rudolf Kafsner, „Die Mystik, die Künstler und das Leben"
(Lpz. 1900) verdiente wegen seines eigenartigen Shelleykapitels
eine nennung. Viele einzelschriften neuesten datums sind aufgezählt, von denen (scheint es) im buche nicht mehr notiz
genommen werden konnte, so — um *pro domo* zu reden —
meine 'Shelleyana' der Münchener festschrift, in denen über
die these der „italienischen abfassung" des *Epipsychidion* eingehender gehandelt und über *Cythna* und andere namen
vielleicht einiges brauchbare vorgebracht ist (vgl. Ackermann
p. 295 und 170). Das prächtige werk ist professor Hoops
dargebracht und eines solchen förderers der Keats-Shelley-
forschung in jedem sinne würdig. Der rührige und für vor-
nehme literaturgattungen stets eifrig tätige Dortmunder verlag
Fr. W. Ruhfus hat das buch in schönen typen gedruckt und
mit dem schmuck zweier porträts ausgestattet.

Ansbach, August 1907. Armin Kroder.

Straede, Tennyson's 'Lucretius'. Erklärung des Gedichtes,
Verhältnis zu dem lateinischen Lehrgedicht „de
rerum natura" des Lucretius. Progr. Schlawe, 1904.
4⁰. 15 pp.

Dafs Tennysons dramatisch pulsierende epyllie *Lucretius*
sich in ihren philosophierenden teilen aufs engste an das grofse
lehrgedicht des freigeistigen Römers anlehnt, ist eine naheliegende vermutung, der in verschiedenen kritischen schriften
bereits ausdruck verliehen wurde. Oberlehrer Straede hat
sich nun die aufgabe gestellt, den beweis hiefür im einzelnen
zu führen. Zu diesem zwecke gibt er eine genaue inhaltsangabe der englischen epyllie und versucht deren dichterischen
und geistigen gehalt nachzuweisen, wobei er auf die einzige [1])

---

[1]) Die einzelnen apostrophen des irrsinnig gewordenen Lukrez erinnern
den Shelleyfreund an die wahnsinnsausbrüche in *Julian and Maddalo*, ein

quelle der geringen handlung (Eusebius' *Chronicon*) zurückgeht. Sodann vergleicht er die wichtigsten theoreme und
einzelmotive, wie sie uns bei Tennyson getreu nach Lukrez
entgegentreten, sodaſs uns der englische Poeta Laureatus in
diesem werk wie ein maler erscheint, der gemälde eines
künstlers aus längst vergangenen zeiten kopiert.

Das programmschriftchen hat also den schätzbaren wert
eines *Quod erat demonstrandum.*

Ansbach, August 1907.   A r m i n   K r o d e r.

English Poems *selected and edited with illustrative and explanatory notes and bibliographies by* **Walter C. Bronson.** Chicago,
The University of Chicago Press (London, T. Fisher Unwin).
1907. Sch. Ed. $ 1.00 net.

Bronsons band bildet den schluſsband einer projektierten
serie von vier bänden, deren erster proben aus dem Alt- und
Mittelenglischen (in übersetzung) sowie aus dem vorelisabetha-
nischen drama bringen soll, während der zweite und dritte
der Elisabethanischen und Karolinischen periode bezw. der
restauration und dem 18. jahrhundert gewidmet sein sollen.
Das werk ist seiner ganzen anlage nach als hülfsmittel für
den studenten gedacht und vertritt in seiner auswahl den
historischen, nicht den rein ästhetischen standpunkt. Es soll
die verschiedenen perioden und die verschiedenen poetischen
strömungen des 19. jahrhunderts charakterisieren und begreift
aus diesem grunde auch einige minor poets ein, die, wie der
herausgeber mit recht bemerkt, die tendenzen einer zeit oft
ebenso klar zum ausdruck bringen, wie ihre gröſseren genossen. Nur in den allerseltensten fällen hat der herausgeber auszüge gegeben wie bei "Childe Harold's Pilgrimage",
"Alastor" u. a.; sonst sind selbst gedichte von dem umfang
des "Ancient Mariner" oder des "Eve of St. Agnes" voll-

---

episch-lyrisches gedicht, das Tennyson neben *Rosalind and Helen* sehr hoch
schätzte. Was übrigens die tradition von der geistigen erkrankung des
Lukrez (infolge eines gereichten liebestrankes) anbetrifft, so möchte ich sie
nicht sowohl als „erfindung seiner feinde" (p. VII), sondern eher als fromme
lüge der f r e u n d e hinstellen, die, für das leben des überkühnen neurers
besorgt, absichtlich jene legende ausgestreut haben mögen!

ständig aufgenommen. Die von dem herausgeber getroffene auswahl erscheint wohldurchdacht und auch recht gelungen, aufgefallen ist mir nur, dafs William Morris vielleicht etwas kärglich oder besser gesagt einseitig vertreten ist. Was mir die eigenart von Bronsons anthologie auszumachen scheint, sind die beigegebenen reichen, aber stets knapp gefafsten "Notes" (p. 503—590). Biographisches und kritisches ist aus ihnen ausgeschaltet. Der dichter kommt selbst zu wort, wenn es sich um erläuterung seiner poetischen theorie oder lebensauffassung handelt, wenn es gilt, seine arbeitsmethode zu illustrieren und dieses oder jenes gedicht, diese oder jene stelle zu beleuchten. Über schwierige ausdrücke und dunkle anspielungen gibt der herausgeber aufschlufs. Einigen gedichten wie beispielsweise Tennyson's "Palace of Art" oder Keats' "Belle Dame sans Merci" sind als besonders instruktiv die varianten beigegeben. Gleichfalls aus pädagogischen gründen werden zuweilen auch zitate aus dichterischen vorlagen gebracht und verwandte klänge bei andern dichtern namhaft gemacht. Sehr dankenswert sind endlich die proben zeitgenössischer kritik, die manchmal (wie z. b. die in der Quarterly Review von 1818 erschienene über Keats) infolge ihrer mifsglückten diagnose heute äufserst ergötzlich zu lesen sind. Die am schlufs des bandes befindliche Bibliography, die natürlich zunächst die bedürfnisse des amerikanischen studenten im auge hat, ist recht sorgfältig zusammengestellt. Ihr wert wird für den europäischen · benutzer dadurch etwas beeinträchtigt, dafs bei den aufgeführten ausgaben häufig nur der amerikanische, nicht auch der englische verlegername genannt ist. Indessen wird dieser schaden wieder reichlich wett gemacht durch die mannigfaltigen hinweise auf speziell amerikanische bücher und erscheinungen der periodischen literatur, die beide sonst nur zu oft unberücksichtigt bleiben. Die gediegenheit, mit der der vorliegende band gearbeitet ist, läfst die publikation der weiteren drei geplanten bände nur wünschenswert erscheinen.

Frankfurt a/M.   Dr. Gustav Noll.

Dr. John Jones's Practical Phonography (1701). Edited by **Eilert Ekwall, Ph.D.**, gedruckt mit Unterstützung der kaiserlichen Akademie der Wissenschaften in Wien. **A. u. d. T.: Neudrucke frühneuenglischer Grammatiken**, herausgegeben von **R. Brotanek**. Band 2. Halle a. S., Max Niemeyer, 1907. — CCCV + 202 SS. 8ᵛᵒ. — 18 M.

John Jones, geboren im jahre 1645 in Pentyrch (Glamorganshire), studierte in Oxford, wo er 1660 zum B. A., 1670 zum M. A. promovierte; später wandte er sich rechts- und medizinischen studien zu, wurde 1691 chancellor der diözese von Llandaff und starb 1709 daselbst. Aufser dem hier besprochenen werke verfafste er mehrere medizinische abhandlungen und einen zweiten grammatischen traktat, der 1700 zum druck vorbereitet wurde, aber wohl nie gedruckt worden ist; Ekwall benennt ihn "Speculative Phonography".

Das vorliegende werk gibt sich als "spelling-book", und zwar als eines der konservativen richtung seiner zeit, das sogar etymologische — und natürlich auch pseudoetymologische — schreibungen verficht und nur in geringem mafse neue schreibungen auf grund theoretischer erwägungen einführen möchte. Mit hilfe eines alphabetischen "Spelling-dialogue", der den hauptteil des buches ausmacht, bespricht Jones alle wörter, die „verschieden gesprochen und geschrieben werden", ein ideal, dem er indessen trotz der reichhaltigkeit seines materiales nur bis zu einem gewissen grade nahegekommen ist, zumal seine eigene orthographie, die durchaus als die eines gebildeten der zweiten hälfte des 17. jahrh. angesehen werden mufs, keineswegs konsequent ist. Dazu kommt noch, dafs Jones zwar ein leidlicher phonetiker war, aber ἐν πράξει seinen landsleuten nur ein buchstabierbüchlein in die hand geben, nicht aber ihnen etwa wie Gill und Butler u. a. schulmeisterregeln aufdrängen wollte. Deshalb erstrecken sich seine aussprachebezeichnungen wohl mit absicht fast nie auf das ganze wort, sondern von fall zu fall auf den einzelnen laut, dessen aussprache und schreibung gerade behandelt wird. Das ergibt für die forschung, da er auch bei verschiedenen aussprachen desselben wortes — woran sein buch reich ist — weder dialektische noch soziale sphäre abgrenzt, in manchen fällen unklarheit und unsicherheit der auswertung. Klar ist z. b. *Caermarthen*, das unter (*d—th*) als *Caermarden* transkribiert ist, obwohl eine frühere regel (*a—ae*) bezeugt, dafs *ae* in diesem worte als *a* gesprochen wurde: einmal handelte es sich bei J. eben um die konsonantische, das andere mal um die vokalische eigentümlichkeit. In dieser hinsicht hat Ellis von inkonsequenten transkriptionen bei Jones gesprochen, was Ekwall nun durch obige erklärung als ungerechtfertigten vorwurf zurückweist. Allerdings vermischt J. auch nicht selten laut und symbol: so bei *y*, das für [i] in *bit* und *die* verwendet wird, aber auch als "*sound of y*" im "dialogue" figuriert; ähnlich bei den schriftzeichen *au*, *eu* und *z*. Eine verallgemeinerung seiner regeln ist bei der oft vagen fassung derselben gefährlich: nur tatsächlich gegebene beispiele dürfen als verläfslich betrachtet werden. Auch die verweise auf ähnliche schreibungen oder lautungen müssen mit vorsicht benutzt werden, denn häufig werden einem worte zuliebe wahllos alle beispiele der anderen regel wiederholt. Auch eine stattliche zahl von druckfehlern (liste auf s. 154—157) und anderen versehen (s. XXV—XXIX) hat Ekwall zusammengestellt und diskutiert. Dennoch ist er geneigt, den wert des buches für die geschichte der aussprache des ausgehenden 17. jahrh. weit höher zu veranschlagen als Ellis u. a., und es mufs dem verfasser der umfänglichen einleitung "On the Language of Dr. Jones's Practical Phonography" das zeugnis ausgestellt werden, dafs er mit berücksichtigung aller fehlerquellen tatsächlich eine ausgiebige ernte gehalten hat, die vielleicht wenig nachlese mehr übrig lassen wird.

Obwohl J. die aussprache des hofes, der metropole und der universitäten als mustergiltig ansah, gibt er doch, und zwar meist ohne besondere warnung, auch volkstümliche und dialektische aussprachen an. Die mehrzahl hievon hat Ekwall durch sorgfältigen vergleich mit den orthoepisten und den lebenden dialekten als südwestliche provinzialismen nachgewiesen, wie sie in der verkehrssprache der gebildeten jener gegenden üblich gewesen sein mögen. Die hauptregeln der aussprache zeigen, wie bei einem universitätsmanne schier selbstverständlich, stark konservative tendenzen; leider haben wir aber nirgends einen deutlichen anhaltspunkt, wie J. selber gesprochen hat. Der mangel eines vollständig ausgebildeten transkriptionsalphabetes, zwingt dazu, die exakten lautwerte bei Jones aus zeitgenössischen zeugnissen zu erschliefsen. (Die

aufstellung von "28 simple sounds", über welche Ekwall
(XLIV, § 57) sich den kopf zerbricht, dürfte m. e. doch nur ein
alter zopf sein: die 28 buchstaben wurden eben in ganz
äufserlicher weise auf ebensoviele laute verteilt, wenn das
auch natürlich später nicht mehr stimmte). Unsichere werte
kommen dabei für den *u*-laut in *but*, das kurze und lange *e*,
das *a* in *hat* und *hate* heraus. Bei dieser gelegenheit gibt
Ekwall eine objektive liste der von Ellis (999 ff.) gebotenen und
von ihm selbst als hypothetisch bezeichneten irrtümlichen
transkriptionen dieses pfadfinders der historischen phonetik,
die eine wertvolle berichtigung bedeuten. Ein vollständiges
und genaues literaturverzeichnis der einschlägigen werke
(LXI, § 77 ff.) wird manchem willkommen sein: die benutzung
des materiales ist gewissenhaft.

J.'s beobachtung der haupttonsilben bezüglich der quantitäten ist ziemlich genau: allerdings versteht er bei länge
oder kürze des wortes oder der silbe stets nur den vokal;
über die quantität nebentoniger silben und mehrsilbiger wörter
erfahren wir wenig; romanische wörter hat er meist schon
mit modernem akzente gesprochen. Da der vokalismus bei
Ekwall über 180 ss. umfafst, kann hier auf einzelheiten nicht
näher eingegangen werden, nur über das wichtigste sei referiert.
Jones steht den lauten zuvörderst als orthographist gegenüber, somit ist sein buch für jene laute am wenigsten ergiebig,
die diesbezüglich keine schwierigkeiten boten: *a, o* und *i* (= [əi]).
— Über länge und kürze des *a* bleiben wir meist im dunkeln;
dagegen interessieren Jones qualitätsänderungen: [a] > [ǫ] in
water, father (südwestl. dial.), vor intervokal. *r* (*arrand, arrow*
etc., ebenfalls dial.) und in *flant, shambles, slant. — M. E. au*
zeigt drei entwicklungen bei Jones: 1. die zu [ǫ] stimmt bereits
genau zur modernen (*saw, all* etc.); 2. eine zu einem qualitativ
unbestimmbaren *a* vor labialen (*almoner, salmon, halfpenny*
mit stummem l), vor [dž], vor [n] in *gallon* (Berkshire pron.!),
vor [s] in *because* (provinz.); 3. zu [ǫ̆] oder [ǫ] (*auction, debauch,
Pauls, because* u. a. m., provinziell). In wörtern mit zwei und
drei silben ist *au* = [ǫ] vor einfacher konsonanz auch sonst
zu [ǫ] gewandelt worden (*August, audit, audible*), ebenso in
unbetonter silbe (*audacious, herauld*), was Ekwall als ältestes
zeugnis anspricht. *Au* vor nasalgruppen wurde nach Jones
sowohl als [ǫ] als auch als nicht näher qualifizierbares [a] ge-

sprochen; die gruppe -*augh*- je nach der aussprache des *gh* als
[ǭ] oder [ă] und [æ]. — Das *M. E. ai* und *ei* hat Jones in erschöpfender weise behandelt, ist aber gerade hierin von Ellis
oft mifsverstanden worden: es erscheinen d r e i formen dieses
M. E. diphthongs; davon kommen die mit [ă] und *ai* = [æi]
oder [ei] nebeneinander vor und letztere waren jedenfalls damals schon altmodisch oder provinziell (südwestl.); die dritte
aussprache mit einem von Ekwall meist lang bezeichneten [e]
war blofs auf bestimmte wörter beschränkt (*Leicester, heifer,
neighbour, either, neither, grey, key, they, their; affray, betray,
heinous* u. a. m.). Ekwall erörtert den anscheinenden und wirklichen wandel von ai > [ē] mit grofser wärme und verlegt
ihn in die f r ü h z e i t des neuenglischen, wenn er auch auf
grund des gesamtmateriales weder dialekt- noch intelligenz-
sphäre dieser aussprache festlegen kann.

Das schwierige kapitel der *e*-laute ist mit grofser umsicht
behandelt, obwohl Jones auch hier durch den mangel an quan-
titätsbezeichnungen schwierigkeiten bereitet. *M. E.* ĕ zeigt
eine reihe von sonderentwickelungen zu [ĭ], [ī], [a] vor *r*, zu
u = [ə] vor *r*; zum teil also wieder zurückgegangene erscheinungen; dagegen erscheint der trübende einflufs des *r* in *earl,
search* etc. noch nicht von J. registriert. — Als einer der
letzten grammatiker unterscheidet er M. E. [ẹ] und [ę] noch
genau und kennt die aussprache [ī] für letzteres noch nicht
(*he, me, we; teeth, dear, fiend, evil* etc. mit [ī], dagegen *e're*
(= *ever*), *reading, there, where, flea, pea* mit [ē]). Fälle wie
earnest mit [ē] trotz altem [ę] erklären sich aus einem durch
das *r* verursachten rückstand des [ē], der im frühneuengl. auch
sonst deutlich wird; *ear, gear, even, instead, steam, team*, wo [ī]
aus [ę] hervorzugehen scheint, sind bei den orthoepisten ebenfalls
belegt. — Von *yeomen* kennt J. drei aussprachen: mit [e], [ī]
und [ə], die alle auf *gēoman zurückweisen, während die moderne aussprache spelling-pronunciation ist.

Bei den *i*-lauten fällt auf, dafs J. [ị] mit *ee* bezeichnet,
es also genau vom [i] = *i* scheidet, dagegen zwischen länge
und kürze sowie zwischen [ị] und [əi] keine klare linie zieht.
Über die v e r b r e i t u n g des in den transkriptionen klaren
unterschiedes von [i] und [ị] erfahren wir leider wenig sicheres;
jedenfalls existierte er nach Ekwall in einigen (südwestl.) pro-
vinzen. Der wandel von i > [e] oder [ə] vor *r* (*girl, chirp,*

gird etc.) wird durch J.'s material neuerdings als dialektisch verschieden nachgewiesen, in seiner geschichte aber nicht aufgeklärt. *M. E.* [ī] erscheint bei Jones als *i long*, das sich trotz mancher grofsen unklarheiten als diphthong [əi] entpuppt (*die, lie* etc.). — *M. E.* [ẹu], [ẹu] und *Fr.* [ü] zeigen bei J. reiche entwicklung zu vier diphthongischen aussprachen: 1. *"long û"* = [i̯ū], entsprechend *M. E.* [ẹu] und *Fr.* [ü] (*blew, chew, grew, crew, due, endure* etc.); 2. [ēu], entspr. *M. E.* und *frühne.* [ẹu] (*dew, ewe, beauty, ewer, pewter* etc., die aber alle auch mit *û* gesprochen werden); 3. [ĭu] und 4. [i̯u], beide wohl fallend, werden so summarisch behandelt, dafs wir sie wohl als minderwertig (im sinne J.'s) annehmen müssen. Den wert des *"long û"* erschliefst Ekw. mit recht aus der regel des wandels von [si̯ū] > [šū], da *sue, suet, sugar, suit, assume, assure* mit *"long û"* wiedergegeben sind. Von ihnen verblieb einzig *sugar* im standard Engl.; die übrigen sind wohl wieder südwestl. provinzialismen.

Die orthographie der *o*-laute war einfach, bot J. also wenig anlafs zu bemerkungen. Erwähnenswert sind dialektische übergänge von *o* > tiefem *a* (*extraordinary*) und längungen > [ǫ] (*soft, sort; collow, follow, hollow, morrow* etc.), die sich im S. W.ˑ noch im ausgedehnteren mafse finden. *o* > [ə] erscheint in *mongcorn, monger, colander, monkey* wie *N. E.*, aber auch in *yonder, chocolate, porcelane, volatile.* — *M. E.* [ǫ] wird bei J. zu [ō]. *one, once* sprach er *wæn, wæns*, abermals eine südwestl. eigentümlichkeit, die aber Ekwall schon vor J. registriert. Der wandel [ǫ] > [ǫ] > [ū] vollzog sich unter *w*-einflufs in *womb, who*, aber auch in *comb* (damals wohl mustergiltig). [ǫ] verbleibt als J.'s *au* = [ǫ] in *yaw* (= *yea*) (bäurisch!), *groat* und endlich *abroad, broad* (neben [ǫ]). Die letzteren sind, wie schon Luick zeigte, S. W. provinzialismen, aber lange vor Jones in die gebildete aussprache vorgedrungen. Mit dem *"sound of ou"* meint J. bald [ōu] in *soul*, bald [əu] in *now*; mit geringen ausnahmen ist es Ekw. jedoch gelungen, diese zwei laute reinlich zu scheiden (abgesehen von fällen des digraphen *ou*). *M. E.* und *frühneuengl.* [ǫu] spaltete sich in urspr. [ǫu] und [ǫ]. Erstere entwicklung zeigt sich besonders vor *l* (*bolster, bold*) und in *four*, letzere meist im wortende und vor verstummtem *l* (*folk, holm, Solms* etc.). Diese aussprache vor stummem *l* reicht (namentlich vor *k*) bis ins

16. jahrh. zurück; J. sprach auch *soldier* [sōdžer]; *thought, dough, trough* kannte er sowohl mit [ō] als auch mit [ōu], *bought, daughter* etc. mit dem modernen [ǫ], aber ebenso vor *f*-aussprache wie bei verstummung des reibelautes, also auch [bǫft, dǫftə], wohl wieder S. W. provinzialismus. — J.'s *oo* ist fortentwicklung des *M. E.* [ǫ] zu [ū] > [u] und [ə]; im wesentlichen sind hier schon modernere verhältnisse anzutreffen. *foot, move* mit [ə] sind vermutlich wie *good, hood, wood* mit [ə] bei Price südwestl. varianten. Der im 16. jahrh. eingetretene wandel [ū] > [o] vor *r* (*sword, sworn*) drang im 17. jahrh. noch nicht allgemein durch, doch kennt ihn J. bereits. — *ooze*, "schlick", das im 16./17. jahrh. auch *ouse* geschrieben erscheint, sprach J. mit [əu], nach Ekw. eine spelling-pronunciation.

Den entrundeten palatovelaren descendenten des *M. E.* [u] gibt J. als *u* wieder = [ə]. Unter gewissen bedingungen verblieb indes das geschlossene *u*, so nach labialen (ausdrücklich von J. so formuliert!) z. b. *bull, full, pull, wool, wood* etc., in den letzten beiden fällen kennt er auch als seltene aussprache [ə]. — *M. E.* [ū] hat meist einen *u*-diphthong [əu] entwickelt (*bower, cow, foul* etc.), dagegen blieb es bei J. noch als [ū] vor *r*-gruppen (*mourn, fourth, course, gourd*), vor labialen (*tomb, whoop, hoop*), vor [dž] (*gouge*), vor [tš] (*couch, crouch, mouch, touch, vouch*, neben *touch* mit [ə] und *vouch* mit [əu]; nach *w* (*swoon, woo*) und in *could, should, would*. Auch die mod. entwicklung von [ū] > [u] > [ə] kennt J. schon in *but, housewife, mourn* (prov.?), *Southwark, youth* (!). — Sonderverhältnisse zeigt wieder *M. E.* [ū] vor [χ]: 1. > [əu] (*bough*), [ǫ] (*drought*; auch sonst oft neben [əu] belegt); 2. [ūχ] > [uf] > [əf] (*enough, rough, tough*; *hough*). — Die komplizierten verhältnisse des *frz. ou* zeigen fast stets modernen lautstand. — Das *M. E.* [ü] > *frühne.* u > [ə] oder [u]; dabei zeigt *bishop* eine dialekt. aussprache mit [u], ebenso *Westmuster* für *Westminster*. — *M. E.* [ü] fiel meist mit [ēu] zusammen (> mod. [i̭uw]); daneben verzeichnet J. aber auch *huge* mit [əu] und *whoop* 'a bird' mit *û* (wohl = [i̭ū]).

Wenn auch Luicks theorie der geschichte von [oi] und [ui] infolge seines damals nicht authentischen materiales nicht mehr aufrecht erhalten werden kann, ist doch die scheidung der beiden laute nach wie vor unerschüttert. Jones bietet vier

aussprachen der schriftbilder *oi* und *oy*: 1. [oi] (*buoy, devoir,
joy* etc.); 2. *ooi* = [ui] (*boil, coil, broil, buoy* etc.); 3. *u* in *but*
+ i = [əi]; 4. i (*boil, broil, coil, coin* etc.). So unklar die
werte oft auch sind, so erhellt nach Ekwall doch das eine aus
seinen beispielen, dafs [əi] eine gröfsere verbreitung hatte, als
man bisher annahm. [ui] scheint J. selbst als die bessere aussprache der urspr. *ui*-wörter betrachtet zu haben, obwohl es
zu seiner zeit schon veraltet gewesen sein mufs; immerhin
könnte es sich provinziell und so auch in Jones's eigener aussprache erhalten haben.

So tief Ekwall bei der besprechung der vokale unbetonter und schwachtoniger silben gegraben hat, kann ein
referat gerade hier nur das allgemeinste bieten. In unbetonter
silbe waren nach Jones *u* und *e* die häufigsten vokale; ersteres
als gemischter vokal [etwa ə], wofern *ul, um, un* einfach =
l̩, m̩, n̩ zu fassen sind, ausgesprochen, letzteres noch deutlich
als [e], höchstens von folgenden konsonanten, insbesondere *r*,
leicht affiziert. Meist sind für die unbetonten silben verschie-
denster orthographie beide aussprachen vorhanden, doch war
[e] wohl noch die häufigere. *ee* = [i̯] in unbetonten silben
(*hideous, physician, many, conduit* etc.) ist bei Jones seltener
als [i̯] und wohl S. W. provinziell gewesen. — In vorsilben
zeigen sich eben erst spuren des modernen brauches, fast jeden
vokal als [ə] oder [i̯] zu sprechen; *a* und *o* in *abridge, acquit,
oppose* etc. behalten noch ihre volle geltung; *en-, em-* und *in-,
im-* scheidet J. theoretisch, wirft sie aber praktisch zusammen.
— In den endsilben gilt ebenfalls beibehaltung der vokal-
klangfarbe; daneben jedoch schon übergang zu [ə]; ungemein
bunt ist z. b. *-ow, -uw* (*borrow* etc.) entfaltet: [ō, ōu, ǫ] dem
frühne. [ǫu] entsprechend, [ū oder u], wohl S.-W., und [ə], die
beiden letzten aussprachen dem *frühne.* [ū oder u] entsprechend.
— Die abhängigkeit der endsilbenvokale von *r* kann nicht
sicher behauptet werden; doch scheint eine entwicklung von
-er > [-ar] in silben mit nebenakzent ziemlich klar. — Romanische wörter wie *courage* sprach J. selbst wohl mit [adž], dagegen kannte er [edž, i̯dž, i̯dž] nach *i* in *carriage* etc. Die
gegenwärtige unterscheidung von adjektiven und verben auf *-ate*
ist von ihm noch nicht registriert (*intimate*; beides mit [ă].

Alles in allem scheint mir J. doch nicht gar so ergiebig
für die wirkliche vermehrung unserer kenntnis der unbetonten

silben im 17. jahrh. zu sein, wie Ekw. behauptet: mufs dieser
doch selbst oft genug bei den transkriptionen und ihrer erklärung die achseln zucken. Verläfslicher sind J.'s mitteilungen
über den vokalverlust, wo aphaerese und aphese besonders
ausführlich dargestellt sind. Entgegen Viëtor findet Ekw. die
meinung, dafs *lineal, meteor* u. ä. metrisch nicht durch syni-
zese, sondern durch vokalausfall zweisilbig gemacht wurden
(Van Dam und Stoffel), durch das von J. gebotene material
gestützt. — Die neuentwicklung von vokalen vor silbischen
konsonanten, besonders *r* (*fire, power*) ist J. nicht entgangen;
aber auch seine zahlreichen beispiele bestätigen die merk-
würdige erfahrung, dafs *M. E.* [ā, ẹ und ǫ] und ihre deszen-
denten damals einen solchen sprofsvokal hinter sich und vor
dem *r* noch nicht entwickelten. Erst seit 1704 ("Right Spelling")
finden sich hiefür zeugnisse.

So starr der konsonantismus sich auch seit J.'s zeit
verhalten haben mag, finden sich doch auch hier einige hochinteressante wandlungen und eigenheiten. Recht unklar hat
J. die halbvokale [j] und [w] behandelt: hier hat sein wali-
sisches milieu seine phonetische beobachtungsgabe erheblich
getrübt. Die sicheren verluste an [j]: *is, isterday* (= *yes,
yesterday*) waren "Welsh peculiarities"; ebenso die verstummung
des [w] anfser vor *r* auch vor [ŭ und ū] (*wood, woe, womb* etc.)
und vor [ə] (*wonder, word, work* etc.); ganz unerklärlich erscheint *w*-verlust dagegen vor ō in *woad* (waid), *worn, woven*.
Provinzialistisch waren noch andere *w*-verluste, wie in *swear,
forswear, sweat*; *-ward* sprach J. wie im heutigen vulgärengl.
ohne *w*.

Trotz der äufsersten unklarheit, mit welcher J. den *h*-ver-
lust gewisser wörter darstellt, kann man nach Ekwalls scharf-
sinniger analyse nun doch den weg zum verständnisse der
heutigen dialektverhältnisse daraus ersehen. Ursprünglich
wurde nämlich anlaut. *h* nur oder meist nach einem konsonantisch
endenden worte im satzzusammenhange kassiert, blieb dagegen
nach vokalischem auslaut und am satzanfange. Hiezu stimmen
auch die vielen wörter, in denen *h* im wortinnern vor vokal
und namentlich zwischen vokalen blieb. Die dialekte ver-
allgemeinerten die formen ohne *h*: diese tendenz zeigt nun
nach J. auch die gebildetensprache des 17. jahrh., doch hat
das schriftbild seither die aussprache vieler *h* wieder herbei-

geführt. — Die verstummung des *l* ist äuſserst kompliziert: sicher schwand es vor labialen und gutturalen konsonanten nach [ọu] und [au] (*holp*, *chalk*, *balk*, *calf* etc.). — -*r* verstummt nicht selten vor [s] und [š] (*harsh*, *marsh*, *Cirencester* (*Ciceter*), *Worcester*.

Bei den dauerlauten fällt ein südwestl. übergang von [f] > [v] in *face, fetch* etc. auf. — [v] zwischen vokalen schwindet nicht selten (*Daventry, devil* [del], "*sometimes*" [dil] etc.). — Das *th* wurde als [t] gesprochen in *apothecary, anthem, author, Catharine, Lithuania*. — Obwohl J. [s] und [z] theoretisch scheidet, wirft er praktisch sie doch wieder zusammen und läſst sich bei *z* stark durchs schriftbild beeinflussen (*Metz* mit [z]!?). Auch stellt er den wandel [zj] > [ž] ebenfalls durch [sj] > [š] dar (*brasier, leisure* also mit *sh*), jedenfalls nur eine ungenauigkeit. *s*-verluste in ortsnamen auf -*cester* belegt J. und Ekw. erklärt sie mit Pogatscher und Mayhew durch französische analogie. — Über *gh* ist im referat über die vokale das wichtigste beigebracht worden. — Der heute wohlbekannte übergang von [tš] > [dž] ist ausreichend belegt (*estrich, Eastwich, Harwich* etc.), ebenso der von [tš] zu [š] vor *n* (*bench, finch, truncheon* etc., aber auch in *Manchester, Winchester* und sogar nach *l* in *Colchester*).

Ein ganz merkwürdiges, nur aus dialekteigentümlichkeiten, und zwar wohl südwestl., erklärliches lautgesetz stellt J. bei den verschluſslauten auf: *p, t, k* werden zu *b, d, g*, da diese „leichter und angenehmer zu produzieren sind" (z. b. *capable, Cupid, Jupiter, culpable, risque, holt* etc.). Phonetisch wäre nach Ekw. die annahme einer stimmlosen lenis als mittelstufe nötig, obwohl spuren einer solchen in den heutigen dialekten ganz fehlen. *p*-verluste sind verzeichnet in *tempt* etc. wie heute, aber auch neben der aussprache des *p* in flektierten formen wie *limps, jumps*. — *b* wird in *marble* wie im modernen dialekt und in der kindersprache zu *v*; es verstummt nach *m* u. a. in *ambling, chamber* (ebenfalls dialektisch). Auch dialektisch oder doch nachlässig sind aussprachen mit gelegentlichen *t*-verlusten in *acts, facts, drift, lift* etc.; ähnliche schwankungen bei *d* sind ebenso zu erklären. Der übergang von [di] > [dž] ist von J. schon in *Indian, soldier* bezeugt. Für die mögliche aussprache des [k] in *kn* ist J. das letzte, für verstummung des [g] in *gn* das erste zeugnis. Über [ŋ] erfährt man dagegen nichts von belang.

An exaktheit der forschung, kenntnis und sichtung der einschlägigen, nicht stets leicht überblickbaren literatur und an gesunder kritik des vorliegenden materiales dürfte Ekw.'s lautgeschichte der *Practical Phonography* (wovon J.'s '*The New Art of Spelling*' 1704 nur titelneuauflage ist) ihresgleichen nicht bald finden. Ja, gerade in diesen eigenschaften steckt vielleicht zuweilen ein kleiner methodischer irrtum: erscheinungen, deren einzelheiten J. unklar und unvollständig berichtet oder zu deren aufhellung er nichts neues zu bieten hat, werden mit einer umständlichkeit erörtert, die einem zeitschriftenaufsatze über die einzelnen themen zukäme, der verfolgung der hauptlinien in J.'s buch und in der lautgeschichte des 17. jahrh. überhaupt jedoch abträglich ist. Auch will es ref. scheinen, als ob doch auch oft eine gewisse überschätzung der verworrenen angaben J.'s vorläge. So wird dem leser die ausforschung dieser schier unerschöpflichen fundgrube neuer erkenntnisse und anregungen gar oft recht sauer gemacht: zustimmung und widerspruch, die ref. hier absichtlich vermied, werden sich an einzelne auffassungen Ekwalls bald genug von seiten hervorragender gelehrter anknüpfen, aber gründliche ehrliche arbeit wird dem verf. niemand abstreiten können. — Der am schlüsse beigefügte index zur grammatik (43 ss.) ist sehr sorgfältig zusammengestellt; die brauchbarkeit der in ausgezeichnetem Englisch abgefaſsten abhandlung mit ihren vielen details jedoch wäre beträchtlich erhöht worden, wenn darin (oder, da dies wohl aus druckrücksichten nicht anging, in einem zweiten index) auch diese alphabetisch zugänglich gemacht worden wäre.

Der neudruck selbst ist ebenso wie der druck der abhandlung äuſserst sorgfältig und schön ausgestattet, wofür dem herausgeber wie dem drucker aller dank gebührt. Überhaupt darf man Ekwall und den herausgeber der sammlung, der ja an der korrektur des buches und auch an einzelnen feststellungen so regen anteil hatte, sowie die diese orthoepistenkollektion unterstützende kaiserliche akademie der wissenschaften in Wien zu der glänzenden leistung lebhaft beglückwünschen.

Wien, im Juni 1907. Albert Eichler.

II. NEUE BÜCHER.

In England erschienen in den monaten Juli bis September 1907.

(Wenn kein ort angeführt, ist London zu ergänzen,
wenn kein format angegeben, 8° oder cr. 8°.)

1. Sprache.

a) **Wyld** (Henry Cecil), The Growth of English. An Elementary Account of the Present Form of our Language and its Development. pp. 210. J. Murray. 3/6.

b) **Oxford** English Dictionary (The). Edit. by Dr. James A. H. Murray. *Misbode—Monopoly.* (Vol. 6.) By Henry Bradley. Fol. Clarendon Press (Oxford). 5/.

Webster's Collegiate Dictionary of the English Language. Mainly Abridged from Webster's International Dictionary. Illust. Roy. 8vo, pp. 1,118. Bell. net, 12/; lr., net, 16/.

Pitman's English Dictionary for Schools. Post 16mo, pp. 160. I. Pitman. net, 6 d.

c) **Cordingley** (W. G), The London Commercial Dictionary. pp. 182. E. Wilson. net, 2/6.

Schmidt (R.), Dictionary Autotechnic. Compiled in 4 Languages. Vol. 3. English-German-French-Italian. 12mo. Nutt. 3/.

Blaschke's Dictionary of Medical Conversation, German-English. Churchill. net, 4/.

— Medical Translator. Pt. 1. A Dictionary of Medical Conversation, English-German. Churchill. net, 4/. .

— Medical Translator. Pt. 2. A Dictionary of Medical Terms: English, French, and German. Churchill. net, 8/.

2. Literatur.

a) Allgemeines.

aa) **Jusserand** (J. J.), A Literary History of the English People. 2nd ed. pp. 584. Unwin. net, 12/6.

Edmunds (F. W.) and **Spooner** (Frank), The Story of English Literature. Vol. 2. 17th and 18th Centuries. 1625—1780. pp. 384. J. Murray. 3/6.

Stobart (J. C.), The Wordsworth Epoch. (Epochs of English Lit.) pp. 160. E. Arnold. 1/6.

Brandes (George), Main Currents in Nineteenth Century Literature. 6 Vols. Illust. Cheaper re-issue. Heinemann. ea., net, 5/.

Hammerton (J. A.), English Humorists of To-day. Illust. pp. 286. Hodder & Stoughton. 3/6.

Davidson (Gladys), Stories from the Operas with Short Biographies of the Composers. 2nd Series. pp. 216. T. W. Laurie. 3/6.

Frazer (R. W.), A Literary History of India. 2nd Impression. pp. 486. T. Fisher Unwin. net, 12/6.

bb) **Transactions** of the Royal Society of Literature. Vol. 27. Part 4. Asher. net, 3/.

Crawshaw (William H.), The Making of English Literature. pp. 486. D. C. Heath. 5/.

Herford (Prof. C. H.), "Literature and Ethics." An Inaugural Lecture delivered for the Session 1906—7 at the University College of Wales, Aberystwith, Friday, October 5, 1906. 4to, sd., pp. 20. Evans Bros. (Aberystwith.)

Gunsaulus (Frank W.), The Higher Ministries of Recent English Poetry. pp. 234. Revell. net, 3/6.

Tunison (J. S.), Dramatic Traditions of the Dark Ages. T. Fisher Unwin. net, 5/6.

Lucas (E. V.), Character and Comedy. 12mo, pp. 248. Methuen. 5/.

Dutt (William A.), Some Literary Associations of East Anglia. Illust. pp. 356. Methuen. net, 10/6.

Maynadier (Howard), The Arthur of the English Poets. pp. 464. Constable. net, 6/.

Canning (Hon. Albert S. G.), British Writers on Classic Lands. A Literary Sketch. pp. 296. T. Fisher Unwin. net, 7/6.

MacCarthy (Desmond), The Court Theatre, 1904—1907. A Commentary and Criticism. Imp. 16mo. A. H. Bullen. net, 2/6.

cc) **Magnus** (Laurie), How to Read English Literature. Vol. 1. Chaucer to Milton. Vol. 2. Dryden to Meredith. (School Ed.) 12mo, pp. 450. Routledge. 2/6; ea. vol., 1/6.

Edmunds (E. W.) and **Spooner** (Frank), Readings in English Literature. Vol. 2. 17th and 18th Centuries, 1625—1780. J. Murray. Junior Course, 2/6; Intermediate Course, 2/6; Senior Course, 3/6.

Illustrations of English Literature from Carlyle to Stevenson. Edit. by C. L. T h o m s o n. 18mo, pp. ix—192. H. Marshall. 1/4.
— of English Literature from Herrick to Dryden. Edit. by G. B. S e l l o n. 18mo, pp. x—175. H. Marshall. 1/4.
— of English Literature from Wyatt to Webster. Edit. by C. L. T h o m s o n. 18mo, pp. xi—188. H. Marshall. 1/4.

Golden Treasury (The), of the Best Songs and Lyrical Poems in the English Language. Selected and Arranged with Notes by F r a n c i s T u r n e r P a l g r a v e. 18mo, pp. 352. T. Nelson. net, 2/.

Golden Book of Ballads (The) Edit. by G. K. A. B e l l. 12mo, pp. 302. Routledge. net, 1/; lr., net, 2/.

Victorian Anthology (A) Edit. by W i l l i a m K n i g h t. 12mo, pp. 462. Newnes. net, 3/; lr., net, 3/6.

Treasury of South African Poetry and Verse (A) Collected by E. H. C r o u c h. W. Scott. 2/6; lr., 3/.

b) Literatur der älteren Zeit.

Owl and the Nightingale (The) Edit. by J. E. W e l l s. (Belles Lettres Series.) 18mo, bds. D. C. Heath. net, 3/6.

Prologue to Piers Plowman (The) Edit., by C. T. O n i o n s. 12mo, sd., pp. 24. H..Marshall. 3 d.

Chaucer: Prologue Knight's Tale, &c. Edit. by F. J. M a t h e r. 12mo. Harrap. 1/6.

Sir Gawain and the Lady of Lys. Translated by J e s s i e L. W e s t o n. Illust. (Arthurian Romances.) 16mo, pp. 120. Nutt. net, 2/.

c) Literatur des 16.—18. Jahrhunderts.

Elyot (Sir Thomas), The Boke Named the Governour. (Everyman's Liby.) 12mo, pp. 340. Dent. net, 1/; lr., 2/.

Bacon's Essays. Edit. by D a v i d S a l m o n. pp. 343. Ralph Holland. net, 3/.

Lodge's "Rosalynde". Being the Original of Shakespeare's "As You Like It". Edit. by W. W. G r e g. Roy. 16mo, pp. 240. Chatto & Windus. bds., net, 2/6; 4/; vel., 6/.

Shakespeare (W.), Works. Renaissance Edition. Imp. 8vo. Harrap. ca., 7/6.
(As You Like It. — Twelfth Night. — Measure for Measure. — Much Ado About Nothing. — Cymbeline. — Pericles.)
— The Tragedy of King Richard III. Edit. by A. H a m i l t o n T h o m p s o n. Arden ed. pp. 240. Methuen. net, 2/6.
— S o n g s and Sonnets from Shakespeare. Illust. by G o r d o n B r o w n e. 18mo, pp. 48. E. Nister. 6 d.

Shakespeare (W.), A Midsummer Night's Dream. For Children. Illust. by L. F. Perkins. 4to. Harrap. 7/6.
— Baker (George Pierce), The Development of Shakespeare as a Dramatist. pp. 342. Macmillan. net, 7/6.
— Corson (Hiram), An Introduction to the Study of Shakespeare. pp. 404. D. C. Heath. 4/6.
— Canning (Alb. S. G.), Shakespeare Studies in Eight Plays. Roy. 8vo, pp. 495. T. F. Unwin. net, 16/.
— Coleridge (Samuel Taylor), Lectures and Notes on Shakespeare. 12mo, pp. 552. G. Bell. net, 2/.
— Lee (Sidney), Shakespeare's Life and Work. Being an Abridgment, chiefly for the use of students of "A Live of William Shakespeare". New and revised ed. pp. 246. Smith, Elder. 2/6.
— Tolstoy on Shakespeare. Everett. net, 6 d.
Evelyn (Sir John), Diary. Edit. by William Bray. 2 vols. (Everyman's Library.) 12mo, pp. 444, 444. Dent. ea., net, 1/; lr., net, 2/.
Herbert (George), The Poems of. With an Introduction by Arthur Waugh. (The World's Classics.) 18mo, pp. xxvii—277. H. Frowde. net, 1/.
Pope's Odyssey of Homer. Edit. with an Introduction by Prof. A. J. Church. With 24 Full-page Illusts. by Wal Paget. 18mo, pp. xx—362. Cassell. net, 2/.
Smollett (Tobias), Travels Through France and Italy. With an Introduction by Thomas Seccombe. (The World's Classics.) 18mo, pp. 414. H. Frowde. net, 1/.

d) Literatur des 19. Jahrhunderts.

Blake. Symons (Arthur), William Blake. pp. 456. Constable. net, 10/6.
Byron (Lord), Poems Selected. With Introduction by Charles Whibley. pp. 314. Jack. net, 2/6; lr., net, 3/6.
Shelley (P. B.), Poetical Works. 2 vols. 12mo. Dent. ea., net, 1/; lr., net, 2/.
— Poems Selected, and with an Introduction by Prof. J. Churton Collins. pp. 292. Jack. net, 2/6; lr., net, 3/6.
Scott (Sir Walter), Poems. Edit. by William Knight. 12mo, pp. 638. Newnes. net, 3/; lr., net, 3/6.
— Quentin Durward. Edit. with Introduction, Notes and Glossary. Pitt Press Ser. 12mo, pp. 596. Cambridge Univ. Press. 2/.
— Ivanhoe. A Romance. With an Introduction by Hon. Mrs. Maxwell Scott, of Abbotsford. Illust. with Reproductions in Colour of 12 Original Drawings by Maurice Greiffenhagen. pp. xxix—564. Jack. net, 6/.
— Kenilworth. With an Introduction by Hon. Mrs. Maxwell Scott, of Abbotsford. Illust. with Reproductions in Colour of 12 Original Drawings by Henry J. Ford. pp. xvii—568. Jack. net, 6/.
Lamb (Charles), The Essays of Elia. pp. 328. Cassell. net, 8 d.; lr., net, 1/6.
— Specimens of English Dramatic Poets who lived about the time of Shakespeare. With Extracts from the Garrick Plays. With Notes by Charles Lamb. pp. 540. Routledge. net, 2/6.
Wordsworth (William) and **Coleridge** (S. T.), Lyrical Ballads, 1790. Edit., with certain Poems of 1798 and an Introduction and Notes by Thomas Hutchinson. 2nd ed. Frontispiece. 18mo, pp. lix—263. Duckworth. net, 3/6.
Wordsworth (William), Poems by. Selected and Annotated by Clara L. Thomson. 12mo, pp. xxviii—144. Camb. Univ. Press. 1/6.
— Punch (Catharine), Wordsworth. An Introduction to His Life and Works. pp. 128. Allman. net, 1/.
Hunt (Leigh), The Town. Its Memorable Characters and Events. Edit. with an Introduction and Notes by Austin Dobson. 18mo, pp. xix—527. H. Frowde. net, 1/.
Landor. Hellenics and Gebir of Walter Savage Landor (The). (The Temple Classics.) 18mo, pp. iv—260. Dent. net, 1/6.

Macaulay (Lord), The History of England from the Accession of James II.
Edit., with Introduction and Notes, by T. F. Henderson. pp. 854.
Routledge. net, 5/.
— The History of England from the Accession of James II. 5 vols. 12mo.
Routledge. ea., net, 1/; lr., net, 2/.
— Critical and Historical Essays. 2 vols. (Everyman's Library.) 12mo,
pp. 682, 678. Dent. ea., net, 1/; lr., net, 2/.
Thackeray (W. M.), Works. Victoria ed. Black. ea. vol. 1/6.
Dickens (Charles), Works. National Ed. in 40 Vols. Chapman & Hall.
ea., net, 10/6.
(20—21 David Copperfield. — 24—25 Little Dorrit.)
— — Victoria Ed. Black. ea., 1/6.
— — Everyman's Library. 12mo. Dent. net, 1/; lr. 2/.
(Bleak House. — Christmas Books. — Dombey and Son. — Great
Expectations. — Oliver Twist. — Sketches. — Martin Chuzzlewit.
— Nicholas Nickleby. — David Copperfield. — Pickwick Papers.)
— — Popular Ed. 12mo. Chapman & Hall. net, 1/; lr., 2/.
(Bleak House. — The Old Curiosity Shop. — The Uncommercial
Traveller. — American Notes and Pictures from Italy. — Dombey
and Son. — A Child's History of England. — Reprinted Pieces.
— Our Mutual Friend. — David Copperfield.)
— — People's Library. Cassell. net, 8 d., lr., 1/6.
(A Tale of Two Cities.)
— A Tale of Two Cities and A Rogue's Life. Written by Himself. By
Wilkie Collins. With a Frontispiece Portrait of Wilkie Collins. 12mo,
pp. 140. Hutchinson.
— Great Expectations. With 6 Illusts. by Warwick Goble. (The World's
Classics.) 18mo, pp. 540. H. Frowde. net, 1/.
— A Christmas Carol in Prose. Illust. (Lord Mayor Treloar's Edition.)
pp. 220. Chapman & Hall. net, 2/6.
— A Christmas Carol and the Cricket on the Hearth. Illust. by George
Alfred Williams. 4to, pp. 198. Cassell. net, 6/.
— Mr. Pickwick's Christmas. Illust. by George Alfred Williams.
pp. 150. Cassell. net, 6/.
Kingsley (Charles), Westward Ho! Edited, with Introduction and Notes, by
A. D. Innes. pp. 622. Clarendon Press. 2/.
— The Water Babies. A Tale for a Land Baby. Abridged and Adapted
as a Class Reading Book by Ella Thomson. Illust. pp. 154. H.
Marshall. 1/.
Eliot (George), Silas Marner, The Weaver of Raveloe. With Introduction
by G. A. Wauchope. 12mo, pp. 288. J. C. Heath. 1/6.
Tennyson (Alfred, Lord), Poems, 1830—1865. (People's Library.) pp. 596.
Cassell. net, 8 d.; lr., net, 1/6.
Rossetti. Stephens (F. G.), Dante Gabriel Rossetti. New. ed. pp. 217.
Seeley. net, 2/.
Arnold (Matthew), Essays in Criticism. With the addition of two Essays
not hitherto reprinted. 12mo, pp. 312. Routledge. net, 1/; lr., 2/.
Morris (William), Early Romances in Prose and Verse. (Everyman's Library.)
12mo, pp. 324. Dent. net, 1/; lr., net, 2/.
— The Life and Death of Jason. A Poem. Pocket ed. 18mo, pp. 331.
Longmans. net, 2/; lr., net, 3/.
Ruskin (John), Works. Pocket ed. 12mo. G. Allen. ea., net, 2/6; lr., 3/6.
(Our Fathers have Told us. The Bible of Amiens. — Sesame and
Lilies. — The Art and Pleasures of England. — Love's Meinie.
— Aratra Pentelici.)
— — New Universal Library. Illustr. 18mo. Routledge. ea., net, 1/.
(The Poetry of Architecture. — Sesame and Lilies.)
— — People's Library. Cassell. net, 8 d.; lr., net, 1/6.
(Sesame and Lilies; Unto this Last, and The Political Economy of Art.)

Ruskin (John), Works. National Library. 12mo. Cassell. net, 6 d.
(The Political Economy of Art.)
— Sesame and Lilies. Two Lectures. 1. Of Kings' Treasuries. 2. Of Queens'
Gardens. Original ed., unabridged. pp. 89. H. R. Allenson.
Meredith. Esdaile (A.), Bibliography of the Writings in Prose and Verse
of George Meredith. W. T. Spencer. net, 6/; large paper ed., net, 8/.
Kipling (Rudyard), Plain Tales from the Hills. Pocket ed. 12mo. Mac-
millan. lr., net, 5/.
Shaw. Jackson (Holbrook), Bernard Shaw. A Monograph. With 4
Portraits. pp. 234. Richards. net, 5/.
Stevenson (R. L.), St. Ives. Heinemann. 6 d.
— Treasure Island and Kidnapped. (People's Library.) 12mo. Cassell.
net, 8 d.; lr. 1/6.
Denwood (J.), Cumbrian Carols and other Poems. 1845—1890. With In-
troduction by Frederick Rockell. Bemrose. 3/6.

e) Neuste Gedichte und Dramen (poetische Übersetzungen
eingeschlossen.)

a) Austin (Alfred), The Door of Humility. Re-issue. pp. 180. Macmillan.
net, 2/.
Chapman (Henry Grafton), The New Apocalypse: a Poem. Roy. 8vo, pp. 44.
B. F. Stevens. sd., net, 2/.
Flecker (James), The Bridge of Fire. Poems. (Vigo Cabinet Series.) 16mo,
sd., pp. 64. E. Mathews. net, 1/.
b) Binyon (Laurence), Attila. A Tragedy in 4 Acts. pp. 140. J. Murray.
net, 2/6.
Caine (Hall), The Christian. A Drama in 4 Acts. pp. 192. Collier. net, 1/.
Howell (William D.), Minor Dramas. 2 vols. 18mo, pp. 432, 418. D. Douglas.
net, 5/.
Fitch (C.), The Truth. A Play in 4 Acts. 12mo. Macmillan. net, 3/.
Gregory (Lady), Kincora. A Play in 3 Acts. 2nd ed. pp. 72. Maunsel.
sd., net, 1/.
— The White Cockade. A Play. pp. 64. Maunsel. sd., net, 1/.
Hankin (St. John), Three Plays with Happy Endings. 12mo, pp. 176. S.
French. net, 3. 6.
Sutro (Alfred), The Fascinating Mr. Vanderveldt. A Comedy in Four Acts.
pp. 90. S. French. sd., net, 1/6.
c) Euripides, Medea. Translated into English Rhyming Verse. With Ex-
planatory Notes by Gilbert Murray. pp. 108. Longmans. net, 1/.
Street (A. E.), Martial. 120 Selected Epigrams Metrically rendered in English.
pp. 130. Spottiswoode. bds., net, 2/6.
Song of Roland (The) Translated by I. Butler. 12mo. Harrap. 1/6.
Schiller (Friedrich von), The Lay of the Bell. Translated by Edward Lord
Lytton. Illust. by J. Ayton Symington. 18mo, pp. 48. E. Nister. 1/.
Ibsen (Henrik), Collected Works. Vol. 5. Emperor and Galilean. Introduc-
tion by William Archer. pp. 512. Heinemann. 4/.

f) Amerikanische Literatur.

Emerson (Ralph Waldo), Friendship. Illust. by Arthur A. Dixon and Maude
Angell. 18mo, pp. 48. E. Nister. 6 d.
Longfellow (Henry Wadsworth), The Poetical Works of. Frontispiece. 18mo,
pp. ix—756. Nelson. net, 2/.
— The Song of Hiawatha. Illust. 12mo. Harrap. 1/6.
— Evangeline. A Tale of Acadie. Illust. by Arthur Dixon. pp. 160. E.
Nister. 3/6.
— Norton (Charles Eliot), Henry Wadsworth Longfellow. A Sketch of
his Life, together with Longfellow's Chief Autobiographical Poems. pp. 134.
Constable. net, 3/6.

Whitman (Walt), Leaves of Grass. Including a Facsimile Autobiography, Variorum Readings of the Poems, and a Department of Gathered Leaves. pp. 516. Siegle, Hill. net, 7/6.

3. Erziehungs- und Unterrichtswesen.

a) **Yoxall** (J. H.) and **Gray** (Ernest), The N. U. T. Handbook of Education, 1907. National Union of Teachers. net, 3/6.

Dresslar (F. B.), Superstition and Education. University of California Publication.) Imp. 8vo, sd., pp. 239. W. Wesley. net, 15/.

Rooper (T. G.), School and Home Life. Essays and Lectures on Current Educational Topics. pp. 488. A. Brown. net, 3/6.

Schuster (E.), The Promise of Youth and the Performance of Mankind: Being a Statistical Inquiry into the Question whether Success in the Examination for the B. A. Degree at Oxford is followed by Success in Professional Life. 4to, sd. Dulau. net, 2/6.

Callinan (E.), Look Up! Plain Talks with Working Boys. With a Prefatory Note by the Bishop of Durham. pp. 152. R. T. S. 1/.

Ferry (J. B.), A Straight Talk with the British People about the Schools and about "Our Unhappy Divisions" and their Remedy — Back to Church. With an Appendix. pp. 124. Simpkin. 1/.

b) **Monroe** (P.), A Brief Course in the History of Education. Macmillan. net, 5/.

Godfrey (Elizabeth), English Children in the Olden Time. Illust. pp. 354. Methuen. net, 7/6.

Beatty (Herbert Macartney), Education in a Prussian Town. pp. 54. Blackie. 1/.

c) **Mellone** (Sydney Herbert) and **Drummond** (Margaret), Elements of Psychology. pp. 500. W. Blackwood. 5/.

Matthews (F. H.), The Principles of Intellectual Education. 12mo, pp. 138. Cambridge University Press. net, 2/6.

How (Frederick Douglas), The Book of the Child. An Attempt to Set Down what is in the Mind of a Child. 12mo, pp. 190. I. Pitman. lr., net, 3/6.

Mulford (Prentice), The Gift of Understanding. A Second Series of Essays. With an Introduction by Arthur Edward Waite. pp. 288. P. Wellby.

Galton (Sir Francis), Inquiries into Human Faculty and Its Development. 12mo, pp. 282. Dent, 1/; lr., net, 2/.

d) **Winterburn** (Rosa V.), Methods in Teaching. Including a Chapter on Nature Study by Edward Hughes. pp. 368. Macmillan. net, 5/.

Nesfield (J. C.), Aids to the Study and Composition of English. In 5 Parts. 12mo, pp. 542. Macmillan. 4/6.

e) **Ambler** (George A. Hawkins), Health, Work and Recreation. 18mo, sd. Simpkin. net, 6 d.

Cavanagh (Francis), The Care of the Body. pp. 308. Methuen. net, 7/6.

4. Geschichte.

a) **Record Office.** Statutes and Ordinances, and Acts of the Parliament of Ireland. King John to Henry V. 10/.

— Calendar of the Patent Rolls, Preserved in the Public Record Office. Henry VI. Vol. 2. A. D. 1429—1436. 15/.

— Calendar of the Patent Rolls, Henry VI. Vol. 3. A. D. 1436—1441. 15/.

— Calendar of Letters and Papers, Foreign and Domestic, of the Reign of Henry VIII. Vol. 20 — Part 2. 15/.

— Lists and Indexes, No. 23. Index of Inquisitions Preserved in the Public Record Office. Vol. 1. Henry VIII. to Philip and Mary. 10/.

— Acts of the Privy Council of England. New Series. Vol. 32. A. D. 1601—1604. 10/.

Dawson (Lawrence H.), Historical Allusions. A Concise Dictionary of General History. 32mo. Routledge. lr., net, 1/.

Chronicle of Jocelin of Brakelond (The) Monk of St. Edmondsbury. A Picture of Monastic and Social Life in the 12th Century. Newly translated and ed. by L. C. J a n e. Introduction by A b b o t G a s q u e t. Roy. 16mo, pp. 292. Chatto & Windus. sd., net, 1/; net, 1/6.

Pearce (W. C.) and **Hague** (S.), Analysis of English History. Completely revised ed. pp. 308. T. Murby. 1/6.

Robinson (W. S.), An Illustrated History of England for the Middle Forms of Schools, &c. Period 1. To the End of the Commonwealth, 1660. pp. 412. Rivingtons. 2/.

Notes of Lessons on English History, including some portions on English History. Book 2, 1603—1906. pp. 208. I. Pitman. 3/6.

Fearenside (C. S.), History of Great Britain, 1688—1760. Specially Edited for the Certificate Examination, 1908. pp. 276. Clive. 2/6.

Marks (Mary A. M.), England and America, 1763 to 1783. The History of of a Reaction. 2 vols. pp. 1,338. Brown, Langham. net, 30/.

Wheeler (H. F. B.) and **Broadley** (A. M.), Napoleon and the Invasion of England. The Story of the Great Terror. 2 vols. Illust. pp. 356, 382. Lane. net, 32/.

b) **Mackenzie** (W. C.), A Short History of the Scottish Highlands and Isles. Illust. 2nd ed. pp. 420. A. Gardner. net, 5/.

Mitchell (Anthony), A Short History of the Church in Scotland. 12mo. Rivingtons. net, 1/.

McCrie (C. G.), The Confessions of the Church of Scotland, their Evolution in History. pp. 326. Macniven & Wallace (Edinburgh). 7/6.

Sullivan (A. M.), The Story of Ireland. New ed. Brought up to recent times. pp. 624. M. H. Gill. 2/6.

c) **Hewitt** (J. F.), Primitive Traditional History. The Primitive History and Chronology of India, South-Eastern and South-Western Asia, Egypt, &c. 2 vols. Maps, Plates, and Diagrams. pp. 1,060. J. Parker. 21/.

Morrison (John), New Ideas in India during the Nineteenth Century. A Study of Social, Political, and Religious Developments. pp. 296. Macmillan. net, 7/6.

d) **Corolla** Sancti Eadmundi. The Sacred Garland of Saint Edmund, King and Martyr. Edit. with a Preface by L o r d N a n c i s H e r v e y. Illust. Also a Map. pp. 736. J. Murray. net, 10/6.

Richardson (Mrs. Aubrey), The Law of Queen Elizabeth. Being the Life and Character of Robert Dudley, Earl of Leicester, 1533—1588. Illust. pp. 400. T. W. Laurie. net, 12/6.

Odom (W.), Mary Stuart, Queen of Scots. Her Friends and Her Foes. Cheaper ed. pp. 232. G. Bell. net, 3/6.

Gleig (G. R.), The Life of Robert, First Lord Clive. Cheaper issue. pp. 374. J. Murray. net, 2/6.

Ruville (Albert von), William Pitt, Earl of Chatham. Translated by H. J. C h a y t o r, assisted by M a r y R o b i n s o n. 3 Vols. Illust. pp. 420, 424, 436. Heinemann. net, 30/.

5. Landeskunde.

Black's Guide to Scotland. Edit. by G. E. M i t t o n. Illust. Maps. pp. xxxi—xvi—627. Black. net, 7/6.

Henderson (T. F.) and **Watt** (Francis), Scotland of To-day. With 20 Illusts. in Colour. By Frank Laing, and 24 other Illusts. pp. 414. Methuen. 6/.

Story (Alfred T.), North Wales Illustrated. 12mo, pp. 298. Methuen. net, 2/6; lr., 3/6.

Wade (G. W. and J. H.), Somerset.˙ Illust. 12mo, pp. 208. Methuen. net, 2/6; lr., 3,6.

Black's Guide to Dorset, Salisbury, Stonehenge, &c. Edit. by A. R. Hope Moncrieff. 16th ed. Illusts. and Maps. 12mo, pp. vi—136. A. & C. Black. net, 2/6.

Auvergne (B. B. d'), The Castles of England. Illust. 32mo, pp. 254. T. W. Laurie. lr., net, 2/6.

Marriott (J. A. R.), Oxford and its Place in National History. An Introductory Lecture. pp. 36. Simpkin. net, 1/.

Picturesque Oxford. Sixty Reproductions of Photographs with brief descriptions. 18mo, sd. Simpkin. net, 6 d.

Liverpool Painted by J. Hamilton Hay. Described by Dixon Scott. pp. 180. Black. net, 6/.

Peter (A.), Sketches of Old Dublin. pp. 340. Sealy. Bryers. net, 2/6.

Bacon's New Large-Print Map of London and Suburbs, with Index to Streets. Bacons. net, 1/; on linen 2,6.

Roberts (W. J.), Some Old London Memorials. Illust. 32mo, pp. 224. T. W. Laurie. lr., net, 2/6.

Besant (Sir Walter), Westminster. Fine Paper ed. 12mo, pp. 250. Chatto & Windus. net, 2/; lr., net, 3/.

6. Volkskunde.

Kermode (P. M. C.), Manx Crosses; or, The Inscribed and Sculptured Monuments of the Isle of Man, from about the end of the Fifth to the beginning of the Thirteenth Century. Folio, pp. xvii—221. Bemrose. net, 63 .

Thirty Old-Time Nursery Songs. Arranged by Joseph Moorat, and Pictured by Paul Woodroffe. 4to, pp. 33. Jack. net, 5/.

7. Vermischtes.

a) English Quotations. A Collection of the more Memorable Passages and Poems of English Literature, arranged according to Authors chronologically. With a full Index of Words by Robinson Smith. pp. 312. Routledge. net, 7/6.

Phyfe (William H. P.), 5,000 Facts and Fancies. A Cyclopædia of Important, Curious, Quaint, and Unique Information in History, Literature, Science, Art, and Nature. Revised and corrected ed. pp. 824. Putnam's Sons. net, 15/.

b) Edmondson (Robert), John Bull's Army from Within. Facts, Figures, and a Human Document from one who has been "Through the Mill". With an Introduction by Arnold White. pp. 278. F. Griffiths. net, 6/.

Pearson (A.), The Labourer's Progress: or, The Coming Revolution. Terry. net, 2/.

Howard (Earl Dean), The Cause and Extent of the Recent Industrial Progress of Germany. pp. 162. Constable. net, 4/6.

c) Case for Women's Suffrage (The) By Various Authors. Edit. by Brougham Villiers. pp. 220. T. Fisher Unwin. net, 2/6.

Commons (J. R.), Proportional Representation. 2nd ed. Macmillan. net, 5/.

Leipzig.   Paul Lange.

III. MITTEILUNGEN.

A New
English Dictionary On Historical Principles.
(Volume VI: **L—N.**)
Niche — Nywe.
By W. A. Craigie, M. A., L. C. D.

This double section (which has been enlarged by 21 pages, so as to complete the letter N) contains 1954 Main words, 190 Combinations explained under these, and 1172 Subordinate entries of obsolete or variant forms, etc., making 3316 in all. The *obvious combinations* recorded and illustrated by quotations number 1007, and bring up the total number of entries to 4323. Of the Main words 705 are marked † as obsolete, and 92 are marked ‖ as alien or not completely naturalized.

Comparison with Dr. Johnson's and some recent Dictionaries gives the following figures: —

	Johnson.	Cassell's 'Encyclopædic.'	'Century' Dict.	Funk's 'Standard.'	Here.
Words recorded, *Niche* to *Nywe*	379	1768	1979	1838	4323
Words illustrated by quotations	298	564	746	182	3787
Number of illustrative quotations	912	848	1854	230	19586

The number of quotations in the corresponding portion of Richardson is 757.

The second half of N does not differ essentially from the first in the character of the words it includes. Both the native English and the Latin element are strongly represented, and between them far exceed the contributions from all other sources. Among those words which have either come down from Old English, or have been naturally developed at a later date, may be mentioned *nigh*, *night* (with its many combs., as *nightingale*, *nightmare*, *nightshade*), *nim*, *nimble*, *nine*, *nit*, *noll*, *north*, *nose*, *nostril*, *now*, *numb*, *nuncheon*, *nut*, *nuzzle* (vb.[1]). In such words as *nill* (vb.), *no*, *none*, *nor*, *not*, *nothing*, *nought* the *n*- represents the prefixed negative *ne*, and further illustration of this is afforded by the obsolete *nis*, *nys* (is not), *nist* (knew not), *not* or *note* (know not). In *nickname* and *nonce* the *n*- properly belongs to the article. The chief adoptions from Scandinavian are *nieve* (fist), *niggle*, *nithing* (the corrupt from of which, *niddering*, is here traced to its source), *Norn* (two words), *nowt* (also written *nolt*) and the obsolete *nite* (to deny), *nowcin* (need). German and Dutch have supplied only a few words, as *nickel*, *nix*, *nixie*, *nock* (yard-arm), *nordkaper*, *Norse*. The *nock* of a bow or arrow may also be from Dutch or Low German; the proper meaning of this in contrast to *notch* is here clearly shown.

Among words which appear to belong to the native stock, but of which the precise origin is obscure, are *nick* (sb.[1] and vb.[1]), *nincompoop*, *ninny*, *nip*, *nipple*, *nob*, *nobble*, *nod*, *noddle*, *noddy*, *nog*, *noggin*, *noodle*, *nook*, *nugget*, *nuzzle* (vb.[2]).

Of Latin words a few have been adopted without any change of form, as *nidus*, *nimbus*, *nostrum*, *notandum*, *November*, *nucleus*, *nux vomica*. Many others have been assimilated to the usual types, as *node*, *nodule*, *nominal*, *nominate*, *normal*, *notable*, *notary*, *notion*, *notorious*, *noxious*, *numeral*, etc. The admission of *noon* and *nun* took place in Old English. As usual, many of the Latin words came through older French, which has also contributed *niece, noise, Norman, noun, nourice (nurse), nourish, Nowel, noy, nuisance, number, numbles, nurture, nyas.* It is also probable that *niggard* and its obsolete synonym *nigon* are Anglo-French forms. A very important addition to the language was moreover made by the gradual introduction of L. *non* (at first in the Anglo-French form *noun-*) as a prefix; the great extent to which this has finally been employed is shown here under the article Non- and in the main words following it. From modern French come *nougat, noyau, nuance,* while Italian has supplied *nicolo, niello,* and *nuncio.*

The Greek element is mainly scientific, as in the combs. with *nitro-, nomo-, noso-, noto-, nyst-, nympho-,* but also includes the common words *nomad* and *nymph.*

Oriental and other non-European languages are represented by *nigua, nipa, nocake, norimon, nucha, nuggar, nullah, numdah, nuphar, nuzzer, nylghau,* and some others.

For reasons of historical or other interest attention may also be directed to the articles on *nicker* sb.[1], *nicotian (a, nill* (sb.[1]), *nisi prius, noli me tangere, nonconformist, nonjuror, nostoc, novel* (sb.), and *nutmeg.*

Forthcoming Issue, January 1, 1908: A portion of Vol. II (letter P), by Dr. Murray.

Angekündigte schriften.

Im verlage von Julius Springer, Berlin, wird erscheinen: „Wanderer und Seefahrer“, von privatdozent dr. Rudolf Imelmann (Bonn) — eine fortführung und ergänzung zu des verfassers schriften „Die altenglische Odoakerdichtung“ und „Zeugnisse zur altenglischen Odoakerdichtung“.

Demnächst wird in der sammlung „Bibliothek der angelsächsischen Prosa“, herausgegeben von Grein-Wülker, als 7. band erscheinen: „Der Cambridger Psalter“ (Tf. I 23 University Libr. Cambridge), neu herausgegeben mit besonderer berücksichtigung des lateinischen textes von Karl Wildhagen, dr. phil.

In Münster W. ist eine doktorarbeit über „Die Lyrik Elizabeth Barrett Browning’s“ nahezu fertig gestellt.

In Münster wird an einer dissertation über „Elizabeth Barrett Browning’s klassische Studien“ gearbeitet.

Herausgegeben von Prof. Dr. Max Friedrich Mann in Frankfurt a/M.

Verlag von Max Niemeyer, Halle. — Druck von Ehrhardt Karras, Halle.